Schüsse in Dallas

Sprache und Politik

Peter Kaiser   Norbert Moc
Heinz-Peter Zierholz

Schüsse in Dallas

Politische Morde 1948 bis 1984

Dietz Verlag Berlin 1988

Kaiser, Peter: Schüsse in Dallas : politische Morde 1948
bis 1984 / Peter Kaiser ; Norbert Moc ; Heinz-Peter Zierholz. —
Berlin : Dietz Verl., 1988. — 534 S. : 87 Abb.

ISBN 3-320-01051-4

Mit 87 Abbildungen
© Dietz Verlag Berlin 1988
Lizenznummer 1 · LSV 0239
Lektor: Jutta Steinert
Typographie: Uwe Niekisch
Einband und Schutzumschlag: Sepp Zeisz
Printed in the German Democratic Republic
Gesamtherstellung:
INTERDRUCK Graphischer Großbetrieb Leipzig,
Betrieb der ausgezeichneten Qualitätsarbeit, III/18/97
Best.-Nr.: 738 417 9
Redaktionsschluß: 15. Dezember 1987
01500

Vorwort

Der politische Mord ist ein Phänomen, das die Entwicklung der Menschheit als ein blutiges und schauriges Attribut bis in die Gegenwart begleitet hat.

Julius Cäsar starb 44 vor unserer Zeit, nachdem er Diktator auf Lebenszeit geworden war, durch die Messerstiche seiner Senatoren, die ihre verlorengegangene Macht zurückerobern wollten.

Agrippina vergiftete im Jahre 54 unserer Zeit ihren Gemahl, den Kaiser Claudius, um ihren Sohn Nero zum Kaiser und sich selbst durch den Sohn zur mächtigsten Frau des römischen Imperiums zu machen.

Rodrigo de Borgia, als Papst Alexander VI. genannt, ließ im 15. Jahrhundert, um seine Macht zu festigen und seinen Besitz zu mehren, zahlreiche Widersacher aus seinem Schierlingsbecher trinken, bis er, Ironie des Schicksals, selbst zum Opfer wurde.

Dem Dänenkönig Christian III. reichten 1559 seine politischen Gegner mit dem Abendmahl den Tod, und Heinrich IV. von Frankreich, der mit dem Edikt von Nantes die barbarischen Hugenottenkriege beendet hatte, wurde 1598 von einem fanatischen Jesuiten erdolcht, der im Auftrag der spanischen Krone den »französischen Ketzer« beseitigte.

Katharina II. von Rußland machte 1762 kurzen Prozeß mit ihrem schwächlichen Gemahl Peter III. und ließ ihn der eigenen politischen Gelüste wegen erdrosseln.

Den österreichischen Thronfolger Franz-Ferdinand trafen 1914 in Sarajevo jene tödlichen Schüsse, die ein längst geplantes und vorbereitetes Völkermorden in Gang setzten.

Der deutsche Außenminister Walther Rathenau starb 1922, nachdem er den Vertrag von Rapallo unterzeichnet und sich in immer stärkeren Widerspruch zum reaktionärsten Teil seiner eigenen Klasse gesetzt hatte, durch eine von Angehörigen der Organisation Consul geworfene Bombe.

Mord reiht sich an Mord. Der blutige Faden reißt nicht ab. Er ließe sich verdichten und weiterspinnen bis in die jüngsten Tage hinein, und es ist keineswegs so, daß die Zahl der aus politischen Gründen Gemeuchelten mit dem Fortschreiten der menschlichen Zivilisation kleiner geworden wäre.

Vielleicht haben die barbarischen, lebensverachtenden Ansichten des Altertums und die finsteren Anschauungen des Mittelalters die Meuchelei in ihrer Zeit begünstigt. Die eigentliche Ursache waren sie schon damals nicht, denn sonst hätte der Mord als Mittel zur Lösung politischer Probleme mit den folgenden Jahrhunderten der Aufklärung allmählich aus der Welt kommen müssen. Genau das Gegenteil ist jedoch der Fall gewesen. Keine Gesellschaftsordnung hat mehr politische Mörder hervorgebracht als die bürgerliche. Man kann deshalb den politischen Mord als ein Phänomen der Geschichte nur begreifen, wenn man ihn aus den gesellschaftlichen Verhältnissen erklärt. Sie sind seine Wurzel, und sie sind sein mehr oder weniger guter Nährboden, auf dem er wuchern kann.

Immer und zu allen Zeiten hat es Menschen gegeben, die die Geschichte in Unkenntnis der wirkenden Gesetzmäßigkeiten durch individuelle Gewalt zu korrigieren oder aufzuhalten trachteten. Da die Geschichte der Menschheit die Geschichte von Klassenkämpfen ist, spielt in der historischen Entwicklung naturgemäß die Gewalt eine große Rolle. Unter Gewalt versteht man dabei die Anwendung von Mitteln des physischen Zwanges, um bestimmte Interessen und Absichten durchzusetzen. So gesehen ist auch der politische Mord ein Akt der Gewalt, nämlich die gewaltsame physische Vernichtung des Opfers.

Es wäre abwegig zu sagen, daß Marxisten gegen die Gewalt sind. Da keine herrschende Klasse ihre Macht freiwillig abtritt, muß der reaktionären Gewalt die revolutionäre Gewalt entgegengestellt werden. Welchen Umfang diese Gewalt haben muß, hängt von dem Widerstand ab, den die reaktionären Klassen dem historischen Fortschritt entgegensetzen. Für uns wird also Gewalt vor allem in den Aktionen gesellschaftlicher Klassen und in der Macht des Staates sichtbar. In dieser Form ist sie für bestimmte geschichtliche Epochen eine gesetzmäßige Erscheinung.

Was wir aber mit aller Konsequenz ablehnen, das ist der individuelle Terror, das ist die Verabsolutierung bewaffneter Aktionen, die keine einzige historische Frage wirklich regeln oder lösen können. Lenin erklärte prinzipiell auf dem II. Parteitag der SDAPR 1903: »Der Parteitag lehnt den Terror, d. h. das System individueller politischer Morde als Mittel des politischen Kampfes entschieden ab ...«

Die Verabsolutierung und individuelle Verselbständigung der Gewalt in der Geschichte hängt unmittelbar mit jenem Irrglauben zusammen, der dem Individualismus die überragende Rolle bei der Gestaltung geschichtlicher Abläufe einräumt. Und da es, wie August Bebel einmal sagte, von den Tagen der alten Griechen bis in unser Zeitalter keine Klasse gab, die diesem Irrglauben so wie die Bourgeoisie gehuldigt hat, ist die Zahl solcher Toren im Verlaufe der Geschichte nicht kleiner, sondern größer geworden.

Unter Individualismus hat man nichts anderes als jene theoretische Auffassung und praktische Haltung zu verstehen, welche das Individuum mit seinen Interessen und Bedürfnissen verabsolutiert, es für vorrangig hält und der Gesellschaft entgegenstellt oder es, um eine andere Wendung zu gebrauchen, aus seiner gesellschaftlichen Bezogenheit herauslöst.

Die soziale Grundlage des Individualismus ist das Privateigentum an den Produktionsmitteln, wobei jedoch erst eine bestimmte höhere Stufe der Produktivkräfte und gesellschaftlichen Verhältnisse zur größeren Selbständigkeit der Individuen führt. Erst die Warenproduktion erzeugt das, wie Marx sagt, »bloß atomistische Verhalten der Menschen« in ihrem gesellschaftlichen Produktionsprozeß. Die Urgesellschaft beruhte noch — so ebenfalls Marx — auf der Unreife der individuellen Menschen, die sich von der Nabelschnur des natürlichen Gattungszusammenhangs mit anderen noch nicht losgerissen hatten.

Seinem Klassengehalt nach also ist der Individualismus eine zutiefst bürgerliche Denk- und Verhaltensweise, ein charakteristischer Zug der modernen bürgerlichen Ideologie.

Von dieser Denkweise bis zur maßlosen Überschätzung der Rolle, die die Persönlichkeit in der Geschichte spielt, bis zum Extremismus und Anarchismus ist nur ein winziger Schritt. Lenin hat einmal den

Anarchismus sehr treffend als umgestülpten Individualismus bezeichnet. Und solche Individualisten aller Schattierungen sind es denn auch, welche die ganze Geschichte der Menschheit an Persönlichkeiten aufhängen wollen. Daraus resultiert mit logischer Konsequenz der Trugschluß, daß sich mit der gewaltsamen Beseitigung einzelner Persönlichkeiten, also durch Mord, Geschichte machen oder korrigieren läßt.

Natürlich können einzelne Personen fördernden oder hemmenden Einfluß auf den Verlauf der historischen Ereignisse gewinnen. In welchem Umfang das jedoch möglich ist, hängt nicht in erster Linie von ihrem subjektiven Wollen und ihren persönlichen Eigenschaften, sondern von den objektiven Bedingungen ab, unter denen sie agieren. Der historische Materialismus stellt deshalb der Auffassung, daß die Geschichte durch das Wirken einzelner Persönlichkeiten bestimmt wird, die wissenschaftlich begründete Auffassung von der geschichtsbestimmenden Kraft der Volksmassen entgegen.

Die Kommunisten wissen seit Marx um die wahren Gesetzmäßigkeiten der Geschichte und lehnen deshalb den politischen Mord als Mittel des Klassenkampfes prinzipiell ab, was allerdings die Vertreter der herrschenden Klassen nie an dem Versuch gehindert hat, den Kommunisten einige der selbst organisierten und fabrizierten politischen Morde in die Schuhe zu schieben. Dennoch sind wir nicht so töricht zu übersehen, daß der politische Mord dem historischen Fortschritt — ohne ihn aufzuhalten — dennoch schweren Schaden zufügen kann.

So unterschiedlich die Motive des politischen Mordes auch sein mögen und so sehr von den Drahtziehern und Hintermännern auch alles getan wird, um die wirklichen Absichten zu verschleiern, sie lassen sich im Grunde genommen auf vier grundsätzliche Zielrichtungen zurückführen.

Sie werden einmal begangen, um innerhalb der herrschenden Klasse auf kaltem Wege bestimmte Macht- und Gruppeninteressen zu realisieren und zu regulieren.

So war zum Beispiel J. F. Kennedy jener Mann, der als erster USA-Präsident nach Ende des zweiten Weltkrieges vom »ehrlichen und friedlichen Wettbewerb« mit dem Sozialismus sprach, das gemeinsame Interesse der USA und der UdSSR am Frieden betonte, eindringlich vor der Gefahr eines Atomkrieges warnte und der auch in seinem Handeln Zeichen für Entspannung und friedliche Koexistenz setzte. Als Kennedy in einen Kompromiß mit der Sowjetunion einwilligte und am 5. August 1963 den Moskauer Vertrag über das Verbot der Kernwaffenversuche in der Atmosphäre, im kosmischen Raum und unter Wasser unterzeichnete, hatte er einen Weg eingeschlagen, der den Interessen der Rüstungshaie entgegenlief und von diesen als nationaler Verrat an den USA gewertet wurde. Danach kam die Tragödie von Dallas.

Das gleiche Schicksal traf, um ein weiteres Beispiel unter vielen anderen zu nennen, Sheik Mujibur Rahman in Bangladesh, der ehemaligen Ostprovinz Pakistans. Der Vorsitzende der Awami-Liga, vom Volk ehrenvoll Tiger von Bengalen genannt, setzte sich für eine demokratische Entwicklung des Landes ein und gewann als Staatspräsident mit diesem Programm die Zustimmung des Volkes. Doch die antifeudale und antiimperialistische Politik Rahmans stieß auf energischen Widerstand der um Profit bemühten pakistanischen und amerikanischen Imperialisten, die gemeinsam alles daran setzten, Unruhe zu schaffen und den Präsidenten in Mißkredit zu bringen. Schließlich organisierten sie die Schreckensnacht des 15. August 1975, in der der Sheik und seine gesamte Familie umgebracht wurden.

Eine zweite Zielrichtung politischer Morde besteht darin, bewährte Führer revolutionärer Bewegungen oder Repräsentanten progressiver historischer Tendenzen zu beseitigen, um damit die Bewegung selbst zu treffen, sie zu enthaupten und rückgängig zu machen. Im Zeitalter der nationalen Befreiungsbewegungen und machtvoller Aktionen der Arbeiterklasse spielen durch solche Absichten motivierte Morde heute zweifellos die größte Rolle.

Der Mord an Patrice Lumumba, der als erster Ministerpräsident der Republik Kongo die reichen Rohstoffvorkommen seines Landes dem Zugriff der ausländischen Monopole zu entziehen versuchte und damit handfeste imperialistische Interessen bedrohte, steht als symptomatischer Fall für diese Art politischer Attentate.

Amilcar Cabral fiel Mördern zum Opfer, um das portugiesische Kolonialsystem in Guinea-Bissau und auf den Kapverdischen Inseln zu retten. Acht Monate nach seinem gewaltsamen Tod trat auf befreitem Territorium die Nationalversammlung zusammen und proklamierte den unabhängigen Staat, der schon bald von 80 Ländern der Welt anerkannt wurde.

Das faschistische Regime in Portugal brach — Ironie des Schicksals — ein halbes Jahr später zusammen.

Alle Versuche, die alten Verhältnisse zu restaurieren, sind oft nicht nur von politischen Morden, sondern auch von inszenierten Staatsstreichen und Putschen begleitet. Markantes Beispiel ist der von der CIA gelenkte Aufruhr gegen die chilenische Regierung der Unidad Popular und die Ermordung des demokratisch gewählten Staatspräsidenten Allende.

Das Ziel, durch oft massenweisen politischen Mord revolutionäre Bewegungen oder auch nur Schritte zu einem bescheidenen demokratischen Fortschritt aufzuhalten, wird mit besonderer Brutalität vor allem von faschistischen Regierungen oder von Regierungen mit faschistischem Charakter verfolgt. Die jüngere Geschichte kennt dafür viele Beispiele, sei es das Wüten der Pinochet-Clique in Chile, seien es die Morde an guatemaltekischen Kommunisten wie Bernardo Alvarado Monzon oder Huberto Alvarado Polanco. In die Reihe dieser Untaten gehört auch der Justizmord an Julian Grimau im faschistischen Franco-Spanien.

Nicht zuletzt sei auch darauf verwiesen, daß der Sinn politischer Morde nicht immer ausschließlich und nicht einmal immer primär in der Beseitigung der Opfer liegt, sondern vielmehr darin, diese Verbrechen im Interesse ganz bestimmter politischer Ziele nutzbar zu machen.

So sollte zum Beispiel der Mord an Ethel und Julius Rosenberg die öffentliche Legitimation für einen generellen Umschwung in der amerikanischen Politik, den Auftakt für einen hemmungslosen und ungezügelten Antikommunismus in der Innen- und Außenpolitik der USA liefern, wobei übrigens dieser Prozeß auch unterstreicht, daß man sich bei politischen Morden nicht nur des Dolches und der Bombe, sondern auch der legitimen Justiz bedient.

Vielfach ist es auch das erklärte Ziel politischer Morde, Angst und Schrecken zu verbreiten und dadurch potentielle Streiter für den historischen Fortschritt zur Umkehr zu bewegen. Die Ermordung des Erzbischofs Romero in El Salvador sei hier als Beispiel angeführt, aber auch jene Kampagne, die unter der Losung »Töte einen Priester!« stand. Sicher ist es auch nicht zu weit hergeholt, wenn wir an dieser Stelle den Blutsonntag in Essen nennen, an dem Philipp Müller ermordet wurde. Der brutale Polizeiterror sollte eine deutliche Warnung an die Friedenskräfte der Bundesrepublik Deutschland sein und sie einschüchtern.

Natürlich läßt sich nicht jeder politische Mord haargenau in ein solches Schema pressen. Er wird vielfach nicht von einem einzigen, sondern meist von mehreren Motiven bestimmt, die miteinander und gleichzeitig eine Rolle spielen. Und manchmal ist er auch nichts weiter als eine Verzweiflungstat.

Art und Weise, wie solche Verbrechen ausgeführt werden, haben sich im Laufe der Geschichte beträchtlich gewandelt. Der Attentäter, der, auf sich allein gestellt, mit dem Dolch im Gewande auf sein Opfer in einer dunklen Toreinfahrt lauert, gehört längst der Vergangenheit an. Hinter den Mördern stehen in der Regel imperialistische Geheimdienste und reaktionäre Terrororganisationen, die den politischen Mord generalstabsmäßig bis ins kleinste Detail vorbereiten. Sie sind die eigentlichen Manager des Todes, die über ein Heer professioneller, gut ausgebildeter Killer gebieten, sie ausrüsten und nach ihren Plänen in Marsch setzen. Nachweislich dürfte seit 1945 kein einziger größerer politischer Mord geschehen sein, der nicht entweder direkt von Agenten der CIA ausgeführt oder der nicht zumindest unter Beteiligung der CIA vorbereitet worden wäre. Daß die Mörder nach vollbrachter Tat ihre Auftraggeber weit mehr zu fürchten haben als ihre Entdeckung durch Polizei und Justiz, hängt mit dem Zwang zusammen, die Geheimnisse solcher politischen Verbrechen sorgsam vor den Augen der Öffentlichkeit zu hüten. So hat zum Beispiel der angebliche Kennedy-Mörder Lee Harvey Oswald sein Opfer nicht mehr allzu lange überlebt, genauso wenig wie Walter Antonio Alvarez, der den salvadorianischen Erzbischof Romero auf der Kanzel niederschoß.

Was den Mörder selbst betrifft, so ist er eigentlich ziemlich uninteressant. In der Regel hat der Täter kein erkennbares eigenes politisches Motiv. Er ist der Vorgeschickte, das Werkzeug einer Verschwörung, deren Ausmaß und deren Hintermänner er gar nicht kennt. Er führt einen Befehl aus, für Geld oder aus Angst, bei Befehlsverweigerung selber ein Mordopfer zu werden.

Mit dem vorliegenden Buch wird eine Reihe eröffnet, die dem politischen Mord in der Geschichte nachspüren will. Da jeder der aufgenommenen Morde in seiner gesellschaftlichen Beziehung gezeigt wird, entsteht mit diesen Büchern vor den Augen des Lesers ein an Dramatik reiches Bild des Klassenkampfes in seiner historischen Entwicklung.

Aus gutem Grund beginnt die Reihe in umgekehrter Chronologie. Sie verfolgt die Geschichte nicht vom Altertum bis in die Gegenwart, sondern von der Gegenwart ins Altertum zurück. Indem vor allem brisante politische Morde unserer Tage durchleuchtet und in ihrem gesellschaftlichen Umfeld untersucht werden, öffnet und weitet sich zugleich auch die Sicht für die politischen Kämpfe unserer bewegten Zeit, wobei es natürlich generelles Anliegen aller Bände sein wird, durch die Analyse des Geschehens den Blick für das Gegenwärtige zu schärfen.

Es war nicht leicht, aus der ungeheuren Vielfalt politischer Morde eine geeignete Auswahl zu treffen. Verlag und Autoren haben sich deshalb von dem Prinzip leiten lassen, vor allem solche Fälle zusammenzutragen, die Geschichte machten und die in ihrer Gesamtheit die große Breite und Vielfalt der Motivationen und Absichten widerspiegeln, die den politischen Morden zugrunde liegen. Die einzelnen Beiträge erscheinen in chronologischer Abfolge.

Bewußt ausgelassen wurden politische Morde, die von linksextremistischen Gruppierungen und Terrororganisationen, wie der »Roten Armee Fraktion«, den »Roten Brigaden« oder »Action Directe« verübt wurden.

Wir begegnen in dem vorliegenden Buch politischen Attentaten, die sich gegen führende Persönlichkeiten der Arbeiterklasse und der nationalen Befreiungsbewegung richteten.

Wir werden Zeuge von politischen Morden, deren Opfer Staatsmänner geworden sind, die sich mit ihrer Politik in Widerspruch zum reaktionärsten Teil ihrer eigenen Klasse setzten oder die in Schlüsselpositionen reaktionäre Machtansprüche des Imperialismus zu durchkreuzen drohten.

Wir finden aber auch solche Morde wie an Ethel und Julius Rosenberg, die den Vorwand für einen generellen Umschwung in der Politik zu liefern und einzuleiten hatten.

Gleich aber, um welche Art des politischen Mordes es sich immer handeln mag, er ist nicht in der Lage, den historischen Fortschritt aufzuhalten.

Der gewaltsame Tod eines Friedfertigen

1. Indien in Fesseln

Als Mohandas Karamchand Gandhi, von seinem Volk später Mahatma, die »große Seele«, genannt, 1869 als Sohn des obersten Verwaltungsbeamten eines jener kleinen indischen Fürstentümer geboren wurde, die zwar formell selbständig, aber faktisch vollständig von der Kolonialmacht abhängig waren, gehörten den Engländern nahezu zwei Drittel des gigantischen indischen Subkontinents.

Bereits in der ersten Hälfte des 17. Jahrhunderts hatten sich die Engländer, die Franzosen und die Niederländer in Indien mit ihren Ostindienkompagnien festgesetzt; die Briten in Surat, Madras, Bombay und Kalkutta. Im britisch-französischen Krieg um die Vorherrschaft auf dem Subkontinent zogen die Franzosen den kürzeren, und die Engländer gingen nun daran, von den lästigen Fesseln der französischen Konkurrenz befreit, ganz Indien von Bengalen aus zu erobern. 1849 schon war die Inbesitznahme Indiens abgeschlossen, das von nun an als Ganzes die »Segnungen« der britischen Zivilisation genoß. 1877 erhielt Indien den Status eines Kaiserreichs, und Ihre Majestät, die britische Königin, führte fortan auch den Titel Kaiserin von Indien. Das Millionenvolk der Inder, künftig das Kernstück des britischen Kolonialreichs, wurde auf die schamloseste und brutalste Art und Weise ausgeplündert und lieferte den Briten die materiellen und finanziellen Ressourcen für die Stärkung der ökonomischen und politischen Macht des Empire.

Der indische Besitz verhalf England zu seiner Vormachtstellung im 19. Jahrhundert, hatte maßgeblich Anteil an der Entwicklung

Englands zur führenden Industrienation. »Wenn wir Indien verlieren«, hatte eine kluge englische Lordschaft schon 1898 sehr zutreffend geäußert, »ist die Sonne unseres Imperiums untergegangen.« Für die Briten war Indien ein billiges Reservoir für Rohstoffe und

Mohandas Karamchand Gandhi,
genannt Mahatma, die »große Seele«,
einer der bedeutendsten Führer
der indischen Unabhängigkeitsbewegung

Menschenmaterial und ein riesiger Absatzmarkt für die eigene Industrie. Die ganze indische Gesellschaftsstruktur geriet aus den Fugen. Die Dorfgemeinden lösten sich nach Einführung des Privateigentums an Grund und Boden auf, das Handwerk wurde durch den Zustrom englischer Waren ruiniert. Breite Bevölkerungsschichten verelendeten noch mehr als sie es unter den einheimischen Fürsten ohnehin schon waren.

Die Engländer zerstörten vieles, auch geheiligte Traditionen der Inder. Eines aber ließen sie unangetastet: die Kasten und die unzäh-

ligen Unterkasten, in die sich wiederum jede einzelne Kaste aufsplitterte. Denn nichts kam ihrer Unterdrückungspolitik so sehr entgegen
wie das Kastenwesen oder -unwesen, das durch die indische Gesellschaft tiefe Risse zog, das die Bevölkerung in gegensätzliche Lager
teilte und außerdem eine Hierarchie der Selbstunterdrückung schuf,
wie sie sich die Engländer gar nicht besser wünschen konnten. Die
Kasten entsprachen in geradezu idealer Weise dem Teile-und-Herrsche-Prinzip der Kolonialherren und bildeten eine natürliche Barriere gegen die Herausbildung eines einheitlichen Nationalbewußtseins, ohne das es keinen erfolgreichen Unabhängigkeitskampf
geben konnte.

Das Karma, das Gesetz von Ursache und Wirkung, und der
Glaube an das Rad der Wiedergeburt hatten in Jahrhunderten ein
erstarrtes religiöses Gefüge geschaffen, in das jeder von Geburt an
fest eingegliedert war. Wer sich dem Dharma, seinen Lebensaufgaben, fügte, behielt den Schutz seiner Kaste. Wer es nicht tat, wurde
ausgestoßen, was einem Todesurteil gleichkam und was ihn außerdem in die Gefahr brachte, bei seiner Wiedergeburt in einer niederen Kaste oder gar als Tier geboren zu werden.

Vier Hauptkasten gab es, die Brahmanen oder die Priester, die
Kshatriga, die Krieger, die Vaishya oder die Händler und die Gewerbetreibenden, die Sudra, zu denen die Handwerker und die Bauern
gehören. Wehe dem aber, der von Geburt an in die Kastenlosen, die
Unberührbaren, eingereiht war. Er hatte die schmutzigsten und niedrigsten Arbeiten zu verrichten, und kein Kastenzugehöriger durfte
ihn je berühren, wenn er nicht selbst als unrein gelten sollte.

Kontakte zwischen den Kasten waren aufs strengste verboten, und
es gab keinen in einer höheren Kaste, der mit einem Angehörigen
der niederen Kaste verkehrt hätte, es sei denn über die Dienstleistung oder die Ware, die allein als rein galt.

Neben ihren barbarischen, kolonialen Unterdrückungsmethoden
brachten die Briten auch kapitalistische Produktionsverhältnisse
nach Indien. Und so entstand auf dem Subkontinent allmählich auch
eine einheimische, eine indische Bourgeoisie, behaftet zwar mit vielen feudalen Relikten und als Betreiber vorwiegend kleiner Betriebe
und Manufakturen, aber dennoch als Klasse mit eigenen politischen
und ökonomischen Interessen. Und mit dem Einzug der kapitalistischen Produktionsverhältnisse entwickelte sich das Proletariat. Ende
des 19.Jahrhunderts, in der Zeit also, da Gandhis politisches Wirken
begann, gab es in Indien etwa 180 Textilfabriken, von denen sich

drei Viertel in indischem Besitz befanden. Industrie, Eisenbahn und Bergbau beschäftigten etwa 700 000 Lohnarbeiter.

Solange die britische Kolonialherrschaft in Indien bestand, hatten die Inder Widerstand gegen die ausländische Knechtschaft geleistet. Nur unter Anwendung brutalster Mittel hatte die britische Kolonialherrschaft 1859 in Indien den Aufstand der Sepoy, die bislang größte nationale Erhebung gegen die britische Knechtschaft, niederschlagen können. Und da auch in der Folgezeit die Volksbewegung nicht zum Erliegen gebracht werden konnte und immer wieder aufflammte, da sich unter Führung der indischen Intelligenz und der indischen Bourgeoisie politische Organisationen konstituierten und die Gefahr bestand, daß sie sich mit der Volksbewegung vereinigten, ergänzten die Briten ihre Herrschaft der Knute durch das Zuckerbrot. Sie billigten und förderten, gewissermaßen als Sicherheitsventil zum Abblasen des aufgestauten Unwillens, den Indischen Nationalkongreß, der die indische Führungsschicht vereinigen, sie vom Volk trennen und eng an das britische Kolonialregime binden sollte.

1885 gegründet, war der Kongreß zunächst nicht mehr als eine Veranstaltung, die ziemlich regelmäßig stattfand. Er vereinigte, wenn auch nur in sehr loser Form, die Repräsentanten der reichen indischen Bourgeoisie, des Großgrundbesitzes und der Intelligenz in seinen Reihen und verstand sich selbst als eine loyale Opposition, die von der Regierung für die gebildeten Schichten das Mitspracherecht bei wichtigen Entscheidungen forderte. Die exklusiven Mitglieder des Kongresses dachten um diese Zeit noch nicht im mindesten an den Kampf gegen die Kolonialherrschaft, sondern suchten im Gegenteil eine für beide Seiten vorteilhafte Zusammenarbeit. Und schon gar nicht hielt sich der Nationalkongreß für eine Vertretung des Volkes. Dennoch aber erwies sich seine Bildung als ein wichtiger Schritt zur Eigenstaatlichkeit. Er wurde in den Folgejahren mehr und mehr zum organisierenden und führenden Zentrum der nationalen Befreiungsbewegung in Indien, besonders von jenem Zeitpunkt an, da Nehru und Gandhi Einfluß auf den Kongreß gewannen.

Das ist in etwa und in groben Zügen das Indien, die Zeit, in die Gandhi hineintrat und aus der er dann hervortrat, um sie mit seiner großen, faszinierenden Persönlichkeit mitzugestalten.

Als Gandhi 1888 von seiner Familie nach London geschickt wurde, um dort die Jurisprudenz zu erlernen, war er von der Metropole des Weltreichs gefesselt. Er trug sich an einer der ältesten

Rechtsschulen Londons, am Inner Temple, als Student ein. Aber Gandhi studierte in London nicht nur die Rechte, sondern auch anderes, das seine Anschauungen und seinen Charakter viel nachhaltiger prägte. Zum Beispiel entdeckte er dort jenes Buch, das für ihn zum Buch aller Bücher werden sollte, die »Bhagavadgita«, den Gesang vom Erhabenen aus dem indischen Heldenepos »Mahabharata«. Und er entdeckte weiter Tolstoi. Beide, die »Bhagavadgita« und die Werke Tolstois, prägten nachhaltig Gandhis Überzeugungen, zum Beispiel die von der absoluten Überlegenheit der Gewaltlosigkeit, an der er Zeit seines Lebens festhielt.

Daß diese auf den jungen Gandhi einen so überragenden, einen so faszinierenden Einfluß gewinnen konnten, hängt allerdings weitgehend auch mit seiner Erziehung im Elternhaus zusammen. Die Gandhis zählten sich zwar zur Religionsrichtung des Hinduismus, waren aber im Grunde ihres Herzens dem Jainismus verhaftet, einer dem Hinduismus ähnlichen Religionsrichtung mit stark ausgeprägten asketischen Zügen. Zu ihren ehernen Prinzipien gehörten die Gewaltlosigkeit, die Lehre von der Vielseitigkeit und den vielen Gesichtern der Wahrheit, das Gelübde, dazu da, der irdischen Aktivität zu entsagen und sich selbst zu beherrschen, und schließlich die Ansicht, daß Erkenntnis beeinträchtigt werde durch Gefühle und Erregungen, die deshalb im Leben des Jain keinen Platz finden dürften. Alles das werden wir in dieser oder jener Form im politischen Wirken Gandhis später wiederfinden.

Als der junge Gandhi 1891, nachdem er sich nach bestandenem Examen beim Obersten Gerichtshof als Rechtsanwalt eingetragen hatte, die Metropole des britischen Empire verließ, nahm er die Überzeugung von der absoluten Überlegenheit der englischen Demokratie zurück nach Indien. Er fühlte sich als durch und durch loyaler Untertan Ihrer britischen Majestät.

Nach einer kurzen Zwischenstation in seinem Heimatland, die ihm nichts weiter als die Erkenntnis einbrachte, daß es nur ein bestechlicher Anwalt zu etwas bringen könnte, folgte er dem Ruf eines indischen Händlers nach Durban im Süden Afrikas, um dort gegen ein mäßiges Entgelt dessen Rechtsvertretung in einem langwierigen Prozeß zu übernehmen.

Gerade diese Reise war es, die an seiner Überzeugung von der Überlegenheit der englischen Demokratie Zweifel aufkommen ließ und die ihn schließlich an den Scheideweg seines Lebens führte.

2. Am Scheideweg

In Durban, einer Hafenstadt in der britischen Kronkolonie Natal, bestieg an einem Junitage des Jahres 1893 ein nach neuester englischer Mode gekleideter Gentleman den Zug nach Charlestown. Wer den Reisenden näher betrachtete, mochte vielleicht an dem bräunlichen Teint des Mannes bemerken, daß in dem tadellosen grauen englischen Flanellanzug dennoch kein Engländer steckte.

Gandhi, jener war der junge Mann, machte es sich in dem Abteil bequem, entnahm einem ledernen Handkoffer ein stärkeres Aktenbündel und vertiefte sich in die Schriftstücke. Abends, gegen neun Uhr, lief der Zug planmäßig in den Bahnhof von Maritzburg, der Hauptstadt der britischen Kronkolonie Natal, ein. Ein zugestiegener Passagier betrat das Abteil I. Klasse. Der Neuankömmling warf dem Lesenden, der von seinen Schriftstücken emporgesehen und freundlich gegrüßt hatte, einen Blick tiefster Verachtung zu und verließ wortlos das Abteil. Wenig später kehrte er mit dem Schaffner zurück.

»Werfen Sie diesen Kuli hier augenblicklich hinaus«, befahl er herrisch, trat gelangweilt an das Fenster und tat so, als ob ihn das Folgende nicht mehr interessiere.

»Also, Sie haben gehört«, wandte sich der Schaffner an Gandhi, »packen Sie augenblicklich Ihre Sachen zusammen! Sie werden im Gepäckwagen die Reise fortsetzen.«

Gandhi indessen blieb ruhig sitzen, zog eine Fahrkarte I. Klasse aus dem Jackett und reichte sie wortlos dem Schaffner. Der Zugbeamte würdigte die Karte keines Blicks. Er wies mit dem Daumen zur Tür. »Ab in den Gepäckwagen oder ich lasse Sie durch einen Polizisten hinauswerfen!« Im gleichen Moment schon sprang er zum Fenster und rief über den Perron: »Polizei!«

Kurze Zeit später erschienen zwei Polizisten im Abteil, warfen die auf dem Polstersitz liegenden Akten achtlos in den Lederkoffer und den Koffer aus dem Fenster. Dann nahmen sie den heftig protestierenden Inder mit hartem Griff in ihre Mitte, führten ihn zur Tür und stießen ihn auf den Bahnsteig hinunter. Wenige Sekunden darauf setzte sich der Zug in Bewegung. Gandhi stand frierend auf dem Bahnsteig, denn im Juni herrschte hier Winter. Der Mantel des so unsanft aus dem Zug entfernten Reisenden war im Abteil hängengeblieben. Dem Inder blieb nichts anderes übrig, als die folgende

Nacht im ungeheizten Wartesaal zu verbringen. Erst am nächsten Abend konnte er nach Charlestown weiterreisen, das bereits in der Burenrepublik Transvaal lag und wo die Eisenbahnlinie von Natal endete.

Um nach Pretoria, dem Ziel seiner Reise, zu gelangen, mußte er von Charlestown aus die Kutsche nach Johannesburg nehmen. Gegen das, was ihm dabei widerfahren sollte, war sein Erlebnis im Zug eine Bagatelle. Als er in der Kutsche bei den durchweg weißen Passagieren Platz nehmen wollte, wurde er von der harten Faust des Reiseleiters in den Straßenkot zurückgestoßen. »Dein Platz ist neben dem Kutscher, du Kuli«, schrie der Mann. »Scher dich hinauf!«

Berstend vor Zorn fast, aber in der Einsicht, gegen den klobigen, vierschrötigen Kerl nichts ausrichten zu können, und bedrängt von einem wichtigen Termin in Pretoria, gehorchte der junge, schmächtige, fast zierliche Gandhi dem Befehl. Unterwegs nickte er, von den Strapazen der zurückliegenden Nacht im Wartesaal des Bahnhofs Maritzburg arg mitgenommen, ein wenig ein.

Er schrak aus seinem Halbschlaf, als er sich erneut von den rohen Fäusten des Reiseleiters gepackt fühlte. Die Kutsche nämlich hatte inzwischen auf dem Weg nach Johannesburg haltgemacht. Der Reiseleiter wollte rauchen und sich dabei, um die Passagiere nicht zu belästigen, neben den Kutscher auf den Platz des Inders setzen. Herrisch wies die Hand des Reiseleiters auf einen schmutzigen Sack, der zu Füßen des Kutschers lag. »Setz dich solange dorthin, Kuli, aber ein bißchen schnell, wenn ich bitten darf.«

Gandhi sah dem frechen, rohen Kerl fest in die Augen und blieb auf seinem Platz. Die Schläfen des wuchtigen Mannes, der sich breitbeinig vor ihm aufgebaut hatte, schwollen an. Er holte aus und versetzte dem Inder zwei schallende Ohrfeigen. Dann griff er in die Revers seines Jacketts, zerrte ihn von seinem Sitz empor und versuchte, Gandhi vom Kutschbock hinunterzustoßen.

Gandhi indessen, durch diese Behandlung aufs äußerste empört, leistete jetzt verzweifelt Widerstand. Hatte er nicht seinen Platz in der Kutsche bezahlt genauso wie jeder andere Passagier? Und war er nicht, da er im britischen Empire lebte, genauso ein Untertan Ihrer Majestät wie jener grobschlächtige Kerl da? Besaß er das juristische Diplom einer angesehenen Londoner Lehranstalt, damit er sich von jedem x-beliebigen Engländer ohrfeigen und mit Füßen treten lassen mußte? Alles empörte sich jetzt in ihm gegen diesen brutalen Mann. Wenn es sein Leben kosten sollte, diesmal würde er sich nicht beugen. Um nichts in der Welt! Das war er sich und allen Indern schuldig. Mit beiden Händen klammerte er sich an die Räder der Kutsche. Auch als der andere wie ein Besessener auf ihn eintrat und eindrosch, und die Finger und die Hände in ihren Gelenken knackten, dem Reiseleiter gelang es nicht, Gandhi von der Kutsche zu stoßen.

Schließlich regte sich der Protest der anderen Passagiere, für die der Andersfarbige zwar auch nur ein Kuli war, die aber wohl den ungleichen Kampf zwischen einem so jungen, schmächtigen Mann und diesem Fleisch- und Muskelkoloß als unsportlich empfinden mochten. Wie fast alle Engländer, besaßen auch die Reisenden dieser Kutsche wenigstens sportliche Fairness. Murrend mußte sich der Reiseleiter schließlich vom Kutschbock zurückziehen und Gandhi wieder seinen Platz neben dem Kutscher überlassen.

Als Gandhi schließlich in Johannesburg, völlig erschöpft und durchnäßt, denn es hatte unterwegs zu regnen begonnen, ankam, erwartete ihn eine dritte Demütigung, die zwar nicht gewaltsam, aber dennoch tief war. In einem Hotel, das ein Engländer leitete, wurde ihm die Übernachtung nur unter der Bedingung gewährt, daß er den Speisesaal nicht betreten und seine Mahlzeiten nur auf seinem Zimmer einnehmen dürfte. Gandhi war zu erschöpft, als daß er auf das Nachtlager verzichten konnte, und er fügte sich der unwürdigen und entehrenden Bedingung, die ihm der Hotelier gestellt hatte.

Dennoch aber gruben sich diese Erlebnisse, die Bahnreise von Durban nach Charlestown, die Kutschfahrt von dort in das Johannesburg des Burenführers Ohm Krüger und die Begegnung mit dem englischen Hotelier so tief in das Herz und das Bewußtsein des Inders, daß sie zu einer Zäsur in seinem Leben wurden und daß sie seinem Leben einen anderen Verlauf gaben. Vielleicht sogar waren es diese drei Begebenheiten, die den jungen Inder zu dem machten, der er später geworden ist, zu dem Mahatma, zu der »großen Seele« seines Volkes, der die Inder aufrüttelte aus der jahrzehntelangen Duldung der britischen Fremdherrschaft und unter dessen Führung Indien schließlich seine Unabhängigkeit errang. Gandhi hat später einmal selbst bekannt, daß er auf dem Bahnhof in Maritzburg, auf dem Bock einer Burenkutsche und im Foyer eines englischen Hotels in Johannesburg am Scheideweg seines Lebens stand.

3. Die Jahre in Südafrika

Schon diese Reiseerlebnisse hatten ihm Südafrika gründlich verleidet. So beabsichtigte er, sogleich, nachdem er den Rechtsstreit seines Mandanten erledigt haben würde, in seine Heimat Indien zurückzukehren. Allein, es kam anders. Denn nicht nur sein Landsmann, der Händler Dada Abdullah, der ihn nach Durban gerufen hatte, bedurfte, wie sich herausstellte, seines Beistandes. Auch viele andere indische Kaufleute sahen einen fähigen Mann in ihm, sich mit seiner Hilfe gegen die Schikanen der Kolonialbehörden zu wehren.

Als er am 25. Juni 1894 nach erfolgreicher Beendigung des übertragenen Rechtsstreites zu dem Abschiedsessen erschien, das Dada Abdullah zu seinen Ehren arrangiert hatte, kam er keineswegs mehr mit der Freude dorthin, Südafrika am nächsten Tage verlassen zu können. Zuviel ließ er zurück, das ihn empörte und das auf Änderung drängte. Vielleicht war es ein Zufall, daß ihm gerade an jenem Abend eine Ausgabe des »Natal Mercury« in die Hände fiel, die seinen Entschluß, Südafrika zu verlassen, buchstäblich in letzter Minute über den Haufen warf. Die Engländer nämlich bereiteten um diese Zeit ein Gesetz vor, das den in Natal lebenden Indern das Wahlrecht entziehen sollte.

»Der Asiate«, so hieß es in dem Artikel, den Gandhi jetzt mit wachsender Erregung las, »entstammt einer Rasse mit abgenutzter Zivilisation, die nicht die geringste Kenntnis von den Prinzipien und Traditionen einer repräsentativen Regierung besitzt. Was seinen Instinkt und seine Erfahrungen betrifft, so ist er ein Kind von politisch rückständigster Art, von dem man gerechterweise nicht erwarten kann, daß er mit unseren politischen Bestrebungen in irgendeiner Weise sympathisiert.«

Hier war schwarz auf weiß ausgedrückt und ausgedruckt, was er die Engländer mehr als einmal von den Indern hatte sagen hören: sie verachteten sie als den Schmutz Asiens, als den Krebsschaden der Gesellschaft oder einfach als Schweine.

Mit zornbebender Stimme verlas Gandhi jetzt den Artikel vor allen Gästen, die ihn umdrängten, da sie längst seine Erregung bemerkt hatten. »Dieses Wahlgesetz«, schloß er dann, »ist der erste Nagel zu unserem Sarg. Es rührt an die Wurzeln unserer Selbstachtung.«

Als jemand aus dem Kreis der Gäste in das betretene, ratlose

Schweigen hinein vorschlug, Gandhi möchte die indische Gemeinschaft in dieser schweren Zeit nicht allein lassen, sondern sie gegen
das diskriminierende Gesetz in den Kampf führen, zögerte er keinen
Augenblick, und aus einem nur für ein Jahr bemessenen Aufenthalt
in Südafrika sollten schließlich zwölf Jahre werden, unterbrochen
nur durch zwei kurze Reisen nach Indien.

Die Engländer mußten nun sehr bald merken, daß sie mit den Indern nicht mehr verfahren konnten wie früher. Dem Parlament von
Natal lag schon wenige Tage später eine Petition vor, in der 500 Inder die Rücknahme des diskriminierenden Gesetzes forderten.

Am 22. August 1894 gründete Gandhi den Natal Indian Congress.
Das war keine unbedingt gegen die Engländer gerichtete Institution.
Denn damals glaubte Gandhi trotz allem noch, daß die englische Zivilisation insgesamt segensreich für die Welt sei. Er wollte mit diesem Kongreß vor allem die öffentliche Meinung mobilisieren, das gegenseitige Verständnis zwischen den Engländern und Indern fördern
und auf diese Weise zur rechtlichen Gleichstellung der Inder beitragen. Er begriff noch nicht, daß die miserable Behandlung der Inder
nicht mangelndem Verständnis einzelner englischer Herrn, sondern
dem System entsprang. Es bedurfte noch langer trüber Erfahrungen,
bis Gandhi aufhörte, ein loyaler Untertan Ihrer britischen Majestät
zu sein.

Die Briten taten das ihre dazu, daß er solche Erfahrungen in den
folgenden Jahren in rascher Folge sammeln konnte. Da war zum
Beispiel die Tatsache, daß sie trotz aller Petitionen und trotz des
Umstandes, daß aus 500 Unterschriften Tausende geworden waren,
das Wahlgesetz verabschiedeten. Da war der Fall Balasundaram, jenes indischen Kontraktarbeiters, der wegen ständiger Mißhandlungen durch seinen Herrn zu Gandhi kam, der ihm die Augen über
das Schicksal der Kontraktarbeiter öffnete und der ihn von nun an
zu ihrem glühenden Anwalt machte.

Die Kontraktarbeiter waren die rechtlosesten unter den rechtlosen Indern in Südafrika, die, von Schleppern in irgendein indisches
Rekrutierungsbüro gelockt und von dort nach Südafrika gebracht,
von morgens bis abends auf den Tee- und Zuckerrohrplantagen der
Weißen schuften mußten, die gezüchtigt und mißhandelt wurden
und die nicht einmal das Recht besaßen, sich ohne Zustimmung des
Herrn über ihren Brotgeber zu beschweren. Bis jetzt hatte sich
Gandhi fast nur für die Interessen der besitzenden Inder eingesetzt,
von dem Augenblick aber galten seine Hilfe und seine Liebe vor al-

lem den indischen Arbeitern in Afrika. »Bhai« nannten sie ihn, ihren Bruder.

Da war schließlich die Enttäuschung nach dem Burenkrieg, in dem die Inder die Engländer auf Drängen Gandhis durch ein Sanitäterkontingent unterstützt hatten. Denn Gandhi meinte nichts anderes, als daß die Engländer solche Untertanentreue nach dem Kriege mit größeren Rechten für die Inder lohnen würden. Aber genau das Gegenteil trat ein.

Als die Buren besiegt waren und die Engländer von Transvaal Besitz ergriffen hatten, gehörte zu ihren ersten Maßnahmen ein neues Meldegesetz, das die Diskriminierung der Inder einem neuen Tiefpunkt zutrieb. Danach hatte sich jeder Asiate über acht Jahre mit Fingerabdruck und Personenkennzeichen bei den britischen Behörden registrieren zu lassen. Wer diesem Befehl nicht innerhalb der gestellten Frist nachkam, der verwirkte das Recht, in Transvaal zu wohnen, wurde zu einer Geldstrafe, zu Gefängnis oder zu Deportation verurteilt.

Gandhi, der von diesem Gesetz sagte, daß er lieber sterben wolle, als sich ihm zu unterwerfen, ging sogleich daran, den Widerstand zu organisieren. In seiner Zeitung, die er inzwischen gegründet hatte, der »Indian Opinion«, rief er zum Boykott des Gesetzes auf, ja mehr noch, er fuhr an der Spitze einer indischen Delegation nach Großbritannien, um die Zustimmung der britischen Majestät zu diesem Gesetz zu verhindern.

Dort schien man dem Ansinnen Gandhis wohlwollend gestimmt zu sein; er kehrte mit der festen Überzeugung nach Südafrika zurück, die britischen Kolonialherren vom Unrecht ihres Tuns überzeugt zu haben. Erst dort begriff er, daß das Londoner Entgegenkommen pure Heuchelei gewesen war.

Transvaal und der Oranje Free State hatten inzwischen den Status der Selbstregierung erhalten und brauchten nicht mehr die Zustimmung der Londoner Regierung. Am 1. Januar 1907 trat das neue Meldegesetz in Kraft.

Vom gleichen Tage an aber sah sich die neue Regierung in der ehemaligen Republik der Buren, die sich mit den Engländern arrangiert hatten, zum ersten Male jener Form des Widerstandes gegenüber, der für Gandhis ganzes künftiges Wirken typisch sein sollte, der Satyagraha, der Kraft, geboren aus der Liebe und der Gewaltlosigkeit.

Die Regierung mochte warnen oder drohen, mit Gefängnis oder

mit Deportation, die Inder ließen sich nicht registrieren. Und auch als der ehemalige Burengeneral Smuts die Meldefrist verlängerte, erschienen von 13 000 in Transvaal lebenden Indern nur 500 zur Registrierung.

Die Regierung griff zur Gewalt und wollte ein Exempel statuieren. Gandhi und 24 seiner Gefährten wurden unter Anklage gestellt, das Meldegesetz verletzt zu haben und aufgefordert, die Republik Transvaal sofort zu verlassen. Als sich Gandhi und seine Getreuen weigerten, warf man sie ins Gefängnis. Schließlich machte Gandhi das Angebot zu einem Kompromiß — wobei übrigens Kompromißbereitschaft stets zu seinen Kampfmethoden mit seinen politischen Gegnern gehörte — und schlug Smuts vor, die Inder würden sich unter der Voraussetzung registrieren lassen, daß die Regierung anschließend das Gesetz zurückzöge.

Smuts ergriff die dargebotene Hand, jedoch nur, um sein Versprechen dann sofort zu brechen. Aber wenn er gemeint hatte, auf diese plumpe Art und Weise Gandhi und seine Anhänger zu bewegen, den Widerstand gegen das Meldegesetz aufzugeben, so sah er sich schwer getäuscht. Am 16. August 1908 loderte vor der Hamedia-Moschee in Johannesburg ein Feuer, in dem Tausende Inder zur Wut des Generals Smuts ihre Meldescheine verbrannten.

Willig nahm Gandhi erneut Gefängnisstrafe auf sich und verschmähte es, sich durch einen Geldbetrag freizukaufen. In Sträflingskleidern wurde er vom Volksrustgefängnis durch die Straßen von Johannesburg auf die Festung geführt und zusammen mit Schwerverbrechern in eine Zelle geworfen. Der gewaltlose Widerstand gegen das Meldegesetz dauerte an. Schließlich sah sich die Regierung der Südafrikanischen Union, die inzwischen aus den Burenrepubliken und dem britischen Besitz in Südafrika 1910 gebildet worden war, gezwungen, das Meldegesetz von 1907 zurückzuziehen und die Gefangenen zu entlassen.

Allerdings zeigten schon die folgenden Ereignisse, daß die Regierung keineswegs gewillt war, von ihrer Rassenpolitik gegen die Inder und andere Bürger nicht weißer Hautfarbe zu lassen. Ein relativ geringfügiger Anlaß brachte eine ganze Lawine ins Rollen. Der Frau eines indischen Kontraktarbeiters, die er in Indien nach mohammedanischen Riten geheiratet hatte, wurde die Einreise in die Südafrikanische Union mit der Begründung verweigert, diese Ehe sei in Südafrika ungültig. Als wenige Tage später ein neues Einwanderergesetz in Kraft trat, rief Gandhi die indische Gemeinschaft erneut zum gewaltlosen Widerstand auf, diesmal, um »die Ehre der indischen Frauen« zu schützen.

Die Frauen sahen nicht tatenlos zu, sondern reihten sich in den Widerstand ein. Auf dem Höhepunkt der Auseinandersetzung hatte es die Regierung mit 6 000 entschlossenen Indern zu tun. Gandhi riet den Frauen, sich im Kohlezentrum von Natal mit ihrem Anliegen an die Bergarbeiter zu wenden. Daraufhin traten 3 000 indische Kontraktarbeiter in einen unbefristeten Streik und zogen, von Gandhi angeführt und begleitet von Frauen und Kindern, in einem 850 Kilometer langen Protestmarsch durch das Land, um nunmehr nicht mehr nur die Ehre der indischen Frauen zu verteidigen, sondern auch die Abschaffung der diskriminierenden Kopfsteuer zu fordern.

Als Gandhi erneut verhaftet wurde, traten weitere 20 000 indische Arbeiter in den Streik. Die Polizei mochte die Arbeiter niederreiten und in die Menge schießen, deren Mut blieb ungebrochen. Gerade dieser Streik machte die Sache der Inder weit über die Grenzen der Südafrikanischen Union hinaus bekannt und brachte nicht nur die Regierung der Südafrikanischen Union in arge Bedrängnis. In Indien selbst kam es zu gewaltigen Sympathiekundgebungen, und Lord Hardinge, der indische Vizekönig, beschwor die englische Regierung in London, Druck auf die uneinsichtigen Generale Botha und Smuts auszuüben, da andernfalls auch in Indien Ruhe und Ordnung in ernste Gefahr gerieten. Schließlich mußte die Regierung in Pretoria nachgeben. Die diskriminierenden Gesetze fielen am 26. Juli 1914 im Parlament mit 60 gegen 24 Stimmen.

Gandhi sah seine Mission in Südafrika jetzt für beendet an. Diesmal fand sich auch keiner unter den indischen Kaufleuten, der ihn zum Bleiben bewogen hätte. Sie hatten Angst vor dem Apostel der Gewaltlosigkeit bekommen. Sie waren sehr zufrieden mit ihm gewesen, als er sich um ihre Rechte sorgte, aber es mißfiel ihnen sehr, daß er sich dann mehr und mehr auf die Seite der Kontraktarbeiter schlug. Ja, um diesen Rechtlosesten der Rechtlosen ganz nahe zu sein und einer der ihren zu werden, hatte Gandhi in einem plötzlichen Entschluß sogar allem persönlichen Besitz entsagt. Der gewaltige Streik der Kontraktarbeiter hatte den begüterten Indern einen gehörigen Schreck in die Glieder gejagt. Schließlich verbanden die indischen Kaufleute mit den Bergwerksbesitzern vielfältige Geschäftsbeziehungen, die man wegen ein paar armer dahergelaufener Landsleute nicht aufs Spiel setzen wollte.

So erhielt denn Gandhi am 18. Juli 1914 einen sehr ehrenvollen, ja sogar einen glanzvollen Abschied in der Stadthalle von Durban, ja es fehlten selbst nicht die Glückwünsche von Botha und Smuts für die »ritterlichen« Gegner. Allein die allgemeine Freude galt weniger den Verdiensten des Scheidenden als vielmehr der Tatsache, daß er die Südafrikanische Union nun endlich verließ. Smuts stieß den verbürgten Stoßseufzer aus: »Der Heilige hat unsere Küsten verlassen, ich hoffe sehr, für immer.«

Aber mochten es die Kaufleute und die Besitzenden wahrhaben oder nicht, Gandhi ließ Inder in Südafrika zurück, gleich ob Geschäftsleute oder Kontraktarbeiter, deren Nationalbewußtsein bedeutend gewachsen war und mit denen die südafrikanischen Rassisten in Zukunft kein leichtes Spiel mehr haben würden.

Gandhi aber schied aus Südafrika als eine weithin bekannte Persönlichkeit, deren Ruf sich nicht nur in ganz Indien und im »Mutterland« England verbreitet, sondern sich nach ganz Europa fortgepflanzt hatte. Er war um viele, unbezahlbare Erfahrungen reicher geworden. Noch nannte er sich zwar einen loyalen Untertan Ihrer britischen Majestät, aber es war schon eine Loyalität mit Einschränkungen, eine Loyalität, die Risse bekommen hatte.

»Das britische Volk scheint vom Dämon des kommerziellen Egoismus befallen zu sein. Der Fehler liegt nicht im Menschen, sondern im System. Indien wird im Interesse der ausländischen Kapitalisten ausgebeutet. Das wirkliche Heilmittel liegt in England, das die moderne Zivilisation ablegen muß, die eine Negation des christlichen Geistes ist.« Zwischen dem frischgebackenen Rechtsanwalt, der 1891 London mit der Überzeugung verließ, daß die englische Demokratie die überlegenste der Welt sei, und jenem Gandhi, der diese herbe Kritik an Lord Amphill schrieb, lagen 13 Jahre Umgang mit der britischen Kolonialmacht. Sie haben nicht zu deren Gunsten gearbeitet.

4. Der Apostel der Gewaltlosigkeit

Als Gandhi am 19. Januar 1915 nach einem Zwischenaufenthalt in London in Bombay landete, war er selbst überrascht, wie weit ihm sein Ruf vorausgeeilt war, und benommen von dem begeisterten Empfang, den ihm im Hafen Hunderte von Menschen bereiteten. Unter ihnen die Führer des Indischen Nationalkongresses, sein

Freund Gopal Krishna Gokhale, der den gemäßigten Flügel anführte und der einen konstruktiven Nationalismus vertrat, und Bal Gangadhar Tilak, der als Führer der Extremisten unter den bürgerlich-nationalen Kräften des Kongresses galt und der sich konsequent für ein selbstregiertes Indien einsetzte.

Die rauschenden Feste und Empfänge, die sich in den folgenden Tagen der begeisterten Aufnahme im Hafen von Bombay anschlossen, beunruhigten und verwirrten Gandhi, der Zeit seines Lebens ein äußerst bescheidener Mensch war, und so nahm er mit Freude den Vorschlag seines Freundes Gokhale an, sich im nächsten Jahr von jeder Politik fernzuhalten und zunächst einmal gründlich die indischen Verhältnisse zu studieren.

Zu Fuß und per Eisenbahn, in überfüllten Dritte-Klasse-Abteilen wie die armen Inder und gekleidet wie sie, durchmaß er den riesigen Subkontinent. Er suchte den Kontakt mit Indern aller Religionsrichtungen und Kasten, auch mit den Unreinen, mit Menschen aller Schichten.

Am Ende dieses Lehr- und Wanderjahres kannte er die indischen Verhältnisse wie kein zweiter und hatte sich eine Fähigkeit erworben, die ihn wie kaum etwas anderes in die Lage setzte, sein Volk in die Unabhängigkeit zu führen. Er erfühlte die Massen und artikulierte ihr Sehnen. Und weil er das vermochte, erreichte er sie und konnte sie politisch wachrütteln.

Eine zentrale Rolle spielte dabei vor allem die von Gandhi bereits in Südafrika entwickelte und erprobte Methode des gewaltlosen Kampfes. Sie entsprach der Denkweise breitester Kreise des indischen Volkes, der der Bauern ebenso wie der der Bourgeoisie. Satyagraha — Bestehen auf und Festhalten an der Wahrheit im Sinne von Gerechtigkeit. Nicht Waffen, nicht Gewalt, sondern moralische Kraft und Seelenstärke werden den Sieg über den Gegner davontragen — das war die Maxime, die das gesamte Handeln Gandhis bestimmte und mit der er den Zugang zum Herzen und zum Verstand der Massen fand.

Die Massen, das waren zunächst die Millionen Bauern, die Indien bevölkerten. In jahrhundertealter Tradition hatten die Bauern gelernt, Leid zu erdulden. Und sie waren durchdrungen von der Überzeugung, daß sie nur durch geduldiges Ertragen ihrer Mühsal vielleicht das Mitleid der Götter und der Menschen erregen könnten und daß sich allein dadurch möglicherweise ihre Lage verbessern

Mahatma Gandhi (links) mit seiner Frau Kasturba
zu Gast beim indischen Nationaldichter Rabindranath Tagore

würde. Wenn nun Gandhi vor sie hintrat und ihnen verkündete, daß
Gewaltlosigkeit bewußtes Leiden und Selbstaufopferung bedeute
und daß man die Tyrannei nur besiegen könne, wenn man seine
ganze Seele gegen den Willen des Tyrannen stellt, dann vernahmen
sie seine Botschaft gläubigen und überzeugten Herzens.

Auch als er ihnen das Glück der Vergangenheit, der früheren
Dorfgemeinschaften, heraufbeschwor, das die kapitalistische Geld-
wirtschaft vernichtet hatte und das man wiedererlangen müsse, dann
erblickten sie in Gandhi den Messias ihrer eigenen Träume. Um so
mehr, als er sich durch seinen Asketismus auch in den äußerlichen
Lebensumständen mit den Ärmsten der Armen identifizierte und
schon dadurch ihr Herz und ihr Vertrauen gewonnen hatte.

Zumindest genauso bedeutsam war die Tatsache, daß Gandhis
Ansichten über die spezifischen Kampfmethoden, besonders sein
unbeirrbares Festhalten an der Gewaltlosigkeit, haargenau den politischen Interessen der Bourgeoisie entsprachen. Ihr fiel die führende
Rolle im indischen Unabhängigkeitskampf zu, und wenn sie ihre
führende Rolle schließlich in Gandhi personifizierte, dann ausschließlich deshalb, weil er ihr in der herangereiften Situation als
nützlich erschien.

Gandhi hat sich zu keinem Zeitpunkt seines Lebens auf den Boden des Klassenkampfes gestellt. Denn alle Fehler, alle Auswüchse, gleich ob Ausbeutung oder nationale Unterdrückung, wurden von Gandhi primär den Menschen zugeschrieben, nicht dem herrschenden gesellschaftlichen System. Für ihn gab es keine Nation, keine Menschheit, die durch Klassen gespalten war, ja der Begriff Klasse erhielt in seinem Denken nicht einmal Platz, weil der nationale Befreiungskampf das Wichtigste für ihn war, und dieser schloß nach seiner Überzeugung nicht nur den Kampf der Klassen untereinander aus, sondern verlangte im Gegenteil die vollständige Harmonie, das Zusammengehen der Klassen.

Nicht nur ethische, auch politische Gründe und Rücksichten haben Mahatma Gandhi dazu bewogen, den gewaltlosen Formen des Kampfes den Vorzug zu geben. Zunächst einmal hatte seine Ansicht sehr viel für sich, da die Engländer eine solche militärische Überlegenheit besaßen, jede gewaltsame Erhebung im Keim zu ersticken. Auch über mögliche andere Konsequenzen des gewaltsamen Kampfes war sich Gandhi sehr wohl im klaren. »Wenn der Bauer«, so schrieb er, »zum vollen Verständnis seines Elends kommt und erkennt, daß nicht das Schicksal ihn in einen so hilflosen Zustand gebracht hat, sondern die bestehende Herrschaft, dann wird er ohne jede Beihilfe in seiner Ungeduld alle Unterschiede zwischen gewaltsamen und gewaltlosen Mitteln zur Seite schieben.«

Bourgeoisie und Feudalherren sahen die Dinge nicht anders als Gandhi selbst, und so kam es ihnen sehr gelegen, daß Gandhis Gewaltlosigkeit eine potentielle revolutionäre Bewegung in eine Richtung kanalisierte, die die ausbeutenden Klassen unangetastet ließ. Auf sich allein gestellt, nicht getragen von der Unterstützung der Volksmassen, war die Bourgeoisie zu schwach, den Kampf um nationale Unabhängigkeit zu führen. Aber wenn schon Einbeziehung der Massen, dann in ihrem Sinne so, daß der Unwille die kolonialen Ausbeuter, aber niemals die eigenen Interessen trifft. Dafür bot Gandhi, der Gewalt haßte, die besten Garantien.

Auch einige spezifische Kampfmethoden, wie beispielsweise der organisierte Boykott englischer Waren, fanden die freudige Zustimmung der indischen Bourgeoisie, vergrößerten sie doch ihre eigenen Absatzchancen und erhöhten ihren Profit.

Für solche Dienste war man gern bereit, dem großen Mahatma einige »absonderliche Ideen« zu verzeihen, zum Beispiel seine Treuhandvorstellungen, die die Reichen aus Besitzern ihres Reichtums zu seinen Treuhändern im Dienste der Allgemeinheit machen sollten. »Die Sozialisten«, sagte Gandhi, »wollen die privilegierten Klassen abschaffen. Ich möchte, daß sie aus ihrer Habsucht und Besitzlust herauswachsen.«

Solche Ideen vermochten die Bourgeoisie keineswegs aufzuschrecken. Im Gegenteil. Sie schlug auch aus solchen Ideen geschickt ihr Kapital. Als einige Kurzsichtige aus der indischen Kapitalistenklasse über die Treuhandidee in Aufregung gerieten, wurden sie von einem der größten einheimischen Unternehmer des damaligen Indiens, Birla, zurechtgewiesen. »Sehen Sie, meine Herren«, meinte er gelassen, »natürlich bin auch ich dagegen, das Eigentum an Produktionsmitteln zu beschränken. Aber sollte ich etwa als Unternehmer gegen die Sozialisten auftreten, von denen doch jeder meinen würde, daß ich damit nur die eigenen Interessen vertrete. Nein, nein, lassen Sie das doch lieber Leute wie Gandhi machen, die allen Besitz aufgegeben haben. Ihm steht das viel besser zu Gesicht.«

Trotz allem aber hatte Gandhi nach seiner Rückkehr in die Heimat Schwierigkeiten mit dem von der Bourgeoisie beherrschten Kongreß. Man zeigte Gandhi nicht gerade die kalte Schulter, aber man übte eine gewisse reservierte Distanz und war verschlossen gegenüber bestimmten Vorhaben und Absichten Gandhis. »Ja, ja. Schon. Aber haben Sie damit noch Geduld, die Zeit ist noch nicht reif! Verschieben wir es ein wenig auf später!«

Das hatte seine begreiflichen Gründe. Denn als Gandhi nach Indien zurückkehrte, war der erste Weltkrieg in vollem Gange, und die indischen Unternehmer, Bankiers und Kaufleute waren dabei, sich am Kriege nach Kräften zu bereichern und der britischen Konkurrenz einige fette Coupons abzujagen. Bei seiner liebsten Beschäftigung aber, beim Profitmachen, läßt sich kein Kapitalist so leicht stören — auch nicht ein indischer, selbst wenn ihm die Unabhängigkeit seines Landes am Herzen liegt. Deshalb stand Gandhi während des Krieges eigentlich im politischen Abseits. Die Situation änderte sich erst, als sich die indische Bourgeoisie um die Hoffnung geprellt sah, daß ihr die Engländer als Lohn für das Wohlverhalten während des Krieges größere Rechte einräumen würden. Aber noch etwas viel bedeutsameres beeinflußte den Verlauf der künftigen Ereignisse.

5. Der Sturm zieht auf

Die weitreichenden sozialen und politischen Folgen des ersten Weltkrieges und der Einfluß der Großen Sozialistischen Oktoberrevolution erschütterten den ganzen riesigen indischen Subkontinent. »Der
imperialistische Krieg«, sagte Lenin in seinem Referat auf dem
II. Kongreß der Kommunistischen Parteien der Völker des Ostens
1919, »weckte auch den Osten und bezog dessen Völker in die internationale Politik ein. England und Frankreich bewaffneten die Kolo-
nialländer und verhalfen ihnen dazu, technische Kampfmittel und
moderne Maschinen kennenzulernen. Diese Kenntnisse werden sie
nun gegen die Herren Imperialisten ausnutzen.«

Aus der nationalen Befreiungsbewegung in Indien, die wohl
manchmal stagnierte, aber nie zum Erliegen gekommen war, entwik-
kelte sich in den folgenden Jahren eine breite antiimperialistische
Massenbewegung, die alle Klassen, alle Schichten einschloß und die
das Kolonialsystem mehr und mehr ins Wanken brachte.

Das Wohlverhalten der indischen Kongreßführung und auch die
Loyalität Gandhis gegenüber der britischen Kolonialmacht lohnten
die Engländer nicht, wie allgemein erwartet, damit, daß sie den Indern das Recht auf Selbstregierung einräumten. Ganz im Gegenteil!
Sie verschärften die Repressalien, beließen es nicht nur bei dem
Ausnahmezustand, der während des Krieges über Indien verhängt
worden war, sondern zogen die Zügel mit den Rowlatt-Gesetzen
noch straffer an.

Nach diesen Gesetzen hatten es die Kolonialbehörden in der
Hand, jeden beliebigen, oder besser, unliebsamen Inder zum Terroristen zu erklären und ohne öffentliches Gerichtsverfahren, ohne
Recht auf Einspruch, für Jahre in den Kerker zu werfen. Das gleiche
geschah jenen, die »aufrührerische« Druckschriften besaßen oder
verteilten, wobei sich selbstverständlich die Briten die Entscheidung
vorbehielten, was als aufrührerisch zu bezeichnen sei. Das Wort
Selbstregierung auch nur in den Mund zu nehmen, geschweige
denn, es aufzuschreiben und zu drucken, galt als Staatsverbrechen.

In völliger Verkennung ihrer Lage, in panischer Furcht, daß das
Juwel Indien aus der britischen Krone brechen könnte, versuchten
die Engländer mit den Rowlatt-Bill, Indien in neue, noch schlim-
mere Fesseln zu schlagen.

Gandhi, voller Empörung über diesen neuerlichen Versuch völliger politischer Entmündigung eines Millionenvolkes, rief zum Boykott der Rowlatt-Gesetze auf. Hunderttausende und Aberhunderttausende folgten seinem Ruf, den Gesetzen der britischen Kolonialmacht die bewährte Kampfmethode Satyagraha entgegenzusetzen. Machtvolle Demonstrationen fanden statt, verbotene Schriften wurden, lange Gefängnisstrafen in Kauf nehmend, verteilt. »Hartal«, rief Gandhi, »Arbeitsruhe«, und die indischen Geschäfte und Behörden schlossen ihre Türen.

In jenen Tagen, da die Gemüter der Inder bis zum Siedepunkt erhitzt waren, da es nur noch eines Funkens bedurfte, um das Pulverfaß zur Explosion zu bringen, gab ein schneidiger britischer General namens Dyer in der Stadt Amritsar im Punjab den Befehl, auf friedliche Demonstranten zu schießen. Seelenruhig, Gewehr bei Fuß, hatten die Soldaten des Generals gewartet, bis sich die Demonstranten in einem von Mauern eingefaßten Park versammelt hatten. Dann ließ er den einzigen Ausgang durch Panzerwagen abriegeln und volle zehn Minuten lang in die friedliche Versammlung knallen, auch mit Maschinengewehren. 380 Inder wurden getötet, 1 200 schwer verletzt. Und dieser »Heldentat« fügte der General in den folgenden Tagen weitere hinzu. Er befahl, Schandpfähle aufzustellen, an denen Inder öffentlich ausgepeitscht wurden und richtete Straßen ein, durch die die Inder auf allen Vieren, wie die Tiere, unter dem Gelächter der Soldateska hindurchkriechen mußten.

Der Zorn, die überschäumende Wut der Inder über das Massaker von Amritsar sprengten Gandhis Satyagraha und entluden sich nun in nackter Gewalt gegen die Briten. In diesem kritischen Moment rief Gandhi, von der Gewalt offensichtlich nicht minder schockiert als die Kolonialbehörden, zum Abbruch der Bewegung gegen die Rowlatt-Bill auf. Nur wenige verstanden das. Aber abgesehen davon, daß Gewalt seinen Anschauungen widersprach, sah Gandhi die Gefahr, daß die Unabhängigkeitsbewegung bei gewaltsamen Auseinandersetzungen mit der Kolonialmacht unter den Bajonetten, Maschinengewehren, Kanonen und Panzerwagen der gut ausgerüsteten englischen Kolonialtruppe aus- und verbluten könnte. Denn zu ungleich noch schienen ihm im gegenwärtigen Moment die Kräfte verteilt.

Er tat etwas, von dem er sich größeren, dauernden Erfolg versprach. Er schlug auf einer Sondertagung des indischen Kongresses im September 1920 vor, eine Resolution zur »Non-Cooperation« mit den Engländern zu verabschieden und in ganz Indien eine solche

Bewegung ins Leben zu rufen, die schließlich bis zur endgültigen Selbstregierung Indiens geführt werden sollte.

Der britische Vizekönig bezeichnete das zwar als die verrückteste aller verrückten Ideen, die Gandhi je gehabt hätte. Aber damit bewies er höchstens einen Mangel an politischem Instinkt, den Gandhi offensichtlich in weit reichlicherem Maße besaß. Denn für Gandhi war die Non-Cooperation-Bewegung vor allem ein Mittel, allen Indern das Gefühl der Hilflosigkeit zu nehmen und es gegen das Gefühl der nationalen Würde einzutauschen. Non-Cooperation, das hieß, Kräfte zu aktivieren, zu mobilisieren und zu organisieren, das hieß, die unheilvolle Feindschaft zwischen Hindus und Moslems zu überwinden und so den Engländern eine gemeinsame Kraft, nicht aber gespaltene und geteilte Kräfte, entgegenzusetzen.

Im gleichen Jahr, da Gandhi seine Non-Cooperation-Bewegung einleitete, starb der indische Kongreß-Führer Tilak, einer der konsequentesten Verfechter und Kämpfer für die indische Selbstregierung. An seine Stelle trat jetzt Gandhi, denn keinen Besseren gab es in Indien, keinen, auf den das indische Volk mit größerem Vertrauen geblickt hätte. Unter seiner Leitung wurde der Kongreß zu einer festen Organisation, zum Führungszentrum der antikolonialen Bewegung, das nun auch die von Gandhi eingebrachte Massenbasis besaß.

Im Dezember 1920, vier Monate nach der Verabschiedung der Non-Cooperation-Resolution, faßten 14 000 Delegierte auf einer Kongreßtagung den wichtigen, einen neuen Kampfabschnitt einleitenden Beschluß: Erringung der Selbstherrschaft durch legitime und gewaltlose Mittel, innerhalb des Imperiums falls möglich, außerhalb wenn notwendig.

Dem englischen Vizekönig verging das Lächeln, mit dem er sich über die Idee Gandhis amüsiert hatte, binnen kurzem.

In den Dörfern begannen die Bauern zu weben und zu spinnen, den Khadi herzustellen, jenen Stoff, der die englischen Textilien verdrängen und der künftig ein einigendes Symbol für den nationalen Kampf sein sollte. Gandhi sah man von diesem Zeitpunkt an nie mehr in einem anderen Kleidungsstück als einem Lendentuch aus Khadi. Massenweise und öffentlich wurde in den Städten englische Kleidung verbrannt. Die Kongreßmitglieder ließen die Maßanzüge aus feinem englischen Tuch im Schrank und gingen in indischer Tracht, hergestellt aus Khadi, einher. Studenten verließen die Hochschulen. Rechtsanwälte schlossen ihre Büros. Arbeiter bestreikten ihre englischen Brotherrn. Schulen wurden eingerichtet, in denen die Lehrer nicht mehr in englischer, sondern in einer der vielen Sprachen des Landes unterrichteten. Eine Nationalflagge entstand. Indien besann sich in diesen Monaten seiner Kraft und vor allem darauf, daß es eine einheitliche, große Nation mit einem legitimen Recht auf Selbstbestimmung sei.

Doch in jenen Wochen, da die Engländer das Fürchten lernten und ihnen der Boden unter den Füßen zu schwanken begann, geschah jener Zwischenfall, der Gandhi erneut zum Innehalten bewog. Eine aufgebrachte Menge, die von der Polizei bei einer Demonstration in Chauri-Chaura beschossen worden war, steckte die Polizeistation mitsamt den Polizisten in Brand. Gandhi beschwor das Arbeitskomitee des Kongresses, erschreckt wie damals von den Gewalttätigkeiten beim Widerstand gegen die Rowlatt-Bills, die Non-Cooperation-Bewegung sofort einzustellen. Vielleicht auch aus den gleichen Erwägungen heraus, wie er sie damals hatte; diesmal hatte seine Haltung jedoch einen ungeheuren Vertrauensverlust bei vielen seiner bedingungslosen Anhänger zur Folge, die seine jetzige Reaktion auf die Ereignisse als feigen Rückzug betrachteten. Gandhi selbst wurde im März 1922 von britischen Gerichten zu sechs Jahren Gefängnis verurteilt.

»Gandhis Experiment war«, wie der damalige Gouverneur von Bombay sagte, »das kolossalste Experiment der Weltgeschichte; er war vom Erfolg nur noch einen Zentimeter entfernt. Aber er konnte die menschlichen Leidenschaften nicht kontrollieren. Die Menschen wurden gewalttätig, und er brach sein Programm ab.«

Gandhi, der 1924 vorzeitig aus der Haft entlassen wurde, hielt sich für mehrere Jahre vom politischen Leben fern, wenn man davon absieht, daß er eine Kampagne gegen die Unberührbarkeit ins Leben rief.

Die Lage in Indien beruhigte sich bis zum Ende der zwanziger, ja bis in die dreißiger Jahre hinein. Beruhigung bedeutet in diesem Falle jedoch nicht, daß eine politische Flaute eingetreten wäre. Ganz im Gegenteil: Es vollzogen sich sogar sehr bedeutsame politische Prozesse, die letzten Endes eine Konsolidierung, Sammlung und Stärkung der Kräfte bewirkten, um dann mit noch größerer Entschlossenheit gegen die britische Fremdherrschaft aufzutreten.

Gandhis abrupte, für viele unverständliche Reaktion hatte, obwohl sie der Bewegung vorübergehend ihren revolutionären Schwung nahm, auch eine positive Seite. Sie führte nämlich dazu, daß sich viele Streiter für die nationale Unabhängigkeit nun, nachdem Gandhis Rezept des gewaltlosen Widerstandes offensichtlich gescheitert war, dem wissenschaftlichen Sozialismus zuwandten. So entstanden im Indien der zwanziger Jahre zahlreiche kommunistische Gruppen, bis schließlich im Dezember 1925 die Kommunistische Partei Indiens gegründet wurde.

Gandhi selbst hat den Kommunismus nie verstanden. Aber das konnte man von einem Mann, der das kapitalistische System nicht begriff, der das Übel der Gesellschaft mit Personen und Moral identifizierte, auch nicht erwarten. Dennoch hat er den Kommunismus nie abgelehnt, geschweige denn bekämpft, ja er hat vielmehr immer wieder Gespräche mit Kommunisten gesucht.

Die Ziele der Kommunisten, eine bessere, eine Welt der Gerechtigkeit für alle zu schaffen, hatten Gandhi fasziniert, denn im Grunde genommen verschrieb er diesem Ziele ja auch sein eigenes Leben. Zumindest spricht es sehr für die Toleranz Gandhis, wenn er 1947 einem Kommunisten erklärte: »Wir stehen an entgegengesetzten Polen, aber es gibt etwas Großes, das wir gemeinsam haben. Wir erklären beide, das Wohl des Landes und der Menschheit zum Ziele zu haben. Obgleich es im Moment so scheinen mag, als ob wir uns in entgegengesetzter Richtung bewegen, glaube ich, daß wir eines Tages zusammenkommen werden.«

In der Wochenzeitung »Young India« lesen wir aus seiner Feder: »Ich muß zugeben, daß ich bisher nicht in der Lage war, die Bedeutung des Bolschewismus zu verstehen. Was ich weiß, ist, daß die Abschaffung des Privateigentums sein Ziel ist. Wenn die Menschen dieses Ideal freiwillig akzeptieren oder durch friedliche Überzeugung dazu gebracht werden könnten, dann könnte es nichts Besseres geben. Aber wie dem auch sei, die Tatsache kann nicht in Frage gestellt werden, daß hinter dem bolschewistischen Ideal reinste Opfer zahlloser Männer und Frauen stehen, die alles dafür gegeben haben. Und ein Ideal, das durch die Opfer solch genialer Menschen wie Lenin geheiligt ist, kann nicht fruchtlos sein. Das edle Beispiel ihrer Aufopferung wird immer leuchten und das Ideal im Laufe der Zeit weiter vorantreiben und reinigen.« Mit der Kommunistischen Partei erwuchs Indien ein bedeutender neuer Kraftquell des antiimperialistischen Kampfes. Auch der 1920 gegründete Allindische Gewerkschaftskongreß gewann spürbar an Einfluß. Die Streiks wurden entschlossener geführt, und die junge indische Arbeiterklasse entwickelte sich zu einer der entscheidenden Triebkräfte der revolutionären Bewegung.

Die britische Kolonialmacht erkannte sehr wohl die Gefahr, die gerade von den Kommunisten und der Gewerkschaft auf sie zukam und holte zu einem vernichtenden Schlag gegen sie aus. Der Prozeß gegen 34 Arbeiterführer in Meerut sollte die Kommunistische Partei und die Gewerkschaft ihrer Führung berauben und sie von der Befreiungsbewegung, deren entscheidende Kraft sie mehr und mehr geworden waren, abspalten. Parallel dazu wuchs im Indischen Nationalkongreß der Einfluß der radikalen Kräfte, und gegen Ende der zwanziger Jahre hatte sich ein linker Flügel herausgebildet, der entschieden antiimperialistische, ja sozialistische Ideen reflektierte und der von Jawaharlal Nehru geführt wurde.

Jawaharlal Nehru und Rabindranath Tagore, die in der Mitte der zwanziger Jahre die Sowjetunion besuchten, kehrten begeistert und inspiriert von neuen Eindrücken nach Indien zurück.

Nehru verfocht am entschlossensten die völlige Trennung Indiens von Großbritannien, im Gegensatz zu anderen, gemäßigten Kongreßpolitikern, die zwar für indische Selbstherrschaft, aber im Rahmen des britischen Commonwealth waren. Für Nehru konnte es ohne einen völligen Bruch mit England keine wahre Freiheit für Indien geben.

Nehru verband mit Gandhi, auch wenn ihre Ansichten nicht selten divergierten, eine herzliche und innige Freundschaft. Nehru, ein klarsichtiger, klardenkender und resoluter Vertreter der indischen Bourgeoisie, übernahm im Dezember 1929 auf der Kongreßtagung in Lahore die Präsidentschaft; Ausdruck dafür, daß die Radikalen im Kongreß die Oberhand gewonnen hatten. Übrigens war es Gandhi, der die Wahl Nehrus, dessen entschiedene Einstellung die Gemäßigten mit Furcht erfüllte, im Kongreß durchsetzte. Von den Tribünen des Kongresses verkündete Nehru vor den 30 000 Delegierten: »Unabhängigkeit bedeutet für uns vollständige Freiheit von der britischen Vorherrschaft und dem britischen Imperialismus.«

Der Kongreß erklärte den 26. Januar 1930 zum Tag der Unabhängigkeit. Hunderttausende, Millionen Inder schworen an diesem Tage im ganzen Lande auf das Unabhängigkeitsgelübde, das der Kongreß verabschiedet hatte, das zur Sturmglocke für den Kontinent wurde und in dem es heißt: »Wir glauben, daß es das unbestreitbare Recht des indischen Volkes wie aller anderen Völker ist, frei zu sein, die Frucht der Arbeit zu genießen und ihren Lebensunterhalt zu

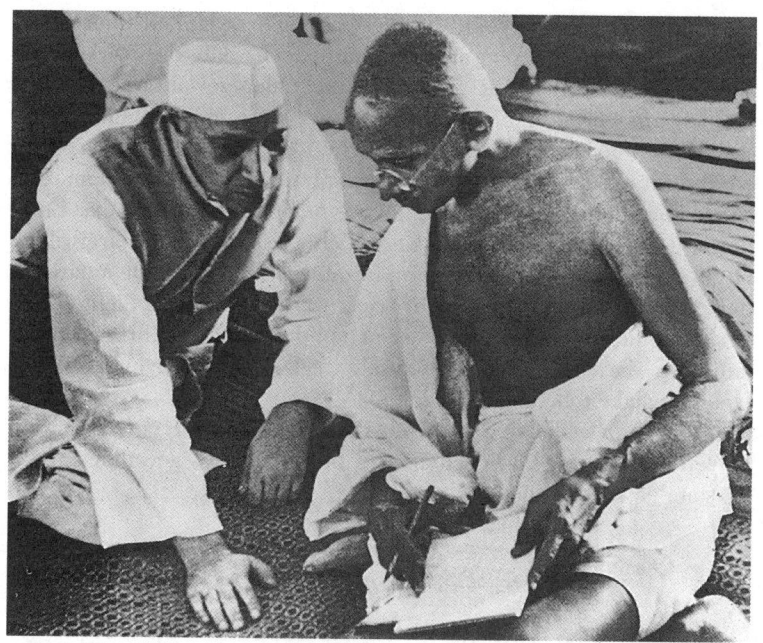

Enge Beziehungen pflegte Mahatma Gandhi
auch zum späteren Ministerpräsidenten Indiens, Jawaharlal Nehru (links)

verdienen, damit sie alle Möglichkeiten haben, sich zu entwickeln.
Wir glauben auch, daß, wenn irgendeine Regierung ein Volk dieser
Rechte beraubt und es unterdrückt, das Volk das grundsätzliche
Recht hat, sie zu verändern oder zu beseitigen.« Es wird festgestellt,
die britische Regierung habe nicht nur das indische Volk seiner Freiheit beraubt, sondern Indien ökonomisch, politisch, kulturell und
geistig ruiniert. Als Beispiel wird angeführt, daß Dorfindustrien, wie
das Handspinnen, zerstört sind, die Bauernschaft so mindestens vier
Monate im Jahr ohne Beschäftigung bleibt.

Politisch sei Indiens Stellung nie so niedrig gewesen wie unter britischer Herrschaft, heißt es. Die Rechte der freien Meinungsäußerung und der Versammlungsfreiheit würden verweigert, die Massen
müßten zufrieden sein, wenn ihnen kleine Verwaltungsfunktionen in
den Dörfern belassen werden.

Abschließend wird festgestellt: »Wir sind der Meinung, daß es ein
Verbrechen gegen die Menschen und Gott ist, uns noch länger einer

37

Herrschaft zu unterwerfen, die dieses vielfältige Unheil über unser Land gebracht hat. Wir anerkennen jedoch, daß der wirksamste Weg, unsere Freiheit zu gewinnen, nicht der gewaltsame ist. Wir werden uns vorbereiten, indem wir so weit wie möglich alle freiwillige Zusammenarbeit mit der britischen Regierung einstellen, und wir werden uns vorbereiten auf bürgerlichen Ungehorsam, einschließlich Steuerverweigerung. Wir sind überzeugt, daß das Ende dieser unmenschlichen Herrschaft sicher ist, wenn wir freiwillige Hilfe verweigern, keine Steuern bezahlen, ohne Gewalt anzuwenden, selbst, wenn wir dazu provoziert werden. Wir verpflichten uns deshalb hiermit feierlich, die Weisungen der Kongreßführung durchzuführen, die von Zeit zu Zeit zum Zwecke der Herstellung völliger Unabhängigkeit gegeben werden.«

Indien indes blickte jetzt wieder auf Gandhi, der vom Kongreß aufgefordert worden war, eine neue Bewegung des gewaltlosen Widerstandes einzuleiten.

6. Der Große Marsch

Gandhi begann die neue Bewegung mit einer Aktion, die wieder, wie damals beim Beginn der Non-Cooperation, allgemeine Verblüffung sowohl bei den englischen Behörden als auch bei seinen Anhängern auslöste. Aber so wie Gandhi im Grunde genommen niemandem sonst als seiner inneren Stimme gehorchte, so tat er es auch diesmal. Und diese Stimme sagte ihm: Salz; der Kampf gegen die Salzsteuer wird die Massen in Bewegung bringen.

Gandhi richtete an den britischen Vizekönig in Indien, Lord Irwin, ein Ultimatum: Die Salzsteuer, so schrieb er, koste den Bauern drei Arbeitstage. Und sollte diese Steuer, die die Ärmsten der Armen am meisten bedrückt, nicht abgeschafft werden, so hätte Seine Lordschaft am 11. März mit einem Marsch an die Küste zu rechnen, wo das Salzmonopol der Regierung gebrochen werden soll. Der Lord bedauerte zwar in seinem Antwortbrief, daß Gandhi erneut den Frieden und die Ordnung brechen wolle. Ansonsten aber lächelte er, ein Lächeln, das jedoch sehr bald in Staunen und dann in wilde Wut überging. Bitter bereute er seinen Befehl, den »Verrückten« und seine Getreuen ruhig ziehen zu lassen. Am 12. März 1930 machte sich Gandhi mit 28 seiner Anhänger zum Meer auf, und je näher die kleine Schar ans Meer kam, desto größer wurde ihre Zahl,

6 000 waren es schließlich, als Gandhi am 6. April eine Handvoll Salz von den Ablagerungen der Küste aufnahm und sie der Menge zeigte. Das war ein symbolisches Signal, denn von nun an strömten die Menschen in Massen zur Küste und siebten ihr Salz selbst, brachen das britische Salzmonopol.

Und so wie man den Salzkauf boykottierte und damit den Briten eine wichtige Einnahmequelle zu verstopfen drohte, so lebte jetzt im ganzen Lande der Boykott auch anderer englischer Waren wieder auf, und zwar in einem Umfang, wie ihn die Engländer bisher noch nicht gekannt hatten. Als Gandhi schließlich bekanntgab, die Salzwerke in der Nähe Bombays zu besetzen, warfen ihn die Briten ins Gefängnis, ohne allerdings dabei zu bedenken, daß sie damit aus dem Sturm einen Orkan machen würden.

Als Antwort kam es zu ausgedehnten Streiks, Geschäfte und Schulen schlossen, ja selbst — etwas Unerhörtes in der gesamten britischen Kolonialgeschichte — Soldaten der königlich-britischen Armee weigerten sich, auf friedliche Demonstranten zu schießen. Und als Tausende Demonstranten in allen Teilen des Landes die Salzwerke zu besetzen versuchten, und die britische Kolonialmacht mit eisenbeschlagenen Schlagstöcken, Kanonen, Tanks und Flugzeugen Massaker anrichtete, da erreichte die Erbitterung solche Ausmaße, daß Indien für die Briten unregierbar zu werden drohte.

Lord Irwin mußte es in diesem Moment als Geschenk Gottes betrachten, daß Gandhi in eine Übereinkunft, in ein Abkommen willigte, übrigens das erste, bei der ein Inder gegenüber der Kolonialmacht als gleichberechtigter Partner auftrat. In diesem sogenannten Gandhi-Irwin-Abkommen vom März 1931 verpflichtete sich die Regierung, alle politischen Gefangenen, von denen die Kerker bis zum Bersten überfüllt waren, freizulassen und Salzgewinnung für den persönlichen Gebrauch zu erlauben. Gandhi indessen übernahm die Verpflichtung, die Bewegung des zivilen Ungehorsams einzustellen. Die Kolonialherren atmeten auf, das Abkommen gewährte ihnen eine Atempause. Aus den Reihen der Seinen sah sich Gandhi erneut, wie damals, als er so abrupt den Widerstand gegen die Rowlatt-Gesetze abbrach, heftigster Kritik ausgesetzt. Aber er meinte gelassen: »Der spektakuläre Teil des Programms ist vorbei, aber laßt uns unser Pulver trocken halten und unsere Waffen blank.«

Seine Einsicht in die Situation war vermutlich größer als die seiner ungeduldigen Kritiker. Denn in einem Moment, da fast alle Führer der Unabhängigkeitsbewegung und nahezu alle Kongreßmitglieder in britischen Gefängnissen saßen, hätte eine weitere Zuspitzung der Situation der Unabhängigkeitsbewegung wahrscheinlich mehr Schaden als Nutzen gebracht.

Gandhi ging am 29. August 1931 an Bord der »Rajputana« und fuhr nach England zu einer Rundtischkonferenz, die sich mit der indischen Frage beschäftigen sollte.

Als er aus London und nach einer anschließenden Reise durch verschiedene Länder Europas im Januar 1932 in die Heimat zurückkehrte, hatte sich in der britischen Führungsspitze ein entscheidender Wandel vollzogen. Über Indien regierte ein neuer Vizekönig, Lord Willingdon, der sich in seinen Ansichten von Lord Irwin wesentlich unterschied. Lord Irwin hatte — die Auswirkungen der Weltwirtschaftskrise beachtend — auf den Kompromiß und auf Verhandlungen gesetzt, um Indien im Empire festzuhalten. Lord Willingdon indessen war ein Vertreter des harten Kurses und der nackten Gewalt, ein Mann, der genau der damaligen Haltung der Londoner Regierung entsprach. In aller Stille, gedeckt durch den

Schwere Unruhen gegen die britische Kolonialherrschaft
gab es im Jahre 1930 auch in Bombay

Gandhi-Irwin-Pakt, hatte Willingdon einen entscheidenden Schlag gegen den Indischen Nationalkongreß vorbereitet. Alle führenden Kongreßvertreter, darunter der fähigste und einer der entschiedensten Gegner der britischen Kolonialmacht, Nehru, wurden in einer blitzartig geführten Verhaftungsaktion eingekerkert. Auch Gandhi ereilte das gleiche Schicksal. Innerhalb von vier Monaten wurden noch weitere 80 000 Menschen, Vertreter der indischen Unabhängigkeitsbewegung, in die Kerker geschleppt.

War Gandhi von verschiedenen seiner Anhänger schon der Pakt übelgenommen worden, den er mit Lord Irwin geschlossen hatte, so erbitterte sie das, was er jetzt tat, noch mehr. Es schien so, als ob sich Gandhi auch nach den Gewaltmaßnahmen des neuen Vizekönigs an den Pakt mit Lord Irwin halten wollte. Kein Zeichen, keine Botschaft kamen von ihm, den Widerstand wieder aufzunehmen, sein ganzes Interesse galt vielmehr wieder der Unberührbarkeit. Mit diesem seinem diesmaligen Rückzug durchschnitt er das Band zwischen sich und dem Kongreß, oder besser umgekehrt, der Kongreß durchschnitt das Band zu Gandhi.

Subash Chandra Bose gab der allgemeinen Enttäuschung, aber auch Erwartung Ausdruck: »Der Mahatma hat als politischer Führer versagt. Die Zeit ist gekommen, den Kongreß radikal auf neuen Prinzipien, mit neuen Methoden und mit einem neuen Führer zu reorganisieren.« Selbst sein Schüler und engster Freund Jawaharlal Nehru erklärte voller Bitternis, daß das Band der Treue, die ihn viele Jahre an Gandhi gebunden hätte, zerrissen sei.

1934 trat Gandhi endgültig aus dem Kongreß aus, dennoch aber bestimmte er nach wie vor — angesichts seines großen Einflusses bei den Massen — die Politik des Kongresses in entscheidenden Punkten mit.

Sein Kampf gegen die Unberührbarkeit stand jetzt nicht mehr, wie viele seiner Anhänger meinten, weit ab von den politischen Tagesaufgaben, sondern ganz im Gegenteil in ihrem Zentrum. »Wie können wir mit gutem Gewissen unsere Unterdrücker verurteilen, wenn wir unsere eigenen Brüder schamlos unterdrücken?« fragte Gandhi.

Indem er das Problem der Unberührbaren auf die politische Bühne hob, wollte er ein Zeichen setzen für die Überwindung des religiösen Haders, der von den Briten eifrig geschürt wurde, der allein ihnen zustatten kam und der dem antikolonialen Kampf schweren Schaden zufügte. Die Führer der Hinduvereinigung Mahasabka, der Moslemliga, der Religionsgemeinschaft der Sikhs, aber auch die der Kastenlosen, der Unberührbaren, verfolgten ihre eigenen Ziele und begünstigten durch ihre Spaltung und ihre Fehden objektiv die britische Kolonialmacht. Gandhi kündigte ein Fasten bis zum Tode an, eine Kampfform, deren er sich übrigens sehr häufig bedient hatte, wenn sich die Führer der Religionsgemeinschaften nicht einigen konnten und nicht bereit waren, mit dem Übel der Unberührbarkeit Schluß zu machen. Die Einigung kam zwar mit dem Yeravda-Pakt zustande. Auch er vermochte jedoch die Gegensätze nur vorübergehend zu überdecken, nicht aber zu beseitigen. Im Gegenteil: Am Ende seines Lebens mußte Gandhi Zeuge werden, wie sich die Anhänger der verschiedensten Religionsrichtungen in furchtbaren Massakern zerfleischten.

7. »Quit India!« — »Raus aus Indien!«

Im zweiten Weltkrieg verschärften sich alle Gegensätze in Indien. Vor allem der Widerspruch zum britischen Imperialismus spitzte sich auf dramatische Weise zu. Hatte die britische Kolonialmacht in den Jahren vor dem zweiten Weltkrieg die Ausbeutung ihres Kronjuwels bedeutend gesteigert, so erreichte diese im Kriege selbst bis dahin nicht gekannte Ausmaße. Die Lage der Volksmassen verschlechterte sich drastisch, und allein in Bengalen verhungerten in einem Jahr 3,5 Millionen Menschen.

Gleich zu Beginn des Krieges sagte der Kongreß den Briten den Kampf an. Zwar verurteilte er den Überfall Hitlerdeutschlands auf Polen, setzte jedoch unmißverständlich hinzu: »Indien kann sich nicht einem Krieg anschließen und unterstützen, der nach imperialistischen Gesichtspunkten geführt wird und dazu dienen soll, den Imperialismus in Indien und anderswo zu konsolidieren.«

Nur in einem Fall, meinte der Kongreß, könne man über diese Frage reden, dann nämlich, wenn Großbritannien die Unabhängigkeit Indiens nach dem Kriege garantiere und ab sofort eine nationale Regierung unter Vorsitz des Vizekönigs einsetze. Dazu aber war die Londoner Regierung nicht bereit, und der Vizekönig Linlithgow machte zwar sehr verschwommene Andeutungen über einen eventuellen späteren Dominionstatus, aber um auf einen solchen Trick hereinzufallen, waren den Indern die Rowlatt-Gesetze in »zu guter« Erinnerung, die dem indischen Wohlverhalten während des ersten Weltkrieges auf dem Fuße gefolgt waren.

Selbst als Indien die unmittelbare Gefahr drohte, zum Kriegsschauplatz zu werden — die deutschen Faschisten waren in die Sowjetunion eingefallen, die Japaner auf den Philippinen gelandet, hatten Singapore erobert, Malaya okkupiert und Rangun besetzt —, wies der britische Vizekönig eine erneute Entschließung des Kongresses zurück. Darin erbot sich der Kongreß unter der Voraussetzung, daß die Briten die Macht an eine indische Regierung übertrügen, Indien mit der Waffe in der Faust gegen die Japaner zu verteidigen. Aber Waffen in den Händen der Inder schienen der englischen Regierung weit gefährlicher als die japanischen Armeen, und erneut widersetzte sie sich einer Zusammenarbeit mit dem Kongreß.

In der Haltung zum Krieg kam es zu schwerwiegenden Differenzen zwischen dem Kongreß und Gandhi. Er, dem die Gewalt wie nichts auf der Welt verhaßt war, mußte nun Zeuge werden, wie sich die Welt in Gewalt zerfleischte.

Im Juli 1939 hatte er Hitler in einem Brief beschworen, die Völker nicht in einen Krieg zu stürzen. Als es dennoch geschah, war Gandhi verzweifelt, sein ganzes Gebäude, seine Ansichten von der Kraft der Gewaltlosigkeit, der Wahrheit und der Liebe schienen zusammenzustürzen wie ein Kartenhaus. Ja, er stellte sich auf die Seite der Angegriffenen, aber er war nicht wie der Kongreß bereit, Großbritannien mit der Waffe in der Hand zu unterstützen, auch nicht um den Preis der indischen Selbständigkeit. Krieg, meinte er, kann man nicht mit Krieg begegnen. Und er wollte das Prinzip der Gewaltlosigkeit selbst dann praktiziert wissen, wenn die Japaner in Indien einfielen. Mit solchen Auffassungen brachte er sich zu den meisten Kongreßmitgliedern in Widerspruch; Kongreßpräsident Azad brachte eine repräsentative Meinung zum Ausdruck, als er sagte: »Mahatma Gandhi muß vor der Welt die Botschaft der Gewaltlosigkeit verkünden, und es ist deshalb seine Pflicht, sie zu propagieren, aber wir müssen unsere Position als Vertreter der indischen Nation sehen. Der Kongreß ist eine politische Organisation, verpflichtet, für das Land die politische Unabhängigkeit zu erringen. Er ist keine Institution, den Weltfrieden zu organisieren ... wir müssen ... der harten Tatsache ins Auge sehen, daß Mahatma Gandhi sich vom Kongreß trennt.«

Dennoch aber wandte sich der Kongreß, nachdem sich die Kolonialmacht trotz aller Kriegsschwierigkeiten gegenüber den Forderungen der Inder nach Unabhängigkeit zugeknöpft und abweisend wie immer zeigte, erneut mit der Bitte an Gandhi, die Bewegung des zivilen Ungehorsams wieder wachzurufen. Denn wenn auch die Meinungsverschiedenheiten zwischen dem Kongreß und Gandhi zugenommen hatten, auf Gandhi als Führer zu verzichten, war unmöglich und in diesen Jahren auch noch nicht erwünscht. Denn nach wie vor war es so, daß Gandhi das Ohr und die Liebe der indischen Massen besaß.

Der Kongreß stellte der britischen Regierung das Ultimatum: Entweder nationale indische Regierung oder ziviler Ungehorsam auf der ganzen Linie! Die Regierung blieb hart. Churchill, der englische Premier, hatte schon 1930 erklärt: »Früher oder später wird man Gandhi, den indischen Kongreß und alles, was sie repräsentieren, zerschmettern müssen.«

Der Zeitpunkt schien jetzt gar nicht so ungünstig zu sein, ja er machte es sogar notwendig, jeden inneren Widerstand auszuschalten. Die nunmehr angekündigte Kampagne konnte die Handhaben dafür liefern.

Gandhi präzisierte klar das Ziel dessen, was er mit der Bewegung des zivilen Ungehorsams erreichen wollte. Es gab kein Wenn und Aber mehr: »Unabhängigkeit nach dem Krieg interessiert mich jetzt nicht, ich will sofortige Unabhängigkeit! Ich werde mich auf kein Abkommen mit dem Vizekönig einlassen. Ich werde nicht weniger als Freiheit fordern. Die Losung ist: Handeln oder sterben. Wir werden entweder Indien befreien oder sterben!«

Quit India, raus aus Indien, hieß die unmißverständliche Losung, mit der Gandhi und der Kongreß im August 1942 den Kampf gegen die britische Kolonialmacht eröffnen wollten. Diese Losung, mit der Gandhi zugleich den Gipfel seiner politischen Konsequenz erreichte, sprach Millionen Indern aus dem Herzen. Aber kaum hatte der Kongreß am 8. August die Losung den Engländern zugeschrien, da rollte am 9. August die Gegenoperation der Engländer an. Die Pläne dazu lagen schon seit langem in den Tresoren der Kolonialbehörden, zumindest seit dem Zeitpunkt, da Churchill das berühmte Wort »zerschmettern« ausgesprochen hatte. Gandhi und die Führer des Kongresses wurden verhaftet, der Kongreß wurde verboten. Erneut füllten 60 000 Inder die britischen Gefängnisse.

Spontan entlud sich jetzt der aufgestaute Zorn, der Haß der Inder gegen die Kolonialmacht. Häuser gingen in Flammen auf, Züge entgleisten, überall kam es zu Sabotagen. Streiks erschütterten das Land, Geschäfte wurden geschlossen, das öffentliche Leben drohte zu erliegen. Die Engländer mußten ihre ganze Militärmacht aufbieten, um des Aufruhrs endlich Herr zu werden. Flieger rasten über

Demonstranten und warfen Bomben, Panzer eröffneten das Feuer. In Indien, schien es, wütete jetzt selbst der Krieg.

Gandhi, der Friedfertige, der ähnliche Bewegungen, wenn sie in Gewalt ausarteten, kraft seiner Persönlichkeit schon mehr als einmal abgebrochen hatte, wuchs über sich selbst hinaus. Als Gandhi von den Engländern aufgefordert wurde, die Bewegung mit der Autorität seines Wortes aufzuhalten, wies er dieses Ansinnen zurück. »Ich«, erklärte er dem Vizekönig, »sehe lieber ein mit dem Schwert kämpfendes Indien als ein Land, das sich feige demütigen läßt.« Gandhi, der stets den Kompromiß gesucht hatte, war zu einer Zusammenarbeit mit der Kolonialmacht nicht mehr bereit. Quit India!

8. Anfang und Ende

Der britische Imperialismus ging aus dem zweiten Weltkrieg, obwohl England zu den Siegermächten gehörte, wirtschaftlich geschwächt hervor. Sein Kronjuwel Indien mit nackter, brutaler Gewalt wie bisher in Fesseln zu halten, dazu fehlten Großbritannien jetzt die Kräfte. Wohl oder übel mußte sich das »Mutterland« entschließen, Indien in die Unabhängigkeit zu entlassen, zumindestens in die formale.

Der Flottenaufstand im Februar 1946, zunächst eine Meuterei der Matrosen gegen die schlechte Behandlung durch die englischen Offiziere, drohte sich, wie damals der Aufstand der Sepoy, zu einer nationalen Erhebung auszuweiten und der britischen Kolonialherrschaft den Garaus zu machen. Auf den Schiffen wehten tagelang die Fahnen des Nationalkongresses, der Moslemliga und der Kommunistischen Partei in Eintracht nebeneinander. Landtruppen in verschiedenen Städten Indiens schlossen sich dem Aufstand an, Arbeiter aus den Fabriken unterstützten ihn durch machtvolle Streiks.

Zwar gelang es britischen Kolonialtruppen, den Aufstand blutig niederzuschlagen, aber er war ein deutliches Signal dafür, daß die Tage der britischen Kolonialherrschaft endgültig gezählt waren.

Um Indien nicht de facto, sondern nur formell zu verlieren, entschloß sich Großbritannien zum Sprung nach vorn. Längst waren in den Giftküchen der Londoner Politik die Pläne gekocht, um den britischen Einfluß in Indien auch nach der Verkündung der Unabhängigkeit aufrechtzuerhalten.

Der Matrosenaufstand hatte der britischen Kolonialmacht nicht nur einen gehörigen Schrecken eingejagt, sondern auch gezeigt, daß sie in wesentlichen Teilen der einheimischen Bourgeoisie Verbündete für ihre Pläne finden würde. Sowohl der von den Hindus beherrschte Nationalkongreß als auch die Moslemliga hatten bei der Niederschlagung des Aufstandes mit der britischen Kolonialmacht gemeinsame Sache gemacht und das Hilfeersuchen der Matrosen gegen die Engländer entschieden zurückgewiesen. Ja, sie waren sogar soweit gegangen, die Matrosen als Straßenräuber, Wegelagerer und Brandstifter zu bezeichnen. Denn was sich da aus der Rebellion binnen weniger Tage entwickelt hatte, das war eine wirklich einheitliche Volksbewegung, die über alles Trennende hinwegschritt, was Indien in den letzten Jahren immer mehr zerriß. Hindus, Moslems und Atheisten verbanden sich zu einer breiten Einheitsfront gegen die Briten.

Die Pläne der Engländer fußten auf dem altbewährten Teile-und-Herrsche-Prinzip, mit dem sie sich Indien untertan gemacht hatten, mit dem sie es jahrhundertelang in Botmäßigkeit gehalten hatten und mit dem sie es auch nach der Unabhängigkeit in Botmäßigkeit zu halten gedachten.

Den Streit zwischen Hindus und Moslems ausnutzend, der sehr triftige machtpolitische und ökonomische Hintergründe hatte (siehe auch die Beiträge S. 387 und S. 497 des vorliegenden Bandes), erklärte sich Großbritannien bereit, Indien die Unabhängigkeit zu gewähren, falls die indische Führung auf ein einheitliches Indien verzichte und der Abtrennung und Bildung eines neuen Staates Pakistan zustimme. An diesen Staat Pakistan knüpften sich wichtige britische Interessen, Ölinteressen nämlich, von denen sie glaubten, daß sie am besten durch einen englandfreundlichen Block islamischer Staaten inklusive Pakistan gewahrt werden könnten.

Die Engländer hatten sehr genau analysiert, was den Konflikt zwischen Moslems und Hindus bestimmte, und diesen Konflikt in den ganzen zurückliegenden Jahren gerade deshalb sehr eifrig geschürt. Für den islamischen Flügel der Bourgeoisie, der gegenüber der zahlenmäßig stärkeren und finanzkräftigeren hinduistischen Bourgeoisie im Hintertreffen war, schien ein eigener Staat die beste Möglichkeit, selbständige Macht auszuüben und damit auch am besten die eigenen ökonomischen Interessen zu sichern.

Die Hindu-Bourgeoisie wiederum meinte, daß das Beharren der indischen Unabhängigkeitsbewegung auf einem einheitlichen indischen Nationalstaat, wie er von Gandhi gefordert wurde, die Unabhängigkeit hinauszögern und die eigene, gewinnträchtige Machtergreifung im weitaus größten Teil Indiens aufschieben könnte.

So fand der für Indien verhängnisvolle englische Plan, der das Land in blutige Wirren stürzen sollte, von großen einflußreichen Kreisen beider Parteiströmungen Unterstützung.

Gandhi sah frühzeitig, welches Unheil aus der immer aufs neue geschürten Feindschaft zwischen Hindus und Moslems für Indien heraufziehen würde. Er ahnte die unzähligen Opfer, die das Volk für die Unabhängigkeit unter solchen Vorzeichen unweigerlich bringen mußte.

Am 9. September 1944 unternahm er einen letzten verzweifelten Schritt, um seinen entschiedensten Gegner Mohammed Ali Jinnah, den Führer der Moslemliga, von seinen verhängnisvollen Spaltungsplänen, die den Engländern so sehr entgegenkamen, abzubringen. Jinnah hatte 1906 die Moslemliga gegründet und sie in den folgenden Jahren zu einer Massenpartei gemacht, nicht zuletzt begünstigt durch die antiislamische Haltung der rechten Führer im Indischen Nationalkongreß. Anfang der zwanziger Jahre schon war auf Betreiben Jinnahs die Hindu-Moslem-Einheit gebrochen worden, und 1939 forderte Jinnah, ermutigt von den Engländern, zum ersten Male öffentlich die Teilung Indiens in einen Moslem- und einen Hindustaat. Dem Nationalkongreß sprach er kurzerhand das Recht ab, die ganze Indische Nation zu vertreten. Der Kongreß mag die Hindus vertreten, aber einzige legitime Vertretung der Moslems ist die Moslemliga, verkündete Jinnah.

Diesen Mann also suchte Gandhi auf, beschwor ihn, innezuhalten und die Teilung Indiens zu verhindern. Und als er starr blieb, bot Gandhi an: Erst eine nationale Einheitsregierung und Unabhängigkeit für das ganze Land, dann Volksabstimmung über eine mögliche Teilung. Jinnah zuckte kalt die Schultern: »Aus Ihnen spricht ein Hindu, Herr Gandhi. Das wahre Wohlergehen nicht nur der Moslems, sondern auch der übrigen Inder liegt in der Teilung.«

Genau von jenem 9. September 1944 an hatte die englische Kolonialmacht keine indische Einheitsfront mehr zu befürchten.

So konnte sie getrost die Moslemliga und den Nationalkongreß auffordern, eine gemeinsame Interimsregierung zu bilden, mit der die Engländer die Machtübergabe und -übernahme vorbereiten wollten. Die Moslemliga, durch einen geheimen Wink der Kolonialbehörden verständigt, wußte, was sie von diesem Vorschlag zu halten hatte. Sie verweigerte die Mitarbeit in der provisorischen Regierung, deren Vorsitz Nehru übernommen hatte, rief statt dessen zu Aktionen gegen die »Hinduherrschaft« auf.

Sengend, plündernd und mordend fielen die Moslems in Kalkutta über die Hindus her. Die Hindus wiederum beantworteten den Terror mit gleicher Münze und schlachteten zu Hunderten Moslems in der Nachbarprovinz Bihar ab. Die Drachensaat der Engländer ging auf. Die Inder der verschiedenen Glaubensrichtungen zerfleischten sich in furchtbaren Massakern, und die Unabhängigkeit des Kontinents wurde mit dem Blute Hunderttausender unschuldiger Opfer getauft.

Am 14. August 1947 verkündete Jinnah die Geburt des Staates Pakistan, am 15. August hißte Nehru auf dem Roten Fort von Delhi die Fahne Indiens.

Gandhi hatte sich in den zurückliegenden Wochen nicht geschont. Er hatte alles versucht, die Teilung Indiens zu verhindern und reiste durch das Land. Von Nord nach Süd und von Ost nach West, um Frieden zwischen Hindus und Moslems zu stiften, um den wahnsinnigen, grauenvollen Massakern ein Ende zu bereiten. Er redete und fastete, er schlichtete und versuchte, die einen vor den anderen zu beschützen. Vergeblich! Er, der Gewaltlose, mußte machtlos zusehen, wie die Gewalt ihr blutiges Schreckensregiment errichtete. Und als er der Teilung Indiens schließlich zustimmte, da tat er es vor allem, um weiteres Blutvergießen zu verhindern. Aber es schmerzte ihn tief, daß Indien, das im Freiheitskampf vereint gewesen war, als gespaltenes, zerrissenes Land in seine Unabhängigkeit eintrat.

Resigniert sagte er: »Ich bin gegen eine Teilung Indiens, wie ich es schon immer gewesen bin. Aber was kann ich tun, das einzige, was mir bleibt, ist, mich von diesem System zu distanzieren. Niemand außer Gott kann mich zwingen, es anzuerkennen. In dem Indien, das sich heute zu formen beginnt, ist kein Platz mehr für mich. Ich habe die Hoffnung, hundertfünfundzwanzig Jahre zu leben, aufgegeben. Ich halte es vielleicht noch ein oder zwei Jahre aus.«

Auch diese zwei Jahre blieben Gandhi nicht mehr. Am 30. Januar, während einer Gebetandacht in Delhi, stürzte ein Mann aus der Menge plötzlich auf Gandhi zu und fiel vor dem Mahatma, die Hände gefaltet, auf die Knie. Niemand riß ihn zurück, denn jeder meinte, es wäre aus Verehrung für den großen Vater geschehen. Es war eine Szene, wie sie jeder aus der Umgebung Gandhis kannte und hunderte, tausende Male erlebt hatte. Doch plötzlich hielt der

Mann eine Pistole in den Händen und feuerte sie dreimal gegen Gandhi ab. Das weiße Tuch über Gandhis Brust färbte sich rot. Der Mahatma brach zusammen.

Wie sich herausstellte, handelte es sich bei dem Mörder Nathuram Vinagak Godse um den Herausgeber der »Hindu-Rashtra«, einer extremen Hinduzeitung, hinter der die RSS, die Rashtriya Sevak Sangh, eine militante hinduchauvinistische Organisation stand, die wiederholt gewaltsame religiöse Exzesse verursacht hatte. Für ihre Schießübungen benutzten die Mitglieder der RSS schon seit langem Fotos von Gandhi, Nehru und anderen progressiven Kongreßführern. Diesmal hatten die Kugeln nicht nur dem Bilde des Mahatma gegolten.

Die Schüsse auf Gandhi, abgefeuert von dem fanatischen Vertreter einer fanatischen Organisation, waren für große Teile der Bourgeoisie erlösende Schüsse. Gandhi war für viele zu einer Persona non grata geworden, mit deren Politik sie unzufrieden waren. Genau genommen hatte nicht nur die RSS, sondern diese verbreitete, allgemeine Unzufriedenheit die Kugeln gelenkt. »Warum ist der alte Mann nicht am Tage der Unabhängigkeit gestorben?« fragte kurz vor dem Mord ungehalten ein führender Politiker aus den Kreisen des Kongresses.

Was war geschehen, daß große Teile der indischen Bourgeoisie ihre Haltung zu Gandhi gewandelt hatten, ohne vielleicht gleich seine physische Vernichtung im Auge zu haben?

Ganz ohne Zweifel war die Unabhängigkeit unter Führung der indischen Bourgeoisie errungen worden. Das ist ihre unbestreitbare und große historische Leistung. In dem Moment aber, da sie zur politisch herrschenden Klasse Indiens geworden war, mußte sie einen sozialen Mahner wie Gandhi, noch dazu einen Mahner, dem die Liebe der indischen Arbeiter und Bauern gehörte, mit wachsendem Argwohn betrachten.

Gandhi stellte sich, wenn auch ohne klare Weltanschauung, vor allem auf die Seite der Unterdrückten, auf die Seite der Armen. Es schien ihm — und dabei empfand er Bitterkeit — daß sie um den Lohn ihres opferreichen Kampfes betrogen worden seien.

Nehru hatte in den stürmischen Tagen der indischen Befreiungsbewegung im Kongreß die unterschiedlichsten Strömungen innerhalb der Bourgeoisie, auch die Zaudernden, die Schwankenden, die Kompromißbereiten, zum Kampf gegen die Kolonialmacht aufgerüttelt und gerade dadurch den Kongreß zum Führungszentrum profi-

Millionen Inder gaben Mohandas Karamchand Gandhi das letzte Geleit

liert. Gandhi indessen hatte mit seiner faszinierenden Persönlichkeit das Millionenvolk der Inder in Bewegung gebracht und damit jene Kraft erzeugt, die schließlich die Ketten des Kolonialismus zersprengte.

Damit aber war — vom Klassenstandpunkt der Bourgeoisie betrachtet — die historische Mission Gandhis erfüllt. Was er nun dachte, äußerte und tat, richtete sich nicht mehr gegen die Kolonialherren, sondern gegen die etablierte herrschende Klasse der indischen Bourgeoisie und gegen die Großgrundbesitzer.

Ein Mann, der das Recht auf Privateigentum rundweg ablehnte, ein Mensch, der den Kongreß auflösen und durch eine demokratische Bauern-Arbeiter-Volks-Regierung ersetzen wollte, wurde zu einem störenden Faktor in der neuen Macht-Konstellation.

Welcher Politiker, welcher Industrielle macht gute Miene, wenn ihm teure Dinners, komfortable Villen und pompöser Luxus vorgehalten werden, während das Volk hungert?

Wer reagiert nicht böse, wenn man der Postenjägerei und der

Korruption angeklagt wird, und welche Regierung bleibt gleichgültig, wenn ihr jemand mahnend vor Augen hält, daß sie das Volk gängle, anstatt die Kraft und die Fähigkeit des Volkes für das Wohl des Landes zu nutzen?

Muß ein Kapitalist nicht in Wut geraten, wenn einer vor ihn hintritt und fordert, die wenigen Reichen auf das gleiche Niveau zu bringen wie die halb Verhungerten, die nackten Millionen, und deren Lebensniveau durch Umverteilung des Reichtums zu erhöhen?

Und wie soll ein indischer Großgrundbesitzer reagieren, wenn der Mahatma allen Ernstes die Bauern dazu auffordert, das Land der Großgrundbesitzer in tatsächlichen Besitz zu nehmen? Oder soll es vielleicht den Besitzenden und Politikern zur Freude gereichen, wenn sie der Mahatma der Gefühllosigkeit und Hartherzigkeit gegenüber den Massen und ihrer Armut anklagt?

Nun gut, solange ein Mensch über solche Fragen in seinen vier Wänden meditiert, ist nichts dagegen einzuwenden. Wenn aber ein solcher Mensch diese Fragen öffentlich in der Zeitung stellt, und wenn dieser Mensch gar der verehrte, von Millionen Armen geliebte Mahatma ist, dann werden solche öffentlich gestellten Fragen zu einem gefährlichen Zündstoff.

Ein wie auch immer aus dem politischen Leben ausgeschalteter Gandhi kann solche und andere kompromittierende Fragen nicht mehr stellen!

Wohlgemerkt, so dachten jene Teile der Bourgeoisie und die sie repräsentierenden Politiker, für die die Unabhängigkeit nicht primär ein Problem der nationalen Befreiung, sondern ein Weg zu größerem, nicht mehr von den Engländern beschnittenen Profit war. Völlig abwegig wäre es, zum Beispiel Nehru solche Überlegungen zu unterstellen. Es waren vielmehr jene Leute, die unmittelbar nach dem Kriege ihre Abordnungen nach Europa und den USA entsandten, um günstige Kapitalanlagen zu erkunden. Während die Vertreter der nationalen Bewegung in Indien die britischen Gefängnisse füllten, teilten sie die indische Beute mit den alten Herren wie eine Schacherware unter sich auf. »Großhändler, Kapitalisten, Industrielle und andere«, äußerte sich damals Gandhi empört, »sprechen und schreiben gegen die Regierung, aber in ihren Handlungen tun sie deren Willen und profitieren sogar noch davon.«

Nehru hat am Tage der Unabhängigkeitserklärung seinem Lehrer, seinem Weg- und Kampfgefährten in ergreifenden Worten ein Denkmal gesetzt: »An diesem Tag gehen unsere ersten Gedanken zu dem

Architekten dieser Freiheit, dem Vater unserer Nation, der, den alten Geist Indiens verkörpernd, die Fackel der Freiheit emporhielt und die Finsternis erhellte, die uns umgab. Wir haben uns seiner oft unwürdig gezeigt, und wir haben uns von seiner Botschaft entfernt. Aber nicht nur wir, auch die kommenden Generationen werden sich dieser Botschaft erinnern und das Bild dieses großen Sohnes Indiens im Herzen tragen, der so großartig in seinem Glauben, seiner Kraft, seinem Mut und seiner Bescheidenheit ist.«

In den Fängen des FBI·

1. Ein Hexenprozeß im 20. Jahrhundert

Es war ein Hexenprozeß, wie er für das 15. und 16. Jahrhundert typisch gewesen ist.

Jemand wird — gleich aus welchem Motiv, ob aus politischen Gründen, aus Neid, aus Habsucht, aus Angst oder Rachgier — beschuldigt, einen Pakt mit dem Teufel geschlossen zu haben. Dabei spielt es keine Rolle, ob der Denunziant ein Mörder, ein Dieb, ein Meineidiger oder ein Hehler ist. Seine Anzeige und seine Aussage zählen so, als ob sie von einem Unbescholtenen kämen, und seine Anzeige und seine Aussagen reichen aus, um den Denunzierten vor das Inquisitionsgericht zu bringen.

Beweise der Schuld sind unnötig und überflüssig — schon die Behauptung ist Schuldbeweis genug. Selbst wenn die Anschuldigungen noch so widersinnig, noch so haltlos, noch so erlogen und ungereimt sein sollten, sie gelten als vollwertiges Indiz für die Schuld des Angeklagten. Und ob nun der Delinquent seine Unschuld beteuert oder nicht, für den Ausgang des Prozesses ist das ohne Bedeutung. Der Prozeß muß mit dem Todesurteil enden.

Soweit nun dieser Prozeß, von dem hier die Rede sein soll, im 15. oder 16. Jahrhundert stattgefunden hätte, würde man Bedauern und Mitleid mit den unschuldigen Opfern fühlen, aber die Art und Weise des Verfahrens dem finsteren, unaufgeklärten, barbarischen Mittelalter zuschreiben.

Jener Prozeß aber spielt nicht im Mittelalter, sondern in der Mitte des aufgeklärten 20. Jahrhunderts. Die Angeklagten heißen nicht

Veith Voss und Vossens Weib, sondern Julius und Ethel Rosenberg. Zwar wird ihnen nicht vorgeworfen, einen Pakt mit dem Teufel, aber immerhin mit den Kommunisten eingegangen zu sein, was für das offizielle Amerika und seinen »Generalinquisitor«, Senator McCarthy, und FBI-Chef John Edgar Hoover nahezu dasselbe ist.

So, wie der Teufelspakt des Mittelalters geschlossen wurde, um anderen Christenmenschen zu schaden, so sollen sich Julius und Ethel Rosenberg mit den Kommunisten verbündet haben, um Unheil über die Amerikaner zu bringen. Dadurch nämlich, daß sie dem Teufel Sowjetunion das Geheimnis der amerikanischen Atombombe verrieten und damit Millionen Amerikaner dem Tod preisgaben.

»Generalinquisitor« McCarthy läßt sich nicht im geringsten davon beeindrucken, daß eigentlich gar nichts mehr zu verraten ist. Bereits 1949, also ein gutes Jahr, bevor Julius Rosenberg zum ersten Male von FBI-Agenten verhört wird, hat der damalige USA-Präsident Truman erklärt, daß das Kernwaffenmonopol der USA durch die Arbeit sowjetischer Wissenschaftler und Techniker gebrochen ist.

Von Generalmajor Leslie R. Groves, Militärchef des »Manhattan Project«, also aus sehr berufenem Mund, hörte man Gleiches bereits vier Jahre vor dem USA-Präsidenten, nämlich im Oktober 1945. Er sagte damals, daß praktisch jeder einschlägige Wissenschaftler der Welt die Grundprinzipien der Atombombe kennt.

Die »New York Herald Tribune« verkündete jedem, der es wissen wollte: »Das Geheimnis, das wir besitzen, ist kein Geheimnis. Es ist absurd und belanglos, so zu argumentieren, als ob es unserem Lande möglich wäre, ein permanentes Monopol des neuen Terrors zu besitzen.«

Warum also dann überhaupt jener Prozeß, wird sich jeder normale Mensch spätestens an dieser Stelle fragen, warum dieser gewaltige Monsterprozeß um das verratene Atombombengeheimnis, das gar kein Geheimnis mehr ist, das, wenn man einem USA-Präsidenten, Generälen, Wissenschaftlern und Zeitungen trauen darf, nahezu schon die Spatzen von den Dächern pfeifen?

Die Antwort findet sich, wenn man einen tieferen Blick in das Amerika der ersten Nachkriegsjahre wirft, auf die offene Kehrtwendung, die sich mit dem Tode Roosevelts in der amerikanischen Politik zu vollziehen beginnt.

Das amerikanische Volk sah während des Krieges in der Sowjetunion einen Bündnispartner, der gemeinsam mit den USA dem deutschen Faschismus den Garaus machte. Die Gefühle der meisten

Amerikaner gegenüber der Sowjetunion waren also nach Beendigung des Krieges durchaus freundschaftlich. Eben das aber paßte ganz und gar nicht in das politische Konzept, das die Nachfolger Roosevelts mit verbissener Energie und mit anderen Mitteln als der Verstorbene zu verwirklichen trachteten: den verhängnisvollen Traum von der Weltherrschaft. Die USA wollten unter allen Umständen die revolutionären Veränderungen, die in der Welt nach dem Kriege vor sich gegangen waren, rückgängig machen, die Völker unter amerikanische Botmäßigkeit zwingen. Ganz notgedrungen mußte dieses Konzept zu einer Konfrontation mit dem ehemaligen Bündnispartner, mit der Sowjetunion führen. Was also der Durchschnittsamerikaner jetzt und in Zukunft brauchte, waren alles andere als gute, freundliche Vorstellungen von der Sowjetunion. Der amerikanische Bürger brauchte ein ordentliches Feindbild, er mußte begreifen lernen, daß alles Böse von der Sowjetunion käme und daß sie nun, da sie das Atombombenmonopol der USA gebrochen hatte, eine ständige Gefahr, eine ständige Bedrohung für das Leben von 160 Millionen Amerikanern bilde.

Ja, mehr noch: Nun, da die USA nicht mehr allein im Besitz der Atombombe waren, würde die »Verteidigung der Freiheit und der amerikanischen Interessen« von dem amerikanischen Volk einen hohen Blutzoll fordern. Wo früher die bloße Drohung mit der Bombe genügt hätte, um andere Völker dem Willen der USA gefügig zu machen, würden jetzt amerikanische Soldaten ihr Leben einsetzen und opfern müssen. Die Politik der Stärke, die Drohung mit der Bombe funktionierte nicht mehr. Sie wurde wertlos durch die Tatsache, daß die Sowjetunion mit der Entwicklung einer eigenen Bombe die atomare Drohung zurückweisen konnte.

Und wie soll die Sowjetunion in den Besitz des sorgsam gehüteten Atombombengeheimnisses gekommen sein? Nach regierungsamtlicher Deutung durch ein internationales kommunistisches Komplott, durch Spione, die in allen Ecken der USA auf Lauer lagen und die sich auf die Mithilfe amerikanischer Kommunisten oder zumindest auf die Mithilfe kommunistenfreundlicher Elemente im amerikanischen Volk stützen konnten. So drosch und hämmerte es nun pausenlos auf die Hirne der amerikanischen Bürger ein. Eine gewaltige Woge des Antikommunismus, des Antisowjetismus überflutete das Land, um die Amerikaner in panische Angst vor der russischen Bombe zu versetzen, um sie zu lehren, in der Sowjetunion den Hauptfeind zu sehen. Die Russen waren einfach an allem schuld.

Selbst an den Dürren, die in jenen Jahren einzelne Gebiete der USA heimsuchten und die von Riesenventilatoren verursacht worden sein sollten, die, in sowjetischen Flugzeugen installiert, die Regenwolken zerstörten, bevor sie das amerikanische Festland erreichen konnten. So war es tatsächlich in amerikanischen Zeitungen jener Zeit zu lesen. Die Kreaturen McCarthys und Hoovers schnüffelten im ganzen Land umher und wehe dem, der sich einer russenfreundlichen Gesinnung verdächtig gemacht hatte. Er wurde wegen unamerikanischen Verhaltens vor den Untersuchungsausschuß gezerrt und hatte mit empfindlichen Strafen zu rechnen.

Nicht von ungefähr fiel diese künstlich geschürte politische Hysterie mit der Vorbereitung des Krieges gegen Nordkorea zusammen, die in diesem Frühjahr 1950 in ihr letztes, entscheidendes Stadium getreten war. Der Krieg gegen Nordkorea sollte gewissermaßen die Generalprobe für die amerikanische Globalstrategie bilden, den Sozialismus in der Welt mit kriegerischer Gewalt zurückrollen. Nachweislich erhielt das FBI in diesem Zusammenhang von der amerikanischen Regierung den Auftrag, einen den Patriotismus und die Kriegshysterie hochpeitschenden Spionagefall zu konstruieren und diesen Fall vor den Augen der entsetzten amerikanischen Öffentlichkeit, unterstützt durch den gewaltigen Apparat der Meinungsmache, in allen erschrecklichen Einzelheiten ablaufen zu lassen. Dieser Spionagefall sollte vor allem den Sündenbock für den »Verrat« des Atombombengeheimnisses an die UdSSR liefern, dem man unter anderem auch die Schuld für die zweifellos hohen amerikanischen Blutopfer im bevorstehenden Krieg gegen Nordkorea in die Schuhe schieben konnte. Denn wenn es ihn nicht gegeben hätte, jenen Mann, der das internationale kommunistische Komplott zur Brechung des Atombombenmonopols unterstützte, jenen skrupellosen unamerikanischen Mann, der der Sowjetunion das sorgsam gehütete Geheimnis auslieferte, dann wären dem amerikanischen Volk alle Opfer dieses Krieges erspart geblieben. Die Drohung mit der Bombe hätte genügt, um die Nordkoreaner zu zwingen, ihr Land und den Sozialismus den Amerikanern auszuliefern und damit die »permanente sowjetische Bedrohung« zu bannen, die von dem sozialistischen Nordkorea für die USA ausging.

Am 25. Juni 1950 begann der Überfall auf Nordkorea. Am 17. Juli legten FBI-Agenten dem »Schuldigen«, am 11. August der »Mitschuldigen« am angeblichen Verrat des Atombombengeheimnisses die Handschellen an.

2. Die Akteure

Es gibt in diesem Schauprozeß weit über 100 Akteure, aber nur sieben davon sind anständige, saubere Menschen. Zu diesen sieben anständigen Menschen gehören bezeichnenderweise nicht die Ankläger, nicht der Richter und die Geschworenen und auch nicht die Zeugen, wenn man von einem einzigen absieht, der ohne Furcht vor persönlichen Repressalien die Wahrheit und nichts als die Wahrheit sagte.

Zu diesen anständigen Menschen gehören die beiden Hauptangeklagten Julius und Ethel Rosenberg, der Mitangeklagte Morton Sobell, die Rechtsanwälte Alexander Bloch und Emanuel Bloch als Verteidiger der beiden Rosenbergs sowie die Anwälte Kunz und Philips als die Anwälte Sobells.

Julius Rosenberg stammt aus einer Arbeiterfamilie — Lohnschneider und aktiver Gewerkschafter der Vater, Näherin die Mutter. Die Eltern sparen sich das Geld vom Munde ab, damit der Sohn die Oberschule besuchen kann. Das Studium erarbeitet er sich selber mit einem hervorragenden Abgangszeugnis, das Julius einen Platz am City-College New York sichert, den man nicht bezahlen muß. Sein Berufsziel ist Elektroingenieur, und der ist er, als er 1938 sein Studium beendet. Es folgen Jahre mit Gelegenheitsarbeit, bis er 1940 bei der Regierung angestellt wird und im Signalkorps New York eine feste Tätigkeit aufnimmt. Er ist ein Mensch von aufrechter und lauterer Gesinnung, durch und durch ehrenhaft. Dazu kommt, daß er in seiner Gewerkschaft sehr aktiv ist. Aus den Diensten der Regierung wird Julius Rosenberg entlassen, weil er kein Hehl aus seiner Überzeugung macht, daß die Sowjetunion die größte Last des Krieges zu tragen habe und daß sich die Amerikaner reichlich Zeit mit der Eröffnung der zweiten Front ließen. Als ein Offizier seinem Chef steckt, daß bei Rosenberg unverkennbare Anzeichen einer kommunistischen Gesinnung vorhanden seien, wird er ohne Pardon gefeuert. Nun ernährt er sich und die Seinen mehr schlecht als recht mit einer eigenen kleinen Maschinenwerkstatt, in die er sich zusammen mit einem Nachbarn und seinem Schwager David Greenglass teilt. Mit jenem David Greenglass wird sich sein künftiges Schicksal unlösbar verstricken.

Ethel Rosenberg, seine Frau, lernt Julius noch während des Studiums kennen. Sie heiraten, als er das Studium eben beendet hat.

Ihre Jugend verbringt Ethel in einem Armenviertel. Sie will Schauspielerin werden, studiert Musik und rezitiert Shakespeare. Gelernt hat sie den Beruf der Stenotypistin, und das Geld für das Studium verdient sie sich tagsüber im Büro. Sie ist eine ehrliche, kluge, beherzte und empfindsame Frau aus dem amerikanischen Volk. Nachdem sie Julius geheiratet und zwei Kinder geboren hat, wird die Familie ihre erste und wichtigste Aufgabe, höchstens, daß sie noch einmal ab und zu auf der Maschine für die Gewerkschaft ihres Mannes schreibt. Daraus wird später ihr Strick gedreht.

Morton Sobell ist ein Studienkollege von Julius Rosenberg. Charakterlich und in ihrer Gesinnung sind sich beide ähnlich. So kommt es, daß sie auch nach dem Studium ihre Freundschaft weiter pflegen und sich des öfteren sehen. Nur die Tatsache, daß er mit Julius Rosenberg befreundet ist, wird Sobell zum Verhängnis, den das FBI in einer abenteuerlichen Aktion in Mexiko kidnappt und von dort direkt in einen amerikanischen Gerichtssaal verschleppt.

Die Anwälte Alexander und Emanuel Bloch, Vater und Sohn, Kunz und Philips sind weithin bekannt als unbestechliche, unbeugsame Verteidiger des Rechts, gleich, ob es Vorteil oder Nachteil für sie bringt. Sie übernehmen nicht zum ersten Male die Verteidigung amerikanischer Bürger, die zum Opfer eines jener Terrorverfahren geworden sind, die immer typischer für die amerikanische Justiz werden. Obwohl also der greise Alexander Bloch einiges an Gemeinheiten gewohnt ist, wird er später von dem Prozeß gegen Ethel und Julius Rosenberg sagen: »Wie konnte ich auch vorher ahnen, daß die Beamten des Justizministeriums sich für ein solch infames Komplott hergeben würden. Ich glaube, das war mein größter Fehler: meine Illusion über die Justiz und die Unterschätzung des Ausmaßes des Bösen in den höchsten Stellen.«

Damit kann eigentlich schon der Schlußstrich gezogen werden. Damit sind alle vorgestellt, die uns in diesem Prozeß als Menschen begegnen, die Anstand, Mut, Sachlichkeit und Ehrlichkeit in den Gerichtssaal bringen.

Alle, die sonst agieren, gleich in welcher Funktion und gleich in welcher sozialen Stellung in der amerikanischen Gesellschaft, gleich ob Richter, Staatsanwalt, Geschworene und Zeugen — scheinen aus dem übelsten moralischen und politischen Schmutz Amerikas eigens für diesen Prozeß zusammengekehrt.

Der Kronzeuge und Mitangeklagte David Greenglass und die Schwägerin Ruth, seine Frau, möchten, indem sie Julius und Ethel

Rosenberg belasten, ihre eigene Haut retten. David ist ein Versager, ein Dummkopf, ein Faulpelz, ein Nichtskönner erster Qualität. Es gibt kein Examen, durch das er nicht gefallen wäre, keine Arbeit, in der er sich bewährt hätte. Aber er ist ein Dieb, ein Krimineller. Jetzt wird er zum Kain, der durch falsches Zeugnis zwar nicht seinen Bruder Abel, aber dafür seine Schwester Ethel und seinen Schwager Julius erschlägt.

Der andere Kronzeuge, Harry Gold, wegen eines kriminellen Delikts zu 30 Jahren Zuchthaus verurteilt, rechnet sich bei Wohlverhalten im Sinne der Anklage eine bedeutende Verkürzung seiner Strafe aus. Es ist ein Unterschied, ob er das Zuchthaus als Siebzig- oder als Fünfzigjähriger verläßt. Dafür scheint ihm der Preis von Leben, zumal es nicht sein eigenes, sondern fremdes ist, nicht zu hoch.

Irving R. Kaufmann, Distriktrichter für den südlichen Bezirk von New York, der den Prozeß führt, erwartet für sich Beförderung, wenn er den Erwartungen seiner Vorgesetzten entspricht. Er war einmal Staatsanwalt und hat als solcher schon viele Todesstrafen beantragt. Für seine jetzige Aufgabe ist er bestens prädestiniert durch mehrere »erfolgreiche« Kommunistenprozesse. Er faßt den Richterberuf nicht als objektive Rechtsfindung und Rechtsprechung im Sinne der Wahrheit auf, sondern als eine Hatz auf wehrlose Opfer, gleich ob sie schuldig oder unschuldig sind. Wichtig ist, daß er sein Opfer bekommt. Er und der Staatsanwalt werfen sich in makabrer Weise die Bälle zu. Kaufmann deckt die unsinnigen Anschuldigungen des Staatsanwalts, leistet ihm Schützenhilfe, fährt den Rechtsanwälten zur rechten Zeit über den Mund und beeinflußt auf solche Weise die Geschworenen.

Staatsanwalt Saypol hat mit dem Richter Kaufmann nicht nur den Vornamen gemeinsam, sondern auch den brennenden Ehrgeiz, höherzusteigen, vielleicht sogar Justizminister zu werden. Er verspricht sich von diesem Prozeß, der von der Regierung gewissermaßen bestellt und angeordnet worden ist, sehr viel — vorausgesetzt, daß er die Angeklagten auf den elektrischen Stuhl bringt. Beweise für seine Anklage besitzt er zwar nicht, aber er erhebt jede Behauptung in den Rang eines Beweises. Das tut er nicht nur im Gerichtssaal, sondern auch gegenüber von Presse, Rundfunk und Fernsehen. Saypol sichert auf diese Weise, daß die Rosenbergs in der amerikanischen Öffentlichkeit bereits verdammt sind, bevor auch nur eine einzige seiner Behauptungen bewiesen ist. Saypol ist ein Mann, der sehr genau weiß, was man durch einen geschickten Rufmord gewinnen kann.

Seine Vasallen, die Hilfsstaatsanwälte Lane, Cohn, Foley, Kilsheimer und Branigam haben zwar nicht so hochgestochene Zukunftspläne wie ihr Chef, zumindest aber hoffen sie, daß aus dem Prozeß für sie der ordentliche Staatsanwalt herausspringt.

Der Schmutz dieses Prozesses wäre unvollständig charakterisiert ohne den Rechtsanwalt O. John Rogge, der den Kronzeugen und zugleich Mitangeklagten, David Greenglass, verteidigt.

Ursprünglich stellvertretender Justizminister unter Präsident Roosevelt und zur damaligen Zeit ein zumindest der Zunge und dem Gesichte nach äußerst liberaler Mann, beendete Rogge seine Staatskarriere mit dem Tode des Präsidenten. Da die Rooseveltsche Politik im heutigen Amerika nicht mehr gefragt ist, macht er eine scharfe abrupte politische Kehrtwendung. Seine liberalen Ansichten, die er früher für nützlich hielt, wirft er ohne zu zögern über Bord und wird zu einem Scharfmacher erster Ordnung. Seine neue Gesinnung rückt ihn in die direkte Nähe des gefürchteten McCarthy, ja mehr noch, er wird zu einem Agenten, zu einem Spitzel von FBI-Chef Hoover. Und genau in dieser Rolle agiert er bei der Vorbereitung des Prozesses und im Prozeß selbst. Er ist maßgeblich daran beteiligt, die Rosenbergs auf den elektrischen Stuhl zu bringen. Was er sich davon erhofft, sind größere und reichlichere Aufträge aus den Konzernen und Unternehmen der Rüstungsbranche, die vor allen anderen ein Interesse daran haben, die Kriegshysterie in den USA hochzupeitschen und den Friedensfreunden das Handwerk zu legen.

Was die in einem komplizierten Verfahren ausgewählten Geschworenen betrifft, so lassen wir ihnen am besten die Möglichkeit, sich selbst zu charakterisieren. Als sie der Richter Kaufmann fragt: »Ist irgendein Geschworener dagegen, daß die Atombombe abgeworfen wurde«, antwortet jeder der Geschworenen mit »Nein«. Gemeint waren die Bomben von Nagasaki und Hiroshima. Das also waren die Leute, von denen das Schicksal der Rosenbergs und ihres Freundes Morton Sobell abhing.

3. Die Schlinge wird gelegt

David Greenglass, der Bruder von Ethel Rosenberg, den sie in seiner Kindheit liebevoll Deevi genannt hatte, arbeitete in den letzten Jahren des Krieges und auch noch kurz nach dem Krieg in Los Alamos, im Staate New Mexico, wo das Atomprojekt »Manhatten« angesiedelt war. Einblicke in dieses Projekt besaß er nicht, denn er führte in Los Alamos lediglich Schlosserarbeiten aus.

Als Sergeant war sein Sold bescheiden, viel zu bescheiden wenigstens für seine anspruchsvolle Gattin Ruth, die ihren Mann nach der Fähigkeit bewertete, Dollars zu machen. Gemessen an dieser Fähigkeit, erwies sich David als eine glatte Null. Rechnet man hinzu, daß Greenglass seiner Ruth in allen Dingen hörig war, so mag ihn sein Unvermögen auf jenem für amerikanische Wertmaßstäbe so entscheidenden Gebiet tatsächlich stark belastet haben.

David mochte sein Gefieder spreizen, wie er wollte, aus seinen Federn fielen pro Woche nicht mehr als 38 Dollar.

So kam David Greenglass auf die Idee, aus Armeebeständen einiges mitgehen zu lassen und in Dollars für die eigene Tasche umzusetzen. Was das nun im einzelnen gewesen ist, ein paar Radioröhren, ein paar Meter Kabel, Batterien oder gar Uran, ist später nie genau ermittelt worden.

Auf jeden Fall entstand der Verdacht, daß es Uran gewesen sein müsse, und ein solcher Diebstahl aus einem amerikanischen Atomwerk, das unter die schärfsten Sicherheitsbestimmungen und Geheimhaltungsverpflichtungen fiel, war ein schwerwiegendes, mit der Todesstrafe geahndetes Delikt.

David Greenglass, der inzwischen aus der Armee ausgeschieden war und als einer der drei Teilhaber mit seinem Schwager und einem anderen Mann eine kleine Maschinenwerkstatt in New York betrieb, wähnte seine kleinen, nicht sehr lukrativen Eingriffe in die Bestände der amerikanischen Armee längst vergessen und ahnte nicht im entferntesten, was sich über seinem Haupte zusammenbraute. Er wußte nicht, daß der Staat New Mexico inzwischen einen Auslieferungsantrag an die New Yorker Staatsanwaltschaft gestellt hatte.

So kam es, daß David Greenglass an einem Februartag des Jahres 1950 den Besuch von zwei FBI-Agenten erhielt. Solche Besuche waren im Amerika dieser Zeit auch für einen Unschuldigen eine gefährliche Sache, von der man nie wußte, wie sie enden würde. Greenglass aber hatte Dreck am Stecken, und ihn überfiel jetzt Angst. Sie wuchs, als die Agenten auf ihr Anliegen zu sprechen kamen. Er hätte doch vor einigen Jahren im Atomwerk Los Alamos gearbeitet, nicht wahr? David wurde einen Schein blasser, als er es ohnehin schon war. Nein, nein, beruhigten ihn die FBI-Beamten, er brauche sich keineswegs zu erschrecken. Gegen ihn läge nichts vor, nicht das geringste. Sie interessiere ausschließlich die Frage, ob er wüßte, daß in jenem Atomwerk Uran-Diebstähle vorgekommen seien?

»Nein«, sagte David ein wenig zu hastig, als daß es den Agenten verborgen geblieben sein konnte. Aber sie erhoben sich nach dieser Antwort und verabschiedeten sich mit den Worten: »Nun ja, dann brauchen wir Sie nicht länger aufzuhalten. Die Angelegenheit ist damit für Sie erledigt.«

Dennoch ließen sie Greenglass in höchster Verstörung zurück. Sie war nicht unbegründet. Denn genau drei Monate später erschienen die beiden Agenten erneut bei David Greenglass. »Sie haben doch sicherlich nichts dagegen, wenn wir uns ein wenig in Ihrer Wohnung umsehn«, sagte der eine von ihnen ohne jede Einleitung. Und ohne die Antwort von Greenglass abzuwarten, begannen sie eine gründliche Haussuchung, bei der kein Winkel der Wohnung und kein Möbelstück ausgespart blieben.

Einer der Agenten, der gerade eine Truhe durchstöberte, richtete sich plötzlich auf, ein mit Formeln beschriebenes Blatt Papier in der Hand. Er stieß einen leisen Pfiff durch die Zähne. »Sieh mal an, das ist ja eine hochinteressante Sache!« Seine Stimme wurde scharf, und er hielt Greenglass den Zettel unter die Augen: »Wollen Sie leugnen, daß das atomare Berechnungen sind?«

»Das ... das weiß ich nicht«, stotterte Greenglass, der erschrokken auf das Blatt mit verschiedenen Differentialgleichungen starrte, die er noch weniger als der FBI-Beamte als solche identifizieren konnte. Es waren College-Aufgaben seines Schwagers Julius Rosenberg, die sich zusammen mit anderen Schulunterlagen in jener Truhe befanden, die Mutter Greenglass aus Platzgründen in der Wohnung ihres Sohnes untergestellt hatte.

»Das Zeug gehört meinem Schwager Julius Rosenberg«, fuhr David Greenglass wahrheitsgemäß fort. »Ich weiß nicht, um was es sich bei diesen Berechnungen handelt.« In den geschulten Hirnen der FBI-Agenten hakte sich der Name Julius Rosenberg fest. Man würde noch einmal darauf zurückkommen.

Diesmal blieb David Greenglass nicht ungeschoren. »Begleiten Sie uns bitte in die Zentrale«, sagten sie, nachdem sie die Haussuchung beendet hatten. »Wir werden unser Gespräch dort fortsetzen.«

Im Hauptquartier des FBI wurde David Greenglass von vier Beamten neun Stunden lang in die Mangel genommen. Was denn seine genauen Aufgaben in Los Alamos gewesen seien? Ob er sich wirklich nicht entsinnen könne, daß aus dem Atomwerk Uran verschwunden sei? Er müßte es doch eigentlich am besten wissen, denn auf ihm laste der Verdacht, daß er es gestohlen habe. Denn warum sonst wohl sollte der Staat New Mexico einen Auslieferungsantrag an die hiesige Staatsanwaltschaft gerichtet haben? Welche Beziehungen hätte er zu seinem Schwager Julius Rosenberg, von dem die gefundenen Berechnungen stammten? Was dieser Rosenberg denn für ein Mensch sei, welche Ansichten er habe, welchen Beruf er erlernte, als was und wie er sich gegenwärtig betätige?

David Greenglass stand der Angstschweiß auf der Stirn. Sein Mund wurde trocken, seine Augen flatterten, die Hände zitterten. Stunde um Stunde fragten sie ihn, immer neue Fragen, und nach ein paar Minuten doch wieder die gleichen, damit er sich in Widersprüche verstricke. Nach neun Stunden erst brachen sie das Verhör ab.

»Kann ich jetzt gehen?« fragte Greenglass schüchtern. Einer der Agenten, offensichtlich die höchste Charge unter den vieren, schüttelte scheinbar erstaunt den Kopf und sagte, zu den anderen gewandt: »Was doch die Leute für Vorstellungen haben?« Dann fuhr er scharf fort. »Mein lieber Mann, Sie sind der Spionage verdächtig und fragen allen Ernstes, ob Sie gehen können. Das schlagen Sie sich aus dem Kopf! Sie werden vor die Grand Jury gestellt, und diese wird entscheiden, ob Ihnen der Prozeß gemacht wird oder nicht. Aber er wird, verlassen Sie sich darauf!«

David Greenglass hockte gebrochen auf seinem Schemel. Der Chefagent bot Greenglass eine Zigarette an. David nahm sie mit zitternder Hand. Der FBI-Mann hielt ihm das Feuerzeug hin und sagte dann einen sehr bemerkenswerten Satz: »Ich rate Ihnen, sich sofort mit dem Rechtsanwalt John Rogge in Verbindung zu setzen und ihn zu fragen, ob er Ihre Vertretung übernehmen wird.«

Der FBI-Mann drückte Greenglass den Hörer in die Hand. »Sprechen Sie, wenn sich Rogge meldet. Ich werde für Sie die Nummer wählen.« Er drehte die Scheibe am Apparat. Und als Greenglass stotternd sein Anliegen vortrug, sagte Rogge dem kleinen, mittellosen Dieb Greenglass sofort seinen Rechtsbeistand zu, obwohl er doch als Star-Anwalt des Big-Business ein vielbeschäftigter Mann war und an Klienten dieser Kreise unvergleichlich mehr verdienen konnte als an dem heruntergekommenen Greenglass.

Schon das ist merkwürdig genug. Noch viel, viel merkwürdiger aber ist die Tatsache, daß Greenglass diesen Anwalt vom FBI zugewiesen erhielt, ja, daß er ihm direkt aufgedrängt wurde.

Die folgenden Ereignisse werden zeigen, daß dies alles mit Vorbedacht geschah. Denn der Star-Anwalt O. John Rogge — selbst ein Agent des FBI — spielte bei der Vorbereitung des Mordkomplotts gegen die Rosenbergs eine Schlüsselrolle. Ein anderer Anwalt hätte sich zu solch schmutzigen Handlangerdiensten wohl nicht hergegeben wie eben jener Rogge, der als FBI-Mann die Gewähr zu bieten schien, daß die Drahtzieher des Mordes und die schmutzigen Details seiner Vorbereitung im Dunkeln blieben. Rogge rechtfertigte das Vertrauen, das man in ihn und seine Fähigkeiten gesetzt hatte.

Unmittelbar nach der Inhaftierung von David Greenglass wurde Julius Rosenberg für mehrere Stunden zu einer Befragung ins FBI geholt. Diese Befragung und alles, was das FBI in Blitzesschnelle in den folgenden Tagen über die Vergangenheit Rosenbergs zusammentrug, schien genau die Konstellation für einen Spionagefall zu geben, wie ihn die Regierung haben wollte — für einen Fall, der die »patriotischen Gefühle«, die Kriegshysterie und den Antikommunismus unter den Amerikanern aufputschte und der zugleich jenen Wissenschaftlern einen Warnschuß vor den Bug setzte, die nach den Atombombenabwürfen von Hiroshima und Nagasaki an der Rechtmäßigkeit der Bombe Zweifel äußerten — wie zum Beispiel Robert Oppenheimer — und sich dagegen wandten, sie als Erpressungsmittel gegenüber der Sowjetunion zu benutzen.

Greenglass für sich genommen konnte diesen Fall nicht liefern. Er war nichts anderes als ein kleiner, fauler Dieb, der sein Taschengeld aufbessern wollte, möglicherweise durch einen Urandiebstahl, wahrscheinlich aber nicht, wahrscheinlich nur durch ein paar Radioröhren, durch ein paar Batterien und ein paar Meter Kabel. Durch eine zu Julius Rosenberg konstruierte Verbindung indessen ließen sich die Dinge in einem ganz anderen Lichte darstellen. Nachdem das FBI bis zu diesem Punkte gekommen war, zögerte die New Yorker Staatsanwaltschaft die Auslieferung von David Greenglass an New Mexico hinaus und lehnte sie schließlich ganz ab. Greenglass war ihr nun zu schade dafür geworden, in New Mexico als Dieb verbraucht zu werden. Mit Greenglass hatte man jetzt anderes, größeres vor. Er sollte zum Mitverschworenen eines von der Sowjetunion organisierten Spionageanschlags auf das Atombombengeheimnis der USA hochstilisiert werden.

Wenige Tage, nachdem David Greenglass verhaftet worden war, stellten sich sehr innige Kontakte zwischen dessen Frau Ruth und dem Rechtsanwalt John Rogge ein. Man hätte meinen können, die beiden hätten ein Techtelmechtel miteinander. Denn Ruth Greenglass besuchte Rogge von nun an fast täglich. Und zuletzt besuchten beide sogar den Staatsanwalt Saypol in seinen Amtsräumen, um jenes Agreement in Gegenwart von FBI-Agenten perfekt zu machen, das in der trauten Zweisamkeit zwischen Rogge und Ruth Greenglass angebahnt worden war.

Das heißt, das Trauliche dieser Gemeinsamkeit stellte sich erst etwas später ein. Das erste Gespräch zwischen den beiden ist für Ruth Greenglass ein Alptraum gewesen, denn dabei machte Rogge Ruth Greenglass sehr deutlich klar, was sie, David und Ruth, zu erwarten hätten, wenn David des Uran-Diebstahls und sie, Ruth, der Mitwisserschaft und Hehlerschaft überführt würden. Es sei, sagte Rogge, wie die Dinge jetzt lägen, geradezu mit einer an Sicherheit grenzenden Wahrscheinlichkeit mit der Höchststrafe zu rechnen.

»Was gäbe es denn dafür?« fragte Ruth Greenglass erschrocken und eingeschüchtert. Kalt erwiderte Rogge: »Den elektrischen Stuhl, für Ihren Mann und auch für Sie.«

Der Anwalt ließ Frau Greenglass, die zusammengesunken vor seinem Schreibtisch saß, Zeit, ein wenig ihre Fassung zurückzugewinnen.

»Aber es gibt die Möglichkeit, Sie beide zu retten.« »Wie denn?« schluchzte Ruth Greenglass und sah schon wieder mit ein bißchen Hoffnung auf den Anwalt.

»Nun ja«, meinte John Rogge, »es existiert da aus dem Jahre 1878 eine Entscheidung des Obersten Gerichtes der USA, die auch heute noch ihre volle Gültigkeit besitzt. Sie könnte für Sie die Rettung bedeuten. Hören Sie mir jetzt gut zu, Frau Greenglass. In dieser Entscheidung heißt es nämlich: Komplizen eines Verbrechens, die vorher keines ehrlosen Verbrechens überführt wurden, werden wegen ihres Verbrechens nicht gesetzlich verfolgt, vorausgesetzt, daß sie als Zeuge voll und richtig aussagen.«

Mit besonderer Betonung setzte er hinzu: »Ihr Mann ist eines ehrlosen Verbrechens, wie beispielsweise des Uran-Diebstahls, noch nicht überführt, also könnte er, wenn er gegen einen Komplizen voll und richtig aussagt, damit rechnen, daß er strafrechtlich nicht verfolgt wird. Und Sie selbstverständlich auch nicht. Haben Sie verstanden, was ich meine?«

Ruth Greenglass schüttelte den Kopf. »Überhaupt nicht, Herr Rechtsanwalt.«

Rogge, der inzwischen durch seinen »heißen Draht« zum FBI genau über Julius Rosenberg Bescheid wußte, begann nun, vor Ruth Greenglass seine Gedanken auszubreiten. Die Beziehungen zwischen David und seinem Schwager Julius Rosenberg seien doch wohl nicht die besten gewesen. Soweit er wüßte, hätte Rosenberg ihrem David stets die niedrigsten, schlechtestbezahlten Verrichtungen in der Maschinenwerkstatt zugewiesen und ihn, wo immer er nur konnte, an seiner Entwicklung gehindert. Und war es nicht so, daß ihm Rosenberg sogar seine Geschäftsanteile vorenthielt, als er — völlig zu Recht natürlich — ihre Auszahlung verlangte?

Ruth Greenglass horchte auf und nickte zustimmend. Rogge wußte, warum er das erste Gespräch nicht mit seinem Klienten, sondern dessen Frau führte. »Na sehen Sie«, fuhr der Rechtsanwalt fort, »auf einen Mann, der ihn so schlecht behandelt hat, braucht doch Ihr David keine allzu großen Rücksichten zu nehmen.« »Eigentlich nicht«, sagte Ruth. »Das vereinfacht die Sache kolossal«, meinte Rogge. »Nehmen wir einmal an, Julius Rosenberg wäre der Komplize Ihres David gewesen ...«

»Wobei?« In Ruth Greenglass begann zu dämmern, was der Anwalt von ihr wollte. »Sie meinen ... Aber das geht doch nicht«, rief sie, »was hat denn Julius mit der Sache in Los Alamos zu tun?« »Ob oder nicht, das lassen Sie meine Sorge sein.« Er zuckte die Schultern. »Es ist doch sogar sehr wahrscheinlich, denn soviel ich weiß, ist Ihr Schwager ein Freund der Russen. Er hat nie ein Hehl daraus gemacht, daß sie die Hauptlast des Krieges trugen, er hat ihnen öffentlich Bewunderung gezollt, er bezeichnete ihre Regierungsform als positiv, und er hat die Amerikaner kritisiert, weil sie nach seiner Auffassung die zweite Front zu spät eröffneten. Jedermann wird darin unamerikanisches Verhalten erkennen können.«

Er blätterte in seinen Unterlagen: »Sehen Sie, hier! Julius Rosenberg wurde wegen seiner kommunistischen Gesinnung aus Regierungsdiensten entlassen, und er setzte seine Unterschrift unter eine Petition für einen New Yorker Wahlkandidaten der Kommunistischen Partei der USA.«

Rogge zwang die unruhigen Augen von Ruth Greenglass in seinen Blick. »Bei dieser Gesinnung ist es doch durchaus möglich, daß Julius Rosenberg mit der russischen Spionage zusammengearbeitet hat. In diesem Falle wäre Ihr Mann, der in einem amerikanischen Atomwerk arbeitete, ein hochinteressanter Partner gewesen, der ihm möglicherweise technische Skizzen und andere Einzelheiten der Atombombenentwicklung und -produktion liefern konnte. Auf jeden Fall haben die Russen heute die Atombombe. Woher, frage ich Sie?«

»Ich weiß nicht«, sagte Ruth Greenglass, jedoch schon mit nachdenklicherem Zögern in der Stimme.

»Verstehen Sie mich richtig, Mrs. Greenglass, ich erwäge alles, was Sie retten könnte!« Abrupt und hart fuhr er sie dann an: »Denken Sie nach! War es nicht so gewesen? Es gibt für Sie nur zwei Möglichkeiten. Entweder Sie erinnern sich, daß es so gewesen ist oder Sie erinnern sich nicht. Im ersten Fall besteigt Ihr Schwager den elektrischen Stuhl, im anderen Ihr Mann, und höchstwahrscheinlich besteigen Sie ihn auch. Ein gutes Erinnerungsvermögen indessen sichert Ihnen und Ihrem Mann die Freiheit!«

Ruth Greenglass erinnerte sich, und sie schloß in dieser Stunde den teuflischen Pakt mit Rogge. Und das war, da David seiner Frau in allen Dingen folgte, so, als ob ihn David Greenglass, sein Mandant, selbst geschlossen hätte.

Wenig später fand zwischen Staatsanwalt Saypol, Rechtsanwalt Rogge, David und Ruth Greenglass ein sehr vertrauliches Gespräch statt, bei dem zwar kein Stenograf, dafür aber zwei FBI-Agenten zugegen waren. Als seine Besucher gegangen waren, hielt Saypol triumphierend das »Geständnis« von Ruth Greenglass in der Hand: »Ich erkläre und bekenne hiermit, daß David Greenglass Informationen und Skizzen aus Los Alamos aufgeschrieben und aufgezeichnet hat. Ich habe davon gewußt und das Geld, das mein Mann dafür erhalten hat, angenommen und verausgabt. Die Informationen und Skizzen sind Julius Rosenberg übergeben worden.«

Einen Tag danach wurde Julius Rosenberg, wenig später auch Ethel Rosenberg verhaftet. Am 18. August 1950 schließlich erhob die Staatsanwaltschaft Anklage gegen die beiden Rosenbergs, die mit einem gewissen John paktiert haben sollten. Dieser John ist leiblich nie aufgetaucht. Aber aus dieser imaginären Person machte die Staatsanwaltschaft das, was ihr unbedingt fehlte und was sie beim besten Willen nicht beschaffen konnte: den russischen Spion, der von Rosenberg die Informationen und Skizzen über die amerikanische Atombombe entgegengenommen und sie aus Amerika hinaus und nach Moskau geschleust hatte. Der Staatsanwalt dehnte später seine Anklage auch auf Morton Sobell aus, den am 17. August FBI-Agenten in Mexiko gekidnappt und nach New York verschleppt hatten.

4. Das »Sündenregister«

»................... beschuldigt,

1. daß am oder etwa am 15. November 1944 die Angeklagten Julius und Ethel Rosenberg mit Ruth Greenglass konferierten,
2. daß am oder etwa am 20. November 1944 der Angeklagte Julius Rosenberg Ruth Greenglass eine Summe Geldes gab,
3. daß am oder etwa am 20. November 1944 Ruth Greenglass einen Zug nach New Mexico bestieg,
4. daß am oder etwa am 10. Dezember 1944 der Angeklagte Julius Rosenberg zur Stanton Street 266, New York City, ging,
5. daß am oder etwa am 10. Dezember 1944 der Angeklagte Julius Rosenberg von Ruth Greenglass ein Papier mit geschriebenen Informationen erhielt,
6. daß am oder etwa am 5. Januar 1945 die Angeklagten Julius und Ethel Rosenberg und David Greenglass und Ruth Greenglass konferierten,
7. daß am oder etwa am 5. Januar 1945 der Angeklagte Julius Rosenberg Ruth Greenglass einen Teil einer Seite einer zerrissenen Puddingpulverschachtel gab,
8. daß am oder etwa am 10. Januar 1945 der Angeklagte Julius Rosenberg David Greenglass an der 1. Avenue in New York City mit einem Mann bekannt machte,
9. daß am oder etwa am 12. Januar 1945 der Angeklagte Julius Rosenberg mit David Greenglass konferierte,
10. daß am oder etwa am 12. Januar 1945 der Angeklagte Julius Rosenberg von David Greenglass ein Papier bekam, das Skizzen von Experimenten enthielt, welche in Los Alamos gemacht worden waren,
11. daß am oder etwa am 14. Januar 1945 David Greenglass einen Zug nach New Mexico nahm.«

»................... beschuldigt,

1. daß im Januar 1946 der Angeklagte Sobell ein Gespräch mit Julius Rosenberg im Süddistrikt von New York führte,
2. daß im Juni 1946 der Angeklagte Sobell ein Gespräch mit Julius Rosenberg im Süddistrikt von New York führte,
3. daß im Februar 1947 der Angeklagte Sobell ein Gespräch mit Julius Rosenberg im Süddistrikt von New York führte,
4. daß im Juli 1947 der Angeklagte Sobell ein Gespräch mit Julius Rosenberg im Süddistrikt von New York führte,
5. daß im Mai 1948 der Angeklagte Sobell ein Gespräch mit Julius Rosenberg im Süddistrikt von New York führte.«

Was ist das?

Es könnte das armselige Schnüffelergebnis einer drittklassigen privaten Schmierendetektei sein, deren Leute sich an die Fersen eines gewissen Julius Rosenberg und seiner Frau, eines gewissen David Greenglass nebst Gattin und eines gewissen Mister Sobell geheftet hatten und die, um das Resultat der Schnüffelei wenigstens ein bißchen aufzumotzen, zu den Terminen und Gesprächen noch einen Fetzen Papier und die Hälfte einer halben Puddingschachtel erfunden und dazugetan hatten.

Die Worte »Angeklagte« und »Beschuldigte« deuten jedoch darauf hin, daß es sich um einen Text von weit höherem Stellenwert handelt, und das ist er auch!

Denn es ist, so ganz und gar unwahrscheinlich das auch klingen mag, die authentische Anklageschrift des New Yorker Staatsanwalts Saypol gegen die Rosenbergs und Morton Sobell. Nichts ist hinzugesetzt und nichts ist weggelassen! Sie bleibt armselig, lächerlich von der ersten bis zur letzten Zeile. Aber diese insgesamt 16 Punkte, die nichts weiter enthalten als Termine von Begegnungen zwischen Verwandten und Freunden, eine Reise nach New Mexico, ein Stück Papier und ein Stück Puddingschachtel sowie die Tatsache, daß Julius Rosenberg seinen Schwager auf der Straße mit einem Mann bekanntmachte, bilden die Grundlage für das Todesurteil gegen die Rosenbergs und 30 Jahre Zuchthaus für Morton Sobell. Nach der Lesart des Staatsanwalts handelt es sich bei allen 16 Punkten um »offene Akte der Verschwörung«.

Am 7. März 1951 beginnt der Prozeß.

5. Lynchjustiz

Der Staatsanwalt hat seine fünf Gehilfen mit in den Gerichtssaal gebracht. Richter Irving Kaufmann thront vorerst noch allein an dem großen langgestreckten Tisch, der die ganze Stirnseite des Gerichtssaales ausfüllt. Seine Helfer, die zwölf Geschworenen, müssen erst noch aus den 100 Zuschauern ausgewählt werden, die zu dem Prozeß zugelassen worden sind. So verlangt es das amerikanische Gesetz.

Die 100 Zuschauer sollen gewissermaßen einen Querschnitt des amerikanischen Volkes repräsentieren. Es sind Ingenieure darunter und Lehrer, Angestellte, Aktionäre, Staatsbeamte, Farmer, aber auch Arbeiter. Unter den zwölf Geschworenen jedoch ist später kein Arbeiter zu finden.

Denn sehr, sehr sorgfältig, in einer langen, ermüdenden Prozedur werden sie ausgewählt. Diejenigen, die später unter den Geschworenen sein werden, wissen jedoch nicht, daß schon, bevor sie überhaupt als Zuschauer Einlaß in den Gerichtssaal fanden, die Agenten des FBI in ihrem Leben und in ihren Lebensgewohnheiten herumgeschnüffelt haben, denn in diesem Prozeß bleibt nichts dem Zufall überlassen. Einem Todesurteil müssen alle Geschworenen zustimmen. Schon ein einziger von zwölf könnte den fest programmierten Justizmord mit seiner Stimme verhindern. Diesen einzigen darf es nicht geben.

Es kann ihn auch nicht geben, denn Richter Kaufmann darf jeden Kandidaten ablehnen, wenn er ihm mißfällt, alle Verteidiger zusammen 30, der Staatsanwalt allein 20. Aber für Saypol ist dieses Limit ohnehin bedeutungslos. Selbst wenn sein Soll erfüllt ist, hat er immer noch den Richter Kaufmann, der den leisesten Wink versteht und seinen großen, kantigen Kopf zu jedem Kandidaten schüttelt, den der Staatsanwalt nicht will. Saypol und Kaufmann sind ein hervorragend eingespieltes Team, dem man das vorausgegangene gemeinsame Training anmerkt.

Wer hier Geschworener werden will, muß »blütenrein« vor den Augen des Staatsanwaltes und des Richters sein. Kein Stäubchen darf ihn verdächtig machen. Jede Frage Kaufmanns oder Saypols ist eine Hürde. Vier Fragen kehren immer wieder, und wer sie nicht mit »nein« beantwortet, scheidet aus dem Kandidatenkreis aus:

»Haben Sie Bedenken gegen die Todesstrafe? Nein? Gut! Ja? Abgelehnt!«

»Haben Sie irgend ein Vorurteil gegen die Atombombe? Nein? Gut! Ja? Abgelehnt!«

»Sind Sie dagegen, daß die Atombombe abgeworfen wurde? Nein? Gut! Ja? Abgelehnt!«

»Sind Sie gegen die Verwendung der Atombombe im Falle eines Krieges? Nein? Gut! Ja? Abgelehnt!«

Aber auch damit ist die Kandidatenprüfung nicht beendet. Wer bei Kaufmann und Co. Geschworener werden will, darf keine Schwiegermutter haben, die in Rußland — wenn auch nur im zaristischen — geboren ist. Er darf keinen Großvater besitzen, der aus der Tschechoslowakei eingewandert ist, er darf kein Arbeiter sein, und er darf keine Zeitungen lesen, die Saypol und Kaufmann nicht mögen. Auch ein Liebhaber von Hemingway, Dostojewski und Goethe zu sein, ist eine schlechte Empfehlung für einen Kandidaten, der Geschworener werden möchte.

Dagegen fördert es die Chancen, wenn sich einer ausschließlich in jenen Zeitungen informiert, die bereits dank des von Saypol betriebenen Rufmordes ganze Kübel voll Schmutz über die Rosenbergs und Morton Sobell ausgießen, noch ehe der Prozeß begonnen hat. Sie wachsen weiter, wenn man Beamter im Regierungsdienst, leitender Angestellter in einem Rüstungstrust oder Redakteur bei der Skandalpresse des Hearst-Konzerns ist. Sie schnellen geradezu in die Höhe, wenn jemand seinen Haß auf die Sowjetunion zu erkennen gibt oder wenn er Mitglied einer Organisation ist, die den Kommunismus bekämpft.

So schaffen sich Saypol und Kaufmann in mehrtägiger, harter Arbeit ein Geschworenengericht, das nichts anderes als ihr Werkzeug in diesem makabren politischen Skandalprozeß ist.

Vorsorglich baut Irving Kaufmann bei der Belehrung der Geschworenen einer weiteren Klippe vor. Als Kronzeugen hat die Staatsanwaltschaft nur einen Dieb und einen Zuchthäusler finden können, Greenglass und Gold. Immerhin ist ja nicht ausgeschlossen, daß der eine oder andere Geschworene bei aller tadelsfreien reaktionären Gesinnung eine reputierliche bürgerliche Aversion gegen die beiden Kriminellen empfindet. Deshalb betont Kaufmann noch einmal ausdrücklich: Es ist die Pflicht der Geschworenen, auch vor dem Gesetz schuldig Gewordenen, gleich ob Mördern, Dieben,

Meineidigen oder Zuchthäuslern, die gleiche Glaubwürdigkeit zuzuerkennen wie den Aussagen unbescholtener Bürger.

Dann eröffnet Saypol den Prozeß mit seiner Anklagerede, die sich auf seine Anklageschrift stützt. Ernst und feierlich beginnt er, schließlich kommt er in Fahrt. Er schreit und kreischt, er wütet und tobt gegen die Angeklagten, die er — Demagoge, der er ist — bereits als schuldig bezeichnet, noch ehe die Beweisaufnahme überhaupt begonnen hat. Im Grunde wiederholt er nur das, was er bereits vor dem Prozeß den Skandaljournalisten eingeflüstert hat und was jetzt in Skandalgeschichten und in wüster, abscheulicher Besudelung der Rosenbergs mit Millionen-Auflage ganz Amerika überschwemmt. »Das sind sie«, schreit Saypol und schleudert seine Blitze gegen die Angeklagten, »das sind sie, die sich verschworen haben, Spionage zugunsten eines fremden Staates zu betreiben, das sind sie, die Amerika erzittern machten und die es zerstören wollten!«

»Verschworen«, das ist das Stichwort, das für den Verlauf und den Ausgang des Prozesses entscheidende Bedeutung gewinnt. Denn Saypol ist ein schlauer, gerissener Fuchs. Er klagt die Rosenbergs und Sobell nicht wegen »Spionage« an — so dumm ist Saypol nicht —, sondern wegen einer »Verschwörung zur Ausübung von Spionage«. Für Spionage sieht das Gesetz nur Zuchthaus vor, für eine Verschwörung zur Ausübung von Spionage dagegen die Todesstrafe. Sie aber ist bereits beschlossene Sache, nicht nur zwischen Saypol und Kaufmann, sondern auch von der Regierung.

Eine Anklage wegen Spionage würde Saypol zudem in arge Bedrängnis bringen, weil Spionage im Detail zu beweisen ist. Gerade das aber ist die schwache Seite der Staatsanwaltschaft. Eine Anklage wegen Verschwörung dagegen hilft über solche Klippen hinweg: Hier reicht es schon aus, den Versuch zur Spionage zu beweisen, nicht der ganzen Verschwörergruppe, sondern eines einzigen Verschworenen. Dabei ist es sogar ohne Bedeutung, ob nun tatsächlich geheime Informationen weitergegeben worden sind oder nicht. Mit dieser Anklage umgeht Saypol weitgehend eine Beweisführung, zu der er kaum in der Lage gewesen wäre. Auch nicht, wenn Staatsanwaltschaft und FBI noch mehr Lügen in ihre kriminellen Zeugen hineingebleut hätten, als sie es ohnehin schon getan. Denn nachweislich wurden die Zeugen der Staatsanwaltschaft wochenlang vorher für ihren Auftritt im Gerichtssaal trainiert wie Leistungssportler, entweder durch die Beamten des FBI oder Saypols Gehilfen. Sie sollen in der Stunde der Bewährung im Kreuzverhör topfit sein. Die Kronzeugen dieses Prozesses sind gelehrige Schüler, denn alle zusammen verfolgt die würgende Angst, daß sich die Schlinge des FBI bei Versagen um ihren eigenen Hals legen und daß sie in dieser Schlinge selbst zum elektrischen Stuhl gezerrt werden könnten. FBI und Staatsanwaltschaft haben gleichermaßen mit Zuckerbrot und Peitsche gearbeitet, keine neue, aber nichtsdestoweniger eine — wie sich auch bei diesem Prozeß zeigt — sehr wirksame Methode.

Staatsanwalt Saypol läßt seine Puppen an jenem Seile, das in einer Schlinge ausläuft, nach Belieben tanzen. Er hat mit seiner Anklage einen Rahmen gesetzt, mit Terminen, die tatsächlich wahrgenommen wurden, und mit Gesprächen, die wirklich stattgefunden haben. An diesen Fakten, die den Rahmen bilden, ist nichts erfunden, nichts zu deuten. Die gewünschten Bilder in den Rahmen des Herrn Saypol, ihres Meisters, zu zaubern, ist Aufgabe seiner Puppen. Sie tun es mit einstudierten Aussagen, an denen die Gehilfen des Herrn Saypol bis zur letzten Minute mitgefeilt haben und die sie, wenn es verlangt wird, mit hundert Meineiden beschwören.

Ist nicht Ruth Greenglass im November 1944 zu ihrem Manne nach Los Alamos gefahren und hat sie nicht tatsächlich, wie in der Anklage steht, einen Zug nach New Mexico bestiegen?

Haben nicht die Rosenbergs vor der Reise Ruth Greenglass besucht? Natürlich taten sie das, um dem Schwager Grüße zu bestellen. Und gab dabei Julius Rosenberg seiner Schwägerin, wie in der Anklage steht, nicht auch eine Summe Geldes? Ja, auch das tat er, weil Ruth immer knapp bei Kasse war und ohne die Unterstützung der Rosenbergs nicht hätte zu ihrem Manne reisen können.

Das alles sind Tatsachen. Aber wie gefährlich werden solche Tatsachen, wenn die eingeschüchterte Ruth Greenglass plötzlich behauptet, die Rosenbergs hätten sie vor ihrer Reise nicht besucht, um David Grüße aufzutragen. Nein, sie seien vielmehr gekommen, um Ruth zu bitten, daß David für Julius geheime Informationen über Los Alamos besorgen soll. Und aus dem Reisekostenzuschuß wurde ein Vorschuß für David, die erste Rate gewissermaßen für seine Spionagedienste.

Oder stimmt es etwa nicht, daß Julius Rosenberg Ruth Greenglass sofort nach ihrer Rückkehr aus Los Alamos besuchte? Das tat er wirklich, zusammen mit seiner Frau. In Saypols Anklage ist dieser Punkt gewissenhaft aufgelistet:

»Nun sagen Sie dem Gericht, Zeugin Greenglass, worüber Sie mit den beiden Angeklagten Julius und Ethel bei Ihrer Rückkehr konferierten!« Ruth indessen sagt nicht: »Wir haben uns über meine Reise unterhalten und darüber, was Deevi treibe, wie es ihm gehe.« Nein, Ruth sagt etwas ganz anderes, etwas ganz Phantastisches. Sie habe den Rosenbergs ein Papier — das Papier aus der Anklage des Staatsanwaltes — mit Informationen über Los Alamos und die Namen von Atomwissenschaftlern übergeben, aber auch die Namen solcher Leute, die ebenfalls zur Spionage bereit seien.

»Können Sie das beeiden?« fragt Saypol. »Selbstverständlich«, antwortet die saubere Ruth mit absoluter Sicherheit. Der Staatsanwalt triumphiert. »Ein weiterer Mosaikstein für das schändliche Treiben der Rosenbergs!«

Aber noch längst nicht alles! Saypol bohrt weiter. Diesmal bei seinem Kronzeugen David Greenglass. »Sie kamen zum Jahreswechsel 1944/45 im Urlaub nach New York. Dabei haben Sie mit den beiden Angeklagten Ethel und Julius konferiert. Wenn ich mich nicht täusche, am 5. Januar 1945? Stimmt das?«

»Jawohl, Herr Staatsanwalt, es stimmt!« Bis dahin lügt David Greenglass nicht. Denn die Familie traf sich tatsächlich bei Mutter Greenglass. Dann aber, als der Staatsanwalt nach dem Gehalt der Gespräche fragt, geht die Phantasie mit David durch: »Ich gab meinem Schwager weitere vertrauliche Informationen über die Atombombenherstellung. Ich fertigte eine Skizze an und schrieb etwa zwölf Seiten Erläuterungen dazu!«

»Und Sie können das beeiden?« »Selbstverständlich«, antwortet David Greenglass wie aus der Pistole geschossen. Wieder sieht sich der Staatsanwalt triumphierend im Saale um. »Und Sie, Zeugin Greenglass, wollen Sie dem Gericht bestätigen, daß Ihnen bei dieser Gelegenheit Julius Rosenberg einen Teil einer Seite einer zerrissenen Puddingpulverschachtel gab, für Ihren Mann David?«

»Ja, das tat er, Herr Staatsanwalt.« Und jetzt tischt Saypol den staunenden Zuhörern eine der größten Lügen dieses Prozesses auf, jetzt bringt er die fremde Macht, die sowjetische Spionage, ins Spiel, für die die Rosenbergs gearbeitet haben sollen, den geheimnisvollen »John«, die Inkarnation des Bösen.

»Zeuge Gold, treten Sie einmal vor und erklären Sie dem Gericht, was es mit diesem Teil einer Seite einer zerrissenen Puddingpulverschachtel auf sich hat.«

»Er arbeitete«, antwortet Gold, »im Auftrag eines gewissen John, was aber offenbar ein Deckname gewesen ist ...«

Staatsanwalt Saypol tritt auf den Zeugen Gold zu und hält ihm ein

Bild unter die Nase. »Könnten Sie auf diesem Porträt Ihren Auftraggeber John identifizieren?« Gold wirft nur einen kurzen Blick darauf, dann ruft er enthusiastisch: »Jawohl, das ist er, das ist John, wie er leibt und lebt, Herr Staatsanwalt!«

»Danke«, sagt der Staatsanwalt. »Ich zeigte dem Zeugen soeben das Porträt eines russischen Spions, der vor kurzem das Land verlassen hat.

Erzählen Sie also weiter, Zeuge Gold!« Und Gold erzählt tatsächlich, Märchen nämlich. Er hätte also von John im Juni 1945 den Auftrag erhalten, David und Ruth Greenglass, die inzwischen in Albuquerque, in unmittelbarer Nähe von Los Alamos, wohnten, aufzusuchen und sich mit dem einen Teil einer Seite einer zerrissenen Puddingpulverschachtel auszuweisen. Das also hätte er getan. David Greenglass habe daraufhin den anderen Teil einer Seite einer zerrissenen Puddingpulverschachtel hervorgeholt und die beiden Teile zusammengefügt. Und siehe da, sie paßten!

»Hiermit ist zweifelsfrei erwiesen«, frohlockt an dieser Stelle der Staatsanwalt, »daß Julius Rosenberg mit dem russischen Spion John zum Zwecke des Verrats des Atombombengeheimnisses zusammenarbeitete, denn der Angeklagte Julius Rosenberg hat Greenglass den passenden Teil der einen Seite einer zerrissenen Puddingpulverschachtel ausgehändigt! Genau genommen, Frau Greenglass für ihren Mann!«

»Angeklagte Ethel Rosenberg«, schaltet sich jetzt Kaufmann ein, »wollen Sie dem Gericht einmal verraten, ob sich in Ihrem Haushalt Puddingpulverschachteln befanden?« »Ich glaube ja«, sagt Ethel, »wie in jedem amerikanischen Haushalt.«

»Danke, das genügt«, meint Kaufmann und lehnt sich, zufrieden mit seiner scharfsinnigen, alles enthüllenden Frage, zurück. »Fahren Sie fort, Herr Staatsanwalt!«

Saypol stellt eine weitere Frage: »Was geschah nun weiter, Zeuge Gold?«

»Greenglass händigte mir Skizzen und Berechnungen über die Atombombe aus, und ich gab ihm dafür 500 Dollar, die ich für diesen Zweck von John erhalten hatte.«

Ein weiteres Mal triumphiert der Staatsanwalt. Er meint, seinen Triumph noch vermehren zu können mit jenen Blättern, die er jetzt über seinem Kopfe schwenkt. »Und hier, hier halte ich die Berechnungen, die Skizzen und die Beschreibungen der Atombombe in der Hand, die David Greenglass seinem Auftraggeber, dem Handlanger

der russischen Spionage, Julius Rosenberg, und Gold für John übergeben hat. Greenglass hat die Skizzen und Aufzeichnungen aus seinem Gedächtnis nachvollzogen.«

Dabei verschweigt er geflissentlich, daß Greenglass, der ja zugleich Mitangeklagter ist, in den Wochen seiner Untersuchungshaft
die entsprechende Fachliteratur erhalten hatte und daß ihm Gold bei
seinem Werke fleißig zur Hand gegangen war. Gold nämlich ist nicht
nur ein Krimineller, sondern auch ein exzellenter Biochemiker und
ein Mann mit mehreren Diplomen.

Dennoch hütet sich Saypol, die Blätter aus der Hand zu geben.
Außer Kaufmann hat sie keiner gesehen, der an diesem Prozeß
teilnahm. Allzugroß ist auch das Vertrauen Saypols nicht in die
Fähigkeiten seines Werkzeugs Greenglass. Noch dazu, nachdem
ein renommierter Wissenschaftler, der von der Verteidigung als
Sachverständiger hinzugezogen worden war, erklärt hat, daß es auch
für einen Fachmann unmöglich sein dürfte, die vom Herrn Staatsanwalt geschilderten Skizzen und Berechnungen nach fünf Jahren aus
dem Gedächtnis nachzuvollziehen. Greenglass aber ist kein Fachmann.

Das alles jedoch beeinträchtigt das siegessichere Selbstvertrauen
des Staatsanwaltes Saypol in keiner Weise. Ihn stören weder das Urteil des renommierten Wissenschaftlers noch die Tatsache, daß es
weder für die Aussagen von David und Ruth Greenglass noch für
die Aussagen Golds einen einzigen Zeugen gibt. Die Aussagen der
unbescholtenen, anständigen Bürger Ethel und Julius Rosenberg, die
die Erfindungen ihrer kriminellen Verwandten und des Kriminellen
Gold energisch und für jeden Unvoreingenommenen glaubhaft widerlegen, wiegen und zählen nicht in diesem Prozeß. Gold, Ruth
und David Greenglass beschwören vor Gott ihre Aussagen und dadurch werden sie wahr vor diesem Gericht.

Für Ethel Rosenberg wird die einfache, lächerliche Tatsache zum
Verhängnis, daß sie in ihrem Haushalt Puddingpulverschachteln auf-
bewahrte und daß sie eine Schreibmaschine besaß, auf der sie nach
den Aussagen ihres Bruders Deevi Geheiminformationen herunter-
tippte. Da diese Geheiminformationen aus begreiflichen Gründen
nicht in den Händen des Gerichtes sind, läßt sich nicht feststellen,
ob Ethel ihre Maschine tatsächlich für solche Zwecke benutzte.
Aber auch an diesem Umstand nimmt das Gericht keinen Anstoß.

Morton Sobell geht 30 Jahre ins Zuchthaus, weil er sich fünfmal
mit Julius Rosenberg im Süddistrikt von New York getroffen hat.

Das bezeugte ein FBI-Agent, und darauf stützt Staatsanwalt Saypol seine Anklage. Zu welchem Zwecke, so folgert Saypol messerscharf, sollte sich wohl Sobell mit Rosenberg, dem Werkzeug einer fremden kommunistischen Macht, getroffen haben, wenn nicht zur Vorbereitung und Ausführung von Spionage? Sobell muß herhalten, damit Saypol seine erdichtete Verschwörung mit einem weiteren Übeltäter aufmotzen kann. Je größer die Verschwörung, um so besser!

Einen letzten »Trumpf« zieht Saypol kurz vor Ende des Prozesses aus der Tasche: nämlich den »Beweis«, daß Ethel und Julius Rosenberg, denen der Boden unter den Füßen zu heiß geworden sei, fliehen und Amerika verlassen wollten. Als Zeugen für diese Behauptung holt sich der Staatsanwalt einen armseligen, von FBI-Agenten eingeschüchterten Winkelfotografen. Jener Fotograf namens Schneider beschwört, daß sich Familie Rosenberg im Juni 1950 drei Dutzend Paßfotos habe anfertigen lassen. »Und diese Tatsache«, argumentiert Saypol in seiner gewohnten zwingenden Logik, »beweist hinreichend, daß die Angeklagten fliehen wollten. Und das wiederum ist ein Indiz für ihre Schuld!«

Am 5. April 1951 verkündet der Richter Irving Kaufmann das Urteil:

»Das Gericht verurteilt Julius und Ethel Rosenberg zum Tode und verfügt, daß sie in der Woche, die mit Montag, dem 21. Mai beginnt, entsprechend dem Gesetz hingerichtet werden.« Das sagt er sachlich, aber dann fährt er mit glühendem Haß in der Stimme fort: »Ich halte ihr Verbrechen für schlimmer als Mord! Ihre Handlung hat meiner Ansicht nach schon die kommunistische Aggression in Korea mit den sich daraus ergebenden Verlusten von mehr als fünfzigtausend Menschen verursacht, und wer weiß, ob nicht eine Million andere Unschuldige den Preis ihres Verrates zahlen müssen. Wahrhaftig, durch ihren Verrat haben sie zweifellos den Lauf der Geschichte zum Nachteil unseres Landes geändert!«

Hier fügt der Richter Kaufmann den vielen, vielen Unwahrheiten dieses Prozesses eine weitere, entscheidende hinzu, die wahrscheinlich seiner mangelnden historischen Einsicht entspringt.

Den Verlauf der Geschichte haben die Ergebnisse des zweiten Weltkrieges verändert, die weder Kaufmann noch Saypol, weder Rogge noch die Drahtzieher des ganzen Prozesses, auch nicht mit einem erfundenen Spionagefall, rückgängig machen können.

Ein mächtiger Sturm erhebt sich auf der ganzen Welt. Noch nie zuvor hat es eine größere Sympathie- und Protestbewegung gegeben wie in den folgenden Wochen und Monaten. Auf der ganzen Erde wird der Kampfruf aufgenommen: »Fallt den Mördern in den Arm! Rettet die Rosenbergs, Ethel und Julius dürfen nicht sterben. Ihre Sache ist unsere Sache!«

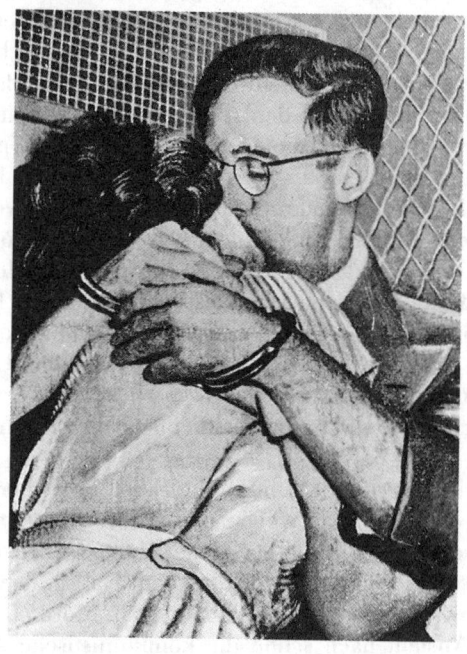

Ethel und Julius Rosenberg nehmen im Zuchthaus Sing Sing kurz vor ihrer Hinrichtung am 19. Juni 1953 Abschied voneinander

Wie eine Lawine rollt es aus allen Erdteilen, aus allen Ländern, allen Städten und Dörfern gegen das Weiße Haus in Washington: Briefe und Proteste von Millionen Werktätigen, Weißen und Schwarzen, Juden und Christen, Gewerkschaftern und Kommunisten. Regierungschefs, Minister, Wissenschaftler, Künstler, der Papst, Organisationen und Verbände fordern vom Justizministerium, von der amerikanischen Regierung, vom amerikanischen Präsidenten, die Rosenbergs nicht auf den elektrischen Stuhl zu schicken. Tausende Amerikaner fahren nach Washington und belagern das Weiße Haus. Selbst USA-Richter verlangen die Aufhebung des Todesurteils. So zum Beispiel der Erste Richter am Obersten Gerichts-

Robert Meeropol-Rosenberg (vorn Mitte), einer der Söhne des
unschuldig ermordeten Ehepaares, bei seinem DDR-Besuch im April 1976.
In seiner Begleitung der im Rosenberg-Prozeß
mitverurteilte Morton Sobell (links)

hof des USA-Staates Utah, der die Beweisführung im Prozeß als absurd und die Aussagen der Zeugen als glatte Lügen bezeichnet. Seite
an Seite mit den Millionen des Erdballs stehen die Bürger der DDR.
In vielen Betrieben konstituieren sich Komitees zur Rettung von
Ethel und Julius Rosenberg. Tausende, Hunderttausende Briefe gehen beim »Verteidigungskomitee für die Opfer der amerikanischen
Reaktion« ein. Am 6. Januar 1953 findet eine Großkundgebung im
Berliner Friedrichstadtpalast statt. 3 000 drängen sich im Saal. Tausende verfolgen draußen die Kundgebung mit, fordern in einem Telegramm an Truman die Aufhebung des Schandurteils. Arnold
Zweig wendet sich an Albert Einstein, Bertolt Brecht an Nobelpreis-
träger Heisenberg, an Hemingway und Arthur Miller, ihre Stimme
zur Rettung der Rosenbergs zu erheben.

Der mächtige Proteststurm schiebt die Vollstreckung des Urteils
auf, bis auf den 19. Juni 1953. Dann geschieht der Mord, nachdem

Gnadengesuch und Revisionsversuche abgelehnt worden waren, in aller Heimlichkeit im Zuchthaus von Sing Sing. Ethel und Julius Rosenberg hätten ihr Leben retten können, denn der Justizminister bot ihnen am 3. Juni 1953 das Leben gegen ihr Schuldbekenntnis. Selbst auf dem Weg zur Todeszelle steht ein Telefon bereit, damit sie das Schuldbekenntnis in die Muschel sprächen. Aber sie gehen beide, zuerst Julius und dann Ethel, an diesem Telefon, dem letzten Rettungsanker, vorüber, lassen sich auf den Todesstuhl fesseln und die Ledermaske über das Gesicht ziehen. Ihr Leben scheint ihnen für die Wahrheit kein zu hoher Preis!

Justizmord in Athen

1. Reaktion im Vormarsch

Im Februar 1942 ging aus der Vereinigung verschiedener Partisanenabteilungen die Griechische Volksbefreiungsarmee ELAS hervor. Die Bildung einer Vielzahl von Partisanenabteilungen war auf die Initiative der Kommunistischen Partei Griechenlands zurückzuführen. In der Auseinandersetzung mit dem deutschen und dem einheimischen Faschismus erwies die Kommunistische Partei sich als jene Kraft, die sich von allen patriotischen Gruppierungen des Landes am konsequentesten für einen antifaschistischen und demokratischen Kurs einsetzte.

Die militärischen Operationen der ELAS als der militärischen Organisation der Nationalen Befreiungsfront (EAM) waren überaus erfolgreich. Bis Mitte 1943 war schon fast ein Drittel des griechischen Festlandes aus eigener Kraft vom Faschismus befreit. In den anderen Landesteilen organisierten zur gleichen Zeit griechische Patrioten Sabotageakte, Streiks, Meetings und antifaschistische Massenaktionen. So durchkreuzten Generalstreiks und machtvolle Kundgebungen im Februar 1943 in Athen und Piräus die Pläne, Hunderte Griechen zur Zwangsarbeit nach Deutschland zu schicken.

Im Frühjahr 1944 kontrollierte die ELAS, auf 50 000 Mann angewachsen, bereits zwei Drittel des Landesterritoriums. Im April und Mai unternahm die Armee eine breit angelegte Offensive in Thessalien, in Mittel- und Westmazedonien, in Mittelgriechenland und auf dem Peloponnes. Im Herbst 1944 wurde die faschistische deutsche Heeresgruppe E, die mit etwa 350 000 Mann Albanien und

Griechenland besetzt hielt, gezwungen, sich gemeinsam mit der
2. Panzerarmee der Heeresgruppe F endgültig nach Norden zurückzuziehen. Die griechischen, albanischen und jugoslawischen
Volksbefreiungsarmeen und Partisaneneinheiten fügten den Ein-
dringlingen bei ihrem Rückzug in erbitterten Gefechten erhebliche
Verluste zu.

Die Erfolge der ELAS stärkten den politischen Einfluß der EAM,
die in den befreiten Gebieten demokratische Umgestaltungen vollzog und Organe der Volksmacht ins Leben rief.

Die Erfolge der Volkskräfte riefen bei den Herrschenden in Washington und London tiefe Besorgnis hervor. Ihnen war natürlich
nicht verborgen geblieben, daß die Kommunistische Partei Griechenlands in den Reihen der Nationalen Befreiungsfront, unter
den Kämpfern der Volksbefreiungsarmee, über großes Ansehen
verfügte. Sie wußten nur zu gut, daß aus der Einheit des Volkes im
Kampf gegen faschistische Interventen sehr schnell auch die Einheit der Volksmassen im antiimperialistischen Kampf erwachsen
konnte.

Wenn die Westmächte ihre insgeheim gehegten, gegen die Sowjetunion gerichteten Pläne auf dem Balkan nicht bald völlig zu den Akten legen wollten, und das wollten sie ganz sicher nicht, dann mußten sie handeln. Sie waren entschlossen, sich in Griechenland
einzunisten. Bei ihren Überlegungen spielte die strategische Lage
des Landes eine wesentliche Rolle.

Viele oppositionelle bürgerliche Politiker Griechenlands hatten
sich vor dem Faschismus ins Ausland geflüchtet. Das paßte dem britischen Imperialismus hervorragend ins Konzept. Mit Eifer betrieb
Großbritannien die Etablierung einer »Regierung der Nationalen
Einheit«, deren Mitglieder sich gerade aus den Reihen jener bürgerlichen Emigranten rekrutieren sollten. Schließlich konnten sie sogar
erreichen, daß die ELAS dem Oberkommando des britischen Generals Scobie unterstellt wurde.

Aber auch das schien den Machthabern in Washington und London noch nicht sicher genug. Obwohl die ELAS im Oktober 1944
das Land befreit hatte, landeten am 4. Oktober britische Truppen in
Griechenland.

In derselben Stunde wurde mit der Verwirklichung eines Schubla-
denprojektes begonnen. Auf Korfu entwaffneten die Briten das
10. ELAS-Regiment. General Scobie befahl vier Wochen später die
Entwaffnung weiterer ELAS-Kontingente. Zugleich ordnete er den

Abzug von griechischen Kämpfern aus Athen und seiner Umgebung an. Mehr noch; faschistische Kollaborateure wurden von der Regierung mit äußerster Schonung behandelt und — wo es nur ging — gefördert; nach wenigen Wochen sah man viele von ihnen wieder in einflußreichen und wichtigen zivilen und militärischen Ämtern. Diese Aktionen dienten nur einem Zweck — die Positionen der Kommunistischen Partei und anderer griechischer Demokraten sollten geschwächt werden, zugleich ging man daran, einen Machtapparat reaktionärer Prägung aufzubauen.

Natürlich ließen sich die Werktätigen die Errungenschaften der blutigen Schlachten des antifaschistischen Befreiungskampfes nicht ohne Widerstand zunichte machen. Die griechische Reaktion griff zu den Waffen und richtete unter friedlichen Demonstranten ein Blutbad an. Bürgerkriegsähnliche Auseinandersetzungen waren die Folge. Mit Hilfe britischer Truppenunterstützung konnte die Reaktion die Oberhand behaupten.

Ehemalige ELAS-Kämpfer wurden zu Tausenden verfolgt, in die Illegalität getrieben, verhaftet, erschlagen.

Unter der Führung Tsaldanis etablierte sich Griechenlands Rechte in den Zentren der Macht. Und 1946 gar kehrte König Georg II. aus dem Exil nach Griechenland zurück.

In der Illegalität wirkende Patrioten schlossen sich zu Partisanengruppen zusammen, und aus ihnen erwuchs die »Demokratische Armee Griechenlands«. Sie versetzte den einheimischen Monarcho-

Mitglieder der griechischen Befreiungsbewegung ELAS
werden von englischen Fallschirmjägern
gefangengenommen, Herbst 1944

Junge Mitglieder der Befreiungsarmee ELAS
demonstrieren im Oktober 1944 in Athen
gegen die Niederschlagung der Volksbewegung
durch britische Elite-Einheiten —
Im Vordergrund ein britischer Soldat

faschisten und ihren britischen Hintermännern immer wirksamere Schläge.

Als 1949 die Gefahr bestand, daß die demokratischen Kräfte siegen und Griechenland als eine antisowjetische Bastion verloren gehen könnte, mischten sich die USA ein, die künftig die Rolle der Briten übernahmen, und entschieden dadurch die Auseinandersetzungen zugunsten der Reaktion.

Nun setzte ein wahres Kesseltreiben gegen Kommunisten und andere Demokraten ein, nachdem schon 1947 die Kommunistische Partei und andere demokratische Parteien und Massenorganisationen verboten worden waren.

2. *Ein Patriot*

Zu den von der griechischen monarchofaschistischen Reaktion und ihren amerikanischen Drahtziehern am meisten gesuchten Personen gehörte neben vielen anderen Funktionären und Mitgliedern der Kommunistischen Partei das Mitglied des Zentralkomitees der KP Griechenlands Nikos Belojannis.

Der bekannte Arbeiterführer wurde 1915 in Amaliás auf dem Peloponnes geboren. In dieser seiner engeren Heimat verbrachte er die Jahre seiner Kindheit. Er besuchte die Grundschule und das Gymnasium; ihn zeichnete besonderer Wissensdurst aus, eine Eigenschaft, die sein ganzes Leben kennzeichnete. Schon frühzeitig hatte er Berührung mit den Problemen des Kampfes der griechischen Arbeiterklasse und mit den Lehren des Marxismus-Leninismus. Für den jungen Mann war es eine Art logische Konsequenz, die Aufnahme in den Kommunistischen Jugendverband zu beantragen; er war damals gerade siebzehn Jahre alt. Schon ein Jahr später wurde er Mitglied der Kommunistischen Partei Griechenlands. Nikos Belojannis hatte den Auftrag, als Organisator und Agitator der Partei auf dem Peloponnes zu wirken. Diese Aufgabe erfüllte er mit der ihm eigenen Hingabe. Er zog sich den Haß der ausländischen Faschisten und ihrer griechischen Handlanger zu. Fast ständig stand sein Name auf den Fahndungslisten. Es gehörte der Mut einer unbeirrbaren Überzeugung dazu, unter diesen schwierigen Bedingungen den Auftrag der Partei zu erfüllen. Mehrfach fiel er in dieser Zeit seinen Häschern in die Hände.

1943, in der Zeit der verstärkten Offensive der griechischen Volksbefreiungsarmee gegen die Truppen der faschistischen deutschen Wehrmacht, wurde er von der Kommunistischen Partei mit der Funktion des Leiters der politischen Abteilung der III. Division der ELAS betraut. Sein Wirken trug wesentlich zur politisch-ideologischen Stählung der Kämpfer seines Truppenteiles bei. Immer wieder verstand er es, den Soldaten die politische Größe, den nationalen und internationalen Rang ihres Auftrages deutlich zu machen. Das Auftreten des Kommunisten zeugte auch lebendig und mitreißend von seiner tiefen Verehrung der revolutionären Errungenschaf-

Nikos Belojannis —
ein Leben für die Freiheit Griechenlands

ten der Sowjetvölker. Er bezeichnete den ersten sozialistischen Staat der Erde als Hoffnung und Zukunft für die Menschheit. Unter den kompliziertesten Umständen und fast ausschließlich im Selbststudium eignete er sich Kenntnisse der russischen Sprache an.

Bald nach dem Sieg über den deutschen Faschismus mußte auch Nikos Belojannis wieder in die Illegalität gehen, um nicht den monarchofaschistischen Reaktionären in die Hände zu fallen. Als dann Ende Oktober 1946 die Demokratische Armee Griechenlands gebildet wurde, stellte auch er sich als Kämpfer zur Verfügung. Zunächst wurde er Leiter der Propagandaabteilung, später setzte ihn die Partei als Politoffizier einer Division ein.

Als 1949 wegen der massiven USA-Intervention die Kampfhandlungen der Demokratischen Armee Griechenlands eingestellt werden mußten, war auch Nikos Belojannis wieder gezwungen, in tiefster Illegalität zu leben. Stets war auch er wie Tausende andere patriotisch und demokratisch gesinnte Griechen davon bedroht, von den Spitzeln und Agenten der reaktionären Machthaber erkannt, gefangengenommen, gefoltert und ermordet zu werden. Dennoch gab er seine aktive politische Arbeit zu keiner Zeit auf. Er hatte erkannt, daß es wichtig war, die Bevölkerung des Landes und auch über die griechischen Grenzen hinaus über die globalstrategischen Absichten des Weltimperialismus aufzuklären und nachzuweisen, welche Rolle Griechenland in dem imperialistischen Ränkespiel zugedacht worden war. Sein Wort hatte bei den griechischen Arbeitern und beim Landproletariat Gewicht, denn die Menschen hatten nicht vergessen, daß er zu jenen mutigen Männern zählte, die unter Einsatz ihres Lebens für die Freiheit des Vaterlandes gekämpft hatten.

1950 wurde Nikos Belojannis, getragen vom Vertrauen seiner Genossen, Mitglied des Zentralkomitees der Kommunistischen Partei Griechenlands.

3. Volksdemokratien formieren sich

Der Terror in Griechenland kam nicht von ungefähr. Um jeden Preis wollten die angloamerikanischen Imperialisten und ihre griechischen Bundesgenossen eine Entwicklung verhindern, wie sie sich nach dem Ende des zweiten Weltkrieges in vielen Staaten Ost- und Südosteuropas vollzogen hatte.

Zum Beispiel wurde in Rumänien bereits 1944 der Nationaldemokratische Block geschaffen. 1945 wurde das Gesetz über die Bodenreform verabschiedet, 1946 errang der Block der demokratischen Parteien mit der Kommunistischen Partei an der Spitze bei den Parlamentswahlen einen überwältigenden Erfolg, zirka 80 Prozent der Wähler gaben ihm ihre Stimme, im gleichen Jahr wurde die staatliche Kontrolle über die Staatsbank eingeführt, im Frühjahr 1947 wurde dann die Staatskontrolle über Handel und Industrie beschlossen, und als König Mihai I. im Dezember abdankte, die Volksrepublik ausgerufen.

In Bulgarien nahm im September 1944 die erste Regierung der Vaterländischen Front ihr Amt auf. Ein Jahr später siegte die Vaterländische Front bei den Parlamentswahlen. Das Jahr 1946 brachte in diesem Balkanland ebenfalls bedeutende Umwälzungen mit sich. Ein Gesetz über die Bodenreform wurde angenommen, die Monarchie abgeschafft und die Volksrepublik proklamiert, und der bekannte Kommunist Georgi Dimitroff trat an die Spitze der Regierung. Wieder ein Jahr darauf erfolgte die Nationalisierung der wesentlichen Industriebetriebe und der Banken.

Eine ganz ähnliche Entwicklung vollzog sich in diesen Jahren in Albanien. Bis zum Jahre 1947 wurden der Großgrundbesitz und das Auslandskapital enteignet und die Nationalbank und die Industrie verstaatlicht; im Januar 1946 wurde die Verfassung der Volksrepublik Albanien angenommen.

In Jugoslawien übernahm im März 1945 der kommunistische Führer der in enger Waffenbrüderschaft mit der Roten Armee siegreichen Volksbefreiungsarmee, Marschall Broz Tito, die Bildung einer Regierung. Im Mai desselben Jahres war dann das Land vollständig von den faschistischen Okkupanten befreit, und als im November Wahlen stattfanden, errangen die Kandidaten der Volksfront über neunzig Prozent aller Stimmen. Noch im Wahlmonat wurde die Föderative Volksrepublik Jugoslawien ausgerufen. Auch in Jugoslawien war die Bodenreform eine der ersten Maßnahmen, ihr folgte die Nationalisierung der Industrie, der Banken und des Verkehrswesens.

Das Polnische Komitee der Nationalen Befreiung hatte im September 1944 einen Erlaß über die Bodenreform verkündet, im Januar 1946 erfolgte die Verstaatlichung der Industrie und der Banken sowie des Verkehrs- und Nachrichtenwesens. Das allerdings war nur gegen den erheblichen Widerstand jener Kräfte im Lande selbst möglich, die sich eine Rückkehr der Herrschaft des Kapitals ersehnten. Diese Kreise wurden nach Kräften von den Regierungen Großbritanniens und der USA unterstützt. Sie fochten wütende Attacken gegen die sozialökonomischen Umwälzungen, erlitten aber dennoch im Juni 1946 bei einem Referendum über diese Frage eine entscheidende Niederlage.

Die volksdemokratische Revolution in der Tschechoslowakei nahm ihren Ausgang im Slowakischen Nationalaufstand im August 1944; im April 1945 erfolgte die Formierung der ersten Regierung der Nationalen Front der Tschechen und Slowaken in Košice. Sie beschloß, das Eigentum von Faschisten, Okkupanten, Kollaborateuren und Verrätern zu konfiszieren. Später wurde dieser Besitz nationalisiert, ebenso die Schwerindustrie, die Aktienbanken und die privaten Versicherungen. Im Mai 1946 errang die Kommunistische Partei mit einem Stimmenanteil von 38 Prozent einen bedeutenden Wahlsieg. Klement Gottwald trat an die Spitze der Regierung.

Die Provisorische Nationalregierung Ungarns erließ im März 1945 ein Gesetz über die demokratische Bodenreform, das die Verteilung des Großgrundbesitzes an landlose Bauern zum Inhalt hatte. 1946 konstituierte sich unter der Führung der Kommunistischen Partei der Linke Block. Zu seinen wichtigsten Aufgaben zählte die Verteidigung der demokratischen Errungenschaften des ungarischen Volkes gegen die heftigen Angriffe der nationalen und internationalen Bourgeoisie. 1946 wurde die Republik Ungarn proklamiert, und Bergwerke und Kraftwerke wurden verstaatlicht, im darauffolgenden Jahr die Großbanken und die Schwerindustrie. Die Weiterführung der volksdemokratischen Revolution war das erklärte Ziel der von der Kommunistischen Partei geführten Massen.

In den genannten mittel- und osteuropäischen Staaten vollzog sich diese Entwicklung naturgemäß nicht ohne Widersprüche und zum Teil heftige Auseinandersetzungen. Am Ende setzte sich aber bei allen die sozialistische Orientierung durch.

Angesichts dessen verstärkten sich vor allem in der US-amerikanischen Innen- und Außenpolitik reaktionäre, antidemokratische und kriegslüsterne Bestrebungen. Antisowjetismus und Antikommunismus bestimmten fortan das Handeln der Washingtoner Administration.

In den USA selbst begann ein großangelegter Angriff auf die demokratischen Grundrechte der Menschen. 1947 wurde das Taft-Hartley-Gesetz verabschiedet, mit dessen Hilfe die Gewerkschaftsbewegung der staatlichen Aufsicht und Kontrolle unterworfen wurde. In aller Welt berüchtigt war das Wüten des »Ausschusses zur Untersuchung unamerikanischer Tätigkeit«, vor dem sich Kommunisten und Demokraten aller Richtungen zu »verantworten« hatten. Der Name des USA-Senators Joseph McCarthy errang dabei traurige Berühmtheit.

Im Juli 1950 wurden die Friedenskämpfer Ethel und Julius Rosenberg vom FBI wegen angeblicher Atomspionage verhaftet, 1951 in einer Gerichtsfarce zum Tode verurteilt und 1953 — trotz aller Proteste der fortschrittlichen Menschheit — hingerichtet.

Das McCarran-Gesetz, das die Registrierung »kommunistischer Organisationen« anordnete, erging im September 1950.

Auch nach außen kennzeichnete zunehmende Aggressivität das Handeln des USA-Imperialismus. Im März 1946 hatte der britische Politiker Winston Churchill in Fulton (USA) eine Rede gehalten und mit ihr die Periode des kalten Krieges eingeleitet. Dieser Kurs entsprach ganz und gar den Intentionen auch der herrschenden Kreise der USA. Sie fand ihren Ausdruck in der Truman-Doktrin, jener Erklärung Präsident Harry S. Trumans vom 12. März 1947, daß es notwendig sei, die revolutionären Bewegungen niederzuwerfen. Das galt auch für Griechenland, und es war geradezu eine logische Konsequenz dieser Doktrin, die Türkei und Griechenland in militärische Basen der USA zu verwandeln. Schon zwei Monate später wurde ein Gesetz über eine 400-Millionen-Dollar-Finanzspritze für die Regime in der Türkei und in Griechenland gebilligt.

Hinsichtlich Deutschlands unternahmen die USA alles, um einen demokratischen, antiimperialistischen Weg für Gesamtdeutschland abzuschneiden, es wurden unter Bruch der völkerrechtlichen Abkommen die Bi-, später die Trizone gegründet, eine Separatwährung eingeführt und unter Beihilfe Adenauers die BRD gebildet.

Im April 1949 unterzeichneten in Washington die Vertreter Belgiens, Dänemarks, Frankreichs, Großbritanniens, Islands, Italiens, Kanadas, Luxemburgs, der Niederlande, Norwegens, Portugals und der USA den Vertrag über die Gründung der NATO.

Und bald richteten sich alle Bestrebungen der USA darauf, auch Griechenland und die Türkei in dieses aggressive Militärbündnis einzubeziehen. Das stieß in Griechenland auf den energischen Widerstand der von der Kommunistischen Partei geführten Volksmassen.

4. Der Terror bekommt ein Mäntelchen

Die griechischen Kommunisten und die mit ihnen verbündeten Patrioten anderer politischer Richtungen sollten zum Schweigen gebracht werden. Eine Verfolgungswelle sondergleichen überzog das Land. Das Konzept war einfach: waren die Führer des Volkswiderstandes gegen die nordamerikanischen Pläne erst einmal ausgeschaltet, ermangelte es der patriotischen Bewegung bald an Koordination und Wirkung. Zugleich würden auch Schwankende, zur Zeit noch Unbeteiligte durch den persönlich bezogenen Terror abgeschreckt, sich an den Aktionen gegen die Einbeziehung Griechenlands in die Globalstrategie der USA zu beteiligen.

Tausende aufrechter Frauen und Männer wurden verhaftet, verhört, verschleppt und gefoltert. Im Dezember 1950 fielen den Bütteln des monarchofaschistischen Regimes bei Massenverhaftungen auch Nikos Belojannis, die Journalistin Elli Joannidu, Demetrius Batsis, Ellas Argiriadis, Nikos Kalumenos und viele andere in die Hände.

Wochenlang wurden die Inhaftierten unmenschlich gefoltert. Selbst das barbarische Quälen ihrer Gegner überließen die USA-Behörden nicht allein ihren griechischen Kumpanen. Ein »Experte« aus den Reihen der amerikanischen Gesandtschaft, Robert Driscall, leitete die Torturen.

Eigens zum Zwecke dieser »Verhöre« war aus den USA ein Elektro-Schock-Apparat herbeigeschafft worden. Den wehrlosen Opfern wurde ein mit Spitzen versehener Metallring auf den Kopf gedrückt. Dann gab Driscall seinem Gehilfen, einem ehemaligen Gestapo-Mann, ein Zeichen. Jener schaltete die Apparatur ein, mit deren Hilfe starke Stromstöße durch die Körper der Gequälten gejagt wurden. Die Muskeln der gepeinigten Menschen krampften sich zusammen, die Opfer krümmten sich vor Schmerzen. Ungerührt von den entsetzlichen Qualen wiederholten die Folterknechte immer wieder dieselben stereotypen Fragen. Und erst wenn die Gefangenen durch eine Ohnmacht vom weiteren bewußten Erdulden der Martern befreit waren, gab der Amerikaner den Befehl, die Stromzufuhr zu unterbrechen.

Wenn die Stromfolter auch besonders grausam war, so blieb sie am Ende doch nur Bestandteil eines ganzen Systems von Bestialitäten, deren Ziel darin bestand, die gefangenen Patrioten psychisch und physisch zu vernichten.

Die Palette der Gewalttaten der Henkersknechte reichte von Schlägen mit allen denkbaren Werkzeugen über die reihenweise Vergewaltigung inhaftierter Frauen bis hin zum Ausrenken von Gliedmaßen. Viele der Gefangenen starben an den Folgen der Martern, etliche verloren den Verstand, einige machten der Quälerei durch Selbstmord ein Ende.

In verschiedenen Fällen wurde auch der Selbstmord der Gepeinigten vorgetäuscht, indem die entmenschten Banditen ihre Opfer kurzerhand aus dem Fenster warfen. Das Gefängnis hallte wider vom Stöhnen der Verletzten. Dies und auch die weiteren Haftbedingungen ergänzten den Vernichtungsplan. Die Gefangenen, sämtlich in Einzelhaft, waren in so winzigen Zellen untergebracht, daß kaum

Platz zum Stehen oder Liegen vorhanden war. Die einen wurden zudem bei völliger Dunkelheit gehalten, die anderen ständig von gleißendem Licht geblendet. Eine zusätzliche Pein entstand für die Patrioten dadurch, daß sie immer gerade nur noch soviel zu essen und zu trinken bekamen, daß sie ständig an der Grenze zum Verhungern und Verdursten lebten und ihre physischen Reserven absolut verbraucht waren.

Und auf dem Höhepunkt aller Quälereien boten die Beamten des monarchofaschistischen Regimes ihren Opfern sofortige Freiheit — vorausgesetzt, sie verrieten ihre Überzeugung. Nikos Belojannis und die mit ihm eingekerkerten Genossen blieben ihrer Sache treu. Auch die schlimmste Tortur konnte sie nicht zum Verrat bewegen.

Das von den USA unterstützte Regime in Athen wurde von der fortschrittlichen Weltöffentlichkeit wegen der fortlaufenden Verletzung elementarster Menschenrechte angeklagt. Der offene Terror in Griechenland wurde auch in den NATO-Ländern angeprangert; bürgerliche Kreise hielten es für bedenklich, unter diesen Umständen den NATO-Beitritt Griechenlands zu propagieren.

Die Herrschenden sahen sich schließlich genötigt, den Terror wenigstens formal mit der Tünche der Rechtmäßigkeit zu überziehen. Im Klartext hieß das jedoch nichts anderes, als Freiheitsberaubungen und Morde zu legalisieren, mehr noch — mit den Mitteln der Justiz zu töten.

5. Schandurteile und Protest

Am 19. Oktober 1951 begann vor einem »Außerordentlichen Militärgericht« in Athen der sogenannte Prozeß gegen Nikos Belojannis und 95 weitere griechische Patrioten. Mehr als ein dreiviertel Jahr waren die »Angeklagten« gefoltert und gequält worden. Die Anklage lautete auf »Organisierung staatsfeindlicher Umtriebe«, und jedem war klar, daß das Urteil von vornherein feststand. Objektives Beweismaterial gab es nicht, stattdessen an den Haaren herbeigezogene Behauptungen von Agenten der Sicherheitspolizei, deren Auftrag und Auftraggeber schnell zu durchschauen waren.

Nikos Belojannis und seine Genossen traten in den Hungerstreik — in einem Verfahren ohne jede faire Chance die wohl letzte, einzige Möglichkeit, einen Protest einzubringen.

Befehlsgemäß erkannten die »Richter« des »Außerordentlichen

Militärgerichts« im November 1951 auf Todesstrafe gegen Nikos Belojannis und viele seiner Gefährten.

An dem Prozeß nahmen auch ausländische Rechtsanwälte als Beobachter teil. Der britische Jurist Francis Leflar erklärte später: »Ein Gericht, das sich aus fünf aktiven Offizieren zusammensetzt und beauftragt worden ist, das Todesurteil zu fällen, ist kein unabhängiges und gerechtes Gericht. Als Belastungsmaterial gegen die Angeklagten wurden Tatsachen wie folgende vorgelegt: Zusammentreffen zwischen den Angeklagten, die Vorbereitung zur Verteilung von Flugblättern, das Schreiben von Friedenslosungen an Mauern und die Organisierung von Berufs- und Gewerkschaftsorganisationen.«

Der französische Advokat Deriery bestätigte seinen Kollegen: »Die Anklageschrift konnte keinen Beweis erbringen. Menschen werden wegen belangloser Unterhaltungen verfolgt oder wegen Aufschriften an Mauern, die hauptsächlich Appelle für die innere Ver-

Freiheit für den griechischen Friedenskämpfer Nikos Belojannis und seine Kameraden forderten am 23. März 1952 die Teilnehmer einer Protestkundgebung in Berlin

söhnung und für den Frieden sind. Die einzigen Anklagezeugen waren Polizisten, die die Angeklagten gemartert und gefoltert haben.«

Die internationale Öffentlichkeit antwortete auf das Athener Schandurteil mit flammenden Protesten. Der Sturm der Empörung war so groß, daß das griechische Regime es nicht wagte, das »Mordurteil« zu vollstrecken. Das aber wiederum lag durchaus nicht im Bereich der Intentionen und Wünsche der amerikanischen Drahtzieher der Kommunistenjagden. USA-Botschafter Peurifoy übermittelte die dringenden Befehle seiner Auftraggeber, Nikos Belojannis und Genossen zu ermorden. Ein neuer »Prozeß« wurde vorbereitet, nun von einem »Ordentlichen Militärgericht«. Eine ungarische Juristenkommission, die sich sofort nach dem Beginn dieser Gerichtsfarce mit den Rechtsfragen der Anklage und des Verfahrens beschäftigte, erklärte: »Belojannis ist vor ein Militärgericht gestellt worden. Nach den Grundsätzen der griechischen Verfassung darf gegen einen Angeklagten nur vor dem für ihn zuständigen Gericht verhandelt werden. Nur im Falle eines Krieges oder einer Mobilisierung darf eine Militärbehörde Zivilpersonen verurteilen. Unter den Angeklagten befindet sich kein einziger Soldat. Das ›Ordentliche Militärgericht‹ ist ebensowenig zuständig wie das im November verurteilende ›Außerordentliche Militärgericht‹.« Die Juristenkommission erläuterte auch die üblichen rechtlichen Konsequenzen dieser Nichtzuständigkeit: »Das Urteil eines nichtzuständigen Gerichtes kann nicht als rechtsgültig betrachtet werden. Jede Person, die an der Abfassung oder Vollstreckung eines solchen Urteils teilnimmt, muß, wenn es auf Grund eines solchen Urteils zu einer Hinrichtung kommt, wegen Beteiligung am Mord zur strafrechtlichen Verantwortung gezogen werden.«

Im Februar 1952, drei Monate nach der ersten Verurteilung, wurden Nikos Belojannis und 28 seiner Genossen dem »Ordentlichen Militärgericht« vorgeführt. Man klagte sie an, Staatsgeheimnisse an fremde Mächte verraten zu haben. Ankläger und Gericht gaben sich gar nicht erst die Mühe, ein Anklagegebäude zurechtzuzimmern, das wenigstens einigermaßen den Anschein einer gewissen Berechtigung hatte. Angeblich sollten die »Angeklagten« im Jahre 1951 mittels eines Geheimsenders Telegramme an ausländische Auftraggeber gesendet und damit Geheimnisse des griechischen Staates verraten haben. Der angebliche Funker entpuppte sich als Analphabet, die Angeklagten selbst waren zum »Tatzeitpunkt« längst in Einzelhaft, die

»Telegramme« erwiesen sich als gefälscht, und ihr Inhalt blieb weit hinter dem zurück, was tagtäglich über Griechenland in der in- und ausländischen Presse zu lesen war — also von »Staatsgeheimnissen« keine Spur.

Was blieb, war die Behauptung höchst dubioser Zeugen der Anklage, bekannter Kollaborateure der Nazi-Okkupanten, die jetzt im Dienste des monarchofaschistischen Terror-Regimes als Agenten und Spitzel tätig waren, daß sich die Angeklagten zu illegalen Zwekken auf der Straße getroffen hätten. Auf den Einwand der Verteidigung, daß die »Zeugen« den Grund der Treffen gar nicht kennen konnten, denn die »Angeklagten« hätten sich ja durchaus auch über die Liebe oder die Ereignisse in Ägypten unterhalten können, zudem wäre es ja wohl auch möglich gewesen, daß die »Angeklagten« legalen und nicht illegalen Organisationen angehörten, erklärte einer der Zeugen dummdreist, daß die Angeklagten sich nicht um Ägypten zu kümmern brauchten und er als legale Organisationen in Griechenland nur die Polizei und die Gendarmerie akzeptiere.

Notgedrungen mußte das Militärgericht der Verteidigung die Benennung von Entlastungszeugen zugestehen. Die meisten von ihnen wurden jedoch durch Anwendung von Gewalt am Erscheinen gehindert, viele zogen es nach massiven Drohungen vor, von sich aus nicht auszusagen, und den wenigen, die tatsächlich im Gerichtssaal erschienen, wurde sehr schnell das Wort entzogen. Selbst die Verteidiger wurden unausgesetzt öffentlich bedroht. Die Regierungszeitung durfte die Anwälte der Angeklagten sogar ungestraft auffordern, die Verteidigung niederzulegen. Der Sinn dessen war klar: Einerseits sollten die angeklagten Genossen ohne juristischen Beistand allen Angriffen völlig wehrlos ausgesetzt sein, andererseits wäre die Niederlegung der Verteidigung propagandistisch als Schuldeingeständnis auszuschlachten gewesen.

Nikos Belojannis riß den »Richtern« die Biedermannsmaske vom Gesicht. In seiner Verteidigungsrede enthüllte er: »Man hat mir im Polizeigebäude vorgeschlagen, ein Verräter meiner Ideen zu werden und zum feindlichen Lager überzugehen. Wenn ich dies gemacht hätte, wäre ich nicht als Spion angeklagt und folglich nicht vor Gericht gestellt worden. Da ich meiner Partei und meiner demokratischen Gesinnung treu geblieben bin, hat man mich als Spion vor dieses Gericht gebracht und verlangt, mich zu enthaupten. Ich und meine Partei kämpfen für dieselben Ideale, für die alle friedliebenden Menschen in der Welt kämpfen, nämlich für Brot, Demokratie und für den Frieden.« Anklagend hielt er dem Gericht entgegen: »Sie richten über mich, weil meine Partei für den Frieden ist, für die Unabhängigkeit und die Freiheit kämpft. Die Kommunistische Partei Griechenlands wurzelt im Volke. Nichts kann sie vernichten. Die Politik der KP hat immer die Interessen unseres Volkes vertreten und war um das Wohl des Landes bemüht. Ich werde wegen dieser Politik verurteilt. Ihr Gericht ist voreingenommen, und deshalb ersuche ich nicht um Gnade.« Stolz erklärte er den Handlangern der Tyrannei: »Ich hätte ein behagliches und zufriedenes Leben führen können, zog aber das Leben, welches voll von Entbehrungen und Gefahren ist, vor. Dutzendmal stand ich vor der Wahl zu leben oder zu sterben, zu leben als Verräter meiner Ideologie oder zu sterben mit dem Glauben an meine Ideale und meine Überzeugung. Und heute sage ich wiederum, ich ziehe das Letztere vor.«

Am Mittwoch, dem 27. Februar 1952, als sich der sogenannte Prozeß seinem Ende näherte, beantragte der Staatsanwalt gegen Nikos Belojannis, Elli Joannidu und zehn weitere Genossen die Todesstrafe, zehn andere »Angeklagte« sollten zu lebenslänglicher Freiheitsstrafe verurteilt werden.

Das Athener »Militärgericht« erreichte eine wahre Flut von Protestbriefen, so viele, daß sich der Vorsitzende gezwungen sah, mehrere Schreiben zu verlesen, in denen die Freilassung von Nikos Belojannis und seiner mitangeklagten Kameraden gefordert wurde.

Das Verlangen der demokratischen Weltöffentlichkeit mißachtend, jedes Recht beugend, verkündete das »Ordentliche Militärgericht« sein »Urteil«: Todesstrafe unter anderem für Nikos Belojannis, Elli Joannidu, Demetrius Batsis, Ellas Argiriadis und Nikos Kalumenos.

6. Schüsse in der Nacht

Der Proteststurm gegen die Ausführung des geplanten Justizmordes erfaßte die meisten Länder der Erde. US-Botschafter Peurifoy drängte zur Eile. Seine Regierung wollte Ergebnisse sehen.

Die zum Tode verurteilten Patrioten hatte man in einem besonderen Flügel des Gefängnisses untergebracht. Sie verlebten schlimme Tage und Wochen. Immer in der Hoffnung, daß die internationale demokratische Bewegung stark genug sein werde, die Vollstreckung der Todesurteile zu verhindern. Schritte auf dem Gang — das konnte die Nachricht über die Aussetzung des Urteils sein oder das Kommando, das die »Verurteilten« zur Hinrichtung abholte. Die Nerven waren bis zum äußersten gespannt, und dennoch zeichneten sich die Gefangenen durch Ruhe und Gelassenheit aus. Ein jeder

Diese Statue
des griechischen Kommunisten Belojannis
steht in Berlin.
Sie wurde vom Bildhauer René Graetz
geschaffen

von ihnen hatte wohl schon die Bilanz seines Lebens gezogen, war bereit, für seine Überzeugung auch die letzte Konsequenz zu ziehen. Und doch war da dieses Fünkchen Hoffnung ...

In der Nacht vom 29. zum 30. März 1952 wurde der stellvertretende Gefängnisdirektor in die Haftanstalt befohlen. Es war die Nacht vom Sonnabend zum Sonntag. Die Stadt Athen lag in tiefem Schlummer, und auch im Gefängnis war alles ruhig; eine trügerische Ruhe.

Der Anstaltsbeamte hatte vier der zum Tode verurteilten Gefangenen zu wecken und sie für ihren letzten Gang abzuholen. Zunächst begab er sich in die Zelle Nr. 2 und weckte Nikos Belojannis und Demetrius Batsis. Ihrem Zellengenossen Lazarides, der sich wie selbstverständlich ebenfalls anzukleiden begann, bedeutete der Beamte, daß er nicht mitzukommen habe. Nikos Belojannis bat darum, von Elli Joannidu Abschied nehmen zu dürfen. Durch das winzige Fenster in der Zellentür erlaubte man beiden, einige Sätze zu wechseln. Nikos Belojannis gab der Gefährtin seine Uhr, seine Brieftasche und ein Foto, und er sprach ihr Mut zu. Auch Ellas Argiriadis und Nikos Kalumenos wurden in dieser Nacht geweckt. Batsis und Kalumenos übergaben einem Aufseher Briefe für ihre Angehörigen. Schließlich wurden die vier Gefangenen mit Handschellen gefesselt. In einem kleinen Saal erwartete sie ein alter Priester. Freundlich lehnte Nikos Belojannis seinen geistlichen Trost ab. Die drei Gefährten wechselten leise wenige Worte mit dem Geistlichen, dann drängten die Begleitmannschaften bereits, da bald die Sonne aufgehen würde. Das Transportkommando stieß die »Verurteilten« in einen Gefangenenwagen. Und mit Begleitung einer starken Gendarmerieeskorte wurden die vier Männer nach Gudi zur Richtstätte gefahren.

Augenzeugen hoben später die Ruhe von Nikos Belojannis und seinen Gefährten vor ihrer Hinrichtung hervor. Der Priester erinnerte sich, daß Nikos Belojannis auf ihn den Eindruck eines Menschen gemacht habe, der mit seinem Blick den gesamten Horizont umarmt.

Ganz anders jene, denen die unmittelbare Mordausführung aufgetragen war. Sichtliche Nervosität beherrschte ihr Handeln, und es dauerte einige Zeit, bis alles zur Exekution bereit war. Autoscheinwerfer warfen grelles Licht auf die vier »Verurteilten«. Dann kurze militärische Kommandos.

In die Schüsse hinein rief Nikos Belojannis: »Es lebe die Kommunistische Partei Griechenlands!«

Selbst vor den toten Kommunisten fürchteten sich die Mächtigen noch. Zunächst begrub man die vier Männer gemeinsam. Doch kaum war das Grab geschlossen, kam der Befehl, die Leichname wieder auszugraben und an weit entfernten, getrennten Orten zu bestatten.

Polizeimord in Essen

1. Es darf geschossen werden

Es ist Samstag, der 10. Mai 1952, und es geht schon auf den Abend zu. In der Kaserne der Kölner Regierungspolizei lümmeln die Männer gelangweilt auf ihren Pritschen herum, oder sie vertreiben sich die Zeit mit Kartenspiel. Es gibt keine Anzeichen dafür, daß an diesem Abend oder in der kommenden Nacht noch etwas geschieht, das die Eintönigkeit des Bereitschaftsdienstes unterbrechen könnte.

Da trifft kurz vor Mitternacht vom Chef der Kölner Regierungspolizei, von Polizeioberst Wirths, für die 1. Bereitschaft der Befehl ein, am 11. Mai, nachts um 2.00 Uhr in voller Ausrüstung abmarschbereit auf dem Sammelplatz anzutreten. Als sich die 1. Bereitschaft am befohlenen Punkt einfindet, bemerken die Polizisten mit Erstaunen, daß noch weitere, fremde Einheiten zu ihnen stoßen, 42 Mann aus dem Rheinisch-Bergischen Kreis, 46 Mann aus dem Oberbergischen Kreis. Jeder spürt jetzt, daß etwas Außergewöhnliches zu erwarten ist. Die Polizisten bleiben auch nicht länger im Unklaren. Nachdem sich die Einheiten formiert haben, tritt Oberkommissar Durek vor das Kommando. Er verschränkt die Hände auf dem Rükken und wippt arrogant auf den Fußspitzen.

»Alle mal herhören«, schnarrt er im typischen Jargon des Kasernenhofes. »Dieses Sammelkommando ist ab sofort mir unterstellt. Der Chef der Regierungspolizei, Oberst Wirths, hat angeordnet, daß unser Kommando zusammen mit anderen Polizeieinheiten das vorliegende Verbot des Innenministers der Bundesrepublik gegen die in Essen beabsichtigten Demonstrationen der verbotenen FDJ durchzusetzen hat. Wir haben die Aufgabe, diese untersagten Demonstrationen zu sprengen und aufzulösen. Und noch eins, Männer! Von der Waffe darf Gebrauch gemacht werden, wenn gutmütige Maßnahmen nicht mehr genügen und wenn bei Angriffen auf Leib und Leben die Angreifer trotz wiederholter Aufforderung durch die Polizei nicht zurückweichen.«

Oberkommissar Durek wippt ein letztes Mal vom Hacken auf die Fußspitzen zurück: »Alles klar, Männer? Ich erwarte, daß jeder sein Bestes gibt! Na dann, aufsitzen, marsch, marsch!«

Nach dieser schnoddrig-zackigen Ansprache ist es fast allen Polizisten des Sammelkommandos klar, daß sie diesmal zu keinem gewöhnlichen Einsatz ausrücken. Denn als ihr Vorgesetzter auf die Schußwaffen zu sprechen gekommen war, hatte er nicht gesagt: »Von der Schußwaffe ist nur Gebrauch zu machen, wenn ...« Nein, das Wörtchen »nur« hatte sich der Oberkommissar erspart. Der Befehl lautete vielmehr ganz eindeutig: »Von der Schußwaffe darf Gebrauch gemacht werden, wenn ...«

Tatsächlich bildet die hier beschriebene Szene das Vorspiel zu einer der schlimmsten Polizeiorgien, die sich im Jahre 1952 in der Bundesrepublik Deutschland zugetragen hat. Sie ist als der Essener Blutsonntag in die Geschichte eingegangen.

Während die LKWs mit dem Bereitschaftskommando des Oberkommissars Durek auf der Autobahn nach Essen rollen, befinden sich zur gleichen Stunde Tausende junger Menschen auf dem Weg in die Ruhrmetropole.

Sie gehören den verschiedensten Konfessionen und den verschiedensten Jugendorganisationen an, und die Demonstration, zu der sie sich in Essen zusammenfinden wollen, ist keineswegs, wie von Durek behauptet, von der verbotenen FDJ organisiert worden. Die Jugendlichen folgen vielmehr einem Aufruf, mit dem das Präsidium des westdeutschen »Treffens der Jungen Generation« von Darmstadt aus unter dem Vorsitz von Pfarrer Herbert Mochalski zu einer Jugendkarawane gegen die Remilitarisierung der Bundesrepublik aufgefordert hat. Daran ändert auch die Tatsache nichts, daß die bürgerlichen Zeitungen diese Jugendkarawane Tage vorher als eine kommunistische Veranstaltung zu verteufeln versuchten, die gegen die »freiheitlich-demokratische Ordnung der Bundesrepublik« gerichtet sei.

Keiner der vielen tausend Jugendlichen ist in diesen Stunden mit der Bahn, mit dem Fahrrad oder mit dem Autobus unterwegs nach

Essen, um dort gegen den Bestand der Bundesrepublik zu demonstrieren. Wohl aber wollen sie ihr kräftiges, machtvolles »Nein« zur Remilitarisierung in ihrem Land sagen. Gerade sie ist es ja, die den Weltfrieden und die Existenz der Bundesrepublik gefährden kann. Die Pläne zur Wiederaufrüstung der BRD nämlich waren um diese Zeit in ihr entscheidendes Stadium eingetreten. Bereits die Tagung des NATO-Rates vom September 1950 hatte vereinbart, Deutschland wieder in die Lage zu versetzen, »zur Verteidigung Westeuropas beizutragen«. Anfang 1951 begann die erste Verhandlungsrunde über eine Europäische Verteidigungsgemeinschaft und den Generalvertrag, der die vertragliche Plattform für die Wiederaufrüstung der Bundesrepublik bilden und die Bundesrepublik in ein aggressives, gegen die sozialistischen Länder gerichtetes Militärbündnis eingliedern sollte. Denn bereits im August 1950 hatte Adenauer den Hohen Kommissaren der Westmächte angeboten, eine deutsche Freiwilligentruppe von 150 000 Mann aufzustellen. Für dieses Angebot waren offenbar die Weichen auf einer geheimen Klausurtagung ehemaliger Nazigenerale und Naziobersten gestellt worden, die im Mai 1950 in Himmelrod stattfand und die von eingeweihten Kreisen als Wehrmachtstagung bezeichnet wurde. Über die Ziele der beabsichtigten Wiederaufrüstung ließ die Adenauer-Regierung keinen Zweifel: Es gelte, »nicht nur die Sowjetzone, sondern das ganze restliche Europa östlich des eisernen Vorhangs zu befreien«, wie es in einem offiziellen Bulletin der Bundesregierung hieß. In brutaler Offenheit erklärte Adenauer am 1. März 1952 auf dem CDU-Tag in Heidelberg: »Erst stärker werden und dann Neuordnung der Verhältnisse in Osteuropa.« Angesichts dieser bedrohlichen Entwicklung hatte die Sowjetunion noch einmal, am 10. März 1952, in einer Note an die drei Westmächte die Grundlagen für einen Friedensvertrag mit Deutschland unterbreitet, die u. a. die Wiederherstellung Deutschlands als einheitlichen Staat, den Abzug der Besatzungstruppen und die Verpflichtung Deutschlands vorsah, sich an keinem Militärbündnis gegen seine ehemaligen Gegner zu beteiligen. Adenauer zuckte die Schultern und lehnte diesen Vorschlag als einen belanglosen Fetzen Papier ab, genauso übrigens wie die Westmächte. Die Adenauer-Regierung und die drei Westmächte waren sich längst einig, die Bundesrepublik unter allen Umständen in das westliche Bündnissystem einzubeziehen.

Diese volksfeindliche, friedensgefährdende Politik stieß auf heftigen Widerstand. Mit Beginn der fünfziger Jahre hatte sich in der

Bundesrepublik der Kampf gegen die immer offenkundiger zutage tretende Remilitarisierung und Wiederaufrüstung bedeutend verstärkt, aus begreiflichen Gründen besonders unter der Jugend, die ja schließlich das Kanonenfutter in einem künftigen Krieg sein sollte. Selbstverständlich stellte sich dabei gerade die Freie Deutsche Jugend an die Spitze der Kriegsgegner, dennoch aber rekrutierte sich die immer breiter werdende Front aus allen Teilen der westdeutschen Jugend, aus Falken, Pfadfindern, Naturfreunden, konfessionellen Jugendorganisationen und jungen Gewerkschaftern.

Am 25. Juni 1950 zum Beispiel konstituierte sich auf einer Konferenz, zu der 20 Jugendorganisationen ihre Delegierten entsandt hatten, ein Komitee junger Friedenskämpfer. Für den 2. März 1952 rief die Darmstädter Aktionsgruppe, die sich bereits 1951 um Pfarrer Mochalski gebildet hatte, zu einem »Westdeutschen Treffen der jungen Generation« auf, zu dem sich schließlich 1 500 Vertreter der Gewerkschaftsjugend, der Pfadfinder, der Naturfreunde, der Falken, der evangelischen Jugend, des katholischen Windhorstbundes, der Sportjugend und anderer Organisationen vereinigten. Sie richteten ein Telegramm an den Bundestag mit der Forderung, jegliche weitere Mitarbeit am Generalvertrag unverzüglich einzustellen. Aber für die Adenauer-Regierung und den von der CDU beherrschten Bundestag war auch dieses Telegramm nichts weiter als ein »belangloser Fetzen Papier«.

So wandte sich denn am 1. Mai 1952 das Präsidium des westdeutschen »Treffens der Jungen Generation« mit seinem Aufruf an die Jugend, am 11. Mai 1952 mit einer machtvollen Demonstration in Essen ihr entschiedenes Nein zum Generalvertrag, zur Wiederaufrüstung zu sagen.

»Unter Mißachtung des Willens der Mehrheit der westdeutschen Bevölkerung«, hieß es in dem Aufruf, »bereitet die Bundesregierung den Abschluß des Generalvertrages in der ersten Hälfte des Monats Mai vor. Der Generalvertrag mit seinen Zusatzabkommen bedeutet Verzicht auf die Wiedervereinigung. Die Aufstellung westdeutscher Truppen wird die drohende Kriegsgefahr erhöhen, zumal der Vertrag den Einsatz dieser Truppen in allen Teilen der Welt vorsieht. Die Hoffnung der Jugend auf eine friedliche und glückliche Zukunft würde damit restlos zerstört. Sind wir gewillt, diesen Weg zu beschreiten? Nein!!! Wir rufen die westdeutsche Jugend auf, dieses Nein durch die Teilnahme an der Jugendkarawane nach Essen zum Ausdruck zu bringen!«

Nicht zufällig haben die Organisatoren für diese Demonstration Essen ausgewählt. Denn Essen war seit eh und je die Stadt der Kanonen und Granaten, eine Waffenschmiede des deutschen Imperialismus. Gerade von daher, von einem der wirtschaftlichen Machtzentren des Krieges aus, sollte jetzt der Ruf nach Frieden erschallen.

Gründlich wird die Demonstration in allen Teilen der BRD vorbereitet. Unermüdlich sind in diesen Tagen die Agitatoren der Jugendorganisationen, um möglichst viele Jugendliche für die Teilnahme an der Jugendkarawane zu gewinnen. Die Adenauer-Regierung indessen sieht in diesem offenen Widerstand eine ernste Gefahr für ihre Kriegspläne und ist fest entschlossen, die Jugendkarawane, und sei es auch mit den brutalsten Mitteln der Polizeigewalt, zu unterbinden. Am 10. Mai verbietet Innenminister Lehr die Demonstration. Das Verbot wird dem Präsidium des westdeutschen »Treffens der Jungen Generation« um 16.15 Uhr des gleichen Tages mitgeteilt. Lehr, der vom Konzern- und Aufsichtsratsvorsitzenden zum Innenminister der Bundesregierung emporgeklettert war, gehört selbst zu den lautstarken und überzeugtesten Vertretern der Wiederaufrüstung. Er muß zu jenem Zeitpunkt, da er das Verbot ausspricht, wissen, daß es zu spät kommt. Denn Tausende sind bereits unterwegs nach Essen. Aber offensichtlich gehört das kurzfristig ausgesprochene Verbot zu seinem Plan, Zusammenstöße zwischen der Polizei und den Demonstrationsteilnehmern zu provozieren, um ein für allemal klarzustellen, daß die Regierung entschlossen und bereit ist, jeden Widerstand gegen ihre Aufrüstungspläne im Keim zu ersticken.

2. Die Orgie der Polizisten

Essen gleicht an diesem 11. Mai einer Stadt, über die der Belagerungszustand verhängt worden ist. Innenminister Lehr hat Essen in ein Heerlager verwandelt. Für die Polizeieinheiten der Stadt und für die von außerhalb hinzugezogene Verstärkung ist höchste Alarmbereitschaft angeordnet. Alle 50 Meter stehen Doppelposten, und Überfallwagen blockieren die Straßen.

An der Gartenbauausstellung, wo sich die Jugendlichen treffen wollen, sind besonders starke Polizeikräfte konzentriert. Schon die Ausrüstung läßt auf die Absichten der Polizei schließen. Nicht nur, daß die Pistolen mit scharfer Munition geladen sind und Wasserwerfer zum Einsatz bereitstehen. Auch berittene Polizei ist aufgeboten,

und an den Leinen zerren scharfe, auf Menschen abgerichtete Bluthunde. Die Riemen der Polizeihelme sind unter dem Kinn festgezo-
gen. Alles deutet darauf hin, daß die Polizei entschlossen ist, die Jugendkarawane auseinander zu knüppeln.

Die Zufahrtsstraßen nach Essen sind schon seit den Abendstunden des 10. Mai hermetisch abgeriegelt worden. Als die Teilnehmer
der Demonstration in den Autobussen anrollen, werden die Busse
von der Polizei beschlagnahmt, die Insassen herausgezerrt und auf
die Straße geworfen. Aber das kann die Jugendlichen nicht davon
abhalten, auf andere Art und Weise, zum Beispiel mit dem Zug oder
mit der Straßenbahn, in die Stadt zu gelangen.

So sind denn in den Mittagsstunden auf dem Wiesengelände vor
der Gartenbauausstellung ungefähr 15 000 Jugendliche versammelt.
Der Regen, der seit den Morgenstunden niederging, hat aufgehört,
und die Jugendlichen lagern friedlich auf dem Rasen. Die eigentliche
Kundgebung soll erst um 14.00 Uhr beginnen, es ist also noch Zeit.

Plötzlich fahren im scharfen Tempo Lautsprecherwagen in die la-
gernden Jugendlichen hinein. Aus den Lautsprechern kommt die
Mitteilung, daß die Kundgebung vom Innenminister verboten ist.
Dann folgt die Aufforderung, keine Gruppen zu bilden und sofort
auseinander zu gehen. Es ist völlig rätselhaft, wie es 15 000 Menschen auf so kleinem Raum bewerkstelligen sollen, keine Gruppen
zu bilden und wie sie der Aufforderung der Polizei nachkommen
sollen, sofort auseinander zu gehen.

Über die Unmöglichkeit, diesen Befehl auszuführen, scheint sich
die Polizei überhaupt nicht im klaren zu sein. Noch sind die Laut-
sprecher in Betrieb und schnarren zum zweiten Mal den vorgefertig-
ten Text herunter, als eine Abteilung Berittener unter die Jugendlichen sprengt und gleichzeitig mehrere Mannschaftswagen schwerbe-
waffneter Polizei auf die Wiese zurasen und dort in Stellung gehen.

Spielerisch fast beginnt jetzt das Drama. Die Berittenen treiben
die Jugendlichen von einem Rand der Wiese zum anderen und helfen, wo nicht sofort aufgesprungen wird, mit dem Gummiknüppel
nach. Auf der gegenüberliegenden Seite jedoch ist nun ebenfalls berittene Polizei in Stellung gegangen und beginnt, die Jugendlichen
zurückzudrängen.

Der Polizei scheint das einen Heidenspaß zu machen, denn dieser
Vorgang wiederholt sich einige Male, bis es dann zu einem offensichtlich sehnlichst erwarteten Zwischenfall kommt. Einer der Jugendlichen wehrt sich gegen die immer dichter hagelnden Knüppel-

hiebe. Drei oder vier Polizisten nehmen ihn in die Mangel und versuchen mit vereinten Kräften, den Zusammengeschlagenen auf einen Überfallwagen zu zerren. Schützend stellen sich andere Jugendliche vor ihren Kameraden.

Jetzt aber gibt es für die Polizei kein Halten mehr. Die Mannschaftswagen rasen auf die Wiese, die Berittenen treiben ihre Pferde mitten in die Jugendlichen hinein, die Hunde, die mit wütendem Gebell an den Leinen zerren, werden losgelassen und in die Menge gehetzt. In wenigen Minuten ist eine wüste Orgie im Gange. Die Polizisten fahren, reiten und knüppeln nieder, was gerade im Weg steht, gleich, ob es sich um Teilnehmer der Jugendkarawane oder um Besucher der Gartenbauausstellung, um Männer oder Frauen, um Greise oder Kinder handelt. Selbst ein achtjähriges Mädchen, das zufällig auf die Wiese vor der Gartenbauausstellung geriet, wird erbarmungslos mit einer Stahlrute zu Boden geschlagen, und als sie mit einer tiefen Platzwunde am Kopf bewußtlos am Boden liegt, trampeln zweckenbeschlagene Polizistenstiefel über ihren kleinen Körper hinweg.

Noch aber bleiben die scharf geladenen Pistolen in den Hüfttaschen. Zum Schießen, das offenbar bereits einkalkuliert ist, scheint der Polizei die Situation noch nicht reif.

Die Jugendlichen lassen sich auch von den Stahlruten, von den Bluthunden und von den Pferdehufen nicht einschüchtern. Plötzlich, wie aus dem Boden gestampft, steht in einer der Seitenstraßen ein Demonstrationszug, der nach Tausenden zählt. Unter den Hemden holen die Jugendlichen Fahnen hervor, Transparente werden ausgerollt, auf denen in großen Lettern geschrieben steht: »Fort mit Adenauer!«, »Nieder mit dem Generalkriegsvertrag!«. Kampflieder steigen aus dem Demonstrationszug empor.

Die Polizei muß erkennen, daß der Mut der Jugend in den Knüppelattacken ungebrochen geblieben ist. Ihre Wut wird jetzt zur Raserei. Mit doppelter Wucht schlagen sie zu. Unbarmherzig jagen sie mit ihren Autos in die Demonstranten hinein, reiten regelrechte Attakken gegen die Jugendlichen. Die Polizei versucht, die Demonstration zu spalten, sie in kleine Trupps zu zersprengen und in Seitenstraßen abzudrängen, um sie dort leichter niederknüppeln zu können. Einer ist unter den Jugendlichen, der immer wieder schreit: »Zusammenbleiben, nicht zersplittern!« Es gelingt ihm auch, trotz des Polizeiterrors eine größere Gruppe zusammenzuhalten, bis auch sie schließlich in Richtung der Breitenhainer Brücke zurückweichen muß.

Die Polizei vermutet in diesem blonden Jungen, der bis zuletzt ausgeharrt hat, einen Rädelsführer der Demonstranten. Sie hetzt eine Meute Bluthunde hinter ihm und seinen Kameraden her. Der Fluchtweg führt die Jugendlichen über ein Baugelände, auf dem sie einen Haufen Steine finden. Inzwischen sind ihnen die Hunde, den hinterhersetzenden Polizisten weit voraus, dicht auf den Fersen. Mit den Steinen halten sie sich die geifernden Köter vom Leib. Da sehen sie, wie der Polizeioffizier, der ihren Verfolgern voranstürmt, den Revolver aus der Tasche reißt und seinen Leuten zuschreit: »Pistolen frei!«

Als die ersten Schüsse knallen, meinen die Gejagten nichts anderes, als daß die Polizisten versuchen wollten, sie mit Platzpatronen einzuschüchtern. Einige von den jungen Leuten lachen hämisch. Aber dann merken sie an den pfeifenden Geräuschen, daß sie tatsächlich tödliche Kugeln umschwirren. Neben dem Blonden, den die Polizisten für einen Rädelsführer halten, bricht ein junger Mann zusammen und windet sich vor Schmerz auf der Erde. In der Höhe des Knies dringt Blut durch seine Hose. Der Blonde zerrt ihn empor und versucht, den Kameraden, den er nicht kennt, aber der ihm durch eine gemeinsame Gesinnung verbunden ist, hinter eine schützende Mauer zu schleppen. Da spürt er plötzlich einen scharfen Hieb im Rücken, macht mit den Armen eine hilflose Bewegung und taumelt vornüber auf den Boden. Aus seinem Mundwinkel sickert Blut und bildet auf der schmutzigen Erde des Bauplatzes eine kleine Lache, die schnell versickert und nur einen dunkelroten Fleck zurückläßt.

Als die Polizisten heran sind, verharrt einer und dreht den Schwerverletzten mit der Stiefelspitze auf den Rücken. »Ich glaube, die Kommunistensau ist hin«, sagt er. »Zumindest wird er bald krepieren.« Zwei Polizisten packen ihn, der eine an den Armen, der andere an den Beinen. Ein dritter kommandiert: »Hau ruck!« Sie werfen den Jungen wie einen Kartoffelsack auf einen der Überfallwagen, die dem Polizeikommando hinterhergerückt sind. Noch ist der Junge nicht tot. Aber er stirbt wenig später auf dem Polizeiauto. In der ganzen Stadt indessen knüppelt die Polizei weiter, bis in die Abendstunden hinein. Es ist eine einzige große Hetz- und Treibjagd, die vor nichts und niemandem haltmacht, wie die Augenzeugen später berichten werden.

3. Wer war der Tote?

Der junge Arbeiter, der den Polizeikugeln an diesem 11. Mai 1952 zum Opfer fällt, heißt Philipp Müller, sein Name ist uns unvergessen geblieben bis auf den heutigen Tag, und er wird uns auch in Zukunft unvergessen bleiben.

Philipp ist in seinem 14. Jahr, als der Hitlerkrieg zu Ende geht, und er ist gerade 21, als ihn die Kugeln seiner Mörder in den Rükken treffen. Die Jahre dazwischen sind Jahre des Lernens, des Suchens, des Findens und des Kampfes. Philipp Müller, der rastlos dafür wirkte, daß sich die schreckliche Vergangenheit nicht wiederholt, wird zum ersten Opfer des Kriegskurses, den die Bundesrepublik vom ersten Tage ihrer Existenz an zu steuern begann.

Mit 17 Jahren finden wir Philipp Müller, der im Eisenbahnausbesserungswerk München Neu-Aubing gerade seine Lehre abgeschlossen hat, in der FDJ. Im Eisenbahnausbesserungswerk erlernt er seinen Beruf, in den Reihen der FDJ und der Gewerkschaft, an der Seite von Kommunisten lernt er den Klassenkampf, gewinnt er seine Überzeugungen und seine politischen Erfahrungen. Mit 18 ist er Organisationsleiter der FDJ und Jugendleiter der Gewerkschaft im Eisenbahnausbesserungswerk und gehört zum Betriebsrat. Mutig setzt er sich für die Interessen der Lehrlinge und Jungarbeiter ein. Und Mut gehört dazu, das zu tun. Denn 1948, im Jahr der Währungsreform, das die Reichen noch reicher, die Armen ärmer gemacht hat, grassiert die Arbeitslosigkeit. Viele, die gerade ausgelernt haben, werden sofort entlassen. Philipp Müller behält seinen Arbeitsplatz nur, weil sein Vater als Eisenbahner verunglückt ist.

In jener Zeit, da die ewig Gestrigen auf erneutes Unheil sinnen und da sich nur drei oder vier Jahre nach dem schrecklichsten aller Kriege gefährliche Wolken am politischen Himmel zusammenballen, rüstet die Jugend in ganz Deutschland zu einer großen Friedensmanifestation, zum Pfingsttreffen in Berlin. Die bürgerlichen Massenmedien geifern gegen das Treffen und verteufeln es als kommunistische Machenschaft, die Bundesregierung und die Besatzungsbehörden verweigern die Interzonenpässe und stellen die Teilnahme am Pfingsttreffen 1950 unter schwere Strafe. Trotz dieser Repressalien wirkt Philipp Müller in diesen Tagen unermüdlich für das Treffen, und trotz des strikten Verbots fährt er mit einer Münchener Gruppe illegal über die Grenze.

Bestärkt in seinen politischen Überzeugungen und mit noch grö-

ßerem Kampfelan kehrt Philipp nach den ereignisreichen Pfingsttagen in Berlin nach München zurück. Dort hat er übrigens nicht nur
viele neue Freunde gewonnen, sondern auch seine spätere Frau, Ortrud Voß, kennengelernt.

Philipp Müller

In diesem Jahre 1950 fährt Philipp Müller noch einmal nach Berlin. Er nimmt — von der FDJ damit ausgezeichnet — am III. Parteitag der SED teil. Und seine Eindrücke sind womöglich noch nachhaltiger als jene, die er vom Pfingsttreffen mitgenommen hat.

In München wartet harte Arbeit auf ihn. Der Kampf zwischen jenen, die einen neuen Krieg vorbereiten und denen, die diese Pläne
verhindern wollen, spitzt sich in Westdeutschland zu. In München
findet eine Massenkundgebung gegen die Wiederbewaffnung der
Bundeswehr statt. Mit ihrer Vorbereitung hat Philipp Müller alle
Hände voll zu tun. Er meint, daß man dem Frieden eine feste, organisierte Basis geben müsse, vor allem in den Betrieben. So gründet
er unmittelbar nach der Münchner Großkundgebung im Eisenbahn-

ausbesserungswerk Neu-Aubing ein Betriebskomitee junger Friedenskämpfer. Auf seine Initiative geht eine Resolution zurück, die auf einer Belegschaftsversammlung gegen die Remilitarisierung eingebracht wird. 80 Prozent der Eisenbahner stimmen für die Resolution, trotz der Repressalien, die die Direktion angedroht hat.

Seite an Seite mit Gewerkschaftern und Kommunisten bereitet er zur gleichen Zeit Protestversammlungen der Münchner Eisenbahner vor. Denn nach dem Vorschlag einer amerikanischen Kommission sollen 80 000 westdeutsche Eisenbahner entlassen werden. Auch die bevorstehenden Landtagswahlen bringen eine Unmenge Arbeit mit sich. »Schlafen ist schon bald ein Luxus«, schreibt Philipp Müller in einem Brief an Ortrud Voß nach Berlin.

Die wachsende Aggressivität des deutschen Imperialismus, wie sie in den Wiederaufrüstungsplänen zum Ausdruck kommt, verbindet sich zunehmend mit dem politischen Terror nach innen. Es gibt kaum mehr eine Demonstration, auf der die Polizei nicht die Gummiknüppel blank zieht. Philipp Müller ist deshalb nicht überrascht, als 1951 die FDJ verboten wird. Er ist auch nicht niedergeschlagen, im Gegenteil. »Sie hätten uns kein besseres Zeugnis von der Kraft der FDJ in Westdeutschland ausschreiben können«, äußert er sich zu seinen Freunden. »Wenn sie in dem Augenblick, in dem sie offen an die Aufstellung der geplanten Verbände herangehen, die FDJ verbieten, so zeigt das, welche Angst sie haben, daß unsere Organisation ihnen die Kriegsfackel aus der Hand reißen und ihre Pläne zerschlagen könnte.« In diesen Monaten wird er Mitglied der Kommunistischen Partei Deutschlands.

Im Jahre 1951 nimmt Philipp Müller zusammen mit vielen anderen Münchner Jugendlichen an den III. Weltfestspielen der Jugend und Studenten in Berlin teil, trotz des Terrors, dem sie sich damit in der Bundesrepublik aussetzen. Längs der Grenzen hat die Adenauer-Polizei einen Sperrgürtel errichtet, und sie zögert nicht, die jungen Leute, die diesen Gürtel auf Schleichwegen zu passieren suchen, einzusperren, ja selbst niederzuschießen. Philipp hat Glück. Er gehört zu jenen, denen der Durchbruch gelingt. Während der Weltfestspiele heiratet er Ortrud Voß, die inzwischen ein Kind erwartet. Er wird sie und sein Kind, das im Dezember des gleichen Jahres geboren wird, nur noch einmal sehen.

Am Abend des 19. August ist Philipp Müller unter den Tausenden Jugendlichen aus mehr als hundert Ländern der Erde, die auf dem Marx-Engels-Platz die Hand zum Schwur erheben:

»Wir Teilnehmer der Weltfestspiele, die die Gefahr erkennen, die die Menschheit bedroht, und uns unserer Verantwortung im gemeinsamen Kampf der Völker für den Frieden bewußt sind, leisten im Namen von Dutzenden Millionen friedliebender Jugendlicher aller Länder den feierlichen Schwur:

Alle unsere Kräfte im Kampf einzusetzen, um einen neuen Krieg zu verhindern;

die Pläne der Feinde des Friedens und der Menschheit zu entlarven und zum Scheitern zu bringen;

gegen das Wettrüsten anzukämpfen und für die Verbesserung der Lebensbedingungen der Jugend einzutreten;

die Freundschaft und die friedliche Zusammenarbeit der Völker und der Jugend aller Länder zu verstärken;

unsere Einheit im Friedenskampf zu erhalten, zu festigen und zu erweitern, diese Einheit, die ihren großartigsten Ausdruck in unseren Weltfestspielen gefunden hat;

weitere Millionen Jungen und Mädel in diesen aktiven Kampf einzubeziehen.

Wir schwören, all unsere Kräfte für die Kampagne zum Abschluß eines Friedenspaktes der fünf Großmächte einzusetzen, der die Grundlage für das friedliche Nebeneinanderleben der Völker schaffen wird. In dieser feierlichen Stunde leisten wir den Schwur, der Sache des Friedens treu zu bleiben.«

Philipp Müller verläßt Berlin mit der festen Gewißheit, diesen Schwur niemals, unter keinen Umständen zu brechen und mit doppelter Kraft im Sinne dieses Schwures in der Bundesrepublik weiterzukämpfen.

Seine Frau Ortrud hätte es gern gesehen, wenn Philipp zu ihr in die DDR gekommen wäre. Er könnte zunächst in seinem Beruf arbeiten, später studieren. Schweren Herzens schlägt er ihr den Wunsch ab. Er weiß, daß er in seiner Heimatstadt in diesen kritischen Monaten mehr und dringender gebraucht wird. Er gehorcht dem, von dem er meint, daß es seine Pflicht als Genosse ist. Aber er kann seine Frau und sein Kind auch nicht nach München holen, denn die persönliche Zukunft, in die er jetzt aus Berlin zurückkehrt, ist für Philipp Müller ganz und gar ungewiß geworden.

Auf dem Rückweg von der BRD-Polizei an der Grenze gestellt, wird er relegiert und verliert seinen Arbeitsplatz. Er besitzt nicht einmal mehr so viel Geld, um seiner Frau telegraphisch seine Ankunft in München mitzuteilen.

110

Die ihm aufgezwungene Freizeit nutzt er zu doppelter und dreifacher politischer Arbeit. Er organisiert Versammlungen, betätigt sich in der Kulturarbeit und malt nachts Losungen an Mauerwände: »Ami go home!«, »Kämpft für den Frieden!«

Als dann der Ruf ertönt »Auf nach Essen!«, folgt er diesem Ruf. Dort treffen ihn die tödlichen Schüsse.

4. Pogromhetze

Sogleich nach dem Essener Blutsonntag begann in der bürgerlichen Presse und in den regierungsamtlichen Stellen der Bundesrepublik eine wüste Pogromhetze gegen die Demonstranten. Die Reaktion ergriff die Flucht nach vorn und bediente sich, wie immer in solchen Fällen, der Demagogie, speziell des Antikommunismus, um die Öffentlichkeit über die eigene Blutschuld hinwegzutäuschen.

So werden von der Regierung und von den Redakteuren der bürgerlichen Presse über Nacht aus den schießwütigen Polizisten schießwütige, kommunistisch verseuchte FDJler gemacht.

Jene Bewohner Essens und jene Gäste der Gartenbauausstellung, die Zeugen der tatsächlichen Ereignisse geworden waren und beispielsweise am 12. Mai die Springer-Zeitung »Die Welt« aufschlugen, vermochten ihren Augen nicht zu trauen. Unter der Schlagzeile: »Getarnte FDJ schießt auf Polizei in Essen« war zu lesen: »Zum ersten Male seit Kriegsende wurde am Sonntag bei einer Demonstration von Kommunisten auf die Polizei scharf geschossen. Angehörige der Tarnorganisation ›Junge Generation‹, die gegen den Generalvertrag protestieren wollten, eröffneten vor den Toren der Essener Gartenbauausstellung aus Pistolen des Musters ›08‹ das Feuer, das von der Polizei erwidert wurde. Bei diesem Schußwechsel wurde der 21jährige Philipp Müller aus München getötet ... Das Bundesministerium für gesamtdeutsche Fragen hatte noch am Sonnabend ›nachdrücklich‹ Jugendorganisationen, Eltern und Lehrerschaft warnend darauf hingewiesen, daß der Aufruf zu Jugenddemonstrationen gegen den Generalvertrag von einer kommunistischen Zeitung verbreitet worden war. Trotzdem waren nach Mitteilung der Polizei etwa 30 000 Personen nach Essen gekommen.«

Einen Tag später, am 13. Mai, wußte »Die Welt« noch mehr. An diesem Tage war die Demonstration in Essen bereits so etwas ähnliches wie ein kommunistischer Umsturzversuch, vor dem die besonnene Polizei die anständigen Bundesbürger gerade noch in letzter Minute gerettet habe: »Die neue Phase der kommunistischen Deutschland-Politik — der ›Kampf gegen den Generalvertrag unter Einsatz aller Kampfmittel‹ — erlebte am Sonntag in Essen einen blutigen Auftakt. Zum erstenmal wurde bei einer Demonstration scharf auf die Polizei geschossen. Etwa 30 000 FDJ-Anhänger aus allen Teilen des Bundesgebietes waren zu einer ›Friedenskarawane‹ ins Ruhrgebiet beordert worden, um die Eröffnung der Essener Gartenbauausstellung zu einer ›machtvollen Demonstration der westdeutschen Jugend‹ zu benutzen, d. h. um Unruhe zu stiften. Da die Kundgebung verboten worden war, griff die Polizei ein. Es kam zu Schlägereien, und plötzlich feuerten Demonstranten mit Pistolen vom Muster ›08‹. Im Verlauf des folgenden Schußwechsels wurde ein Einundzwanzigjähriger aus München getötet, auf beiden Seiten gab es Verletzte.

Die Tatsache, daß die Kommunisten dazu übergehen, von ihnen aufgehetzte Jugendliche mit Schußwaffen auszurüsten, ohne Rücksicht auf Menschenleben, beweist erneut die Skrupellosigkeit eines Systems, das zur gleichen Zeit wagt, von Frieden und Einheit zu sprechen. Die Haßtiraden, die täglich die Spalten der kommunistischen Presse füllen, haben sich zum erstenmal in größerem Umfang praktisch ausgewirkt. Die westdeutsche Öffentlichkeit wird sich auf weitere Zwischenfälle gefaßt machen müssen.

Was die Polizei betrifft, so scheinen die Ereignisse in Essen bestätigt zu haben, daß eine gründlichere Vorbereitung auf derartige Demonstrationen notwendig ist. Nervosität, die dazu führt, daß auch Unbeteiligte mit dem Gummiknüppel Bekanntschaft machen, dient nur den Absichten der Demonstranten. Die Bürgerkriegstaktik der Kommunisten zwingt zu scharfen Gegenmaßnahmen. Um so mehr müssen die Hüter der öffentlichen Ordnung einen kühlen Kopf behalten.«

Am gleichen Tage läßt die Bundesregierung über das offiziöse Bulletin verlautbaren: »Das für den 11. Mai in Essen angesagte ›Westdeutsche Treffen der jungen Generation‹ war von vornherein dadurch gekennzeichnet, daß es durch einen Aufruf in der kommunistischen Presse vorbereitet war. Dafür waren ebenso bezeichnend die für das Treffen ebenfalls von der kommunistischen Presse ausge-

Trauerfeier für den von der Polizei ermordeten Patrioten Philipp Müller
auf dem Münchener Westfriedhof. Vor 5 000 Trauergästen
spricht der Vorsitzende der KPD, Max Reimann,
ehrende Worte des Gedenkens

gebenen Losungen: ›Widersteht der Militarisierung‹ und ›Jugend
gegen den Generalvertrag‹. Das Bundesministerium für gesamtdeutsche Fragen hatte sich daher veranlaßt gesehen, Jugendorganisationen, Jugendliche sowie Eltern- und Lehrerschaft vor der Teilnahme
an diesem Essener Treffen zu warnen. Wie berechtigt diese Warnung war, haben die Essener Vorgänge am vergangenen Sonntag,
die zu schweren Zusammenstößen zwischen Angehörigen der verbo-

tenen kommunistischen FDJ und der Polizei geführt haben, denn auch gezeigt.

Wieder einmal haben die Kommunisten Jugendliche ohne Rücksicht auf die in erster Linie für diese selbst zu erwartenden Gefahren zum Vortrupp einer Aktion gemacht, deren erklärtes Ziel sein soll, die Ruhe und Ordnung in der Bundesrepublik zu stören. Diese Aktion wird von der Sowjetzone aus in immer schärferer Form durch eine Propaganda unterstützt, die kein Mittel scheut und vor keiner Drohung zurückschreckt, um die Eingliederung der Bundesrepublik in die westeuropäische Völkerfamilie zu verhindern.«

Im amtlichen Polizeibericht lesen sich die Ereignisse folgendermaßen: »Nach amtlichen Schätzungen waren rund 30 000 Demonstranten aus fast allen Teilen des Bundesgebietes nach Essen gekommen, um trotz des Verbotes der Polizei in einer Massenkundgebung gegen die Unterzeichnung des Generalvertrages zu protestieren. Nach Mitteilung der Essener Polizei setzten sich die Demonstranten mit Schlagwerkzeugen und Pistolenschüssen zur Wehr, als die Polizei sie zerstreuen wollte. Auch die Polizisten haben daraufhin von den Schußwaffen Gebrauch gemacht. Achtzehn Beamte sind verletzt worden.«

Die vielen, vielen Zeugen der Essener Ereignisse, die sich nach diesen ungeheuren frechen Behauptungen empört zu Wort meldeten, überführten alle diese Berichte der Fälschung und Lüge.

Zeuge Hans Reimer, Jungarbeiter auf der Howaldt-Werft Hamburg:

»Ich hörte plötzlich, wie der kommandierende Polizeioffizier schrie: ›Pistolen frei!‹ Und dann knallte es. Jemand schrie mir zu: ›Diese Schweine haben einen von uns erschossen ...‹ Als sich die Schießerei etwas beruhigt hatte, sahen wir, wie man einen leblosen Körper auf einen Wagen lud. Die Nachricht von der Ermordung eines Jugendlichen hatte sich wie ein Lauffeuer verbreitet. Die Knüppelgardisten bemühten sich, mit Gewalt den Weg freizumachen, um den Toten möglichst ungesehen wegzubringen. Es gelang ihnen nicht. Wo auch immer dieser Totenwagen auftauchte, schrien die Menschen zornig mit tiefer Erbitterung: ›Mörder‹, ›Banditen‹, ›Mordbande‹. ... Ganz Essen war über die ungeheuerliche Mordtat in Wallung geraten. Die Polizei knüppelte weiter. Auf Jugendliche, auf Kinder, auf Passanten, blindlings vor Wut.

Nach einigen Stunden waren wir wieder am Bahnhof. Noch immer hagelte es Schläge. Ein junges Mädchen, das gar nicht zu uns gehörte, wurde mit den Worten: ›Mach, daß du fortkommst!‹ zum Weitergehen aufgefordert. Als sie nicht gleich begriff, wurde sie zu Boden geschlagen. Ein älterer Herr, der erschüttert vor dieser Szene stehenblieb, wurde zusammengedroschen, bis er blutüberströmt liegenblieb.

Ich stand an einem Erfrischungskiosk, um etwas zu trinken. Da wurde ich herumgerissen und ein, zwei, drei, ich weiß nicht mehr wieviel Schläge, prasselten auf mich ein, bis ich liegenblieb.

Viele von uns waren eingesperrt. Unter ihnen befand sich auch mein Freund Hans Benzler aus Hamburg. Er berichtete mir später über die grausamen Qualen, denen die Gefangenen im Essener Polizeigefängnis ausgesetzt waren. Zehn, zwanzig Jungen und Mädchen in einer Zelle. Nacheinander wurden sie zum Verhör in den Keller geschleppt. ›Was wolltet ihr hier?‹ Fiel das Wort ›Frieden‹ oder ›Generalvertrag‹, setzte es Schläge bis zur Bewußtlosigkeit. Das wiederholte sich zwei- und dreimal. Einem Freund wurden sämtliche Zähne ausgeschlagen. Die Mädchen wurden mit ›ihr alten Säue‹ tituliert.«

Zeugin Renate Meier, Oberhausen, Lerchengasse 6:

»Ich wurde mit noch einem anderen Mädchen in ein Auto gezerrt und zur Polizeiwache gebracht. Zuerst wurde ich nur gestoßen und taumelte einen Gang entlang. Dann wurde ich mit voller Wucht ins Gesicht geschlagen. ... Ich habe schon einige Filme von den faschistischen Konzentrationslagern gesehen, und auch aus den Erzählungen von politischen Häftlingen habe ich mir einen Begriff von Gestapomethoden gemacht. Ich kann nur sagen, daß es bei der Gestapo nicht anders zugegangen sein muß. Ich wurde in eine Zelle geworfen. Der Anblick, der sich mir hier bot, war grauenerweckend. An der Zellentür lag blutüberströmt ein junger Mann. Er war von demselben Polizisten, der mich auf dem Gang geschlagen hatte, mißhandelt worden.

Aber ich konnte nicht lange überlegen, denn plötzlich trommelten die Fäuste eines dicken Polizisten auf mich ein. Danach wurde die Zellentür geschlossen. Aber wiederum nur für kurze Zeit. Plötzlich ging das Gebrülle wieder los:

Alles raustreten, zu dreien antreten, im Gleichschritt marsch! Diese Anweisungen mußten wie der Blitz ausgeführt werden, sonst hagelte es Schläge.«

Zeuge Johann Küster, Essen, Markgrafenstraße 14:

»Plötzlich erschienen Polizeiüberfallwagen und Polizisten mit

Bluthunden. Sie schlugen mit ihren Gummiknüppeln sofort auf die Demonstranten ein. Ich sah, wie drei Polizisten brutal auf einen Jungen einschlugen, der am Boden lag. Zwei von ihnen prügelten auf eine Frau. Diese brach zusammen und wurde auf einen Polizeiwagen geworfen. Die Jugendlichen flüchteten über einen großen Aschenplatz. Ich sah, wie die Polizisten ihre Pistolen herausrissen und schossen. Nach meiner Erfahrung (ich war jahrelang Soldat) waren es ungefähr 50 bis 60 Schuß. Von den Demonstranten wurde nicht geschossen. Als Liebhaber-Fotograf knipste ich diese Szenen. Mein Apparat wurde mir von Polizeibeamten abgenommen und der Film so gewaltsam herausgerissen, daß der Apparat beschädigt wurde.«

Zeugin Martha Hadinsky, Mülheim, Trinkrathstraße 92:

»Ich kann bezeugen, daß keiner von den Jugendlichen, die ich gesehen habe, geschossen hat. Die Behauptungen, die in dieser Richtung aufgestellt werden, sind erlogen.«

Zeuge Paul Buscher, Wuppertal:

»Die berittene Polizei ritt in die stolpernde und fliehende Menge. Die Bluthunde sprangen die Menschen an. Frauen, die sich auf die Treppe des Cafes vor der Gruga geflüchtet hatten, wurden erbarmungslos niedergeknüppelt.

Dann plötzlich peitschten Schüsse auf, und eine wilde Flucht setzte ein. Die Polizei schoß blind in die Menge, und in unserer allernächsten Nähe stürzten einige Jugendliche zu Boden. Schrille Schmerzensschreie erschollen. Wir eilten zum Bahnhof, unterwegs immer wieder von den wuttollen Polizisten angefallen und geprügelt. ...

Am Bahnhof sah ich das Abscheulichste und Ekelhafteste, was ich bisher erblickte. Die Polizisten drangen in die Unfallmeldestelle ein und prügelten in ihrer maßlosen Erregung die Verletzten, die ärztliche Hilfe gesucht hatten.«

Zeuge Leo Keup, Essen-Katernberg, Bruchweier 230g:

»Die Polizei schlug wahllos zu. In den meisten Fällen über den Hinterkopf oder quer über das Gesicht. ... Plötzlich griffen die Polizisten zu ihren Pistolen und eröffneten das Feuer auf die flüchtenden Jugendlichen. Mein Bruder und ich sahen, daß ein Jugendlicher liegengeblieben war. Der Platz hatte sich inzwischen geleert. Als wir uns dem Zusammengebrochenen näherten, um ihm zu helfen, drohten drei Polizisten, uns niederzuschlagen, wenn wir nicht sofort machten, daß wir weiterkämen. Der Junge lag auf dem Rücken. Sein

Gesicht war aschfahl. Zuerst glaubten wir, er sei tot; sahen dann aber, daß er noch lebte. Dann ereignete sich das Ungeheuerlichste: Ohne sich um die Verwundung zu kümmern, packten die Polizisten den Jungen wie ein totes Stück Vieh, einer an den Beinen und einer am Genick. Die Arme und der ganze Körper sackten schlaff ab. Der Junge hatte eine Schußwunde auf der oberen Rückenseite. Die Polizisten schleppten ihn achtlos weg und warfen ihn roh in ein Polizeiauto. Dem Jungen hätte wahrscheinlich noch geholfen werden können, wenn man vorsichtig mit ihm umgegangen wäre. Dem viehischen Benehmen der betreffenden Polizisten ist es ohne Zweifel zuzuschreiben, daß der Verletzte starb.«

Zeuge Dieter Scheerer, Hamburg-Sasel, Berner Weg 66:

»Als Herr Rehder auf dem Boden lag, stürzten sich sieben bis acht Polizisten auf ihn. Er wurde mit den Stiefeln getreten und sinnlos mit den Gummiknüppeln zerschlagen. Ein Faustschlag spaltete ihm das rechte Oberlid in Brauenhöhe. Der Riß ging bis auf den Knochen und war einen bis anderthalb Zentimeter lang.«

Zeugin Frieda Schubert, Essen-Stadtwall:

»Am Sonntag, dem 11. Mai 1952, kam ich gemeinsam mit meinem Mann gegen 14.30 Uhr am Krupp-Krankenhaus vorbei. Vier Polizisten waren gerade dabei, aus einem kleinen Lautsprecherwagen einen jungen Menschen herauszutragen. Zwei hielten ihn an den Beinen, zwei an den Armen. Der Kopf fiel weit nach hinten zurück, und ich konnte sehen, daß sein Gesicht ganz blaß und seine Augen schon verdreht waren. Ich war furchtbar empört und erschreckt und habe laut aufgeschrien: Mein Gott, der ist ja schon tot! Etwa zehn Personen kamen zu der Stelle gelaufen. Als einer der Polizisten die Zuschauer verjagen wollte, rief ihn ein anderer mit den Worten zurück: ›Komm mal, das Schwein ist schon tot!‹«

Zeuge Hans Siegmeier, Essen-Stele, Plümerskamp 6:

»Ich habe mit eigenen Augen gesehen, daß die Polizisten Leute, die auf dem Bürgersteig standen und sich nichts zuschulden kommen ließen, auseinanderschlugen. Ich sah mit eigenen Augen, wie Polizisten mit wütenden Hunden und Gummiknüppeln auf die Menschen losgingen und auch schossen. Dabei wurde kein Unterschied zwischen Frauen, Kindern und Männern gemacht. Die Polizeibeamten brachten die Schußwaffen einfach in Anschlag und feuerten. Es ist besonders empörend, daß sie auch in eine flüchtende Menge schossen. Die Polizeibeamten müssen zur Verantwortung gezogen werden. Ich möchte den Richter sehen, der diese Polizei nicht verurteilt.«

Angesichts solchen Beweismaterials ist es weder Regierung noch Polizei möglich, ihre Lüge, daß die jugendlichen Demonstranten das Feuer auf die Polizei eröffnet hätten, aufrechtzuerhalten. Daran ändert auch die Tatsache nichts, daß die Polizei Zeugen zu erpressen versucht und ihnen droht, Anklage wegen Aufruhrs zu erheben, falls sie ihre Aussagen nicht zurückzögen. Der Stellvertretende Chef der Essener Polizei, Polizeidirektor Knorr, sieht sich am 13. Mai zu der Erklärung genötigt, daß die Polizei das Feuer eröffnet hat. »Allerdings erst«, setzt er hinzu, »nachdem sie sich der Demonstranten nicht mehr erwehren konnte.«

Das ist jetzt die neue, kaum weniger niederträchtige Version, auf die sich Polizei und Regierung geeinigt haben. In seinem Bericht an den Hauptausschuß des Landtags sekundiert der Ministerpräsident der Essener Polizei:

»Da der Widerstand der randalierenden Menge trotz Gebrauch des Schlagstocks nicht gebrochen werden konnte, mehrere Polizisten bereits verletzt waren und sich daher in gegenwärtiger Gefahr für Leib und Leben befanden, mußte von der Schußwaffe Gebrauch gemacht werden. Nach dieser Darstellung ist die Frage, wer zuerst geschossen hat — die Demonstranten oder die Polizei — nur noch von untergeordneter Bedeutung.«

Als der Zeuge Hans Siegmeier aus Essen seine Aussage mit dem empörten Ruf schloß: »Die Polizeibeamten müssen zur Verantwortung gezogen werden. Ich möchte den Richter sehen, der diese Polizei nicht verurteilt«, bewies er ehrliche Sympathie mit den Demonstranten, aber wenig Einschätzungsvermögen für die politische Situation in der Bundesrepublik. Weder Regierung noch Gericht dachten trotz des internationalen Skandals, den die Ereignisse in Essen ausgelöst hatten, auch nur im entferntesten daran, von den Schuldigen der Essener Blutorgie Rechenschaft zu fordern. Sie hatten im Auftrag der Regierung gehandelt, und die Regierung sowie ihre Fraktionen im Bundestag stellten sich schützend vor die Mörder.

Als der KPD-Abgeordnete Heinz Renner am 14. Mai 1952 im Bundestag strengste Untersuchung der Essener Ereignisse und Bestrafung jener forderte, die den Schießbefehl erteilt haben, wurde er vom Präsidenten des Bundestages für 20 Sitzungstage ausgeschlossen.

Die Art, wie Renner mundtot gemacht wurde, ist so bezeichnend, daß die Sitzung im Protokollausschnitt hier wiedergegeben sei: »Abgeordneter Renner: Herr Präsident, meine Damen und Herren! Ich bitte, auf die heutige Tagesordnung den Punkt zu setzen: Bildung eines parlamentarischen Untersuchungsausschusses nach Artikel 44 des Grundgesetzes, der die Aufgabe haben soll, die blutigen Vorgänge am Sonntag in Essen und die Beteiligung der Bundesregierung an der Verantwortung für diese Bluttaten zu überprüfen.

Es ist allgemein bekannt, daß der Bundesminister für gesamtdeutsche Fragen einige Tage, nachdem das Verbot dieser Kundgebung auf Anregung der Bundesregierung ausgesprochen worden war, auf dieses Verbot einen maßgeblichen Einfluß genommen hat.

Präsident Dr. Ehlers: Herr Abgeordneter Renner, es geht augenblicklich nicht um die Begründung des Antrags auf Einsetzung eines Untersuchungsausschusses, sondern um den Antrag, einen Punkt auf die Tagesordnung zu setzen. Ich kann nur diesen Punkt im Augenblick im Rahmen der Geschäftsordnungsdebatte zur Debatte stellen.

Abgeordneter Renner: Was ist in Essen geschehen? In Essen haben friedliche junge Menschen demonstriert für den Frieden.

Präsident Dr. Ehlers: Herr Abgeordneter Renner, es geht ... Abgeordneter Renner: ... gegen die Adenauersche Kriegspolitik.

Präsident Dr. Ehlers: Herr Abgeordneter Renner, ich muß Sie zum zweiten Mal unterbrechen. Wenn Sie zur Begründung der Tatsache, diesen Punkt heute auf die Tagesordnung zu setzen, nichts weiter sagen wollen, bitte ich Sie, nicht auf die sachlichen Ausführungen einzugehen.

Abgeordneter Renner: In Essen ist ein junger Mensch im Alter von 21 Jahren ermordet worden. Weil er in durchaus friedlicher Absicht protestieren wollte gegen die Politik dieser Adenauer-Regierung. ... Ich will herausstellen, daß die Mordtat in Essen zurückfällt auf die Bundesregierung.

Präsident Dr. Ehlers: Herr Abgeordneter Renner! Ich entziehe Ihnen das Wort, Herr Abgeordneter Renner! Ich entziehe Ihnen das Wort, Herr Abgeordneter Renner!

Abgeordneter Renner: Ich will herausstellen, daß der Mörder ...

Präsident Dr. Ehlers: Herr Abgeordneter Renner, ich rufe Sie zur Ordnung!

Abgeordneter Renner: Ich will herausstellen, daß der Mörder ...

Präsident Dr. Ehlers: Herr Abgeordneter Renner, ich verweise Sie wegen grober Ungebührlichkeit aus dem Saal. Ich bitte Sie, den Saal zu verlassen.

Abgeordneter Renner: Ich will herausstellen, daß in Essen ein junger Mensch ermordet worden ist im Auftrag der ... Kriegstreiber.

Präsident Dr. Ehlers: Herr Abgeordneter Renner, ich bitte Sie, mich nicht in die Lage zu bringen, Sie durch den Hausordnungsdienst aus dem Saal bringen zu lassen.

Abgeordneter Renner: Sie können mich bitten, was Sie wollen, Sie werden die Stimme unseres Volkes, das den Frieden und die Wiederherstellung der Einheit Deutschlands will und dafür kämpfen wird, nicht unterdrücken, Herr Präsident.

Präsident Dr. Ehlers: Ich unterbreche die Sitzung.«

Die Reaktionen im Landtag entsprachen denen des Bundestages. Der FDP-Abgeordnete Gerhard erklärte, daß der Schießbefehl der Polizei in einem solchen Falle etwas Selbstverständliches sei. Der Fraktionsvorsitzende der CDU, Jonen, setzte der Sache die Krone auf, denn er forderte nicht mehr und nicht weniger, als daß sich der Landtag von den Plätzen erhebe und auf diese Weise der Polizei seinen Dank für ihre Leistungen in Essen ausspreche.

Rücksichtslos allerdings ging man gegen die Opfer des Polizeiterrors vor. Gegen elf Jugendliche wurde Haftbefehl erlassen, und die Staatsanwaltschaft erhob Anklage gegen sie: So kam es schließlich zu jenem Prozeß, der als ein politischer Skandalprozeß in die Geschichte eingegangen ist.

5. Der Prozeß

Als vor der ersten Großen Strafkammer des Landgerichts Dortmund am 18. September 1952 die Hauptverhandlung beginnt, sind die Weichen längst gestellt.

Zurecht befürchten jene, auf deren Befehl dieser Prozeß inszeniert worden ist, einen Höhepunkt der Protestbewegung, die seit Wochen nicht mehr aufgehört hat. Wie damals in Essen gleicht deshalb Dortmund einer belagerten Stadt. Die Zufahrtsstraßen zum Gerichtsgebäude sind von einem riesigen Polizeiaufgebot, ausgerüstet mit Funk- und Geländewagen, mit Wasserwerfern, mit Gummiknüppeln und mit scharfgeladenen Pistolen, hermetisch abgeriegelt.

Dennoch kommt es am Abend des ersten Prozeßtages zu einer mächtigen Demonstration. Sie ist friedlich wie die am 11. Mai in Essen. Aber da ja der Prozeß unter anderem auch die Absicht verfolgt, das im Bonner Grundgesetz festgelegte Recht der Meinungsfreiheit und der Demonstration zu beseitigen, liefert die Polizei bereits am ersten Tage der Hauptverhandlung den brutalen Beweis für die erklärte Absicht.

Wie an jenem Sonntag in Essen rasen Überfallwagen in die Demonstranten, sausen die Gummiknüppel auf die Köpfe und Schultern der jungen Leute, werden die scharf geladenen Pistolen aus den Taschen gerissen, fallen Schüsse, die nicht nur in die Luft abgefeuert sind. Ein Junge wird durch die Kugel eines Polizisten schwer am Hals verletzt. So endet schon der erste Tag des Prozesses mit einem erneuten Beweis für den Terror, mit dem die Bundesregierung ihre politischen Gegner auszuschalten gedenkt.

Der Prozeß selbst ist eine einzige Farce. Auf der Anklagebank sitzen Otto Berger aus Straubing, Michael Vogl aus Wiesbaden, Hans Gaidt aus Rheinhausen, Karl-Heinz Meise aus Gruiten, Willibald Krüger aus Gruiten, Karl-Heinz Held aus Essen, Georg Scheer aus Dortmund, Johannes Thrun, ebenfalls aus Dortmund, Karl Ludwig Schoen aus Hamburg, Harald Kosel aus Düsseldorf, Elisabeth Glötzel aus Ponholz bei Regensburg. Die Staatsanwaltschaft hat 36 Belastungszeugen vorgeladen, von denen 26 Polizeibeamte sind.

Den Vorsitz führt Dr. Rheinländer, der mit Verbissenheit in der politischen Vergangenheit der Angeklagten wühlt und ihre politische Gesinnung zu erforschen trachtet. Er sucht den Prozeß in trauter Gemeinsamkeit mit der Staatsanwaltschaft von Anfang an in Richtung Hochverrat, Widerstand gegen die Staatsgewalt und Untergrabung der Verfassungsgrundsätze zu drängen. Delikte also, für die schwerste Zuchthausstrafen vorgesehen sind.

Seine Gesinnungsschnüffelei ist dabei so penetrant, daß ein Rechtsanwalt den Antrag stellt, Dr. Rheinländer als befangen abzulehnen. Zeugnisse seiner eigenen Gesinnung gibt Dr. Rheinländer mehrmals während des Prozesses. Als sich zum Beispiel die elf Angeklagten bei Erwähnung des Namens Philipp Müller demonstrativ zu seinen Ehren von ihrem Platz erheben, überschüttet er sie mit ungezügelter, geifernder Wut, die seinen ganzen politischen Haß gegen die elf jungen Patrioten offenbart.

Mit viel Schneid in der Stimme verliest Staatsanwalt Dr. Bohn die Anklageschrift. Er assistiert Oberstaatsanwalt Dr. Brey, und beide sind altgediente Justizbeamte, die sich schon vor 1945 »Sporen«

verdient haben. Die Anklage lautet auf schweren Aufruhr, Staatsge-
fährdung und schweren Landfriedensbruch.

»Sämtliche Angeklagten haben«, ruft Dr. Bohn mit dem Brustton
tiefsten Abscheus in den Saal, »an einer öffentlichen Zusammenrot-
tung teilgenommen, die mit vereinten Kräften gegen Personen oder
Sachen Gewalttätigkeiten beging.« Das ist für einen Justizbeamten
eine sehr eigenwillige Lesart für das verfassungsmäßig verbriefte
Recht der Versammlungs- und Meinungsfreiheit, von dem die Demonstranten in Essen Gebrauch gemacht haben. Und noch eigenwil-
liger ist es, bei so viel öffentlich bekundeten Augenzeugenberichten
über den Terror der Polizei, bei einem erschossenen, zwei schwer-
verwundeten und Hunderten mißhandelten Demonstranten, von Gewalttätigkeiten der Kundgebungsteilnehmer zu sprechen.

Langsam, aber sicher kommt der Staatsanwalt Dr. Bohn in Fahrt.
»Diese gemeingefährlichen Leute haben in der Absicht gehandelt,
den Bestand der Republik Deutschland zu beeinträchtigen und
eherne Verfassungsgrundsätze zu untergraben.« Die Stimme des
Staatsanwalts bebt vor Empörung. »Als Rädelsführer oder Hintermänner haben die Angeklagten die Bestrebungen einer Vereinigung
gefördert, die sich gegen den Gedanken der Völkerverständigung
und gegen die verfassungsmäßige Ordnung richtet.« Mit dieser Vereinigung, deren Namen der Staatsanwalt nicht einmal ausspricht, ist
die inzwischen verbotene FDJ gemeint.

Dann nimmt sich Dr. Bohn die einzelnen Angeklagten vor, und
bei jedem Namen weist sein ausgestreckter Arm drohend gegen die
Anklagebank.

»Der Angeklagte Berger hat an den Weltjugendfestspielen teilgenommen. Was also ist naheliegender, als daß sich ein solcher
Mensch zu jeder beliebigen Gewalttätigkeit bestimmen läßt. Geht
aus dieser Teilnahme nicht klar und eindeutig die Absicht hervor,
die staatsgefährlichen Umtriebe der FDJ zu fördern?

Hans Gaidt, Willibald Krüger, Georg Scheer haben ebenfalls an
den Weltfestspielen teilgenommen, was den hinreichenden Verdacht
begründet, fanatische FDJler und als Rädelsführer in Essen aufgetre-
ten zu sein.«

Dr. Bohn hat für die anderen Angeklagten Beweise ähnlichen Kali-
bers bereit. Karl Ludwig Schoen wird für hinreichend verdächtig im
Sinne der Anklage gefunden, weil er in Hamburg Mitglied des Film-
Forums ist, Johannes Thrun gar habe des mehreren, wie der ehren-
werte Kriminalkommissar Bunte beobachtet habe, Propagandamate-

rialien verteilt, und Karl-Heinz Meise sei Mitglied des westdeutschen Friedenskomitees und schon dadurch als Unruhestifter prädestiniert, Karl-Heinz Held schließlich habe an einer Versammlung des Deutschen Arbeiterkomitees teilgenommen.

Sodann kommt Dr. Bohn auf »erschreckende« Einzelheiten zu sprechen, die die Gewalttätigkeit der Angeklagten im besonderen und der Demonstranten im allgemeinen beweisen sollen.

»Die Demonstranten waren mit für Leib und Leben gefährlichen und heimtückischen Instrumenten bewaffnet. Sie trugen Schlagstöcke, die als Wimpelstangen getarnt waren, schwarz-rot-goldene Stofflappen mit Heftzwecken, die gefährliche Verletzungen verursachen konnten, und schließlich Stoß- und Schlaginstrumente, die man im Nachhinein als Transparentstangen ausgab.«

Dr. Bohn malt in triefenden Farben Details der Gewaltorgie aus, der sich die Demonstranten schuldig gemacht hätten. Von wildem Umsichschlagen ist die Rede, davon, daß die Polizisten durch sachgemäßen Schulterzug angegriffen und mit Klappmessern bedroht worden seien, daß man sie mit Steinen beworfen habe. »Ist es, hohes Gericht, meine Damen und Herren, unter diesen Umständen nicht allzu begreiflich, daß die Polizei, die sich einer wildgewordenen Meute gegenübersah, zu Notwehrmaßnahmen griff?«

»Die Angeklagten«, schließt Dr. Bohn theatralisch seine Tiraden, »muß deshalb die ganze Schwere des Gesetzes treffen!«

Dr. Rheinländer ist voller Beifall für den Staatsanwalt. Die Rechtsbeistände der Angeklagten mögen sich abstrampeln, soviel sie wollen. Die als Zeugen geladenen Polizeibeamten dürfen sich in Widersprüche verstricken, ja sie können sogar ihre Aussagen widerrufen, das Gericht sieht nicht den geringsten Anlaß, ihre Glaubwürdigkeit zu bezweifeln.

Als zum Beispiel ein Polizist namens Olbrich seine Beschuldigung, die Angeklagte Glötzel habe »Nieder mit der Polizei!« geschrien und Steine nach den Polizisten geworfen, im Kreuzverhör zurückzieht, stellt sich das Gericht dennoch auf seine Seite: »Wenn auch der Zeuge Olbrich seine in der Hauptverhandlung zunächst gemachte Aussage auf Vorhalt nicht in vollem Umfang aufrechterhalten hat, so wird dennoch durch diesen Umstand seine Glaubwürdigkeit nach der Überzeugung des Gerichts in keiner Weise beeinträchtigt. Der Zeuge meinte zunächst bei seiner Vernehmung, daß die Angeklagte nicht nur ›Nieder mit der Polizei‹ gerufen, sondern auch mit Steinen geworfen habe. Nach Vorhalt seiner insoweit anderslau-

123

tenden Aussage bei der polizeilichen Vernehmung durch die Verteidigung hat der Zeuge mit Recht auf folgendes hingewiesen: Er habe seinerzeit Steinwürfe von Jugendlichen weiblichen Geschlechts beobachtet und müsse jetzt mit Rücksicht auf die Länge der zurückliegenden Zeit irrtümlich eine ›andere Vorstellung von dieser Sache‹ haben ... Nach Überzeugung des Gerichts ist hierdurch die Glaubwürdigkeit des Zeugen Olbrich in keiner Weise erschüttert.«

Dabei scheut sich das Gericht selbst dann nicht, sich schützend vor einen lügenden Belastungszeugen zu stellen, wenn er, wie der Zeuge Frieß, während der Verhandlung als SA-Mann entlarvt wird, der während der Demonstration die Polizei angefeuert hatte: »Haut drauf, nur immer tüchtig drauf, die haben noch lange nicht genug!« Die Tatsache, daß Frieß nachweislich 1933 politische Gefangene mißhandelte, ist »nach Überzeugung des Gerichts in keiner Weise geeignet, die Aussage des Zeugen Frieß in ihrer Beweiskraft zu erschüttern. Dieser Zeuge hat bei der Erörterung der ihm vorgeworfenen Mißhandlungen sofort offen zu seinen Taten gestanden. ... Abgesehen davon, hat der 64jährige Zeuge Frieß in der Hauptverhandlung in keiner Weise den Eindruck hinterlassen, als ob seine Angaben etwa aus politischer Gegnerschaft zu dem Angeklagten irgendwie unsachlich gefärbt seien. Bei dieser Sachlage verdient nach Überzeugung des Gerichts der Zeuge Frieß für seine beschworene Aussage unbedingt Glauben. Die Kammer hat daher keine Bedenken getragen, aufgrund seiner Aussagen Feststellungen im Sinne des oben dargestellten Sachverhalts zu treffen.«

Die Zeugen indessen, die die Rechtsanwälte aufbieten, haben vor diesem Gericht nicht die geringste Chance.

Der Polizist Schürbusch behauptet im Zeugenstand, er sei vom Angeklagten Scheer durch einen sachgemäßen Schulterzug tätlich angegriffen und erheblich verletzt worden.

Rechtsanwalt Dr. Schröder stellt diesem Zeugen zwei seiner Zeugen gegenüber, die nach übereinstimmenden Aussagen folgendes gesehen haben: »Vor der Gartenbauausstellung wurde Scheer zusammen mit anderen Jugendlichen abgedrängt, wobei die Polizei rief ›Lauft, lauft!‹. Und dabei haben sie bereits mit den Gummiknüppeln zugeschlagen. Der Zeuge Schürbusch stürmte auf den Angeklagten Scheer zu und brüllte: ›Beweg dich, du Schwein!‹ Als Scheer sagte, er könne nicht laufen, da er sich den Fuß verstaucht habe, hieb Schürbusch mit dem Knüppel auf ihn ein. Scheer stürzte zu Boden und blieb regungslos liegen. Er hat weder gegenüber Schürbusch noch gegenüber einem anderen Polizisten Widerstand geleistet.«

»So, so«, kommentiert der Vorsitzende die Zeugenaussagen und blättert mit spitzen Fingern in der Akte Scheers.

»Sagen Sie mal, Angeklagter, stimmt es, daß Ihr Vater im Jahre 1934 wegen Hochverrats zu fünf Jahren Zuchthaus und Konzentrationslager verurteilt worden ist?« Scheer nickt.

»Und Sie selbst haben«, fährt der Vorsitzende fort, »im vorigen Jahr an einer FDJ-Kundgebung in Dortmund teilgenommen. Antworten Sie!« »Ja«, sagt Scheer.

»Ah, so ist das also.« Der Vorsitzende klappt die Akte zu und lehnt sich befriedigt zurück. Dann wendet er sich zum Rechtsanwalt.

»Nehmen Sie bitte zur Kenntnis, verehrter Herr Doktor Schröder, der Angeklagte ist trotz seines jugendlichen Alters, wie sein politischer Werdegang erweist, auf politischem Gebiet im kommunistischen Sinne bereits äußerst aktiv gewesen. ... Wenn sich auch über die Form seiner Beteiligung an der Kundgebung vor der Gruga und über sein Verhalten der Polizei gegenüber am Rüttenscheider Kirmesplatz keine sicheren Feststellungen haben treffen lassen, so steht doch des weiteren aufgrund der Aussagen des Zeugen Schürbusch zur Überzeugung des Gerichts fest, daß es sich bei dem obigen Vorbringen um weiter nichts als leere Ausreden handelt. Der Zeuge Schürbusch hat seine Aussage in klarer und bestimmter Weise vor der Kammer unter Eideszwang gemacht. Er hat hierbei nicht im geringsten den Eindruck hinterlassen, daß er die von ihm gemachten, ins einzelne gehenden Angaben frei erfunden hätte. Dieses müßte aber schon der Fall sein, wenn die Einlassung Ihres Zeugen in diesem Punkte als zutreffend anerkannt würde. Es ist hiernach der obige Sachverhalt, der sachgemäße Schulterzug, in seiner dargestellten Form bewiesen.«

Dr. Schröder versucht zu protestieren. »Herr Vorsitzender, Sie erklärten eben selber, daß sich über die Form der Beteiligung meines Mandanten an der Kundgebung vor der Gartenbauausstellung und über sein Verhalten der Polizei gegenüber keine sicheren Feststellungen treffen lassen. Ich ...«

»Sie wollen oder können mich offensichtlich nicht verstehen, Herr Dr. Schröder«, ruft der Vorsitzende mit sehr viel Schärfe in der Stimme. »Zumindest liegen hier doch verfassungswidrige Bestrebungen vor. Solche Bestrebungen setzen, wie die Erfahrung der letzten Jahre teilweise gelehrt und auch augenscheinlich gemacht hat, nicht unbedingt eine Gewaltanwendung voraus. Vielmehr werden Methoden angewendet, die durchaus harmlos erscheinen und zunächst ein gewaltsames Vorgehen vermeiden. Die Methoden beruhen aber sämtlich auf einem sorgfältig ausgearbeiteten Plan, der in Einzelakten von verschiedensten Ansatzpunkten aus eine revolutionäre Entwicklung einleitet, die in der systematischen Aushöhlung des demokratischen Staatswesens besteht. Diese Aushöhlung bewirkt schließlich den Eintritt einer Lage, die den Staatsfeinden die Staatsumwälzung wie eine reife Frucht in den Schoß fallen läßt.«

Dr. Schröder begreift, daß vor diesem Gericht alles, sogar jedes einzelne Wort, sinnlos ist.

Gegen Schluß der Hauptverhandlung zieht der Vorsitzende ein ungeheuerliches Resümee. »Man könnte gewissermaßen«, sagt er, »die gemachten Zeugenaussagen in drei Gruppen einteilen. Zur ersten Gruppe möchte das Gericht die am 11. 5. in Essen eingesetzten Polizisten rechnen. Ihre Aussagen scheinen über jeden Zweifel erhaben. Zur zweiten Zeugengruppe wären jene Personen zu zählen, die als zur Bundesjugendkarawane zugehörig zu betrachten sind, die jedoch nicht unter Anklage stehen. In die dritte Gruppe will das Gericht jene Zeugen einordnen, die nicht als Teilnehmer der Bundesjugendkarawane angesehen werden können.«

Der Vorsitzende lächelt Dr. Schröder freundlich zu. »Sehen Sie, Herr Rechtsanwalt, die Zeugen der Verteidigung kommen vorwiegend aus der Gruppe 2 und teilweise aus der Gruppe 3. Sie werden mir doch konzidieren müssen, daß sie durchweg im schroffen Widerspruch zu den Bekundungen der Polizeibeamten stehen.«

Der Vorsitzende hebt bedauernd die Achseln. »Beim besten Willen, Herr Doktor. Jene Zeugenaussagen sind nach Überzeugung der Kammer nicht im mindesten geeignet, die anderslautenden Bekundungen der Polizeibeamten zu erschüttern. Das Gericht schlußfolgert aus den widersprüchlichen Aussagen, daß die einzelnen Zeugen ihre Beobachtungen vielfach mit andersartigen inneren Einstellungen machen.

Schauen Sie, Herr Rechtsanwalt«, fährt er dann väterlich belehrend fort, »es ist doch vollkommen klar, daß die Zeugen der Gruppe 2 die in Frage stehenden Vorfälle mit einem starken Gefühl der Abneigung gegen die einschreitende Polizei beobachtet haben. Dieses Gefühl war bei allen jenen Zeugen durch ideologische Vorstellungen beherrscht. Was sich bei der Art des vorliegenden Prozesses in besonders starkem Maße auswirken mußte. Mir zumindest

126

fällt es schwer, kommunistische Gesinnungen mit Glaubwürdigkeit in Übereinstimmung zu bringen.«

Dennoch kann Dr. Rheinländer seinen Haß nicht in dem Maße, wie er es möchte, auch in die Urteilsfindung einfließen lassen.

Die Anklage ist während des Prozesses vollständig zusammengebrochen. Die Polizei wurde als Mörder von Essen entlarvt. Das Belastungsmaterial hat, wie Kriminalinspektor Scheuer zum größten Ärgernis des Gerichts und der Staatsanwaltschaft ausplauderte, das Amt für Verfassungsschutz zusammengestellt.

So muß das Gericht wohl oder übel, um wenigstens einen letzten Schimmer von Rechtsstaatlichkeit zu wahren, unter den Anträgen der Staatsanwaltschaft bleiben.

Am 20. Oktober 1952 verkündet Dr. Rheinländer im »Namen des Volkes« das Urteil: »Der erwerbslose Maler Otto Berger aus Straubing wurde wegen Aufruhrs in Tateinheit mit Landfriedensbruch verurteilt zu einer Gefängnisstrafe von acht Monaten.

Der Student Michael Vogl aus Wiesbaden wurde wegen Aufruhrs in Tateinheit mit Landfriedensbruch verurteilt zu einer Gefängnisstrafe von sieben Monaten.

Der Bergmann Johannes Gaidt aus Rheinhausen wurde wegen Aufruhrs in Tateinheit mit Landfriedensbruch verurteilt zu einer Gefängnisstrafe von sieben Monaten.

Der Maschinist Karl-Heinz Meise aus Gruiten wurde wegen schweren Aufruhrs in Tateinheit mit schwerem Landfriedensbruch, begangen unter verfassungsverräterischer Absicht, verurteilt zu einer Gefängnisstrafe von einem Jahr und drei Monaten.

Der erwerbslose Arbeiter Willibald Krüger aus Gruiten wurde wegen Landfriedensbruchs verurteilt zu einer Gefängnisstrafe von vier Monaten.

Der Schleifer Karl-Heinz Held aus Essen wurde wegen Aufruhrs in Tateinheit mit Landfriedensbruch verurteilt zu einer Gefängnisstrafe von sechs Monaten.

Der Bergmann Georg Scheer aus Dortmund wurde wegen schweren Aufruhrs in Tateinheit mit schwerem Landfriedensbruch verurteilt zu einer Jugendgefängnisstrafe von fünf Monaten.

Der Bäcker Karl Ludwig Schoen aus Hamburg wurde wegen schweren Aufruhrs in Tateinheit mit schwerem Landfriedensbruch verurteilt zu einer Gefängnisstrafe von neun Monaten.

Der Arbeiter Johannes Thrun aus Dortmund wurde wegen Aufforderung zur Begehung strafbarer Handlungen, begangen unter ver-

Auf dem II. Deutschlandtreffen zu Pfingsten 1954
gedenken die Demonstranten auf dem Berliner Marx-Engels-Platz
auch des ermordeten Patrioten Philipp Müller

fassungsverräterischer Absicht, verurteilt zu einer Gefängnisstrafe
von vier Monaten.

Die berufslose Elisabeth Glötzl aus Ponholz bei Regensburg
wurde wegen schweren Aufruhrs in Tateinheit mit Landfriedensbruch verurteilt zu einer Jugendgefängnisstrafe von vier Monaten.

Der Postfacharbeiter Harald Kosel aus Düsseldorf wurde wegen
schweren Aufruhrs in Tateinheit mit schwerem Landfriedensbruch
verurteilt zu einer Gefängnisstrafe von sieben Monaten.«

Insgesamt sind das 76 Monate, mit einer Begründung, die die
Opfer des Essener Blutsonntags verhöhnt: »Kein verantwortungsbe-
wußter Rechtsstaat kann eine Verwilderung der politischen Sitten
und insbesondere des politischen Kampfes dulden, gleichgültig aus
welcher Richtung eine solche Verwilderung kommt. Nach dem von
den Angeklagten persönlich gewonnenen Eindruck hatten sie sämtlich durchaus die Urteilsfähigkeit, daß derartige rücksichtslose Ge-

walt- und Randaliermethoden ›Friedenskämpfern‹ schlecht anstehen und mit der Idee eines ›Friedenskampfes‹ schlechterdings nicht in Einklang zu bringen sind. Mit solchen Methoden mußten sie die wahren Friedensfreunde öffentlich in schweren Mißkredit bringen. Schließlich war es notwendig, fühlbare Strafen zu verhängen, um in genügendem Maße abschreckend zu wirken.«

Wenn das der Sinn des Urteils war, so hat es allerdings seinen Zweck nicht erfüllt. Die Friedensbewegung in der BRD beweist das.

Mord beim Juni-Putsch

1. »Roll back« und was dahintersteckt

In den Reihen der alliierten Armeen kämpften Hunderttausende; Menschen unterschiedlichster Nationalität, Rasse und Weltanschauung. Einen gemeinsamen Feind galt es zu besiegen: den Faschismus — deutscher wie italienischer oder japanischer Prägung.

Seite an Seite mit amerikanischen und britischen Armeekontingenten und verbunden mit den militärischen Einheiten weiterer Teilnehmerstaaten der Antihitlerkoalition sowie den nationalen Partisanenkräften der unterjochten Völker leistete vor allem die Sowjetunion einen hervorragenden Beitrag zur Befreiung der Völker von der Geißel des Faschismus. Gestützt auf die Erfahrungen von Marx, Engels und Lenin wurde in überzeugender Weise die Sieghaftigkeit proletarischer Militärwissenschaft bewiesen. Meisterleistungen von Strategie und Taktik und das aufopferungsbereite Kämpfertum der Soldaten, Unterführer und Offiziere der Roten Armee führten in den gewaltigen Schlachten des Großen Vaterländischen Krieges zum Sieg, und nach langen, opferreichen Kämpfen waren schließlich die Gebiete der Sowjetunion befreit. Jener historische Tag, an dem sich sowjetische und amerikanische Armee-Einheiten an der Elbe begegneten, war nicht mehr fern. Dann war es endlich soweit. Auf dem Reichstag in Berlin wehte die rote Fahne. Bedingungslose Kapitulation. Die Völker Europas atmeten auf. Und auch dem japanischen Faschismus wurden vernichtende Schläge versetzt.

Während sich die Völker nach Frieden und Verständigung sehnten, sannen herrschende Kreise in Washington und London danach, eine solche Nachkriegsordnung zu schaffen, die ihnen breite Aufmarschbasen gegen die UdSSR und andere, sich einer sozialistischen Entwicklung hinwendende Länder garantierten. Zu diesem Programm gehörte auch die Teilung nationalstaatlicher Gebiete. Ihr generelles Ziel, Beseitigung des Sozialismus und Vernichtung der Sowjetunion, hatten sie längst nicht aufgegeben.

Der USA-Imperialismus war bestrebt, das nationale Teilungskonzept mit der Hilfe rechter bürgerlicher Politiker sowohl in den Westzonen Deutschlands zu praktizieren als auch in Korea durchzusetzen. Das grundlegende Szenarium war dasselbe.

Während das koreanische Volk, an der Errichtung der Volksmacht im ganzen Lande interessiert, Volkskomitees organisierte, lösten die USA-Besatzer in Südkorea diese Organe des Volkswillens auf und befahlen 1948 eine Wahlfarce, in deren Ergebnis sie dem Diktator Li Sing Man in den Sattel halfen. Fortan wurden alle demokratischen Bestrebungen im Süden Koreas verboten und unter Strafe gestellt. Schon im Juni 1950 wurde offenbar, worum es der Li Sing Man-Clique und ihren amerikanischen Auftraggebern ging. Die Volksmacht im Norden wurde überfallen, ganz Korea sollte in eine Aufmarschbasis des nordamerikanischen Imperialismus gegen die Sowjetunion und die sozialistischen Länder Asiens verwandelt werden.

Es zeigte sich jedoch sehr bald, daß die Aggressoren nicht vermochten, das heldenhafte koreanische Volk in die Knie zu zwingen, ein Volk, das aufgestanden war, seine größte Errungenschaft, die Volksmacht nämlich, zu verteidigen und das sich auf die tätige Solidarität der sozialistischen Länder und der Weltfriedensbewegung stützen konnte.

Im späten Frühjahr des Jahres 1953 konnte der Abschluß eines Waffenstillstandes nur noch eine Frage von Wochen sein. Der von USA-Präsident Eisenhower und seinem Außenminister Dulles vertretene Kurs des »roll back« stand in diesem Teil der Welt vor einer ersten, entscheidenden Schlappe.

Ungeachtet dessen waren die Herrschenden in Washington jedoch weit davon entfernt, nun etwa einer insgesamt realistischeren Politik den Vorzug zu geben. Vielmehr suchten sie weiterhin krampfhaft nach Möglichkeiten, vielleicht doch noch erfolgreich ihr antisozialistisches Grundkonzept zu verwirklichen. Und wenn es schon in Südostasien nicht klappte, vielleicht, so hofften sie, hätten sie in Europa mehr Glück. In der von ihnen installierten BRD hatten sie ja ebenso getreue Gefolgsleute wie in Südkorea mit der Li Sing Man-Clique. Denn auch in der BRD gab es genügend Politiker, die skrupellos genug waren, befangen von einem blindwütigen Antikommunismus, die Volksmacht im Osten, die DDR, gewaltsam beseitigen zu wollen. Dabei war ihnen klar geworden, daß, würden die Beschlüsse der 2. Parteikonferenz der SED zügig verwirklicht werden, der Spielraum für eine von ihnen geplante Rückkehr zu kapitalistischen Machtverhältnissen in der DDR immer mehr abnahm. Die politischen Abenteurer, deren Programm die Herbeiführung des »Tages X« war, wobei sie unter diesem Code jenen Tag verstanden wissen wollten, an dem es ihnen gelänge, in der DDR einen konterrevolutionären Putsch anzuzetteln und möglicherweise siegreich zu beenden, saßen in den Regierungsstuben, in den »Ostbüros«, in den Planungszentren der Geheimdienste wie in den Chefetagen von Großbanken und Konzernen. Großgrundbesitzer rechneten sich ihre Chancen aus, und die Revanchistenverbände waren ebenso zur Stelle. Jener ominöse »Tag X« gehörte zu den offiziellen Regierungszielen der bundesdeutschen Adenauer-Administration. In dem Ministerium für »gesamtdeutsche Fragen« werkelte ein »Forschungsbeirat für Fragen der Wiedervereinigung Deutschlands« an den ins Auge gefaßten Restaurierungsmodellen. Das Ministerium und sein »Forschungsbeirat« machten auch gar kein großes Hehl daraus, was sie unter »gesamtdeutschen Fragen« und »Wiedervereinigung« verstanden; wen wollte das auch wundern, wenn ausgerechnet die Leute, auf deren Konto die Teilung Deutschlands ging, nun plötzlich »gesamtdeutsche Fragen« entdeckten und von »Wiedervereinigung« träumten.

Korea hatte die Herren gelehrt, daß das offene militärische »roll back« nicht von Erfolg gekrönt sein würde. Gegenüber der DDR um so weniger, als jenseits der Elbe starke sowjetische Truppenkontingente stationiert waren, darunter Gardeeinheiten, die am Sieg gegen den deutschen Faschismus beteiligt gewesen waren. An deren Qualität — taktischer wie kämpferischer — konnten sich viele der in der BRD Dienst leistenden US-Offiziere genauso gut noch erinnern wie so mancher ehemalige Wehrmachtsangehörige. Und daß die Arbeiter und Bauern Sachsens, Thüringens, Brandenburgs, Sachsen-Anhalts und Mecklenburgs sich so ohne weiteres von außen den Kapitalismus aufzwingen lassen würden, damit war auch nicht zu rechnen.

Auf breiter Front wurden Aktionen gegen die junge DDR gestartet, eine Wirtschaftsblockade und ein Handelsembargo gegen den ersten deutschen Staat der Arbeiter und Bauern verhängt. Der Handelsaustausch zwischen beiden deutschen Staaten umfaßte für das erste Halbjahr 1951 den extrem niedrigen Stand von lediglich 200 Millionen Mark, im zweiten Halbjahr 1952 hatten jene, denen angeblich an der deutschen Wiedervereinigung lag, den Warenaustausch fast zum Erliegen gebracht. Ganze 9 Millionen Mark schlugen noch zu Buche!

Zur gleichen Zeit verstärkten westliche Geheimdienste den Einsatz von Saboteuren und Agenten. Von der Wirtschaftsspionage über breit angelegte Sabotageaktionen bis hin zur offenen Diversion reichte das Spektrum ihrer schmutzigen Machenschaften. Mit allen möglichen Tricks wurde versucht, der DDR Schwierigkeiten zu bereiten. Dazu wurde vor allem die Situation der offenen Grenze zu Westberlin ausgenutzt. Mit allen möglichen Versprechungen, aber auch mit Drohungen und Erpressungen wurden Fachleute aller Tätigkeiten und Wissensgebiete verleitet, ihrer Heimat den Rücken zu kehren; selbst wenn sie für die BRD und deren Wirtschaft zunächst ohne jeden Belang waren, Hauptsache, sie konnten nicht für die DDR tätig werden. Es wurden Warenschiebungen größten Ausmaßes organisiert, um Angebotsverknappungen zu erreichen; ein willkürlicher Wechselkurs sollte die Währung der DDR ruinieren. Und Tag für Tag schleuderten die Antennen des imperialistischen Rundfunks ihr Gift in Richtung Osten. Hetze, Lüge und Demagogie bestimmten die Programme des RIAS und anderer Sender. Dies sollte vor allem ungefestigte, politisch schwankende Menschen irreführen und für die Vorhaben der Imperialisten gefügig machen, zugleich bestand ein weiteres Ziel darin, konterrevolutionäre Untergrundorganisationen zu bilden, zu festigen und in ihrem verbrecherischen Tun anzuleiten. Tonnen von Flugblättern ließen die Propagandamanager von Agentenzentralen und Terrororganisationen auf die DDR-Bevölkerung herniederregnen; es verging kaum ein Tag, an dem nicht durch Flugblattballons der Flugverkehr gefährdet worden wäre.

Dieser ungeheure, Millionen und Abermillionen kostende Aufwand wurde ausschließlich mit einem Ziel betrieben — es sollten Bedingungen geschaffen werden, die ein »roll back« der DDR ermöglichten. Die Imperialisten spekulierten darauf, Teile der DDR-Bevölkerung in einen Gegensatz zur Partei der Arbeiterklasse und zur jungen demokratischen Staatsmacht bringen und damit für ihre Ziele unmittelbar oder mittelbar ausnutzen zu können. Und natürlich wußten sie auch, daß es in der DDR durchaus noch Personen gab, die dem Arbeiter-und-Bauern-Staat nicht nur schlechthin abwartend, sondern ausgesprochen feindlich gegenüberstanden, Leute, die sich dem Imperialismus verwachsen fühlten, die ihre klassenmäßige und politische Heimat in seinem System hatten; wohlhabende Bauern, private Unternehmer, bestimmte reaktionäre Kräfte der Mittelschichten, ehemalige Nazigefolgsleute. Sie hatten sozusagen als eine »Fünfte Kolonne« zu dienen.

2. Der Tag »X«

Unter Führung der SED hatte sich das Volk der DDR der wahrhaft historischen Aufgabe gestellt, die Grundlagen einer sozialistischen Volkswirtschaft zu schaffen. Die Voraussetzungen dazu waren denkbar schlecht. Es gab so gut wie keine Betriebe der Schwerindustrie, der größte Teil der anderen Industriebetriebe war durch Kriegseinwirkungen beschädigt oder gänzlich zerstört, die eigene Rohstoffbasis war fast Null. Es war dies das Erbe imperialistischer Mißwirtschaft, die zur Vernachlässigung jener Gebiete des untergegangenen Deutschen Reiches geführt hatte, auf deren Territorium nun der Staat des werktätigen Volkes errichtet worden war.

Die Lebenslage der Werktätigen war angespannt. Es mangelte oft an den verschiedensten Dingen des täglichen Bedarfs, viele Familien hatten durch den Krieg ihr gesamtes Hab und Gut eingebüßt; das ganze Land war von den Spuren des imperialistischen Krieges gezeichnet, die Wohnungsnot bedrückte die Menschen.

In dieser Situation faßten Partei und Regierung Beschlüsse, die auf ein schnelleres Wachstumstempo der Volkswirtschaft gerichtet waren. Insbesondere sollten die Investitionen in der Schwerindustrie spürbar erhöht werden, deren Ausbau die Voraussetzungen dafür schaffen mußte, auch in den anderen Zweigen der Volkswirtschaft zügiger voranzukommen. Die dazu erforderliche sehr hohe Akkumulationsrate hatte zur Folge, daß sich die Leicht- und Konsumgüterindustrie langsamer entwickelte. Das brachte wiederum eine Erhöhung der Preise für verschiedene Lebensmittel und die Tarife der Eisenbahn mit sich. Besonders betroffen waren die Werktätigen von diesen Maßnahmen, weil sich zum Beispiel auch Fahrpreise des Berufsverkehrs erhöht hatten und administrativ zugleich auch noch die

Arbeitsnormen um mindestens zehn Prozent, in einigen Industriezweigen bis zu 30 Prozent, heraufgesetzt worden waren.

Die ergriffenen Maßnahmen erwiesen sich als ungenügend durchdacht. Zahlreiche Arbeiter und andere Werktätige waren mit diesen Entstellungen des Sparsamkeitsprinzips und dieser Art der Preispolitik nicht einverstanden. Das berechtigte Unverständnis für die Maßnahmen rief Unzufriedenheit hervor, die die Beziehungen zwischen der SED und der Arbeiterklasse störte sowie das Bündnis mit den anderen werktätigen Klassen und Schichten belastete. Die Folge davon war, daß sich das Verhältnis der Partei zu den werktätigen Massen lockerte.

Das Zentralkomitee der SED und der Ministerrat der DDR analysierten die entstandene Lage gründlich, und sie ergriffen Maßnahmen, um die für die Arbeiter-und-Bauern-Macht entstandenen ernsthaften Gefahren abzuwenden. Es ging darum, den Arbeiter-und-Bauern-Staat zu stärken, die Wirtschaft zu stabilisieren und zugleich die Lebenslage der Arbeiterklasse und aller anderen Werktätigen zu verbessern. Das Politbüro des ZK der SED faßte am 9. Juni 1953 die notwendigen Beschlüsse; die entsprechenden Ministerratsbeschlüsse datierten vom 11. Juni 1953. Der Plan zur Entwicklung der Schwerindustrie, der noch im Herbst 1952 heraufgesetzt worden war, wurde geändert, zugleich wurde festgelegt, die Produktion von Konsumgütern, Nahrungs- und Genußmitteln zu erhöhen. Um eine rasche und spürbare Verbesserung der Versorgung zu erzielen, orientierten Partei und Regierung darauf, die Initiativen der Arbeiter und Genossenschaftsbauern und aller anderen Werktätigen in Stadt und Land bis hin zu den privaten Unternehmern auf die Erfüllung dieser Aufgabe zu lenken.

Diese Beschlüsse waren darauf gerichtet, alle Werktätigen unter Führung der Arbeiterklasse und ihrer revolutionären Vorhut stärker noch als bisher in den Aufbau der Grundlagen des Sozialismus einzubeziehen und den Bestrebungen des Imperialismus eine deutliche Abfuhr zu erteilen. Um politisch wirksam zu werden, bedurften die neuen Beschlüsse der raschen Verbreitung in der Partei und im ganzen Volk. Es galt, alle Reserven zu mobilisieren, damit diese Beschlüsse mit Leben erfüllt wurden, nur so war es möglich, den Sinn dieser Politik deutlich zu machen und die Verbindung der Partei zu den Massen wieder fester zu knüpfen.

Den Feinden der sozialistischen Ordnung blieben natürlich die neuen Festlegungen nicht verborgen, und sie konnten sich ausrechnen, daß bei ihrer zügigen Realisierung eine Verwirklichung ihrer langfristig vorbereiteten konterrevolutionären Pläne immer mehr ins Reich der Illusion rückte. Wenn sie jetzt nicht die Unzufriedenheit und Mißstimmung verschiedener Werktätiger ausnutzten, dann würde es wohl mit einem »Aufstand« in der DDR ein für allemal vorbei sein. So entfachten sie in diesen Junitagen eine fieberhafte Aktivität. Provokateure und Agenten wurden von Westberlin aus in die Hauptstadt und in das weitere Land geschleust. Sie sollten jene Kräfte anfeuern, koordinieren und unterstützen, die es übernommen hatten, im Inneren des Landes die Sache des Imperialismus zu vertreten und gegen die sozialistische Ordnung zu putschen. Kuriere der Geheimdienste und Agentenzentralen überbrachten Weisungen und Befehle, den Rest der operativen Anleitung besorgten die in Westberlin und längs der Staatsgrenze zur DDR stationierten Rundfunksender.

Als Ausgangspunkt des beabsichtigten konterrevolutionären Umsturzes war von den Strategen des Imperialismus ein landesweiter Generalstreik vorgesehen, ihm sollten sich gezielte Aktionen gegen Funktionäre der Partei der Arbeiterklasse und des sozialistischen Staates anschließen. Massenhysterie zu entfachen und bis zum Pogrom zu treiben, das war das Konzept. Als ihren »Tag X« hatten sie den 17. Juni 1953 bestimmt.

3. »Hängt den Kommunistenhund!«

Eingebettet in die grüne Landschaft der Unterhavel liegt die kleine Kreisstadt Rathenow. 1953 waren hier etwas mehr als 20 000 Einwohner zu Hause. In der Stadt haben die optische Industrie und der Maschinenbau Tradition. Und immer schon bestimmten die Arbeiter dieser Betriebe das politische Klima in der Stadt mit. Das war schon 1892/93 so, als sie sich an der sozialdemokratischen antimilitärischen Massenbewegung beteiligten, in der Zeit der Novemberrevolution 1918/19 kam es hier zu Streiks, Kundgebungen und Demonstrationen, die Arbeiter stellten sich in bewaffneten Aktionen konterrevolutionären Truppen entgegen. Rathenow stellte einen Delegierten zum Gründungsparteitag der KPD, der vom 30. Dezember 1918 bis zum 1. Januar 1919 in Berlin tagte. In dieser Stadt wurde eine der ersten KPD-Ortsgruppen in Deutschland gegründet. Im August 1927 kam es in Rathenow zu Protestaktionen gegen die Hinrichtung der von der USA-Klassenjustiz unschuldig zum Tode verurteilten Gewerkschaftsfunktionäre Sacco und Vanzetti. Rathenower Arbeiter nahmen von 1924 bis 1933 an Kundgebungen und Demonstrationen gegen Faschismus und Krieg teil. Auch sie verliehen immer wieder den sozialen und politischen Forderungen des deutschen Volkes mit Nachdruck Stimme. Diese Aktionen waren damit verbunden, die Freundschaft und Solidarität mit dem Sowjetvolk deutlich zu machen. In der Zeit des faschistischen Terrors gehörten auch Rathenower Arbeiter zur breiten Front des antifaschistischen Widerstandes. Nach der Zerschlagung des Faschismus zählten die Arbeiter der Industriebetriebe zu jenen Kräften, die aktiv an der raschen Beseitigung der Kriegsfolgen arbeiteten. Die Genossen der SED und andere klassenbewußte Werktätige sahen sich in Rathenow, wie überall auf dem Territorium der heutigen DDR, vor Aufgaben völlig neuer Dimension gestellt. Eine Reihe von Betrieben ehemaliger Naziaktivisten und Kriegsverbrecher war enteignet und in Volkseigentum übergeführt worden; sie galt es zu leiten und zu planen; zugleich mußten die Ämter von ehemaligen Nazis gesäubert werden, Parteigänger der Faschisten, die sich an deren Verbrechen beteiligt hatten, waren ihrer gerechten Strafe zu überführen, die junge volksdemokratische Staatsmacht war zu errichten und zu schützen. Von den Mitgliedern der Partei und anderen fortschrittlichen Kräften war eine gewaltige Arbeit zu leisten.

Auch Rathenow war als ein territoriales Zentrum der Arbeiterklasse von den Strategen des Imperialismus zu Aktionen gegen die sozialistische Staatsmacht ausersehen worden.

Den Provokateuren gelang es, einen Teil der Arbeiter am 17. Juni 1953 zu kurzen Streiks gegen die Normerhöhung zu verleiten; im Zentrum Rathenows kam es zu einer Kundgebung. Die dabei gehaltenen Hetzreden öffneten dem größten Teil der Werktätigen bald die Augen. Den Rednern ging es nicht darum, eine berechtigte Unzufriedenheit zu artikulieren, sondern sie verstiegen sich in Forderungen und Parolen, die die Menschen in Sprache, Stil und Ziel an den Faschismus erinnerten; mit einem Putsch gegen die Staatsmacht, mit der Beseitigung der Errungenschaften des werktätigen Volkes, mit der Rückkehr zur Herrschaft der früheren Machthaber wollten die meisten Kundgebungsteilnehmer nun doch nichts zu tun haben. Sie kehrten deshalb an ihre Arbeitsplätze zurück.

Eine größere Menschengruppe blieb jedoch auf dem Kundgebungsplatz, aufgeputscht von den Provokateuren die einen, voller Neugier und Sensationslust die anderen.

Die Drahtzieher hatten offenbar auch für ein Pogrom in Rathenow ein Programm ausgearbeitet. Sie gaben nun die Parole aus, den Funktionär der SED Wilhelm Hagedorn, der als Leiter des Betriebsschutzes im HO-Kaufhaus tätig war, aus seinem Betrieb herauszuholen und zu verprügeln. Sie streuten das Gerücht aus, daß Hagedorn angeblich nach der Zerschlagung des Faschismus als Angehöriger der Volkspolizei viele der aktiven Nazis der Strafverfolgung zugeführt hätte; so wie sie es allerdings ausdrückten, sah es so aus, als wären nicht die überführten Nazis die Verbrecher gewesen, sondern eben Wilhelm Hagedorn. Für jeden klar denkenden Menschen war spätestens jetzt deutlich geworden, vor wessen Karren er gespannt werden sollte.

Ein Arbeitskollege warnte den Bedrohten vor der sich grölend nähernden Meute und riet ihm, sich gemeinsam mit seiner Frau, die im selben Kaufhaus tätig war, nach Hause zu begeben, um sich so dem Zugriff der Verfolger zu entziehen.

Hagedorns Flucht wurde von dem aufgeputschten Mob jedoch bemerkt, und man jagte hinter ihm her. Damit der Verfolgungselan ja nicht erlahmte, rief einer der Provokateure: »Haltet den Verbrecher auf!« Ein knapp 19jähriger Lehrling, der sich offenbar großtun wollte, rannte dem um 40 Jahre älteren Hagedorn hinterher, holte ihn natürlich ein und hielt ihn fest. Der Verfolgte wollte den jungen Burschen abschütteln. Das gelang ihm nicht. Mit einem Stück Gummikabel, das er sich in seiner Not eingesteckt hatte, schlug er nun auf den Verfolger ein, damit er endlich losließe. Jener entriß ihm aber das Kabel, und inzwischen war dann auch die Meute heran. Wilhelm Hagedorn wurde niedergeschlagen, und selbst als er schon am Boden lag, prügelten sie weiter auf ihn ein. Der Neunzehnjährige tat sich nun noch damit hervor, daß er die anderen immer wieder aufs neue aufhetzte und selbst eifrig mit dem Gummikabel auf den am Boden Liegenden eindrosch. Sie machten auch nicht davor halt, die Frau des Opfers brutal zu schlagen, die sich, um ihren Mann zu schützen, über ihn geworfen hatte. Dann endlich gelang es Wilhelm Hagedorn, sich in einer Atempause, die seine Peiniger einlegten, aus dem Staub der Straße aufzurappeln.

Das Schlagen des SED-Funktionärs war den Provokateuren offenbar nicht wirksam genug.

Die von einem Kapitalverbrechen ausgehenden Ängste und Emotionen, meinten sie, würde ihre derzeitige Gefolgschaft noch enger an sie ketten und ein Abspringen aus besserer Einsicht verhindern. MORD hieß nun ihre Losung.

Einer brüllte: »Hängt ihn auf, den Kommunistenhund!« Ein anderer stimmte ihm zu: »Ja, hängen soll er, am besten vor dem ›Haus der Freundschaft‹! Da gehört er hin! An die Laterne mit ihm!«

Hagedorn wurde nun vor das »Haus der Freundschaft« getrieben. Aber es waren in dem Menschenhaufen doch noch einige Leute, die sich ihren menschlichen Anstand bewahrt hatten, bei denen die Versuche, durch Mittel der Massenpsychose jede Überlegung auszuschalten, nicht fruchteten. Freilich waren sie nicht in der Lage, sich wirksam gegen den tobenden Mob zu stellen, liefen sie zudem auch Gefahr, selbst Opfer ähnlicher Mißhandlungen zu werden. Allerdings verstanden sie es, Hagedorn abzudrängen, so daß er in der Molkerei Zuflucht finden konnte.

Etliche Beteiligte verließen den Schauplatz des Geschehens, einige, um nicht noch tiefer in das kriminelle Tun hineingezogen zu werden, andere, weil sie Hagedorn nun endgültig ihrem Zugriff entzogen glaubten.

Die Provokateure ließen nicht locker. Sie putschten und hetzten weiter. »Holt den Mörder und Verbrecher runter! Schlagt ihn tot!« riefen sie. Der Haufen bebte vor Erregung — doch keiner ging, um Hagedorn zu holen. Da stießen zwei junge Männer zu der Ansammlung, sie hatten zuvor an der Kundgebung teilgenommen, waren dann nach Hause gegangen und wollten jetzt sehen, ob noch irgendwo »etwas los ist«. Das laute Rufen lockte sie an. Schnell ließen sie sich erklären, worum es ging. In ihrem bisherigen Leben hatten sich die beiden jungen Leute nicht gerade durch besondere Leistungen ausgezeichnet. Sie hatten die Volksschule bis zur sechsten bzw. siebten Klasse besucht, und sie schoben das auf die Wirren der Zeit, nicht etwa auf das tatsächlich mangelnde eigene Bemühen. Sie arbeiteten mal hier und mal da, und sie fielen durchaus nicht wegen hervorragenden Arbeitsfleißes auf, sondern eher wegen des Gegenteils. Jetzt meinten sie, ihre Chance zu haben, den Leuten mal zu zeigen, was in ihnen steckte. Sie verschafften sich Zutritt zur Molkerei, ließen sich von dort Beschäftigten sagen, wo Hagedorn sich verborgen hielt und brachen schließlich die Tür auf, hinter der ihr Opfer Schutz gesucht hatte. Sie verlangten von dem schon sichtlich angeschlagenen Mann, daß er sich freiwillig wieder der Meute auf der Straße stelle. Als er sich weigerte, packten sie ihn brutal und zerrten ihn die Treppe hinab.

Menschen, die sich ihre Humanität bewahrt hatten, mußten einen Krankenwagen alarmiert haben. Als Hagedorn auf die Straße gestoßen wurde, riß er sich los und lief zu dem Ambulanzfahrzeug, der mitgekommene Arzt half ihm hinein. Das war aber nicht im Sinne der Provokateure. »Holt ihn raus«, befahlen sie und: »Kippt das Ding einfach um!« Zwei Leute rissen Wilhelm Hagedorn wieder auf die Straße zurück und andere hoben inzwischen den Krankenwagen an, um ihn umzuwerfen.

Nun war nicht mehr die Rede davon, ihn aufzuhängen; »Werft den Hund in den Kanal und ertränkt ihn«, war gerufen worden, und die beiden jungen Männer, die Hagedorn aus der Molkerei geholt hatten, schickten sich flugs an, auch diesen Befehl umzusetzen. Sie nahmen ihr Opfer unter Schlägen in ihre Mitte und liefen los in Richtung Schleusengraben, und die aufgeputschte Menge folgte ihnen unter wüsten Beschimpfungen und Drohungen. Wilhelm Hagedorn konnte das Tempo, das die beiden jungen Männer vorlegten, nicht mithalten, er blieb für einen Moment stehen, um Atem zu schöpfen. Wie rasend schlugen sie nun auf ihn ein. Der Mißhandelte fiel zu Boden; sie zerrten ihn hoch und trieben ihn weiter.

Auf dem Wege zum Schleusengraben hatte sich der tobenden Menge auch eine Mittvierzigerin angeschlossen, die Wilhelm Hagedorn recht gut kannte. Während der Naziherrschaft war die Frau mit einem SA-Sturmführer verheiratet gewesen. Daß sie offenbar nicht nur Tisch und Bett mit ihrem Mann verbunden hatten, sondern daß sie auch dessen faschistische Gesinnung teilte, obwohl sie selber nicht Mitglied der Nazi-Partei war, das ließ sie jetzt erkennen. Bereitwillig stellte sie sich an die Seite der unmittelbaren Organisatoren dieses Pogroms. Um die Menge zu noch größerer Raserei anzustacheln, kreischte sie ein über das andere Mal: »Der hat auch meinen Mann abgeholt. Der hat ihn weggeschleppt. Der hat meinen Mann auf dem Gewissen!« Daß ihr Mann wegen der von ihm während der Nazibarbarei begangenen Verbrechen nach der Zerschlagung des deutschen Faschismus interniert worden war, das verschwieg sie ebenso wie die Tatsache, daß ihr Mann im Internierungslager eines natürlichen Todes starb, an einer Krankheit, die er schon in das Lager mitgebracht hatte.

Die beiden jungen Männer fühlten sich wie die Vollstrecker des Volkszornes, eine Art Rathenower Zorro oder Robin Hood; ihr eige-

ner Wille und ihr eigenes Denken waren längst der von den Provokateuren gesteuerten Massenpsychose zum Opfer gefallen. Am Kanal angekommen, zwangen sie Wilhelm Hagedorn, sich am Ufer
hinzusetzen.

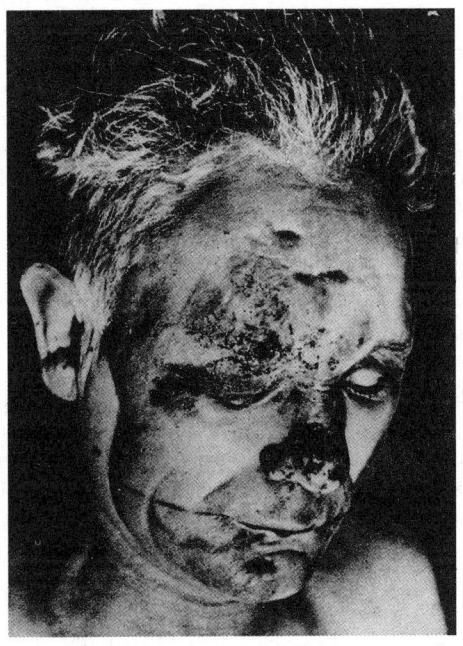

Wilhelm Hagedorn —
ein Opfer des faschistischen Putschversuches
vom 17. Juni 1953

»Los, spring rein«, forderten sie roh. »Mach schon, vollstreck
dein Urteil selber. Wir wollen alle sehen, wie du Hund absäufst!«
Damit der mörderische Elan der jungen Leute auch ja nicht nach-
lasse, kam nun auch die Mittvierzigerin wieder zum Zuge. Sie wiederholte ihr Gekreisch, trat Hagedorn mit den Füßen, und es quäl-
ten sich sogar ein paar Krokodilstränen aus ihren Augen.
»Mach schon, du Sau, oder wir schmeißen dich rein!« riefen die
jungen Burschen.
Wilhelm Hagedorn sah keine Möglichkeit des Entrinnens mehr.
Er ließ sich in das kalte Wasser des Kanals fallen; er rechnete sich

dabei die Chance aus, schwimmend das andere Ufer zu erreichen und so endlich seinen Peinigern zu entgehen. Die Meute sah sich um ihr Schauspiel gebracht. Einer der jungen Männer sprang in einen Kahn, in dem schon andere waren. Er ließ sich zu Hagedorn rudern, doch der schwamm schneller, so entkleidete der Verfolger sich und sprang seinem Opfer nach, um ihn am Schwimmen zu hindern und eigenhändig zu ersäufen. Hagedorn erreichte jedoch das andere Ufer. Dort war ein Maschendrahtzaun errichtet, in dessen Geflecht er sich krampfhaft krallte. Dann waren auch schon die Verfolger heran. Sie schlugen — zum Teil auch mit den Rudern — auf Hagedorn ein und versuchten, ihn auf jede mögliche Weise wieder völlig ins Wasser zurückzustoßen. Da erklang das Martinshorn eines Polizeifahrzeuges. Die jungen Leute flüchteten, und auch die Menge lief auseinander.

Die Polizisten zogen den völlig erschöpften Wilhelm Hagedorn aus dem Wasser und brachten ihn in das Krankenhaus. Hier starb er kurze Zeit später.

Die gerichtsärztliche Obduktion wurde angeordnet.

Die Gerichtsärzte stellten eine große Anzahl von Hautverletzungen und Blutergüssen fest. »Die ausgiebigsten, zum Teil tiefer greifenden äußeren Verletzungen«, so gaben sie zu Protokoll, »befanden sich aber im Gesicht, und zwar fand sich eine schwere Verletzung unter dem rechten Augenbrauenwulst sowie im Nasenrücken, wobei auch hier eine Zertrümmerung des Nasenbeines festzustellen war. … Die achte rechte Rippe war in der seitlichen Partie durchgebrochen, dabei war es zu einem Einriß des Brustfells und zu einer mäßigen Blutung in den rechten Brustraum ohne Verletzung der Lunge gekommen.« Die Obduktion des Kopfes gab den Aufschluß über die unmittelbare Todesursache: »Bei der Sektion der Leiche des Hagedorn«, faßten die Ärzte sachlich zusammen, »fand sich als wichtigste Veränderung der inneren Organe eine weitgehende Zertrümmerung der rechten kleinen Hirnhautkugel, die zu einem blutigen Einbruch in das System der Hirnkammer geführt hatte.«

4. Versuch gescheitert

Die Schutz- und Sicherheitsorgane der DDR, solidarisch unterstützt durch Einheiten der Sowjetarmee, machten im Verbund mit klassenbewußten Arbeitern von Betrieben überall im Land dem imperialistischen Putschversuch ein rasches Ende. Das entschlossene Handeln verhinderte bereits im Keim den von den Imperialisten für die DDR vorgesehenen Bürgerkrieg, der Tausende das Leben gekostet hätte und einen Vorwand für eine militärische Intervention der Westmächte liefern sollte. Das Eingreifen der Sowjetsoldaten machte zugleich auch deutlich, daß die UdSSR eine imperialistische Invasion unter keinen Umständen dulden würde.

Auch ein weiteres zeigten die Juni-Ereignisse: der überwiegende Teil der Arbeiter stand treu zum Arbeiter-und-Bauern-Staat. Die Konterrevolutionäre stießen in vielen Betrieben auf den energischen Widerstand der von den Parteiorganisationen umsichtig geführten

Reste eines HO-Kiosks auf dem Leipziger Platz in Berlin,
nachdem die faschistischen Provokateure am 17. Juni gewütet hatten

143

Bei der faschistischen Provokation am 17. Juni
wurde auch das HO-Geschäft im Columbushaus am Potsdamer Platz in Berlin
in Brand gesteckt

Belegschaften. Oft wurden gerade in diesen Tagen überdurchschnitt-
liche Leistungen erbracht; den Provokateuren gehörig zu antworten
und der DDR zu nutzen. In nicht wenigen Betrieben blieben SED-
Mitglieder und klassenbewußte parteilose Werktätige tage- und
nächtelang auf dem Betriebsgelände, die Errungenschaften des
Volkseigentums mit ihren Händen zu schützen und den Fortgang
der Produktion gegen alle Störversuche zu sichern.

Die Staatsmacht der Arbeiter und Bauern war entschlossen und konsequent verteidigt worden, und nach wenigen Tagen waren überall Ruhe und Ordnung wiederhergestellt.

Ruhe und Ordnung — das hieß auch Recht und Gerechtigkeit. Auch im Fall des ermordeten Wilhelm Hagedorn brauchten die Sicherheitsorgane nicht lange, um die Täter zu ermitteln und der Justiz zu übergeben. Und das, was die Angeklagten ihrem Opfer nie eingeräumt hatten, eine faire Chance, gewährte ihnen die sozialistische Gerichtsbarkeit selbstverständlich.

Hierzu gehörte zum Beispiel, daß das Verfahren zügig durchgeführt und nicht verschleppt wurde, daß ihnen der Prozeß vor einem ordentlichen Gericht gemacht wurde, daß sie ihr Recht auf Verteidigung im vollen Umfang gewährt bekamen und daß Gutachter und Richter in letzter Konsequenz auch zu würdigen wußten, was die Angeklagten selbst zu vertreten hatten und was auf das Konto massenpsychotischer Aufputschung durch die faschistischen Provokateure ging.

Am Ende des Gerichtsverfahrens, in dem alle persönliche Schuld aufgeklärt und der Sachverhalt umfassend und genau festgestellt worden waren, standen differenzierte, zum Teil langjährige Freiheitsstrafen für Aufwiegler und mordende Handlanger. Und auch in der besonnenen Gerechtigkeit bewies sich letztlich die Überlegenheit des Sozialismus über seine Feinde.

Bleibt zu ergänzen, daß der USA-Imperialismus nach diesem Debakel beim Versuch, seine globalstrategische »roll-back«-Politik durchzusetzen, schon wenige Wochen später, nämlich am 27. Juli 1953, durch die Unterzeichnung des Waffenstillstandsabkommens von Panmundsom auch seine Niederlage in Korea eingestehen mußte.

Cui bono?

1. Krieg — Kapitulation — Neubeginn

Am 7. Dezember 1941 griffen japanische Truppen den amerikanischen Marinestützpunkt Pearl Harbor an. Damit wurde der zweite Weltkrieg auch auf das Gebiet des Stillen Ozeans ausgedehnt. Zunächst schien der faschistischen japanischen Heerführung das Kriegsglück hold zu sein. Doch schon im Juni 1942 wendete sich nach der Luft-See-Schlacht bei den Midway-Inseln das Blatt. Die USA-Truppen brachten den japanischen Militärs hier eine geradezu vernichtende Niederlage bei. Nur wenige Monate später erlitt der Verbündete Japans, das faschistische Deutschland, in der Schlacht an der Wolga ein Fiasko. An Hilfe von außen war nicht mehr zu denken, und die japanischen Streitkräfte waren in die Defensive gedrängt.

Anfang 1945 zeichnete sich nicht nur für Hitlerdeutschland, sondern auch für Japan die endgültige Niederlage ab.

Wegen der Kriegsverluste und der immer wirksamer werdenden Luft- und Seeblockade gelang es Japan nicht mehr, die Versorgung seiner Truppen mit kriegswichtigen Materialien im erforderlichen Umfang sicherzustellen. Große Teile der japanischen Streitkräfte wurden vor allem in China, Korea, Burma und Vietnam von Volksbefreiungs- und Partisanenkräften gebunden. Vor diesem Hintergrund wirkte sich dann die deutlich bessere Ausrüstung der Alliierten, besonders der USA und Großbritanniens, aus. So standen 9 400 japanischen Flugzeugen rund 11 000 Flugzeuge der Alliierten gegenüber. Japan verfügte über vier Flugzeug- und Geleitträger, die USA und Großbritannien über 98. Japan hatte sechs Schlachtschiffe im Einsatz, die USA und Großbritannien 25. 17 Kreuzer fuhren unter japanischer Flagge, 60 standen im Dienst der Alliierten. 22 Zerstörern auf japanischer Seite standen 350 auf der Seite Großbritanniens und den USA gegenüber. Während Japan über 44 U-Boote verfügte, hatten die Alliierten 217 im Einsatz.

Im Herbst 1944 führten die anglo-amerikanischen Alliierten eine weitere Luftoffensive durch. Mit ihr wurden Grundzüge imperialistischer Militärpolitik deutlich. Hauptangriffsziel war vor allem die Zivilbevölkerung Japans. Im Ergebnis der Angriffe waren 260 000 Tote zu beklagen, 412 000 Verwundete mußten versorgt werden, und über 9 Millionen Japaner wurden obdachlos. Am 6. August 1945 fielen auf Hiroshima und am 9. August 1945 auf Nagasaki Atombomben. Über 300 000 Menschenleben wurden ausgelöscht. Zehntausende wurden einem schleichenden Tod preisgegeben.

Für den Einsatz dieser Waffen bestand nicht die geringste militärische Notwendigkeit. Das vor allem deshalb nicht, weil nach der Kapitulation Hitlerdeutschlands das Eingreifen der Sowjetunion in die kriegerischen Auseinandersetzungen mit Japan bevorstand. Am 8. August erklärte die UdSSR, daß sie sich ab 9. August 1945 mit Japan im Kriegszustand befände. An diesem 9. August 1945 begannen die sowjetischen Streitkräfte ihre Offensive gegen die japanische Guangdongarmee (Kwangtungarmee). Diese Armee umfaßte nahezu eine Million Soldaten. Bereits am 20. August mußten die japanischen Streitkräfte vor den Schlägen der Sowjetarmee kapitulieren.

Der Offensive der UdSSR hatten sich am 10. August 1945 die Mongolische Volksrepublik und am 11. August 1945 die chinesische Volksbefreiungsarmee angeschlossen.

Japan erklärte am 14. August 1945 seine Bereitschaft zur bedingungslosen Kapitulation. Die Kapitulationsurkunde wurde am 2. September 1945 unterzeichnet.

Nach der Kapitulation wurde Japan von alliierten Truppen besetzt, die sich fast ausschließlich aus amerikanischen Kontingenten zusammensetzten. Diese Besetzung des Landes sollte dafür Sorge tragen, Japan als militärischen und wirtschaftlichen Konkurrenten der USA auszuschalten. Zugleich sollte das Land zu einer Basis für die verschiedenartigsten Operationen der USA im Fernen Osten umfunktioniert werden. Zunächst waren die USA jedoch gezwungen, antifaschistisch-demokratische Forderungen zu erfüllen und auf wichtigen Gebieten Reformen zu akzeptieren. Ein Ergebnis war die

Verfassung Japans vom 3. November 1946, die die autoritär-monarchistische Verfassung aus dem Jahre 1889 ablöste. Die neue Verfassung basierte auf einem Entwurf des alliierten Hauptquartiers unter Leitung des Oberbefehlshabers MacArthur. Sie orientierte sich in wesentlichen Fragen an der nordamerikanischen Verfassungstradition. Die neue Verfassung führte zu einschneidenden Veränderungen im Regierungssystem, und zugleich enthielt sie eine Reihe von Vorschriften, die dem Militarismus und Faschismus entgegenwirken sollten.

Die Regierungsgewalt des Kaisers wurde beseitigt, Artikel 1 der Verfassung bezeichnet ihn als das Symbol des Staates und der Einheit des Volkes, der seine Stellung vom Willen des Volkes ableite, welches die Souveränität ausübe. Durch Artikel 4 wurde ausdrücklich geregelt, daß der Kaiser keine Regierungsbefugnisse innehabe. Der Adel wurde abgeschafft und die Trennung des Staates von jeder religiösen Tätigkeit verordnet. Die Verfassung führte ein bürgerlich-parlamentarisches Regierungssystem ein, das durch sehr weitgehende Machtbefugnisse des Ministerpräsidenten gekennzeichnet ist. Ferner wurde ein ganzer Katalog bürgerlicher und sozialer Grundrechte verfassungsmäßig garantiert. Eine der wichtigsten Bestimmungen fand in Artikel 9 ihren Niederschlag: »(1) Im aufrichtigen Streben nach einem auf Gerechtigkeit und Ordnung neu gegründeten internationalen Frieden verzichtet das japanische Volk für immer auf den Krieg als ein souveränes Recht der Nation und auf die Androhung und die Anwendung von Gewalt als Mittel, internationale Streitigkeiten zu regeln.

(2) Um diesen Endzweck des vorangegangenen Abschnitts zu erreichen, werden nie mehr Land-, See- und Luftstreitkräfte sowie weiteres Kriegspotential unterhalten werden.«

2. Die USA geben den Ton an

Zur Durchsetzung ihrer Globalstrategie suchten die US-amerikanischen Imperialisten in Asien einen Junior-Partner. In den japanischen Imperialisten fanden sie diejenigen, die ihres Profites wegen nur allzu gerne bereit waren, die Interessen ihres Volkes zu verraten.

Es war eine der ersten Aufforderungen zum Bruch der japanischen Verfassung, als MacArthur im Jahre 1950 die Aufstellung einer »Polizeireserve« befahl.

Gegen den Protest des japanischen Volkes, das durchaus nicht vergessen hatte, wer den Befehl zur Vernichtung Hunderttausender Menschenleben in Hiroshima und Nagasaki gegeben hatte, wurde am 8. September 1951 in der amerikanischen Stadt San Francisco ein Separat-Friedensvertrag zwischen Japan und den USA abgeschlossen. Zugleich wurde auch ein sogenannter Sicherheitsvertrag zwischen diesen beiden Staaten unterzeichnet. Formal wurde damit das System der umfassenden unmittelbaren Besatzungsherrschaft des USA-Imperialismus aufgehoben. Auf dem Papier wurde Japan ein unabhängiger Staat. Tatsächlich jedoch blieb Japan ein vom nordamerikanischen Imperialismus in allen Fragen abhängiges, halb okkupiertes Land. Daran änderte auch die Tatsache nichts, daß sich das japanische Monopolkapital mit amerikanischer Hilfe reorganisierte und bald seine Vorkriegsstärke wieder erreicht hatte. Von besonderer Bedeutung für die USA-Interessen war es, daß die USA ihre Besatzungsherrschaft auf Okinawa und Bonin fortsetzen und das Land mit einem Netz von Militärstützpunkten überziehen konnten. Japans Wirtschaft entwickelte sich seit Beginn des Krieges der USA gegen Korea in schnellem Tempo. Vor allem durch Rüstungslieferungen und Dienstleistungen für die USA-Armee machten japanische Imperialisten das große Geschäft. In den beginnenden fünfziger Jahren wurde die japanische Wirtschaft in starkem Maße an die amerikanischen Interessen gebunden. Das kam darin zum Ausdruck, daß die Versorgung Japans mit lebenswichtigen Rohstoffen und Nahrungsmitteln, wie zum Beispiel Erdöl, Eisenerz, Kohle, Baumwolle, Weizen und Sojabohnen, zum überwiegenden Teil von USA-Konzernen realisiert wurde. Zur gleichen Zeit gingen zirka 40 Prozent des japanischen Exports in Richtung USA. Japans Wirtschaft litt unter einem ständigen Außenhandelsdefizit. Erhebliche Dollar-Anleihen taten ein übriges. In den fünfziger Jahren wurden Japan von den USA rund 756 Milliarden Yen (etwa 2,1 Milliarden Dollar) als Regierungsanleihen zur Verfügung gestellt. Aber auch Privatfirmen versuchten, ihren »Schnitt zu machen«. 1956 belief sich die Summe der privaten amerikanischen Kapitalinvestitionen in Japan auf rund 80 Milliarden Yen.

Mitte 1957 war Japans Industrieproduktion bereits zweieinhalbmal größer als vor dem Kriege.

Gleichlaufend mit dem engeren Zusammenspiel zwischen den japanischen und den amerikanischen Imperialisten vollzog sich auch eine Wende in der Politik. 1947 war der Sozialdemokrat Tetsu Katayama Ministerpräsident einer Koalitionsregierung geworden. Anfang der fünfziger Jahre, während des Korea-Krieges, setzte eine erneute Verfolgungswelle gegen die fortschrittlichen Kräfte Japans, allen voran die Mitglieder und Funktionäre der Kommunistischen Partei, ein. Sie wurden von der öffentlichen Tätigkeit ausgeschlossen, und die KP mußte für fast vier Jahre unter halblegalen Bedingungen arbeiten. Zur gleichen Zeit wurden aber Zehntausende als Kriegsverbrecher verurteilte Militärs aus der Haft entlassen und sogar rehabilitiert.

Unter mehr oder minder offenem Bruch der japanischen Verfassung wurde mit der Wiederaufstellung von Land-, Luft- und Seestreitkräften, notdürftig unter dem Namen »Selbstverteidigungstruppen« getarnt, begonnen.

3. Proteste

Die Aktionen der japanischen und amerikanischen Imperialisten waren von Anfang an vom entschiedenen Protest der werktätigen Massen begleitet.

Schon 1947 konnte ein für den 1. Februar angesetzter Generalstreik mit politischen Forderungen buchstäblich erst in letzter Minute dadurch verhindert werden, daß der Oberbefehlshaber der USA-Streitkräfte, MacArthur, ein Verbot aussprach.

Die Unterzeichnung der Verträge von San Francisco 1951 war ebenfalls von zahlreichen Protestaktionen begleitet.

Einen Höhepunkt erreichten die Kampfmaßnahmen der japanischen Bevölkerung, als die USA auf dem Bikini-Atoll im März 1954 eine Wasserstoffbombe zündeten. Dabei wurden ein Fischer getötet und mehrere verletzt. Weite japanische Fischgründe wurden verseucht, was um so mehr von Bedeutung ist, als Fisch neben dem Reis zu den Hauptnahrungsgütern der Japaner zählt. Die Proteste der Volksmassen waren so heftig, daß die USA-hörige Yoshida-Regierung zum Rücktritt gezwungen wurde. Yoshidas Amtsnachfolger, Ichiro Hatoyama, bemühte sich um eine Verbesserung des Verhältnisses zur UdSSR, so daß im Oktober 1956 diplomatische Beziehungen aufgenommen werden konnten.

Seit 1954 finden in Japan jährlich die sogenannten Frühjahrskämpfe (Shunto) statt. Auf ihrem Programm stehen vor allem Fragen der Verbesserung der Lebensbedingungen der japanischen Werktätigen, aber auch eine Reihe politischer Forderungen. Von großer Bedeutung sind auch die Aktivitäten der japanischen Bevölkerung gegen den Militarismus, den militärischen Mißbrauch ihres Landes durch die USA und für ein Verbot der Atom- und Wasserstoffwaffen. So fand 1953 die Volkskonferenz gegen Militärstützpunkte der USA statt, 1955 tagte in Hiroshima der Weltkongreß für das Verbot der Atom- und Wasserstoffwaffen zum ersten Mal und wird seitdem jährlich durchgeführt. Im Dezember 1956 wurden etwa 34 Millionen Unterschriften zur Ächtung dieser Massenvernichtungswaffen gesammelt.

Im Herbst 1958 brachte die Regierung unter dem Ministerpräsidenten Nobusuke Kishi einen Gesetzentwurf in das Parlament ein, der die militaristische Polizei des kaiserlichen Japans wiedererstehen lassen sollte. Mit seiner Hilfe wollten die Herrschenden die gegen die Aufrüstung des Landes gerichtete demokratische Bewegung niederknüppeln. Viereinhalb Millionen Arbeiter traten daraufhin am 5. November in den Streik. Bauern, Handwerker und Studenten schlossen sich diesem Protest bald an, und die Regierung sah sich gezwungen, die Erörterung des reaktionären Gesetzentwurfes im Parlament abbrechen zu lassen.

Die Aktionen der Volksmassen waren durch parteipolitische und gewerkschaftliche Aufsplitterung erschwert.

Die politische Führung lag im wesentlichen in den Händen der Kommunistischen Partei Japans, der Sozialistischen Partei Japans und des Generalrats der japanischen Gewerkschaften (SOHYO).

Von 1950 bis 1954 war die Kommunistische Partei Japans starken Repressalien ausgesetzt, so daß sie ihre Arbeit nur unter halblegalen Bedingungen durchführen konnte. Seit Juni 1950 waren zudem über zwanzig Mitglieder des Zentralkomitees aus dem politischen Leben verbannt worden. Dies führte im Ergebnis zu innerparteilichen Schwierigkeiten und zur Spaltung des Zentralkomitees und der Partei selbst. 1955 wurden mit der VI. Nationalkonferenz der Kommunistischen Partei Japans erste wichtige Schritte zur Wiederherstellung ihrer Geschlossenheit und zur Korrektur ihres politischen Kurses gegangen.

Der VII. Parteitag der Kommunistischen Partei Japans, vom 23. Juli bis 1. August 1958 in Tokio tagend, konnte nach einer freimütigen und kämpferischen Diskussion feststellen, daß die innerparteilichen Fragen gelöst sind und die Partei voranschreiten wird, indem sie sich für die Einheit und Geschlossenheit ihrer Reihen einsetzt. Der Parteitag kennzeichnete das Monopolkapital der USA und Japans als die Hauptfeinde des japanischen Volkes. Zugleich wurden die nächsten Aufgaben der Partei abgesteckt. Sie erläuterte der Vorsitzende der Kommunistischen Partei Japans, Sanzo Nozaka, wie folgt: »1. Wir müssen der Politik der Regierung Kishi und der Liberaldemokratischen Partei entgegentreten, die auf die Bewaffnung Japans mit Kernwaffen, auf die Zusammenarbeit mit den USA in der Vorbereitung des Atomkrieges und auf die Wiedergeburt des japanischen Militarismus gerichtet ist. Wir müssen den Kampf verstärken, damit die Politik unseres Landes zu einer Politik der Verteidigung des Friedens in Asien und in der ganzen Welt, zu einer Politik der Herstellung friedlicher und freundschaftlicher Beziehungen mit allen Ländern wird. ...

2. Wir müssen den Kampf gegen die Politik der Regierung Kishi und der Liberaldemokratischen Partei entfalten, die Volkschina gegenüber feindlich eingestellt sind und mit dem amerikanischen Imperialismus sowie mit der Tschiang-Kaischek-Clique in der Vorbereitung eines Krieges gegen China zusammenarbeiten. Notwendig ist der Kampf für die Entwicklung der wirtschaftlichen und kulturellen Beziehungen und für die Normalisierung der diplomatischen Beziehungen zwischen Japan und China. ...

3. Um uns aus der amerikanischen Abhängigkeit zu befreien und die Wiedergeburt des Militarismus zu verhindern, müssen wir den Kampf für die Aufhebung des japanisch-amerikanischen Sicherheitspaktes und des Verwaltungsabkommens, für die Revision des Friedensvertrages von San Franzisko, für den Abzug aller amerikanischen Truppen aus dem Lande und für die bedingungslose Rückgabe der Inseln Okinawa und Bonin an Japan verstärken.

4. Wir müssen den Kampf verstärken gegen die Politik der Regierung Kishi und der Liberaldemokratischen Partei, die die Errichtung eines reaktionären Regimes anstreben; wir dürfen eine Verfassungsänderung nicht zulassen; wir müssen die demokratischen Rechte des Volkes verteidigen und für die konsequente Demokratisierung des politischen Lebens im Lande kämpfen. Im Kampf gegen die Repressalien, denen die Partei und die Arbeiterklasse ausgesetzt werden, müssen wir gemeinsam mit den Verteidigern der demokratischen Freiheiten die Pläne für eine Änderung des Wahlsystems durchkreuzen, eine Revision der Verfassung verhindern und für die volle Ver-

wirklichung der die demokratischen Rechte garantierenden Artikel
der Verfassung kämpfen.

5. Angesichts der Wirtschaftskrise setzen die Regierung Kishi und
die Liberaldemokratische Partei, die den Monopolen riesige Profite
sichern wollen, alles daran, um die Expansion nach außen zu unternehmen und die Lasten der Wirtschaftskrise der eigenen Bevölkerung aufzubürden. Die werktätigen Massen sind von der Arbeitslosigkeit, verstärkten Ausbeutung, Senkung der Löhne oder dem
Bankrott der Unternehmer entweder bereits betroffen oder zumindest bedroht. Deshalb gilt es, für die Sicherung des Lebensstandards
der Arbeiter, Bauern, Handwerker, kleinen Händler, mittleren und
kleinen Unternehmer sowie für die Sicherung der Vollbeschäftigung
zu kämpfen. Dieser Kampf ist die Grundlage für den volksumfassen-
den Kampf um Frieden, Unabhängigkeit und Demokratie, für den
Kampf gegen den Militarismus und die reaktionäre Politik.«

Der Parteitag orientierte die Mitglieder der Kommunistischen Partei auf das Errichten der erforderlichen Aktionseinheit zwischen der
Kommunistischen und der Sozialistischen Partei Japans.

Die Sozialistische Partei Japans wurde am 2. November 1945 gegründet. In ihrer Geschichte spaltete sie sich mehrfach in linke und
rechte Flügel auf, die sich jedoch immer wieder vereinigten. Von Beginn an hatte die Partei nur relativ wenige Mitglieder. Ihre Massenbasis fand sie im Generalrat der japanischen Gewerkschaften, dessen Mitglieder statutenmäßig verpflichtet sind, die Sozialistische
Partei zu wählen. Die Sozialistische Partei stellte die stärkste parla-
mentarische Oppositionskraft.

Der Generalrat der japanischen Gewerkschaften wurde am
12. Juli 1950 gegründet und entwickelte sich dank seiner konsequent progressiven und antiimperialistischen Politik zur größten Ge-
werkschaftsvereinigung Japans.

4. Aktionseinheit

Die Bestrebungen der reaktionären Kreise Japans waren deutlich
und unverhüllt darauf gerichtet, die Remilitarisierung des Landes im
großen Stile in Angriff zu nehmen. Ihr erklärtes Ziel war ein militari-
stisch-imperialistisches Großjapan alter Prägung, um die Träume
von der »großen asiatischen Wohlstandssphäre« zu realisieren. Dazu
waren sie bereit, sich vollständig in das amerikanische System der

Atomstrategie einzuordnen. Sie nahmen auch die Verwandlung Japans in eine Atomkriegsbasis und ein militaristisches Zentrum in Kauf.

Die Aktivitäten der japanischen Imperialisten gingen dabei in zwei Richtungen. Zum einen waren sie bestrebt, den Artikel 9 der japanischen Verfassung aufzuheben. Ministerpräsident Nobusuke Kishi machte sich hier zum Fürsprecher jener ultrarechten Kräfte, als er am 9. Oktober 1958 die Streichung des Kriegsverbotes aus der Verfassung verlangte. Zum zweiten waren die Reaktionäre bestrebt, die Bindung Japans an das US-amerikanische Monopolkapital noch enger zu gestalten. Hierin arbeiteten sie dem amerikanischen Imperialismus unmittelbar in die Hand, der danach trachtete, seine Herrschaft über Japan aufrechtzuerhalten, das Land auszubeuten und als einen Herd kriegerischer Auseinandersetzungen zu benutzen. Die Kishi-Regierung und die Eisenhower-Administration nahmen eine Revision des Vertrages von San Francisco in Angriff und führten Verhandlungen zum Abschluß eines neuen »Vertrages über Zusammenarbeit und Gewährleistung der Sicherheit«.

Die demokratischen Kräfte Japans erkannten sehr schnell, daß diese Bestrebungen einzig und allein darauf gerichtet waren, die Vorbereitung neuer Aggressionsakte in Asien und der übrigen Welt zu forcieren und die Freiheiten des japanischen Volkes weiter drastisch zu beschneiden.

Um diesen Bestrebungen entgegenzuwirken, wurde im März 1959 der »Nationalrat gegen eine Revision des Sicherheitsvertrages« gegründet. Diesem Nationalrat gehörten insgesamt 140 demokratische Organisationen an.

Obwohl die Parteiführung der Sozialistischen Partei (SPJ) gegen unmittelbare einheitliche Aktionen mit den japanischen Kommunisten auftrat, stimmten die Führer der SPJ angesichts der bedrohlichen Lage im Lande der Teilnahme eines Vertreters der Kommunistischen Partei als »Beobachter« im Nationalrat zu. Damit war zugleich das Signal für die Herstellung einer breiten Aktionseinheit aller demokratischen Kräfte im Lande gegeben.

Natürlich gestaltete sich die Tätigkeit des Nationalrates nicht in jeder Hinsicht reibungslos. Zu verschiedenen Fragen der Taktik und der Organisation des Kampfes gab es Meinungsverschiedenheiten, es gelang aber stets, ihre übermäßige Ausdehnung zu verhindern und somit die Spaltung der Aktionen des japanischen Volkes zu vermeiden. Die gemeinsamen Interessen aller Organisationen am Ziel des Volkskampfes zeigten immer wieder den Weg, auf dem es möglich war, die unterschiedlichen Auffassungen zu überbrücken.

Die im Nationalrat gegen eine Revision des Sicherheitsvertrages zusammenwirkenden demokratischen Organisationen, allen voran die Kommunistische Partei, die Sozialistische Partei und der Generalrat der Gewerkschaften, haben unter den werktätigen Massen eine große propagandistische und organisatorische Arbeit leisten müssen, ehe landesweit die wirklichen Feinde des japanischen Volkes erkannt wurden und die Werktätigen zu Aktionen bereit waren. Im Verlaufe der Wochen und Monate des Kampfes entfaltete sich eine breite Massenbewegung, die ihre Bewährungsprobe hervorragend bestand. Es entwickelten sich nach und nach Bedingungen für eine nationale demokratische Einheitsfront. Es entstanden in dieser Zeit in Japan über 2 000 Basisorganisationen des gemeinsamen Kampfes gegen den amerikanischen und japanischen Imperialismus.

Als Kampfformen dienten vor allem Proteststreiks und Demonstrationen. Daneben wurden Petitionen an das Parlament eingereicht und eine umfassende Unterschriftensammlung gegen den amerikanisch-japanischen Militärvertrag organisiert. Über 20 Millionen Japaner bekundeten mit ihrem Namenszug, daß sie sich mit dieser Forderung solidarisierten.

Entgegen dem ausdrücklichen Willen des Volkes unterzeichnete am 19. Januar 1960 die Kishi-Regierung den »Vertrag über Zusammenarbeit und Gewährleistung der Sicherheit« mit den USA.

Nur wenige Tage später, am 24. Januar 1960, spaltete sich eine rechte Gruppierung von der Sozialistischen Partei Japans ab und gründete die Demokratisch-Sozialistische Partei.

Der neuabgeschlossene Vertrag bedurfte der Ratifizierung durch das Parlament. Die Liberaldemokratische Partei, ausführendes politisches Organ des japanischen Monopolkapitals, verfügte in beiden Häusern des Parlaments über rund zwei Drittel der Abgeordnetensitze. Angesichts dieser Lage glaubte die Kishi-Regierung, mit der Ratifizierung des Vertrages durch das Parlament leichtes Spiel zu haben. Die Abgeordneten der Kommunistischen und der Sozialistischen Partei Japans entlarvten die Ziele und die Gefährlichkeit des amerikanisch-japanischen Militärvertrages. Auch unter den Abgeordneten der Regierungspartei fanden sich Stimmen, die vor der Ratifizierung dieses Vertrages warnten. Die erregten Debatten im Parlament trugen auch wesentlich dazu bei, daß sich der Kampf der japanischen Bevölkerung gegen die Ratifizierung des Vertrages verstärkte. Die Aktionen der Massen wiederum wirkten auf noch schwankende Abgeordnete, so daß sich die Regierung Kishi in der Ratifizierungsfrage bald einer immer komplizierter werdenden Lage gegenübersah.

Dann kam es zu einem Ereignis, das schlaglichtartig beleuchtete, daß alle Friedensbeteuerungen der USA-Administration leere demagogische Manöver waren.

In Paris sollte ein Gipfeltreffen der Regierungschefs der UdSSR, der USA, Großbritanniens und Frankreichs stattfinden. Als Generalthema hatte die Sowjetregierung die vollständige Abrüstung aller Staaten der Erde vorgeschlagen. Der Weg dazu sollte über die Vernichtung aller Waffensysteme und sonstigen Kriegspotentiale bis hin zur Auflösung sämtlicher Armeen führen. Friedliche Koexistenz und allgemeine Entspannung sollten die Beziehungen der Völker untereinander bestimmen.

Die friedliebenden Menschen auf der ganzen Erde verfolgten mit Spannung und großen Erwartungen die Vorbereitung des Pariser Gipfeltreffens. – Da ging eine Nachricht um die Welt, die deutlich machte, daß der Eisenhower-Administration nicht einmal an Verhandlungen gelegen war.

Ausgerechnet den 1. Mai, den Internationalen Kampf- und Feiertag der Arbeiterklasse, hatte der USA-Imperialismus 1960 als Termin für eine gefährliche Provokation gegen die Sowjetunion auserkoren. Am Morgen dieses Tages erhielt der amerikanische Pilot Francis Harry Powers vom Tower des pakistanischen Flugfeldes Peschawar die Genehmigung zum Start. Sein Ziel war ein Flugplatz in der Nähe der norwegischen Stadt Bodö. Seine Maschine war eine Spezialanfertigung des Loockheed-Konzerns, mit Schutzschichten versehen, die eine Radarkontrolle erschweren sollten, und für den Flug in extremen Flughöhen ausgestattet. Der Auftrag des Mannes im Cockpit lautete, das sowjetische Staatsterritorium in Süd-Nord-Richtung in großer Höhe zu überfliegen und dabei Luftspionage zu betreiben. Zunächst schien auch alles nach den Plänen der CIA und ihres Piloten zu laufen. Die Maschine überflog das Pamir-Gebirge und nahm Kurs auf den Aralsee. Dann schlug Captain Powers Nordkurs ein. Für die Genossen des diensthabenden Systems der Luftverteidigung der UdSSR war klar, daß es sich bei dem flimmernden Punkt auf ihren Radargeräten nicht um das Echoabbild eines zufälligerweise vom Kurs abgekommenen Zivilflugzeugs handeln konnte. Das Kommando zum Abschuß der Maschine wurde gegeben, eine

Rakete zischte in den Äther, und wenig später war der Spionageflug des Francis Gary Powers beendet. Der Pilot konnte sich mit dem Fallschirm aus der Maschine retten und wurde auf sowjetischem Boden gefangen genommen. (Kurioserweise machte man ihm später in seiner Heimat die Tatsache, daß er den Sicherheitsorganen der UdSSR lebend in die Hände fiel, noch zum Vorwurf.)

Das demagogische Geschrei in den imperialistischen Medien war, wie bei ähnlichen Gelegenheiten früher und später auch, groß. Zunächst wurde behauptet, daß die abgeschossene U2 ein Forschungsflugzeug der amerikanischen Weltraumbehörde NASA gewesen sei, das sich mit Wettererscheinungen zu beschäftigen gehabt hätte und über der türkischen Grenze vom Kurs abkam. Als klar wurde, daß der Pilot und die Wrackteile der Maschine in der Hand der sowjetischen Sicherheitsorgane waren, publizierte man eine neue Version. Es wurde eingestanden, daß es sich um einen Spionageflug gehandelt habe, jedoch sollte es angeblich eine nicht genehmigte Aktion gewesen sein. Schließlich mußte die Eisenhower-Administration doch zugeben, daß es ein genehmigter und lange geplanter Spionageflug war. Kaltschnäuzig wurde der Weltöffentlichkeit gegenüber erklärt, daß die USA auch künftig die Absicht hätten, derartige Flüge fortzusetzen.

Wie überall in der Welt erregte auch bei den friedliebenden Menschen Japans dieser Zwischenfall besondere Aufmerksamkeit und schärfsten Protest. Das Pariser Treffen der Regierungschefs wurde verschoben. Die Hoffnungen der Welt, daß konkrete Abrüstungsschritte beraten und beschlossen werden könnten, zerstoben in ein Nichts. In Japan löste der U2-Spionageflug ein weiteres Anwachsen der Protestbewegung gegen den japanisch-amerikanischen Vertrag aus. Die Menschen erinnerten sich eines Zwischenfalls, der sich im September 1959 zugetragen hatte. In der Nähe von Tokio war ein Flugzeug notgelandet, das keine Erkennungszeichen trug und dessen Tragflächen schwarz eingefärbt worden waren. Auch den naivsten Gemütern wurden nun Zusammenhänge klar. Es wurde deutlich, warum seinerzeit die Regierung die Anfragen der Opposition, das Flugzeug betreffend, nicht beantwortet hatte, und es wurde erkennbar, in welch gefährliche Abenteuer Japan durch den Vertrag verstrickt werden würde. Die Protestbewegung wuchs in einem solchen Maße an, daß die Regierung Kishi ernsthaft befürchten mußte, eine Ratifizierung im Parlament nicht mehr durchpeitschen zu können. Die Regierung befand sich zudem in Zeitdruck. USA-Präsident

Eisenhower hatte nämlich angekündigt, daß er seinen asiatischen Vasallen am 19. Juni 1960 besuchen wolle. Am Tage der Ankunft Eisenhowers sollte der Vertrag ratifiziert werden. Dabei gedachte die japanische Regierung einen juristischen Trick anzuwenden. Nach Artikel 61 in Verbindung mit Artikel 60 Absatz 2 der japanischen Verfassung gilt ein Vertrag als ratifiziert, wenn nach der Zustimmung des Repräsentantenhauses 30 Tage verstrichen sind, ohne daß es einer weiteren Entscheidung des Senats dazu bedurfte. Buchstäblich in letzter Minute, in der Nacht vom 19. auf den 20. Mai 1960, ließ die Regierung 500 Polizisten in das Parlament einrücken und setzte gewaltsam die Ratifizierung durch das Repräsentantenhaus durch.

Das Ergebnis dieser Art Regierungspolitik war eine noch stärkere Polarisierung der politischen Kräfte im Lande. Nun erklärte auch die Demokratisch-Sozialistische Partei, die ursprünglich mehr mit der regierenden Liberaldemokratischen Partei liebäugelte, mit der Kommunistischen und Sozialistischen Partei übereinstimmend, daß diese Entscheidung des Parlaments ungesetzlich sei. Auch unzufriedene Abgeordnete der Liberaldemokratischen Partei distanzierten sich von diesen Machenschaften. Tagelang hielten die Protestdemonstrationen der Bevölkerung an. Allein in der Zeit vom 4. bis zum 22. Juni 1960 kam es zu vier großen politischen Streiks. Die Werktätigen vereinigten sich unter den Losungen »Fort mit dem neuen japanisch-amerikanischen Militärvertrag«, »Rücktritt der Kishi-Regierung«, »Unverzügliche Auflösung des Parlaments« und »Kein Eisenhower-Besuch in Japan«. Die Situation hatte inzwischen einen so revolutionären Charakter angenommen, daß man in Tokio und Washington zu der Überzeugung gelangte, daß es klüger wäre, wenn Eisenhower seinen Besuch absagte. Vor der Weltöffentlichkeit versuchte man die Sache zu verniedlichen, indem der Präsident den Pressesekretär des Weißen Hauses, Hagerty, am 16. Juni 1960 in Manila erklären ließ: »Der Präsident bringt sein Bedauern darüber zum Ausdruck, daß ein kleines Häuflein, von professionellen kommunistischen Hetzrednern aufgestachelt und zusammengerottet, seinen Besuch des guten Willens mit Gewalt verhindert hat.«

Das »kleine zusammengerottete Häuflein«, das waren 20 Millionen Japaner, die in anderthalb Jahren an der Protestbewegung gegen den japanisch-amerikanischen Militärvertrag teilgenommen hatten. 1 000 Polizisten waren am 23. Juni 1960 aufgeboten worden, um den Amtssitz von Außenminister Fujiyama gegen das japanische Volk abzuschirmen. In diesem bemerkenswerten Rahmen fand das

Zeremoniell des Austausches der Ratifizierungsurkunden zwischen den Regierungen der USA und Japans statt. Zeit und Ort dieser »würdevollen« Handlung waren vor der japanischen Öffentlichkeit streng geheim gehalten worden. Es war übrigens eine der letzten

Inejiro Asanuma, der Vorsitzende
der Sozialistischen Partei Japans

Amtshandlungen der Regierung Kishi. Am 14. Juli mußte sie sich der Forderung des Volkes beugen und zurücktreten. Neuer Ministerpräsident wurde der Liberaldemokrat Hayato Ikeda.

Wenn auch die Unterzeichnung und Ratifizierung des amerikanisch-japanischen Vertrages nicht verhindert werden konnte, so machten die Protestaktionen, die immerhin den Präsidenten Eisenhower von seinem Besuch abhielten und die Regierung Kishi zum Rücktritt zwangen, deutlich, welche Kraft die vereint handelnden Werktätigen des Landes darstellten.

Hatte sich die Sozialistische Partei Japans anfangs noch gegen den Gedanken an eine Aktionseinheit mit den japanischen Kommuni-

159

sten gesträubt, so lehrte sie der gemeinsame Protest gegen den USA-Imperialismus, daß die Kraft des Volkes in der Aktionseinheit liegt. Als im Januar 1960 eine Tagung des ZK der Sozialistischen Partei Japans stattfand, auf der eine Entschließung über den Kampf gegen den revidierten »Sicherheitsvertrag« angenommen wurde, erklärte der Generalsekretär der Partei, Inejiro Asanuma, daß es notwendig sei, die gemeinsamen Aktionen der Sozialistischen Partei und der Kommunistischen Partei, die jetzt schon Massencharakter angenommen hätten, noch weiter zu entwickeln. Ein Standpunkt, der von vielen Genossen der SPJ an der Basis aus vollem Herzen begrüßt worden war.

Eine generelle Übereinstimmung der Haltungen zum amerikanischen Imperialismus signalisierten auch die Erklärungen, die die Sozialistische Partei Japans und die Kommunistische Partei des Landes anläßlich des Austausches der Ratifizierungsurkunden veröffentlichten. Die Sozialistische Partei erklärte: »Der neue ›Sicherheitsvertrag‹ ist seinem Inhalt nach ein Bruch der japanischen Verfassung und der UNO-Charta, seine Erörterung erfolgte ungesetzlich, er hat vom rechtlichen Standpunkt aus keine Gültigkeit. Wir glauben fest daran, daß ein solcher Vertrag beim japanischen Volk nicht die geringste Autorität besitzen wird, und schwören, daß wir bis zum Äußersten für die Beseitigung des japanisch-amerikanischen Militärpaktsystems kämpfen werden.« In der Erklärung des Präsidiums des Zentralkomitees der Kommunistischen Partei hieß es hierzu: »Unsere Partei ist der Meinung, daß der ohne Zustimmung des Volkes vorgenommene Austausch von Ratifizierungsurkunden keine Gültigkeit hat und daß der neue ›Sicherheitsvertrag‹ demnach keine Rechtskraft besitzt. Deshalb erklärt unsere Partei im Namen des japanischen Volkes, daß ein solcher rechtswidriger Vertrag aufgehoben werden muß.« Die Kommunistische Partei schlußfolgerte abschließend: »Daß Eisenhower auf den Besuch in Japan verzichten und die Kishi-Regierung zurücktreten mußte, besagt, daß der Kampf des japanischen Volkes den Kräften des amerikanischen Imperialismus und des verräterischen Monopolkapitals Japans einen empfindlichen Schlag versetzt hat.

Das japanische Volk, das seit mehr als einem Jahr einen beharrlichen Kampf führt, schreitet unbeirrt dem Sieg entgegen. Unter den Bedingungen des von der Arbeiterklasse geführten Kampfes des ganzen Volkes verstärkt sich die Isolierung der verräterischen reaktionären Kräfte, geht die Bildung der nationalen demokratischen

Front vor sich. Das japanische Volk hat die feste Grundlage geschaffen, um die patriotischen Kräfte der Nation und des Volkes zusammenzuschließen und den Kampf für die Aufhebung des neuen ›Sicherheitsvertrages‹ und für die Liquidierung des San-Franzisko-Systems zu führen.

... Die Einheitsfront der demokratischen Kräfte ist das Unterpfand für den Sieg des Volkes.«

5. Wahlmanipulation und Mord

Die rechten Kräfte Japans sahen das Zusammenrücken und das einheitliche Handeln von Sozialisten und Kommunisten mit größter Besorgnis.

In einer Studie, die er ausdrücklich als einen Beitrag zu einem Forschungsprojekt der Luftwaffe der USA kennzeichnete, mit dem Titel »Die japanische kommunistische Bewegung, 1920—1966« anerkannte der amerikanische Japanologe Robert A. Scalapino, daß der massive Kampf gegen den revidierten gegenseitigen Sicherheitsvertrag im Jahre 1960 die bedeutendste Einheitsfront in der japanischen Geschichte darstellte.

Nichts fürchteten die Reaktionäre so sehr als die Kraft des einheitlich handelnden werktätigen Volkes. Für den November 1960 waren Parlamentswahlen angesetzt worden. Die amerikanischen und japanischen Imperialisten mußten eine vernichtende Wahlniederlage befürchten, die die weitere Durchsetzung ihrer politischen Interessen im Parlament in Frage stellte. Zum einen waren die imperialistischen Machenschaften gründlich enttarnt worden, zum anderen hatten Millionen Japaner gezeigt, daß sie bereit waren, für Frieden und Demokratie zu kämpfen.

Mit den ausgeklügelsten Mitteln kapitalistischer Marktwerbung und einem unvorstellbaren finanziellen Aufwand begab sich die Liberaldemokratische Partei auf Stimmenfang. Was die Wahlkampfausgaben anlangte, galten das »Gesetz zur Regulierung politischer Einnahmen und Aufwendungen« von 1948 und das Wahlgesetz von 1950. Hier wurden Höchstbeträge für Wahlkampfausgaben festgelegt und angeordnet, daß die Parteien über Einnahmen und Ausgaben Berichte vorzulegen haben. Abgesehen davon, daß die vorgelegten Berichte nur einen Bruchteil der wirklichen Einnahmen widerspiegelten, so machten sie doch deutlich, daß der bürgerlichen

Regierungspartei gewaltige Finanzsummen zuflossen. Einen kleinen Blick hinter die Kulissen gewährte die bundesdeutsche Psychologin Ingeborg Y. Wendt, die eine Reihe von Jahren in Japan tätig war. In einem Büchlein mit dem Titel »Geht Japan nach links?« schrieb sie: »Die finanziellen Manipulationen der Regierungspartei bilden vielleicht einen der Gründe dafür, daß ihre Fraktionen häufiger der Kritik ausgesetzt sind als die Fraktionen ihrer Opposition.

Die von den Fraktionen der Regierungspartei erhobenen Fonds sind alle von den großen japanischen Firmen finanziert, und schon allein aus diesem Grund, so kommentieren japanische Kritiker, ist die Liberaldemokratische Partei weit davon entfernt, eine Volkspartei oder eine moderne Partei zu sein, wie sie gern von sich selbst sagt. Außerdem ist es, nach verschiedenen übereinstimmenden Quellen, üblich, daß Fraktionsführer zum O-Bon-Fest im Sommer sowie am Jahresende, also zweimal jährlich, zwischen 100 000 und 300 000 Yen erhalten. Damit nicht genug: Wenn das Parlament sich auflöst und allgemeine Wahlen stattfinden, gibt die Partei jedem offiziell gebilligten Kandidaten eine Million Yen als Anfangsfonds. Zusätzlich versieht jeder Fraktionsführer seine Anhänger mit je zwischen 500 000 und zwei Millionen Yen für die Wahlkampagne.« An anderer Stelle ihrer Schrift berichtete Ingeborg Y. Wendt, daß als Wahlkampfkosten offiziell ein Maximum von 6 500 000 Yen für einen Kandidaten festgelegt worden sind. Sie schreibt dann weiter: »Die strikte finanzielle Regelung scheint aber blasse Theorie zu sein: Journalisten der ›Yomiuri‹-Zeitung haben eine Konferenz am runden Tisch darüber abgehalten, wieviel Geld für die Wahlen aufgewendet wird und wie es sich verteilt. ... Mit 10 Millionen Yen — also bereits mehr als der offiziell erlaubten Summe — würde man verlieren, mit 30 gewählt werden, so hieße es. Ein Beamter der Liberaldemokratischen Partei habe dazu aber gemeint, mit 30 würde man noch auf der Grenze balancieren. Jemand hatte von einem Kandidaten gehört, der 200 Millionen aufgebracht habe, ein anderer von einem, der 800 in bar bereit hatte.«

Neben dieser Art der Wahlmanipulation griff die Rechte auch zum offenen persönlich bezogenen Terror, zu Verleumdungen, Verunglimpfungen, Beschimpfungen, ja zur Anwendung von Gewalt.

So war es durchaus im Interesse der fortschrittlichen Kräfte, sich mit den Praktiken des Wahlkampfes auseinanderzusetzen und hier Hintergründe auszuleuchten, Methoden offenzulegen und eine Beseitigung aller Korruption zu verlangen. Am 12. Oktober 1960 fand

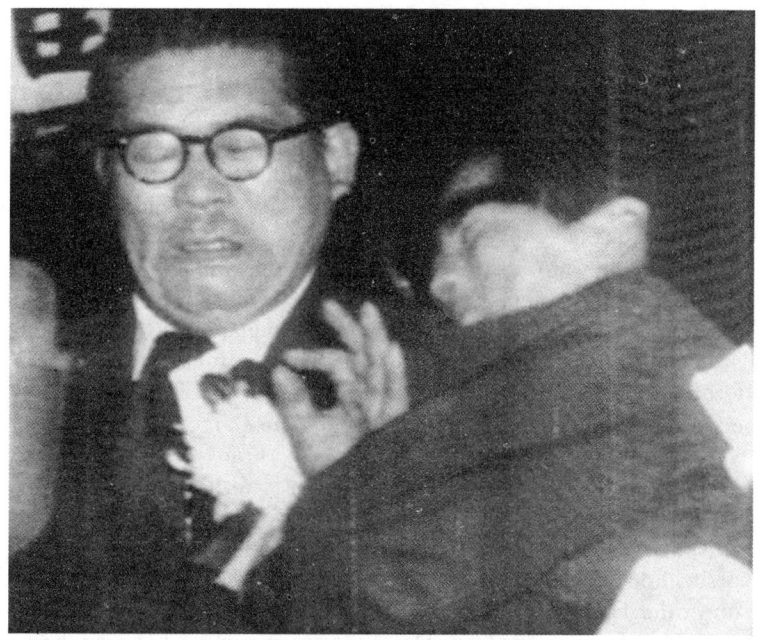

Während einer Rede in der Hibiya-Halle in Tokio am 12. Oktober 1960
wird Asanuma (links) umgebracht. Rechts der Attentäter Yamaguchi

in der Tokioter Hibiya-Halle eine Veranstaltung statt, in der es gerade auch um diese Fragen gehen sollte. Führende japanische Politiker wollten und sollten vor den Menschen im Saal und einem Millio-
nenpublikum im Lande, denn das Fernsehen übertrug die Debatten
direkt, die Positionen ihrer Parteien darlegen. Aus diesem Grunde
war neben dem Ministerpräsidenten Hayato Ikeda als Vorsitzenden
der Liberaldemokratischen Partei auch Inejiro Asanuma, der Vorsitzende der Sozialistischen Partei Japans, anwesend.

Die Stimmung in der weiten Halle war erregt. Störtrupps verur-
sachten immer wieder Unruhe und versuchten, die Ausführungen
des Sozialistenführers, der als erster Redner sprach, zu unterbrechen. Der Veranstaltungsleiter schaltete sich gerade ein, um für
mehr Ruhe im Publikum zu sorgen, da stürzte ein junger Mann auf
die Bühne, und noch ehe die Sicherheitskräfte erkannten, was da geschah und zugreifen konnten, stach er mit einem kurzen Schwert
mehrfach auf den Körper Asanumas ein. Der Angegriffene versuchte

ein paar erfolglose Abwehrbewegungen, dann preßte er seine Hände verzweifelt auf die stark blutenden Wunden, taumelte mit schmerzverzerrtem Gesicht einige Schritte und brach dann schließlich auf der Bühne zusammen. Der schwerverwundete Vorsitzende der Sozialistischen Partei wurde sofort in ein nahe gelegenes Krankenhaus gebracht. Doch jede medizinische Hilfe kam zu spät. Noch ehe die Ärzte mit einer Operation beginnen konnten, war Inejiro Asanuma bereits verstorben.

In der Halle war der Mörder inzwischen überwältigt und der Polizei übergeben worden. Er wurde als der 17jährige Student Otojo Yamaguchi identifiziert. Er gehörte der sogenannten Patriotischen Partei des ultrarechten Bin Akao an, die die Rückkehr zu einem »Großjapan« auf ihre Fahnen geschrieben hatte. Bei seiner Vernehmung gestand der Täter, daß er den Mord an Asanuma bereits seit dem 7. Mai 1960 geplant hatte. Wie die »Frankfurter Allgemeine Zeitung« vom 19. Oktober 1960 berichtete, wurde bei dem Mörder von der Polizei eine Liste mit Namen von Politikern gefunden, die Yamaguchi ebenfalls töten wollte. Zu ihnen gehörte zum Beispiel der Vorsitzende der Kommunistischen Partei Japans, Nozaka, und der Führer der Lehrergewerkschaft, Kobayaschi. Nach seinem Motiv gefragt, erklärte der Mörder: »Der Verräter Asanuma hat sein Land den Kommunisten verkaufen wollen.« Es ergibt sich die Frage nach den wirklichen Hintergründen dieses Mordanschlages. Inejiro Asanuma, 1898 geboren, stieß bereits in seiner Schulzeit, unmittelbar nach dem ersten Weltkrieg, zur sozialistischen Bewegung. Seit Gründung der Sozialistischen Partei nach dem Ende des zweiten Weltkrieges amtierte er als ihr Generalsekretär. Erst ein gutes halbes Jahr vor dem Anschlag auf ihn war Asanuma am 24. März 1960, dem letzten Tag eines außerordentlichen Parteikongresses der Sozialistischen Partei Japans, zum Parteivorsitzenden gewählt worden. Unmittelbar vor diesem Parteikongreß war Mosaburo Suzuki als Parteivorsitzender zurückgetreten und hatte dem Kongreß empfohlen, Asanuma als seinen Nachfolger zu bestimmen. Asanuma verfügte in der Partei über eine sehr große Popularität. In politischen Auseinandersetzungen war er der Rechten ein durchaus unbequemer und unzugänglicher Gegner, mit seinem Namen verband sich der Gedanke an die Einheitsfrontpolitik zwischen Kommunisten und Sozialisten Japans und man erinnerte sich daran, das Inejiro Asanuma im März 1959 während eines Aufenthalts in China erklärt hatte, daß der

USA-Imperialismus der gemeinsame Feind des japanischen und chinesischen Volkes sei.

Schon 1957 hatte Asanuma in einem Interview dem Pekinger ND-Korrespondenten Lutz Zempelburg gegenüber erklärt: »Politisch hat Japan noch nicht seine Unabhängigkeit wiedererlangt. Es ist dem Pakt mit den USA unterstellt, kraft dessen USA-Streitkräfte in Japan stationiert sind. ... In ökonomischer Hinsicht wird Japan eingeredet, daß es die beste Periode seiner Geschichte erlebt. In Wirklichkeit nützt diese Prosperität nur den Kapitalisten, es gibt rund zehn Millionen Kurzarbeiter und Arbeitslose, auf deren Opfer der Kapitalismus gedeiht. ... Wir sind gegen Produktion, Lagerung, Versuch und Anwendung von Atom- und Wasserstoffbomben durch irgendein Land. Wir sind die einzige Nation der Welt, die durch tragische Erfahrung die Schrecken der nuklearen und thermonuklearen Waffen kennengelernt hat. Wir appellieren an alle Regierungen, die bereits diese höllischen Waffen besitzen, und auch an jene, die beabsichtigen, solche zu erwerben, ernsthaft über die tatsächliche Drohung einer Zerstörung der Menschheit durch atomare Waffen und die äußerste Unsinnigkeit eines Atomwettrüstens nachzudenken.«

Das Unbehagen, das die amerikanischen und japanischen Imperialisten verspürten, faßte der Journalist Alfred Joachim Fischer im »Tagesspiegel« vom 20. November 1960 wie folgt zusammen: »Weder der ermordete Asanuma noch die lebenden sozialistischen Führer wollten sich das illusorische Ziel einer unbewaffneten Neutralität ausreden lassen. Bisher hat man in Japan weder den Schock der Atombombe noch den des verlorenen Krieges überwunden. Sollten die Sozialisten an die Macht kommen, dann dürfte der Widerruf des Sicherheitspaktes mit Amerika zweifellos erfolgen.«

Wie schon in so vielen Fällen zuvor in der Geschichte der Menschheit versuchten auch diesmal die reaktionären Kräfte, den Massen einen ihrer Führer zu rauben, in der Hoffnung, den Gang der Geschichte damit aufhalten zu können. Daneben wollten sie aber offenbar auch den Einschüchterungseffekt dieses Verbrechens nutzen. Denn Hunderttausende sahen vor Schrecken erstarrt auf den Bildschirmen, wie ein Mann, der sich für wahrhaft demokratische Verhältnisse in ihrem Vaterland eingesetzt hatte, viehisch abgeschlachtet wurde.

Aber auch in dieser Hinsicht verrechneten sie sich gründlich.

Bereits wenige Stunden nach dem Mord kam es zu den ersten, spontanen Protestdemonstrationen Tokioter Studenten. Sie forderten

Gegen die feige Ermordung des Sozialistenführers
demonstrierten bereits am nächsten Tag Zehntausende Japaner in Tokio
und anderen Städten des Landes

den Rücktritt des Polizeichefs Kamejoschi Teramoto. Die Polizei
ging gegen die Demonstranten mit Schlagstöcken vor.

Am Tage nach dem Mord versammelten sich nach Arbeitsschluß
zirka 40 000 Einwohner Tokios im Hidiya-Park, wo eine Protestkundgebung gegen den feigen faschistischen Mord an Asanuma stattfand. Nach Schluß der Kundgebung formierte sich ein Demonstrationszug zur Polizei-Hauptverwaltung. Die Demonstranten führten
Losungen mit wie: »Weg mit der Regierung Ikeda, die die Bluttaten
der Gangsterorganisationen deckt«, »Wir werden den Mord an Asanuma nicht verzeihen« und »Weg mit dem Militärpakt mit den
USA«. Um das Polizei-Hauptquartier war ein dichter Kordon Polizisten aufgestellt worden, die durch Panzerwagen und Einsatzfahr-
zeuge der Polizei unterstützt wurden. Ein noch größeres, schwer be-
waffnetes Polizeiaufgebot stand den Demonstranten vor dem
Parlament gegenüber. Der Demonstrationszug führte schließlich vor

den Sitz des Ministerpräsidenten Ikeda. Die Demonstranten führten Bilder des ermordeten Sozialistenführers mit und sangen Arbeiter- und Revolutionslieder.

Die Polizei provozierte immer wieder Zusammenstöße, und viele hundert Menschen wurden verwundet, einige sogar so schwer, daß sie in Krankenhäuser eingeliefert werden mußten.

Schon am Vormittag hatte es in verschiedenen Tokioter Betrieben Protestkundgebungen gegeben.

Die Studenten der Waseda-Universität, an der Asanuma einst studiert hatte, waren aus Protest in den Streik getreten.

Ladenbesitzer in der Präfektur Ziba hatten für 30 Minuten ihre Geschäfte geschlossen.

Die Demonstrationen und Proteste in Tokio waren jedoch nur ein Auftakt weitergehender Protestdemonstrationen im ganzen Land. Hunderttausende Japaner waren den Aufrufen des SOHYO, der größten Gewerkschaftvereinigung Japans, und der Sozialistischen Partei sowie anderer demokratischer Organisationen gefolgt.

Auch das Zentralkomitee der Kommunistischen Partei Japans veröffentlichte einen entschiedenen Protest, in dem die Abscheu der japanischen Kommunisten vor der Mordtat zum Ausdruck gebracht und zugleich auf die politischen Hintermänner verwiesen wurde. Die Kommunisten machten darauf aufmerksam, daß die Liberaldemokratische Partei, die Regierung und die Finanzkreise die Rechten und antikommunistischen Banden finanziell unterstützten und ihnen jegliche Hilfe erwiesen. Sie erklärten, daß der Mord an Asanuma eine Folge der forcierten Wiederbelebung des Militarismus sei und daß das Bestreben der Regierung Ikeda und der Sozialdemokratischen Partei dahin gehe, die Demokratie mit Gewalt zu unterdrükken. Die Kommunistische Partei stellte die politische Verantwortung der Liberaldemokratischen Partei für den Mord an Inejiro Asanuma fest und verlangte, daß die Schuldigen und ihre Hintermänner unverzüglich verhaftet würden und die Auflösung der rechten und antikommunistischen Banditenorganisationen endlich erfolgte.

Die Proteste rissen nicht ab, und auch das Staatsbegräbnis Asanumas endete in einer gewaltigen Trauerdemonstration der japanischen Werktätigen.

6. Der Fortschritt setzt sich durch

In einem Fall wie diesem, in dem der Täter ganz offensichtlich nur
ausführender Arm der Intentionen anderer ist, stellt sich naturgemäß
die Frage, wem das Verbrechen einen Vorteil erbrächte, die Frage
cui bono? Die Antwort ließ nicht lange auf sich warten. Während
der jugendliche Mörder in seiner Zelle Selbstmord beging, begannen
die eigentlichen Nutznießer dieser Tat, das Verbrechen für sich nutzbar zu machen.

Schon am 14. Oktober 1960 veröffentlichte die »Frankfurter Allgemeine Zeitung« eine Nachricht aus Tokio vom Vortag: »Die Stabilität
der Regierung Ikeda scheint bedroht, der erwartete Sieg der liberaldemokratischen Regierungspartei bei den Parlamentswahlen im November in Frage gestellt. Das Kabinett beschloß eine Reihe von
Maßnahmen, um einer Wiederholung der Unruhen vorzubeugen,
die im Sommer zum Sturz des Ministerpräsidenten Kishi geführt
hatten.« Einige Zeilen weiter konnte man lesen: »Ministerpräsident
Ikeda warnte am Donnerstag vor neuen Ausschreitungen, die nur
die Demokratie gefährden könnten. Ikeda sagte, er sei entschlossen,
gegen jeden Terror, ob von links oder von rechts, scharf vorzugehen.« Ein paar Tage später, am 19. Oktober 1960, berichtete die-
selbe Zeitung, daß Ikeda den ermordeten Vorsitzenden der Sozialistischen Partei als einen »großen Sozialisten und ehrenwerten
Gegner« gewürdigt und im Reichstag vor dem Bilde Asanumas feierlich erklärt hätte: »Ich schwöre ihnen allen, daß ich künftig nicht
mehr die Ansicht tolerieren werde, daß der Zweck die Mittel hei-
ligt.« Und am 21. Oktober 1960 berichtete die Frankfurter Allgemeine schließlich vom Vortage aus der japanischen Hauptstadt, daß
anläßlich der Trauerfeier in dem Saal, in dem Asanuma ermordet
worden ist, der Ministerpräsident Ikeda versprochen habe, »er
werde sein äußerstes tun, um die für den Tod seines politischen
Gegners verantwortlichen Elemente auszulöschen«. – Soweit die
Worte.

Zu den Taten: Im Juni 1961 reichte die Ikeda-Regierung dem
Parlament eine Gesetzesvorlage über die sogenannte Verhütung politischer Gewalttaten ein. Anlaß der Vorlage, so wurde demagogisch
erklärt, seien der Mord an Asanuma und die anderen Anschläge auf
japanische Demokraten in der jüngsten Vergangenheit.

Das Gesetz selbst entpuppte sich aber als nichts anderes als eine

Kopie des vor dem Kriege erlassenen »Gesetzes zur Wahrung der öffentlichen Ruhe«. Nach Einschätzung der Kommunistischen Partei Japans hatte es das Ziel, die wachsende Bewegung für Frieden, Neutralität, Unabhängigkeit und Demokratie zu unterdrücken. Die Tätigkeit der demokratischen und Massenorganisationen sollte drastisch eingeschränkt werden. Die Gesetzesvorlage sah ein generelles Verbot von Demonstrationen in der Nähe des Parlamentes und des Regierungssitzes des Ministerpräsidenten vor. Zugleich wollte die Regierung eine polizeiliche Überwachung der Tätigkeit der fortschrittlichen Parteien und Organisationen einführen. Ferner waren Sondervollmachten für die Polizei zur Unterdrückung der demokratischen Bewegung und zur direkten Einmischung der Polizei in die Tätigkeit der gewerkschaftlichen und sonstigen demokratischen Organisationen vorgesehen. Insgesamt, so faßten Japans Kommunisten zusammen, würde das Gesetz nur der Wiederherstellung eines Systems der Denunziation und Spionage sowie der Verfolgung japanischer Bürger wegen ihrer politischen Überzeugung dienen.

Die Kommunistische Partei Japans und die Sozialistische Partei trugen im Parlament ihren entschiedenen Protest gegen diese Gesetzesvorlage vor. Der Hauptkampf fand allerdings außerhalb der Mauern des Parlaments statt. Es entstand eine neuerliche Massenbewegung zum Schutze der demokratischen Rechte und verfassungsmäßigen Freiheiten. Im ganzen Lande wurden Massenkundgebungen und Protestdemonstrationen vom Generalrat der japanischen Gewerkschaften organisiert, zugleich fanden Unterschriftensammlungen für die Absetzung der Gesetzesvorlage statt. In Tokio formierten sich gewaltige Demonstrationszüge, die zum Parlament zogen und dort kommunistischen und sozialistischen Abgeordneten Protestpetitionen für das Parlament übergaben. In allen großen Städten fuhren Lautsprecherwagen durch die Straßen, mit deren Hilfe Wissenschaftler und Funktionäre aller demokratischen Organisationen die Bevölkerung über den Inhalt und das Ziel der reaktionären Parlamentsvorlage aufklärten. Überall im Lande kam es zu spontanen Streiks.

Es entstand eine Einheitsfront der Kommunistischen Partei, der Sozialistischen Partei, des Generalrats der Gewerkschaften, des neuen Kongresses der Industriegewerkschaften, der gesamtjapanischen Lehrergewerkschaft und anderer fortschrittlicher Organisationen. Die entstehende Protestbewegung ähnelte jener, die im Jahre 1958 das Polizeigesetz zu Fall gebracht hatte.

Schließlich wollte die Regierung den Gesetzentwurf in Abwesenheit der kommunistischen und sozialistischen Abgeordneten durchpeitschen. Dazu waren 5 000 Polizisten um das Parlament zusammengezogen worden, zu ihrer Verstärkung waren wieder Panzerwagen und Sonderfahrzeuge eingesetzt.

In 700 japanischen Städten fanden Demonstrationen statt, an denen über vier Millionen Japaner beteiligt waren. Ihre Losungen lauteten: »Nieder mit der Ikeda-Regierung des Rechtsbruches«, »Die Regierung der Liberaldemokratischen Partei soll zurücktreten«, »Der Faschismus kommt nicht durch«. In Tokio durchbrachen die Demonstranten die dichten Polizeisperren und drangen bis zum Parlament vor.

Bei den Zusammmenstößen mit der Polizei wurden Tausende Japaner verletzt.

Angesichts des mächtigen Protestes wagte die Regierung es nicht, auf der weiteren Behandlung der Gesetzesvorlage zu beharren. Die Debatte wurde zunächst einmal ausgesetzt.

Eine erneute Debatte im Oktober rief den abermaligen stürmischen Protest der Bevölkerung hervor und zwang die Regierung auch diesmal, die Diskussion der Gesetzesvorlage von der Tagesordnung des Parlaments abzusetzen.

Der Mord am Vorsitzenden der Sozialistischen Partei Japans, Inejiro Asanuma, erregte über die Grenzen des Landes hinaus weltweites Aufsehen. Dabei rief er unterschiedliche Reaktionen hervor. Während die kommunistischen und Arbeiterparteien das abscheuliche Verbrechen verurteilten und von der japanischen Regierung wirksame Maßnahmen zur Bekämpfung der faschistischen Gefahr verlangten, gab es — vor allem in den USA und der BRD — auch andere, bis zur Zustimmung reichende Reaktionen, die ein deutliches Bild der Haltung ihrer Urheber und der gesellschaftlichen Verhältnisse zeichnen, in denen sie geboren werden konnten.

Der kongolesische Robespierre

1. Stationen

Jean-Paul Sartre nannte ihn den »schwarzen Robespierre«, und er meinte damit Patrice Lumumba, jenen Mann, der am 30. Juni 1960 zum ersten Ministerpräsidenten der unabhängigen Republik Kongo berufen wurde.

So bezeichnete sich von nun an der Staat im Herzen Afrikas, der am gleichen Tage von dem »Mutterlande« Belgien in die Unabhängigkeit entlassen werden mußte, weil die ehemalige Kolonie durch die Belgier nicht mehr regierbar, nicht mehr beherrschbar geworden war. Damit endete, zunächst den Buchstaben nach, eine lange, lange Periode belgischer Kolonialherrschaft, die etwa um 1880 begonnen hatte.

Das heißt, um jene Zeit war Kongo eigentlich noch keine richtige Kolonie der Belgier, sondern — so unwahrscheinlich das auch klingen mag — Privatbesitz des belgischen Königs Leopold II.

In den Jahren 1875/76 nämlich hatte ein Amerikaner, ein gewisser Henry Morton Stanley, das Kongogebiet bereist und mit sicherem Gespür die großen finanziellen Möglichkeiten gewittert, die ihm seine Entdeckungen einbringen könnten, wenn er nur den richtigen Partner fand. Der besitzgierige Leopold II. war dieser Mann, und in seinem Auftrag reiste Stanley 1879 noch einmal in den Kongo und überredete 450 Häuptlinge des Kongobeckens, mit Leopold sogenannte Schutzverträge zur Bekämpfung des Sklavenhandels abzuschließen. 1884 gehörte dem belgischen König, nachdem bereits 1880 Leopoldville gegründet worden war, nahezu das gesamte riesige Kongogebiet, und er durfte sich von da an als den größten privaten Grundbesitzer Europas und der Welt bezeichnen.

Nachdem die Berliner Kongokonferenz, auf Initiative Bismarcks im Jahre 1884 zustande gekommen, die Privatkolonie Leopolds als

Patrice Lumumba im Juni 1960

»Kongo-Freistaat« anerkannt hatte, besaß der König der Belgier gewissermaßen die Beglaubigung der europäischen Mächte für seinen Herrschaftsanspruch. Jetzt begann er, sich im Kongo richtig zu Hause zu fühlen und das Land schamlos, mit barbarischen Methoden, auszuplündern. Er überzog den Kongo mit Militärstationen, belegte die Einwohner mit hohen Abgaben, trieb sie in den Dschungel, Kautschuk und Elfenbein heranzuschaffen, und verurteilte sie zu lebenslanger Zwangsarbeit.

Leopold hauste wie ein Vandale in seiner Privatkolonie, Hunderttausende Afrikaner starben in den Fesseln der Zwangsarbeit, und als das durch einen indiskreten Beamten der kongolesischen Verwaltung an die Öffentlichkeit gelangte, gab es einen internationalen

Skandal, der den König der Belgier zwang, sich von seinem Privatbesitz zu trennen und ihn für acht Millionen Goldmark 1908 dem
belgischen Staat zu überlassen. Rechnet man die 71 Millionen belgische Francs dazu, die er in den vorangegangenen 20 Jahren aus dem
Kongo herausgepreßt hatte, so kann man in etwa den Zoll an Blut,
Leid und Elend ermessen, den die Kongolesen dem raffgierigen
Leopold entrichten mußten.

Der Freistaat Kongo hieß von nun an Belgisch-Kongo. An die
Stelle der bis dahin vorwiegend feudalistisch betriebenen Ausbeutung trat jetzt die kapitalistisch organisierte Ausplünderung durch
die belgischen, später vorwiegend durch die amerikanischen Monopole. Eine Schlüsselstellung gewann dabei die Union Minière du
Haut Katanga, eine mächtige Tochtergesellschaft der Société Géné-
rale de Belgique, in der entgegen der Landesbezeichnung immer
mehr die amerikanischen Aktionäre den Ton angaben. Die Union
Minière du Haut Katanga beraubte das Land skrupellos seiner Bodenschätze: Kupfer, Zinn, Zink, Diamanten und Uran. Sie besaß
darüber hinaus zahlreiche verarbeitende Betriebe, beispielsweise der
Textil- und Zementindustrie, die wichtigsten Eisenbahnlinien Kongos und sogar eine eigene Polizei — kurz, sie war ein Staat im Staate.

Die Monopole indessen, die sich der Landwirtschaft bemächtigt
hatten, deformierten sie nach ihren Interessen, zwangen die Bauern,
Kulturen nach ihren Wünschen anzubauen, so daß die Landleute
nicht mehr fähig waren, vom Ertrag ihres Bodens zu leben und zusehends verelendeten. Der Kongo wurde immer mehr von Nahrungs-
mittelimporten abhängig.

Gewaltige Gewinne flossen aus dem Kongo in die Taschen der
ausländischen Monopole — der belgischen, der amerikanischen, der
britischen, der französischen und nicht zuletzt der deutschen.
60 Milliarden Francs preßten sie in zehn Jahren aus dem Kongo
heraus. Die Masse der kongolesischen Arbeiter und Bauern aber ve-
getierte unter dem Existenzminimum.

Als die deutschen Faschisten am 10. Mai 1940 Belgien überfielen,
nutzten die Amerikaner die Gunst der Stunde, um ihre Präsenz im
Kongo vollständig zu machen. Belgisch-Kongo behielt zwar seinen
Namen, aber legt man den politischen und ökonomischen Einfluß
Amerikas auf die Waage, so hätte es Amerikanisch-Kongo heißen
müssen. Der Kongo wurde faktisch zu einer Kolonie der USA. In
den belgischen Kolonialbehörden gaben nun die Beauftragten der
amerikanischen Regierung und der amerikanischen Monopole den

Ton an. Sie nannten sich zwar schlicht und einfach Ratgeber, aber ihr Rat hatte den Status eines Befehls.

Die Union Minière du Haut Katanga hätte eigentlich nach Morgan umbenannt werden müssen, denn dieser mächtigen amerikanischen Finanzgruppe gehörte jetzt die absolute Mehrheit der Aktienpakete. Die kolonialistisch veralteten Methoden der Union Minière wurden durch das raffinierte Management der Amerikaner ersetzt, das die Ausbeutung jedoch nicht milderte, sondern intensivierte. Allerdings wurde es den alten und neuen Kolonialherren mit der Zeit durch die Kongolesen immer schwerer gemacht, ihre Gewinne auf leichte Art ins Trockene zu bringen.

Schon die Soldaten des brutalen Leopold hatten es 1895 und in den beiden Folgejahren schwer, mit den Volksaufständen fertig zu werden. Mit der Herausbildung eines für die herrschenden Verhältnisse recht starken Industrieproletariats, wie es sich ganz zwangsläufig aus dem Monopolisierungsprozeß im Kongo ergab, mit der Proletarisierung großer Teile der Landbevölkerung bekamen die immer wieder aufflackernden Aufstände und Streiks eine gezieltere Stoßrichtung.

Der Zimmermann Simon Kimbangu, der nach 30 Jahren Haft 1950 in den Kerkern der Kolonialherren starb und der als Gründer der protestantischen Kirche im Kongo gilt, brachte 1921 nahezu die ganze kongolesische Bauernschaft gegen die Kolonialherren in Bewegung. Er wurde zu einem Messias, weil er den Bauern versprach, was sie aus ganzem Herzen wünschten, nämlich die Vertreibung der Weißen, die Gott sehr bald schon aus dem Lande jagen würde.

1941 schließlich wurde die Provinz Katanga, das Herrschaftsgebiet der Union Minière, durch einen mächtigen Generalstreik der Bergarbeiter erschüttert, dem kurz darauf schon weitere Streiks, zum Beispiel in der Hafenstadt Matadi, folgten. Unmittelbar nach dem zweiten Weltkrieg kam es zu mehreren Aufständen gegen die Kolonialmacht, sowohl in der Ost- als auch in der Äquatorialprovinz Kongos. Die Barrikaden setzten Achtungszeichen. Schwere Zeiten brachen für die Kolonialherren an.

Natürlich hatten die Streiks, beispielsweise der Bergarbeiter in der Provinz Katanga, auch ökonomische Ziele. Lohnerhöhung und vor allem Verfügungsgewalt über die Löhne, die die kongolesischen Arbeiter — eine Quelle von Extraprofit für die Unternehmer — vorwiegend in Naturalien ausgezahlt erhielten, standen im Mittelpunkt der Streiks. Gleichzeitig ging es den Streikenden um die Beseitigung der

Rassendiskriminierung, wie sie auch in den unterschiedlichen Löhnen, die Schwarze und Weiße für die gleiche Arbeit erhielten, zum Ausdruck kam. Aber die Streiks trugen auch politischen Charakter, waren gegen die Kolonialherrschaft an sich gerichtet und gegen die politische Entmündigung eines ganzen Volkes.

So sehr sich die Besitzenden im »Mutterland« auch bemühten, Belgisch-Kongo von der Befreiungsbewegung, die auf dem afrikanischen Kontinent immer festeren Fuß faßte, hermetisch abzuschirmen, es blieb ein aussichtsloses Unterfangen.

Worte, wie sie der ghanesische Präsident Kwame Nkrumah 1958 auf der ersten Völkerkonferenz Afrikas in Accra fand, rüttelten auf und ließen sich nicht totschweigen: »Die Befreiung Afrikas ist die Aufgabe der Afrikaner. Nur wir selbst können uns befreien. In unserer Zeit muß ganz Afrika frei werden, denn diese Mitte des zwanzigsten Jahrhunderts gehört Afrika!«

Zu den drei unabhängigen afrikanischen Staaten, die 1950 auf dem Kontinent existierten, waren acht Jahre später bereits neun hinzugekommen. Das Kolonialsystem zerfiel, und dieser Prozeß machte auch um »Belgisch-Kongo« auf die Dauer keinen Bogen.

Die Kolonialherren sahen sich schließlich, wollten sie die Konfrontation mit den Aufständischen nicht auf die Spitze treiben, zu Zugeständnissen gezwungen und mußten die Bildung politischer Organisationen gestatten. So wurde im Kongo 1946 die Gewerkschaftsorganisation, wenn auch unter scharfer Kontrolle stehend, zugelassen. In der Folgezeit entstanden auch politische Parteien. Die Absicht der Kolonialherren aber verkehrte sich ins Gegenteil. Gerade die politischen Parteien wurden, je nach ihrem Programm natürlich sehr unterschiedlich, mehr und mehr zu Sammelpunkten, zum Rückgrat der kongolesischen Befreiungsbewegung.

Zu diesen Parteien gehörte zum Beispiel die »Alliance des Bakongo«, die »ABAKO«, an deren Spitze der spätere Präsident und Gegenspieler Patrice Lumumbas, Joseph Kasavubu, stand. Sie wurde 1950 gegründet und verschrieb sich zunächst der Pflege von Kultur und Sprache, entwickelte sich jedoch innerhalb von fünf Jahren zu einer konsequenten Verfechterin der kongolesischen Unabhängigkeit. Daß sie einen föderierten Kongostaat wünschte, der alle Gebiete des ehemaligen alten kongolesischen Kaiserreichs, auch außerhalb Belgisch-Kongos, umfassen sollte, ist dabei zunächst eine sekundäre Frage. Wichtig ist, daß diese Partei sofortige Unabhängigkeit forderte.

Den zweifellos größten Einfluß gewann in den folgenden Jahren die Kongolesische Nationalbewegung, die Mouvement National Congolais, kurz MNC genannt. Ihr Gründer und Führer war Patrice Lumumba. Unter den Programmen aller kongolesischen Parteien verfügte die Partei Lumumbas zweifellos über das revolutionärste. Es verlangte nicht nur die sofortige Unabhängigkeit von Belgien, sondern trat im Gegensatz zur ABAKO für einen starken zentralisierten kongolesischen Staat ein, in dem für Stammespartikularismus kein Platz sein sollte. Patrice Lumumba hatte als Führer dieser Partei mit einer Delegation an der Konferenz von Accra teilgenommen und war dort in die ständige Kommission dieser Konferenz gewählt worden.

Neben diesen fortschrittlichen Parteien waren jedoch auch solche entstanden, die offen von den Imperialisten unterstützt wurden. Dazu zählte vor allem die Congres National du Katanga, die CONAKAT, die von Moise Kapende Tschombé geführt wurde und auf Kollaboration mit den ausländischen Monopolherren bedacht war. So wie der Feudalherr und leidenschaftliche Antikommunist Tschombé das gekaufte Subjekt der Union Minière war, so gehörte auch seine Partei dem Konzern und unterstützte dessen politische Ziele.

In den Führern dieser drei entscheidenden Parteien, der ABAKO, der MNC und der CONAKAT, standen sich zugleich die Hauptakteure jener Tragödie gegenüber, die schon kurz nach Erlangung der Unabhängigkeit über den Kongo hereinbrechen sollte.

Patrice Lumumba, ein leidenschaftlicher Patriot, ein glühender Kämpfer gegen die Kolonialherrschaft, unbestechlich in der Sache, die er vertrat, begabt, mit hoher Intelligenz und Führungsqualitäten, ist der progressive, kompromißlose Pol in der Befreiungsbewegung.

Joseph Kasavubu, der eine katholische Missionsschule besuchte und danach Theologie studierte, dann Lehrer und viele Jahre lang Angestellter der Finanzverwaltung in Belgisch-Kongo war, ist ein Zauderer und ein Schwankender, der in den entscheidenden Stunden die Unabhängigkeit verraten wird.

Moise Kapende Tschombé, ein schillernder Volksverführer, hat eigentlich überhaupt keine Gesinnung. Auch Antikommunist ist er eigentlich nur, weil es ihm lukrativ erscheint. Alles, was er tut, geschieht aus persönlichem Machthunger und aus Geldgier. Er hat seine politischen Talente an die Union Minière gegen horrende

Summen verschachert und bereitwillig die Beseitigung Lumumbas übernommen.

So in etwa war die Situation in Belgisch-Kongo. Es brodelte im Lande, und dieses ständige, nie zur Ruhe kommende, nie aufhörende Brodeln machte die Kolonialmacht nervös. Ein Nervöser aber, ein immer Bedrängter, verliert leicht die Beherrschung. Und genau dies geschah am 4. Januar 1959. Die Geschehnisse dieses Tages haben der Unabhängigkeitsbewegung einen Schub gegeben, wie er stärker nicht sein konnte. In wenigen Monaten trieben die Ereignisse jetzt einem Punkte zu, der andernfalls vielleicht erst in Jahren erreicht worden wäre. Mit diesem 4. Januar 1959 schaufelten sich die Kolonialherren ihr eigenes schnelles Grab. Was war geschehen?

Die ABAKO hatte für diesen Tag in Léopoldville eine Versammlung angesetzt. Die Kolonialbehörden reagierten impulsiv und scharf und verboten sie kurzerhand. Sie bedachten offenbar nicht, daß die Gemüter der Bewohner bis zum Sieden erhitzt waren und daß es nur eines geringfügigen Anlasses bedurfte, um den Zorn zum Überkochen zu bringen.

Auf dem Weltmarkt waren die Kupferpreise rapide gesunken. Das hatte empfindliche Konsequenzen für die soziale Lage der Arbeiterklasse im ganzen Land. 1959 waren von Arbeitslosigkeit Millionen Kongolesen betroffen, die, da man eine Arbeitslosenunterstützung in Belgisch-Kongo selbstverständlich nicht kannte, ohne einen Pfennig zum Leben dahinvegetierten, auf Betteln oder auf die Wohlfahrt von Bekannten oder Verwandten angewiesen waren.

In diese von wirtschaftlicher Not geprägte, geladene Atmosphäre platzte in Léopoldville das unbedachte Verbot der ABAKO-Versammlung wie eine Bombe. Ganz Léopoldville geriet aus den Fugen. Für Tage gehörten die Straßen und Plätze den Massen. »Weg mit dem Kolonialismus. Es lebe die Unabhängigkeit!« Dieser Ruf dröhnte den Belgiern unheilverkündend im Ohr, und sie mußten Polizei, Fallschirmjäger und andere Armee-Einheiten einsetzen, um der Lage Herr zu werden und den Aufstand im Blut zu ersticken. Zumindest vorübergehend in Léopoldville. Aber das Feuer des Aufruhrs auszulöschen, gelang den Belgiern nicht mehr. Die Ereignisse in Léopoldville wurden zum Signal für den Aufstand auch in anderen Städten Kongos, in Stanleyville, Elisabethville, Matadi und weiteren Städten, dem sich auch große Teile der Landbevölkerung anschlossen.

In Brüssel bekam der Kolonialminister demonstrativ seine Papiere, und König Baudouin versprach, um die Gemüter zu besänftigen, einen neuen Kurs. Es war nichts weiter als ein neuer Mantel für die alte Sache. Damit jedoch waren die Kongolesen nicht mehr zur Ruhe zu bringen. Patrice Lumumba und die von ihm geführte MNC setzten sich immer mehr an die Spitze der Aufstands- und Streikbewegung des Jahres 1959. Die Forderungen waren unmißverständlich: sofortige Volksbefragung über die Schaffung einer provisorischen Regierung im Juli 1960 und über die Bildung einer gesetzgebenden Versammlung, Freilassung aller politischen Gefangenen, Herstellung der Versammlungs- und Pressefreiheit.

Die belgische Kolonialmacht mußte dem Druck der Volksbewegung weichen und sich mit deren Vertretern in Brüssel an den Verhandlungstisch setzen. Und sie wurde zu einem weiteren Zugeständnis gezwungen, nämlich Lumumba, der im Oktober 1959 eingekerkert und wie ein Hund an die Kette gelegt worden war, freizulassen und ihm die Teilnahme an den Verhandlungen zu ermöglichen. Sie schlossen mit dem Ergebnis, Kongo am 30. Juni 1960 in die Unabhängigkeit zu entlassen.

Noch meinte die belgische Kolonialmacht, daß damit nichts verloren sei. Sie hoffte, daß aus den Wahlen eine ihr genehme Regierung hervorgehen würde. Allein das kongolesische Volk zerstörte mit seinem eindeutigen Votum auch diese Hoffnung. Die MNC errang einen überwältigenden Sieg, erhielt von allen Parteien die meisten Parlamentssitze und stellte damit den Ministerpräsidenten: Patrice Lumumba! Präsident der Unabhängigen Republik Kongo, wie sich das ehemalige Belgisch-Kongo seit dem 30. Juni 1960 nannte, wurde Joseph Kasavubu. Aber auch Moise Tschombé war es gelungen, mit seiner CONAKAT ins Parlament zu gelangen. Die künftigen Mörder Lumumbas saßen mit im Parlament.

2. 68 Tage

An jenem 30. Juni 1960 wehte zum ersten Male die Fahne der Unabhängigen Republik Kongo vor dem Palais de la Nation in Léopoldville. Strahlend hoben sich die sieben fünfzackigen, leuchtend gelben Sterne von dem blauen Untergrund ab. Mit unguten Gefühlen sah der belgische König Baudouin, der der Proklamation der Unabhängigen Republik beiwohnte, die Fahne am Mast emporsteigen. Die Rede Lumumbas war nicht dazu angetan, die Gefühle Baudouins zu bessern. Sie machte dem belgischen König klar, daß Patrice Lumumba die Unabhängigkeit keineswegs als ein belgisches Geschenk betrachtete, für das man dem ehemaligen Herrn Dankbarkeit bezeigen müsse. »Obwohl die Unabhängigkeit des Kongo heute proklamiert worden ist, kann kein Kongolese, der diese Bezeichnung verdient, je vergessen, daß sein Land in einem täglichen Kampf erobert werden mußte. Es war ein hitziger, von unseren Idealen getragener Kampf, in dem uns keine Entbehrungen, keine Leiden und kein Blutvergießen erspart blieben. Wir fochten diesen gerechten und edlen Kampf aus, um der entehrenden Sklaverei ein Ende zu setzen, die uns durch ein beschämendes Regime der Unterdrückung auferlegt wurde.«

König Baudouin wartete vergeblich auf jenes Lob für die belgische Zivilisationsarbeit im Kongo, das, wie er wußte, auf Drängen von Kasavubu in die Rede eingeflochten werden sollte. Lumumba hatte sich dem Wunsche Kasavubus widersetzt und war Sieger geblieben. Im Gegenteil, anstelle eines Lobes bezeichnete der Ministerpräsident die fast hundertjährige Herrschaft der Belgier als ein beschämendes Regime.

Und wie anders als eine Kampfansage sollte man den Schluß seiner Rede verstehen: »Man hat uns beleidigt, weil wir Neger sind. Wir werden der ganzen Welt zeigen, was der Neger vermag, wenn er in Frieden arbeiten kann. Wir werden Kongo in ein Zentrum ganz Afrikas verwandeln!«

Die Glückwünsche des Königs zur Unabhängigkeit fielen kühl und reserviert aus. Verstimmt und in tiefem Nachdenken reiste Baudouin nach Brüssel zurück. Das neue Regime im Kongo verhieß nichts Gutes für die Zukunft.

Aufmerksam registrierten die Regierungen und die Monopolherren in den nächsten Tagen jede Äußerung, jeden Schritt Lumumbas. Und mit allem, was Lumumba tat, was er sagte, sahen sie ihre Felle immer schneller den Kongo hinunterschwimmen.

Oder muß es etwa die im Kongo engagierten imperialistischen Staaten nicht mit Sorge erfüllen, wenn Lumumba an den von Belgien aufgezwungenen Verträgen rüttelt? Der neue erste Mann im Kongo erklärt allen Ernstes: »Man hat diese Verträge ohne Wissen der kongolesischen Bevölkerung unterschrieben und nicht nach unserer Meinung gefragt. Wir können sie deshalb nicht anerkennen und werden alle Abkommen und Verträge mit der belgischen Regie-

Staatsbesuch des kongolesischen Ministerpräsidenten Lumumba in Conakry.
Rechts der Staatspräsident von Guinea, Sekou Touré

rung erneut diskutieren. Was uns nicht gefällt, werden wir ablehnen.«

Ist es beruhigender, wenn dieser gleiche Mann sich und dem kongolesischen Volk vorbehält, Freundschaften und Wirtschaftsbeziehungen nach eigenem Ermessen, auch mit den sozialistischen Ländern zu pflegen? Will dieser Lumumba vielleicht die Russen in den Kongo holen? Ist es für die Aktionäre der Union Minière und ihre Komplizen aus anderen Ländern nicht Grund genug zur Besorgnis, wenn der Ministerpräsident der Unabhängigen Republik Kongo ankündigt, in Zukunft die Tätigkeit der ausländischen Gesellschaften streng zu kontrollieren, um das Land vor weiterer imperialistischer Plünderung zu schützen? Und was soll man tun, wenn er die zu einem Agreement hingestreckte Hand ausschlägt? Haben nicht Präsident Eisenhower und sein Außenminister Herter dem kongolesischen Ministerpräsidenten unter der Voraussetzung einer gemäßigten Politik großzügige Wirtschaftshilfe angeboten? Und hat

Lumumba dieses Angebot nicht mit der Bemerkung zurückgewiesen, daß sich die Unabhängige Republik Kongo ihre Politik unter allen Bedingungen und unter allen Umständen selber vorbehalte, daß ihre Politik unerpreßbar sei? Ist nicht höchste Gefahr im Verzuge, wenn der neue Premier die Armee dem Oberbefehl der Regierung unterstellt? Ist das nicht ein deutliches Zeichen für die Entschlossenheit, die kongolesische Revolution notfalls mit der Waffe in der Hand zu verteidigen und die Entschlüsse der Regierung auch mit Gewalt durchzusetzen?

Sehr viel stand im Kongo für die ausländischen Monopole und die imperialistischen Regierungen auf dem Spiel. Zuviel, als daß sie tatenlos zusehen konnten, wie Lumumba sein Programm verwirklichte.

Nicht nur globale politische Interessen des Imperialismus brachte das Programm Lumumbas in Gefahr, sondern auch die Milliardenbeträge an Kapital, die die ausländischen Monopole im ehemaligen Belgisch-Kongo investierten. Ganz zu schweigen von den belgischen, französischen, englischen und bundesdeutschen hatten allein die USA-Monopole im Kongo mehrere hundert Millionen Dollar Investitionen zu verlieren und einen ergiebigen Markt dazu, den sie seit Jahren mit Fertigwaren vollpumpten. Er war jetzt um so lukrativer geworden, als die USA-Monopole ihre Konkurrenten in den letzten Jahren mit Dumping-Preisen nahezu vollständig aus dem Felde geschlagen hatten.

Und schließlich gab es für die USA auch handfeste militärische Interessen im Kongo. Sie betrafen nicht nur solche militärisch wichtigen Rohstoffe wie das Uranerz, sondern auch Truppenstützpunkte, Flugplätze und strategische Verbindungswege.

Sich mit Lumumba auf Kosten der Unabhängigkeit des Landes zu verständigen und die alte Politik im neuen Gewande fortzusetzen, schied aus. Patrice Lumumba war unbestechlich und unerpreßbar in seiner politischen Überzeugung und in der Sache, die er vertrat. Vielleicht eben deshalb hat ihn Jean-Paul Sartre als den »schwarzen Robespierre« bezeichnet. Also gab es für seine Gegner keinen anderen Weg, als den Ministerpräsidenten und seine rechtmäßige Regierung zu beseitigen.

Das internationale Komplott gegen Lumumba kam zunächst auf leisen Sohlen. Es begann mit einer großangelegten Sabotage, mit dem Abzug der weißen Fachkräfte, denen Lumumba seinen ausdrücklichen Schutz und ungestörte Weiterarbeit zugesichert hatte.

Ingenieure, Ärzte, Lehrer, Kaufleute, Wirtschaftler, Manager verließen, von den zurückgebliebenen Handlangern der Monopole in Furcht und Panik versetzt, den Kongo. Sie rissen Lücken, die die Kongolesen nicht sofort schließen konnten, denn 1960 gab es im ganzen Land — eine der schlimmsten Seiten des kolonialen Erbes — nur 17 kongolesische Akademiker. Diese Nacht- und Nebelaktion brachte deshalb die Wirtschaft und das öffentliche Leben des Landes in eine schwierige Situation, für die, so hofften die Initiatoren, die Kongolesen die Regierung Lumumba verantwortlich machen würden.

Sie taten noch etwas: Sie kauften Gesinnungen im größten Stil, sie trieben Schacher mit politischen Überzeugungen und Haltungen. Jeder Politiker von nennenswertem Einfluß, der offene Hände und ein wankelmütiges, zum Verrate neigendes Herz besaß, konnte sich in diesen Wochen ein Vermögen verdienen. Auf diese Weise versuchten die Gewährsmänner der Monopole, die Basis der neuen Regierung zu schwächen und Lumumba Unterstützung zu entziehen. Es gab viele, die sich als bestechlich und untreu erwiesen.

Der Sabotage folgte die nackte, brutale Gewalt. Am 8. Juli 1960, nur eine reichliche Woche nach der Bildung der Regierung Lumumba und der Proklamation der Unabhängigen Republik Kongo, besetzten belgische Fallschirmjäger, die berüchtigten Paras, strategisch entscheidende Punkte des Landes, angeblich, um »Leben und Gut« der Europäer zu beschützen.

Die rechtmäßige kongolesische Regierung war machtlos, denn zu diesem Zeitpunkt hatte sie keine Streitmacht mehr, um sie gegen die Interventen in Marsch zu setzen. Lumumba nämlich hatte einen gefährlichen Fehler begangen, den schwerwiegendsten in seiner kurzen Amtszeit. Die Armee war zwar durch ein Dekret der Regierung unterstellt worden, aber die »Force publique« bestand aus Kolonialsoldaten, und die Offiziersstellen bekleideten Belgier. Die belgischen Offiziere vor allem hätten sofort ihrer Kommandostellen in der Armee entbunden werden müssen. Ihnen, die nach wie vor alle Nachrichtenmittel in ihren Händen hielten, gelang es in diesen kritischen Tagen, die Armee am 6. Juli schlagartig zu einer geschlossenen Meuterei zu bewegen. Die Soldaten verweigerten der Regierung den Gehorsam, zogen in tumultartigen Demonstrationen durch die Städte und forderten Solderhöhung und Beförderung.

Für die Besoldung der »Force publique« und damit auch für die Höhe der Besoldung trug zwar bis zum 30. Juni 1960, bis zum Tag der Unabhängigkeit, die belgische Regierung die Verantwortung, dennoch aber gelang es den belgischen Offizieren geschickt, den Unwillen der Soldaten über die schlechte Bezahlung gegen die neue Regierung zu richten. Die kongolesischen Soldaten der Armee waren im Geiste des Kolonialismus erzogen. Aus einem Kolonialsoldaten aber kann in einer reichlichen Woche nicht ein Soldat des Volkes, ein Soldat der Revolution werden. Und so fiel es den belgischen Offizieren relativ leicht, die Armee für die Ziele der Konterrevolution zu mißbrauchen.

Am 11. Juli rief Moise Tschombé die Republik Katanga aus, und Albert Kolonji proklamierte in der Provinz Kasai einen weiteren selbständigen Staat und sich selbst zum König und Kaiser seines rohstoffreichen Zwerglandes. In aller Eile wurde aus Landsknechten eine Söldnerarmee aufgestellt, die zusammen mit den belgischen Fallschirmeinheiten den Schutz der Union Minière und ihrer Marionetten Tschombé und Kolonji übernahm.

Damit war die junge Republik Kongo ihrer wichtigsten wirtschaftlichen Basis beraubt. Es begann ein Mord- und Schreckensregiment ohnegleichen.

Zu jenen Politikern, die offene Hände und ein untreues, verräterisches Herz besaßen, gehörte der Staatspräsident Joseph Kasavubu, der in diesen kritischen Wochen zum willfährigen Werkzeug der Amerikaner wurde. In einem Erlaß erklärte er Ministerpräsident Lumumba für abgesetzt. Jedoch war Lumumbas Anhängerschaft im Parlament noch so groß, daß es diesen Erlaß des Staatspräsidenten wieder aufhob. Der klug eingefädelte Staatsstreich war gescheitert.

In dieser für das Land äußerst kritischen Situation wandte sich Patrice Lumumba hilfesuchend an die Weltöffentlichkeit, vor allem an die UNO.

Selbstverständlich, daß er diese Hilfe vor allem bei der Sowjetunion und den anderen sozialistischen Ländern fand. Die Sowjetunion schickte nicht nur sofort Lebensmittel und Medikamente in das von blutigen Wirren und Unruhen zerrissene Land, sondern verurteilte zugleich entschieden die imperialistische Verschwörung gegen die junge Unabhängige Republik Kongo. Daß sich die Lebensmittel- und Medikamentesendungen durch die amerikanische Propaganda in sowjetische Soldaten und Panzer verwandelten, darf in diesem Zusammenhang um so weniger verwundern, als ja mit solchen Lügenmärchen die Bedrohung amerikanischer Interessen begründet und eigene Schritte zur Festigung des amerikanischen Einflusses im Kongo gerechtfertigt werden sollten.

Am 13. Juli übergab der sowjetische Außenminister Andrej Gromyko den Botschaftern Belgiens und der USA in Moskau eine Erklärung der sowjetischen Regierung, in der die Westmächte für die Aggression im Kongo voll verantwortlich gemacht wurden. Gleichzeitig verlangte die Sowjetunion entschiedene Entschlüsse des Sicherheitsrates und Maßnahmen der UNO, um die Aggression zu unterbinden.

So kam einen Tag später auf Drängen der Sowjetunion eine Resolution des Sicherheitsrates zustande, die den sofortigen Abzug der Interventen und die Wiederherstellung der territorialen Einheit der Unabhängigen Republik Kongo mit Hilfe von UNO-Truppen forderte.

Auch die USA hatten dieser Resolution zugestimmt. Zunächst des schlechten Eindrucks wegen, den eine Ablehnung auf die Weltöffentlichkeit machen mußte, mehr noch aber deshalb, weil es sich unter der Flagge der UNO gut segelte, weil die USA meinten, die Belgier mit Hilfe der Weltorganisation endgültig aus dem Kongo hinauswerfen und sich selber noch fester in den Sattel setzen zu können. Zu diesem Zeitpunkt wußten die USA bereits, daß sie von den UNO-Truppen für ihre Interessen im Kongo nichts zu befürchten hatten.

Als Patrice Lumumba in New York eintraf, um im Hauptsitz der UNO Generalsekretär Hammarskjöld dringend um die Entsendung von UNO-Truppen zu ersuchen, sagte Hammarskjöld zu. Aber er schickte vorwiegend Truppenkontingente aus NATO-Staaten in den Kongo, und wenn nicht, dann sorgte er zumindest dafür, daß die entscheidenden Kommandostellen von Offizieren der NATO besetzt waren.

Die UNO-Truppen hatten Weisung, die Grenzen zu Katanga nicht zu übertreten. Damit wurde die Resolution des Sicherheitsrates, die die Wiederherstellung der nationalen Einheit des jungen Kongostaates mit Hilfe der UNO-Truppen forderte, unterlaufen.

Statt der Provinz Katanga besetzten die UNO-Truppen die Rundfunkstation der Hauptstadt und sämtliche Flugplätze des Landes, und zwar mit der eindeutigen Absicht, den Aktionsspielraum der rechtmäßigen Regierung einzuengen. Denn wie anders soll man diese Absicht bezeichnen, wenn Lumumba der Zutritt zur Rundfunkanstalt verwehrt, wenn ihm und den progressiven Ministern der

Regierung die Benutzung der Flugplätze durch die kommandierenden UNO-Offiziere untersagt wurde. Lumumba sollte weder die
Möglichkeit haben, über den Rundfunk das kongolesische Volk zur
Einheit, zur Entschlossenheit und zum Widerstand gegen die imperialistische Verschwörung aufzurufen, noch sollte er schnell dorthin
gelangen können, wo es seiner Anwesenheit dringend bedurft hätte.

Das war nicht der versprochene Schutz, das war Sabotage, das
war selbst Teil jener Verschwörung, die die Imperialisten angezettelt
hatten. Lumumba forderte deshalb am 14. August in einer Note an
Hammarskjöld energisch, alle nichtafrikanischen UNO-Kontingente
aus dem Kongo unverzüglich abzuziehen.

Vier Tage später, am 18. August, wurde die Ermordung Lumumbas endgültig beschlossen. An diesem 18. August tagte der Nationale
Sicherheitsrat der USA. Wie Robert Johnson, ein Beamter dieses Rates, und Douglas Dillen, der stellvertretende Außenminister der
USA, später aussagten, erklärte Eisenhower auf dieser Sitzung: »In
Kongo gibt es nur einen einzigen Mann, der gegen uns ist — und das
ist Lumumba.« Die anwesenden Politiker sahen fragend auf den Präsidenten. Eisenhower indessen wandte sich dann direkt an den Ge-
heimdienstchef Allen Dulles: »Wir müssen es so machen, daß wir
ihn loswerden.«

Dulles zögerte keinen Augenblick, die Bemerkung des Präsidenten als klaren Befehl an Richard Bissel, CIA-Vizedirektor für ver-
deckte Aktionen, weiterzugeben: »Leiten Sie alles Erforderliche zur
Beseitigung Lumumbas ein!«

Der CIA-Resident in Léopoldville erhielt am 26. August die tele-
grafische Anweisung: »Im Kongo ist eine typische Machtergreifung
der Kommunisten im Gange. Lumumba ist deshalb sofort zu beseitigen. Gewaltakte sind geheimzuhalten.« Übrigens ließ sich Washington die Sache 100 000 Dollar kosten.

Am 14. September putschte in Léopoldville das Militär gegen die
rechtmäßige Regierung. Lumumba wurde von Staatspräsident Kasavubu für abgesetzt erklärt, das Parlament aufgelöst. Die Regierung
übernahm ein sogenannter Rat der Kommissare. Die UNO-Truppen,
nach Kongo und nach Léopoldville zum Schutz der rechtmäßigen
Regierung beordert, standen Gewehr bei Fuß. Sie hatten Befehl, weder direkt noch sonst in irgendeiner Weise einzugreifen.

Wahrscheinlich sah der gegen Lumumba ausgeheckte Mordplan
zunächst vor, den Ministerpräsidenten im Rahmen dieser Nacht-
und Nebelaktion der Putschisten zu ermorden. Lumumba jedoch ge-

lang die Flucht aus Léopoldville, und er stellte sich außerhalb der Stadt unter den Schutz eines ihm freundlich gesonnenen ghanaischen UNO-Kontingents.

Lumumba war nun zwar abgesetzt, aber solange er lebte, bildete er eine Gefahr für die Pläne des Imperialismus. Bronson Tweedy, der Leiter der Afrika-Abteilung der CIA, meinte zynisch, daß der beste Lumumba ein toter Lumumba sei und drängte energisch auf seine physische Beseitigung. Zunächst versuchte man es mit Gift, und der Biochemiker Sidney Gottlieb, selbstverständlich ebenfalls der CIA zugehörig, wurde in Richtung Kongo in Marsch gesetzt.

Da aber die Ein- und Ausgänge des Camps, in dem sich Lumumba befand, sehr gut bewacht waren, scheiterte dieser Plan offensichtlich.

Gottlieb wurde jetzt von einem neuen CIA-Agenten, einem gewissen Mulroney, abgelöst, der die weitere Leitung der Mordaktion in die Hand nahm.

Am 27. November 1960 flüchtete Patrice Lumumba angeblich aus dem Camp, mit dem Ziel, Stanleyville zu erreichen — wo inzwischen Antoine Gizenga die progressiven Kräfte um sich scharte und von dort aus die rechtmäßige Regierung weiterzuführen versuchte. Das Wort »angeblich« ist hier ganz bewußt eingefügt, denn von einer Flucht konnte allem Anschein nach gar keine Rede sein. Es wäre durchaus glaubhaft, daß die ghanaischen Truppen Lumumba gestattet hätten, das Lager zu verlassen. Völlig unwahrscheinlich aber ist, daß er unentdeckt den Soldaten der Putschisten, die alle Campausgänge scharf bewachten, entgangen und entkommen sein sollte. Es gibt nur eine einzige Erklärung: Diese »Flucht« wurde, Lumumba täuschend, organisiert, und zwar von jenem CIA-Agenten Mulroney. Organisiert mit dem Ziel, ihn auf dem Weg nach Stanleyville in einen Hinterhalt zu locken und seinen politischen Gegnern in die Hände zu spielen.

Und so geschah es denn auch. Bei dem Orte Mweka wurde Lumumba am 2. Dezember 1960 ergriffen, nachweislich direkt unter den Augen einer ghanaischen UNO-Einheit, die Anstalten machte, Lumumba zu befreien. Die Soldaten wurden jedoch in dieser Minute von dem kommandierenden Offizier daran gehindert, der soeben aus New York telefonisch die Anweisung erhalten hatte, »Lumumba nicht zu befreien oder sonst in irgendeiner Weise einzugreifen«. Lumumba wurde in das Lager Thysville gebracht, schon da unter Kolbenstößen, Ohrfeigen und Fußtritten. Aber es

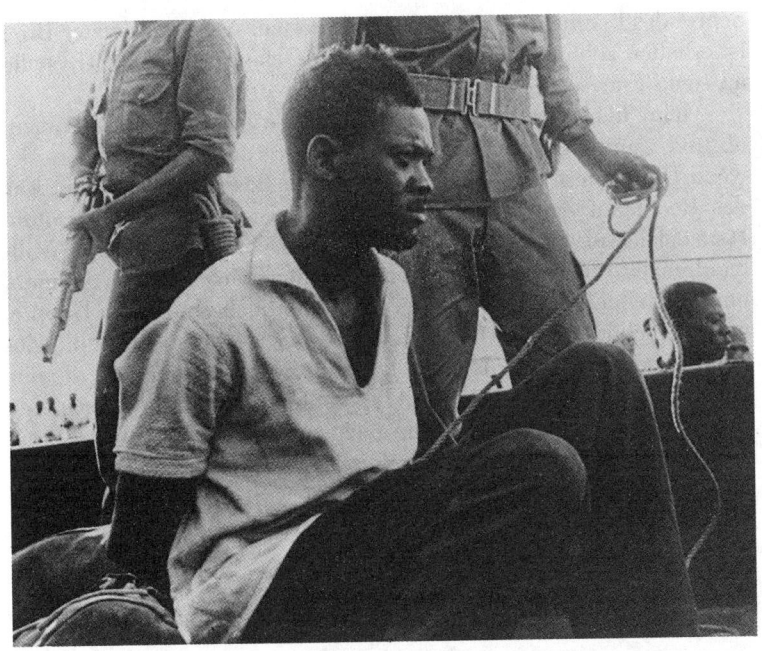

Von entmenschten Söldnern wird Patrice Lumumba am 2.Dezember 1960
gefesselt in ein Militärlager bei Léopoldville verschleppt

war gelinde im Vergleich zu dem, was Lumumba in den folgenden
Tagen noch an bestialischen Grausamkeiten erwarten sollte.

Während seiner Haft in Thysville hat man versucht, Patrice Lumumba durch Überredung, und als dies nichts half, durch Folter
zum Verrat an der Sache des kongolesischen Volkes zu bewegen. Einigen weiterdenkenden Politikern mag vielleicht klar geworden sein,
daß ein verräterischer Lumumba ihren Plänen nützlicher sein
könnte als ein Märtyrer, zu dem ihn das kongolesische Volk zweifellos nach seinem Tode erheben würde. Unter dieser Voraussetzung
waren sie bereit, den ursprünglichen Plan aufzugeben und Lumumba am Leben zu lassen.

Aber es war vergebliche Mühe. Einen Mann wie Lumumba
konnte nichts zum Verrat bewegen. Weder Versprechen noch Drohung, weder Geld noch Folter. Sein Herz war lauter und seiner Sache ergeben, bis zum Tode. Auf alle Angebote schwieg er. Kein
Wort kam über seine Lippen. Keine Antwort, ja nicht einmal ein

187

Schrei des Schmerzes, wenn sie ihn folterten. Aber sein letzter Brief ist erhalten geblieben, den er aus seiner Gefangenschaft in Thysville an seine Frau schrieb. Er enthält die Antwort:

»Meine liebe Frau! Ich schreibe Dir diese Zeilen, ohne zu wissen, ob und wann Du sie bekommst und ob ich am Leben sein werde, wenn Du sie liest. Das einzige, was wir für unser Land wollten, war das Recht auf eine menschenwürdige Existenz, auf Würde ohne Heuchelei, auf Unabhängigkeit ohne Einschränkung. Keine Mißhandlungen, Schikanen und Foltern haben mich zwingen können, um Gnade zu flehen. Lieber sterbe ich mit hocherhobenem Haupte, mit unerschütterlichem Glauben und fester Gewißheit über die Zukunft unseres Landes, als daß ich in Unterwerfung lebe und die mir heiligen Prinzipien verrate. Der Tag kommt, an dem die Geschichte das Wort sprechen wird. Weine nicht um mich, meine liebe Frau. Ich weiß, daß mein schwergeprüftes Land seine Freiheit und seine Unabhängigkeit zu behaupten fähig sein wird. Es lebe der Kongo! Es lebe Afrika!«

3. Der Mord

Am 17. Januar 1961 rast ein Jeep auf den von UNO-Truppen hermetisch abgeriegelten Flugplatz von Léopoldville. In dem Jeep befinden sich, an den Händen gefesselt und scharf bewacht von fünf baumlangen, bis an die Zähne bewaffneten Kerlen, Patrice Lumumba und zwei seiner treuesten Gefährten, Okito und Mpolo. In einem Personenwagen folgt dem Jeep Bernard Kazadi, seines Zeichens Generalkommissar für Nationale Verteidigung in der Putschistenregierung, die im September des vorangegangenen Jahres in Léopoldville die Macht ergriffen hat.

Auf dem Rollfeld wartet bereits eine DC-4. Sie wird kommandiert von Flugkapitän Bauwens, der den Auftrag hat, Bakwena, die Hauptstadt der Provinz Süd-Kasai, anzufliegen, wo der Separatistenchef Kolonji als König und Kaiser Albert I. sein diamantenreiches Zwergkönigreich regiert. Kolonji ist einer der erbittertsten Gegner Lumumbas, vielleicht noch unversöhnlicher in seinem Haß als Tschombé, der sich inzwischen zum Präsidenten von Katanga aufgeschwungen hat.

Obwohl die kontrollierenden Offiziere der UNO-Einheit, die den Flugplatz besetzt hält, Lumumba unbedingt erkannt haben müssen — denn ihn kennt inzwischen jedes Kind im Kongo —, lassen sie diesmal den Jeep mit dem Ministerpräsidenten passieren. Das ist merkwürdig genug, denn in den vorangegangenen Wochen war Lumumba mit konstanter Konsequenz an der Benutzung des Flugplatzes durch die gleichen UNO-Offiziere gehindert worden. Offensichtlich nehmen die Offiziere auch keinen Anstoß daran, daß Lumumba und die beiden Minister Okito und Mpolo gefesselt sind.

Die fünf mächtigen Baluba-Krieger stoßen und zerren ihre Gefangenen in die Maschine, die dann in letzter Minute auch Bernard Kazadi, der Generalkommissar für Nationale Verteidigung, besteigt. Die Motoren laufen schon, und sofort, nachdem die Gangway weggezogen und die Einstiegsluke geschlossen ist, rollt die DC-4 zum Startpunkt und steigt in die Lüfte, Kurs auf Bakwena nehmend.

Gleich nachdem das Flugzeug vom Boden abgehoben hat, beginnt die Begleitmannschaft, ihre Gefangenen ohne jeden erkennbaren Grund zu mißhandeln.

Einer reißt Lumumba an den Haaren hoch und versetzt ihm einen Faustschlag mitten ins Gesicht. Lumumba taumelt, fällt zurück, direkt in die Arme eines der anderen hünenhaften Bewacher. Dieser stößt Lumumba mehrere Male mit voller Kraft seine Fäuste in den Magen, bis der zusammenbricht. Ein dritter langt nach seinem Gewehr und schlägt auf Lumumba, der sich gekrümmt auf dem Boden windet, mit dem Kolben ein. Die anderen haben sich inzwischen Okito und Mpolo vorgenommen. Bernard Kazadi sieht höhnisch lächelnd dem brutalen Schauspiel zu. Er würde sich gern selbst beteiligen. Nur die Würde seines Amtes hält ihn davon zurück.

Die Orgie wird so grenzenlos, daß schließlich der Kommandant des Flugzeuges einschreiten muß, weil er nicht mehr für die Sicherheit der Maschine garantieren kann. »Aufhören«, schreit er, »sofort aufhören, wenn Sie nicht wollen, daß wir in den nächsten Augenblicken abstürzen!« Das bringt die Baluba-Gendarmen zur Besinnung. Schwer atmend lassen sie von ihren Opfern und hocken sich wieder auf die Plätze. Von da aus verpassen sie den gefesselten, halbtot geprügelten Gefangenen noch ab und zu ein paar Fußtritte.

Während sich dieses Drama in der Luft abspielt, erhält Kolonji alias Albert I. von Staatspräsident Kasavubu einen Telefonanruf: »Die drei Pakete sind unterwegs. Du weißt, was Du mit ihnen zu tun hast!« »Ich freue mich auf die Sendung«, erwidert Seine Majestät Albert I.

Moise Tschombé, einer der Drahtzieher bei der Ermordung Lumumbas

Allein, er freut sich vergeblich. Denn während die Maschine, die Landeerlaubnis erwartend, in geringer Höhe über dem Flughafen von Bakwena, der Hauptstadt des Diamantenzwergkönigreichs kreist, beobachtet Bernard Kazadi erschrocken, daß unten alle ankommenden Maschinen von den UNO-Truppen kontrolliert werden. Beim genaueren Hinsehen erkennt Kazadi, daß es eine ghanaische Einheit ist. Er fürchtet, daß sie die Gefangenen befreien könnte, und er zwingt Kapitän Bauwens, die Maschine, die bereits zur Landung angesetzt hat, wieder hochzureißen und Kurs auf Elisabethville, die

Hauptstadt der abgespaltenen Provinz Katanga, zu nehmen. Bauwens weigert sich zunächst. »Es ist unmöglich, weiterzufliegen, ich habe weder die notwendigen Treibstoffreserven noch einen Flugplan für Elisabethville.« Kaltblütig zieht Kazadi seine Pistole aus der Rocktasche: »Sie können wählen, Herr Kommandant.«

Vom Flugzeug aus verständigt der Generalkommissar für Nationale Verteidigung den Staatspräsidenten in Léopoldville, daß die Maschine mit den drei Gefangenen auf dem Weg nach Elisabethville ist. So kommt es, daß nun auch Tschombé einen Anruf vom Staatspräsidenten erhält: »Hier ist Kasavubu. Ich schicke Dir drei Pakete. Sie sind für Dich!«

»Pakete? Was für Pakete?«

»Du wirst schon sehen. Sie kommen per Flugzeug. Du wirst sie in Empfang nehmen!«

Tschombé ahnt, was mit diesen drei Paketen gemeint sein könnte. Wenig später hat er Gewißheit, denn von seinem Innenminister Munungo, der sich bereits auf dem Flugplatz Elisabethville befindet, wird er verständigt, daß eine DC-4 aus Léopoldville mit den Gefangenen Lumumba, Okito und Mpolo gelandet sei.

Noch haben die Räder der DC-4 nicht den Boden berührt, da rast bereits ein Jeep mit Katanga-Gendarmen auf die Maschine zu und hält vor der Ausstiegsluke. Die Balubaleute warten nicht, bis die Gangway benutzbar ist. Sie werfen die »drei Bündel« in den wartenden Jeep. Die Katanga-Gendarmen schichten sie auf den Boden des Jeeps und setzen sich nicht auf die Bänke, sondern auf die stöhnenden Gefangenen und machen sich einen Spaß daraus, ein bißchen auf ihnen herumzureiten und herumzutrampeln. Man bringt sie in das Gästehaus der belgischen Fluggesellschaft Sabena.

Munungo kennt nicht die Pläne seines Herren. Der Zustand der Gefangenen ist fürchterlich. Er läßt deshalb erst einmal einen Arzt kommen. Die ärztlichen Befunde verraten, was sich in der DC-4 während des Fluges abgespielt haben mag: Gebrochene Rippen, äußere und innere Blutungen bei Lumumba, Schädelbruch bei Okito, tiefe Bewußtlosigkeit bei Mpolo.

Innenminister Munungo setzt sich jetzt umgehend mit Tschombé in Verbindung und verlangt Anweisungen, was mit den Gefangenen zu geschehen habe. Tschombé befiehlt, die Bewachung durch zwei belgische Offiziere auszutauschen. Es sind Oberst Bughe und Hauptmann Gat. Sie sind von Tschombé beauftragt, die drei Gefangenen zu übernehmen und sie unverzüglich im Interesse des Staates hinzurichten. Die Exekution erfolgt mit einer Neun-Millimeter-Pistole, übrigens in Anwesenheit von Tschombé, der ganz sicher gehen will. Danach telefoniert dieser mit Kasavubu, teilt ihm die erfolgte Exekution mit und verbindet das mit der Frage, wie mit den Leichen zu verfahren sei. »Die Leichen beerdigen und nicht darüber sprechen!« lautet die lakonische Antwort.

Aber das ist leichter gesagt als getan. Denn es ist sehr wahrscheinlich, daß die Ankunft Lumumbas in Elisabethville nicht verborgen geblieben ist. Auch wenn er durch die Schläge übel zugerichtet ist, weiß zumindest die Besatzung der DC-4, wer die Gefangenen gewesen sind. Und es ist auch anzunehmen, daß das Personal und die Techniker des Kontrollturms, die die Szene beobachteten, Lumumba erkannt haben.

Tschombé weiß die politischen Konsequenzen abzuschätzen, die unweigerlich eintreten würden, wenn die Öffentlichkeit den Tod Lumumbas mit ihm, Tschombé, in Verbindung bringen würde.

Die Leichen werden zunächst bei Nacht und Nebel in unmittelbarer Nähe des Gästehauses der belgischen Fluggesellschaft Sabena, in deren Räumen der Mord geschah, verscharrt. Innenminister Munungo erklärt indessen vor der Presse, Lumumba, Okito und Mpolo seien vorübergehend Gefangene der Regierung, befänden sich wohlauf und seien bei bester Gesundheit.

Tschombé scheint der Platz neben dem Gästehaus einer Fluggesellschaft zu unsicher als endgültige Ruhestätte für Lumumba, Okito und Mpolo. So werden die drei Toten in tiefer Nacht wieder ausgegraben, mit Schwefelsäure behandelt und in einer toten Grube der Union Minière für immer und unauffindbar verscharrt. Es ist eine Ironie des Schicksals, daß Lumumba sein endgültiges Grab auf dem Boden jener Gesellschaft fand, die zu seinen erbittertsten Feinden gehörte und die die Fallstricke seines Untergangs mitgeknotet hat. (Zu diesem Abschnitt der Ereignisse gibt es in der Literatur mehrere voneinander abweichende Deutungen — d. A.)

Am 10. Februar 1961 überrascht Innenminister Munungo die Öffentlichkeit mit der Mitteilung, daß Lumumba und seine beiden Freunde Okito und Mpolo aus dem Gefängnis entkommen seien. Zwei Tage später erfährt die Welt aus dem gleichen Munde, daß die drei Flüchtlinge entdeckt und in einem Dorfe von der aufgebrachten Bevölkerung erschlagen worden seien. Der entsprechenden Pressemitteilung ist das Attest eines Arztes beigefügt, das den Tod durch

Erschlagen im Busch feststellt. Übrigens stammt der Totenschein von einem belgischen Arzt. Die Leichen von Lumumba, Okito und Mpolo seien, wie es weiter in der Verlautbarung heißt, an einem geheimgehaltenen Ort beerdigt worden, um Kundgebungen jeder Art zu vermeiden.

Das allerdings konnte auch nicht verhindern, daß sich die fortschrittlichen Kräfte in aller Welt mit dem Kampf des kongolesischen Volkes solidarisierten und das Andenken an Patrice Lumumba in Ehren halten. Auch in unserer Republik tragen zahlreiche Arbeitskollektive sowie Schulen, Straßen und Plätze seinen Namen.

»Ich war, ich bin
und ich werde Kommunist sein ...«

1. Das Volk gegen Franco

Im Golf von Biskaya peitscht der Sturm die Wasser des Atlantik zu haushohen Berg- und Talbahnen. Selbst in den Städten und Dörfern der Bergarbeiter Asturiens ist die Kraft des Windes noch zu spüren. Fröstelnd sehnen die Spanier die wärmende Sonne des Frühjahrs herbei.

Es sollte ein heißes Frühjahr werden — und das nicht nur in klimatischer Hinsicht. Es gärte unter den spanischen Arbeitern, Bauern und Studenten, und vor allem die asturischen Bergleute waren für ihren revolutionären Sinn bekannt. Trotz zu erwartender Repressalien, trotz Ausnahmegesetzgebung und vieler schmerzlicher Verluste in der Vergangenheit war die Kampfentschlossenheit des Proletariats gerade dieser spanischen Region besonders ausgeprägt.

Gestützt auf eine kritische, wissenschaftliche Analyse der Lage des Landes leisteten die spanischen Kommunisten eine unermüdliche Aufklärungsarbeit. Es kam vor allem darauf an, die Ursachen für die bedrückende Lebenslage der spanischen Arbeiter aufzudecken und alle demokratischen Kräfte im Kampf gegen das verhaßte Franco-Regime zu vereinigen. Die zu erwartenden Kampfmaßnahmen mußten über die wirtschaftlichen Forderungen hinaus ausgedehnt und zu einer allgemeinen Erschütterung des Regimes geführt werden.

Nicht selten unter Lebensgefahr, immer jedoch davon bedroht, unter Umständen für viele Jahre der Freiheit beraubt zu werden, leisteten die Genossen ihre Arbeit. Sie sprachen auf den illegalen Zu-

194

sammenkünften der Arbeiter, der Angehörigen der Intelligenz und der Studentenschaft. Sie wandten sich an die Bauern und Landarbeiter, ja selbst an die Angehörigen der Polizei und der Armee. Besondere Anstrengungen wurden auch unternommen, um die spanischen Frauen in den Kampf gegen das Franco-Regime einzubeziehen. Denn seit dessen Etablierung im Jahre 1939 war die Lage der Frauen durch allgemeine Diskriminierung und Rechtlosigkeit gekennzeichnet. Erst im Juli 1961 war das Regime gezwungen worden, ein »Gesetz über die politischen, beruflichen und arbeitsmäßigen Rechte der Frauen« zu verabschieden. Dieses Gesetz garantierte — wenigstens auf dem Papier — die Gleichberechtigung von Mann und Frau auf allen Gebieten des gesellschaftlichen und staatlichen Lebens und verkündete sogar das Prinzip, daß Frauen und Männer für gleiche Arbeit gleichen Lohn erhalten sollten.

Bis dahin hatten die spanischen Frauen unter Bedingungen zu leben, wie sie etwa für das ausgehende Mittelalter typisch gewesen sein mochten. Die Annahme dieses Gesetzes war also ein bedeutender Sieg aller fortschrittlichen Kräfte Spaniens. Es war Ausdruck der Kraft der Arbeiterklasse und des gesamten spanischen Volkes einerseits sowie der allgemeinen Krise, in die das Regime immer tiefer hineingeriet, andererseits. Die Kommunistische Partei hatte in ihrer Arbeit zu beachten, daß die Frauen den größten Bevölkerungsanteil des Landes ausmachten, zugleich stellten sie jedoch nur ein Sechstel der arbeitenden Bevölkerung. In den Aktionen der Volksmassen gegen die Franco-Diktatur spielten die spanischen Frauen keine geringe Rolle. Schon während des großen Streiks im Frühjahr 1951, mit dem eine neue Phase des antifaschistischen Kampfes eingeleitet wurde, bewährten sich die Frauen. Auch in den späteren Jahren waren immer wieder Arbeiterinnen, Bäuerinnen und Vertreterinnen der Intelligenz an den unterschiedlichsten Aktionen gegen das Franco-Regime beteiligt. Sie sammelten Unterschriften, um der Forderung nach einer Amnestie für die politischen Häftlinge größeren Nachdruck zu verleihen, sie gehörten verschiedenen Kommissionen an, die Minister, Gouverneure und kirchliche Würdenträger aufsuchten, um gegen Repressalien zu protestieren, und sie waren immer wieder unter den Teilnehmern an Massendemonstrationen und Kundgebungen zu finden. Letztlich spielten auch die Hausfrauen und Mütter, deren Männer und Söhne sich an gegen das Regime gerichteten Aktionen beteiligten, eine große Rolle. Sie gaben ihnen den notwendigen moralischen Rückhalt. Viele spanische Frauen bewiesen bei Repressalien und Folterungen, die Familienmitglieder und sie selbst betrafen, bewunderungswürdige Tapferkeit.

Die Genossen der Kommunistischen Partei Spaniens führten in jenen Monaten tausende Gespräche in den Familien der Arbeiter.

Schließlich kam der März 1962.

Im Bergbaurevier von Asturien wurde der Funke des Streiks gezündet. Er entwickelte sich bald zu einer mächtigen Flamme, die auf die Bergleute von León und nahezu alle anderen Bergarbeiter Spaniens übergriff und später auch die Metallarbeiter Vizcayas erfaßte. In 25 Provinzen des Landes streikten im April und Mai 1962 etwa eine halbe Million Werktätige. An dem Ausstand nahmen neben den Industriearbeitern auch zehntausende Landarbeiter teil.

Der Streik, der unter anderem mit der Forderung nach einem Mindestlohn von etwa 140 Peseten und der Aufhebung der Lohnunterschiede zwischen den einzelnen Landesteilen geführt worden war, offenbarte bald seine zutiefst politische Ausrichtung. Sie trat zum Beispiel allein dadurch zutage, daß die Lohnforderungen selbst gegen den von der Regierung des Diktators Franco verhängten Lohnstopp opponierten. Und schon der Streik verstieß gegen die faschistischen Unrechtsvorschriften des »Caudillo«.

Zusätzlich zu allen übrigen Repressionen verhängte Franco am 5. Mai 1962 über das Land den Ausnahmezustand. Doch der Streik ging weiter.

Die Regierung versuchte die Arbeiter zu erpressen. Sie sollten zuerst an ihren Arbeitsplatz zurückkehren, und dann würde die Regierung die von den Arbeitern geforderten Maßnahmen durchsetzen. Es zeigte sich, daß dieser Regierungszusage kein Vertrauen geschenkt wurde, der Ausstand wurde vielmehr mit unverminderter Heftigkeit fortgesetzt, bis die Forderungen der Arbeiter erfüllt waren.

Obwohl der Streik von Versammlungen und Demonstrationen begleitet war und obwohl die Arbeiter Maßnahmen gegen Streikbrecher ergriffen und Streikpostenketten gebildet hatten, wagten die Franco-Faschisten nicht, Armee und Polizei mit offener Gewalt gegen die Streikenden vorgehen zu lassen. Der Franco-Clique war offenbar nicht verborgen geblieben, daß die Gendarmerie in ihrer Mehrheit vielerorts offen oder versteckt mit den Streikenden sympathisierte. Der ansonsten beileibe nicht zimperliche Faschist Franco konnte es nicht wagen, einen Schießbefehl zu erteilen, weil er die Gefahr der direkten Befehlsverweigerung und der Verbrüderung zwischen den Streikenden und den Sicherheitsorganen in sich geborgen hätte.

Der Streik machte ferner deutlich, daß die von Franco installierten sogenannten vertikalen Gewerkschaften in den Massen der Arbeiterschaft keine Basis hatten. Die streikenden Arbeiter verhandelten mit den Unternehmern und den Vertretern der Regierung selbst, ohne auch nur ein einziges Mal die »vertikalen« Führer zu bitten, sich der Forderungen der Streikenden anzunehmen. Es machte sich bereits hier die Überlegenheit der geheimen Arbeiterkommissionen (Comisiones Obreras) bemerkbar.

Der Kampf der asturischen Bergarbeiter und der anderen streikenden Werktätigen überführte auch die demagogischen Parolen vom »Verschwinden des Klassenkampfes« und der »Partnerschaft zwischen Arbeitern und Unternehmern« der Lüge.

Auch in seiner Propaganda war das faschistische Regime in heillose Verwirrung gestürzt worden. Hatten die Medien vor über 20 Jahren bereits großmäulig verkündet, daß die Kommunistische Partei Spaniens endgültig zerschlagen worden sei, war nun plötzlich wieder von der »kommunistischen Gefahr« die Rede. Während Franco einer amerikanischen Nachrichtenagentur gegenüber die Streikereignisse als eine von den Kommunisten gelenkte Verschwörung aller oppositionellen Kräfte Spaniens zugab, leugnete die offizielle Presse Spaniens den Streik, um dann später kleinlaut von »gewissen Arbeitskonflikten« zu sprechen.

Die Streiks im April und Mai 1962 hatten in überzeugender Weise die Richtigkeit der Strategie und Taktik der Kommunistischen Partei bestätigt. »Das trifft vor allem«, betonte der Generalsekretär des ZK der Kommunistischen Partei Spaniens, Santiago Carrillo, »auf die Politik der nationalen Aussöhnung zu, insbesondere auf unsere Erklärung, daß das oberste Ziel unserer Politik — der Bürgerkrieg der dreißiger Jahre sollte nicht länger eine Art Wasserscheide für die Spanier sein — im wesentlichen erreicht ist. Die Tatsachen haben außerdem gezeigt, daß die Politik der nationalen Aussöhnung die einzig richtige, revolutionäre Politik ist, die die Arbeiterklasse befähigt, sich an die Spitze der demokratischen und nationalen Bewegung in unserem Lande zu stellen.«

Die Kraft des Streikes hatte auch bestimmte Kreise der Bourgeoisie und des Klerus zum Umdenken motiviert. Seit über zwanzig Jahren hatte ein gutes Einvernehmen zwischen Franco und der Führung der katholischen Kirche Spaniens geherrscht. An der

Streikbewegung beteiligten sich nun aber auch zehntausende Werktätige katholischen Glaubens. Viele der Geistlichen standen ebenfalls auf der Seite der Streikenden. Die Kirchenführer sahen sich plötzlich in einer Art Zugzwang und nahmen offen Stellung gegen die Diktatur.

Am 5. und 6. Juni 1962 trafen sich in München über 100 Vertreter bürgerlich-oppositioneller Parteien und der Sozialdemokraten Spaniens. Äußerer Anlaß für die Münchener Beratung war die Frage, welche politischen Bedingungen Voraussetzung sein sollten, damit Spanien den Antrag stellen könne, in den gemeinsamen westeuropäischen Markt aufgenommen zu werden. Die Münchener Beratung stellte fünf Bedingungen, Bedingungen, die unter direkter oder indirekter Mitwirkung der Kommunistischen Partei Spaniens formuliert worden waren, obwohl die KP in München selbst nicht vertreten war: »1. Schaffung wirklicher repräsentativer und demokratischer Institutionen als Garantie dafür, daß die Regierung die frei zum Ausdruck gebrachte Unterstützung des Volkes genießen wird; 2. wirksame Garantie für alle Menschenrechte, besonders für das Recht auf persönliche Freiheit und für die Freiheit der Meinungsäußerung bei gleichzeitiger Aufhebung der Regierungszensur; 3. Anerkennung der Rechte der verschiedenen nationalen Gruppen; 4. Sicherung der gewerkschaftlichen Freiheiten auf demokratischer Grundlage und Schutz der Grundrechte der Werktätigen mit verschiedenen Mitteln, unter anderem auch durch Streiks; 5. Möglichkeit zur Organisierung gesellschaftlicher Strömungen und politischer Parteien bei Anerkennung ihres Rechts auf Opposition.«

Das Streikgeschehen und die Dokumente von München zeigten ganz deutlich die Möglichkeit der Schaffung einer Einheitsfront aller gegen das faschistische Franco-Regime in Spanien gerichteten nationalen und demokratischen Kräfte.

2. Die Antwort: Terror

Neben den innenpolitischen Wirkungen befürchtete das Franco-Regime vor allem auch die möglichen außenpolitischen Ausstrahlungen und Folgen des Streiks im Frühjahr 1962. Denn gerade zu Beginn der sechziger Jahre zeichnete sich ein gewisser ökonomischer Aufschwung ab, der vor allem darauf zurückzuführen war, daß multinationale Konzerne der USA, der BRD, Frankreichs und Großbritanniens im verstärkten Maße in Spanien investierten. Auch der Tourismus konnte angekurbelt werden.

Franco-Spanien, das sich im zweiten Weltkrieg zwar formal neutral verhalten hatte, war wegen seiner aktiven Unterstützung des Hitler-Regimes durch die Potsdamer Erklärung vom Juli 1945 verurteilt worden. Die Aufnahme in die Organisation der Vereinten Nationen wurde dem Land versagt, ja im Dezember 1946 gab es sogar einen Boykottbeschluß der Weltorganisation. Die außenpolitisch-diplomatische Isolierung konnte das Franco-Regime nach und nach mit Hilfe der imperialistischen Mächte, vor allem der USA, durchbrechen. Der nordamerikanische Imperialismus war dabei besonders an spanischen Militärbasen interessiert, um die Iberische Halbinsel wegen ihrer besonderen strategischen Lage als Operationsbasis der NATO nutzen zu können.

Nachdem sich die Amerikaner auf diese Art etabliert hatten, kamen auch die europäischen Imperialisten auf den Geschmack, die billigen spanischen Arbeitskräfte für sich auszubeuten. Dabei versprach ihnen das faschistische Franco-Regime mit Lohnstopp und Streikverbot die besten Bedingungen. Wenn nun doch in Massen gestreikt und Lohnerhöhungen durchgesetzt wurden, konnte das allzu leicht die ausländischen Geldgeber erschrecken und von weiterer Investitionen in Spanien abhalten.

Im übrigen erwies sich auch für die Franco-spanische Wirtschaftspolitik der Lohnstopp als Dreh- und Angelpunkt aller Überlegungen. Die Versuche des Regimes, mit eigenen Produkten auf dem Weltmarkt zu konkurrieren, waren gegründet auf der extremen Ausbeutung und der massenweisen Verelendung der Werktätigen. Nun, da die Arbeiterklasse den Kampf um höhere Löhne aufnahm und für sich entschied, war die gesamte Wirtschaftspolitik Franco-Spaniens ins Wanken geraten.

Der »Caudillo« und sein Regime fühlten sich am Lebensnerv getroffen.

Einer angeschlagenen wilden Bestie gleich versuchten die Faschisten nun, der Lage durch verschärften Terror nach innen Herr zu werden. Ihr besonderer Haß richtete sich gegen die Mitglieder und Funktionäre der Kommunistischen Partei. Ihr erklärtes Ziel war es, die kommunistische Bewegung zu schwächen und abschreckende Exempel zu statuieren. Als Mittel dazu benutzten sie sogenannte Rechtsvorschriften, mit denen Streiks der Arbeiter Aufständen gegen den Staat gleichgesetzt wurden, wie zum Beispiel das Gesetz vom 29. Juli 1959 über den Ausnahmezustand und das Kriegsrecht, das die Regierung mit außerordentlichen Vollmachten für den Fall von Unruhen ausstattete.

Einhergehend mit den verstärkten Repressalien gegen die Kommunistische Partei erfolgte — auch zur Tarnung der eigentlichen Absichten — eine Regierungsumbildung, mit der dem Volk und der Weltöffentlichkeit eine »Liberalisierung« vorgetäuscht werden sollte.

3. Ein Schauprozeß

Wochenlang waren die Spitzel der politischen Polizei pausenlos tätig. Hunderte von Arbeitern wurden verhaftet, gefoltert und in die Kerker geworfen. Am 14. Juni 1962 fiel den Faschisten bei einer Razzia in Vizcaya auch das Mitglied des Zentralkomitees der Kommunistischen Partei Spaniens Ramón Ormazábal Tito gemeinsam mit den Mitgliedern der Partei Gregorio Rodriguez, Agustín Ibarrola und José Villate in die Hände. Über drei Wochen lang wurden sie in der örtlichen Polizeiverwaltung gefangengehalten und grausam gefoltert. So grausam, daß einer der geschundenen Kommunisten, der Genosse José Villate, seinem Leben von sich aus ein Ende machte.

Aber selbst in der ausweglosen Situation in den Folterhöhlen des Franco-Regimes bewies sich die moralische Überlegenheit der Kommunisten. Besondere Hochachtung verdient die stolze und unbeugsam aufrechte Haltung des Genossen Ramón Ormazábal. Er übergab der Polizei folgende Erklärung: »Als Mitglied des Zentralkomitees der Kommunistischen Partei Spaniens wirkte ich bei der Ausarbeitung einer Politik mit, die geeignet war, die Aussöhnung zwischen den Spaniern zu erleichtern und ein Regime der Koexistenz der Bürger herzustellen, das den Völkern Spaniens die Willensäußerung ermöglichen und zugleich alle beachtenswerten Interessen selbst respektieren und andere dazu anhalten würde.

Ich habe mich für die Verwirklichung von Maßnahmen eingesetzt, die zum Triumph dieser Ziele führen, und zwar: a) für die Ausbreitung der Streikbewegung und der friedlichen Massenaktivität der Arbeiterklasse mit den Forderungen nach normalen Löhnen, dem Streikrecht, den gewerkschaftlichen und sonstigen demokratischen Freiheiten; b) daneben für die Verständigung und für gemeinsame Aktionen mit allen politischen und sozialen Kräften der Opposition, um einen gesamtnationalen Streik vorzubereiten, der ohne neuerli-

che schwere Erschütterungen und auf friedlichem Wege den Über-
gang von der gegebenen politischen Situation zu einer neuen Lage
gewährleisten würde.

Meine Aufmerksamkeit und meine Tätigkeit galten vor allem dem
Baskenland, und unter diesem Aspekt ist der Kampf für die oben erwähnten demokratischen Freiheiten in hohem Maße gleichbedeutend mit dem Bestreben, den Weg für die Entwicklung der National-
kultur und der Eigenständigkeit Euzkadis — meines Landes — zu
ebnen.

Ich erkläre, daß die Kommunistische Partei die Verantwortung für
die Durchführung der vor kurzem beendeten großen Streiks in Euzkadi und in ganz Spanien auf sich nimmt. Ich übernehme für die Aktionen der Kommunisten Euzkadis zur Durchsetzung der oben dar-
gelegten Ziele die volle Verantwortung.« (Euzkadi = Baskenland —
d. A.)

Später wurden Ramón Ormazábal Tito und die mit ihm inhaftierten Kampfgefährten in das Madrider Gefängnis Carabanchel gebracht. Hier wurden sie in strenger Einzelhaft gehalten, jegliche Verbindung zur Außenwelt war ihnen untersagt. Die Folterungen aber
wurden mit unverminderter Heftigkeit fortgesetzt.

Allerdings konnten die Faschisten nicht verhindern, daß die Weltöffentlichkeit von dem Geschehen erfuhr. Die standhafte Erklärung
Ramón Ormazábal Titos und die Kunde von den Folterungen ging
durch die fortschrittliche Presse der ganzen Welt. Ein Sturm der
Empörung brach los, und die Dienststellen des Franco-Regimes sowie seine Botschaften im Ausland erhielten tausende von Zuschrif-
ten, in denen die Freilassung der Eingekerkerten gefordert wurde.

In bewußter Brüskierung des Verlangens der fortschrittlichen
Menschen aller Erdteile wurden der Prozeß gegen Ramón Ormazábal und Genossen vorbereitet und ein Verhandlungstermin für den
21. September 1962 anberaumt. Die Verhandlung wurde vor einem
Militärtribunal durchgeführt. Über den Verhandlungstermin bewahrte das Regime bis zur letzten Sekunde Stillschweigen. Das gesamte Gericht wimmelte von Geheimagenten. Dennoch konnte nicht
verhindert werden, daß Angehörige der Angeklagten und ausländische Pressevertreter an dem »Gerichtsverfahren« teilnahmen.

Die Zuhörer merkten sehr schnell, daß der Prozeß von Anfang an
jeder juristischen Grundlage entbehrte. Es sollte eine Farce aufgeführt werden, um das brutale Wüten des Regimes mit dem Mäntelchen sogenannter Rechtspflege zu tarnen. Den Angeklagten wurden

selbst die elementarsten Verteidigungsrechte beschnitten. Trotzdem hatten sie es verstanden, in direkter Fortsetzung von Traditionen, die von Kämpfern der Arbeiterklasse wie Wilhelm Liebknecht, August Bebel und Georgi Dimitroff begründet worden waren, das Tribunal zur Tribüne der Anklage werden zu lassen und die Ziele und Politik der Partei selbst im Gerichtssaal zu propagieren.

Auf Befragen des Staatsanwaltes gab Genosse Ormazábal freimütig zu, daß er am VI. Parteitag der Kommunistischen Partei teilgenommen hatte und zum Mitglied des Zentralkomitees gewählt worden war. Auf die Frage, welche Instruktionen ihm die Partei gegeben habe, antwortete er: »Die Partei hat mir keinerlei Instruktionen gegeben. Auf dem Parteitag haben wir das Programm der nationalen Aussöhnung ausgearbeitet. Wir Kommunisten sind davon überzeugt, daß es für die Wiederherstellung der bürgerlichen Freiheiten notwendig ist, daß sich alle ehrlichen Spanier von ihren alten Zwistigkeiten lossagen. Wir wissen, daß der Bürgerkrieg nur dann richtiggehend beendet sein wird, wenn alle Spanier, ob Kommunisten oder nicht, sich aussöhnen und den Streit begraben. Es ist uns klar, daß keine andere Aufgabe der Partei so dringend ist wie die Aufgabe, für das Land die bürgerlichen Freiheiten zu erringen.«

Wütend unterbrach der Staatsanwalt die Ausführungen des Angeklagten und forderte ihn auf, künftighin Fragen nur noch mit ja oder nein zu beantworten. Ramón Ormazábal jedoch ließ sich nicht aus der Ruhe bringen. Bestimmt erklärte er: »Señor, mit ja oder nein kann ich Ihnen unmöglich die Wahrheit sagen. Wir Kommunisten wollen, daß endlich Frieden wird unter den Spaniern, und zwar nicht nur ein Frieden für die Sieger allein.«

Der Staatsanwalt merkte wohl, daß er in Ramón Ormazábal seinen Meister gefunden hatte und daß er seinen Argumenten nicht gewachsen war. Barsch wurde dem Angeklagten deshalb befohlen, seinen Platz auf der Anklagebank wieder einzunehmen und zu schweigen.

Auch Agustín Ibarrola nutzte seine Vernehmung, um das Regime anzuklagen. Auf die Frage des Staatsanwaltes, wann er Ramón Ormazábal kennengelernt habe, antwortete er: »Ich muß vor allem erklären, daß alle Aussagen, die ich der Polizei gemacht habe, erpreßt, durch schrecklichste Folterungen erzwungen worden sind. Ich kann sie deshalb nicht verantworten. Ich wurde gefoltert ...« Auch diesen mutigen Angeklagten unterbrach der Staatsanwalt wütend und forderte ihn auf, auf die gestellte Frage zu antworten. Doch Ibarrola war

nicht zu beeindrucken: »Ich kann nichts beantworten, ohne voraus-
zuschicken, daß ich vierundzwanzig Tage lang grausam gefoltert
worden bin.« Und wieder versuchte der Staatsanwalt, die Wahrheit
zu unterdrücken. Doch Agustín Ibarrola rief in den Gerichtssaal:
»Ich bin in gemeinster Weise gefoltert worden! Man hat mich durch
Folterungen fast um den Verstand gebracht!«

Damit die Praktiken der politischen Polizei nicht noch weiter ent-
hüllt würden, ließ das Gericht den Angeklagten aus dem Gerichtssaal zerren. Das Plädoyer des Staatsanwaltes entlarvte dann die Gerichtsfarce endgültig. »Meine Herren«, mahnte der Ankläger die
»Richter« des Militärtribunals, »man darf nicht vergessen, daß die
Angeklagten Mitglieder der Kommunistischen Partei sind!« Damit
war wohl auch dem letzten Zuhörer im Saal klar geworden, daß es
nicht um die Bestrafung von Verbrechen ging, sondern vielmehr um
die Ausschaltung politischer Gegner. Das wurde auch deutlich im
Strafantrag des Staatsanwaltes. Er führte aus, daß er gegen Ramón
Ormazábal Tito ursprünglich »nur« zwölf Jahre Kerker hatte beantragen wollen. Jetzt habe er sich die Sache allerdings anders überlegt
und »in Anbetracht des Stolzes«, mit dem der Angeklagte die Kommunistische Partei verteidigte, beschlossen, 20 Jahre Gefängnis zu
beantragen.

20 Jahre Gefängnis — das kam einem Todesurteil auf Raten
gleich.

Wenn der Staatsanwalt jedoch mit einer generell abschreckenden
Wirkung seines Strafantrages gerechnet hatte, so mußte er sich sehr
schnell getäuscht sehen. Einer der Angeklagten, Antonio Jiménez
Pericás, ein bekannter Journalist und Rechtsanwalt, sollte vor dem
Tribunal des Regimes für Artikel zur Rechenschaft gezogen werden,
die er über den Streikkampf der Bergarbeiter verfaßt hatte. Diese
Artikel waren bemerkenswerterweise in dem Blatt der Falange-Par-
tei von Vizcaya, »Hierro«, veröffentlicht worden. Dieser Antonio
Jiménez Pericás war sicher alles andere als ein Kommunist. Doch
die Erfahrungen der Haftzeit und der sogenannten Gerichtsverhandlung öffneten auch ihm die Augen. Als er die Möglichkeit zu einem
letzten Wort vor der Urteilsverkündung erhielt, erklärte er: »Ich bin
ein freier Mensch und hielt mich bis jetzt außerhalb der Parteien.
Nachdem ich hier das wuterfüllte Plädoyer des Herrn Staatsanwalt
gehört habe, mache ich von meiner Entschlußfähigkeit als freier
Mensch — auch wenn ich jetzt nicht in Freiheit bin — Gebrauch, um

den Vertreter der Kommunistischen Partei, der hier anwesend ist, offiziell um die Aufnahme in diese Partei zu bitten.«

Dem Antrag des Staatsanwaltes entsprechend wurden Genosse Ramón Ormazábal Tito zu 20 Jahren Gefängnis, Gregorio Rodriguez zu zwölf Jahren, Antonio Jiménez Pericás zu zehn Jahren und Agustín Ibarrola zu neun Jahren verurteilt. Die übrigen Angeklagten erhielten Freiheitsstrafen zwischen vier und sechs Jahren.

Aber weder diese Willkürjustiz noch Folterungen und andere Repressalien ließen die Proteste gegen das Regime Francos verstummen, und sie waren auch nicht dazu geeignet, Kampfmaßnahmen der Werktätigen zu unterbinden. Die ohnmächtige Wut der Machthaber kannte keine Grenzen mehr, und sie suchten nach einem neuen Opfer, um ein noch grausameres Exempel zu statuieren.

4. In den Händen der Faschisten

Die politische Polizei Francos, die mit dem irreführenden Namen Sozialpolitische Brigade (Brigada Político Social) getarnt worden war, nahm im November 1962 den Kommunisten Julian Grimau García fest. Damit war den Schergen des faschistischen Regimes ein weiterer bekannter und bewährter Funktionär der Kommunistischen Partei Spaniens in die Hände gefallen. Seit seiner frühesten Jugend war Julian Grimau der Arbeiterbewegung und ihrem Kampf verbunden.

Er wurde am 18. Februar 1911 in einer Madrider Arbeiterfamilie geboren. Nach seinem Schulbesuch erlernte er den Beruf eines Buchdruckers.

Während des Bürgerkrieges 1936 bis 1939 war er ein aktiver Kämpfer in der republikanischen Armee. Als sich die Faschisten im November 1936 anschickten, Madrid einzunehmen, gehörte er zu den mutigen Verteidigern der Stadt. In jenen Tagen der entschiedenen Gegenwehr gegen die Offensive der Franco-Faschisten fand Julian Grimau den Weg in die Kommunistische Partei Spaniens, deren unermüdlicher Funktionär er bald wurde. Um den mörderischen Vergeltungsaktionen der Faschisten zu entgehen, mußte er am Ende des Bürgerkrieges sein Heimatland verlassen. Aber auch in der Emigration setzte er seinen Kampf gegen die faschistische Diktatur in Spanien fort.

Auf dem V. Parteitag der Kommunistischen Partei Spaniens 1954 wurde Julian Grimau García zum Mitglied des Zentralkomitees gewählt.

Bis zu seiner Verhaftung stand er viele Jahre an der Spitze der in der Illegalität wirkenden Madrider Parteiorganisation. Die Folter-

Julian Grimau

knechte der politischen Polizei versuchten mit geradezu unmenschlichen Torturen, dem Kommunisten Geständnisse abzupressen und ihn zum Verrat an seinen Genossen zu bewegen. Julian Grimau jedoch blieb standhaft. Als die Folterknechte merkten, daß er nicht zu beugen war, änderten sie ihre Taktik. Sie verschärften die Foltern, um ihn in den Freitod zu treiben. Aber auch das mißlang.

Eines Tages holten sie ihr Opfer zu einer angeblichen Vernehmung. Das Vernehmungszimmer befand sich in einem der oberen Stockwerke des Gebäudes der politischen Polizei in Madrid. Die Fenster des Raumes waren nicht vergittert. Nachdem sie ihr Opfer eine Weile ergebnislos gequält hatten, öffneten die Franco-Schergen ein Fenster und warfen Julian Grimau, der zu einer ernsthaften Gegenwehr längst zu schwach war, aus dem Fenster auf die Straße. Jedoch auch diesmal ging ihre Rechnung nicht auf. Julian Grimau überlebte den Sturz. Allerdings erlitt er schwerste Verletzungen. Er wurde in das Gefängnishospital Yeserias eingeliefert und mußte mehrfach operiert werden. Es dauerte über zwei Wochen, ehe er halbwegs außer Lebensgefahr war. Die Agenten der politischen Polizei versuchten, den Rettungsbemühungen der Ärzte dadurch entgegenzuwirken, daß sie die »Vernehmungen« Julian Grimaus selbst im Krankenrevier fortsetzten.

Der in- und ausländischen Presse teilten die Faschisten mit, daß Julian Grimau einen Selbstmordversuch unternommen habe. Diese Lüge diente dazu, das eigentliche Verbrechen der Folterknechte zu vertuschen, zum anderen wurde damit bezweckt, das Ansehen des bekannten Arbeiterführers herabzusetzen. Denn gerade in Spanien, wo Moral und Ehrauffassungen eines großen Teils der Bevölkerung von den Verhaltensforderungen und Normen der katholischen Kirche geprägt wurden, galt der Suizid als ehrlos.

Noch im November 1962 hatte der Informationsminister der Franco-Regierung, Fraga Iribarne, auf die Frage nach dem Schicksal Julian Grimaus erklärt, daß sich jener in der Obhut des Richters des 8. Bezirks befände. Er stellte in Aussicht, daß der Führer des Madrider Proletariats sich in einem Prozeß vor einem ordentlichen Gericht zu verantworten haben werde. Ganz entschieden bestritt er, daß der Kommunist gefoltert werde.

5. Justizmord

Der Mord an Julian Grimau war offenbar beschlossene Sache. Da die bisherigen Maßnahmen gegen den Kommunisten nicht ihr Ziel erreicht hatten, beschloß die Franco-Clique, nun sicherzugehen. Sie übertrug die Ausführung ihres verbrecherischen Vorhabens dem Militärtribunal.

Julian Grimau wurde unter Anklage gestellt wegen angeblicher Verbrechen, die er während der Zeit des Bürgerkrieges, also vor über zwanzig Jahren begangen haben sollte. Außerdem wurde ihm ein »Dauerdelikt«, nämlich der Kampf gegen das Franco-Regime, zur Last gelegt. Mit auffälliger Eile betrieben die Faschisten die Vorbereitung des Verfahrens. Einerseits wollten sie offenbar so schnell als möglich Tatsachen schaffen, andererseits nahm der nationale und internationale Protest gegen die Inhaftierung und Mißhandlung Julian Grimaus immer mehr zu. In Spanien selbst wurden Unterschriften für die Freilassung des mutigen Kommunisten gesammelt, in London und Paris kam es zu erregten Demonstrationen vor den Botschaftsgebäuden Spaniens. Über den Sender »Unabhängiges Spanien« appellierte der Generalsekretär des ZK der Kommunistischen Partei Spaniens, Santiago Carrillo, an die Werktätigen, die Angehörigen der Intelligenz, die Geistlichen und an die ehrlichen Armeeangehörigen, juristische Garantien für Julian Grimau und die politischen Gefangenen zu fordern. Er verlangte zugleich die Auflösung der Sozialpolitischen Brigade als einer Bande gedungener Mörder. Er verlangte die Abschaffung der Sondertribunale und die Durchführung einer Amnestie für alle aus politischen Gründen in Spanien eingekerkerten Menschen.

Die mordlüsternen Franco-Leute warteten nicht einmal, bis die Wunden, die sie Julian Grimau zugefügt hatten, auch nur einigermaßen verheilten. Der Arzt Dr. Aaron Rappaport, der den Kommunisten im Gefängnis besucht hatte, berichtete: »Seine linke Gesichtshälfte ist vollkommen entstellt; eine tiefe Narbe zieht sich über seine Schläfe — eine Spur jener Wunde, die vermutlich auch das Gehirn verletzt hat. Gegenwärtig sieht Grimau wie ein Mensch aus, der zum Teil sein Gedächtnis verloren hat. Knochenbrüche haben beide Hände gelähmt.«

Am 18. April 1963 meldete die britische Nachrichtenagentur Reuter, daß noch am gleichen Tage der Prozeß gegen Julian Grimau beginnen sollte. Zugleich wurde bekannt, daß der Ankläger die Todesstrafe beantragen werden würde.

Die »Neue Zürcher Zeitung« berichtete am 20. April 1963 vom Verlauf des Verfahrens: »Julian Grimau García gab im Laufe der Verhandlung vor dem Militärgericht in Madrid zu, Mitglied des Zentralkomitees der spanischen Kommunistischen Partei zu sein. Er bestritt jedoch in aller Form, während des Bürgerkrieges Gefangene gefoltert oder gequält zu haben. Die Anklage hatte Grimau mehrere Verbrechen vorgeworfen, die während des Bürgerkrieges verübt worden sein sollen. ... Hauptmann Alejandro Rebollo, der Verteidiger, betonte, alle Zeugenaussagen gegen Grimau stammten aus zweiter Hand, seien widerspruchsvoll und erlaubten nicht, die Tatsachen mit absoluter Gewißheit festzustellen. Ferner wies er die These der Anklage zurück, wonach sich Grimau seit Beginn des Bürgerkrieges bis zu seiner im vergangenen November erfolgten Verhaftung des ›Dauerdelikts‹ schuldig gemacht habe.«

Auch die »Frankfurter Allgemeine Zeitung« berichtete am 22. April 1963 über das skandalöse Verfahren. Sie gab die Eindrücke eines britischen Rechtsanwaltes wieder, der im Auftrage Angela Grimaus, der in Paris lebenden Gattin des Angeklagten, dem Prozeß als Beobachter beigewohnt hatte. Der einzige Zeuge, so schrieb die Zeitung, sei Grimau selbst gewesen, und der ganze Prozeß habe sich allein auf eidesstattliche Erklärungen gestützt, die Zeugen vor einem Magistrat abgegeben hätten. Die Verteidigung hatte keine Gelegenheit zu einem Kreuzverhör, und es seien auch keinerlei Beweise vorgelegt worden, auf die sich irgendein Gerichtshof stützen könnte, um die Verstöße und Anklagen wegen »bewaffneter Rebellion« zu erhärten.

Im Auftrage der italienischen Vereinigung demokratischer Juristen nahm Rechtsanwalt Fausto Tarsitano als Beobachter an dem Terrorprozeß teil. Er berichtete später: »In Madrid saß man nicht über einen Menschen zu Gericht, sondern über die Idee, die er vertritt.

Ein Gerichtsprozeß, wie sich Juristen ihn vorstellen, fand in Wirklichkeit nicht statt. Es gab keinen einzigen Zeugen, kein einziges Dokument, das die Schuld des Angeklagten an den Verbrechen, deren er bezichtigt wurde, bestätigt hätte. Der Prozeß wurde zu einer tragischen Farce. Die elementarsten Begriffe von Recht, das den Menschen und seine Freiheit schützt, wurden mit Füßen getreten. Es war Justizmord. Ich habe Grimau gesehen, an seinem Kopf waren deutliche Spuren der Folterungen zu bemerken, an der Stirn befand sich eine riesige Narbe. Um die gebrochenen Arme waren Verbände angelegt. Obwohl Grimau infolge der Mißhandlungen entkräftet war, mußte er zwei Stunden lang stehend auf die Fragen der sogenannten Richter kurz ›ja‹ oder ›nein‹ antworten. Jedesmal, wenn der Angeklagte gegen die Verleumdungen Einspruch erheben wollte, wurde er grob unterbrochen. Trotz der gewaltigen moralischen und körperlichen Anspannung, trotz der Versuche der ›Richter‹, ihn mundtot zu machen, konnte Grimau die Kraft aufbringen, um laut zu erklären: ›Mit 16 Jahren begann ich für die Befreiung der Werktätigen zu kämpfen. Ich war, bin und werde Kommunist sein bis zu meinem Tode.‹ Dann hinderte man ihn am Weitersprechen. ... Gleich nach Schluß der Sitzung des Militärtribunals wurde Grimau aus dem Gerichtssaal in die Kerkerzelle gebracht. Allen Anwesenden wurde mitgeteilt, daß das Urteil erst in 48 Stunden gefällt werden würde. Als

Weltweit waren die Bemühungen zur Rettung Grimaus vor den Henkern des Diktators Franco. Hier eine Fotomontage von ADN-Zentralbild

aber fast alle den Saal verlassen hatten und auseinandergegangen waren, wurde bekannt, daß das Urteil bereits gesprochen und über Grimau die Todesstrafe verhängt worden war.

Dieses Todesurteil wurde gefällt, obwohl für keine einzige der Anklagen, die gegen Grimau erhoben wurden und die sich auf Ereignisse aus der Zeit des Bürgerkrieges in Spanien bezogen, ein Beweis erbracht worden ist. All dies beweist klipp und klar, daß Grimau nur deshalb verurteilt wurde, weil er einer der bedeutendsten Führer der Kommunistischen Partei Spaniens war.«

Als das Todesurteil des Militärtribunals bekannt wurde, ging ein Aufschrei der Empörung durch die Welt. Von Paris aus richtete Julian Grimaus tapfere Ehefrau Angela verzweifelte Appelle an verschiedene Staatsmänner und an die Weltöffentlichkeit, das Leben ihres Ehemannes zu retten.

Auf der ganzen Erde entfaltete sich eine nach Millionen zählende Bewegung zur Rettung des Lebens von Julian Grimau. Hunderttausende beteiligten sich an Kundgebungen und Demonstrationen in Stockholm, Moskau, Kopenhagen, West-Berlin, Brüssel, in Mexiko, Berlin, Buenos Aires, Santiago de Chile, La Paz, Havanna, Rom, Prag, Mailand, Paris und in vielen anderen Hauptstädten, Städten und Ortschaften. Staatsoberhäupter und Kirchenfürsten, Wissenschaftler und Künstler stimmten ein in den Ruf, das Leben Julian Grimaus zu retten. Auch in ganz Spanien gab es tausendfachen Protest gegen diesen Willkürakt. In einer Flut von Briefen und Telegrammen forderten Tausende, das Urteil gegen Grimau aufzuheben.

Namens des Sowjetvolkes und seiner Regierung wandte sich Nikita Chruschtschow mit dem dringenden Appell an Franco, die Vollstreckung des Todesurteils nicht zuzulassen. Auch Papst Johannes XXIII. setzte sich für das Leben des spanischen Kommunisten ein.

Was dann geschah, kann man nicht anders als eine zynische Brüskierung der Weltmeinung und eine ungeheuerliche Herausforderung bezeichnen. Im Morgengrauen des 20. April 1963 wurde Julian Grimau García aus seiner Zelle geholt. Er wußte, was das zu bedeuten hatte: die Franco-Clique hatte seinen Mord endgültig beschlossen.

Die Stille des Todes lastete über dem Platz. Ein Trupp Soldaten war angetreten. Ein Priester bot Julian Grimau Beichte und Kommunion an, was dieser jedoch ablehnte. Seinem Verteidiger und den Zivilanwälten, die ihm beigestanden hatten, dankte Grimau für ihre Hilfe. Er bat darum, seine Gattin und die Töchter Dolores und Carmen zu grüßen. Dann stellte er sich ruhig und gefaßt dem Erschießungskommando. Befehle wurden gebrüllt, Schüsse peitschten.

In einem Nachruf sagte der Generalsekretär der Kommunistischen Partei Spaniens, Santiago Carrillo: »Julian Grimau ist ein vorbildlicher Kommunist, ein Held, einer von denen, die Tag und Nacht

rastlos tätig — ihr ganzes Leben der Partei weihen und es im entscheidenden Moment, wenn es erforderlich ist, ohne Zögern, ohne
Vorbehalte hingeben. Und das alles vollbringen sie bescheiden, ohne
großes Aufheben, ohne einen anderen Lohn zu erwarten als das ru-
hige Gewissen desjenigen, der seine Pflicht gegenüber seiner Klasse,
seinem Volk, seiner Partei erfüllt hat.«

Die Weltöffentlichkeit reagierte auf den Justizmord mit über Wochen anhaltenden stürmischen Protesten. Selbst bürgerliche Blätter
wie die »Frankfurter Allgemeine Zeitung« sahen sich gezwungen,
den Protest der Massen zur Kenntnis zu nehmen und über ihn zu
berichten. Am 22. April 1963 war in der »Frankfurter Allgemeinen
Zeitung« zu lesen: »Die Hinrichtung Grimaus hat in vielen Teilen
der Welt Proteste hervorgerufen. Die algerische Regierung hat in
einer Note an die spanische Regierung formell gegen die Vollstrek-
kung des Todesurteils protestiert. ... In Rom wurde die spanische
Botschaft beim Vatikan mit Eiern beworfen. ... In Mexiko stürmten
Demonstranten die spanische Vertretung und zertrümmerten die Bü-
roeinrichtung.« Über den französischen Protest berichtet das Blatt
am 25. April 1963 aus Paris: »Nachdem mehrere französische Erzbi-
schöfe für die Begnadigung des verurteilten Kommunisten eingetreten waren, kam die Hinrichtung selbst für die französische Botschaft
in Madrid überraschend. Am Dienstagabend versammelten sich auf
dem Platz der Republik in Paris zwanzigtausend Menschen, um gegen die Hinrichtung Grimaus zu protestieren. Aus der Menge hörte
man Sprechchöre: ›Franco ist ein Mörder‹ und ›Franco an den Gal-
gen‹. Bezeichnenderweise griff die Polizei nicht ein, obwohl sie sonst
ausländische Staatsoberhäupter mit Energie gegen Beleidigungen in
Schutz nimmt und obwohl in Frankreich wegen des noch bestehenden Ausnahmezustandes ein allgemeines Demonstrationsverbot
herrscht.« Die großbürgerliche Presse kam andererseits nicht umhin,
auch das Unbehagen weiter Kreise der internationalen Bourgeoisie
zu konstatieren. Die »Frankfurter Allgemeine Zeitung« zitierte am
23. April 1963 den italienischen »Il Messaggero«: »Den Stimmen,
die von einer gewissen ›Liberalisierung‹ des Regimes sprechen, hat
der Diktator Franco mit einer Gewehrsalve geantwortet. Noch deutlicher hätte der ›Caudillo‹ diejenigen nicht dementieren können, die in
letzter Zeit im Franco-Regime neue Symptome von Reue, Spuren
der Toleranz zu sehen geglaubt haben. Der Fall hat bewiesen, daß
alles beim alten geblieben ist. Er hat jenen die Illusionen genommen,
die mit Franco sympathisierten. Mit dem Tode Grimaus wurde be-

Angela Grimau, die Frau des ermordeten Patrioten,
mit dem Dichter Marcos Ana
bei einer Protestkundgebung vor der spanischen Botschaft in Paris

stätigt, daß die faschistische Diktatur in Spanien nach wie vor besteht. ... Franco ist es nun gelungen, die Kommunisten aus ihrer Isolierung zu befreien.«

Im übrigen waren gewisse Parallelen so offensichtlich, daß sie
selbst dem beileibe nicht kommunistenfreundlichen Kommentator
der »Frankfurter Allgemeinen Zeitung« auffielen, nämlich jene Parallelen, die zwischen dem Justizmord an Ethel und Julius Rosenberg
und jenem an Julian Grimau García bestanden.

Die blutigen Tage
von Dallas und Los Angeles

1. Blick in die Jahrhunderte

Kaum hatten die in den Jahren 1607 bis 1733 an der Ostküste Amerikas gegründeten 13 englischen Siedler-Kolonien — Virginia, New York, New Hampshire, Massachusetts, Maryland, Connecticut, Rhode Island, Delaware, Northkarolina, New Jersey, Southkarolina, Pennsylvania und Georgia — in der antikolonialen und demokratischen Unabhängigkeitsrevolution von 1775 bis 1783 ihre Eigenständigkeit erkämpft und sich nach langem Ringen endgültig als »The United States in Congress Assembled«, als die »im Kongreß Versammelten Vereinigten Staaten« etabliert, da richteten sie ihre Blicke über die Grenzen hinweg nach Westen und Süden und streckten ihre Hände nach neuem Landbesitz aus.

Hatten schon lange vorher in den sklavenhaltenden Südstaaten die großen Farmer und Grundeigentümer ihren Plantagenbesitz durch unaufhörliche und blutige Verfolgung der Indianer immer weiter nach Westen ausgedehnt und dabei ganze Stämme der Ureinwohner nahezu ausgerottet, so machten sich nach 1783 vor allem Bodenspekulationsgesellschaften und Baumwollpflanzer daran, ihre Einflußsphären bis zum Mississippi zu erweitern und dabei mit List, Betrug und auch Gewalt die Indianer — insbesondere die Irokesen, die Creek und Cherokesen — von ihren angestammten Territorien zu vertreiben und ihre Zahl zu dezimieren, nach dem Grundsatz, daß »nur ein toter Indianer ein guter Indianer« ist.

So entstanden, gefördert durch eine sich explosiv entwickelnde Einwanderung, durch Annexion, symbolischen »Erwerb«, fingierten

oder betrügerischen »Kauf« oder kurzerhand erfolgte »Angliede-
rung« ausgedehnter Landflächen zwischen 1791 und 1864 weitere
23 neue Staaten, die der Union angeschlossen wurden. Von Frankreich beispielsweise erwarben die USA 1803 das riesige Gebiet von
Louisiana, 1810 bis 1813 annektierten sie Westflorida, 1818 Ostflo-
rida. Wo immer sich Indianer — wie 1813 unter dem berühmten Te-
cumseh — oder auch Kolonisatoren anderer Länder gegen die Inbesitznahme des Landes auflehnten, wurden sie — das ist sattsam
bekannt — von den nordamerikanischen Siedlern niedergehalten,
verjagt, ausgerottet.

Vor allem Mexiko hatte unter dieser Expansionspolitik zu leiden.
1845 wurde ihm Texas abgetrennt und als neuer Staat in den Bund
eingegliedert, und bis 1848 ging den Mexikanern etwa noch die
Hälfte ihres Staatsgebietes verloren. Aus diesen auf die kaltblütigste
Art hinzugewonnenen Territorien entstanden später die Bundesstaa-
ten Kalifornien, Arizona, Neumexiko, Nevada und Utah sowie Teile
von Colorado und Wyoming. 1853 kam durch den Gadsden-Vertrag
noch ein weiterer Brocken mexikanischen Landes hinzu, und 1867
kauften die USA vom russischen Zaren das riesige Alaska für »ein
Butterbrot«.

Auf diese Weise nahm zwischen 1790 und 1860 die Landmasse
der Vereinigten Staaten um mehr als das Dreifache zu. Das neue Gebiet wurde umgehend verkehrstechnisch durch den Bau von Land-
straßen, Eisenbahntrassen und Kanälen sowie durch verstärkten
Einsatz der Dampfschiffahrt erschlossen.

War von Anfang an die Gewalt nach außen zur Erweiterung ihrer
Territorien auf die Fahne der Unionsstaaten geschrieben, so wurde
sie bald auch im Innern zum beherrschenden Element der Politik
des sich stürmisch in Industrie und Landwirtschaft entwickelnden
Kapitalismus. Mußte zu Beginn des 19. Jahrhunderts noch der erbitterte Widerstand der Indianer gegen Landraub und Vertreibung gebrochen werden, so richtete sich der Kampf der weißen Siedler später mehr und mehr gegen die schwarzen Sklaven, die sich von
Ausbeutung und Unterdrückung zu befreien gedachten. So historisch bedeutsame Erhebungen wie die Vesey-Sklavenverschwörung
in Südkarolina oder der Nat-Turner-Aufstand in Virginia mußten
niedergeknüppelt werden.

Das ganze Problem der Sklaverei — die Sklavenhalter in den Südstaaten hatten zwischen 1830 und 1860 immer stärkeren Einfluß auf
die Innen- und Außenpolitik der USA gewonnen — spaltete schließ-

lich den Bund in die Nord- und Südstaaten und führte zum Bürgerkrieg, dem sogenannten Sezessionskrieg zwischen 1861 und 1865, in dem trotz mehrerer schwerer Mißerfolge die Nordstaaten siegten, an deren Seite sich die demokratische Weltöffentlichkeit gestellt hatte.

Im verzweifelten Versuch, ihrer Niederlage zu entgehen und das drohende landesweite Verbot der Sklaverei zu vermeiden, ließen die Sklavenhalter durch einen gekauften Mordschützen den 16. Präsidenten der USA, Abraham Lincoln, heimtückisch umbringen. Mit dieser Tat begann ein neues Kapitel in der US-amerikanischen Geschichte: das Kapitel des politischen Mordes, der bis heute, also in über 120 Jahren, viele Opfer gefordert hat.

Auch der Krieg hat im Leben der Vereinigten Staaten in wichtigen Zeitabschnitten eine entscheidende Rolle gespielt, wenn auch mit wesentlich geringeren Verlusten und weniger gravierenden gesellschaftlichen Umwälzungen als in Europa, wo ja vor allem der Krieg von 1870/71 sowie der erste und der zweite Weltkrieg entscheidende Veränderungen im Leben der Völker mit sich brachten.

Wurden in den USA mit dem Unabhängigkeitskrieg und der bürgerlichen Revolution von 1775 bis 1783, mit dem Britisch-Amerikanischen Krieg von 1812 bis 1814 — auch als zweiter Unabhängigkeitskrieg bezeichnet — und mit dem die Sklaverei abschaffenden Sezessionskrieg von 1861 bis 1865, der mit der bürgerlich-demokratischen Revolution einherging, durchaus dem Fortschritt und der Entwicklung dienende bewaffnete Auseinandersetzungen geführt, so finden sich später in der Geschichte der USA wesentlich mehr militärische Konflikte, die dem Wunsch der herrschenden Klassen nach Ausdehnung ihrer politischen und ökonomischen Einflußsphären, nach Ausweitung des Territoriums geschuldet sind:

Zwischen 1846 und 1848 verwickeln die Amerikaner Mexiko in einen Krieg, um die Anerkennung der für sie vorteilhaften Rio-Grande-Grenze zu erreichen.

1876 beginnt der Krieg gegen die Sioux unter Sitting Bull, in der zweiten Hälfte des Jahres 1877 tobt in Idaho der Nez-Percé-Krieg gegen die Indianer.

Und je schneller sich die USA zum imperialistischen Staat entwickeln, desto größer wird ihr Expansionsdrang. Am 25. April 1898 brechen sie mit der Einmischung in den kubanischen Unabhängigkeitskampf und einer Kriegserklärung an Spanien den ersten imperialistischen Krieg zur Neuaufteilung der Welt vom Zaun. Er bringt ihnen das Protektorat über Kuba sowie die Vorherrschaft über die Philippinen und Puerto Rico ein.

In den Jahren 1899 bis 1902 unterdrücken die USA die philippinische Befreiungsbewegung, zwischen 1906 und 1922 intervenieren sie mehrfach in Kuba, in Haïti, Santo Domingo und Nikaragua. 1914 und 1916 fallen USA-Truppen in Mexiko ein, am 6. April 1917 beginnt an der Seite der Entente das unmittelbare militärische Engagement der Vereinigten Staaten im ersten Weltkrieg, vordringlich von dem Ziel diktiert, sich neue Märkte in der Welt zu erschließen, die Vorherrschaft ihrer britischen Verbündeten einzudämmen und reiche Gewinne zu scheffeln.

Zu Beginn des zweiten Weltkrieges helfen die USA Großbritannien im Kampf gegen das faschistische Deutschland, unterstützen zugleich aber auch Finnland gegen die Sowjetunion. Durch Japans Pearl-Harbor-Aktion und die im Dezember 1941 ausgesprochenen Kriegserklärungen Deutschlands und Italiens direkt in den Krieg verwickelt, stellen sie sich an die Seite der Sowjetunion, reihen sich in die Antihitler-Koalition ein und wirken aktiv an der Niederschlagung des deutschen Faschismus und des japanischen Militarismus mit.

Nach dem zweiten Weltkrieg dominierte in der US-Außenpolitik das »roll back« gegen den Sozialismus, gegen alle demokratischen und Friedensbewegungen, herrschte kalter Krieg. Doch auch offene kriegerische Auseinandersetzungen wurden provoziert und angezettelt, so von 1950 bis 1953 der Korea-Krieg, 1958 die Taiwan-Krise, 1961 die gescheiterte Invasion in Kuba und 1964 der über elf Jahre dauernde, außergewöhnlich brutale Krieg gegen Vietnam. Einher gingen diese Konflikte mit der Unterstützung konterrevolutionärer Putsche und Umtriebe in sozialistischen Ländern, wie 1953 in der DDR, 1956 in Ungarn und 1968 in der ČSSR.

Wo immer sich nach dem zweiten Weltkrieg Völker gegen Ausbeutung und Unterdrückung, für nationale Selbstbestimmung, für Freiheit und Unabhängigkeit erhoben, wo immer sie sich gegen Diktaturen auflehnten — stets hatten sie mittelbar oder unmittelbar auch die Vereinigten Staaten zum Gegner, vor allem dann, wenn in der Befreiungsbewegung Kommunisten eine entscheidende Rolle spielten.

Wo immer Volksverräter und machtbeflissene Militärs sich an der Spitze von auf Bajonetten, Folterbänken und brutaler Gewalt gegründeten Staaten zu halten suchten — mögen sie nun Trujillo oder Syngman Rhee, Tschiang Kai-Tschek oder Duvalier, Somoza oder Banzer, Pak Dschong Hi oder Batista geheißen haben — stets hatten sie die USA zum Freund und Verbündeten, konnten auf militärische Unterstützung gegen ihre eigenen Völker bauen.

So, wie Großmannssucht und Gewalt nach außen getragen wurden, wie die Monopole versuchten, den Lauf der Weltgeschichte mit Kanonenrohren, Bomben, Panzergranaten und Raketen zu beeinflussen, so bestimmen seit mehr als 150 Jahren auch der Lauf des Gewehres und die Trommel des Colts die Entwicklung der amerikanischen Nation mit.

Der Kriminalpsychologe Dr. Abrahamson vom »Institut zur Erforschung der Gewalttätigkeit« in Massachusetts schrieb vor mehreren Jahren: »Wir hatten immer Gewalt in unserem Blut. ... Wir Amerikaner entschuldigen die Gewalt nicht nur: Wir lieben sie. Wir lieben zu kämpfen.« Und weiter: »Wir leben noch immer in der Legende des Wilden Westens, wo die Tat die einfachste Lösung war. Schießfreudigkeit ist ein amerikanischer Charakterzug.«

Aber ist das wirklich so? Ist die in den USA verbreitete Schießwütigkeit ein Charakterzug des ganzen Volkes? Oder ist sie nicht vielmehr negatives Ergebnis ungehemmter imperialistischer Entwicklung, Resultat der gesellschaftlichen Umstände und Zustände? Ist sie nicht nahezu logisch in einer Gesellschaftsordnung, die mit Wolfsgesetzen regiert wird, wo die größte Freiheit die Freiheit der persönlichen Bereicherung ist, die jedes Mittel erlaubt, wo der Starke den Schwachen, der Gesunde den Kranken, der Gerissene den Gutmütigen, der Bösartige den Gütigen, der Brutale den Schüchternen, der Gewissenlose den Gewissenhaften hemmungslos zur Seite stößt, nur um sein eigenes Glück zu machen, sich selbst die Taschen randvoll zu füllen? Wer nicht freiwillig weicht, der wird eben gewaltsam aus dem Wege geräumt.

Das also ist für die Gesellschaft typisch, für jene, die die Macht haben, für jene auch, die clever genug sind, sich hemmungslos in ein solches System der Gewalt einzuordnen, es für ihre Zwecke zu nutzen.

Doch gleich das ganze Volk als gewalttätig zu bezeichnen, wäre falsch. Aber die Art, »so zu sein«, wie sich die Herrschenden »richtige Amerikaner« vorstellen, wird mit inniger Liebe und Ausdauer, mit enormem finanziellen und technischen Aufwand gefördert. Amerikanische Fernsehsendungen, von welcher TV-Station sie auch ausgestrahlt werden, strotzen von Gewalttaten, von Morden, Raubüberfällen, Schießereien, Prügeleien, Vergewaltigungen, Kindesentführungen, Folterungen. Rund eineinhalbtausend Straftatbestände flimmern pro Woche über die Bildschirme in amerikanische Wohnungen.

Was Wunder, wenn die Kriminalität bei solcherart »bewußtseinsbildendem Trommelfeuer« eskaliert und den Ordnungshütern, die zum Teil selbst schon kriminell sind, aus der Kontrolle gerät?

Durch Gewalt haben in Amerika in diesem Jahrhundert mehr Menschen ihr Leben verloren, als Amerikaner in den Kriegen gefallen sind, die die Administration ihnen zu führen befahl.

Und so, wie man sich des Ehegatten, des Bruders, der Schwester, der Eltern, der Verwandten, des Nebenbuhlers, des geschäftlichen Konkurrenten, des Gläubigers oder auch lästiger Polizisten und Kriminalpolizisten entledigt, die die eigenen Kreise zu stören drohen, so beseitigt man auch seine politischen Gegner. Ein Schuß, oder auch ein ganzes Magazin — und die Sache hat sich erledigt!

16 Jahre nach Abraham Lincoln starb der 20. US-Präsident, James A. Garfield, durch eine Kugel. Der 25. Präsident, William McKinley, fiel 1901 einem Attentat zum Opfer. Auf vier weitere Präsidenten — Andrew Jackson, Theodore Roosevelt, Franklin D. Roosevelt und Harry S. Truman — wurden Anschläge verübt.

Im Jahre 1965 starb der Führer der »Organisation der Afro-Amerikanischen Einheit«, Malcolm X, in einer Salve von Pistolenschüssen. 1968 wurde Dr. Martin Luther King durch gezielte Gewehrschüsse ermordet. Das sind nur Beispiele für den politischen Mord, willkürlich ausgewählt aus einer Vielzahl gleichgelagerter.

Anfang 1970 schon gab es in den USA rund 200 Millionen Schußwaffen in privater Hand. Das waren, wie ein BRD-Korrespondent damals überschlägig ausrechnete, mehr Gewehre und Pistolen, als die Ausrüstung der regulären amerikanischen Armee, der westeuropäischen NATO-Staaten und der Teilnehmerstaaten des Warschauer Vertrages zusammen umfaßte.

In 41 der 50 USA-Bundesstaaten kann jeder Mann, jede Frau, jeder Jugendliche ohne Genehmigung Handfeuerwaffen kaufen, in einigen sogar, ohne den Namen nennen zu müssen. Waffenscheine sind kaum gefordert. Und wer nicht persönlich ins Geschäft gehen will, um Pistole oder Revolver oder Gewehr oder Mörser zu erwerben, der läßt sie sich von einem Versandhaus schicken.

Wenn aber wirklich die Administration versucht — wie Präsident

Johnson das in seiner Amtszeit mit 77 Gesetzentwürfen im Repräsentantenhaus probierte (einer davon kam durch) —, Ordnung in das Tohuwabohu des privaten Waffenhandels zu bringen, dann macht sich die Lobby der Waffenhändler stark, unterstützt von den Mitgliedern des Schützenvereins »National Rifle Association«, und der Gesetzentwurf bleibt auf der Strecke, weil »ein Verfassungszusatz von 1791 jedem freien Bürger das Recht zum Waffentragen garantiert«.

So wundert es nicht, wenn der amerikanische Historiker Arthur Schlesinger voll Ingrimm resümiert, obwohl er es sich dabei auch ein bißchen zu einfach macht: »Wir sind ein gewalttätiges Volk mit einer gewalttätigen Geschichte. Und der Hang zur Gewalt pulst im Blutstrom unseres nationalen Lebens ... Wir sind das erschreckendste Volk dieses Planeten ... weil die begangenen Gewalttaten so wenig unsere Selbstgerechtigkeit erschüttern, die unüberwindliche Überzeugung von unserer moralischen Unfehlbarkeit.«

Nein, nein, Mister Schlesinger, der Durchschnittsamerikaner — eben das Volk — ist nicht erschreckend und gewalttätig. Das System ist es, in dem er leben und sich behaupten muß.

2. Mord an Mister President

Zu Beginn der letzten Novemberdekade des Jahres 1963 hielt sich der 35. Präsident der Vereinigten Staaten von Amerika, John Fitzgerald Kennedy, gemeinsam mit Vizepräsident Lyndon Baynes Johnson in Dallas, der größten Stadt des Bundesstaates Texas auf, um mit dem texanischen Gouverneur John Connally und dem Senator für Texas, Ralph W. Yarborough, eine Reihe von Querelen innerhalb der Demokratischen Partei auszuräumen.

Außerdem standen die Präsidentschaftswahlen des Jahres 1964 vor der Tür, der Wahlkampf mußte eröffnet werden, und Kennedy hatte vor, seine große Show in eben jenem Staat des amerikanischen Südens zu beginnen, in dem Männer von außergewöhnlichem Einfluß auf die US-Wirtschaft lebten — und in dem er die Wahl 1960 eindeutig verloren hatte. Auch jetzt noch waren ihm die Großen dieser Stadt und dieses Staates nicht wohlgesonnen, ja den UNO-Chefdelegierten der USA, Adlai Stevenson, hatten aufgeputschte Jugendliche vier Wochen zuvor sogar mit Steinen beworfen, als er in Dallas gelandet war, um den Besuch des Präsidenten, vor dem sogar dem

Gouverneur ein wenig bangte, mit einem Referat über die UNO und die Rolle Amerikas in der Weltorganisation vorzubereiten.

Welche Stimmung wirklich herrschte, zeigte eine ganzseitige Anzeige, die am Morgen des Besuchstages in den »Dallas Morning

John Fitzgerald Kennedy,
35. Präsident der USA

News« gestanden hatte — von einem Trauerrand umrahmt: »Willkommen, Mister Kennedy«, hieß es darin, »in einer Stadt, die Ihre Philosophie und Ihre Politik schon bei Ihrer Wahl 1960 abgelehnt hat und dies auch 1964 tun wird — nur noch eindeutiger, Mister Kennedy, mit Verachtung für Ihre Regierung.«

Doch trotz dieser ablehnenden Haltung war der junge Präsident bereit, die Stadt aufzusuchen, sich Sympathien zu erwerben, seine Parteifreunde auf sich einzuschwören und vor den Wählern in der Messehalle, der Trade Mart, zu sprechen. Gutgemeinte Warnungen von Freunden und Kennern der Dallas-Szene schlug er in den Wind.

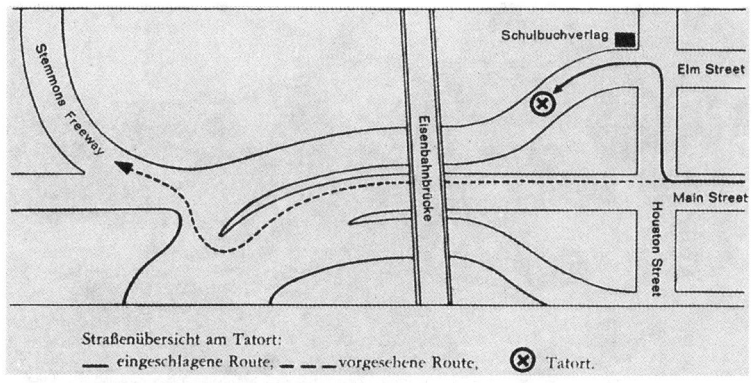

Straßenübersicht am Tatort:
___ eingeschlagene Route, _ _ _ vorgesehene Route, ⊗ Tatort.

Die Route der Fahrzeugkolonne des Präsidenten

Und es schien, er sollte damit recht behalten, denn die Straßen waren dicht gesäumt von Neugierigen.

Um die Mittagszeit des 22. November 1963 bog die Wagenkolonne des Präsidenten auf der Fahrt durch die Stadt von der Houston Street in die Elm Street ein und hatte fast die Dealey Plaza erreicht, als der Jubel der den Fahrtweg säumenden Menge plötzlich vom peitschenden Knall eines Gewehrschusses übertönt wurde und in panische Schreckensschreie überging.

Der Wagen Kennedys, in dem außer dem Präsidenten dessen Ehefrau Jacqueline und − auf den Notsitzen vor den Kennedys − Gouverneur Connally und seine Frau saßen, kam für einen Moment fast zum Stehen. Der Fahrer drehte sich verwundert nach dem Präsidenten um, der sich mit der rechten Hand an den Hals griff, aus dem er stark blutete. Auch Connally, der den Schuß gehört hatte, versuchte, einen Blick über die rechte Schulter nach hinten zu werfen.

Da fielen weitere Schüsse. Fast zur gleichen Zeit sackten Kennedy und Connally im Wagen zusammen, der Gouverneur mit einer schweren und mehreren leichten Verletzungen, der Präsident mit mehreren Kopfschüssen. Erst jetzt jagte der große Wagen mit erhöhter Geschwindigkeit vorwärts, für John F. Kennedy allerdings viel zu spät. Er war tödlich getroffen, und alle Bemühungen der Ärzte im Parkland Memorial Hospital, sein Leben noch zu retten, blieben erfolglos. Zum vierten Mal in der jungen Geschichte der Vereinigten

Wenige Augenblicke nach dem Attentat versucht ein Sicherheitsbeamter, das Präsidentenehepaar zu schützen. Rechts Jacqueline Kennedy, die sich um ihren im Fond zusammengesunkenen Gatten bemüht

Staaten war ein Präsident kaltblütig und heimtückisch ermordet worden.

Was jedoch in der Zeit nach den Schüssen von Dallas folgte, war ein äußerst schlecht inszeniertes, makabres Schauspiel, in dem die Vertreter aller für Recht und Gerechtigkeit, für Ordnung und Sicherheit zuständigen Behörden, angefangen vom Obersten Bundesrichter Earl Warren über die Bundeskriminalpolizei FBI und den Secret Service bis hinunter zur Polizei von Dallas ausschließlich negative Helden verkörperten.

Lyndon B. Johnson, bei den Wahlen 1960 von Kennedy wohl vor allem deshalb zum Vizepräsidenten erkoren, um mit Hilfe des Texaners noch mehr Stimmen aus den Südstaaten zu bekommen, legte schon kurz nach dem Mord den Amtseid als 36. Präsident der USA ab. Eine seiner ersten bedeutenden Amtshandlungen bestand darin, eine Kommission einzusetzen, die »gewissenhaft alle Tatsachen und

Umstände« prüfen sollte, die zu den schrecklichen Ereignissen des 22. November, zu dem »Verbrechen des Jahrhunderts« geführt hatten, wie es bald überall genannt wurde. Die Kommission war beauftragt, einen Bericht vorzulegen und entsprechende Schlußfolgerungen zu ziehen.

So der offizielle Auftrag. Vorsitzender der Kommission war — wie gesagt — Earl Warren, Oberster Richter der Vereinigten Staaten, ein alter, erfahrener Jurist, nicht fanatisch, sogar ein wenig fortschrittlich, wie manche Leute behaupteten, und ein Mann, der die Politik John F. Kennedys durchaus akzeptiert hatte und dem jungen Präsidenten gewogen war.

Mit dieser Haltung allerdings stand er wohl in dem siebenköpfigen Untersuchungsgremium allein, denn bei den anderen Mitgliedern hatten sich in der Vergangenheit kaum große Sympathien für Kennedy erkennen lassen. Nicht beim ehemaligen CIA-Chef Allen Welsh Dulles, den Kennedy gefeuert hatte, weil er sich seiner Politik in den Weg stellte und ihn pausenlos kritisierte. Und schon gar nicht beim Erzreaktionär John McCloy, einst aktivster Verfechter einer Spaltung Deutschlands und nunmehr schwerverdienender Chef einer Großbank.

Zwei weitere Kommissionsmitglieder kamen aus Südstaaten und waren naturgemäß nicht Freunde Kennedys, der sich ja für Rassengleichheit in den USA eingesetzt hatte: Senator Richard B. Russell (Georgia) und der Kongreßabgeordnete Hale Boggs (Louisiana). Vervollständigt wurde der Ausschuß durch Senator John S. Cooper (Kentucky) und den Kongreßabgeordneten Gerald R. Ford (Michigan), wenige Jahre später 38. USA-Präsident.

Die Kommission war von Januar bis September 1964 tätig, nahm Berichte und Protokolle zur Kenntnis, studierte Dokumente und Fotos, hörte Zeugen und Gutachter, stets von Journalisten gedrängt, die einzig entscheidende Frage in dieser Angelegenheit rasch zu beantworten: Wann kann mit einer klaren Aussage über den oder die Mörder des Präsidenten gerechnet werden?

Earl Warren wußte es wohl selbst nicht so recht, denn im Februar 1964 sagte er den erstaunten Reportern, der Augenblick dafür werde bestimmt kommen, doch es sei möglich, daß sie ihn nicht mehr erlebten. Immerhin könne es Dinge geben, die die nationale Sicherheit berührten und schon deshalb nicht veröffentlicht werden könnten. Später war dann von 60 Jahren die Rede, einem Zeitraum, der notwendig sei, um alle Geheimnisse um die Schreckenstat von Dallas im Interesse des gesamten Landes zu hüten.

Was schließlich nach vielen Monaten auf den Tisch kam und damit offizielle Lesart über den Präsidentenmord war, stellte sich schon damals und stellt sich erst recht heute, wo wesentliche neue Erkenntnisse vorliegen, als ein Gewirr von belanglosen Informationen, Lügen, Halbwahrheiten, als Kolportage vorgefaßter Meinungen, als ein Sammelsurium von »Zufällen« dar, geeignet, jedermann an dem festen Willen der US-Administration und der von ihr eingesetzten Untersuchungskommission zweifeln zu lassen, die wahren Hintergründe und Zusammenhänge des Verbrechens bloßzulegen.

Zunächst: Tenor des Warren-Reports und der 26 angefügten Beweis-Bände ist die Feststellung, daß der Mord von Dallas und die Ereignisse danach Ergebnis einer unübersehbaren Kette von Schicksalsfügungen waren, nicht geplant, nicht vorhersehbar und daher unabwendbar. Auf jeden Fall — und das wird mit allen Mitteln zu »beweisen« versucht — hat es — so der Report — gegen den Präsidenten »keine Verschwörung« gegeben, sondern ein einzelner verirrter, von blindem Haß getriebener Mann feuerte die tödlichen Schüsse ab: Lee Harvey Oswald, den der Nachtklubbesitzer Jack (Rubinstein) Ruby wenige Tage später vor den Augen der Polizei und im Beisein zahlreicher Journalisten und Fernsehkameras mit einem Schuß in den Bauch vom Leben in den Tod beförderte — aus Mitleid mit der Präsidentenwitwe Jacqueline, wie er sagte.

Doch schon die Formulierungen des Reports, die ja »klarstellen« sollten, was und warum es geschehen war, sind — ob nun als Ergebnis von Sprachschluderei oder absichtlich, das sei dahingestellt — so zweideutig, daß sie nicht, wie beabsichtigt, eine einheitliche feste Meinung suggerieren, sondern Zweifel nachgerade provozieren. Es heißt im Report: »Die Kommission hat keinen Beweis dafür gefunden, daß Lee Harvey Oswald oder Jack Ruby Beteiligte irgendeiner in- oder ausländischen Verschwörung zur Ermordung Präsident Kennedys waren.«

Kurz darauf wird eingeschätzt: »Angesichts der Schwierigkeit, negative Sachverhalte mit Sicherheit zu beweisen, läßt sich auch die Möglichkeit, daß andere entweder mit Oswald oder Ruby in einem Zusammenhang standen, nicht eindeutig beweisen; sollte dennoch diesbezügliches Beweismaterial bestehen, so blieb es dem Zugriff aller Untersuchungsbehörden entzogen, lag jenseits der Grenze staatlicher Ermittlungsmöglichkeit und konnte daher der Kommission auch nicht zur Kenntnis gelangen.«

Das heißt doch wohl nicht eindeutig, daß die Kommission eine Verschwörung absolut ausschließt, sondern eher, daß sie nicht in der Lage war, mit Sicherheit zu beweisen, daß an dem Attentat außer Oswald und Ruby noch andere beteiligt waren. Wie wir später noch sehen werden, hätten sich aber bei gründlicher Arbeit aller Untersuchungsorgane durchaus solche Beweise und, was noch schwerer wiegt, die beteiligten Leute finden lassen.

Betrachten wir uns einige der Versäumnisse und Nachlässigkeiten, der Ungereimtheiten und Oberflächlichkeiten, der Deuteleien und offensichtlichen Fälschungen der Dallas-Tragödie etwas eingehender.

Lee Harvey Oswald »und sonst niemand« (Warren-Bericht) hatte den Präsidenten um 12.30 Uhr Ortszeit angeblich mit zwei Schüssen getötet, die er aus dem sechsten Stockwerk des »Texas Public School Book Depository« in der Elm Street 411 abgefeuert hatte. Dann war er gemächlich aus dem Haus gegangen — wobei er sogar noch kurz mit zwei ihm bekannten Streifenpolizisten plauderte und eine Cola trank —, hatte sich mit einem Taxi nach Hause fahren lassen und war von dort wiederum — diesmal zu Fuß — ins »Texas Theater« geeilt, wo er schon kurz vor 14.00 Uhr festgenommen werden konnte, allerdings erst einmal unter dem Verdacht, auf seinem Fluchtweg noch den Streifenpolizisten J. D. Tippit erschossen zu haben. Erst auf dem Polizeipräsidium wurde klar, daß man nach so kurzer Zeit wahrscheinlich schon des »Präsidentenmörders« habhaft geworden war.

Von den knapp 33 Stunden, die Oswald nach seiner Verhaftung noch am Leben ist, wird er vom Leiter der Mordkommission in Dallas, Captain William Fritz, zwölf Stunden verhört. Doch von all diesen Verhören, bei denen noch der FBI-Beamte James Bookhout zugegen war, wurden weder Tonbandaufnahmen noch stenografische Protokolle angefertigt, obwohl auch in den USA jeder Verdächtige schon bei seiner Verhaftung darauf hingewiesen werden muß, daß seine Aussagen protokolliert werden und daß diese Niederschriften als Beweise gegen ihn dienen können. Bei Oswald war das nachweisbar bereits im Kino geschehen.

Was der Warren-Kommission schließlich vorlag, war ein 13 Seiten langes Memorandum des Captain Fritz, ein »Protokoll der Erinnerung« sozusagen, das auch noch mit den Worten endet: »Da dieser Bericht anhand ungenauer Notizen und aus dem Gedächtnis angefertigt wurde, ist es durchaus möglich, daß die eine oder andere Frage in einem anderen Verhör gestellt wurde als im Bericht angegeben.«

Man muß sich das auf der Zunge zergehen lassen, denn immerhin handelte es sich ja um den wahrscheinlichen Mörder eines Staatspräsidenten! Oder war alles beabsichtigt? Hatte Oswald schon in diesen Verhören seine bei der Verhaftung geäußerte Drohung wahrgemacht, er werde einiges auszupacken haben über die Mordverschwörung gegen John F. Kennedy? Durfte es deshalb keine Protokolle geben, weil schon dann die wahren Mörder bekannt geworden wären?

Auch die Tatsache, daß man Oswald erst nach rund zwei Stunden gründlich untersuchte, seine Kleidung abtastete und dabei noch fünf scharfe Patronen − Gewehrmunition − aus seinen Taschen zutage förderte, sieht doch mehr nach Absicht denn nach Fahrlässigkeit aus. Vielleicht hoffte man, Oswald sei noch irgendwie bewaffnet und ließe sich zu einer Dummheit hinreißen, die der Polizei Gelegenheit gab, mit der Schußwaffe auf ihn loszugehen?

Wie dem auch sei, die Warren-Kommission nahm alle diese Ungereimtheiten und Schlampereien mit unbeschreiblicher Geduld hin und tröstete sich über die Tatsache hinweg, nicht eine einzige wörtliche Aussage von dem Mann zu besitzen, den sie als Präsidentenmörder sah − und wohl auch sehen sollte.

Doch Oswald − darüber waren sich schon damals viele Leute klar − konnte kaum allein der Mörder gewesen sein. Dafür sprechen mehrere Tatsachen, um deren genaue Untersuchung sich die Warren-Kommission allerdings mit vielerlei Tricks und erstaunlicher Leichtgläubigkeit herumlavierte.

Oswald war, das bewiesen seine Schießprüfungen im Marinekorps, bei dem er gedient hatte, ein recht mäßiger Schütze. Und ausgerechnet er sollte mit einer alten italienischen 6,5-Millimeter-Büchse vom Typ Mannlicher-Carcano − die Polizei und District-Staatsanwalt Henry Wade hielten sie überdies 24 Stunden lang trotz eindeutiger Gravuren für einen deutschen Mauser-Karabiner vom Kaliber 7,65 − auf Kennedy innerhalb von höchstens acht Sekunden drei Schüsse abgegeben haben, von denen zwei tödlich waren?

Das US-amerikanische »Handbuch für militärische Handfeuerwaffen« ordnet das unter Kartons im Schulbuchverlag gefundene

Gewehr Oswalds unter dem Begriff »minderwertige militärische Waffe« ein. Die angeblich verwendete Munition war älter als 20 Jahre. Acht Wochen vor dem Attentat hatte sich Oswald unter dem falschen Namen Hiddel die Büchse zum Preis von 12,78 Dollar bei einem Versandhaus besorgt und dabei gleich noch für 7,17 Dollar ein ausgeleiertes Zielfernrohr mit erworben. Und mit dieser Ausrüstung, die ja eigentlich museumsreif war, sollte er ein bewegliches Ziel in so kurzer Zeit auf Entfernungen zwischen 53 und 81 Metern getroffen haben?

Drei Meisterschützen der »National Rifle Association« probierten später das Gewehr aus — auf ein stationäres Ziel — und keiner von ihnen traf den Kopf oder gar den Nacken der aufgestellten Puppe. Trotzdem ist im Warren-Report zu lesen: »Die verschiedenen Versuche zeigten, daß das Mannlicher-Carcano-Gewehr genau war und daß die Verwendung eines Vierfach-Fernrohrs ein schnelles, genaues Feuern wesentlich erleichterte. Oswalds Scharfschuß-Ausbildung im Marinekorps ... und seine erwiesene Vertrautheit mit dieser Waffe zeigen, daß er in hohem Maße fähig war, den Mord zu begehen.«

Sehen wir uns nun an, wie die Kommission mit den »drei Oswald-Schüssen« zurechtkam, denn mehr als drei durften es ja nicht gewesen sein, da man nur drei Patronenhülsen gefunden hatte und stur an der Nur-ein-Mörder-war-es-Theorie festhielt. Obendrein mußte man zugeben, daß einer der Schüsse danebengegangen war. Blieben also zwei Kugeln, die soviel Unheil anrichteten; wobei es genügend Ohrenzeugen gab, die wesentlich mehr Schüsse gehört hatten. Doch das paßte nicht so recht in das vorgezeichnete Bild.

Deshalb heißt es im Report: »Der überzeugendste Beweis für die Zahl der Schüsse waren die drei Hülsen im sechsten Stockwerk (des Schulbuchlagerhauses — d.A.), die erwiesenermaßen von demselben Gewehr ausgestoßen wurden, das die Schüsse abgegeben hat, von denen die Verletzungen herrühren. ... Die Fülle der Beweise, besonders die drei Hülsen, führte die Kommission zu dem Schluß, daß drei Schüsse abgefeuert wurden.«

Nun aber kam für den Warren-Ausschuß das heikle Problem: Kennedy hatte — wie die offiziellen Obduzenten feststellten — einen Rücken-Hals-Schuß und einen Kopfschuß, der einen Teil der Hirnschale abgesprengt hatte. Aber auch Gouverneur John Connally war ja verwundet. Von welchem Schuß wohl? Hier hält die Kommission ein Phänomen bereit, das in der Geschichte der Handfeuerwaffen wohl einmalig dasteht.

Von diesem Fenster
des Schulbuchverlages
in Dallas aus
sollen angeblich
die tödlichen Schüsse
auf Kennedy abgegeben
worden sein.
Man beachte die
vollbelaubte Eiche, durch die der Mörder
hindurchschießen mußte

Nach dem Report nämlich hat ein einziges Geschoß den Präsidenten im Rücken getroffen, ist dann aufwärts durch den Hals gedrungen, an der Vorderseite des Halses in Höhe des Krawattenknotens aus dem Körper ausgetreten, danach in Gouverneur Connallys Rükken eingedrungen, hat ihm die Brust durchschlagen und eine Rippe gebrochen, seinen Körper unterhalb der rechten Brustwarze wieder verlassen, das rechte Handgelenk des Gouverneurs zerschlagen und dabei einen Knochen gebrochen, und ist dann — des langen und beschwerlichen Weges wohl müde — im linken Oberschenkel des Gouverneurs steckengeblieben, auf dem Transport ins Krankenhaus aber wieder herausgefallen.

Ist theoretisch eine solch verheerende Wirkung durch eine einzige Kugel durchaus möglich, so grenzt es doch nachgerade an Wunder, wie das Bleistück, das ja von oben aus dem sechsten Stockwerk abgefeuert wurde, einen derartigen Zick-zack-Weg beschreiben konnte, wie er erforderlich war, um all diese Verletzungen hintereinander hervorzurufen. Connally selbst und dessen Ehefrau bestritten diese Theorie ebenso wie der den Gouverneur behandelnde Arzt.

Den Widersinn müssen wohl auch die Kommissionsmitglieder erkannt haben, denn vorsichtshalber zogen sie sich mit folgender Formulierung aus der Klemme: »Es ist zwar für keine wesentliche Feststellung dieser Kommission notwendig, zu ermitteln, durch welchen Schuß Gouverneur Connally verletzt worden ist, doch geht aus überzeugenden Aussagen von Experten hervor, daß dasselbe Geschoß, das die Kehle des Präsidenten durchschlagen hat, auch Gouverneur Connallys Verletzungen verursachte. Allerdings haben Gouverneur Connallys Aussagen und einige andere Faktoren zu einer gewissen Meinungsverschiedenheit hinsichtlich dieser Wahrscheinlichkeit geführt.«

Wie dem auch sei, auch uns interessieren hier nur die Schüsse auf John F. Kennedy. Nach dem Warren-Report waren es zwei. Eine Kugel traf danach Kennedy im Nacken und trat unterhalb des Adamsapfels wieder aus dessen Körper. Die zweite bohrte sich rechts in den Hinterkopf und trat an der rechten Stirnseite aus. Doch schon hier scheiden sich kurz nach dem Attentat die Geister, vor allem die der Mediziner, die den Präsidenten behandelten, und der Ärzte, die ihn später obduzierten.

Die um Kennedys Leben ringenden Ärzte im Parkland Memorial Hospital hatten sofort festgestellt, daß es sich bei der Wunde in Kennedys Hals um eine Einschußwunde handelte. Das jedoch hätte bedeutet, daß der Schuß von vorn abgegeben worden war – also ein zweiter Schütze existierte, was wiederum auf eine Verschwörung hinwies. Da es aber weder einen zweiten Schützen noch eine Verschwörung geben durfte, drehten die Pathologen im Bethesda Naval Hospital die Sache wieder um, erklärten die Halswunde – sie war plötzlich durch einen Luftröhrenschnitt beträchtlich erweitert und in der Form völlig verändert worden – zur Ausschußwunde und orteten den dazugehörigen Einschuß im Rücken des Präsidenten.

Und nun kommen wieder die Ungereimtheiten: Im Obduktionsbefund des Warren-Reports heißt es beispielsweise, die Bahn der Kugel, die in den Rücken Kennedys eindrang, sei von oben nach unten verlaufen. Und dann: »Das Geschoß quetschte den Muskelstrang auf der rechten Seite des Halses, beschädigte die Luftröhre und trat durch die vordere Außenseite des Halses aus.«

Im fünfbändigen Bericht des FBI über den Kennedy-Mord, der dem Warren-Ausschuß vorlag, liest sich das ganz anders: »Die ärztliche Untersuchung der Leiche des Präsidenten ergab, daß eines der Geschosse direkt unter seiner Schulter ... eindrang, daß es keine Ausschußstelle gab und daß sich das Geschoß nicht in der Leiche befand.«

Ein paar Zeilen weiter heißt es: »Die ärztliche Untersuchung der Leiche des Präsidenten ergab, daß das Geschoß, das in seinen Rükken eindrang, weniger als eine Fingerlänge tief eingedrungen war.«

Erhärtet wird diese Feststellung durch die Aussage des Sicherheitsbeamten Roy Kellermann vor der Warren-Kommission. Kellermann war bei der Obduktion zugegen gewesen und hatte einen der Obduzenten, Colonel Dr. Finck, der die Schulterwunde Kennedys mit einer Sonde untersuchte, nach dem Verlauf der Geschoßbahn befragt. Finck gab ihm zur Antwort: »Es gibt vom Einschuß in der Schulter dieses Mannes keinen Weg zu einem Ausgang.«

Auch Glen A. Bennett, einer der Sicherheitsbeamten, die unmittelbar hinter der Präsidenten-Limousine fuhren, untermauerte die Ansicht, daß Kennedy von mindestens drei Schüssen getroffen worden war. Er hatte einen Knall wie von einem Feuerwerkskörper vernommen — vermutlich war es ein Dum-Dum-Geschoß — und gesehen, daß ein Schuß den Präsidenten »etwa zehn Zentimeter unterhalb der rechten Schulter traf«.

Doch das alles hätte ja sowohl die Ein-Mörder-Theorie als auch die Drei-Schüsse-Theorie der Kommission zu Fall gebracht und wurde deshalb einfach unter den Tisch gekehrt.

Genauso mysteriös wie die widersprüchlichen Aussagen zur Anzahl und zur Lage der tödlichen Schüsse sind folgende Tatsachen: Die während der Obduktion angefertigten 14 Röntgen-Aufnahmen, 25 Schwarz-Weiß-Negative und 26 Farbdiapositive wurden von der Kommission »aus Gründen des guten Geschmacks« gar nicht erst geprüft und wanderten mit einer Sperrzeit ins Nationalarchiv der USA. Alle ursprünglichen Aufzeichnungen über die erste Obduktion wurden verbrannt, wie der Chef des Ärzteteams in einer eidesstattlichen Erklärung mitteilt: »Ich, James J. Humes, bescheinige, daß ich einige vorläufige Notizen, die den ›Naval Medical School Autopsy Report A 63-272‹ betreffen, durch Verbrennen vernichtet und alle

230

anderen diesbezüglichen Papiere vorgesetzten Dienststellen übermittelt habe.«

Wie oberflächlich und wie wenig analytisch die Warren-Kommission an die tatsächliche Aufklärung des Verbrechens heranging, ist auch daraus zu ersehen, daß die meisten jener Zeugen gar nicht angehört wurden, die deutlich vier und mehr Schüsse vernommen und die Abschußstelle der Kugeln einem Punkt zugeordnet hatten, der eindeutig rechts vor der fahrenden Autokolonne des Präsidenten lag — also in der Parkanlage oder sogar auf der Eisenbahnbrücke.

Zwei weitere Ereignisse sind ebenfalls noch von außergewöhnlicher Bedeutung, erfahren jedoch im Warren-Report nicht die entsprechende Würdigung.

In den Dienstvorschriften für die Agenten des Secret Service, die eigens für den Schutz des Präsidenten eingesetzt sind, heißt es: »Alle Sicherheitsbeamte, die ihren Dienst im Weißen Haus versehen, sowie Sonderbeamte, die mit ihnen auf Reisen des Präsidenten und bei ähnlichen Anlässen, die Sicherheitsmaßnahmen erfordern, zusammenarbeiten, müssen damit rechnen, während der Reise jederzeit zum Dienst gerufen zu werden. Daher ist den Sicherheitsbeamten … der Genuß jeglicher Alkoholika, einschließlich Bier und Wein, während der Reise verboten.«

Am Vorabend des Attentats hatte sich John F. Kennedy für seine Verhältnisse recht zeitig in einem Hotel in Fort Worth, einer Nachbarstadt von Dallas, zu Bett begeben. Da schlichen sich gegen Mitternacht neun der Agenten aus dem Haus, um sich im Presseclub ein paar Drinks zu genehmigen. Sieben von ihnen gingen danach noch ins »Cellar Coffee House«, wo die meisten bis gegen 3.00 Uhr zechten. Ein Agent ging sogar erst gegen 5.00 Uhr nach Hause, obwohl sein Dienst beim Präsidenten bereits um 8.00 Uhr beginnen sollte.

Kirkwood, der Besitzer des Etablissements, hielt die Secret-Service-Männer als seine Ehrengäste frei und brüstete sich später sogar, er habe »die Agenten absichtlich vollaufen lassen«.

Diese eklatante Nachlässigkeit der Geheimpolizisten — vier von ihnen hatten am 22. November »als Sicherheitsbeamte in dem Auto, das in der Kolonne dem Präsidentenwagen folgte, die höchste Verantwortung« — wird im Warren-Report zwar als »Bruch der Disziplin« kritisiert, aber auch im gleichen Atemzug wieder entschuldigt: »Es gibt keinen Beweis dafür, daß die Männer nicht alles in ihrer Kraft Stehende getan haben, um die Tragödie zu verhindern.«

Der Chef des Secret Service, James J. Rowley, verzichtete, obwohl das Verhalten ein Grund zur Entlassung der Agenten gewesen wäre, sogar auf ein Disziplinarverfahren, »um den neun Männern das Schandmal zu ersparen, möglicherweise am Tod des Präsidenten mitschuldig zu sein«.

Waren sie das nicht? Der demokratische Senator für Texas, Ralph W. Yarborough, der unmittelbar hinter dem Begleitwagen fuhr, schrieb in einer Erklärung an die Warren-Kommission: »Mir schien, als ob alle Secret-Service-Männer sehr langsam reagierten und lediglich verdattert dreinblickten, als die Schießerei begann. ... Da ich über die Ausbildung von Infanterie und Marinekorps Bescheid weiß, bin ich erstaunt über den Mangel an spontaner Reaktion seitens der Agenten, als das Gewehrfeuer auf die Wagenkolonne einsetzte.«

Der erste Schuß, der den Präsidenten traf — darüber sind sich auch heute noch alle Experten einig — war nicht tödlich. Vier der Agenten standen im nachfolgenden Fahrzeug auf den Trittbrettern, doch sie wurden wirklich erst aktiv, als alle Schüsse abgegeben waren. Sollten sie vielleicht so handeln?

Eine positive Antwort auf diese Frage fällt eigentlich leicht, wenn man bedenkt, was sich im Vorfeld des Kennedy-Besuches in Dallas noch so alles ereignete.

Der frühere Secret-Service-Chef Baughman hatte 1962 einmal erklärt — ein bißchen großspurig zwar —, der Sicherheitsdienst garantiere dem USA-Präsidenten den »vollständigsten, detailliertesten Schutz«. Kein anderer Staat könne einen solchen Schutz gewährleisten.

Nun war ja ebendieser Schutz des Staatsoberhauptes seit 62 Jahren, nämlich genau seit dem Mord an Präsident McKinley, die einzige Aufgabe der Sicherheitsbeamten, die sich früher mit der Aufklärung von Banknotenfälschungen befaßt hatten. Und doch waren bei Attentatsversuchen einige Präsidenten gerade noch mit dem Leben davongekommen, so Theodore Roosevelt im Jahre 1912, Franklin Delano Roosevelt im Jahre 1933, Harry S. Truman im Jahre 1950. Also hatten die Männer des Secret Service allen Grund, aufmerksam zu sein und mit ihren Körpern — immerhin bilden sie ja die Leibwache und werden dafür gut bezahlt — das Leben des Präsidenten zu hüten und alle Eventualitäten für einen Anschlag von vornherein restlos zu beseitigen.

Was aber war in Dallas geschehen?

Es gab Sicherheitsvorkehrungen in der Stadt, auch die Messehalle war peinlich genau untersucht worden, war von Posten umstellt; in der Stadt patrouillierten Polizisten in Uniform, mehr jedoch noch in Zivil. Kennedy fuhr in seiner eigenen, kugelsicheren Limousine, die man eigens aus Washington geholt hatte. Alles in bester Ordnung also?

Nein, denn es gab Dinge, die sich eigentlich nahezu selbstverständlich verboten hätten, Schlampereien, die ganz nach Vorbedacht aussahen. So fuhr der Präsident entgegen jeder Vorschrift im offenen Wagen ohne das kugelsichere Glasverdeck — und keiner der Secret-Service-Männer hatte dagegen opponiert.

Doch damit nicht genug: Einen Tag vor dem Präsidenten-Besuch kursierten in Dallas und Umgebung Flugblätter mit »Polizei-Fotos« von Kennedy, also Vorder- und Seitenansichten, und mit dem »Steckbrieftext«, dieser Mann werde »wegen Verrats an den Vereinigten Staaten« gesucht.

Die Hersteller der Machwerke lieferten auch gleich noch die »Begründungen« mit: Kennedy habe die Verfassung verraten, hieß es, und zugleich die guten Freunde der USA. Er liefere das Land der »kommunistischen UNO« aus und schließe Freundschaft mit seinen ärgsten Feinden. Er untergrabe die Sicherheit, unterstütze Rassenunruhen und hole Ausländer und Kommunisten in die Behörden des Bundes.

Und ein weiteres Flugblatt forderte, tausendfach verteilt, den »Verräter John F. Kennedy zur Rechenschaft« zu ziehen, weil er die Feinde der USA unterstütze.

Keiner der Hersteller solcher Traktate wurde festgenommen, ja nicht einmal gründlich gesucht hat man nach ihnen — ein Versäumnis, das gegen nahezu alle Vorschriften verstößt, denen sich die Präsidenten-Leibwache unterzuordnen hatte. Wäre auch nur der geringste Verdacht entstanden, daß auch Kommunisten Flugschriften gegen den Präsidenten angefertigt hätten — mit anderer Zielrichtung, versteht sich —, man hätte sich die Beine kurz gelaufen nach ihnen und in der Stadt das Unterste zuoberst gekehrt.

Aus diesen und vielen anderen Gründen konnte in Dallas geschehen, was die ganze Welt in Aufruhr und Schrecken versetzte: ein kaltblütiger Mord an einem Staatsoberhaupt. Kennedy wurde nicht zuverlässig geschützt, wie es Urbanus Baughman versprochen hatte. Allerdings muß man dessen Worte aus dem Jahre 1962 noch um den dritten Satz ergänzen, den er sagte, und der fast wie eine Prophezeiung (oder ein Tip?) klang: »Gegen ein Gewehr mit Zielfernrohr allerdings, das aus einem hochgelegenen Fenster auf den Präsidenten abgefeuert wird, sind wir machtlos.«

Kommen wir zum zweiten Ereignis des Trauerspieles von Dallas, das die Tätigkeit der Warren-Kommission wiederum in ein merkwürdiges Licht setzt: die Ermordung Lee Harvey Oswalds durch den Nachtklubbesitzer Jack Ruby.

Der Warren-Report läßt sich im Anhang seitenlang über Rubys Leben aus und bemüht sich redlich um den überzeugenden Beweis, daß der Mann, der seine besten Freunde in der Unterwelt und bei der Polizei hatte, nicht in eine Verschwörung gegen den Präsidenten verwickelt sein konnte. Zugleich aber hält es die Kommission nicht für erforderlich, »Rubys mögliches Motiv für die Erschießung Oswalds zu erörtern«.

Das aber wäre doch gerade ihre Aufgabe gewesen! Doch nein, es wird suggeriert, Ruby habe ganz allein gehandelt und — wie Oswald bei den Schüssen auf Kennedy — nur ein unverständliches Motiv gehabt. Dabei spricht jede Einzelheit des Mordtages gegen diese Behauptung.

3. Der Tod kam immer im richtigen Augenblick

Am Abend des 23. November ließ Polizeichef Jesse Curry die zahlreich im Präsidium versammelten Journalisten wissen, Oswald werde am folgenden Tag, dem Sonntag, abtransportiert; gegen 10.00 Uhr. Eine genauere Zeitangabe erfolgte nicht.

Tatsächlich aber fand die Oswald-Überführung am nächsten Morgen erst um 11.20 Uhr statt.

Nun zu Ruby: Als die Reporter, die über den Akt berichten wollten und bereits vor zehn Uhr im Polizeipräsidium erschienen waren, schon ungeduldig auf ihr Schauspiel warteten, saß Jack noch zu Hause und traf seine letzten Vorbereitungen. Erst kurz vor 11.00 Uhr steckte er seinen Revolver ein, fuhr in die Stadt und stellte seinen Wagen auf einem Parkplatz ab, einen Häuserblock vom Polizeipräsidium entfernt. Dann schlenderte er, nachdem er Brieftasche und Ausweise im Kofferraum abgelegt hatte, zu einer nahegelegenen Filiale der Telegrafengesellschaft »Western Union«, um an eine seiner Stripperinnen, die ihn um Vorschuß angegangen war, 25 Dollar zu überweisen. Seine Überweisungsquittung wurde, wie sich der Schalterbeamte später erinnerte, etwa um 11.17 Uhr abgestempelt. Das war der Augenblick, in dem Captain Fritz von der Mordkommission Lee Harvey Oswald aus seinem Büro führte, um mit ihm ins Kellergeschoß zu fahren, von wo er nach draußen ins Transportfahrzeug gebracht werden sollte.

Zwei Minuten später betrat Jack Ruby ungehindert das Gebäude des Polizeipräsidiums, obwohl alle Eingänge angeblich streng bewacht waren. Keiner der wachhabenden Polizisten konnte sich später entsinnen, auf welche Weise Ruby ins Haus gekommen sein konnte.

Genau um 11.20 Uhr kam Oswald im Kellergeschoß an, eine Minute später trat Ruby auf ihn zu und schoß ihn in den Unterleib. Millionen Fernsehzuschauer an den Bildschirmen wohnten dem Mord bei. Sie wurden von der Tat ebenso überrascht wie das halbe Hundert Journalisten und die den »vermutlichen Präsidentenmörder« Oswald begleitenden Polizisten.

Kann man ein derart perfektes Timing noch als Zufall darstellen? Woher wußte Ruby so exakt die Zeit, zu der er zur Stelle sein mußte, um seinen Mord zu begehen? Was hatte er als Nicht-Journalist schon am Abend vorher auf einer Pressekonferenz im Polizeipräsidium zu suchen? Was tat er am Tag des Präsidenten-Mordes im Parkland Memorial Hospital — also in der Nähe des tödlich verwundeten Kennedy —, wo er von einem Journalisten gesehen und erkannt worden war? Was bedeutete seine am Telefon belauschte Äußerung: »Sie wissen ja, ich werde da sein.«?

Auf keine dieser Fragen gibt der Warren-Report eine Antwort. Aber die Kommission nahm Rubys Aussage ab, fast möchte man meinen, mit Erleichterung. Als er an jenem Morgen, so sagte der Chef des »Carousel«-Clubs, das Präsidium erreicht habe, »war da schon eine Menge versammelt. Und ich vermute ... ich dachte ... ich wußte ... er sollte um 10.00 Uhr verlegt werden — ich weiß nicht. Ich hörte Radio und kam an einer Menge vorbei, und es sah aus — ich nahm an, er war schon abtransportiert ... Ich hab' mich nicht eingeschlichen, ich hab' da nicht 'rumgelungert, mich nicht 'rumgedrückt oder hinter irgendjemandem versteckt ... Ich ging die paar Stufen 'runter, und da war die Person — ich möchte nicht sagen, ich sah rot —, es war ein Gefühl für unseren geliebten Präsidenten und Missis Kennedy — und daß er unbedeutend war verglichen mit dem, was ich vorhatte ... Ich hatte das Schießeisen in meiner rechten Hüfttasche, und ganz impulsiv, falls das der richtige Aus-

Der angebliche Präsidentenmörder Lee Harvey Oswald wird im Beisein
von Geheimpolizisten im Polizeihauptquartier Dallas
vom Bordellbesitzer Jack Ruby erschossen

druck hier ist, sah ich ihn, und das ist alles, was ich sagen kann. Und
es war mir egal, was mit mir passierte ...«

Das klang doch sehr vaterländisch und war Musik in den Ohren
der Kommissions-Mitglieder.

Soviel zur Tätigkeit der Warren-Kommission, die die Aufgabe
hatte, das amerikanische Volk nach dem Mord von Dallas »zu beru-
higen«, ihm klarzumachen, daß die »amerikanische Gesellschaft
nicht krank, sondern stabil sei«, daß die Ereignisse »nichts anderes
als Missetaten verirrter Einzelgänger gewesen seien«, wie die Journalistin und Historikerin Sylvan Fox einmal schrieb.

Doch ging es wirklich nur allein darum? War nicht durch die
Kommission viel mehr zu vertuschen, was dem Präsidentenmord
einen ganz anderen, hochpolitischen Anstrich gab? Wurde dieses
drittklassige Drama der Kommissionsarbeit nicht nur aufgezogen,
um die eigentlichen Hintermänner des Mordes, die eigentlichen

Mörder, die mit dem Tod Kennedys verbundenen Interessen bestimmter Kreise der amerikanischen Gesellschaft zu verschleiern?

Werfen wir, abschließend zu diesem Kapitel, vorerst noch einen Blick in eine makabre Statistik und greifen aus der Vielzahl der Personen, die in irgendeiner Weise — und wenn nur als Zuschauer — in den Mordfall John F. Kennedys verwickelt waren, einige heraus, die auf unheimliche Art nach 1963 ums Leben kamen.

J. D. Tippit — Der Streifenpolizist hatte den Auftrag, bei der Festnahme eines Mannes mitzuwirken, dessen Beschreibung auf Lee Harvey Oswald zutraf. Er stellte den Mann — angeblich war es wirklich Oswald — etwa eine dreiviertel Stunde nach dem Kennedy-Mord in der Tenth Street nahe der Ecke zur Patton Avenue, wo er von ihm mit drei Schüssen ermordet wurde.

William (Bill) Hunter — Dieser Journalist war in Dallas für die kalifornische Zeitung »Long Beach Independent Press-Telegram« tätig. Nach dem Mord Rubys an Oswald sah er sich etwas genauer in Rubys Wohnung um und führte ein langes Gespräch mit George Senator, einem Ruby-Freund, dem der Nachtklubbesitzer immer großes Vertrauen entgegengebracht hatte. Hunter wurde 1964 in einem Polizeirevier in Long Beach »versehentlich« erschossen — von einem Polizisten.

James (Jim) Koethe — Er hatte als Reporter des »Dallas Time Herald« William Hunter in Rubys Wohnung begleitet. Ein Unbekannter brachte ihn im September 1964 in seiner Wohnung durch einen Schlag gegen die Halsschlagader um.

Henry Thomas Killam — Killams Frau war im »Carousel«-Club Rubys als Striptease-Tänzerin tätig. Beide wohnten in der Pension, in der sich auch Oswald eingemietet hatte. Im März 1964 stürzte Killam — so der Polizeibericht — aus einem Fenster, das angeblich geschlossen gewesen war, auf die Straße. Seine Verletzungen waren tödlich. Daß man ihn mit durchschnittener Kehle gefunden hatte, wurde in dieser Deutlichkeit nie aktenkundig. Killam war bekannt, daß sich Oswald vor dem Attentat öfter mit Männern des FBI getroffen hatte. Er war so unvorsichtig gewesen, dieses Wissen nicht für sich zu behalten.

Tom Howard — Ruby hatte bei seinem Prozeß mehrere Anwälte, zuerst Howard, von dem er sich aber bald trennte, und der 1965 plötzlich an einem »Herzanfall« starb.

Eddy Benavides — Sein Bruder Domingo Benavides, der ihm täuschend ähnlich sah, hatte aus unmittelbarer Nähe den Mord am

Streifenpolizisten Tippit beobachtet und auch den Mörder gesehen. Eddy wurde 1965 in einer Gaststätte in Dallas erschossen, wohl, weil man ihn mit seinem Bruder verwechselte.

Dorothy Kilgallen — Die bekannte Kolumnistin des Hearst-Zeitungs-Konzerns war glücklich darüber, kurze Zeit nach dem Attentat auf Oswald mit Ruby im Büro des Richters Joe Brown ein ausführliches Gespräch führen zu können. Im November 1965 fand man sie tot auf, nach dem offiziellen Bericht »durch Alkohol und Tabletten vergiftet«.

William Whaley — Er war jener Taxifahrer, der Oswald vom Schulbuchverlag nach Hause gefahren hatte. Ein Verkehrsunfall in Dallas brachte ihm Ende 1965 den Tod.

Karen Carlin — Sie war Tänzerin in Rubys Nachtklub und früher Angestellte von Kirkwood im »Cellar Coffee House« in Fort Worth. Sie war es auch, der Ruby die 25 Dollar über die »Western Union« schickte, bevor er ins Polizeipräsidium ging, um Oswald zu erschießen. Karen Carlin hatte am Abend des 24. November zu einem Mitarbeiter des Secret Service gesagt: »Ich habe den Eindruck, daß Oswald, Ruby und andere mir unbekannte Personen Komplizen einer Mordverschwörung gegen Präsident Kennedy waren.« Sie wurde in einem Hotel von einem Unbekannten erschossen.

Nancy Mooney — Sie war ebenfalls Stripperin im »Carousel« und erhängte sich in einer Gefängniszelle in Dallas.

Earlene Roberts — Die Zimmerwirtin Lee Harvey Oswalds in Dallas starb im Januar 1966 an einem »Herzinfarkt«.

Lee Bowers — Der Bahnarbeiter aus Dallas erlag im August 1966 seinen Verletzungen, die er bei einem »Verkehrsunfall« davongetragen hatte. Bowers war durch seine Aussage in die Ermittlungsakten des FBI gekommen, er habe kurz nach dem Anschlag auf John F. Kennedy auf einem nur für Polizeibeamte reservierten Parkplatz in der Nähe des Tatorts verdächtige Personen bemerkt, die er obendrein noch recht gut beschreiben konnte.

Jack Ruby — Der Oswald-Mörder starb im Januar 1967 in seiner Gefängniszelle in Dallas, angeblich an Krebs. Ruby, in einem Schauprozeß mit vielen Merkwürdigkeiten zum Tode verurteilt, wollte nach Washington gebracht werden, um Richter Warren die »volle Wahrheit« zu sagen. Earl Warren hatte dieses Ansinnen abgelehnt. Ruby war tief betrübt und lebte von dieser Zeit an nur noch in Angst, ja er soll sogar geäußert haben, mit der Ablehnung seines

Wunsches werde wohl nun auch bald seine letzte Stunde geschlagen haben. Todkrank jedenfalls war er nicht, das steht fest.

David William Ferrie — Der District-Attorney von New Orleans im USA-Bundesstaat Louisiana, Oberstaatsanwalt Jim Garrison, früher Agent des FBI, hatte es sich einige Jahre nach dem Verbrechen von Dallas zur Aufgabe gemacht, Licht in die Dunkelheit des Mordanschlags zu bringen und nachzuweisen, daß es eine Verschwörung gegeben haben mußte. Bei seinen Recherchen stieß er auch auf Ferrie, einen früheren Piloten, der gute Beziehungen zu Oswald gehabt und sich im Herbst 1963 mehrmals mit diesem und einem Kaufmann namens Clay L. Shaw in seiner Wohnung getroffen hatte. Garrison bezeichnete Ferrie bald als »einen der wichtigsten Menschen der Geschichte«. Doch bevor der Oberstaatsanwalt noch so richtig zum Zuge kommen konnte, um Ferrie zu verhören und gegebenenfalls sogar zu beschützen, starb dieser auf mysteriöse Weise in seinem Appartment im Hause 3300 Lousiana Avenue Parkway in New Orleans, an einem »Blutgerinnsel« im Gehirn, wie die Ärzte diagnostizierten. In Wirklichkeit war Zyankali nachgewiesen worden.

Clay L. Shaw — Nachdem Ferrie aus dem Spiel war, griff sich Garrison den Kaufmann, einen, wie sich bald herausstellte, Agenten des amerikanischen Geheimdienstes CIA. Er hatte sich dem Hauptzeugen Garrisons, einem gewissen Perry R. Russo, Versicherungskaufmann in New Orleans, einmal als Clay Bertrand vorgestellt. Nach einem Mann gleichen Namens aber hatte die Warren-Kommission lange vergeblich gesucht, weil er schon am Nachmittag des Mordes an Kennedy einen Anwalt für Oswald bestellen wollte. Garrison sammelte sehr viel Material und legte es der Grand Jury von New Orleans vor, die entschied, die Untersuchungsergebnisse bewiesen, daß Präsident Kennedy einer Verschwörung zum Opfer gefallen sei. Clay Shaw habe daran teilgenommen. Deshalb habe gegen ihn die Hauptverhandlung stattzufinden. Der Prozeß gegen Shaw lief zwar an, doch kam nicht allzu viel dabei heraus. Lediglich Shaw selbst — er wurde freigesprochen — »starb« wenig später in aller Stille.

Johnny Roselli — Ein berüchtigter Mafia-Gangster und Mordschütze, der, wie wir heute wissen, am Kennedy-Mord aktiv beteiligt war. Seine Leiche fand man in einem schwimmenden Faß in der Florida-Bucht.

Sam Giancana — Ein Komplice Rosellis und nicht weniger berüchtigt. Auch er befand sich am Mordtag in Dallas in unmittelbarer

Nähe des Tatorts. Einige Jahre später wurde er von »rivalisierenden Gangstern« erschossen.

del Valle — Ein Exilkubaner im Dienste der CIA, der gegen Fidel Castro arbeitete, aber auch in den Kennedy-Fall mit verwickelt worden war. In Miami fand man seine verstümmelte Leiche. Die Polizei ließ wissen, er sei bei einer internen Auseinandersetzung kubanischer Emigranten ums Leben gekommen.

George Piazza — Ein Stellvertreter Jim Garrisons, der aktiv an den Ermittlungen gegen Shaw beteiligt gewesen war. Er verlor sein Leben bei einem Flugzeugunglück in New Orleans.

Und es starben unter sehr mysteriösen Umständen — die Polizei sprach beständig von »Racheakten verschmähter Liebhaber« — aus Rubys »Carousel«-Club auch die Tänzerinnen Teresa Norten, Betty McDonald und Rose Cheramie, die alle einmal in schwachen Stunden über ihren Chef und seine ungewöhnlich engen Beziehungen zu FBI und CIA geplaudert hatten, wie sich zeigte, genau gegenüber den verkehrten Leuten.

4. Die wahren Hintergründe

John Fitzgerald Kennedy war jener Präsident der Vereinigten Staaten von Amerika, der sich als erster nach dem zweiten Weltkrieg und den darauf folgenden Jahren ständiger Provokationen dafür entschied, in die internationale Politik, vor allem aber in das Verhältnis zwischen den USA und der Sowjetunion und den anderen sozialistischen Ländern ein gewisses Maß an Entspannung zu bringen. Er hatte 1961 als erster katholischer Präsident des Landes mit einem für die amerikanischen Verhältnisse dieser Zeit durchaus »liberalen« Programm sein Amt angetreten, nachdem ihm bei den vorangegangenen Wahlen die Mehrheit der Wählerstimmen zugefallen war.

John F. Kennedy war Vertreter des Monopolkapitals. Aber er schätzte die Stellung der USA und ihre Möglichkeiten, die Weltpolitik zu bestimmen, wesentlich realistischer ein als jene ultrarechten Kräfte, hinter denen die Rüstungs- und die Erdölmonopole der USA steckten. Diese wurden innerhalb kürzester Zeit Kennedys ärgste und erbittertste Gegner.

In seiner Regierungszeit verantwortete er die Invasion der USA gegen Kuba in der Playa Girón, die für die USA mit einer Niederlage endete; er förderte die Einmischung der USA-Militärs in Südostasien und führte die Welt in der Karibischen Krise 1962 beinahe in einen Nuklearkrieg. Aber Kennedy war es auch, der in jenen Oktobertagen in einen Kompromiß mit der Sowjetunion einwilligte, und schließlich unterzeichneten die USA in seiner Amtsperiode, am 5. August 1963, den Moskauer Vertrag über das Verbot der Kernwaffenversuche in der Atmosphäre, im kosmischen Raum und unter Wasser.

Doch das war in den Augen der Reaktion ein großer Fehler des Präsidenten. Jetzt zählte nicht mehr die Tatsache, daß er die Entwicklung des militärisch-industriellen Komplexes weiterhin unterstützt und der Rüstungsindustrie zu immer mehr Profit verholfen hatte. Jetzt zählte nur, daß er mit seinen Schritten zur Einschränkung des Wettrüstens, mit der Anbahnung friedlicher Koexistenz zwischen Imperialismus und Sozialismus einen Weg eingeschlagen hatte,

Am 10. Oktober 1963 empfing John F. Kennedy
den sowjetischen Außenminister Andrej Gromyko
im Weißen Haus zu Gesprächen,
die der Suche nach praktischen Schritten zur weiteren Verbesserung
der Beziehungen zwischen beiden Ländern dienten

der seine Gegner so schwer erschütterte und sie auf »Rachegedanken« kommen ließ. Auch innenpolitisch hatte der junge und dynamische Präsident einige sehr »heiße« Probleme angepackt, auch und gerade im ölreichen Süden, in dem der größte USA-Bundesstaat — Texas — die dominierende Rolle spielte.

Hier entwickelte sich die Erdölindustrie um die Jahrhundertwende, unterstützt und gefördert durch die Bundesregierung, die allen, die sich an der Suche nach dem »schwarzen Gold« und an seiner Gewinnung beteiligten, versprach, ihnen nur 72,5 Prozent ihres Gewinns zu versteuern. Später wurden derartige Vergünstigungen sogar noch erweitert. Das führte schließlich dazu, daß gerade in Texas die Steueraufkommen der Ölfirmen immer weiter zurückgingen, die Reinerlöse aber beständig anstiegen.

Schon Präsident Franklin D. Roosevelt hatte versucht, dieses Mißverhältnis wieder in realistischere Bahnen umzulenken, war jedoch am Widerstand der »Herrscher über das Öl« gescheitert. Immerhin war Krieg — und der Staat brauchte jede Menge Öl, doch wer es hatte, der bestimmte den Kurs und die Preise.

In der zweiten Hälfte der fünfziger Jahre startete der demokratische Senator Douglas einen neuen Versuch, das staatliche Steuersäckel mit mehr Dollars der Ölmillionäre zu füllen. Auch sein Plan blieb auf der Strecke. Zu denen, die ihn unterstützt hatten, gehörte der damalige Senator John F. Kennedy. Die Quittung für diesen Affront gegen die texanischen Ölmänner erhielt er bei den Präsidentschaftswahlen 1960, die in diesem Bundesstaat eindeutig Richard Nixon gewann.

Ähnlich der Ölindustrie entwickelte sich in Texas auch die Rüstungsfabrikation. Produktionsstätten für Flugzeuge und später für Raketen schossen förmlich aus dem Boden, von Regierungsaufträgen in Milliardenhöhe gestützt.

Solcherart Aufträge hatte auch Kennedy zu Beginn seiner Regierungszeit noch vergeben. Als sich jedoch spätestens nach der »Schweinebucht-Affäre« herausstellte, daß eine Politik, die ausschließlich auf Gewalt setzt, zum Scheitern verurteilt ist, wurde er flexibler, sprach sich für Vernunft in der Außenpolitik aus, rückte die Rassenfrage innenpolitisch wieder mehr ins Blickfeld der Diskussion.

Als Kennedy dann Mitte Mai 1963 noch offiziell verkündete, es sei ein gefährlicher Glaube, den Frieden für unmöglich und irreal zu halten, als er schrittweise daranging, seine Politik der »neuen

Horizonte« zu verwirklichen, laut über die »allzugroßen Kosten« der modernen Rüstung, ja sogar über weltweite »Verhandlungen« nachzudenken, da war für den Ölmulti Harald Hunt und den Rüstungsriesen Vickers-Armstrong, für all ihre Geschäftsfreunde und Spießgesellen der Zeitpunkt gekommen, zum Angriff zu blasen. Wenn der Präsident unbedingt anders wollte als sie, dann hatte er die Folgen zu tragen.

Man setzte alle Hebel in Bewegung und bereitete die Aktion vom 22. November 1963 überaus gewissenhaft vor.

Heute ist nach gründlichen Forschungen und Recherchen zahlreicher Journalisten und Historiker, Juristen und Kriminalisten — auch außerhalb der USA — weit mehr über die Ereignisse in der Elm Street zu Dallas bekannt als dem amerikanischen Imperialismus lieb sein kann.

An jenem Tag fielen nämlich nicht drei, wie der Warren-Report suggerieren wollte, sondern mindestens acht bis neun Schüsse, wie schon kurz nach dem Mord zahlreiche nicht beachtete Augen- und Ohrenzeugen berichtet hatten. Und es war nicht nur ein Schütze, der den Präsidenten im Zielfernrohr hatte, sondern es waren mindestens drei »Sharpshooters«, die dafür sorgten, daß Kennedy das Attentat auf keinen Fall überleben konnte.

Die ersten beiden Schüsse, von vorn und hinten abgefeuert, trafen Kennedy in den Hals und in den Rücken. Sie waren nicht tödlich. Etwa zehn Sekunden darauf drangen ihm zwei weitere Kugeln in den Kopf, von rechts vorn ein Explosiv- oder Dum-Dum-Geschoß, von hinten oben eine normale Gewehrkugel. Aller Wahrscheinlichkeit nach streifte eine weitere Kugel seine linke Schläfe.

John Connally wurde von zwei Kugeln verwundet. Eine davon könnte vorher den Präsidenten verletzt haben.

Zwei weitere Kugeln gingen völlig daneben. Eine traf ein Verkehrsschild, die andere die hohe Bordsteinkante der Elm Street.

So merkwürdig verschlafen und träge sich die Secret-Service-Männer in unmittelbarer Nähe des Präsidenten verhielten, einige ihrer angeblichen Kollegen zeigten sich an diesem Tag in Hochform, sowohl im Lager des Schulbuchverlages als auch — und hier ganz besonders — in der Grünanlage nahe dem Eisenbahndamm. Von hier nämlich waren die entscheidenden tödlichen Schüsse abgefeuert worden, und in diese Anlage hatte auch der Chef der Motorrad-Begleitkolonne der Polizei in der ersten Aufregung des Attentats mehrere seiner Männer geschickt. Sehr zu recht, wie sich viele Jahre später herausstellte, als die Ein-Mörder-Theorie der Warren-Kommission beim besten Willen nicht mehr aufrechtzuerhalten war.

Zwölf Jahre nach dem Attentat erkannte ein Polizist aus Dallas einen jener »Mitarbeiter« wieder, die sich in der Grünanlage aufgehalten und wahrscheinlich den Hintergrund gesichert oder aber selbst geschossen hatten: Bernard Barker. Sein Steckbrief: Berufsmörder, bezahlter Agent des Geheimdienstes CIA, Teilnehmer an der Invasion in der Schweinebucht, Rauschgifthändler größten Stils mit mehreren heißen Drähten zur amerikanischen Mafia, dem Syndikat des organisierten Verbrechens.

Einige der Zuschauer, die sich das Spektakel nicht entgehen lassen wollten, einen amtierenden USA-Präsidenten im Schrittempo an sich vorbeifahren und ihnen winken zu sehen, hatten Barker und drei weitere Männer, im Mordfall Kennedy als die »Landstreicher« bekannt geworden, schon kurz nach dem Attentat bemerkt und die Polizei auch auf sie hingewiesen.

Barker hatte sich zeitig genug abgesetzt, doch die »Landstreicher« wurden festgenommen, allerdings nur »pro forma«, wie wir heute wissen. Die Polizei in Dallas übergab sie an das FBI, die Bundeskriminalpolizei – und von dort verschwanden sie spurlos. Edgar Hoovers Männer hielten es nicht einmal für nötig – oder war es ihnen untersagt? – wenigstens die Warren-Kommission über Namen und Profession der drei Männer zu informieren.

Zuviel wäre wohl schon damals durchschaubar geworden, hätten sie es getan. Bei den »Landstreichern« handelte es sich nämlich um niemand geringere als Howard Hunt, Frank Fiorini-Sturgis und Daniel Carswell, allesamt »prominente« Mitarbeiter des Geheimdienstes CIA.

Hunt gehörte sogar der Führungsspitze der CIA an und war jener Mann, der vom Präsidenten persönlich »zurückgepfiffen« werden mußte, als er 1961 bei der Kuba-Invasion die Karibik-Insel in »Grund und Boden bombardieren« lassen wollte.

Fiorini-Sturgis, ein Berufskiller – und später einer der »Einbrecher« im Watergate-Skandal unter Präsident Nixon – war kein fester Mitarbeiter des Geheimdienstes, sondern »arbeitete« von Fall zu Fall auf »Vertragsbasis«, während Carswell – dies ist nur einer seiner Decknamen – damals der »Killer Nummer Eins« in den Reihen der CIA und mit an Sicherheit grenzender Wahrscheinlichkeit jener Mann war, der vom sechsten Stockwerk des Schulbuch-Lagerhauses aus die Schüsse in Kennedys Rücken und Hinterkopf abgegeben hat.

Bestärkt wird diese Annahme durch die Tatsache, daß Carswell dem angeblichen Alleintäter Oswald sehr ähnlich sah, wie überhaupt die nunmehr bekannt gewordenen Indizien den Schluß zulassen, daß Lee Harvey Oswald an jenem Tag in Dallas mehrere »Doppelgänger« hatte, die auch schon Wochen und Monate vorher seine Rolle an anderen Orten übernahmen.

Mit Sicherheit hat Oswald im Rahmen der Verschwörung gegen Kennedy einen Part gespielt, doch der »Held« des Stückes war er auf keinen Fall. Schließlich gehörte er ja bis zu jenem 22. November 1963 in Amerika nicht zu den »unbeschriebenen Blättern«, sondern war durch seinen mißlungenen Mordanschlag auf den rechtsgerichteten General Walker im April 1963, durch seine Spitzeldienste für das FBI und durch seine recht guten Verbindungen zur CIA und hier besonders zum »Landstreicher« Howard Hunt durchaus aktenkundig. Außerdem kannte er eine Reihe von Geheimdienstlern der einzelnen Waffengattungen der US-Army und zählte auch Mitglieder der Mafia zu seinen Freunden, ganz zu schweigen von seiner intensiven Bekanntschaft mit Jack Ruby, mit dem er sich vor dem Mordtag mindestens vier Mal getroffen hatte.

Das alles wußte man, bevor die Schüsse fielen. Man nutzte es aus und führte Oswald auf die Minute genau vor Rubys Revolver. Und mit diesem Mord verwischten CIA und Mafia, für die auch der »Carousel«-Club-Chef runde 25 Jahre in verschiedenen großen Städten der USA »gearbeitet« hatte, die Spuren, die zu den wirklichen Mördern und Hintermännern führten.

Als dann nach vielen Jahren einige Killer glaubten, die Sache sei verjährt und man könne nun offen über die November-Ereignisse von Dallas plaudern und dabei seinen Anteil gebührend herausstreichen, brachte man sie kurzerhand um, wie eben Johnny Roselli und den Mafia-Boß von Chicago, Sam Giancana.

So erhellt der Mord aus heutiger Sicht die enge Verbindung der CIA zum Verbrechersyndikat der USA, das mit John F. Kennedy und seinem Bruder Robert — damals USA-Justizminister — eine eigene Rechnung zu begleichen hatte, denn die Kennedys dezimierten durch einige spektakuläre Prozesse die Führungsschicht der Mafia erheblich. Und auch der Geheimdienst CIA, der sich durch den Präsidenten in seiner »Handlungsfreiheit« eingeschränkt fühlte und der mit seiner Tätigkeit vor allem die Politik der reaktionärsten

Kreise des USA-Imperialismus vertrat, wußte zahlreiche Gründe anzuführen, die nach Ansicht seines Direktoriums einen Präsidentenmord »rechtfertigten«.

Heute weiß man, daß CIA-Mitarbeiter in Dallas und New Orleans, in Mexiko und Madrid, in Tanger und Paris unter direkter Anleitung des CIA-Direktors für Planung, Richard Helms, die gesamte Operation generalstabsmäßig vorbereiteten. Helms übrigens wurde später von Präsident Johnson zum Direktor der CIA erhoben, von Richard Nixon jedoch wieder »gefeuert«, weil er ihm die Affäre »Watergate« eingebrockt hatte.

Bei dieser hohen Stellung der Chef-Planer des Verbrechens wundert es nicht, daß, nachdem die Killer ihr Werk vollbracht hatten, der Mord von einer Reihe von Leuten weiter manipuliert und verschleiert wurde, deren »Urteil« aufgrund ihrer Fachkenntnisse und ihres guten Rufs niemand anzuzweifeln wagte.

Nachdem der US-Verteidigungsminister in der Carter-Administration unter dem Druck des Kongresses die Schweigepflicht aller an der Obduktion der Kennedy-Leiche beteiligten Personen aufheben mußte, erhärtete sich der schon seit langem vorhandene Verdacht, daß der tote Präsident vor der offiziellen gerichtsmedizinischen Untersuchung im Walter-Reed-Lazarett erst einmal so verändert wurde, daß die wirklichen Verletzungen nicht mehr exakt feststellbar waren. Erst dann wurde er ins Bethesda-Krankenhaus der Marine geschafft.

Die beiden sowjetischen Autoren Sergej Lossew und Vitali Petrussenko, die sich viele Jahre gründlich mit den Ereignissen von Dallas beschäftigt haben und in den USA selbst recherchierten, schrieben in einem Beitrag zum 20. Todestag Kennedys: Der Präsident »wurde nicht nur erschossen, sondern seine Leiche wurde auch noch — fast unter den Augen der Witwe und der engsten Mitarbeiter — heimlich aus dem Sarg gestohlen und in einen anderen Sarg gelegt, der in ein Auto verladen wurde, das fluchtartig davonpreschte. Das andere Auto, eskortiert von Militärs, fuhr langsamer hinterher ... Den erstaunten Sachverständigen im Sektionssaal des Leichenschauhauses von Bethesda wurde die Leiche einmal ohne Gehirn, dann wieder mit Gehirn im Schädel vorgestellt. Dies alles geschah unter wohlwollendem Zuschauen der Chefs des Secret Service, der höchsten Führung des medizinischen Dienstes der Land-, See- und Luftstreitkräfte sowie hoher Generale und Admirale.«

5. Unterschiedliche Ansichten

Kurz nach dem Verbrechen von Dallas gab es in den USA — und auch bei großen Zeitungen und Zeitschriften des westlichen Auslands — nicht wenige Leute, die behaupteten, Kennedys Nachfolger im Amt des Präsidenten, sein Vizepräsident Lyndon Baynes Johnson, habe mit an den Fäden gezogen, die ihn innerhalb der wenigen Sekunden, in denen die Schüsse fielen, mitten ins Zentrum der politischen Macht in den USA geführt hatten.

Untermauert wurde diese These durch ein sich über viele Jahre hinziehendes gespanntes Verhältnis zwischen dem etwas grobschlächtigen und »schlauen« Vizepräsidenten und den millionenschweren, eleganten und intelligenten Kennedy-Brüdern. Der Zwist trat bereits im Wahlkampf zutage, als Lyndon B. Johnson vergeblich nach der Präsidentschaftskandidatur der Demokratischen Partei strebte und in einer Wahlrede John F. Kennedy und dessen Brüder Robert und Edward als »Marionetten« bezeichnete, deren Schnüre vom Vater, dem Multimillionär und Diplomaten John Patrick Kennedy, fest in der Hand gehalten würden.

Aber eine ganze Reihe von US-Journalisten und Politikern, von Juristen und Wissenschaftlern, vor allem jene, denen der Warren-Report zu wenig sagte und zu viel verschwieg, fand bald noch andere Indizien dafür, daß Johnson — er war es auch, der immer wieder drängte, den »amtlichen Darstellungen« der Kommission Glauben zu schenken und ihre »Schlußfolgerungen zu akzeptieren« — durchaus ein Interesse daran gehabt haben könnte, die wahren Hintergründe des Mordes zu verschleiern und die wirklichen Mörder zu tarnen.

Johnson war Texaner, was allein ihn ja noch nicht verdächtig macht. Schwerer wiegt da schon die Tatsache seiner engen Freundschaft mit dem Ölmilliardär Harald Lafaytte Hunt, der ihn nebst seinem Freundeskreis schon 1960 gern als Chef des Weißen Hauses in Washington gesehen hätte. Er tat auch alles dafür, eine Nominierung Johnsons auf dem Parteikonvent der Demokraten durchzudrücken und hatte dabei alle texanischen Wahlmänner — sie verfügten über ein Viertel aller Stimmen — auf sich eingeschworen. Ihm und seinem Einfluß war es dann auch zu danken, daß Johnson wenigstens als Vizepräsidentschaftskandidat aufgestellt wurde.

Doch damit nicht genug des Verwunderlichen. Johnson hatte

auch, wie sich später erwies und durch Zeugenaussagen erhärtet wurde, den Präsidenten regelrecht zu seiner Reise nach Dallas gedrängt, obwohl die meisten von Kennedys Freunden und Beratern energisch davon abrieten.

Aus der unmittelbaren Umgebung des Vizepräsidenten, nämlich von seinem engsten Berater Robert Baker, stammt auch jener Satz, der am 20. Januar 1961, dem Tag der Vereidigung Kennedys, so viel Entrüstung, aber auch Erschrecken in der US-Metropole hervorrief: »Dieser Hurensohn wird keine vier Jahre im Amt bleiben. Der wird vorher eines gewaltsamen Todes sterben.«

Lyndon Johnson tat, während die Warren-Kommission arbeitete, wirklich alles, um Spuren zu verwischen und den Report des Gremiums so »hinzufrisieren«, wie er dann schließlich vorlag — unvollständig, unglaubwürdig, beinahe eine Farce.

Die Kennedy-Brüder waren nicht die Freunde jenes Mannes, der genau 98 Minuten nach dem Mord von Dallas an Bord der Präsidentenmaschine vor der Bundesrichterin Sarah T. Hughes als 36. Staatsoberhaupt der USA den Eid auf die Verfassung ablegte, in jener Maschine, in der kurz darauf auch der Sarg Kennedys via Washington überführt wurde.

Den Ausschlag jedoch für die späteren offenen Auseinandersetzungen Johnsons mit Robert Francis Kennedy — wir werden darauf noch zu sprechen kommen — gab ein im Januar 1967 in großen Illustrierten des Westens vorabgedrucktes Buch von William Manchester mit dem Titel »The Death of a President«.

Manchester schrieb es im Auftrag der Kennedy-Familie und spickte es mit einer ganzen Reihe von Anti-Johnson-Passagen, die aber letztlich doch Robert Kennedy angelastet wurden, der die »Endredaktion« des Werkes gemeinsam mit seinen Freunden Edwin Guthman und John Siegenthaler sowie den früheren Vertrauten seines Bruders, Arthur Schlesinger jr. und Richard Goodwin, besorgt hatte.

Hatte die »New York Times« Manchesters Manuskript noch als »erregendsten Bericht des Jahrzehnts« bezeichnet, so behauptete das Magazin »U. S. News and World Report«, sein Hauptzweck sei es, »Johnson zu vernichten«. Das »Wall Street Journal« schrieb, in diesem Bericht werde der Präsident der Vereinigten Staaten als »flegelhafter und rüder« Texaner bezeichnet, der »das Martyrium des Präsidenten« nicht respektiere.

Wie dem auch sei, Manchester jedenfalls leistete dem früheren

Dorfschullehrer Johnson, der durch seine Präsidentschaft zu einem reichen Mann wurde und beispielsweise seinen texanischen Grundbesitz in dieser Zeit von knapp 100 auf 5 600 Hektar vergrößerte, keinen guten Dienst in Vorbereitung der Wahlen 1968. Vielmehr mußten seine Leser den Schluß ziehen, Robert Kennedy plane schon für die kommende Wahlperiode, die Nachfolge seines Bruders anzutreten, obwohl er das immer wieder lauthals bestritt.

Der machthungrige Rancher vom Pedernales River in Texas, von dem seine Freunde behaupteten, er vertrete eindeutig das Prinzip des römischen Feldherrn Sulla, der gesagt hatte, »kein Mensch tat mir jemals Gutes oder Böses, ohne daß ich es ihm voll zurückgezahlt hätte«, dieser Lyndon Johnson also, früher der Führer der demokratischen Senatoren im Capitol und damit ein einflußreicher und geachteter Mann, hatte es als Vizepräsident im »Vorzimmer der Macht« nun wahrlich nicht leicht gehabt und war nur so weit zum Zuge gekommen, wie es dem Präsidenten und dessen Beratern gefiel.

Vor allem mit Robert Kennedy, der an Johnsons Qualitäten als Vize und als Präsident arge Zweifel hegte und die von jenem beim Amtsantritt versprochene »Große Gesellschaft« ohne Armut und Arbeitslosigkeit, eine Gesellschaft der Gerechtigkeit und des Friedens, als Wunschtraum des Texaners betrachtete, gab es oft Auseinandersetzungen. Sie führten dazu, daß Robert Kennedy am 3. September 1964 als Justizminister zurücktrat und sich um den Posten des Senators von New York bewarb, den er auch im November des gleichen Jahres erhielt und der ihm half, den gesamten Apparat der Demokratischen Partei in diesem Bundesstaat nach seinen Vorstellungen zu organisieren.

Vorher schon hatte Johnson dem Justizminister, der ihn dereinst als Vizepräsidenten oft brüskiert und als einziger Minister niemals um Rat gefragt hatte, sein Verhalten in kleiner Münze »zurückgezahlt«. Als beispielsweise Kennedy Anfang 1964 aus dem Fernen Osten von einer diplomatischen Sondermission ins Weiße Haus zurückkam, fand der Präsident keine Minute Zeit, sich seinen Reisebericht anzuhören und die unterbreiteten Vorschläge Kennedys zu diskutieren. Oder als im August 1964 auf dem Parteikonvent der Demokratischen Partei in Atlanta City, auf dem Johnson einstimmig zum Präsidentschaftskandidaten nominiert wurde, ein Erinnerungsfilm an John F. Kennedy über eine riesige Leinwand flimmerte, hatte der Texaner vorher alle Szenen herausschneiden lassen, in denen

Robert Kennedy zu sehen war. Einen Monat zuvor eröffnete der Präsident seinem Justizminister, er werde ihn nicht, wie allgemein angenommen, als Vizepräsidenten nominieren. Und er ging sogar so weit, den Inhalt der vertraulichen Unterredung vor namhaften Washingtoner Journalisten auszuplaudern und sich dabei über Kennedy lustig zu machen.

Die Verweigerung der Nominierung war die einfache Umkehrung des 1960 von John F. Kennedy geübten Prinzips. Man kann sie kaum als Mittel zur Befriedigung persönlicher Gelüste Johnsons deklarieren, sondern muß sie als das sehen, was sie war, nämlich eine rein wahltaktische Erwägung. Hatte John F. Kennedy den Texaner gegen den energischen Protest seines Bruders Robert als Vizepräsident erkoren, um dadurch viele Stimmen in den Südstaaten zu bekommen, so ließ Johnson im Interesse eben dieser Stimmen aus dem Süden nunmehr den Bruder des früheren Präsidenten aus dem Wahlkampfspiel.

Als Senator entwickelte sich Robert Kennedy gemeinsam mit seinem jüngeren Bruder Edward, der im Senat den Bundesstaat Massachusetts vertrat, zu einem der schärfsten Kritiker der Politik Johnsons.

LBJ, wie er sich gern nennen ließ, hatte bei seinem Amtsantritt erklärt, die Politik seines ermordeten Vorgängers fortsetzen zu wollen, was in den USA zu einer weiteren Umformierung der politischen Gruppierungen führte. Während die Republikanische Partei weiterhin auf Aggressivität nach außen baute und im Inneren nichts an der augenblicklichen Situation zu ändern gedachte, verkündete Johnson sein Programm der »Großen Gesellschaft«, was ihm die Sympathien vor allem der afroamerikanischen Bevölkerungsschichten einbrachte. Doch dadurch, daß er das veränderte Kräfteverhältnis in der Welt nicht einsehen wollte, den Vietnam-Krieg mit militärischen Mitteln ausweitete, 1965 eine Intervention in der Dominikanischen Republik befahl und 1967 die israelische Aggression im Nahen Osten tatkräftig unterstützte, gefährdete er auch die volle Erfüllung seiner durchaus realistischen innenpolitischen Vorhaben. Alle eingeleiteten Schritte wie in der Entwicklung der Sozialversicherung, in der medizinischen Betreuung, bei der Bekämpfung der eskalierenden Kriminalität, bei der Überwindung der Krisensituation in den Städten oder im Kampf gegen die Rassendiskriminierung blieben auf halbem Wege stehen.

Schließlich zwangen ihn die militärischen Erfolge der vietnamesischen Patrioten und die immer größer werdende Antikriegsbewegung im Lande selbst, im Mai 1968 Verhandlungen mit der Demokratischen Republik Vietnam aufzunehmen und im November des gleichen Jahres die Bombardierungen einzustellen.

Als er »einlenkte«, war es für ihn schon zu spät, noch einmal auf die Wahl zum Präsidenten zu hoffen. Die Protestbewegung der Amerikaner schwoll immer stärker an. An vielen Laternenpfählen in dem weiten Land baumelten Johnson-Puppen, und während der zahlreichen Demonstrationen gegen den verbrecherischen Krieg in Vietnam, dem auch viele amerikanische Soldaten zum Opfer fielen, ertönte wieder und wieder der Sprechchor: »Hey, hey, LBJ, how many kids did you kill today?«

Gegen die dauernde Verschärfung des Krieges in Vietnam wandte sich auch Senator Robert Kennedy mehrere Male öffentlich und kritisierte dabei die Johnson-Administration oft mit schärferen Worten als die in der Opposition stehende Republikanische Partei es tat oder tun wollte. Obwohl der Senator in seiner Grundhaltung ebenso Antikommunist war wie der Präsident oder sein toter Bruder, und obwohl er eine Ausdehnung der sozialistischen Gesellschaftsordnung auch auf den Süden Vietnams als eine empfindliche Niederlage für das kapitalistische System insgesamt empfunden hätte, schrieb er doch in einem Buch mit dem Titel »So würde ich den Krieg beenden ...« den bemerkenswerten Satz: Wir wurden »zu Verbündeten eines Regimes und einer Klasse, die weder den Willen noch die Fähigkeit zeigt, den Bedürfnissen ihres eigenen Volkes Rechnung zu tragen«.

Zum Ergebnis der in Südvietnam im September 1967 durchgeführten manipulierten »Parlamentswahlen« resümierte Kennedy: »So war das Ergebnis der Wahlen von 1967 ein Sieg derselben herrschenden Schicht, die für den verhängnisvollen Verfall Südvietnams während der letzten dreizehn Jahre verantwortlich ist. Die Wahlen haben einer herrschenden Gruppe, die kraft amerikanischer Waffengewalt überlebt, einen hauchdünnen Anstrich von Ansehen gegeben.«

Einige für einen Politiker seiner Couleur, der unzweifelhaft die Interessen des Monopolkapitals vertrat, doch recht beachtenswerte Passagen aus dem Buch Robert Kennedys sollen hier noch zitiert werden, weil sie ihn als einen für amerikanische Verhältnisse durchaus sachlich und nüchtern denkenden Mann kennzeichnen: »Der Krieg hat uns Amerikas engsten Freunden in der westlichen Allianz entfremdet. Kein einziger von ihnen hält es für ratsam, uns in Vietnam zu unterstützen ... Ich fand in Europa bei Menschen und Regierungen, die den Vereinigten Staaten nur Gutes wünschen, tiefe Unruhe, ernste Sorge und grundsätzliche Ablehnung unserer Politik; wir verrennen uns, so meinen sie, in eine gefährlich unrealistische Politik. ... Der Krieg verschlingt gleichfalls Mittel, die zur Beseitigung der Armut in den Vereinigten Staaten, zur Verbesserung der Bildung unserer Kinder, zur Erhöhung der Qualität unseres nationalen Lebens benutzt werden könnten – vielleicht sogar dazu, unsere Nation vor Gewalttätigkeit und Chaos im Innern zu bewahren. ... Ganz gewiß muß das Schauspiel, wie die größte und mächtigste Nation der Erde von einer der kleinsten und schwächsten Nationen in so große Verlegenheit gebracht wird, jene zuversichtlich stimmen, die an den revolutionären Krieg und an die Wirksamkeit der kommunistischen Organisationstaktik glauben. Die wachsende Einsicht in diese Realitäten hatte manche dazu veranlaßt, eine schnellere Beendigung des Krieges durch die Anwendung größerer militärischer Gewalt zu fordern: das Anstreben des totalen militärischen Sieges. Aber das ist ein Trugbild.«

Robert Kennedy sah die einzige Möglichkeit, den Krieg zu beenden, in Verhandlungen, zu denen sich die Johnson-Administration unter dem Druck der Weltöffentlichkeit ja dann auch durchringen mußte.

Wer war dieser Mann, der da aufstand, das »Erbe seines Bruders« anzutreten, der die Politik allzu großer Stärke kritisierte und vom USA-Präsidenten forderte, »endlich etwas gegen die weitere Verbreitung von Atomwaffen in der Welt zu unternehmen«?

6. Senator und Wahlkämpfer

Robert Francis Kennedy wurde am 20. November 1925 in Boston, der Hauptstadt des USA-Bundesstaates Massachusetts, geboren. Sein Vater, John Patrick Kennedy, war mehrfacher Millionär und hatte die Interessen der USA zwischen 1937 und 1941 als Botschafter in London vertreten. Die Mutter, Rose Fitzgerald, war die Tochter des ehemaligen Bostoner Bürgermeisters. Die Familie gehörte, wie all ihre irischen Vorfahren auch, der katholischen Glaubensrichtung an.

Robert Kennedy erhielt eine Oberschulausbildung an der Milton

Academy in Massachusetts und begann danach mit dem Studium an der berühmten Harvard University. Gegen Ende des zweiten Weltkrieges — 1944 — unterbrach er die Studien, wurde Marinesoldat und später Seeoffizier. Zwei Jahre danach kehrte er an die Universität

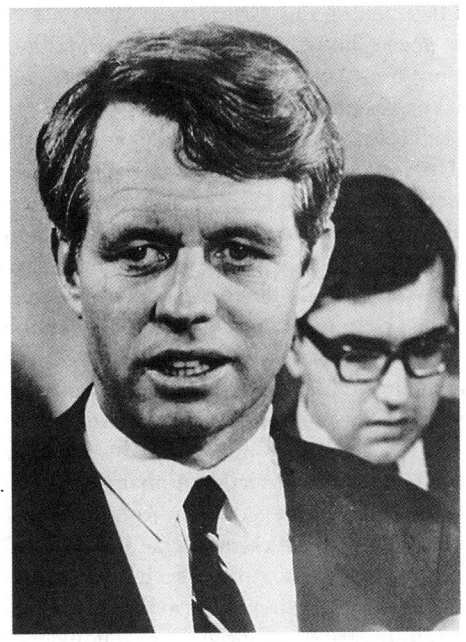

Senator Robert Francis Kennedy,
USA-Präsidentschaftskandidat 1968

zurück, erwarb 1948 einen Bachelor-of-Arts-Grad und studierte anschließend bis 1951 Rechtswissenschaften an der Law School der Universität von Virginia.

Im Anschluß an das Studium — er war in Massachusetts bereits offiziell bei Gericht zugelassen — nahm Robert Kennedy als junger Anwalt eine Tätigkeit in der Kriminalabteilung des Justizministeriums in Washington auf und bearbeitete dort vor allem Steuervergehen.

Im Jahre 1952 gab er die Arbeit wieder auf und leitete mit viel Geschick und Einfallsreichtum den Wahlkampf seines älteren Bruders John um einen Sitz im Senat. Ein Jahr darauf schloß er sich im festen Glauben an die »kommunistische Gefahr« dem Ausschuß des militanten Kommunisten-Jägers Joseph McCarthy an, jenem berüchtigten Ausschuß zur Untersuchung angeblich unamerikanischen Verhaltens oder antiamerikanischer Umtriebe, was immer das auch sein sollte. Jedenfalls diente er seitens der ultrareaktionären Kräfte der schrittweisen Beseitigung der Grundrechte in den USA.

Aus Protest gegen die wüsten und brutalen Methoden McCarthys verließ Kennedy den Ausschuß wieder, trat ihm aber später unter einem neuen Vorsitzenden nochmals bei.

Im Jahre 1954 wurde er zu einem der »zehn hervorragenden Männer der USA« gewählt, 1955 beim Obersten Gericht der USA als Anwalt zugelassen.

Im Wahljahr 1960 managte Robert den Wahlkampf seines Bruders John und trug damit wesentlich zu dessen Sieg am 8. November bei. Kaum ins Weiße Haus eingezogen, berief der neue Präsident den Bruder zum »General Attorney«, zum Justizminister.

In dieser Funktion setzte sich Robert Kennedy energisch für die Rassengleichheit ein und nahm aktiven Einfluß auf die Ausarbeitung der Bürgerrechtsgesetzesvorlage des Präsidenten.

Kaum im Amt, appellierte der junge Justizminister telefonisch beim Gouverneur des Bundesstaates Alabama, Patterson, man möge in diesem stark von den Ideen des Ku-Klux-Klan beherrschten negerfeindlichen Südstaat die Rassengesetze besser beachten. Als Patterson ihm daraufhin erklärte, für die Sicherheit des »schwarzen Pöbels« könne er keine Garantie übernehmen, ließ Kennedy ohne Umschweife dreihundert Angehörige der Nationalgarde in Alabama einrücken, denen diese Aufgabe übertragen wurde.

Nach dem Verbrechen von Dallas demissionierte Robert Kennedy — wie schon gesagt — als Justizminister und zog in den Senat ein. Von nun an war er, wohl mit dem Hintergedanken, eines Tages die Nachfolge John F. Kennedys als Präsident der USA anzutreten, sehr auf Popularität und reißerische Schlagzeilen bedacht. Aus diesem Grund bestieg er auch im März 1965 den zu Ehren seines ermordeten Bruders benannten 4 600 Meter hohen Mount Kennedy.

Mit seinen politischen Gedanken und Äußerungen geriet der Senator von New York immer mehr in Gegensatz zu Präsident Johnson. Kennedy hielt zahlreiche Reden und verfaßte Denkschriften, beispielsweise über die Notwendigkeit, einen Vertrag über die Nichtweiterverbreitung von Kernwaffen abzuschließen, in der Politik größere Variabilität zu zeigen, den Friedensvorschlägen der Sowjetunion mehr entgegenzukommen. So suchte und fand er eine Position »links von Johnson«, kritisierte den Vietnam-Krieg als sinnlos und unmoralisch, forderte schon im Februar 1966 Verhandlungen mit Vietnam unter Beteiligung der Befreiungsfront, plädierte für »Bombenpausen« und De-Eskalation. Doch Johnson und sein Außenminister Dean Rusk lehnten alle diese Gedanken ab.

Trotzdem erklärte Kennedy, der sich auch in der Innenpolitik engagierte und sich scharf gegen den zunehmenden Zerfall der amerikanischen Gesellschaft in »Habenichtse und Reiche« wandte, im Herbst 1967, er werde Johnsons Kandidatur für die Präsidentschaftswahlen 1968 unterstützen, um eine Spaltung der Partei zu vermeiden.

Doch schon ein halbes Jahr später kam es zur entscheidenden Wende. Anfang Dezember 1967 schwang sich der Senator von Minnesota, Eugen McCarthy, dazu auf, Wahlkampfstimmung in die Demokratische Partei hineinzutragen, bei der man noch fest mit einer Nominierung Johnsons rechnete, obwohl dessen Politik immer weniger auf Gegenliebe stieß.

McCarthy verkündete, man müsse der über dem Vietnam-Krieg so tief gespaltenen Nation und der Demokratischen Partei jede nur denkbare Möglichkeit geben, sich bei den Präsidentenwahlen zu äußern. Da er Senator Kennedy schon mehrfach aufgefordert habe, neben Lyndon B. Johnson und Vizepräsident Hubert H. Humphrey zu kandidieren, aber ständig Absagen bekomme, trete er nun selbst als weiterer Kandidat gegen Johnson auf.

Schon im März 1968 hatte er einen beachtlichen Wahlerfolg bei den wichtigen Vorwahlen in New Hampshire zu verzeichnen. Fast zur gleichen Zeit gab Johnson, durch die weltweiten Proteste gegen den Vietnam-Krieg und die sich ständig verschärfenden innenpolitischen Gegensätze gezwungen, bekannt, er werde kein zweites Mal für das Präsidentenamt kandidieren. Robert Kennedy bewarb sich nun doch noch gegen Humphrey und McCarthy um die Nominierung als Präsidentschaftskandidat der Demokraten.

Bald gab es nur noch wenige, die an seinem Wahlsieg zweifelten. Vor allem die jungen Wähler und die farbigen USA-Bürger, für deren »Gleichheit« in der Nation er sich oft ausgesprochen hatte, und die insbesondere nach dem feigen Mord an Martin Luther King im April 1968 in Kennedy mehr denn je ihren Interessenvertreter erblickten, brachten ihm Sympathie- und Stimmenzuwachs ein. Mißmut jedoch und Stimmung gegen ihn kam in der eigenen Partei auf, in der er oft als »radikal und rücksichtslos« bezeichnet wurde. Ähnliche Strömungen fanden sich auch im Kleinbürgertum und in den von monopolistischen Elementen durchsetzten Gewerkschaften, die zu Vizepräsident Humphrey standen, der auch starken Rückhalt in entscheidenden Gremien der Industrie hatte.

Kennedy verstärkte seine Anstrengungen, ließ keine Gelegenheit ungenutzt, sich mit den Wählern zu treffen, ließ — wie in den USA üblich — einen unerhörten Rummel dem anderen folgen.

Er gewann die Vorwahlen in Indiana, verlor sie in Oregon und gewann sie schließlich wieder, wenn auch sehr knapp, im wohl entscheidenden Wahlgang am 5. Juni 1968 im Bundesstaat Kalifornien. Damit durfte ihm die Nominierung auf dem Konvent der Demokratischen Partei sicher sein.

Doch die Reaktion war auch diesmal schneller.

7. Schüsse im »Ambassador«

Noch die ganze Woche vor dem alles entscheidenden Vorwahltag in Kalifornien war Robert Francis Kennedy kreuz und quer durch den Bundesstaat gereist, im offenen »Ford«, neben dem Fahrer sitzend und den Leuten zuwinkend, die auf seine Rede warteten, oder auch eingenickt, ein wenig zur Seite gekippt, übermannt von der Müdigkeit und den Anstrengungen. Und überall, wo er hinkam, mußte er lächeln, freundlich sein, Hände schütteln, kleine Kinder streicheln und immer wieder neue Worte finden, was alles er tun werde, wenn er mit Hilfe der Stimmen dieser seiner »treuesten« Anhänger — es waren stets jene, vor denen er gerade stand — im Weißen Haus das Sagen hätte. So erforderte es der Ritus des amerikanischen Wahlkampfes, ein ständiges Schauspiel, ein Spiel auch mit dem guten Willen, der Leichtgläubigkeit und der Vertrauensseligkeit der Wähler.

Kennedy war zufrieden mit seiner Wahlreise in diesem hochentwickelten Bundesland am Pazifik, wo er lauter und öfter als anderswo den Ruf »We want Kennedy!« vernommen hatte, wo mehr Menschen als anderswo seinem Fahrzeug in kilometerweitem Dauerlauf folgten, um ihm Hochrufe zuzujubeln.

Aber er hatte auch Gesten des Hasses gesehen, böse Worte gehört, Feindseligkeit gespürt, und mehr als einmal mußten seine hünenhaften Leibwächter fanatische politische Gegner von ihm fernhalten, die ihrer Überzeugung, er dürfe nicht Präsident werden, mit Gewalt Ausdruck verleihen wollten.

So zog der »freche junge Knirps«, wie ihn Johnson in einer seiner Reden einmal tituliert hatte, von Stadt zu Stadt, von Dorf zu Dorf, von Versammlung zu Versammlung. Er hielt eine kurze, eindrucksvolle, auf die jeweilige Situation und den Zuhörerkreis abgestimmte Rede, versprach einen Weg zu einem »besseren Amerika«, ließ Hoffnungen aufkommen auf ein Amerika ohne Gewalt, ohne Haß, ohne die noch in so starkem Maße vorhandenen Schranken zwischen arm und reich, zwischen schwarz und weiß.

Und dann fragte er die Menge mit hoffnungsvoller Stimme: »Und werdet Ihr am Dienstag zur Wahl gehen?«

»Yeah!« brüllte ein tausendstimmiger Chor zurück.

»Werdet Ihr für mich stimmen?« — »Yeah!«

»Oder für Hubert Humphrey?« — »No!«

»Werdet Ihr McCarthy wählen?« — »No!«

»Haben Euch die beiden besucht?« — »No!«

»Also wer ist der einzige, der sich um Euch kümmert?« — »You!«

»Wem also werdet Ihr Eure Stimme geben?« — »You!«

So ging die Show immer weiter, einer schlechten Komödie ähnlich, aber kaum wegzudenken aus dem Rummel amerikanischen Wahlkampfes.

»Ich weiß«, hatte Robert Kennedy Mitte Mai zu seinen engsten Vertrauten gesagt, »früher oder später wird es ein Attentat auf mich geben.« Und Jacqueline Kennedy, die Witwe des ermordeten Präsidenten, hatte, als sie im März von der Kandidatur ihres Schwagers erfuhr, bemerkt: »Ich kann nicht sehr froh sein, denn ich weiß, er wird erschossen wie mein Mann.«

Niemand wird behaupten wollen, daß das Hellseherei war, weil beide leider recht behalten sollten.

Der Dienstag war vorüber, das Wahlergebnis bekannt. Im »Embassy Room« des etwas altertümlich-mondänen, leicht verstaubt wirkenden »Ambassador«-Hotels am Wilshire-Boulevard in Los Angeles feierte Robert Francis Kennedy, einer der »vielversprechendsten politischen Führer der jüngeren amerikanischen Geschichte«, wie die »New York Times« ihn bezeichnete, seinen Vorwahlsieg. Er hielt noch eine kleine Rede vor den Treuesten der Treuen unter seinen Anhängern, gelobte, die gespaltene Nation wieder zu einen, die Klassen- und Rassenunterschiede kontinuierlich zu beseitigen. Die Zuhö-

Im Hotel »Ambassador« in Los Angeles
feierte Robert Kennedy mit seinen Anhängern
den Sieg bei den entscheidenden Vorwahlen
zur Präsidentschaft in Kalifornien.
Wenige Minuten später wird er von den Kugeln
seines Mörders getroffen

rer klatschten und jubelten. Da hob er zwei gespreizte Finger der
rechten Hand in die Luft empor, gab das »Victory-Symbol«, das Zeichen des Sieges, und trat vom Mikrofon zurück.

Er hatte die Teilnahme an einer Pressekonferenz im »Ambassador Ballroom« zugesagt, der ein Stockwerk tiefer lag. Die Zeit
drängte, man durfte die Journalisten nicht warten lassen.

Flankiert von seinen Freunden und Leibwächtern, unter ihnen
Rafer Johnson, der Olympiasieger im Zehnkampf, und der ebenfalls
farbige hünenhafte Football-Spieler Roosevelt Grier, wandte sich
Kennedy dem Ausgang des »Embassy Room« zu, als Uno Timan-
son, ein leitender Hotelangestellter, auf die kleine, von einem
Schwarm von Fernsehkameraleuten, Fotoreportern, Rundfunk- und
Zeitungsjournalisten umringte Gruppe zutrat und eine Änderung be-
kanntgab.

Die Pressekonferenz sei, sagte er, der Einfachheit halber vom
»Ballroom« in den »Colonial Room« verlegt worden. Der befinde

sich im gleichen Stockwerk und sei am zweckmäßigsten gleich durch den Küchenvorraum zu erreichen. Fast nahtlos und auf den Bildschirmen kaum erkennbar erfolgte der Schwenk in die neue Richtung.

Der Aushilfskellner Vincent DiPierro streckte Kennedy die Hand zum Gruß entgegen, nachdem dieser den engen, mit Kühlschränken und Anrichtetischen fast vollgestopften Küchengang betreten hatte. Als der Senator die Hand DiPierros ergreifen wollte, fielen kurz hintereinander acht Schüsse. Kennedy sank zu Boden, mit ihm sein Freund, der Automobil-Gewerkschafter Paul Schrader und ein Leibwächter. Für kurze Zeit herrschte Verwirrung, bis die Begleitung Kennedys alle von dem Schwerverletzten weggedrängt hatte und seine Frau Ethel sich um ihn kümmern konnte.

Die Leibwächter Johnson und Grier bemühten sich derweil um den vermeintlichen Täter, einen nur einen Meter und fünfundfünfzig Zentimeter großen, schmächtigen, knapp einen Zentner schweren Araber mit dem klangvollen Namen Sirhan Bischara Sirhan Abu Khatar, bis nach einer Viertelstunde etwa die Polizei von Los Angeles den vierundzwanzigjährigen Einwanderer aus Jordanien in ihren Gewahrsam nahm. Er hatte mehrere Hundert-Dollar-Noten in der Tasche und war im Besitz einer Presseplakette, ohne die er an diesem Tage kaum ins Hotel gekommen wäre. Von wem aber hatte er sie und das viele Geld bekommen?

Schon wenige Minuten nach dem Anschlag waren drei Ärzte zur Stelle, sorgten dafür, daß Kennedy mit dem Lastenfahrstuhl ins Erdgeschoß und von dort mit einer Ambulanz in ein Unfallkrankenhaus gebracht wurde. Schon auf dem Transport mußte der Senator künstlich beatmet werden. Im Krankenhaus kam Herzmassage hinzu — es gelang den Ärzten, den bereits klinisch toten Kennedy, dem eine hinter dem rechten Ohr eingedrungene Kugel im Gehirn steckengeblieben war, noch einmal ins Leben zurückzubringen.

Vom Unfallkrankenhaus transportierte man den Schwerverletzten, immer im Beisein seiner Frau Ethel, die das elfte Kind von ihm erwartete, ins Hospital zum Guten Samariter, wo sich sechs Ärzte fast vier Stunden lang bemühten, das Projektil aus dem Gehirn zu entfernen und Robert F. Kennedy am Leben zu erhalten. Vergebens. Am 6. Juni 1968 um 1.44 Uhr Ortszeit oder 9.44 Uhr Mitteleuropäischer Zeit starb er wie sein Bruder John durch Kugeln bezahlter Mörder.

Präsident Lyndon B. Johnson verordnete — zum zweiten Mal in

Überführung des angeblichen Kennedy-Mörders
Sirhan Bischara Sirhan
in das Gerichtsgebäude von Los Angeles

seiner Amtszeit für einen Kennedy — einen nationalen Trauertag.
Am Freitag, den 8. Juni, wurde der Sarg in der St. Patrick's Kathedrale von New York aufgestellt, wo Zehntausende an dem ermordeten Senator vorbeidefilierten. Danach fuhr die Kennedy-Familie mit
fast 1 200 geladenen Trauergästen in 21 eigens gemieteten stahlglän-
zenden Wagen eines Sonderzuges der Penn-Central-Railway nach
Washington, wo am Sonnabendnachmittag die Beisetzung Robert
Kennedys auf dem Heldenfriedhof in Arlington neben seinem Bru-

der John F. stattfand, wieder im Beisein zehntausender trauernder Menschen.

Die Trauerrede hielt der Senator für den Bundesstaat Massachusetts, Edward Kennedy, der einzige der Brüder, der noch am Leben war.

8. Der oder die Mörder?

Wie bei seinem ermordeten Bruder John F.Kennedy gab es auch im Mordfall Robert F. sofort die Alleintäter-Theorie, die auch von den Untersuchungs- und Justizorganen wieder mit allen zu Gebote stehenden Mitteln und Tricks gestützt wurde.

Wie vor viereinhalb Jahren nach den Schüssen von Dallas setzte Präsident Lyndon B.Johnson wiederum eine große Kommission ein. Doch sie sollte — wohl eingedenk der »Pleite« des Warren-Reports — dieses Mal nicht den Mord und die damit verknüpften Ereignisse untersuchen, sondern nach den »Wurzeln der Gewalt« forschen.

Nebenbei bemerkt: Die Kommission fand die Wurzeln der Gewalt natürlich nicht im Gesellschaftssystem, wo sie marxistische Forscher von Anfang an gesucht und auch gefunden hätten.

Wie nach dem Verbrechen an Präsident Kennedy wurden auch nach dem Attentat auf seinen Bruder erst sehr viel später Informationen und Erkenntnisse bekannt, die man sich zwar schnellstens zu dementieren bemühte, die aber eindeutig das »Unternehmen Ambassador-Hotel« wiederum als »kooperativen Job« von Mafia und CIA auswiesen.

Schauen wir uns die Problematik ein bißchen näher an. Dabei sollten wir wissen, daß — so plauderte ein gut informierter hoher Beamter der Bundeskriminalpolizei später aus — Präsident Johnson den agilen und politisch sehr aktiven Robert Kennedy über mehrere Jahre hinweg durch das FBI beschatten und ausspionieren ließ, weil er in ihm einen ernsthaften Widersacher sah, der durchaus in der Lage gewesen wäre, die von Johnson vertretene Politik der stark im Aufschwung begriffenen texanischen Monopolgruppe zu stören.

Doch es gab noch mehr Gründe, den Siegeslauf Robert Kennedys in Richtung »White House« zu unterbrechen: Dieser Mann war wegen seiner Einstellung allen ein Dorn im Auge, die aus dem Vietnam-Krieg Millionen gescheffelt hatten und sie aus weiteren militärischen Konflikten in der Welt noch zu scheffeln hofften. Und er war jenen verhaßt, die in den Südstaaten der USA weiterhin auf Rassentrennung bauten und diese »Schande Amerikas«, wie Kennedy sie genannt hatte, für alle Zeiten konservieren wollten.

Außerdem, zog Robert Kennedy ins Weiße Haus ein, würde er den Mord an seinem Bruder mit Sicherheit erneut untersuchen lassen, diesmal gründlich. Also war er auch für alle eine Gefahr, die eine Aktie an dem Dallas-Verbrechen hatten.

Robert Kennedy mußte also sterben. Nach Justizminister Clark aber gab es keine Verschwörung, der jordanische Gelegenheitsarbeiter mit der abgewetzten Kleidung und den vielen Dollars war der »Alleintäter«.

Der sofort nach der Schießerei aufgegriffene und später auch in einem langwierigen Prozeß für »des Mordes schuldig« befundene und verurteilte Sirhan Bischara Sirhan war 1944 in der Altstadt von Jerusalem geboren worden. Als Zwölfjähriger kam er mit Eltern und Geschwistern in die USA, doch Vater Abu Scherif Bischara Sirhan kehrte bald allein ins Westjordanland zurück und ließ die Mutter mit den Söhnen in den Staaten, wo sie ihr Glück machen sollten.

In Sirhans Notizbuch, das später im Prozeß noch eine wichtige Rolle spielte, will man neben vielen anderen Morddrohungen gegen einflußreiche Politiker der USA auch die Bemerkung gefunden haben, daß »ein Attentat auf Robert Kennedy bis zum 5. Juni 1968 durchgeführt werden muß«.

Um dieses »planvolle Vorgehen« und die Festlegung eines bestimmten Mordtages, für den zur Zeit der Eintragung ins Notizbuch wohl noch nicht einmal beim Ermordeten selbst der vermutliche Tagesablauf feststand, auch historisch zu begründen, zog man den Kalender zu Rate. Dabei stellte man fest, daß genau ein Jahr zuvor, am 5. Juni 1967, die israelische Aggression gegen Ägypten begonnen hatte. Dann zog man Kennedys durchaus israelfreundliche Haltung und seine Bemerkung heran, er habe gegen eine Lieferung von 50 Kampfflugzeugen der USA an den zionistischen Aggressor keine Einwände — und hatte das Tatmotiv für den schmächtigen, schweigsamen Araber konstruiert.

Sirhan selbst soll seine Tat später so begründet haben: »Ich betrachtete Robert Kennedy als den Retter des kleinen Mannes in Amerika. Als er jedoch die Lieferung von fünfzig Kampfflugzeugen an Israel vorschlug, fühlte ich mich von ihm verraten. … Er wollte meine Landsleute umbringen. Damit führte er seinen eigenen Tod herbei. Ich war nur ein Instrument ohne freien Willen. Kennedy selbst bewirkte seinen Tod durch meine Hand.«

Das klingt alles ein bißchen mystisch. Das soll und muß es auch, wenn man ein wenig hinter die Kulissen des Mordes schaut und eben weiß, daß Sirhan den Senator gar nicht umgebracht haben kann.

Im ersten Augenblick und in der verständlichen Aufregung, die im Küchenvorraum des »Ambassador« herrschte, stellte sich die ganze Sache so dar, als habe Sirhan wirklich als einziger gefeuert und dabei das ganze achtschüssige Magazin seiner »Iver Johnson Cadet Model 55 SA« verschossen.

Senator Kennedy wurde zweimal getroffen, im Nacken und hinter dem rechten Ohr. Außer ihm gab es fünf Verletzte, Begleiter des Senators und Journalisten.

Die Kugel in Kennedys Nacken war — sofern dieser Ausdruck hier ausnahmsweise einmal gebraucht werden darf — relativ harmlos. Doch das zweite Projektil, hinter dem Ohr ins Gehirn gedrungen, war tödlich. Es war aus unmittelbarer Nähe abgeschossen worden, denn die Einschußwunde zeigte Schmauchspuren, wie der Gerichtsmediziner Dr. Noguchi bei der Obduktion festgestellt hatte. Doch er wurde weder von der Grand Jury noch vom Gericht als Zeuge oder Sachverständiger vernommen, und sein Obduktionsbericht wurde den Geschworenen niemals vorgetragen.

Kennedy wurde also von einem Schützen ermordet, der hinter ihm stand, und zwar unmittelbar hinter ihm.

Sirhan kann das nicht gewesen sein, denn es gibt mindestens 50 Zeugen, die es auf ihren Eid nehmen würden, daß Sirhan im entscheidenden Moment vor Kennedy stand, und zwar mehr als einen Meter von ihm entfernt. Wie konnte er den Senator in Nacken und Hinterkopf schießen? Wie konnte er bei dieser Entfernung noch Schmauchspuren verursachen?

Die von der Anklage mühselig zusammengestammelte Erklärung, Kennedy habe im Augenblick der Schußabgabe durch Sirhan eine Wendung zum Küchenpersonal hin gemacht, um es freundlich zu begrüßen, ist doch ebenso fadenscheinig wie vieles andere, was uns im Verlauf der Untersuchung und während des Prozesses noch begegnen wird.

Obwohl also in Dr. Noguchis von den Behörden geheimgehaltenen Bericht stand, der zweite, tödliche Schuß hinter das rechte Ohr sei aus »Kontaktnähe«, also einem Abstand von 5 bis höchstens

7,5 Zentimetern abgegeben worden, und die Schußrichtung verlaufe »von rechts nach links, leicht vorwärts, nach oben«, obwohl die in Kennedys Gehirn gefundene Kugel bei der mikroskopischen Untersuchung deutlich eine einspurige Kerbung aufwies, während das Magazin der bei Sirhan sichergestellten Waffe bei allen weiteren Probeschüssen zweispurige Kerben verursachte — das Gericht hielt den Jordanier weiter für den Alleintäter.

Es nahm ebenso unwidersprochen die Behauptung des Anklagevertreters David Fitts hin: »Sirhan … preßte seine rechte Hand an Robert Kennedys Kopf und schoß achtmal«, wie es den Worten des »ballistischen Sachverständigen« von der Polizei Los Angeles, De-Wayne A. Wolfer, glaubte, schon die erste Kugel aus Sirhans Revolver habe den Senator am Ohr getroffen und sei sichergestellt worden. Das war übrigens jener »Sachverständige«, der wenig später wegen Korruption und Amtsmißbrauch selbst vor Gericht stand.

Kommen wir zum wirklichen Geschehen dieses schrecklichen Tages. Wo immer sich Senator Robert F. Kennedy in Los Angeles aufhalten mochte, als das Wahlergebnis und sein Sieg abzusehen waren, befand sich sein Mörder schon in unmittelbarer Nähe — als Leibwächter getarnt.

Für diesen speziellen Tag, so ließ später die Hotelleitung des »Ambassador« wissen, habe sie beim Ace Guard Service, einer privaten Detektei, zusätzliches Wachpersonal angemietet, um die Sicherheit des Senators und möglichen Präsidentschaftskandidaten absolut zu gewährleisten. Zu diesen weder dem direkten Gefolge Kennedys noch dem Hotelpersonal angehörenden Männern zählte auch Thane Eugene Cesar, der sich, wie viele Fotos und Fernsehbilder der Ereignisse von Los Angeles zeigen, stets rechts hinter Robert Kennedy aufzuhalten versuchte. Er hat die entscheidenden Schüsse abgegeben, er war der eigentliche Mörder, der von vornherein dafür vorgesehene und bezahlte Killer. Doch für ihn interessierten sich später weder die Polizei noch die Staatsanwaltschaft. Nicht einmal sein Name fiel mehr, obwohl Bezirksstaatsanwalt Joseph Bush und auch Oberstaatsanwalt Younger mehrere Hinweise auf ihn erhielten, so unter vielen anderen vom Hotel-Empfangschef Karl Uecker und seinem Kollegen Edward Minasian.

Fest steht, daß Sirhan Bischara Sirhan an jenem Tage auch geschossen hat. Aber er ist nicht der Mörder Kennedys, und schon gar nicht der Mann, der diesen kaltblütigen Anschlag vom 5. Juni 1968 allein geplant, allein organisiert und allein durchgeführt hat. Immerhin stand er mit seiner Waffe in einem Raum, der ja urspünglich von der Kennedy-Gruppe gar nicht berührt werden sollte und erst im letzten Moment als Durchgang benutzt wurde, als sich der Ort für die Pressekonferenz geändert hatte.

So wie Sirhan im Küchenvorraum, so standen an vielen anderen Stellen des Hotels Mordgehilfen, die einen Revolver abfeuern sollten, wenn Cesar hinter Kennedy in eine gute Schußposition gekommen war und der allgemeine Trubel oder die Enge eines Raumes das Vertuschen des wahren Sachverhalts ermöglichten. Man konnte ihrer nicht habhaft werden — und man hat sie auch nie intensiv gesucht —, weil die professionellen Organisatoren des Komplotts beim zweiten Mord an einem Kennedy noch geschickter und gründlicher vorgingen, sich noch mehr absicherten und letztlich als Mörder einen Mann wählten, dessen Verbindungen zur Mafia und zur CIA noch nicht allgemeines Gesprächsthema in Los Angeles waren. Es war eindeutig wieder eine Verschwörung, doch am Ende sollte erneut eine »Reihe von unglücklichen Zufällen« durch das Geschworenengericht konstatiert werden.

Dabei ist Thane Cesar, genannt »Gene«, den Behörden bekannt — aber eben nur als Leibwächter, und das soll er zeitlebens für die breite Öffentlichkeit bleiben. In diese Rolle drängt ihn auch der Journalist Robert Kaiser in seinem Buch »R. F. K. Must Die!«

Kaiser schreibt: »Cesar, der bewaffnete Leibwächter, sah den Revolver (in Sirhans Hand) auch. ›Ich sah eine Hand aus der Menge herausragen‹, sagte Cesar, ›zwischen zwei Photographen, und die Hand hielt einen Revolver‹. Cesar sagt, er sei durch das grelle Licht geblendet worden, er habe sich dann in Richtung auf den Revolver bewegt, als er ein rotes Aufblitzen in der Mündung bemerkte. ›Ich bückte mich‹, sagt Cesar, ›weil ich genauso nahe wie Kennedy war. Beim Bücken warf ich mich zur Seite und fiel zurück, und beim Aufschlagen ... fiel ich gegen die Kühlschränke, und der Senator fiel direkt vor mir nieder‹.«

Was ist das für ein »Leibwächter«, der sich bückt und seinen bei diesem gefährlichen Job doch recht gut bezahlten Körper in Sicherheit bringt, wenn auf den Mann geschossen wird, dessen Leben er schützen soll? Und wieviel Platz muß dieser Mann in dem relativ engen Raum gehabt haben, daß er sich noch zur Seite werfen und dann »zurückfallen« konnte?

Daß der Senator direkt neben ihm niederfiel und vor ihm zu liegen kam, wollen wir dem rechtsradikalen Rassisten und Kennedy-

Hasser, als der er allgemein bekannt war, glauben, denn wohin anders als zu Füßen seines Mörders konnte Kennedy fallen?

Donald Schulman, ein Fernsehreporter, der sich beim Gang durch den Küchenraum kurz hinter Robert Kennedy und »Gene« Cesar aufhielt, sah mit eigenen Augen, wie der angebliche Leibwächter schoß, gleichzeitig mit Sirhan, aber nicht auf diesen, wie man es von ihm hätte erwarten können. Erst dann warf er sich mit dem fallenden Kennedy zu Boden.

Schulman versuchte seine Beobachtungen an den Mann zu bringen, doch auch ihn und seine Aussage ignorierten die Grand Jury und die Richter im Sirhan-Prozeß. Dabei hat Cesar später gegenüber einem Reporter zugegeben, er habe »im Fallen drei Schüsse abgefeuert«.

Weil sich offiziell von den staatlicherseits dafür geschaffenen Behörden keine einzige um die wahren Zusammenhänge beim Mord an Robert Kennedy kümmerte, ging der Fernsehreporter Theodore Charach, ein bekannter Kollege Donald Schulmans daran, von sich aus ein bißchen Licht in die Affäre zu bringen. Er sammelte von Jury und Gericht verworfene oder nicht beachtete Unterlagen, trug weitere Materialien zusammen, interviewte abgeschobene oder gar nicht erst geladene Zeugen und gab schließlich am 4. Juni 1970, also genau zwei Jahre nach dem Mord, auf einer Pressekonferenz in Los Angeles eine Erklärung ab.

Darin hieß es unter anderem: »Sirhan hatte keinen Erfolg … mit seinem Versuch, Senator Kennedy … zu ermorden. Sirhan versuchte es, aber dieser Versuch mißlang. Wir glauben bestimmt, daß Sirhan wegen der einzigartigen Umstände dieses Falles auch heute noch nicht weiß, daß er die Schußwaffe, von der Senator Kennedy getötet wurde, gar nicht abgefeuert hat …«

Dann beschrieb Charach, der sich vorsichtshalber bei dieser Konferenz der Unterstützung des Rechtsanwalts Godfrey Isaac versichert hatte, den genauen Standort und die Rolle Thane Eugene Cesars, den er mit den Worten charakterisierte: »Gene Cesar ist ein Rechtsradikaler, ein Anhänger von George Wallace, der in Opposition sowohl zu Präsident Kennedy als auch zu Bobby (Robert — d. A.) Kennedy, zur ganzen Kennedy-Familie, zur Demokratischen Partei und zur politischen Philosophie des Präsidentschaftskandidaten steht …«

Doch wie gesagt, auch Charachs Engagement nutzte nichts. Es blieb beim »Einzeltäter« Sirhan, dem man den Prozeß machte. An dessen Ergebnis änderte auch eine im Jahre 1975 vom Richter Robert A. Wenke erneut verfügte ballistische Überprüfung der Kugeln nichts, obwohl sie andere Ergebnisse als die des damaligen Sachverständigen DeWayne A. Wolfer brachte. Im April 1977 kam schließlich eine Sonderkommission des Bezirkes Los Angeles, die sich auf Drängen der Öffentlichkeit noch einmal 32 Monate lang mit dem »Fall Kennedy« befaßt hatte, zu dem Schluß, den Ereignissen im »Ambassador«-Hotel habe »keine Mordverschwörung« zugrundegelegen.

Was nicht sein darf ...

9. Der Prozeß — eine Farce

Sirhan Bischara Sirhan — der Häftling B-21 014 des kalifornischen Staatsgefängnisses in Soledad — saß nach dem Prozeß nahezu isoliert im Block PHU-1 (Protective Housing Unit), jenem besonders bewachten Gefängnistrakt, der dem Schutz von Häftlingen mit herausragend abscheulichen Verbrechen vor der »Rache ihrer Mithäftlinge« dient. Von den Geschworenen schuldig gesprochen und zum Tode verurteilt, hatte ihn das Oberste Gericht der USA auf Antrag seiner Anwälte zu lebenslanger Haft begnadigt, wohl wegen »nur bedingter Zurechnungsfähigkeit während der Tat«.

Zu der Zeit, als diese Zeilen geschrieben wurden, hatte er berechtigte Aussichten, bei normaler Führung vorzeitig entlassen zu werden.

Was aber da in der Hall of Justice in Los Angeles, nur einen Büchsenschuß entfernt von den Traumfabriken der Filmmetropole Hollywood, unter dem Vorsitz des 69jährigen Richters Herbert V. Walker, einem mit über 100 Mordprozessen und 18 Todesurteilen erfahrenen Vertreter Justitias, über die Bühne gegangen war, hätte schließlich doch viel besser in die Studios der »Paramount Pictures«, der »Metro Goldwyn Mayers« oder der »Warner Brothers« gepaßt.

Vier Frauen und acht Männer bilden die Jury, die Anklagevertretung besteht aus fünf Juristen, die Verteidigung aus vier Anwälten. Über allem thront der Richter.

Der Prozeß läuft wie nach einer ungeschriebenen Norm ab, hat man den Eindruck.

Die Anklage will unter allen Umständen eine Verurteilung, noch dazu mit möglichst harter Strafe. Also erschüttert oder irritiert sie alle Zeugen und Sachverständigen, die die Verteidigung in den Saal rufen läßt, im Kreuzfeuer ihrer Fragen.

Genauso arbeitet die Verteidigung mit all jenen, die nicht ihre, sondern Zeugen der Anklage sind. Die Verteidiger nämlich wollen das für ihren Mandanten günstigste Ergebnis erreichen, auch wenn es abseits der Wahrheit liegen sollte.

Der Richter wacht über die Prozedur des Verfahrens und belehrt die Jury, die letztlich ohne sein Zutun die Entscheidung treffen muß: Schuldig oder nicht schuldig im Sinne der Anklage.

Daß bei solcherart Parteienbildung im Gerichtssaal und Anwendung aller nur erdenklichen Tricks das Bemühen unter den Tisch fällt, die Wahrheit und nichts als die Wahrheit zu suchen, dürfte klar sein. Während des gesamten Prozesses hat man auch nicht ein einziges Mal das Gefühl, daß einer der Beteiligten Zweifel daran hätte, den wirklichen, alleinigen Mörder Senator Kennedys vor sich zu haben, den insgesamt zehn der besten und berühmtesten Psychiater und Psychologen nur für »bedingt zurechnungsfähig« erklärt haben.

Der einzige, der in diesem Saal nicht wie ein Bühnenakteur wirkt, der hier keine »Rolle« verkörpert, sondern wirklich von sich als dem Mörder spricht, der von sich und seiner Schuld überzeugt ist, der regelrecht darum bittet, verurteilt und auf dem elektrischen Stuhl hingerichtet zu werden, ist der Angeklagte selbst. Man hat ihn seitens seiner Auftraggeber im Verbrechersyndikat und im Geheimdienst prächtig präpariert, ihm die Alleinschuld am Kennedy-Mord so lange suggeriert, bis er es geglaubt hat und es nun jedem, der es hören will, verkündet.

Auch die Verteidigung, angeführt von einem der berühmtesten Strafverteidiger der USA, Grant B. Cooper, zweifelt nicht an der Schuld ihres Mandanten, aber sie ruft die Geschworenen auf, zu zweifeln.

Bei dem ganzen Hin und Her kommt schließlich heraus: Der Senator Robert Francis Kennedy ist am 5. Juni 1968 im Alter von 42 Jahren das Opfer eines Zufalls, eines Anschlages ohne Sinn und Verstand geworden. Der psychopathische, paranoische Attentäter Sirhan war — so die Gutachter — nicht in der Lage, das Unerlaubte seiner Tat einzusehen und nach dieser Einsicht zu handeln. Trotzdem hat er vorsätzlich gemordet.

Diesen Widersinn nun mußten die Geschworenen aus der Welt räumen. Sie tagten fast 17 Stunden ohne Unterbrechung, nachdem sie an 63 Verhandlungstagen 90 Zeugen vernommen und über 150 verschiedene Dokumente und Beweismittel studiert hatten. Ihr Urteil: »Schuldig des Mordes«. Nach einer weiteren Dauersitzung von nahezu zwölf Stunden hatten sie sich denn auch für das Strafmaß entschieden: »Tod in der Gaskammer«.

Die Verteidigung war erschüttert, hatte sie doch auf Totschlag plädiert und mit einer geringen Zuchthausstrafe für ihren Mandanten eben wegen der »geminderten Zurechnungsfähigkeit« gehofft. Doch der Ankläger John E. Howard hatte gekontert: »Milde bei politischen Morden führt früher oder später zum Ende der Demokratie.« Dabei meinte er natürlich die Demokratie US-amerikanischer Prägung, die, verfolgt man die Geschehnisse der letzten Jahrzehnte, den politischen Mord erst in diesem Umfang ermöglichte, wie er in den Vereinigten Staaten zutage getreten ist.

Sirhan nahm das Urteil »gelassen« hin, wie es in Kommentaren von Journalisten heißt, die am Prozeß teilnahmen. »Selbst Christus hätte mich nicht retten können«, soll er gesagt haben, ein weiteres Beispiel dafür, wie sehr er manipuliert war.

Wie gesagt, das Urteil wurde später vom Obersten Bundesgerichtshof in lebenslange Haft gewandelt. Damit wollte man wohl auch dem Senator Robert Francis Kennedy postum ein bißchen Reverenz erweisen, der sich oft für die Abschaffung der Todesstrafe ausgesprochen und nach der Ermordung des Bürgerrechtskämpfers Dr. Martin Luther King gesagt hatte: »Wann immer einem Amerikaner das Leben genommen wird, ob im Namen oder in Verachtung des Gesetzes — es entwürdigt die ganze Nation.«

Die politischen Morde zwischen 1960 und 1970 taten dies eindeutig. Wie sagte doch der sowjetische Dichter Jewgeni Jewtuschenko, als er vom Mord an Robert Kennedy erfuhr? »Ein zweiter Kennedy ist gefallen, und mit ihm, Amerika, hast Du Deine Ehre getötet.«

Der schwarze Moses aus Atlanta

1. Der schnellste Mordprozeß Amerikas

Gemessen an der Größe und Bedeutung des Delikts — Mord an dem weltberühmten Führer der amerikanischen Bürgerrechtsbewegung und Friedens-Nobel-Preisträger Martin Luther King — verlief der Prozeß gegen seinen Mörder James Earl Ray alias Eric Storoo Galt alias Paul Bridgman alias John Willard mit einer geradezu atemberaubenden Geschwindigkeit. Einige Blätter sprachen damals vom schnellsten Mordprozeß Amerikas. Knappe zwei Stunden, und alles war erledigt. Nach einer »Spiegel«-Veröffentlichung hatten FBI und Polizei in den Wochen nach dem Mord folgendes Ermittlungsergebnis zusammengetragen:

Am 4. April 1968 mietete sich ein sehr gut gekleideter Gentleman unter dem Namen John Willard in einer schäbigen Pension in Memphis ein, die genau — etwa 70 Meter mochte.die Entfernung betragen — jenem Motel gegenüberlag, in dem Martin Luther King für ein paar Tage übernachtete.

Aus dem Gemeinschaftsbadezimmer der Pension hatte der Mörder um 18.01 Uhr einen einzigen, sofort tödlichen Schuß auf Martin Luther King abgegeben, als dieser gerade dabei war, mit einigen Freunden einen Pastor von Memphis aufzusuchen, von dem er eine Einladung zum Abendessen erhalten hatte.

Dann, so rekonstruierte die Polizei von Memphis, verließ der Täter die Pension durch den Hauptausgang und warf sowohl das Repetiergewehr als auch seine Reisetasche nebenan auf das Grundstück der »Amusements Company«, sprang in einen weißen »Mustang« und fuhr in südöstlicher Richtung aus der Stadt.

Sieben Tage nach dem Mord fand die Polizei im 700 Kilometer von Memphis entfernten Atlanta einen weißen »Mustang«, der nach

Dr. Martin Luther King
bei einer Massenkundgebung in Washington

Aussagen von Zeugen schon am 5. April gegen 6.00 Uhr von einem gutgekleideten Mann um die Dreißig abgestellt worden sein sollte.

Das Nummernschild wies das Fahrzeug als einen Wagen des Bundesstaates Alabama aus, der auf Eric Storoo Galt, wohnhaft in Birmingham, zugelassen war. Den »Mustang« hatte er am 30. August 1967 bei dem Gebrauchtwagenhändler William D. Paisley für genau 1 995 Dollar gekauft.

Dieser gleiche Mann soll sich Ende März 1968 in Birmingham aufgehalten und dort als Harry Lowmeyr ein Remington-Repetiergewehr gekauft haben, eine Waffe also, wie sie der King-Mörder John Willard unmittelbar nach dem Mord auf das Gelände der »Amusements Company« geworfen hatte.

Tatort und mögliche Geschoßbahn beim Attentat in Memphis

Nachdem die Ermittlungen soweit gediehen waren, veröffentlichte
das FBI den ersten Steckbrief Galts, hergestellt nach dem einzigen
Foto, dessen die Kriminalisten habhaft geworden waren. Es stammte
aus der Zeit, da Galt Barkeeper gewesen war. In jenem Steckbrief
wurde Galt bezeichnenderweise nicht wegen Mordes, sondern wegen einer »Verschwörung zur Verletzung der Bürgerrechte Martin
Luther Kings« gesucht. Das ist wohl eine mehr als harmlose Um-
schreibung eines kaltblütigen Attentats, deutet jedoch zumindest mit
dem Worte »Verschwörung« an, daß das FBI zunächst mehrere Täter, also eine geplante und vorbereitete Mordaktion, nicht ausschloß.
    Nachdem das Foto dem Zimmervermieter aus der schäbigen Her-
berge in Memphis und jenem Augenzeugen vorgelegt worden war,
der nach dem Mord einen Mann in den weißen »Mustang« springen
sah, taten sich allerdings einige unvorhergesehene Schwierigkeiten
auf. Beide nämlich bestritten energisch, daß der Mann auf dem Foto
mit dem gesuchten Galt identisch sei.
    Der Zimmervermieter meinte: »Ich glaube nicht, daß das der

272

Mann ist, der sich bei mir eingemietet hat.« Der Augenzeuge bestritt die Identität noch um vieles entschiedener: »Wenn er nicht eine Perücke trug oder sich der Gesichtschirurgie bedient hat, ist das nicht der Mann, den ich gesehen habe.«

Die Ermittlungen schienen sich festgefahren zu haben. Da präsentierte das FBI der Öffentlichkeit eine neue Version: Die in der Absteige in Memphis gefundenen Fingerabdrücke stammten eindeutig von einem gewissen Earl Ray, einem am 23. April 1967 aus dem Zuchthaus von Missouri entflohenen Sträfling. Zweifelsfrei sei dieser Earl Ray mit Eric Storoo Galt identisch, unter dessen Namen er seine Spur zu verwischen trachtete. Das Pseudonym sei offensichtlich dem James-Bond-Thriller »Im Dienste seiner Majestät« entnommen.

Mit etwas gutem Willen ließ sich auch eine Ähnlichkeit zwischen dem Konterfei Galts und Rays erkennen. Sie wurde vollständig, nachdem ein Fachmann des FBI erneut zur Retusche Zuflucht gesucht hatte. Von nun an lief die Fahndung nach Ray alias Galt. Schließlich gelang es, den Gesuchten in London unter einem ganz anderen Namen zu stellen und als Earl Ray zu identifizieren.

Dieser Mann also stand jetzt vor Gericht, und zwar zu einem Termin, der ursprünglich gar nicht vorgesehen war. Das Gericht sollte am 7. April in Memphis zu seiner Hauptverhandlung zusammentreten. Plötzlich jedoch und ohne nähere Begründung fand es sich, überraschend für die gesamte Öffentlichkeit, bereits am 10. März zu einer Blitzverhandlung zusammen, die anschließend als der kürzeste Mordprozeß in die Geschichte der amerikanischen Justiz einging.

Jedem aufmerksamen Beobachter mußte das, was nun in zwei Stunden ablief, als ein kaum getarnter, plumper Handel erscheinen, eigens in dieser Weise inszeniert, um die Aufhellung der Hintergründe dieses politisch brisanten Mordes zu verhindern. Das Verfahren lief nach dem Prinzip ab: »Ich nehme alles auf mich, und Sie, Mister Staatsanwalt, honorieren mein Wohlverhalten dadurch, daß Sie mir meinen Kopf belassen«.

Earl Ray bekannte sich ohne Umstände für schuldig, am 4. April 1968 Martin Luther King allein, von niemandem angestiftet und ohne fremde Beihilfe ermordet zu haben. Damit ersparte er der Anklage jede Beweisführung und gestattete ihr, sich auf den bloßen Strafantrag zu beschränken. Staatsanwalt Canale beließ Ray seinen Kopf und forderte 99 Jahre Zuchthaus.

Das Gericht zog sich zu einer Beratung zurück, die keine fünf Minuten dauerte, und folgte mit seinem Urteil dem Antrag des Staatsanwalts. Ray bezog schon am nächsten Tag Domizil in der Zelle 4 des Zuchthauses von Nashville.

Das Gericht in Memphis hatte bei seiner Hauptverhandlung über alle Fragen hinweggesehen, die einer wirklichen Aufklärung des Mordes gedient und zu der Verschwörung, zu den wahrscheinlichen Hintermännern hingeführt hätten, die den Mord von langer Hand vorbereiteten. Richter Battle erklärte, die Anklage besäße kein ausreichendes Material, um jemanden der Mittäterschaft zu bezichtigen. Allerdings konzedierte er im gleichen Atemzuge, daß damit eine mögliche Verschwörung dennoch nicht ausgeschlossen sei.

Battle jedoch beließ es bei dieser Feststellung, ohne tiefer zu bohren. Er fragte nicht einmal nach den Motiven, die Ray zu dem Mord an Martin Luther King getrieben hatten. Und er interessierte sich auch nicht für den Ursprung jener 15 000 Dollar, die Ray nachgewiesenermaßen zwischen seiner Flucht aus dem Zuchthaus in Missouri im April 1967 und seiner Verhaftung in London im Juni 1968 ausgegeben hatte. Selbst offenkundige Hinweise, daß es Mittäter gegeben haben mußte, ließ das Gericht unbeachtet.

Als sich zum Beispiel ein Eric Storoo Galt am 1. März 1968 bei der Verkehrspolizei von Alabama meldete und eine Zweitschrift seiner Fahrerlaubnis verlangte, arbeitete der gesuchte Eric Storoo Galt nach den Ermittlungen des FBI noch als Barkeeper in Kalifornien. Wer also war dann jener andere Eric Storoo Galt, der bei der Verkehrspolizei in Alabama vorstellig wurde?

Die Zweitschrift wurde in die Highland Avenue Nr. 1068 in Birmingham geschickt, wo der gesuchte Galt jedoch laut FBI schon seit dem 7. Oktober 1967 nicht mehr wohnte. Dennoch ging der Rechnungsbetrag für die Zweitschrift pünktlich bei der Polizei ein. Wer also hatte ihn überwiesen, da doch der gesuchte Galt unter dieser Adresse gar nicht mehr erreichbar sein konnte?

Warum interessierte sich das Gericht nicht für die Tatsache, daß laut Zeugenaussagen vor der Pension in Memphis ein zweiter »Mustang« stand, der erst 14 Minuten nach dem Todesschuß abfuhr? Und warum griffen weder FBI noch Gericht auf jene andere Zeugenaussage zurück, wonach unmittelbar nach dem Schuß ein zweiter Mann in weißer Kapuze aus dem Gebüsch gesprungen war und das Weite gesucht hatte? Weshalb ignorierte das Gericht hartnäckig die Aussage eines weiteren Zeugen, der beobachtet haben will, wie ein Fremder dem gesuchten und gefaßten Galt in New Orleans

5 000 Dollar auf den Tisch eines Kaffeehauses zahlte? Konnten diese 5 000 Dollar nicht ein Vorschuß für das Attentat gewesen sein? Schließlich gab es auch berechtigten Anlaß, die Identität von Ray und Galt in Zweifel zu stellen. Als Ray noch im Zuchthaus zu

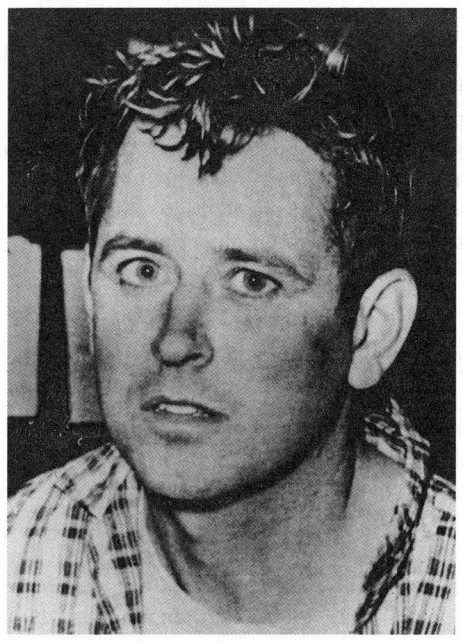

James Earl Ray, der Mörder

Missouri saß, hatte nach den Ermittlungen des FBI Galt Tanzstunden in New Orleans genommen.

Über alle diese Fragen breitete Richter Battle den Mantel des Schweigens. Und Justizminister Ramsey Clark verkündete nach dem Prozeß kategorisch: »Der Täter hat allein gehandelt, es gab keine Verschwörung.«

Aber mit einer solchen Behauptung waren die Zweifel keineswegs aus der Welt geschafft. Kings Witwe Coretta äußerte nach wie vor, daß viele den Finger am Abzug hatten. Der Sheriff von Birmingham behauptete steif und fest, es gäbe sichere Anzeichen, daß Martin Luther King im Auftrage des Ku-Klux-Klan für eine Million Dollar ermordet worden sei.

Die »New York Times« stufte den Prozeß als das ein, was viele Amerikaner in dieser Gerichtsverhandlung sahen: als einen »schokkierenden Vertrauensbruch gegenüber dem amerikanischen Volk, das ein Recht hat, alle Tatsachen zu erfahren und das eine Antwort auf die Frage erwarten darf: Gab es ein Komplott für die Ermordung von Dr. King?«

Diese entscheidende Frage ist, zumindest offiziell, nie geklärt worden. Aber selbst wenn es für eine Verschwörung nicht das geringste Indiz gegeben hätte, Leben und Kampf Martin Luther Kings lassen gar keine andere Deutung zu. Denn der afroamerikanische Pastor war, besonders am Ende seines Wirkens, nicht nur ein vielgeliebter, sondern auch einer der meistgehaßten Männer Amerikas. Seine Feinde lauerten nicht nur unter den Rassenfanatikern des Südens, sie saßen auch in der Regierung in Washington.

2. Die 75 Füllfederhalter des Präsidenten

Der 2. Juli 1964 ist ein denkwürdiger Tag in der Geschichte Amerikas, ein Tag der Freude und des Sieges für die Bürger mit schwarzer Hautfarbe, ein Tag der Niederlage für die Rassisten vor allem in den Südstaaten der USA. Ob dieser Tag tatsächlich eine Änderung in der Lage der Afroamerikaner bewirken wird, ist jedoch nicht allein aus den Buchstaben der Bürgerrechtsakte erkennbar, die Präsident Johnson an diesem Tage unterzeichnen und ihr damit Rechtskraft geben will. Dieses Gesetz, das in den gesamten Vereinigten Staaten die Segregation, die Rassentrennung, verbietet, sichert den Schwarzen, wenigstens den Buchstaben nach, die gleichen Rechte wie den weißen Amerikanern.

Fast auf den Tag genau war ein Jahr vergangen, seit John F. Kennedy am 13. Juni 1963 über das Fernsehen verkündet hatte: »Eine große Wende wird eintreten, unsere Aufgabe, unsere Pflicht besteht darin, daß wir eine Revolution vollbringen, die für alle friedliche und konstruktive Wende.« Gemeint war die Gleichstellung der Afroamerikaner, die Beseitigung ihrer Diskriminierung im öffentlichen Leben. Als Desegregation bezeichnete es die Regierung in ihrem amtlichen Text. Die von der Gesellschaft Ausgeschiedenen sollten wieder in die Gesellschaft aufgenommen werden.

Am 19. Juni 1963 war die Gesetzesvorlage — übrigens die bedeutendste seiner tausendtägigen Amtszeit — von Präsident Kennedy dem Kongreß vorgelegt worden. Aber der Kongreß ließ sich Zeit mit der Beratung und Bestätigung der Vorlage. Die Rassisten der Südstaaten besaßen eine starke Repräsentation im Senat und taten ihr möglichstes, um die Annahme der Bürgerrechtsgesetze hinauszuzögern. Verhindern konnten sie sie nicht, da sie nicht die Mehrheit hatten.

Nach Kennedys Ermordung am 22. November 1963 nutzte sein Nachfolger im Präsidentenamt, Lyndon B. Johnson, seine erste Rede vor dem Kongreß, um an die Vorlage zu erinnern. Man könnte, meinte er, mit der baldigen Annahme der Bürgerrechtsvorlage Kennedy das beste Denkmal setzen. Trotzdem wurde die Vorlage noch bis in den Sommer des folgenden Jahres hinausgeschleppt, und nur dem Engagement des Demokraten Hubert Humphrey war es zu danken, daß endlich am 2. Juli 1964 Senat und Repräsentantenhaus die Bürgerrechtsakte mit der notwendigen Zweidrittelmehrheit bestätigten.

Genau fünf Stunden nach der Abstimmung in den beiden Häusern beginnt das Zeremoniell der Unterzeichnung im Weißen Haus. Zugegen sind Senatoren und Kongreßmitglieder, zumindest die, die für die Vorlage votiert haben, zugegen sind aber auch die Führer der Bürgerrechtsbewegung und die Führer der Organisationen der Afroamerikaner.

Als Lyndon B. Johnson erscheint, macht er ganz den Eindruck eines Triumphators. Zugegebenermaßen hat auch er einen gewissen persönlichen Anteil daran, daß die Bürgerrechtsakte jetzt unterschriftsreif auf seinem Schreibtisch liegt, aber ganz bestimmt nicht den entscheidenden. Der kommt vielmehr jenen zu, die, anders in ihrer Hautfarbe, zusammen mit Martin Luther King zwischen den Kongreßmitgliedern und den Ministern stehen.

Es ist auch sehr fraglich, ob das Gehabe eines Triumphators dem Ereignis angemessen ist. Denn daß über 100 Jahre nach der Emanzipationsproklamation von Abraham Lincoln in den USA ein solches Gesetz noch notwendig ist, böte für Präsident Johnson, die Senatoren und Kongreßmitglieder eher Grund, sich dieser Schande zu schämen.

Die Zeremonie der Unterschrift indessen erfolgt in heiterer, beschwingter Atmosphäre. Mr. President läßt es sich nicht nehmen, einem alten Brauch zu folgen und allen jenen einen Füllfederhalter zu überreichen, die das Zustandekommen dieses Gesetzes unterstützt haben. Für die 49 Buchstaben seiner Unterschrift und seines

Titels verbraucht er, wie die Reporter aufmerksam und belustigt registrieren, 75 Füllfederhalter, die er den Abgeordneten zuwirft und die diese mit Gelächter und dankbar auffangen. Ja, die Szenerie wird sogar ausgelassen, als sich die Senatoren beim Fangen der Füller ins Gehege kommen.

Nach der Unterschrift erhebt sich Lyndon B. Johnson, verbannt die Heiterkeit aus seinem Gesicht und sagt mit feierlichem Ernst, der Bedeutung der Stunde besser angemessen: »Die, die vor Gott gleich sind, werden jetzt auch in den Wahlkreisen, in Schulen, Fabriken, Hotels, Restaurants, Kinos und anderen öffentlichen Einrichtungen gleich sein. Es ist heute ein wichtiger Tag in der Geschichte Amerikas.«

Schon vor 100 Jahren hatte das Abraham Lincoln den Schwarzen versprochen und gesetzlich verlangt. Aber sein Versprechen hatte sich in das Gegenteil verkehrt. Die Afroamerikaner waren zwar ihrem Status nach keine Sklaven mehr, aber Menschen zweiter Klasse waren sie dennoch geblieben. Die weißen Plantagenbesitzer der Südstaaten durften früher ihre Sklaven ungestraft töten. Heute taten das die Weißen auch, zwar nicht mehr in solcher Häufigkeit, aber wenn, dann im Grunde noch immer ohne Sühne. Vor kurzem erst hatte ein Restaurantbesitzer in Alabama einen Schwarzen erschossen, der sich nicht von seinem Platze vertreiben lassen wollte. Der Mörder bezahlte 50 Dollar Strafe, und dem Gesetz war Genüge getan.

Daran vielleicht denken jetzt viele der zu der Zeremonie geladenen schwarzen Gäste. Trotz des freudigen Anlasses sind ihre Gesichter sorgenvoll. Was ist das Gesetz und was sind die feierlichen Worte des Präsidenten in der Wirklichkeit wert? Buchstaben und Realitäten sind zweierlei Dinge. Das wissen sie aus langer bitterer Erfahrung. Die Worte des Präsidenten werden von den Abgeordneten der beiden Häuser mit Beifall bedacht.

Dann schreitet Lyndon B. Johnson, dem man einen ausgesprochenen Sinn für Effekte nachsagt, demonstrativ auf Dr. Martin Luther King zu, streckt ihm schon von weitem beide Hände entgegen, als wollte er einen besonders lieben Freund begrüßen. Er schüttelt in großer Herzlichkeit die Hand Kings und überreicht ihm dann ebenfalls einen Füllfederhalter zur Erinnerung an diese denkwürdige Stunde im Weißen Haus. King macht eine höfliche Verbeugung und sagt ebenso höfliche Worte: »Ich werde ihn zu den Dingen zählen, die mir am teuersten sind, Mister President.« Dann aber setzt er, ohne daß das Lächeln von seinem Gesicht schwindet, hinzu: »Eigentlich stünde mir eine ganze Handvoll von dieser Sorte zu.«

Lyndon B. Johnson tut so, als hätte er diesen Satz nicht verstanden. Er sagt noch ein paar belanglose Worte und wendet sich dann, den Ärger unterdrückend, von King ab. Er weiß genau, was dieser Dr. King gemeint hat: Wenn dieses Gesetz zustande gekommen ist, dann war es nicht das Verdienst der Regierung und nicht das Verdienst der Abgeordneten. Es wurde den Afroamerikanern nicht geschenkt.

Lyndon B. Johnson empfindet es als ungehörig, daß er in dieser Stunde, die eigentlich die Stunde seines Triumphes sein sollte, in so fataler Weise an diese Tatsache erinnert wird.

Befrackte Diener erscheinen und reichen den Anwesenden Sekt, um auf die Bürgerrechtsakte anzustoßen. King hebt, nachdem er dem Präsidenten zugeprostet hat, sein Glas gegen seinen guten Freund und Kampfgefährten Ralph Abernathy: »Wir haben etwas erreicht, Ralph, aber viel bleibt noch zu tun!« Ganz plötzlich verwandelt sich der Ernst, der diese Worte begleitet, in Heiterkeit. King lacht. Verständnislos sieht Abernathy auf den Freund: »Was ist mit Dir, Martin?« King lacht immer noch. »Ach weißt Du, Ralph, es ist komisch, diese Bürgerrechtsakte hat ihren Ausgangspunkt in einem Autobus der Verkehrsgesellschaft von Montgomery und in den Lunch Counters von Birmingham, wo man einen Kaffee trinkt oder einen ›hot dog‹ ißt.« Nachdenklich nickt Abernathy. Dann lacht auch er. »Du hast recht, Martin. Nur war Montgomery für uns das, was für George Washington die Schlacht von Yorktown war, und Birmingham, nun Birmingham, das war nichts Geringeres für uns als Nelsons Sieg bei Trafalgar!«

3. »Raus, du alte Niggerkuh!«

Rosa Parks ist todmüde. Denn für vier Dollar pro Tag muß man in einer Näherei tüchtig schuften, doppelt schuften, wenn man wie sie ein schwarzes Gesicht hat. Rosa ist im fünften Monat schwanger, und das macht den Tag nicht leichter.

Sie hofft, daß sie im Autobus einen Sitzplatz bekommen wird. Es ist zwar Hauptverkehrszeit, aber zum Glück ist am Kaufhaus, in dem sie arbeitet, die Endhaltestelle. Rosa bezahlt vorn beim Fahrer ihre Cents, dann verläßt sie den Bus wieder. Denn die Beförderungsbestimmungen der Verkehrsgesellschaft von Montgomery schreiben vor, daß ein Schwarzer zu warten hat, bis alle Weißen eingestiegen sind. Erst dann hat er das Recht, den Bus zu benutzen, allerdings nur den hinteren Teil. Und er darf sich, falls im hinteren Teil noch Plätze frei sind, sogar hinsetzen, allerdings nur solange, bis ein Weißer den Sitzplatz beansprucht. Dann hat ein »Nigger«, so verlangt es die Vorschrift der Verkehrsgesellschaft und so verlangen es die Behörden der Stadt, aufzustehen.

Rosa Parks freut sich. Alle Weißen sind bereits eingestiegen, und im hinteren Teil ist sogar noch ein Sitzplatz freigeblieben. An der nächsten Haltestelle steigen eine Menge Leute zu, leider sind die meisten Weiße. Über Sprechfunk fordert der Fahrer die Schwarzen auf, ihre Plätze für die weißen Fahrgäste zu räumen. Sie gehorchen. Bis auf Rosa Parks. Sie kann nicht, und sie will nicht. Sie weiß nicht, warum sie plötzlich nicht will. Vielleicht, weil sie in die arrogante,

Vertreter des Ku-Klux-Klan, jener rassistischen
und antikommunistischen USA-Femeorganisation,
die immer wieder zum Mord
an afroamerikanischen und jüdischen Bürgern aufruft
und vor allem im Süden des Landes unverschämte Hetze betreibt

Kaugummi kauende Visage eines jungen Burschen blickt, der sie herausfordernd und drohend ansieht.

»Steh auf, du alte Niggerkuh«, schreit er sie an. Rosa merkt, wie die Wut in ihr hochsteigt. Jetzt gerade nicht! Sie sieht aus dem Fenster. Der Kaugummikauende spuckt ihr den ausgelutschten Rest vor die Füße. »Verdammte Sau!« schreit er, reißt sie an den Haaren vom Sitz und schleudert sie mit einem derben Stoß vor die Brust in die Ecke. Jetzt schaltet sich der Fahrer ein. Er hält, zerrt Rosa Parks aus dem Bus, ruft zwei Polizisten herbei, schreit ihnen eine kurze Erklärung zu und klettert wutschnaubend in den Bus zurück.

Die beiden Polizisten verhaften Rosa Parks wegen Ruhe- und Ordnungsstörung in der Stadt. In den amerikanischen Südstaaten des Jahres 1955 ist das eine ganz normale, ja eine durch Gesetz geschützte Selbstverständlichkeit. Dabei darf Rosa Parks sogar noch zufrieden sein, daß sie nicht einem jener Busfahrer begegnet ist, die sich gegenüber Bürgern mit schwarzer Hautfarbe auch mit der Pistole Respekt verschaffen. Eben in diesem Jahre 1955 war ein Schwarzer von einem Busfahrer aus gleichem Anlaß niedergeschossen worden. Auch auf ihn hätte Rosa Parks treffen können, denn in Montgomery ist so ein Schuß, in »Notwehr« abgegeben, kein Grund, um einen Busfahrer zu entlassen, geschweige denn, ihn ins Gefängnis zu stecken. Schwarze gibt es im Montgomery des Jahres 1955 ohnehin genug, meinen die Weißen; 50 000 sind es — jeder dritte Einwohner. Von allen, die die Busse benutzen, sind 70 Prozent Afroamerikaner. Denn viele der weißen Amerikaner können sich ein Auto leisten und sind auf öffentliche Verkehrsmittel nicht angewiesen.

Wenn man einen Topf bis zum Rande mit Wasser füllt und ihn erhitzt, sprudelt das Wasser über. Die ständige brutale Diskriminierung der Schwarzen in Montgomery, der Hauptstadt des Staates Alabama, jenes Zentrums der Rassenhetze, das mit dem Staate Mississippi um den Vorrang in der Diskriminierung konkurriert, staut über Jahre hinweg auch in dem duldsamsten Afroamerikaner Zorn auf. Und als sich der Fall Rosa Parks ereignet, kocht der Zorn über.

Die Afroamerikaner beschließen, sich zu wehren, nicht mit gewaltsamen und dramatischen Mitteln — dazu haben sie weder die Kraft noch die Möglichkeit —, sondern auf einem weit bescheideneren Weg. Sie wollen für einen Tag die Busse der Verkehrsgesellschaft von Montgomery boykottieren und ihr damit den Denkanstoß geben, daß 70 Prozent ihrer Einnahmen von den Schwarzen dieser Stadt stammen.

Der Dollar ist in Amerika, auch in den Südstaaten, ein gewichtiges Argument. Selbst die besonders fanatischen Weißen von Montgomery halten es hier mit dem Grundsatz der Römer »Geld stinkt nicht« und nehmen die Cents und Dollars, auch wenn sie aus schwarzen Händen kommen.

Kurz bevor der Fall Rosa Parks passiert, hat in der Dexter Avenue Baptist Church ein neuer Pastor, Martin Luther King, sein Amt angetreten. Er ist aus Atlanta zugezogen, wo sein Vater, Mike King, Pfarrer in der weitbekannten, angesehenen und wohlhabenden Ebenezer-Gemeinde ist.

Mike King gehört als Pastor einer so bekannten Gemeinde zu den bessergestellten Afroamerikanern, eigentlich schon zur Bourgeoisie. Er kann seinem Sohn Martin ein Studium am Morehouse-College in Atlanta und später am Crozer Theological Seminary in Chester ermöglichen, das Martin Luther King als Bakkalaureus der Theologie abschließt und dem er dann den Doktor-Titel der Philosophie der Universität Boston hinzufügt. So ist Martin Luther King nicht nur ein Mann mit erlesenen Manieren, sondern auch ein Mensch von umfassender Bildung und ausgestattet mit einer hohen, faszinierenden Redekunst. Er gehört nicht zu jenen Leuten, die die Autobusse benutzen müssen, denn er besitzt einen Chevrolet, den ihm der wohlhabende Vater nach Abschluß seines Bakkalaureats geschenkt hat.

Dennoch aber bietet dieser Martin Luther King den Organisatoren des vorgesehenen Boykotts jetzt seine Kirche als Treffpunkt an. Das mag bei dem einen oder anderen Verwunderung erregen, für Martin Luther King aber ist es eine Selbstverständlichkeit. Denn der Vater Martins ist nicht nur Seelsorger der unter den Schwarzen weithin bekannten Ebenezer-Gemeinde, er hat auch in der Bürgerrechtsbewegung einen Namen, und er hat mit großem persönlichen Mut einen Beschluß des Obersten Bundesgerichtes erwirkt, der den schwarzen Lehrern das Recht auf ein gleiches Gehalt einräumte und die Rassentrennung, wenn auch nur bei der Benutzung von Gerichtsfahrstühlen, in Atlanta aufhob.

Was nunmehr den Ausschlag gegeben haben mag — seine eigene hohe Bildung, der gute Ruf seines Vaters oder das freundliche Angebot an die Organisatoren des Boykotts, sei dahingestellt. Auf jeden Fall macht man Martin Luther King den Vorschlag, den Vorsitz des Organisationskomitees zu übernehmen. Nach kurzem Überlegen sagt King zu. Mit diesem Ja-Wort beginnt sein steiler, unwahrscheinlich schneller Aufstieg zum anerkannten und weit über die Grenzen Amerikas hinaus bekannten Führer der Bürgerrechtsbewegung.

Der 5. Dezember ist der Tag des Boykotts, und obwohl die Polizei von Montgomery die Schwarzen auffordert, den Boykott zu brechen und allen jenen, die dazu bereit sind, Schutz verspricht, fahren die Busse an diesem Tage nahezu leer durch die Stadt. Drei oder vier Weiße sitzen drin, die sich jetzt auf die Sitze legen oder in den Bussen tanzen können.

Aber ein Tag Boykott und Einnahmeverlust vermag weder die Behörden noch die Verkehrsgesellschaft dazu zu bewegen, die Rassendiskriminierung in den öffentlichen Verkehrsmitteln zu unterbinden. So werden schließlich aus dem einen Tag 381.

Die schwarzen Näherinnen, die Wäscherinnen, die Bediensteten, die Fabrikarbeiter gehen, und wenn es ein oder zwei Stunden dauert, zu Fuß zur Arbeit. »Gang für die Freiheit« nennen sie das, was über die Grenzen Alabamas hinaus Aufsehen erregt. Schwarze, die Taxis besitzen, stellen sie dem Organisationskomitee zur Verfügung, obwohl sie dadurch der Tatsache ins Auge sehen müssen, daß man ihnen die Lizenz und damit den Lebensunterhalt für sich und ihre Familien entzieht. Je länger der Boykott andauert, desto mehr wird er zu einer Kraftprobe zwischen der Verkehrsgesellschaft, den Behörden und den Afroamerikanern.

Die Rassisten berufen für den 10. Februar 1956 eine Massenversammlung ein, auf der James Eastland, ein Senator aus Mississippi den Auftakt zu Pogromen gibt: »Selbstverständlich«, schreit er unter dem tosenden Beifall seiner Zuhörer, »ist für uns die Wahrheit, daß alle Weißen gleich geschaffen sind, daß sie alle bestimmte Rechte haben, zu denen das Recht auf Leben, Freiheit und das Glück gehört, tote Nigger zu sehen!«

Die Schwarzen bleiben jedoch trotz der Drohrede des Senators James Eastland unnachgiebig in ihrem gewaltlosen Widerstand gegen die diskriminierenden Gesetze in Montgomery. Auch als der Ku-Klux-Klan zur Attacke gegen Schwarze bläst. Martin Luther King erhält die erste Morddrohung seines Lebens, die erste von vielen, die er noch bekommen wird. »Höre, Nigger«, tönt eine finstere, haßverzerrte Stimme aus der Muschel seines Telefons, »noch in dieser Woche wirst du bereuen, daß Du je nach Montgomery gekommen bist«. Tatsächlich explodiert wenige Tage später eine Bombe auf der Terrasse seines Hauses, zum Glück ohne Schaden an Leib und Leben seiner Bewohner anzurichten. Die nächsten Bomben detonieren

im Hause seines Freundes Abernathy, in Kirchen und auf Taxihalte-
plätzen der Schwarzen.

Dieses Boykott-Jahr erregt viel Aufsehen nicht nur in Alabama,
sondern in den ganzen USA. Es schafft auch Solidarität. Und als
sich Martin Luther King im Namen der Bürgerrechtsbewegung von
Montgomery an das Oberste Bundesgericht der USA wendet, kann
dieses nicht mehr umhin, mit seinem Entscheid vom 21. Dezember
1957 den Schwarzen das Recht einzuräumen, ungehindert in einem
Autobus zu sitzen.

So wird die erste Aktion Martin Luther Kings und seiner Freunde
zu einem großen Sieg für die Bürgerrechtsbewegung, die Signalwir-
kung auch für die anderen Städte der Südstaaten besitzt. Dr. King ist
jetzt zu einer weithin bekannten Persönlichkeit geworden. Aus den
vielen Zeitungsberichten kennt man überall in den USA sein volles
Gesicht mit den klugen, ernsten Augen und dem energischen Kinn.
»Moses aus Atlanta« tauft ihn ein Journalist. Er ist kein Moses, der
seine Brüder in das gelobte Land führen will, er ist ein Moses, der
seinen Brüdern in diesem Amerika die ihnen vorenthaltenen Rechte
verschaffen möchte.

Martin Luther King reist durch das Land, hält Reden, sammelt
Geld für die Bürgerrechtsbewegung, geht in der ersten Reihe der
Märsche für die Freiheit, die in Alabama ihren Ausgangspunkt ha-
ben, und organisiert unermüdlich Solidarität für die Sache der
Schwarzen.

Sein Zustrom und Zuspruch sind groß und werden von Tag zu
Tag mächtiger. Er läuft den alteingesessenen Organisationen der
Schwarzen den Rang ab, weil seine Art und Weise des Kampfes offenbar am besten der Lage und dem Verständnis der Schwarzen entspricht, weil sie realistisch und deshalb wirkungsvoll ist.

Weder die »Nationale Vereinigung für den Fortschritt der Farbigen« noch die »Black Muslims« können diesen Anspruch erfüllen.
Die Nationale Vereinigung, die die wohlwollende Förderung der liberalen Weißen genießt, gibt sich mit Symbolerfolgen zufrieden und
vermag deshalb die Lage der Schwarzen nicht ernsthaft zu verändern. Die Black Muslims unter Elijah Muhammed, eine radikale Strömung, ist selbst eine rassistische Organisation, die eine schwarze
Vorherrschaft wünscht, die die Integration mit den Weißen ablehnt
und die in Amerika einen Staat der Schwarzen errichten möchte.

Martin Luther King dagegen hat ein eigenes, wirklichkeitsnahes
Programm entwickelt, das der Situation und den Möglichkeiten der

Schwarzen entspricht. Er organisiert, ähnlich wie Gandhi in Indien, den gewaltlosen Widerstand. Es ist ein Programm der friedlichen Direktaktionen, die getragen sind von Massenmärschen, Demonstrationen, Boykotts und Sitzstreiks. Sie sollen Krisensituationen schaffen, aus denen die Möglichkeiten zu Verhandlungen erwachsen. In der Rassistenhochburg Montgomery entscheidet sich der weitere Weg Martin Luther Kings. Und er gewinnt auch Klarheit und Einsicht darüber, wie er diesen Weg beschreiten wird.

4. Die Schlacht von Birmingham

Die nächste, vielleicht die wichtigste Station Martin Luther Kings ist Birmingham. In dieser Stadt ist der Rassenfanatismus zur letzten, brutalen Konsequenz getrieben. Er personifiziert sich in zwei entscheidenden Männern dieses Staates Alabama und dieser Stadt Birmingham.

Der eine regiert den Staat. Es ist der Gouverneur George Wallace. Er legt bei seiner Amtseinsetzung das Gelöbnis ab: »Segregation heute, Segregation morgen, Segregation immerdar.« Daran hält er sich. Entgegen allen Gesetzen des Obersten Bundesgerichtes stellt er sich persönlich vor das Eingangstor der Universität von Alabama und verwehrt den farbigen Studenten den Zutritt. Wer in das Gesicht dieses Mannes blickt, der erkennt die unnachgiebige Brutalität auf den ersten Blick.

Nicht so bei Eugene Conner, der in Birmingham Mitglied des Stadtrates und Kommissar für öffentliche Sicherheit ist. Er macht einen sehr jovialen, ja freundlichen Eindruck, er trägt feine Maßanzüge und wirkt insgesamt wie ein seriöser Gentleman. Die graumelierten Haare unterstreichen das. Aber die Tatsache, daß er in Birmingham nie Eugene Conner, sondern nur »Bull« Conner genannt wird, straft den guten ersten Eindruck Lügen. Auf diesen Namen ist er übrigens sehr stolz.

Als der Geschäftsführer der Omnibus-Gesellschaft den Schwarzen Birminghams, die durch das Landesgesetz das Recht dazu hatten, die Benutzung der Omnibusse gestattet, läßt ihn »Bull« Conner kurzerhand verhaften.

Einen Senator der Vereinigten Staaten, der in Birmingham eine Rede halten will und der versehentlich eine Tür mit der Aufschrift »Für Farbige« benutzt, trifft das gleiche Schicksal. Als ein Afroamerikaner von den Wasserwerfern der Polizei gegen eine Hauswand geschleudert wird und mit einem Krankenwagen ins Krankenhaus transportiert werden muß, kommentiert »Bull« Conner: »Mir wäre es lieber gewesen, ein Leichenwagen hätte ihn geholt.«

Diese drei Begebenheiten, die nur eine bescheidene Auswahl aus vielen anderen sind, charakterisieren »Bull« Conner weit treffender als sein joviales Gehabe, seine Maßanzüge und seine bunten, freundlichen Krawatten.

Solchen Typen stehen King und seine Freunde gegenüber. Es gehört sehr viel persönlicher Mut dazu und sehr viel Hingabe an die Sache, in Birmingham eine Bürgerrechtsaktion zu beginnen. Aber diese Stadt ist mit Bedacht ausgewählt. Sie ist in den gesamten USA als Hochburg des Rassismus bekannt. Um so größer muß die Beispielwirkung sein, wenn die Bürgerrechtsbewegung hier Erfolge erringt.

Martin Luther King hat Ende März mit seinem Stab im Gaston-Hotel, das einem reichen Farbigen gehört, sein Hauptquartier aufgeschlagen. Der Operationsplan für die Bürgerrechtsaktion folgt dem bereits erprobten Rezept der gewaltlosen Direktaktion. Friedliche Märsche, Demonstrationen und Meetings sollen den Gegner zur Gewaltanwendung herausfordern. »Füllt die Gefängnisse«, heißt die ausgegebene Parole, wobei fest damit zu rechnen ist, daß sich »Bull« Conner und seine Mannschaft keineswegs nur mit Verhaftungen zufrieden geben werden. Mit Sicherheit wird Conner auch zu schlimmeren Formen der Gewalt und des Terrors zurückgreifen. Das ist einkalkuliert. Je mehr sich die Polizei hinreißen läßt, um so besser für die Aktion, um so stärker werden sich Presse, Fernsehen und öffentliche Meinung mit der Bürgerrechtsaktion solidarisieren und gegen den Rassenfanatismus Stellung beziehen.

Martin Luther King und seine Freunde überlassen nichts dem Zufall. Fast 500 Freiwillige werden in der Kunst des gewaltlosen Widerstandes geschult, sie sollen ihr Wissen bei den beabsichtigten Demonstrationen und Märschen weitergeben und sichern, daß die hohe Disziplin der Gewaltlosigkeit zu jeder Zeit und in jeder Situation gewahrt bleibt. Nicht einmal ein Taschenmesserchen, ja nicht einmal einen Zahnstocher werden die Teilnehmer der Märsche bei sich tragen, denn Martin Luther King ist sich sicher, daß die Polizei auch einen Zahnstocher zu einer gefährlichen Mordwaffe machen würde. »Unsere einzige Waffe ist die Überzeugung, daß wir im Recht sind«, sagt Martin Luther King.

So wie 1955 in Montgomery bildet eine scheinbare Geringfügigkeit den Ausgangspunkt einer wirksamen Aktion — die Rede ist von Lunch Counters, wie sie in allen Kaufhäusern und größeren Geschäften existieren, Imbißecken, in denen man einen Kaffee trinken, ein paar Würstchen essen oder Eis lecken kann, vorausgesetzt natürlich, daß man ein weißes und kein schwarzes Gesicht hat. Genau hier soll die Bewegung anknüpfen — »Sit-in« lautet die Parole — setzt euch in die Imbißecken. Parallel dazu ist vorgesehen, die Geschäfte zu boykottieren, um so, wie damals die Verkehrsgesellschaft in Montgomery, nun hier die Geschäftsleute an der empfindlichsten Stelle zu treffen, am Profitinteresse. Am 3. April, kurz vor Ostern, in einer kaufstarken Zeit also, sollen die Aktionen beginnen, um den weißen Laden- und Kaufhausinhabern bereits das Ostergeschäft zu verderben. Martin Luther King und seine Kampfgefährten denken aber auch daran, daß in den Familien der Afroamerikaner die Dollars in den Tagen des Kampfes knapper sein werden. Denn ein Familienvater, der im Gefängnis »Bull« Conners sitzt, kann die Seinen nicht ernähren. Also gründet er mit Unterstützung des berühmten Sängers Harry Belafonte ein Komitee für Geldsammlungen. Belafonte stellt sich selber an die Spitze des Komitees und unterstützt die Bürgerrechtsbewegung in Birmingham auch großzügig aus seinen privaten Mitteln.

Planmäßig wird der 3. April zum ersten Tag der Konfrontation. Keiner kauft in den Warenhäusern, aber man sitzt in den Imbißecken. Draußen marschieren indessen einige Hundert durch die Straßen, das bekannte Lied auf den Lippen: »We shall overcome« — »Wir werden siegen!« Sofort greift »Bull« Conners Polizei ein. Schwarze werden aus den Lunch Counters gezerrt und genauso verhaftet wie die Demonstranten. Die Gefängnisse füllen sich. Aber es gibt viele Farbige in Birmingham. Am nächsten Tag sitzen andere in den Imbißecken, und andere marschieren durch die Straßen. Es stellt sich eine gewisse Regelmäßigkeit ein: tags Märsche und Verhaftungen, abends Meetings in den Kirchen der Afroamerikaner, und überall ertönt das Lied »We shall overcome« — »Wir werden siegen!«

»Bull« Conner meint, daß sich die Bewegung mit zunehmenden Verhaftungen in zwei bis drei Tagen totlaufen würde. Wovon soll denn das »Negergesindel« leben, wenn es sich auf den Straßen herumtreibt und die Gefängnisse bevölkert? 2 500 sind es bereits. Er behält die Fäuste in den Taschen.

Gleichsam spielerisch steigert sich dann »Bull« Conner. Am 7. April läßt er einige Farbige mit dem Gummiknüppel Bekanntschaft machen. Am 8. April kommen zu den Gummiknüppeln die Polizeihunde dazu. Am 9. April sind auch Wasserwerfer dabei. Von jetzt ab gibt es bei allen Demonstrationen Verletzte. Am 12. April schließlich wird — und das ist von ihm beabsichtigt, denn er marschiert an diesem Tage in der ersten Reihe der Demonstranten — auch Martin Luther King verhaftet.

Coretta King, die Frau des Bürgerrechtskämpfers, kann es sich zu diesem Zeitpunkt bereits erlauben, den Präsidenten auf seinem Sommersitz anzurufen und um Hilfe für ihren Mann zu bitten. Denn Martin Luther King ist längst eine Persönlichkeit geworden, mit der die Regierung in Washington rechnen muß. Aber Kennedy will sich nicht festlegen. Er denkt an seine zweite Kandidatur, und er will und kann es sich mit den weißen Südstaatlern, deren Stimmen er zumindest genauso dringend braucht wie die der Afroamerikaner, nicht verderben. So wie er in diesem Falle in der Mitte — ohne beherzte Entscheidung — taktiert, wird er es im Grunde genommen auch in den kommenden Wochen tun.

Er bedaure das sehr, sagt er Coretta King, aber leider! Seine Befugnisse reichten nicht aus, um sich in die Polizeiangelegenheiten der Stadt Birmingham einzumischen. Das einzige, was er tun könne, wäre, einen FBI-Agenten nach Birmingham zu schicken und Martin Luther King einen guten Rechtsanwalt zu besorgen.

Noch schwerer als die Halbherzigkeit des Präsidenten trifft Martin Luther King der Aufruf, den Geistliche an die afroamerikanische Gemeinde von Birmingham richteten und in dem sie ihn des Extremismus bezichtigen. Denn diese Geistlichen gehören zu den Menschen, die die Rassendiskriminierung ablehnen. Trotzdem aber verurteilen sie jetzt die Aktionen der Afroamerikaner als weder »weise noch zeitgemäß«, sind voll des Lobes über die Zurückhaltung von »Bull« Conner und fordern die Gemeinde auf, die Demonstrationen nicht zu unterstützen, die von Außenseitern geführt und gelenkt würden.

Mit Bitternis muß Martin Luther King erkennen, wie weit die wohlwollenden Weißen, ja selbst die Geistlichkeit, von einem wirklichen Verständnis der Rassenproblematik entfernt sind. Vor die Alternative gestellt, den Rassenfanatismus oder die Bürgerrechtsbewegung zu unterstützen, hatten sie sich für das erste entschieden. Sie sehen im Rassismus ein geringeres Übel als in den Straßenkämpfen.

In den Tagen seiner Haft begreift Martin Luther King, daß eine wirkliche Gleichberechtigung der Bürger mit schwarzer Hautfarbe noch in der Ferne von Jahren, ja Jahrzehnten liegt.

Am achten Tage seiner Haft wird Martin Luther King aus dem Gefängnis gegen Kaution entlassen. Sofort stürzt er sich, trotz seiner so frischen Erkenntnis von den ungeheuren Schwierigkeiten seines Unterfangens, erneut in den Kampf.

Am 3. Mai kommt es zu einer der entsetzlichsten Polizeiorgien, die die USA je erlebt haben. Bluthunde beißen sich in Demonstranten fest. Hydromonitoren aus den Bergwerken, nicht »nur« gewöhnliche Wasserwerfer, schmettern mit ihrem tödlichen Strahl die Afroamerikaner gegen die Häuserwände, fetzen die Haut vom Leibe und brechen ihnen die Rippen. Mit eisernen Ketten und Knüppeln schlägt die Polizeisoldateska wahllos auf alles ein, was sich ihr in den Weg stellt: Auf Männer, Frauen und Kinder, auf Junge und Alte, auf

Gegen solcherart Rassendiskriminierung und brutale Polizeigewalt
wie hier in Birmingham (USA-Staat Alabama)
hat Martin Luther King sein Leben lang gekämpft

Gesunde und Krüppel. Schwere Polizeistiefel treten in die Leiber und in die Gesichter derer, die sich bereits zusammengeschlagen und verwundet am Boden wälzen.

Am nächsten Tage tragen die Bildberichte, trägt das Fernsehen die Greuel von Birmingham in jedes amerikanische Haus, und am übernächsten Tag hält die Welt voller Entsetzen über das, was im »freiesten Land der freien Welt« möglich ist, den Atem an.

In den folgenden Tagen ähnliche Berichte und ähnliche Bilder. »Bull« Conner hat jedes Maß verloren, seine Orgien sind grenzenlos. Grenzenlos ist aber auch der Mut, mit dem die Afroamerikaner Tag für Tag immer wieder ihre Demonstrationen fortsetzen.

Jetzt muß die Regierung einschreiten, wenn sie ihr Gesicht nicht verlieren und sich nicht für Amerika und für die Welt zum Komplizen der Rassenfanatiker machen will. Der Präsident schickt Unterhändler nach Birmingham und stationiert in unmittelbarer Nähe der Rassistenfestung 3 000 Soldaten. Die Nationalgarde Alabamas wird mobilisiert und dem Befehl des Präsidenten unterstellt. Im Auftrage Kennedys konferieren die Herren des Big Business mit ihren Partnern in Birmingham, um sie dazu zu bringen, Druck auf die Staatsgewalt in Birmingham auszuüben. »Bull« Conner wird abgesetzt.

Zwischen den Vertretern der Bürgerrechtsbewegung und der Stadtverwaltung Birminghams kommt eine Abmachung zustande:

1. Die geforderte Desegregation ist innerhalb von drei Monaten zu realisieren.

2. Die Bedingungen bei der Einstellung und Beförderung von Afroamerikanern sind innerhalb von zwei Monaten zu verbessern.

3. Zurückziehung aller Anklagen und Freilassung aller inhaftierten Demonstranten.

4. Einsetzung eines Organs für die Zusammenarbeit beider Rassen.

Angefeuert durch das Beispiel Birminghams steht in 196 Städten in 35 Staaten die Bürgerrechtsbewegung auf. Der Präsident aber legt dem Kongreß den Entwurf der Bürgerrechtsakte vor.

Ist das Sieg? Martin Luther King ist sich klar darüber, daß das nur eine Bresche in der starren und festen Mauer des Rassenfanatismus ist.

Kaltschnäuzig und ohne Umschweife erklärt Gouverneur Wallace: »Ich zumindest werde mich nicht an einem Kompromiß hinsichtlich der Rassentrennung beteiligen.« Und der Bürgermeister Birminghams, Burke Marshall, geifert gegen den Präsidenten: »Ich hoffe, daß er jeden Tropfen des hier vergossenen Blutes schmeckt und daß er an diesem Blut erstickt!«

Der Kampf geht weiter.

5. »I have a dream« — »Ich habe einen Traum«

Am 28. August 1963 gehört Washington den Afroamerikanern, das heißt, nicht nur, auch viele Weiße reihen sich ein, Arbeiter aus der Automobilindustrie, katholische Geistliche, darunter ein Erzbischof, Protestanten, Angehörige der jüdischen Kirche, kurz alle jene, die mit den Schwarzen sympathisieren, weil sie gegen die Rassentrennung sind. Diese Willensmanifestation ist die gewaltigste, die die USA bis dahin erlebt haben.

250 000 sind per Bahn, per Bus oder per Flugzeug aus allen Landesteilen, aus Nord und Süd, aus Ost und West, in die Hauptstadt gekommen, um sich zu jener Kundgebung der Freiheit zu versammeln, die als »Marsch auf Washington« in die Geschichte eingegangen ist.

Gemeinsam ist die Aktion von den afroamerikanischen Organisationen der USA vorbereitet worden, die, zumindest in diesen Wochen, das Trennende vergaßen.

Viele Weiße Washingtons zittern davor, daß über sie »schwarze Vergeltung« hereinbrechen könnte. Viele trauen sich nicht auf die Straße, bleiben der Arbeit fern. Alle Geschäfte, Läden, Restaurants sind geschlossen. Wären die 250 000 nicht da, gliche die Hauptstadt einer toten Stadt. Die Polizei hat gewaltige Kräfte in der Stadt aufgeboten, rings um Washington liegen starke Armee-Einheiten in Stellung, bereit einzurücken.

Aber dazu besteht nicht die geringste Veranlassung. Der Polizeichef Washingtons wird einen Tag später sagen können, er habe noch nie eine friedlichere und diszipliniertere Kundgebung erlebt als die des 28. August. Die Organisatoren haben ihre eigenen Ordner, die Marschälle, mitgebracht, aber sie brauchen tatsächlich nur zu ordnen, keiner der Kundgebungsteilnehmer bricht den Frieden.

Die weißen Bürger Washingtons zittern grundlos: der Name Martin Luther King bürgt für Gewaltlosigkeit. Ganz Amerika soll sehen, daß die Schwarzen als gleichberechtigte Brüder mit den Weißen zusammenleben wollen.

In Gruppen und Zügen ziehen die Teilnehmer der Demonstration zu dem Denkmal George Washingtons, der in monumentaler, einsamer Größe unter 36 dorischen Säulen sitzt, überragt von einem 200 Meter hohen Obelisken.

Als letzter der Redner spricht Martin Luther King. Es ist die beste Rede, die er je gehalten hat. Sie ist voller Zuversicht, voller Vision und Poesie, sie rüttelt auf, und sie erschüttert. Als King zu sprechen beginnt, breitet sich vollkommene Stille über den Platz. Die 250 000 überfällt eine Art ekstatischen Rausches. Aus Trauer, aus Sehnsucht, aus Glaube, aus Hoffnung besteht dieser Rausch. Sie sind ergriffen von seiner großen Vision, an der er die atemlosen Zuhörer teilnehmen läßt und von seinem herrlichen Traum, den sie in diesem Augenblick mit ihm träumen. Wie die Strophen eines wunderbaren Gesanges fließt seine Rede, gedämpft und feierlich, dann leidenschaftlich und voller Kraft, und jede Strophe dieses großen Freiheitsgesanges beginnt: »I have a dream«.

»Ich habe einen Traum, daß eines Tages auf den roten Hügeln Georgias die Söhne der ehemaligen Sklaven und die Söhne der ehemaligen Sklavenhalter in der Lage sein werden, sich zusammen an den Tisch der Brüderlichkeit zu setzen.

Ich habe einen Traum, daß meine vier kleinen Kinder eines Tages in einer Nation leben werden, wo man sie nicht nach ihrer Hautfarbe, sondern nach ihrem Charakter beurteilen wird.

Ich habe einen Traum, daß sich eines Tages selbst der Staat Mississippi, ein Staat, der in der Hitze der Unterdrückung verschmachtet, in eine Oase der Freiheit und Gerechtigkeit verwandeln wird. Daß die rauhen Orte geglättet und die gewundenen Orte begradigt sein werden. Mit diesem Glauben kehre ich in den Süden zurück. Mit diesem Glauben werden wir fähig sein, aus den Bergen der Verzweiflung den Stein der Hoffnung zu hauen. Mit diesem Glauben werden wir fähig sein, zusammen zu arbeiten, zusammen zu beten, zusammen zu kämpfen, zusammen ins Gefängnis zu gehen, uns zusammen für die Freiheit zu erheben, in dem Wissen, eines Tages frei zu werden.

Wenn wir den Namen Freiheit von jeder Stadt und jedem Weiler, von jedem Staat und jeder Metropole erschallen lassen, dann werden wir wirklich den Tag herbeirufen, da alle Kinder Gottes, ob schwarz oder weiß, ob sie Juden, Protestanten, Katholiken oder Heiden sind, sich die Hände reichen und die Worte des alten Negro Spirituals singen können: Endlich frei! Endlich frei! Großer, allmächtiger Gott, wir sind endlich frei!«

Die Afroamerikaner sind fasziniert von diesem Traum. Minutenlang nach der Rede Martin Luther Kings herrscht noch tiefe Stille über dem Platz. Dann dringen Schreie aus der Masse, voller leidenschaftlicher Verzückung: Noch einmal, Martin, träume noch einmal den Traum unserer Freiheit!

»I have a dream«, unter diesen vier Worten wird, nachdem Martin Luther King die Kugel seines Mörders traf, sofort die Vermarktung seines Todes durch geschäftstüchtige Verleger, Schallplattenfirmen und andere einschlägige Branchen beginnen. Denn der Dollar rangiert in Amerika in großem Abstand vor der Pietät und vor der Moral.

6. Das Recht zu wählen!

Im Dezember 1964 empfängt Martin Luther King in Oslo den Friedensnobelpreis. Nur die Ehre behält er, die Dotation stiftet er der Bürgerrechtsbewegung.

Für Jim Clark, Polizeisheriff von Selma im Staate Alabama, ist die Auszeichnung jedoch keineswegs eine Empfehlung, ihrem Träger Respekt und Achtung entgegenzubringen. Für ihn ist auch der weltbekannte Martin Luther King nichts weiter als ein »dreckiger Nigger«, der das »Negergesindel« von Selma gegen die Staatsgewalt aufhetzen will. Jim Clarks bescheidenes Hirn ist nicht weniger vom Rassenhaß verdunkelt wie das seines Amtsbruders »Bull« Conner aus Birmingham.

Im Januar 1965 kommt Martin Luther King nach Selma, um dort eine Kampagne für das Recht der schwarzen Bevölkerung zu organisieren, sich in den Wählerlisten registrieren zu lassen. Wie sollen die Afroamerikaner ihre Stimme je auf legalem Wege geltend machen können, wenn ihnen die Teilnahme an der Wahl durch diskriminierende Bedingungen verwehrt wird? 40 Prozent der gesamten Bevölkerung des Staates Alabama sind Farbige, nur ein paar Tausend sind in den Wählerlisten registriert. 14 000 Weiße und 15 000 Schwarze zählt Selma, aber in den Wählerlisten sind nur die Namen von 1 200 Afroamerikaner aufgeführt.

Hast du Geld, du »stinkender Nigger«, hast du Vermögen? Nein?

Na also, dann darfst du nicht wählen. Bist du loyal gegenüber deinem weißen Herrn? Natürlich bist du das nicht. Du machst nur aus Angst deinen Rücken krumm, und deshalb hat dein Name in den Registrierlisten nichts zu suchen. Kennst du die Verfassung der Vereinigten Staaten? Ja? Also gut, dann beantworte uns einige Prüfungsfragen. Auch wenn diese Fragen selbst einen Akademiker in Schwierigkeiten bringen könnten, du mit deinen paar Jahren Negerschule mußt die Antworten wissen. Wenn du sie nicht weißt, so ist das dein Pech. Du bist selbst zum Wählen zu dumm!

Jeden Tag führt King von nun an Hunderte von Afroamerikanern vor das Gerichtsgebäude von Selma, wo die Registratoren ihren Sitz haben. Jim Clark antwortet genauso wie »Bull« Conner, mit Knüppelattacken, Hunden und Kerker, aber auch mit Schüssen. Als das erste Todesopfer beklagt werden muß, organisiert King für den 7. März einen Marsch auf die Hauptstadt Alabamas, auf Montgomery. Aber schon an der Stadtgrenze lauert die berittene Polizei des Gouverneurs Wallace. Sie reitet eine wilde Attacke gegen den Demonstrationszug. Heissa! Nur immer hinein in die schwarze Bande. »Marschier doch, Nigger! Du sollst marschieren, jetzt helf' ich dir dabei! Vorwärts!«

Was nicht vor den Pferden in dem Tempo herrennt, das die Polizisten bestimmen, wird erbarmungslos unter die Hufe getrampelt. Drei Tote, 78 Verletzte und 3 800 Verhaftungen sind das Resultat der Polizeiorgie, aber auch eine Wahlrechtsakte, die Präsident Johnson am 6. August 1965 unterzeichnet und die anordnet, daß in Zukunft der Bund die Registratoren benennt, auch für den Süden der Rassisten.

7. Der letzte Marsch

Ganz urplötzlich, wie ein Pulvermagazin, in das ein Funke gefallen ist, explodieren im Jahre 1967 die schwarzen Ghettos der Großstädte im Norden Amerikas.

In diesen Ghettos sind Millionen Afroamerikaner auf engstem Raum zusammengepfercht, unter unwürdigsten Wohnverhältnissen. Ratten, die die Slums zu Millionen bevölkern, töten oder verstümmeln jährlich Tausende kleiner Kinder, aber der Kongreß lehnt 40 Millionen Dollar zur Rattenbekämpfung ab.

Er sanktioniert die 24 Milliarden Dollar, die jährlich für den Vietnamkrieg ausgegeben werden, aber zur Bekämpfung der Armut bewilligt er nur 1,9 Milliarden. Und diese 1,9 Milliarden dienen vorwiegend der Milderung der weißen Armut, nicht der schwarzen, die noch um vieles größer ist.

Die Zahl der arbeitslosen Schwarzen ist doppelt so groß wie die der arbeitslosen Weißen. 32,7 Prozent der Afroamerikaner haben keine Arbeit, 50 Prozent leben unter dem Existenzminimum. Aber die Waren werden in den Ghettos um 10 bis 15 Prozent teurer verkauft.

Die Verzweiflung in den Ghettos der nordamerikanischen Städte ist groß. Zwar gibt es im Norden keine Schilder mit der Aufschrift »Nur für Weiße« oder »Für Schwarze verboten«, aber die Ghettos sind die Inkarnation der Rassendiskriminierung.

Martin Luther King hat bei seinen Reisen durch das Land inzwischen einige solcher schwarzen Elendsviertel kennengelernt. Und bei der Unterzeichnung der Wahlrechtsakte am 6. August macht er Präsident Johnson auf den Zündstoff aufmerksam, der in diesen Ghettos liegt. Der Präsident jedoch hat im Moment andere Sorgen, mit dem Vietnam-Krieg beispielsweise.

Da, fünf Tage später, am 11. August, fällt im schwarzen Ghetto von Watts jener Funke, der das Pulvermagazin in Brand setzt. Der Anlaß, aber nicht die Ursache, ist eine völlige Nichtigkeit. Polizisten, die sich hier nicht wie Ordnungshüter, sondern wie die Besatzer in einem besiegten, unterworfenen Land bewegen und deshalb von den Schwarzen gehaßt werden wie die Pest, stoppen ein Taxi wegen Geschwindigkeitsüberschreitung. Der Fahrer — ein Afroamerikaner — widersetzt sich, die Polizisten werden aggressiv, andere Farbige sammeln sich um die Streitenden. Die Polizisten versuchen, den Verkehrssünder mit Gewalt abzuführen. Das, und nicht mehr, ist der Funke für eine ungeheure Entladung der aufgestauten Wut.

10 000 Afroamerikaner greifen zur Gewalt. Häuser werden in Brand gesteckt, Geschäfte geplündert. Mit Steinen, Flaschen, Eisenstangen und Knüppeln setzen sie sich gegen 14 000 Nationalgardisten und 1 500 Polizisten zur Wehr. Und obwohl diese ohne Pardon vorgehen, brauchen sie Tage, um den Aufruhr zu unterdrücken.

Am 12. Juli 1966 erschüttern Bürgerrechtsunruhen Chicago, auch hier ist der Anlaß nicht schwerwiegender als der in Watts. Auch hier bleiben Tote und Verletzte auf der Strecke, auch hier gehen Häuser in Flammen auf.

Beide Ereignisse kündigen noch größeren Sturm an. Er kommt im

Sommer 1967, beginnt in Newark in der Nähe von New York und findet dann in Detroit seinen Höhepunkt. Vier Tage lang toben die Brände, 1 563 Gebäude gehen in Flammen auf. Auf Bitten des Gouverneurs schickt Präsident Johnson schon am ersten Tag des Aufstandes 4 700 Mann Elitetruppen nach Detroit, die zusammen mit den örtlichen Polizeikräften der Stadt den Aufruhr niederschlagen. 43 Afroamerikaner werden erschossen, 7 200 verhaftet. Die Aufstände in den Ghettos haben bürgerkriegsähnlichen Charakter angenommen. Ganz Amerika zittert vor der Vergeltung der Schwarzen, vor der Black Power.

Auch Martin Luther King ist von dieser Bewegung entsetzt. Sie entspricht nicht seinen Vorstellungen, sie verstößt gegen sein ehernes Prinzip der Gewaltlosigkeit. Der Traum seines Lebens ist die Brüderlichkeit zwischen Schwarzen und Weißen, darauf fußt seine Strategie der Gewaltlosigkeit. Zusammen mit anderen führenden Persönlichkeiten der Bürgerrechtsbewegung fordert er deshalb die Schwarzen der Ghettos auf, von Gewalttätigkeiten Abstand zu nehmen. Aber er greift auch in der »New York Times« zugleich in scharfen Worten öffentlich den Kongreß an: »Was ist das für ein Kongreß, der Blut an den Händen hat, der über ein bescheidenes Gesetz zur Rattenbekämpfung lacht, der zusammen mit der Regierung mehr als zweimal das Programm für den Kampf gegen die Armut eingeschränkt hat. Was kann man über eine weiße Gesellschaft sagen, die kaltblütig den Widerstand gegen Reformen verstärkt?«

So sehr er auch die Gewalttätigkeit der Black Power ablehnt, vor dem Hintergrund der Aufstände entwickeln sich in Martin Luther King neue Einsichten und neue Ansichten. Ganz nahe steht er vor der Erkenntnis, daß die tiefen Risse, die sich durch die amerikanische Gesellschaft ziehen, keine Rassen-, sondern eine Klassenfrage sind. Er artikuliert sich nicht in dieser Weise, aber er fühlt es wohl instinktiv, und er handelt danach. Martin Luther King greift jetzt in seinen Reden und in seinen Zeitungsartikeln nicht mehr vordergründig die Rassendiskriminierung in den Südstaaten, sondern das System der Ausbeutung in den Städten an, die die Schwarzen und die Weißen gleichermaßen betrifft. Gleichzeitig schlägt er die gedankliche Brücke zwischen der Gewalt, mit der die amerikanische Regierung gegen die andersfarbige Bevölkerung vorgeht, und jener Gewalt, mit der sie das vietnamesische Volk in die Knie zu zwingen versucht. Er stellt Parallelen her zwischen den riesigen Summen, mit denen die amerikanische Regierung ihren Vernichtungsfeldzug gegen das vietnamesische Volk finanziert, und den bescheidenen Mitteln, die sie für die Bekämpfung der Armut einsetzt und die bei der Massenarmut nur ein Tropfen auf den heißen Stein sind.

Ein anderer Martin Luther King steht jetzt in der Arena der amerikanischen Politik. Eben weil er neue Einsichten gewonnen hat, weil er sie laut und in der Öffentlichkeit und von Mal zu Mal schärfer artikuliert, weil er diese zu verwirklichen beginnt, verliert er in der amerikanischen Regierung jeden Schutz. Er wird unerwünscht, denn er beginnt, die Wurzeln eines Systems bloßzulegen; sein Kampf gewinnt sozialen Charakter.

Zwar ist es der Regierung recht, und es kommt ihr gerade in diesen stürmischen Tagen des Aufruhrs gelegen, daß er die Gewalttätigkeiten in den Ghettos in gewaltlosen, konstruktiven Widerstand ka-

Martin Luther King
während einer Friedenskonferenz in Genf 1967 im Gespräch
mit dem Stellvertreter des Vorsitzenden des Staatsrates der DDR
Gerald Götting (links)

nalisieren will, aber sie erschrickt vor dem neuen Inhalt, den er diesem gewaltlosen Widerstand zu geben gedenkt.

Im Herbst 1967 siedelt sich Martin Luther King in Chicago an, um einen neuen Marsch nach Washington zu organisieren. Aber nicht eine Demonstration der Afroamerikaner im Rahmen der Bürgerrechtsbewegung. Diesmal soll es eine Aktion der Armen sein, eine Armee der Ausgebeuteten, der Besitzlosen soll auf Washington marschieren. Nicht nur Menschen schwarzer Hautfarbe: Er will die schwarze und die weiße Armut gleichsam und gemeinsam auf die Straße bringen — die schwarzen Pächter aus Mississippi und Alabama, die kalifornischen Landarbeiter und die arbeitslosen weißen Bergarbeiter.

Wenn sich jedoch die schwarze Armut mit der weißen Armut gegen die gemeinsamen Ausbeuter verbündet, dann erwachsen unübersehbare Gefahren für das System. Martin Luther King will der Regierung mit diesem Marsch nicht mehr und nicht weniger als ein bundesweites Gesetz über die Rechte der Armen abringen, das den Armen ein Existenzminimum garantieren soll. Laut und deutlich verkündet er: »Wenn dieses Land die Armen ignoriert, so ist sein Platz in der Hölle!«

In diesem Jahre 1967 hält King in der Riverside-Kirche in New York eine Rede, die von neuen, von tieferen Einsichten zeugt: »Es gibt eine Zeit, in der das Schweigen gleichbedeutend ist mit Verrat. Diese Zeit ist für uns in bezug auf Vietnam gekommen.

Vor einigen Jahren gab es in unserem Kampf einen glanzvollen Augenblick. Es schien, als ob das Programm des Kampfes gegen die Armut einen realen Hoffnungsschimmer für die Armen, die Schwarzen und die Weißen, bringt.

Dann begann die Eskalation in Vietnam, und ich beobachtete, wie dieses Programm zerstört wurde, mit den Füßen getreten wurde wie irgendein beliebiges politisches Spielzeug der Gesellschaft, die durch den Krieg den Verstand verloren hatte, und ich verstand, daß Amerika zur Beseitigung der Armut niemals die notwendigen Mittel und die notwendige Energie aufwenden wird, solange Abenteuer wie die in Vietnam Menschen, ihre Kräfte und Geld verschlingen.

Wir nehmen die jungen schwarzen Menschen, die unsere Gesellschaft zum Krüppel gemacht hat, und schicken sie 8 000 Meilen fort, damit sie in Südvietnam eine Freiheit garantieren, die sie im Südwesten von Georgia oder im Osten von Harlem nicht gefunden haben. Und immer wieder erleben wir die grausame Ironie, wenn wir auf den Fernsehschirmen sehen, wie Neger und Weiße zusammen für ein Land sterben, das nicht in der Lage ist, sie in eine gemeinsame Schule gehen zu lassen.«

Seine Reden werden immer schärfer. In Chicago rechnet er im November 1967 noch energischer mit der Regierung ab: »Der Krieg hat die Verzweiflung der Neger so verstärkt, daß die Erregung in den Städten zu einem schrecklichen Zug des amerikanischen Lebens geworden ist. Wie kann die Regierung voller Zorn die Gewalttätigkeit in den Negerghettos verurteilen, wenn sie in Asien ein Beispiel für Gewalttätigkeiten gibt, das die ganze Welt entsetzt? Diejenigen, die die Geschütze der Marine, Millionen Tonnen von Bomben und das schreckliche Napalm einsetzen, haben nicht das Recht, den Negern von Gewaltlosigkeit zu reden. Ich will nicht falsch verstanden werden. Ich setze die sogenannte Negergewalt nicht dem Kriege gleich. Die Aktionen der Neger sind unvergleichbar weniger gefährlich und amoralisch als eine gezielte Eskalation des Krieges. Sie vernichten das Eigentum. Sogar in der Erregung richtet die Mehrheit der Neger ihren Zorn gegen leblose Dinge und nicht gegen Menschen. Wenn diese Ereignisse Bedauern verdienen, was kann man dann von dem Einsatz von Napalm gegen Menschen sagen?«

Martin Luther King spricht nicht nur gegen den Krieg, er handelt auch. Im April 1967 zum Beispiel marschiert er an der Spitze von 200 000 Menschen im bis dahin größten Antikriegsmarsch der USA durch die Straßen New Yorks.

Er wird geradezu zu einem Magneten für die Friedensbewegung. Und das ist bei einem Mann seiner Popularität in Amerika und im Ausland eine höchst gefährliche Sache für die Initiatoren des Krieges.

Massiv setzt jetzt in den Zeitungen, offenbar gesteuert, die Hetze gegen Martin Luther King ein. Er wird in aller Öffentlichkeit als Verräter bezeichnet, die Morddrohungen nehmen zu, die Spenden für seine Organisation dagegen ab. Das ist ein sicheres Zeichen dafür, daß ihn das offizielle und das bürgerliche Amerika fallen lassen.

Seit März 1968 engagiert sich Martin Luther King für die schwarzen Arbeiter der Müllabfuhr in Memphis, die höhere Löhne fordern. Er will sie durch einen Solidaritätsmarsch unterstützen, und dieser Solidaritätsmarsch soll gewissermaßen eine Probe für den Marsch auf Washington sein. 35 000 ziehen durch Memphis, Schwarze und Weiße, aus allen Teilen des Landes.

Als die schwarzen Arbeiter der Müllabfuhr am 16. April siegen, ist Martin Luther King nicht mehr unter den Lebenden. Die Kugel des Mörders hat ihn getroffen. Diese Kugel hat nicht einer, diese Kugel haben viele gegossen, jene nämlich, die die erbitterten Feinde seiner Freunde waren. Und seine Freunde waren, wie Coretta King sehr treffend sagt, die Armen der Welt, die Arbeiter der Müllabfuhr von Memphis und die Bauern von Vietnam.

Auf dem Grabstein im South-View-Friedhof von Atlanta sind die verheißungsvollen Worte des alten Negro-Spirituals eingemeißelt: »Endlich frei, endlich frei, Gott dem Allmächtigen sei Dank, ich bin endlich frei!«

Nach jahrelangen Forderungen der Bürgerrechtsbewegung wurde Martin Luther King am 15. Januar 1986 in den USA erstmals mit einem nationalen Feiertag geehrt. Die Vertreter der amerikanischen Regierung fanden Worte höchsten Lobes, bezeichneten Martin Luther King als einen der größten Söhne des amerikanischen Volkes, würdig, in einem Atemzuge mit George Washington genannt zu werden. Aber am gleichen Tage kündigte die berüchtigte Rassistenorganisation Ku-Klux-Klan auf einer ihrer makabren Kreuzverbrennungen im USA-Staat Tennessee neue Gewalttaten gegen die Afroamerikaner an. Die Polizei schritt nicht ein!

Bomben per Post

1. Das Attentat

Dr. phil. Eduardo Chivambo Mondlane kletterte ächzend aus dem viel zu engen überdachten Jeep, reckte und dehnte seine hünenhafte Gestalt, daß die Gelenke knackten, und blinzelte für einen kurzen Moment mit wohlgefälligem Grinsen in die grelle Sonne, die jetzt, Anfang Februar, um 10.00 Uhr bereits mit unerhörter Kraft vom Himmel herniederbrannte und die weite, flache Dünenlandschaft in gleißendes Licht tauchte. Es mochten schon mehr als dreißig Grad Lufttemperatur sein, und auch der leichte, vom Indischen Ozean herüberwehende Wind war warm und schmeichelnd, brachte keinerlei Erfrischung.

Seit mehr als sechseinhalb Jahren war Dr. Eduardo Mondlane Präsident der Frente de Libertação de Moçambique, kurz FRELIMO genannt, der Befreiungsfront des moçambiquschen Volkes gegen die koloniale Unterdrückung durch das faschistische portugiesische Salazar-Regime. Von den Kolonialbehörden verfolgt, war Mondlane schon im Jahre 1963 in das benachbarte Tansania übergesiedelt, von wo aus er mit großem Erfolg den nationalen Befreiungskampf seines Volkes organisierte und zugleich die theoretischen Grundlagen für den Aufbau einer unabhängigen, national und sozial befreiten Volksrepublik Moçambique, das erklärte Endziel der FRELIMO, schuf.

Heute, am 3. Februar 1969, hatte sich Dr. Mondlane aus der brütenden Hitze und dem Lärm der tansanischen Hauptstadt Daressalam hinausfahren lassen in einen kleinen Bungalow am Strand, der

Der Präsident
der Befreiungsfront von Moçambique, Dr. Eduardo Mondlane (rechts)
während seines Besuches in Algier 1967.
Links im Bild das Mitglied des FLN-Exekutivsekretariats Cherif Belkassem

eine Art zweiter Wohnsitz für ihn geworden war und den er gern
aufsuchte, wenn er ungestört über schwerwiegende Probleme nachdenken und arbeiten wollte.

Zumeist verzichtete er an solchen Tagen auch gänzlich auf die Anwesenheit seiner engsten Freunde oder eines Sicherheitsbeamten.
Zugegeben, er hatte viele Feinde, die einiges darum geben würden,
ihn von der politischen Bühne zu verdrängen, seinen Einfluß auf
das moçambiquische Volk und seine Befreiungsbewegung einzu-
schränken oder für alle Zeiten zu beseitigen. Zu diesen Feinden gehörten in erster Linie die portugiesischen Kolonialisten und die Geheimpolizei des Diktators Salazar. Aber auch in den Reihen der eigenen Organisation fanden sich seit einiger Zeit Elemente, denen
das Wohl des Volkes weniger am Herzen lag als persönliche Macht
und möglichst großer Reichtum, für die nationale Befreiung nicht
Ende von Ausbeutung und Unterdrückung, sondern nur Austausch
einer fremden Ausbeuterklasse gegen eine einheimische Gruppe von
Blutsaugern bedeutete.

Gegen sie kämpfte Mondlane seit Jahren unerbittlich, aber auch
sie unterließen keinen Versuch, seine politische Autorität zu untergraben. Was er ihnen, die sich zumeist als intrigant und feige erwiesen hatten, allerdings nicht zutraute, war, daß sie hier in einem frem-

den Land, nahe einer fremden großen Stadt daherkommen und offen einen Mordanschlag auf ihn verüben würden. In seinem Haus am Meer fühlte er sich sicher und geborgen, auch wenn er für Stunden ganz allein war.

Eduardo Mondlane bat den Fahrer des Jeeps, ihn am Abend wieder abzuholen und stapfte durch den Dünensand davon auf den weißen Bungalow zu, von dessen breiter Terrasse aus sich ein wunderschöner Blick auf die leicht gewellte Wasserfläche des Indik bot, dessen Brandung sacht gegen den weiten Strand rollte.

Dr. Mondlane hatte über vieles nachzudenken. Er zog das orangefarbene Hemd und die helle Leinenhose aus, legte die Kleidungsstücke über eine Stuhllehne und machte es sich, nur noch in Badehose und Sandalen, in einem weichen Korbsessel bequem, den er nahe an die hölzerne Brüstung des Vorbaus rückte.

Weit rechts von ihm lag eine kleine Bucht, auf der sich mehrere Segelboote tummelten. Links waren in der Ferne die unscharfen Umrisse der Küste von Sansibar zu erkennen, das sich im April 1964 mit Tanganyika zur Vereinigten Republik Tanganyika und Sansibar zusammengeschlossen hatte, die seit dem Oktober des gleichen Jahres den Namen Tansania trug.

Direkt vor seinen Augen, wo sich das Blau des Himmels mit dem Türkis des Meeres mischte, schaukelten einige Fischerboote auf den Wellen.

Mondlane genoß die Atmosphäre tiefen Friedens, die ihn umgab, und wünschte bald auch für alle Ewigkeit diesen Frieden den Bewohnern seines Landes, den Mitgliedern des Stammes der Wahehe und Wabena am nördlichen Grenzfluß Rovume, den Malawi, Makonde, Mackua und Wayao und den anderen Völkerschaften bis hinunter zum Grenzfluß Maputo, den Ackerbauern und Hirten in den Niederungen des Zambeze, des Save und des Limpopo, den Fischern am Niassasee, den Einwohnern von Pemba und Nampula, von Quelimane, Xai-Xai und der Hauptstadt Lourenço Marques, in der seit Jahrhunderten die portugiesische Kolonialverwaltung über Leben und Entwicklung des Landes und seiner Menschen bestimmte.

Er, der FRELIMO-Präsident, hatte klare Vorstellungen von der Zukunft Moçambiques. Es würde eine Zukunft sein ohne Ausbeutung, ohne Unterdrückung, mit gleichen Chancen für alle Menschen, einem hohen Bildungsniveau des Volkes, mit einer gut entwickelten Landwirtschaft und einer schrittweise wachsenden Industrie. Es würde ein souveränes, unabhängiges Moçambique sein mit einer Bevölkerung, die lernen würde, ihre Geschicke selbst zu bestimmen, ein Land, das friedlich mit seinen Nachbarn lebte, weltweit anerkannt und geachtet sein und seinen Verpflichtungen gegenüber der großen Völkerfamilie dieser Welt gewissenhaft nachkommen würde.

Erst gestern abend hatte Mondlane wieder lange und ausführlich über seine Pläne zur Neugestaltung Moçambiques sprechen können, als er, wie so oft in den letzten Jahren, bei seinem Freund Dr. Julius Nyerere, dem Präsidenten der Vereinigten Republik Tansania, zu Gast war. Es war wie stets, wenn sich die beiden Männer trafen, sehr spät geworden.

Mondlane und Nyerere kannten sich aus einer Zeit, als beide noch in den Vereinigten Staaten lebten, lernten und lehrten. Schon damals hatten sie ihre Gedanken darüber ausgetauscht, was zu tun sei, um die seit Jahrhunderten andauernde Knechtung der afrikanischen Völker, die bedenkenlose Ausbeutung der natürlichen Reichtümer des riesigen Kontinents durch die englischen, französischen, spanischen, portugiesischen, italienischen und ehemals auch deutschen Kolonialisten zu beseitigen.

Dr. Nyerere war seinem Ziel schon einen beträchtlichen Schritt nähergekommen. Nach einem überlegenen Wahlsieg der von ihm geführten Tanganyika African National Union (TANU), die im Oktober 1960 im Gesetzgebenden Rat Tanganyikas siebzig der einundsiebzig Parlamentssitze errang, wurde Tanganyika am 9. Dezember 1961 ein unabhängiger Staat, der einen antikolonialistischen Kurs verfolgte.

Schon ein Jahr darauf erklärte sich der neue Staat zur Republik. Präsident wurde Dr. Julius Nyerere.

Im Vordergrund der Regierungspolitik standen vom ersten Tag an Maßnahmen, die dazu beitragen sollten, die Unabhängigkeit des Landes zu gewährleisten und zu stabilisieren. Dazu gehörte, den Staatsapparat schrittweise mit eigenen Kräften zu führen — ihn zu »afrikanisieren« —, Suaheli als Amtssprache einzuführen und alle Verwaltungsfunktionen der Stammeshäuptlinge abzuschaffen.

Gerade dieser letztgenannte Schritt war von großer Bedeutung, ermöglichte er doch, die von den englischen Kolonialisten immer wieder geschürten Stammesgegensätze zu überwinden und einer nationalen Einheit näherzukommen.

Weitere Maßnahmen in Richtung auf eine sozialistisch orientierte Entwicklung bildeten die Enteignung ausländischer Plantagenbesitzer, die Schaffung freiwilliger Arbeitsbrigaden sowie die Einführung eines Dreijahresplanes der wirtschaftlichen Entwicklung.

Die Arbeitsbrigaden schufen allein im Jahre 1962 rund 17 000 Kilometer Straßen, 368 Schulen und etwa 400 Bewässerungsanlagen.

Der wohl bedeutsamste Schritt, den auch Eduardo Mondlane als eine für Moçambique notwendige Maßnahme erachtete, wenn die Unabhängigkeit errungen war, datierte vom Januar 1967, als das Nationale Exekutivkomitee der TANU die sogenannte Arusha-Deklaration »Der Weg zum Sozialismus« annahm. In ihr waren konkrete Wegsteine für grundlegende gesellschaftliche Veränderungen in der nunmehr schon Vereinigten Republik Tansania vorgezeichnet, über die Mondlane und Nyerere schon viele Jahre zuvor während ihrer heißen und oft nächtelangen Diskussionen in New York gesprochen hatten: die Verstaatlichung von Grund und Boden, von Bergwerken und Energieanlagen, von Banken und Versicherungen, von Bewässerungsressourcen, Industriebetrieben und Außenhandelseinrichtungen.

Noch ein entscheidender Punkt qualifizierte die Deklaration zu einem wahrhaft historischen Dokument: Sie orientierte auf eine politische Entwicklung aus eigener Kraft und eine stetig wachsende Rolle der Arbeiter und Bauern bei der Gestaltung aller Bereiche des gesellschaftlichen Lebens.

Alles das schwebte auch Eduardo Mondlane vor. Doch bis dahin, das wußte er, war noch ein weiter Weg zu gehen. Allen bislang unternommenen Versuchen, die Unabhängigkeit Moçambiques von der portugiesischen Kolonialmacht auf dem Verhandlungsweg zu erlangen und ebenso friedlich in den neuen Staat hinüberzuwachsen, wie es dem benachbarten Tansania in der Anfangsphase möglich gewesen war, hatten die Sachwalter des faschistischen Salazar-Regimes immer nur stures Kopfschütteln, Uneinsichtigkeit und verstärkten Terror entgegengesetzt. So war der FRELIMO schließlich nur der Weg des bewaffneten Unabhängigkeitskampfes als Alternative geblieben, und der währte nun bereits viereinhalb Jahre.

Die Erfolge konnten sich durchaus sehen lassen: Dem unerbittlich und grausam kämpfenden Feind war bis zu diesem Tag rund ein Viertel des Landes entrissen, das nun von der FRELIMO kontrolliert und regiert wurde. Nahezu eine Million Menschen konnten dabei befreit werden. Und das, obwohl die Befreiungsbewegung nur knapp zehntausend Kämpfer unter Waffen hatte, zumeist schlechten

Im April 1965 besucht Eduardo Mondlane in Sansibar
auch das von der Deutsch-Afrikanischen Freundschaftsgesellschaft der DDR
eingerichtete »Haus der Freundschaft«,
wo er vom Leiter des Hauses, Gerhard Wetzel, herzlich begrüßt wird

Waffen sogar, während die portugiesische Kolonialarmee rund sieb-
zigtausend Mann zählte, bis an die Zähne mit den modernsten militärischen »Errungenschaften« der NATO ausgerüstet.

Und trotzdem: Bis auf die großen Städte und die Stützpunkte der
Kolonialtruppen befanden sich die beiden nördlichen Provinzen
Cabo Delgado und Niassa fest in FRELIMO-Hand.

Jetzt tobte der erbitterte Kampf um die Provinz Tete. Sie war strategisch bedeutsam. Die Befreiungsbewegung verfügte bereits über die ersten großen Landstriche und war — so hatte Eduardo Mondlane noch am Vorabend erfahren — im Begriff, den Zambeze zu überschreiten. Diesen Fluß aber, der den Süden Moçambiques von den übrigen Landesteilen trennt, betrachteten die Kolonialisten als eine Art endgültige letzte Barriere, mit der, sollte sie fallen, auch ihre Macht in dem unterdrückten Land unaufhaltsam zerbröckeln würde. Deshalb verteidigten sie den Fluß mit Zähnen und Krallen. Doch auch er würde mit der gleichen Gewißheit erobert werden — darüber war sich der FRELIMO-Präsident im klaren — wie Portugals Einfluß in Moçambique schon in naher Zukunft für ewige Zeiten zu Ende ging.

Schon auf dem 2. Kongreß der FRELIMO im vergangenen Jahr hatte Mondlane darauf orientiert, die politische Entwicklung in den befreiten Gebieten parallel mit ihrem wirtschaftlichen Aufschwung in Angriff zu nehmen, den nationalen Befreiungskampf schrittweise in eine soziale Revolution hinüberzuführen. Und noch gestern abend hatte er nach dem angeregten Gespräch mit seinem tansanischen Freund eine Notiz zu Papier gebracht, die ein ganzes Programm für die Befreiungsbewegung enthielt: »Die Befreiungsbewegung«, schrieb er, »wird erst dann von sich behaupten können, erfolgreich zu sein, wenn das Volk durch sie erreicht, was ihm von den Portugiesen vorenthalten worden ist: ein angemessener Lebensstandard; Bildung, die Voraussetzungen für die wirtschaftliche und kulturelle Entwicklung; die Möglichkeit, in ihrer eigenen Regierung mitzuarbeiten.«

Dr. Eduardo Mondlane erhob sich aus seinem gemütlichen Korbsessel, um sich aus dem Inneren des Bungalows Unterlagen für die notwendig zu erledigenden Arbeiten sowie ein Erfrischungsgetränk zu holen.

Seine Aufgaben als Präsident der FRELIMO gestatteten ihm keine langen Phasen der Erholung und Besinnung. Er würde sie sich vielleicht gönnen können, wenn der Kampf beendet und der Sieg errungen war. Jetzt hieß es, die nächsten politischen und militärischen Schritte zu planen. Je besser eine Aktion vorbereitet war, desto weniger Kämpfer liefen Gefahr, ihr Leben für die Freiheit des moçambiquischen Volkes lassen zu müssen.

Mondlane betrat das Haus durch die Verandatür. Im Zimmer war es angenehm kühl. Auf dem Tisch stand ein großes Paket. Er trat hinzu. Die Sendung war an ihn persönlich gerichtet, mit Briefmarken und einem Poststempel versehen.

Mondlane kannte diese Pakete. Sie kamen von einer Buchhandlung in Daressalam, mit der er seit langem gute Kontakte pflegte und bei der er den größten Teil seines enorm hohen Bedarfs an in- und ausländischer Literatur bestellte. Auf jeden Neuzugang freute er sich, bot sich ihm doch dadurch die Möglichkeit, sein Wissen ständig zu erweitern und — was noch wichtiger war — neue Informationen über die gesellschaftlichen Fortschritte in den sozialistischen Ländern zu erhalten, in denen er die Vorbilder für die künftige Volksrepublik Moçambique sah.

Die Sendung mußte mit der Morgenpost gekommen sein und war wohl von dem jungen Ehepaar, das täglich für kurze Zeit Aufwartung machte und den Kühlschrank füllte — vertrauenswürdige Menschen übrigens —, entgegengenommen worden. Da sie persönlich adressiert war, hatte niemand sie geöffnet.

Dr. Mondlane suchte auf dem Schreibtisch nach einem Federmesser, mit dem er seine Briefe zu öffnen pflegte. Als er es gefunden hatte, setzte er es an die derbe Schnur, die um das Paket gebunden war, und durchtrennte sie mit einem Ruck.

Zur gleichen Zeit sahen die Fischer am Horizont und die Segler in der kleinen Bucht eine hohe Stichflamme aus den Dünen schießen. Erst Sekunden später vernahmen sie die gewaltige Explosion.

Wo noch vor kurzem das weiße, weithin sichtbare Haus des Dr. Eduardo Chivambo Mondlane gestanden hatte, waren nunmehr nur noch rauchende Trümmer zu sehen.

Spätere Ermittlungen der tansanischen Polizei und der Sicherheitskräfte ergaben, daß die gesamte »Büchersendung« fingiert war. Das Paket mit der Zündladung, der Dr. Mondlane zum Opfer fiel, hatte nicht den normalen Postweg genommen. Der Postbeförderungsstempel war ebenso gefälscht worden wie die Anschrift des Absenders.

Wie das explosive Päckchen allerdings ins Haus gekommen war, konnte nie restlos geklärt werden. Auch die wirklichen Absender der getarnten Bombe wurden nicht ermittelt, jedoch ließen die Art der Fälschungen und der Zündmechanismus auf Expertenarbeit imperialistischer Geheimdienste schließen.

Da auf einige wesentliche Fragen keine Antwort gefunden werden konnte, liegt die Vermutung nahe, daß es von der Planung dieses Mordanschlages bis zu seiner Realisierung auch innerhalb der

Blick in das Strandhaus nahe Daressalam, in dem Eduardo Mondlane
am 3. Februar 1969 von einer Bombe getötet wurde

FRELIMO Kräfte gegeben haben muß, die sich an der gewaltsamen
Beseitigung ihres Präsidenten beteiligten.

Ihre Hoffnungen allerdings, durch den Mord die moçambiquische
Befreiungsbewegung ihrer Führung zu berauben, sie dadurch zu lähmen und damit zu verhindern, daß der Befreiungskampf fortschrei-
tend nicht nur nationale Ziele verfolgte, sondern immer mehr soziale
Züge annahm, hat sich nicht erfüllt. In die entstandene Lücke sprangen Männer, die das von Dr. Eduardo Mondlane begonnene Werk in
seinem Sinne fortsetzten.

2. Das Opfer

Wohl niemand in der vielköpfigen Familie des Häuptlings Mondlane, Herrscher über ein kleines Dorf in der südlichen moçambiquischen Provinz Gaza, konnte auch nur im entferntesten ahnen, daß gerade dieses Territorium in Südostzentralafrika einmal das Zentrum des revolutionären Kampfes auf dem schwarzen Kontinent werden solllte, Zentrum der bewaffneten Auseinandersetzung der afrikanischen Ureinwohner mit ihren weißen Kolonisatoren, Unterdrückern und Ausbeutern.

Schon gar nicht konnte irgendein Mitglied der Häuptlingsfamilie ahnen, daß das kleine schwarze Bündel Mensch, das im Juni des Jahres 1920 in der Hütte der dritten Frau des Dorfältesten das Licht der Welt erblickte, einmal zu dem Mann heranreifen würde, der mit Energie, Tatkraft und Geist eine mächtige Bewegung für die Unabhängigkeit Moçambiques ins Leben rufen und den portugiesischen Kolonialisten den Kampf ansagen würde.

Der kleine neue Erdenbürger erhielt die Namen Eduardo Chivambo und wuchs gemeinsam mit seinen dreizehn Geschwistern in den Traditionen seiner Stammesgesellschaft auf. Er war ein aufgeweckter, pfiffiger Bursche, wissensdurstig und lernbegierig, außerordentlich gewandt, ausdauernd und schon bald von ungewöhnlich athletischer Gestalt.

Zu seiner Mutter, einer kränklichen Frau, in deren Hütte er wohnte, hatte Eduardo von Anfang an ein herzliches Verhältnis. Sie war es auch, die ihm, kaum, daß er richtig begreifen konnte, wovon sie sprach, immer wieder eindringlich nahelegte, eine Schule zu besuchen, um die »Zauberkraft des weißen Mannes zu lernen«, wie sie sagte.

Ihrem Drängen und den ständigen beharrlichen Bitten seines Sohnes konnte sich der Vater schließlich nicht mehr entziehen und erreichte es dann auch, daß Eduardo in eine Schweizer Missionsschule in der Nähe von Vila de João Belo aufgenommen wurde, wo er eine fundierte allgemeine Schulbildung erhielt.

Da der junge Mondlane eine wirklich große Begabung offenbarte, bemühten sich die Missionare um seine Zulassung am Gymnasium in Lourenço Marques, doch die portugiesischen Kolonialisten verwehrten sie ihm. Sie waren nicht daran interessiert, unter der einheimischen Bevölkerung allzu kluge Köpfe heranzubilden, die ihnen vielleicht später einmal gefährlich werden konnten. Und dieser Mondlane, das hatten sie schon nach kurzer Zeit herausgefunden, gab sich nicht mit dem Lehrstoff allein zufrieden, sondern war stets bereit, unbequeme Fragen zu stellen, um den Problemen, die ihn beschäftigten, auf den Grund zu gehen.

Es gehörte schon zu den Glücksumständen in Mondlanes Leben, daß er eine Immatrikulation an der Witwatersrand-Universität Johannesburg in Südafrika erhielt, in dem zu jener Zeit die Apartheid noch nicht offizielle Staatsdoktrin war. Dort studierte er Sozialwissenschaft.

Doch als im Jahre 1948 unter Dr. Daniel François Malan die erste Apartheid-Regierung an die Macht kam, wurde Mondlane nach den Semesterferien die Wiedereinreise in die Südafrikanische Union verwehrt.

Jetzt erlaubte man ihm als erstem Moçambiquer, seine Studien an der Universität Lissabon fortzusetzen. Doch bald geriet er auch hier wieder in Konflikt mit dem herrschenden Regime, weil er afrikanische Studenten um sich scharte, die er für seine Ideen von der Befreiung des »schwarzen Kontinents« von den weißen Kolonialisten zu begeistern suchte.

Mondlane verließ Portugal und beendete seine Studien an der Harvard-University in Cambridge im USA-Bundesstaat Massachusetts. Dort erwarb er auch den akademischen Grad eines Doktors der Soziologie und Anthropologie.

Gleichzeitig lernte er seine spätere Frau Janet kennen, eine Amerikanerin, die er noch während des Studiums heiratete.

Nach dem Abschluß seiner Ausbildung — kurzzeitig erhielt er sogar noch einen Lehrauftrag an die Universität Syracuse im USA-Bundesstaat New York — war Dr. Mondlane zunächst als Beamter der Vereinten Nationen tätig. Dabei erarbeitete er für den Treuhandausschuß der UNO zahlreiche Studien über die soziale, wirtschaftliche und politische Entwicklung noch abhängiger afrikanischer Gebiete, was ihm tiefe Einblicke in die Situation gewährte und ihn in seinem Vorhaben bestärkte, sein Wissen und seine Kraft für die Beseitigung des Kolonialismus einzusetzen.

In seinen biografischen Notizen findet sich über jenen Zeitabschnitt folgende Bemerkung: »Obwohl ich das Universitätsleben mehr als anderes in der Welt liebe, habe ich mich entschlossen, den Rest meines Lebens dem Befreiungskampf meines Landes zu widmen.«

Während seiner New Yorker Tätigkeit traf Mondlane — wie bereits gesagt — auch öfter mit Dr. Julius Nyerere zusammen, der ihn einlud, nach Daressalam zu kommen, sobald Tanganyika seine Unabhängigkeit erreicht habe. Zugleich sicherte er Mondlane seine volle Unterstützung beim Aufbau der moçambiquischen Befreiungsbewegung zu.

Mondlane folgte der Einladung.

Mit Hilfe des »American Committee for Africa«, einer linksgerichteten Organisation, schuf er ab 1963 in Daressalam Schulen für Flüchtlinge aus Moçambique, um ihnen theoretisches Rüstzeug für die schwere Zeit der Auseinandersetzung mit dem portugiesischen Kolonialregime zu geben.

Ein Jahr zuvor, am 25. Juni 1962, war es ihm gelungen, aus den bis dahin in Moçambique und den angrenzenden Ländern unabhängig voneinander entstandenen verschiedenen nationalen Bewegungen wie der Moçambique African National Union (MANU) und der União Naçionale Democratica de Moçambique (UDENAMO) die FRELIMO zu schmieden.

Die Nachricht von der Gründung der einheitlichen Befreiungsbewegung, vor allem aber von ihrem kampforientierten Programm, verbreitete sich mit Windeseile in Moçambique und war für viele, die sich für den Kampf gegen den Kolonialismus entschlossen hatten, das Signal, sich vor den immer stärker werdenden Nachstellungen der Portugiesen zu retten und ins benachbarte Tansania durchzuschlagen. Zu ihnen gehörte auch Samora Moises Machel, der in einem Krankenhaus in Lourenço Marques, der Hauptstadt, arbeitete, und der später Mondlanes engster Mitarbeiter und Nachfolger werden sollte.

Dr. Eduardo Mondlane setzte nicht von vornherein auf bewaffneten Kampf. Vielmehr hoffte er lange Zeit darauf, mit dem faschistischen Salazar-Regime auf dem Verhandlungsweg zur Unabhängigkeit seines Landes zu kommen und Portugal zu einem »einsichtsvollen« Verhalten zu bewegen, wie es beispielsweise die Kolonialmächte Frankreich und England im sogenannten Afrikanischen Jahr 1960 bewiesen hatten, als sie versuchten, ihre politische Niederlage zu bemänteln und das Gesicht zu wahren.

Weder der französische noch der britische Imperialismus war dabei geneigt gewesen, freiwillig und gänzlich auf die Kolonien und damit auf Einnahmequellen und Absatzmärkte zu verzichten. So wurde auf verschiedene Weise versucht, den Zerfallsprozeß des Kolonialreiches aufzuhalten oder wenigstens zu verzögern. Frankreich beispielsweise hatte noch 1958 gehofft, durch die Bildung der Communauté Francaise, der Französischen Gemeinschaft, einen Zusammenschluß des »Mutterlandes« mit den Kolonien in Afrika, die wirtschaftliche und politische Position des französischen Monopolkapitals in diesen Gebieten aufrechtzuerhalten, was jedoch schließlich deshalb mißlang, weil die immer stärker werdenden Befreiungsbewegungen ihren früheren »Herren« die formale Unabhängigkeit ihrer Länder abtrotzten, wenn sie auch ökonomisch noch stark abhängig blieben.

Einen ähnlichen Schritt ging auch Großbritannien, dessen herrschende Kreise anfangs versuchten, die Befreiungsbewegungen durch »Reformen« aufzufangen oder zu spalten. Dazu gehörte die Bildung größerer Kolonialgebiete wie der Zentralafrikanischen oder Südarabischen Föderation. Dazu gehörte auch, den Ländern eine bestimmte »innere Selbstverwaltung« zuzugestehen und einheimische Ausbeuterschichten verstärkt an der Regierung zu beteiligen. Letztlich blieb aber auch das ohne den gewünschten Erfolg, so daß man zum Neokolonialismus griff und die Vormachtstellung mit Hilfe der einheimischen Bourgeoisie und durch Kapitalinvestitionen vor allem in formell bereits unabhängigen Staaten zu erhalten suchte. Doch auch hier blieben die Resultate weit unter den Erwartungen, so daß man schließlich gezwungen war, den Willen der Völker nach Selbstbestimmung zu akzeptieren.

Als Präsident der FRELIMO führte Mondlane zahlreiche Gespräche mit den unterschiedlichsten Regierungen, deren Unterstützung für seine Ziele er suchte. Sogar an die NATO-Länder, die Portugal mittelbar und unmittelbar — zum Beispiel durch Waffenlieferungen — unterstützten, wandte er sich mit einem Aufruf, ihren Einfluß auf das Mitgliedsland Portugal doch besser dahingehend geltend zu machen, seine Kolonialpolitik zu ändern und den historisch gewachsenen Gegebenheiten Rechnung zu tragen. Doch vergeblich.

So blieb am Ende nur der bewaffnete Kampf, der am 25. September 1964 begann, als ein vom späteren Verteidigungsminister der Volksrepublik Moçambique, Alberto-Joaquim Chiponde, geführter Trupp der FRELIMO die ersten Schüsse auf den portugiesischen Stützpunkt Chai aljab feuerte.

3. Die Hintergründe

Der Wunsch der auf dem Territorium Moçambiques lebenden Völker, sich gegen die koloniale Unterdrückung und Ausbeutung durch Portugal zur Wehr zu setzen, hat viele Traditionen. Schon nach der Berliner Kongokonferenz in den Jahren 1884/85 setzte sich die Bevölkerung entschlossen der militärischen Eroberung des Hinterlandes von Moçambique zur Wehr, das sich seit etwa 1500 zur wichtigsten Zwischenstation des portugiesischen Indienhandels entwickelt hatte.

1884 wurde die Hauptstadt Lourenço Marques belagert, doch konnten die Kolonialisten die Belagerer schlagen. Zwischen 1895 und 1898 lieferten die Zulu unter Gungunhana den Portugiesen einen heldenhaften Kampf, den sie erst nach Gefangennahme ihres Herrschers und dem Tod ihres Generals Maguiguanas aufgaben.

Zu Beginn der zwanziger Jahre entstanden mit dem Gremio Africano — dem Afrikanischen Verein — und der Associação Africano — der Afrikanischen Gesellschaft — die ersten Organisationen des afrikanischen Widerstandes. Hier hatten sich kleinbürgerliche Kräfte und Angehörige der patriotischen Intelligenz vereinigt, die erstmals Forderungen nach der Gleichberechtigung der Afrikaner mit den Weißen erhoben.

Wesentlich radikaler als sie ging das Institut der Freunde der Neger — Instituto Negrófilo — vor, das seine politischen Aktionen unter dem Deckmantel von kulturellen und sportlichen Aktivitäten, Sozialprogrammen und Maßnahmen der gegenseitigen Hilfe durchführte.

Als nach dem zweiten Weltkrieg das Proletariat in den Städten und auf den großen Plantagen durch organisierte Streiks begann, den Kampf gegen den Kolonialismus voranzutreiben, griff der portugiesische Imperialismus zu immer schärferen Waffen und schließlich zur nackten Gewalt. Im Jahre 1956 ermordete die Kolonialpolizei bei einem Streik der Hafenarbeiter in Lourenço Marques 49 Streikende, und vier Jahre später wurden bei einer Demonstration in Mueda durch die Kolonialtruppen Salazars auf brutalste Weise 500 Afrikaner erschossen.

Spätestens von diesem Zeitpunkt an war klar geworden, daß für den antikolonialen Widerstand die bis dato praktizierten Methoden nicht mehr ausreichten und durch völlig neue ersetzt werden mußten. Und es war klar geworden, daß die Erringung der Unabhängigkeit auf friedlichem Verhandlungsweg nicht möglich war. Der bewaffnete Kampf rückte mehr und mehr ins Zentrum der Planung durch die führenden Kräfte der FRELIMO.

Dr. Eduardo Chivambo Mondlane allerdings hatte mit dem auf dem 1. Parteikongreß der FRELIMO im September 1962 vorgelegten Aktionsprogramm nicht nur die Unabhängigkeit Moçambiques schlechthin im Auge. Ihm schwebte nicht ein nach kapitalistischem Grundmuster organisiertes, sondern ein von Ausbeutung freies Moçambique vor, in dem die Macht einzig und allein vom Volk ausgeübt wird.

Die Verwirklichung dieses Zieles führte notwendigerweise zu der Konsequenz, das künftige gesellschaftspolitische Profil des Landes bereits praktisch zu bestimmen, nachdem die ersten Gebiete befreit waren. Bei einer am Sozialismus orientierten Entwicklung mußte also der bewaffnete Kampf zur Erringung der politischen Macht schrittweise in die soziale Revolution übergeführt werden.

Bei der Diskussion zu dieser grundsätzlichen Frage bildeten sich — normale Folge der Entwicklung — in der FRELIMO bald mehrere Strömungen. Bis in die Führungsspitze der Bewegung hinein offenbarten sich Kräfte, die durch das Kolonialregime der Portugiesen daran gehindert worden waren, sich selbst als afrikanische Ausbeuterschicht zu etablieren, und die sich dem Befreiungskampf nur angeschlossen hatten, um — den Sieg der Bewegung vorausgesetzt — auf diese Weise doch noch ihr Ziel zu erreichen. Mit ultrarevolutionären Parolen übelster Art propagierten sie einen generellen Krieg »Schwarz gegen Weiß«. Die sich langsam herausbildenden Organe der Staatsmacht wurden von ihnen, wo immer sich eine Gelegenheit dafür bot, sabotiert. Außerdem unterließen sie keinen Versuch, sich selbst einflußreiche Machtpositionen zu verschaffen. Auch sie waren für den Fortschritt, wollten sich fremder Herrschaft entledigen, rangen um Eigenstaatlichkeit und Souveränität. Doch ihr Endziel war dem FRELIMO-Präsidenten nicht weit genug gesteckt, diente nicht dem gesamten Volk, sondern letztlich nur einer bestimmten Schicht, die ohnehin schon nicht zu den Armen und Bedürftigen zu zählen war.

Eine Gruppe spaltete sich sogar gänzlich ab und gründete eine sogenannte Demokratische Union, die »Union von Monomatapa«. Die Mitglieder dieser Gruppe wollten damit augenscheinlich an ein von den Portugiesen unterjochtes Monomatapa-Reich der Makaranga erinnern, das im 11. Jahrhundert in Simbabwe entstanden war und dessen Herrscher Manuza sich 1629 zum Vasallen der portugiesischen Krone erklärt hatte.

Gerade diese »Union« nahm für ihre gegen die soziale Revolution gerichtete Tätigkeit von allen sich anbietenden Organisationen, darunter auch von imperialistischen Geheimdiensten, Gelder an und entfachte eine wüste Hetze gegen Eduardo Mondlane, den sie offen als Agenten der amerikanischen CIA bezeichneten.

Die Widersprüche traten noch zu Lebzeiten Mondlanes immer heftiger zutage und gipfelten im Juli 1968 auf dem 2. FRELIMO-Kongreß in dem — allerdings gescheiterten — Versuch, seine Wiederwahl zum Präsidenten der Befreiungsbewegung zu verhindern. Die Kräfte um Mondlane erwiesen sich als stark genug, den Anschlag zu vereiteln. Sie konnten darüber hinaus sogar durchsetzen, daß der Makonde-Häuptling Lázaro Kavandame, der die FRELIMO-Organisation in der Provinz Cabo Delgado leitete und ein ehemals aktives und angesehenes Gründungsmitglied der Befreiungsbewegung war, wegen seiner Umtriebe abgelöst wurde. Kurz nach der Ermordung Mondlanes entlarvte er sich endgültig als feiger Verräter an der Sache des moçambiquischen Volkes, als er zu den portugiesischen Kolonialtruppen überlief.

Ein weiterer prominenter Vertreter dieser konterrevolutionären Strömungen war FRELIMO-Vizepräsident Uria Simango, der unmittelbar nach dem feigen Bombenattentat auf den Präsidenten versuchte, die Führung der Bewegung an sich zu reißen. Auch dieser Versuch mißlang — und Simango ließ nun durch enges Zusammengehen mit den Portugiesen deutlich werden, was eigentlich schon lange ein offenes Geheimnis war: daß er nämlich die von Mondlane gegebene Orientierung auf einen revolutionären sozialen Wandel in Moçambique seit langem mit aller Kraft bekämpft hatte.

Als alle »friedlichen« Versuche zu einem Umsturz in der Führungsspitze der FRELIMO immer wieder an der Einheit und Geschlossenheit der um Mondlane gescharten Kräfte scheiterten, gingen die Verräter zu offener Gewalt über. So kam es zu mehreren feigen Mordanschlägen gegen konsequent revolutionäre Kräfte, denen unter anderen der stellvertretende Armeechef der FRELIMO Samuel Kankhombe auf dem Weg an die Front zum Opfer fiel.

So spielten die konterrevolutionären Elemente den portugiesischen Kolonialisten in die Hände. Beide waren, wenn auch aus unterschiedlichen Motiven heraus, daran interessiert, das Hinüberwachsen des nationalen Befreiungskampfes in die soziale Revolution zu verhindern. Und beide sahen in dem zielstrebigen, gebildeten, weitsichtigen und von der Mehrheit der FRELIMO-Kämpfer ebenso wie vom gesamten moçambiquischen Volk verehrten und hoch geachteten Dr. Eduardo Chivambo Mondlane die treibende Kraft für diesen Schritt und hofften, die historisch notwendige Entwicklung dadurch noch aufhalten zu können, daß sie den FRELIMO-Präsidenten physisch vernichteten.

Die Entwicklung hat diese Hoffnung ad absurdum geführt.

4. Das Erbe

»Früher waren wir uneins wie Sandkörner, die der Wind zerstob. Genosse Mondlane brachte uns die Kraft, die uns fest zusammenführte. Die Imperialisten und Kolonialisten haßten ihn, weil sie das Volk fürchteten, seine bewußte und organisierte Kraft, welche die Macht der Ausbeuter für immer zerschlagen kann. Eduardo Mondlane ist

Beisetzung Mondlanes auf dem Kinondoni-Friedhof in Daressalam

317

nicht tot. Er war es, der uns lehrte, daß unser Kampf eine Revolution der Bauern und Arbeiter sein muß — gegen die Ausbeutung des Menschen durch den Menschen. Unsere Aufgabe ist es, sein Leben fortzusetzen, die Aufgabe zu vollenden, die er uns hinterließ.«

Diese Worte des Nachfolgers Eduardo Mondlanes in der Funktion des FRELIMO-Präsidenten und späteren Präsidenten der Volksrepublik Moçambique, Samora Moises Machel, zeugen davon, daß der Mord am Präsidenten die Bewegung nicht lähmte, sondern daß sie ihre antiimperialistische Politik unbeirrt fortsetzte. (Auch Samora Machel ist mittlerweile von den Feinden seines Landes auf heimtückische Weise bei einem fingierten Flugzeugabsturz ermordet worden.)

Bereits im Jahre 1972 räumte die UNO der FRELIMO den Beobachterstatus ein, und nachdem in Portugal das kolonial-faschistische Regime gestürzt worden war, besiegelte im September 1974 das »Abkommen von Lusaka« das Ende der Kolonialherrschaft. Zwar gab es gleich darauf noch einen Putschversuch weißer Extremisten, doch trat Ende September bereits die überwiegend aus Kräften der FRELIMO gebildete Übergangsregierung ihr Amt an.

Mitte 1975 erlangte Moçambique die staatliche Selbständigkeit, die Volksrepublik wurde proklamiert, Banken, Versicherungen, wichtige Industriebetriebe, der Großgrundbesitz sowie das Bildungs- und Gesundheitswesen wurden verstaatlicht.

Was Eduardo Mondlane gefordert hatte, sollte schrittweise Wirklichkeit werden. Doch trat die Frente Libertação de Moçambique nach der Erringung der Unabhängigkeit des Landes ein schweres Erbe an. Mehr als zwei Millionen Bewohner der Landgebiete waren von den Portugiesen in Konzentrationslager, die berüchtigten Aldeamentos, gebracht worden. Die traditionelle Familienproduktion in der Landwirtschaft lag weitgehend am Boden. Die meisten der weißen Siedler hatten ihre Farmen verlassen, die Maschinen zerstört, das Vieh sinnlos abgeschlachtet.

Auch in den anderen Bereichen der Volkswirtschaft war die Situation ähnlich kompliziert.

Doch trotz aller Versuche des Imperialismus — vor allem das Rassistenregime in Südafrika leistete große Unterstützung für bewaffnete Banden, die den revolutionären Prozeß in Moçambique aufhalten wollten —, schritt die Volksrepublik auf dem eingeschlagenen Weg voran. Die staatlichen Sektoren der Wirtschaft entwickelten sich, in der Landwirtschaft entstand die Bewegung der Gemeinschaftsdörfer, der »Aldeias Comunais«, in denen weit mehr als eine Million Menschen leben. Die Organisation der kollektiven Arbeit in landwirtschaftlichen Genossenschaften ist heute ein Schwerpunkt für die planmäßige Entwicklung des Landes.

Die größten Fortschritte waren bereits nach kurzer Zeit im Bildungs- und Gesundheitswesen zu verzeichnen. Innerhalb von zehn Jahren wuchs bis 1982 die Zahl der Schüler von 600 000 auf mehr als zwei Millionen, seit 1983 besteht ein einheitliches Bildungssystem. Das Netz der Gesundheitsbetreuung wurde über das ganze Land ausgedehnt. Jede Behandlung kostet heute nur noch den symbolischen Betrag von 7,50 Meticais, das sind umgerechnet vierzig Pfennige.

Der Tag des Mordes an Dr. Mondlane, der 3. Februar, wurde zum »Tag der Helden« erklärt, an dem im ganzen Land Kundgebungen, festliche Veranstaltungen und freiwillige Arbeitseinsätze stattfinden. An ebendiesen Tag sind in der Geschichte der jungen Republik weitere wichtige Ereignisse geknüpft: 1976 wurde die Hauptstadt Lourenço Marques in Maputo umbenannt, 1977 konstituierte sich die FRELIMO auf ihrem III. Kongreß zu einer marxistisch-leninistischen Avantgardepartei, 1978 wurde an jenem Tag das »Jahr des Parteiaufbaus« proklamiert und 1979 auf dem »Platz der Helden« in Maputo ein Ehrenhain eingeweiht, dessen Zentrum ein großer fünfzackiger Stern bildet. In seinem Körper aus Marmor befinden sich eine Krypta mit der Ewigen Flamme sowie die letzte Ruhestätte Eduardo Mondlanes, dessen sterbliche Überreste kurz zuvor aus Daressalam überführt worden waren.

Wie sagte doch Dr. Mondlane? »Die Befreiungsbewegung wird erst dann von sich behaupten können, erfolgreich zu sein, wenn das Volk durch sie erreicht, was ihm von den Portugiesen vorenthalten worden ist: ein angemessener Lebensstandard, Bildung … und die Möglichkeit, in ihrer eigenen Regierung mitzuarbeiten.«

»Revolutionen sterben nicht!«

1. Die Falle

Surrend fing sich der Wind in den Telegraphendrähten. Alles schien ruhig, die Straße am Stadtrand von Guatemala-City lag wie ausgestorben. Von Zeit zu Zeit nur schlenderten Spaziergänger an den flachen Häusern entlang. Umsichtig und geübt beobachteten sie mit wachem Blick die Häuser, die Straße, die geparkten Autos. Nichts durfte ihrer Aufmerksamkeit entgehen, denn ihre Sicherheit und die ihrer Genossen hing davon ab. Aber keine Abweichung vom normalen Fluß des Lebens war zu entdecken. Auf der Baustelle jenseits der Straße wurde fleißig gearbeitet, und niemand schien seine Aufmerksamkeit einem anderen Gegenstand zu widmen. In einiger Entfernung spielte ein Kind am Straßenrand, irgendwo bellte ein Hund. Es gab nichts, das den Männern die Gefahr, in der sie sich befanden, signalisiert hätte.

Einer nach dem anderen, in genau festgelegten Abständen, verschwanden Carlos René Valle, Carlos Alvarado Jerez, Ugo Barrios Clee, Miguel Angel Bernandez und Bernardo Alvarado Monzon in dem kleinen Haus, das sie als konspirativen Treffpunkt ausgewählt hatten. Als letzter erreichte Mario Silva Jonama den vereinbarten Ort. Die Männer, die sich in den Vormittagsstunden des 26. September 1972 trafen, gehörten zur Parteiführung der Guatemaltekischen Partei der Arbeit, Bernardo Alvarado Monzon war ihr Generalsekretär, die fünf anderen Genossen Mitglieder des Zentralkomitees.

Obwohl die Guatemaltekische Partei der Arbeit nur in tiefster Illegalität wirksam werden konnte, waren in jenen Tagen überall im

Lande Vorbereitungen auf den 23. Jahrestag der Parteigründung im Gange. In den Dörfern und Städten sollten in geheimen Zusammenkünften die Lehren des bisherigen Weges beraten, der Opfer des Kampfes gedacht und künftige Maßnahmen beschlossen werden. All das bedurfte der intensiven Leitung durch die Parteiführung, und häufiger als sonst trafen die Mitglieder des Zentralkomitees mit dem Generalsekretär zusammen.

Noch ehe die Beratung richtig beginnen konnte, wurde das Haus von einer Anzahl bewaffneter Schergen gestürmt. Eine wirkungsvolle Gegenwehr war ebenso unmöglich wie eine Flucht. Mit dem Mut der Verzweiflung leisteten die Genossen um Bernardo Alvarado Monzon Widerstand, bis sie sich schließlich der Übermacht beugen mußten. Der Überfall auf das Haus am Stadtrand hatte nur Minuten gedauert, und genauso schnell wie sie gekommen waren, zogen die Bewaffneten auch wieder ab; in ihrer Mitte, geschunden, gefesselt und die Mündung von Maschinenpistolen im Rücken, die sechs Genossen der Parteiführung, die Eigentümerin des Hauses und ein Hausmädchen.

Erst Tage später gelang es Spezialisten der Guatemaltekischen Partei der Arbeit, anhand von Kampfspuren wenigstens einen Teil des Geschehens zu rekonstruieren. Es gab keinen Zweifel: Bernardo Alvarado Monzon und die anderen Genossen waren entführt worden. Offen blieben die Fragen: von wem und wohin? Denn schon seit Jahren wüteten in Guatemala neben der politischen Polizei, der Armee und anderen offiziellen bewaffneten Kräften eine Reihe ultrarechter Terrorbanden wie zum Beispiel »Weiße Hand« (Mano blanca) und »Aug' um Auge« (Ojo por Ojo). Natürlich traf die Partei sofort Maßnahmen, um weitere derartige Aktionen zu verhindern, daneben wurde alles darangesetzt, festzustellen, in wessen Gewalt sich der Generalsekretär und die mit ihm entführten Genossen befanden. Viele Informationen mußten zusammengetragen werden, und wie bei einem Mosaik formte sich aus Unmengen von Einzelheiten nach und nach ein Bild. Das Militärregime des »Präsidenten« General Carlos Araña Osorio hatte die verbrecherische Entführung inszeniert. Allerdings fehlte noch die letzte Klarheit.

2. Ein Büttel gesteht

Bei den Recherchen der mit der Untersuchung der Entführung be-
auftragten Genossen ergaben sich immer wieder Hinweise auf die
Beteiligung eines Inspektors der politischen Polizei mit Namen Abel
Juárez Villatoro an dem Überfall. Es wurde beschlossen, diesen willfährigen Gehilfen des Regimes in die Gewalt der Revolutionären
Streitkräfte zu bringen, um von ihm die letzte Aufklärung über die
Entführung zu erhalten. Zunächst wurde seine Observierung veranlaßt. Kämpfer der Revolutionären Streitkräfte überwachten jeden
Schritt des Inspektors. Abel Juárez Villatoro war aber ein überaus
vorsichtiger und erfahrener Gegner. Offensichtlich war ihm klarge-
worden, daß die Guatemaltekische Partei der Arbeit den dreisten Pi-
ratenakt nicht ohne weiteres hinnehmen würde. Er umgab sich in
der Öffentlichkeit deshalb mit einem bis an die Zähne bewaffneten
großen Gefolge. Geduldig warteten die revolutionären Kämpfer auf
ihre Chance, dann war es eines Tages so weit. Der Inspektor war nur
von wenigen seiner Leibwächter umgeben. Nach einem kurzen be-
herzten Feuergefecht gelang es den Angehörigen der Revolutionären
Streitkräfte, den verhaßten politischen Polizisten unversehrt gefangen zu nehmen. Und noch ehe die übrigen Büttel des Regimes recht
begriffen hatten, was da geschehen war und die Verfolgung aufnehmen konnten, war der Gefangene bereits zu dem vorgesehenen Ort
seiner Vernehmung gebracht worden.

Die Untersuchungsführer der Revolutionären Streitkräfte nahmen
ihre Aufgabe sehr genau, denn eines Tages würde die Zeit gekommen sein, wo sich die Peiniger des guatemaltekischen Volkes vor
dem Tribunal der Revolution zu verantworten haben. Schlotternd
vor Angst ließ sich Inspektor Abel Juárez Villatoro eilends zu umfassenden Geständnissen herbei.

Ein Denunziant hatte der politischen Polizei Mitteilung von dem
konspirativen Treffpunkt am Stadtrand gemacht. Daraufhin war das
Gebäude Tag und Nacht von Polizeispitzeln überwacht worden. Als
Tarnung nutzten sie die Baustelle auf der gegenüberliegenden Stra-
ßenseite, von der aus die Spitzel, als Maurer verkleidet, jede Perso-
nenbewegung beobachten konnten. Die eigentliche Aktion wurde
dann von Luis Oraña, einem hohen Polizeioffizier, geleitet. Der Gefangene gab auch die Namen der übrigen an der Operation beteiligten Personen zu Protokoll.

Nun wurde auch bekannt, wohin man Bernardo Alvarado Monzon und die anderen Entführten verschleppt hatte. Zunächst waren sie in eine Militärkaserne gebracht und einem fast zwölfstündigen Verhör unterzogen worden. Gegen 22.00 Uhr, im Schutze der Dunkelheit, wurden sie unter starker Bewachung in das Hauptquartier des 4. Korps der Landespolizei verlegt. Es war dies eine der berüchtigtsten Folterhöhlen. In ganz Guatemala erinnerten sich die Menschen mit Schaudern und Abscheu daran, daß dort schon Hunderte Patrioten zu Tode gequält worden waren. Unter den Opfern der Henkersknechte befand sich 1968 auch das ZK-Mitglied Caetano Areno. Ihn hatten die entmenschten Bestien bis zur Unkenntlichkeit zerschlagen und ihm die Zunge herausgerissen.

Auch Bernardo Alvarado Monzon und die übrigen entführten Genossen wurden mit den raffiniertesten, gemeinsten Foltern in faschistischer Manier gepeinigt. Der Sadismus, mit dem die Schergen des Regimes ihren Opfern Parteigeheimnisse entreißen wollten, kannte keine Grenzen. Doch die fast bis zu Tode gemarterten Genossen blieben ihrer Überzeugung treu, einmal mehr ihre hohe moralische Überlegenheit beweisend.

3. Guatemala und seine Kommunisten

Daß gerade führende Funktionäre der Guatemaltekischen Partei der Arbeit Ziel der wütenden Angriffe des Regimes waren, kam nicht von ungefähr.

Die Partei hatte eine bewegte Geschichte hinter sich, eine Geschichte, die stets aufs engste verbunden war mit dem Kampf des guatemaltekischen Volkes um nationale Selbstbestimmung, Demokratie und gesellschaftlichen Fortschritt. Aus einer marxistischen Gruppe, dem linken Flügel der »Sozialistischen Arbeitervereinigung«, entstand 1922 eine selbständige Organisation, die sich 1924 zur Kommunistischen Partei Guatemalas (Guatemaltekische Abteilung der Kommunistischen Partei Mittelamerikas) umbildete. Auf ihre Initiative hin waren seinerzeit Gewerkschaften gegründet worden. Es wurden die ersten Streiks organisiert und Maifeiern durchgeführt, und das guatemaltekische Volk beteiligte sich an internationalen Solidaritätsaktionen. 1928 trat die Partei der III. Internationale bei. In der Zeit der verschärften Diktatur des Generals Jorge Ubico wurde das Weiterbestehen der Partei unmöglich, und sie stellte im Februar

1932 ihre Tätigkeit ein. Das Ubico-Regime schloß 1934 unter dem Vorwand der Bildung einer mittelamerikanischen Union ein antikommunistisches Bündnis mit den reaktionären Diktatoren von El Salvador (General Hernández Martínez — 1931 durch Staatsstreich an die Macht gelangt) und Honduras (Carías Andino — als Diktator 1933 an die Macht gebracht). Drei große amerikanische Firmen teilten sich die ökonomische und politische Macht in Mittelamerika, und in ihrem Namen wurde de facto regiert: United Fruit Company, International Railways Company of Central America und American and Foreign Power Company.

Gegen Ende des zweiten Weltkrieges kam es zu einem starken Aufschwung der demokratischen Bewegung in den Ländern Mittelamerikas. Der salvadorianische Diktator Hernández Martínez wurde im Mai 1944 durch einen Generalstreik und einen Aufstand der Armee gestürzt. Im Juli 1944 streikten die Arbeiter von San Pedro Sula in Honduras, ihre Aktion wurde blutig niedergeschlagen, 1947 kam es zu einem Aufstand gegen das Carías-Andino-Regime.

Das Volk von Guatemala zwang 1944 den Diktator Jorge Ubico durch einen Generalstreik und machtvolle Kundgebungen zum Rücktritt. Um jedoch die Macht für die United Fruit und die anderen amerikanischen Konzerne sowie für die inländischen Großgrundbesitzer (2 Prozent der Grundbesitzer, die Großgrundbesitzer, verfügten über 75 Prozent des landwirtschaftlich genutzten Bodens!) zu erhalten, griff Ubico zu einem Trick. Er bestimmte F. Ponce zu seinem Nachfolger. Ein bewaffneter Aufstand der maßgeblich von bürgerlichen Kräften organisierten »Front der Nationalen Wiedergeburt« führte am 20. Oktober 1944 endlich auch zum Sturz Ponces.

Im Dezember 1944 fanden die ersten demokratischen Wahlen in Guatemala statt. 95 Prozent der Wähler entschieden sich für Juan José Arévalo als Präsident. 1945 gab sich Guatemala eine neue Verfassung, die die bürgerlichen Freiheiten garantierte, die Notwendigkeit einer Agrarreform anerkannte und das Privateigentum unangetastet ließ. In dieser Zeit kam es auch zu wesentlichen Reformen. Parteien und Gewerkschaften wurden zugelassen, Maßnahmen zur Beseitigung des Analphabetentums im Lande und zum Schutze der Indio-Bevölkerung beschlossen, ein Gesetz zur Investitionsstimulierung verabschiedet und eine Sozialgesetzgebung in Angriff genommen. Das alles beschleunigte naturgemäß den Prozeß der Demokratisierung im Lande.

In den Gewerkschaften, in der Studentenbewegung und in den Parteien des demokratisch orientierten Kleinbürgertums entwickelten sich in den Jahren 1946/47 marxistische Gruppen. Bald strebten deren überzeugtesten und aktivsten Vertreter danach, die politische Arbeit zu koordinieren und ein einheitliches Auftreten zu erreichen. Zugleich suchten sie die Verbindung zu den werktätigen Massen der guatemaltekischen Arbeiter und Bauern. Die marxistischen Gruppen mündeten in die »Demokratische Avantgarde Guatemalas«. Im September 1949 führte diese Organisation einen noch illegalen Parteitag durch und nahm den Namen »Kommunistische Partei Guatemalas« an.

Obwohl durch die demokratischen Reformen die Interessen der ausländischen Monopole und der inländischen Latifundistas nicht angetastet worden waren, fürchteten sie jedoch offenbar ein weiteres Erstarken der demokratischen Kräfte. Mit reaktionären Putschversuchen wollten sie die Durchführung von Wahlen im Jahre 1950 verhindern, aber sie kamen nicht recht zum Zuge damit. Die schlimmsten Befürchtungen der Reaktion bewahrheiteten sich vielmehr. Bei den Wahlen siegte Jacobo Arbenz Guzmán, der von der Arbeiterklasse, den werktätigen Bauern und breiten kleinbürgerlichen Schichten unterstützte Präsidentschaftskandidat. Er setzte sich gegen zwei Amtsbewerber der guatemaltekischen Rechten durch.

1951 wurde die Kommunistische Partei zugelassen. Im Dezember 1952 fand ihr II. Parteitag statt. Das höchste Gremium der guatemaltekischen Kommunisten benannte als vordringlichste Aufgaben die zügige Verwirklichung des Gesetzes über die Agrarreform, das im Juni desselben Jahres verabschiedet worden war, die Übergabe des Bodens vorwiegend an die ärmste Bauernschaft, die Forcierung der industriellen Entwicklung des Landes, die Durchsetzung wirksamer Hilfsmaßnahmen für Handwerker und mittelständische Unternehmer, die Schaffung eines staatlichen Industriesektors, um das Land vom US-amerikanischen Monopolkapital unabhängig zu machen, und den unverzüglichen Schutz der Bodenschätze und anderen natürlichen Ressourcen, allen voran des Erdöls, dessen Förderung ausschließlich dem guatemaltekischen Staat vorbehalten werden sollte. Der Parteitag beschloß auch die Umbenennung der Kommunistischen Partei in Guatemaltekische Partei der Arbeit (Partido Guatemalteco del Trabajo — PGT).

An etwa 100 000 Bauern- und Landarbeiterfamilien wurden bis 1954 rund 1,8 Millionen Hektar Land verteilt. Die United Fruit

Company wurde gezwungen, drei Viertel ihrer zusammengeraubten Ländereien an das guatemaltekische Volk zurückzugeben.

An der langen Leine der United Fruit Company strengte die guatemaltekische Reaktion verschiedene Putschversuche an, die aber alle vereitelt werden konnten.

Der spätere Generalsekretär der PGT, Huberto Alvarado Polanco, schätzte 1974 in einem Artikel, den er unter dem Pseudonym Miguel Rodríguez veröffentlichte, rückblickend ein: »In der Periode des höchsten Aufschwungs der revolutionären Bewegung (1951—1954) wirkten die Kommunisten legal. Sie leisteten eine angespannte Arbeit, mobilisierten, organisierten die Massen und schlossen sie zusammen, vereinigten das Proletariat und die Bauernschaft in einheitlichen Gewerkschaftszentren, förderten das Wachstum der Jugend-, Studenten- und Frauenbewegung sowie der Bewegung der Kulturschaffenden. Eine überaus wichtige Aufgabe jener Periode war die Schaffung der nationalen Patriotischen Front, die zur Stütze einer wahrhaft demokratischen, antiimperialistischen Volksregierung werden könnte.«

Natürlich sahen die einheimischen Großgrundbesitzer, die nationale Großbourgeoisie und das im Lande aktive oder aktiv gewesene US-Monopolkapital die revolutionär-fortschrittliche Entwicklung in Guatemala mit der allergrößten Besorgnis. Einmal mehr wurde nun deutlich, daß die USA-Regierungsadministration als Exekutivgewalt des Profitinteresses der Monopole zu dienen hat. Das State Department mischte sich mehr oder minder offen in die Angelegenheiten Guatemalas ein. Zu seinen Methoden gehörten die diplomatische Isolierung des Landes, ökonomische Erpressung und eine breit angelegte ideologische Offensive gegen die Regierung des demokratisch gewählten Präsidenten Jacobo Arbenz Guzmán. Das war aber nur die Vorbereitung der offenbar längst geplant gewesenen brutalen Invasion, die 1954 von Honduras und Nikaragua aus mit einer von der CIA organisierten Söldnerarmee unter dem Kommando des Obersten Carlos Castillo Armas durchgeführt wurde. Diese Invasion endete mit dem Sturz der Regierung Arbenz und der Niederlage der Revolution. Der Präsident rief den Invasoren damals entgegen: »Revolutionen sterben nicht«.

In dem schon erwähnten Artikel schrieb Huberto Alvarado Polanco, sich auf den Rechenschaftsbericht des ZK an den III. Parteitag der PGT stützend: »Die von uns und anderen Abteilungen der kommunistischen Bewegung gesammelten revolutionären Erfahrungen lehren, daß unerläßliche Bedingungen für den Sieg des Volkes im Kampf gegen die imperialistische Intervention die feste Politik der Einheitsfront, der enge Zusammenschluß der Massen, aller Patrioten, die Übergabe von Waffen in die Hände des Volkes zur Verteidigung der nationalen Souveränität im Bündnis mit den patriotischen Kreisen der Armee sind.

Diese Bedingungen wurden in unserem Lande nicht erfüllt. Und daraus erklärt sich in bedeutendem Maße unsere Niederlage.«

Unmittelbar nachdem Carlos Castillo Armas am 8. Juli 1954 die Regierungsgewalt über Guatemala an sich gerissen hatte, beseitigten die Machthaber die sozialen und politischen Errungenschaften der bürgerlich-demokratischen Revolution. Es wurde der Ausnahmezustand über das Land verhängt, und eine der ersten Maßnahmen war das Verbot der PGT und der übrigen fortschrittlichen Parteien und Organisationen. Die Gewerkschaften unterzog man einem strengen Kontrollregime, und die Bevölkerung war dem offenen Terror ausgesetzt. Das Regime annullierte die Agrarreform, vertrieb die Bauern von den ihnen übergebenen Bodenflächen und stellte die alten Eigentumsverhältnisse am Grund und Boden zugunsten der Latifundistas und der Monopole, allen voran der United Fruit Company, wieder her. Dem ausländischen Kapital standen von Stund an die Landesgrenzen weit offen, dagegen brach der Diktator die Beziehungen zu den sozialistischen Ländern ab.

Die an Erfahrungen noch sehr junge PGT mußte sich auf den überaus schwierigen und gefahrvollen Kampf in der Illegalität umstellen.

Die wohl komplizierteste Aufgabe bestand darin, unter schöpferischer Anwendung der wissenschaftlichen Erkenntnisse des Marxismus-Leninismus und der Kampferfahrungen der internationalen Arbeiterbewegung die richtige Strategie und Taktik auszuarbeiten. Dabei galt es, die Unrichtigkeit und Gefährlichkeit »ultralinker«, trotzkistischer Positionen ebenso zu entlarven wie die kleinbürgerlich-rechter Kräfte, die sich Zugang zur PGT verschafft hatten. Deswegen wurde auch auf dem III. Parteitag der PGT (1960) und auf dem IV. Parteitag (1969) der Problematik der Etappen der Revolution in Guatemala breiter Raum gewidmet.

Der IV. Parteitag hatte ein Fazit der bisherigen revolutionären Tätigkeit gezogen und ein neues Parteiprogramm angenommen. In ihm wurden die konkreten Ziele einer agrarischen, antiimperialistischen Volksrevolution als strategische Aufgabe sowie der sozialistischen

Revolution umrissen. Zugleich billigte der Parteitag eine Plattform des Kampfes für die Tagesforderungen der Massen. Der Parteitag nahm auch ein neues Statut an, in dem die Rolle der Partei als Führer des revolutionären Krieges des guatemaltekischen Volkes bestimmt wurde.

Führende Funktionäre der PGT, unter ihnen Bernardo Alvarado Monzon, Huberto Alvarado Polanco und Mario Silva Jonama, bekannten sich in Artikeln klar zu den Lehren des Marxismus-Leninismus. Sie legten die Ursachen für Rückschläge und Hemmnisse schonungslos offen. Bernardo Alvarado Monzon erklärte, daß sich die Partei »von der klugen Weisung Lenins leiten (ließ): ›Das Verhalten einer politischen Partei zu ihren Fehlern ist eines der wichtigsten und sichersten Kriterien für den Ernst einer Partei und für die *tatsächliche* Erfüllung ihrer Pflichten gegenüber ihrer *Klasse* und den werktätigen *Massen.*‹«

Sie ließen es aber keineswegs bei Kritik und Selbstkritik bewenden. Vielmehr machten sie Weg und Aufgaben der PGT sichtbar.

1969 schrieb Mario Silva Jonama: »Die Partei hat die historische Mission, den Prozeß der guatemaltekischen Revolution zu entwickeln und zu lenken, deren Weg — den revolutionären Volkskrieg — sie bereits bestimmt hat und den wir in der Tat gehen.« Er führte dabei einen Gedanken aus, der im Referat vor dem Zentralkomitee der Partei im März 1968 dargelegt worden war: »Die Festlegung dieses Weges ist für uns eine strategische Grundfrage. Wir müssen jedoch auf diesem Wege alle Organisations- und Kampfformen miteinander verbinden. Während wir konsequent den bewaffneten Kampf entfalten, müssen wir größte politische Elastizität zeigen, um ... möglichst viele Kräfte für das Lager der Revolution zu gewinnen, die schwankenden Zwischenkräfte zu neutralisieren, die inneren Widersprüche des Feindes zu verschärfen, ihn zu zersetzen.«

Huberto Alvarado faßte 1970 in einem Artikel Erfahrungen der PGT zusammen und stellte fest, obgleich das ZK der Guatemaltekischen Partei der Arbeit bereits 1961 die Notwendigkeit des bewaffneten Weges der guatemaltekischen Revolution begründet hatte, habe die Durchführung des neuen Kurses eine gewisse Verwirrung in ihren Reihen hervorgerufen.

Revolutionäre Siegesgewißheit sprach aus seinen Worten: »Unsere Zuversicht gründet sich auf die Erfolge, die das sozialistische Lager, die Arbeiterbewegung in den kapitalistischen Ländern und die nationale Befreiungsbewegung erzielt haben. Die Schwierigkeiten, Meinungsverschiedenheiten und Niederlagen können uns nur in unserer Entschlossenheit zum unermüdlichen Kampf bestärken ...« Und weiter sagt er: »Wir guatemaltekischen Kommunisten bekräftigen die im Aufruf des ZK unserer Partei zum Ausdruck gebrachte

Huberto Alvarado,
Generalsekretär
der Guatemaltekischen
Partei der Arbeit

Entschlossenheit, für die Revolution und den Sozialismus zu kämpfen.«

Sooft inzwischen seit 1954 aus taktischen Gründen sich in Guatemala militärische und zivile Machthaber ablösten, in einem waren sie sich einig: die allergrößte Gefahr für ihr Regime, für das Weiterbestehen imperialistischer Ausbeutungs- und Unterdrückungsverhältnisse im Lande, ging von einer starken, vom Boden des Marxismus-Leninismus aus operierenden Partei aus. Ihr besonderer Haß galt deshalb den Mitgliedern und Funktionären der PGT.

4. Der Weg des Bernardo Alvarado Monzon

Als sich die Henkersknechte des Regimes Generals Araña Osorio von der Unbeugbarkeit Bernardo Alvarado Monzons und der mit ihm entführten Genossen überzeugen mußten, wurde von höchster Stelle aus nach vorangegangenen Konsultationen mit der CIA und hohen guatemaltekischen Militärs der Befehl zur Ermordung der tapferen Führer der Arbeiterklasse Guatemalas gegeben. Die Revolutionäre wurden hinterrücks erschossen, und da die Militärs Unruhen befürchteten, falls man die geschundenen Leichen der Ermordeten fände, wurde befohlen, die Leichname von einer Militärmaschine aus ins offene Meer zu werfen. Die Mordtaten geschahen etwa zwei Wochen nach der Entführung.

Gerade Bernardo Alvarado stand bei den Mitgliedern der PGT und im guatemaltekischen Volk in hohem Ansehen. Sein Lebensweg — aber auch der der anderen ermordeten Kommunisten — war aufs engste und untrennbar mit der Schaffung und Festigung der PGT und der Entwicklung der kommunistischen Bewegung in Guatemala und in Mittelamerika verbunden.

Bernardo Alvarado Monzon wurde am 8. November 1925 in Guatemala-City geboren. Er und Carlos Alvarado Jerez waren Brüder. Ihr Vater war ein bekannter guatemaltekischer Politiker, der sich in den zwanziger Jahren an den revolutionären Kämpfen seines Volkes aktiv beteiligt hatte. Auch damals wurde das Land mit einer Welle des Terrors überzogen. Der Vater schickte seine Söhne nach Mexiko, hier war ihr Leben sicherer, und sie konnten lernen. 1944 kehrten sie in ihre Heimat zurück. In Mexiko hatten sie sich mit revolutionären Ideen und der marxistisch-leninistischen Theorie vertraut machen können.

Bernardo Alvarado Monzon nahm ein Jura-Studium auf. Auch Carlos Alvarado Jerez begann mit einer Universitätsausbildung. Sie beteiligten sich aktiv an der demokratischen Bewegung der Hochschuljugend. Sie scharten zahlreiche führende Vertreter der fortschrittlichen Jugendbewegung Guatemalas um sich, unter ihnen befand sich auch Carlos René Valle.

Von Bernardo Alvarado ist bekannt, daß er fast jeden Sonntag Fahrten aufs Land benutzte, um den Bauern die Wurzeln jenes Übels aufzuzeigen, das sie in Armut und Unwissenheit hielt, um sie auf den Widerstand gegen die halbfeudale Unterdrückung, gegen die

Allmacht der inländischen Latifundienbesitzer und der nordamerikanischen Monopole vorzubereiten. Auch mit den Industriearbeitern des Landes führte er viele Gespräche. Er beriet mit ihnen die Aufgaben des Gewerkschaftskampfes.

Mit der Gründung der Partei im Jahre 1949 wurde Genosse Bernardo Alvarado Monzon zum Mitglied der Politischen Kommission und zum Sekretär des Zentralkomitees der Guatemaltekischen Partei der Arbeit berufen. Nach dem Sturz der Arbenz-Regierung schmachtete er mehrfach und für längere Zeit in Kerkern.

Vom Vertrauen seiner Genossen getragen, wurde er 1964 mit der verantwortungsvollen Funktion des Generalsekretärs der PGT betraut.

Ihn zeichneten vor allem seine hohe marxistische Bildung, großes Wissen, politische Voraussicht und klassenverbundene Prinzipientreue aus. Als leidenschaftlicher Patriot war er zugleich ein glühender Internationalist und überzeugter Freund der Sowjetunion und der KPdSU. Auf der Internationalen Beratung der kommunistischen und Arbeiterparteien, die im Juni 1969 in Moskau stattfand, sagte er: »Wir meinen, daß die Sowjetunion eine erstrangige Rolle als Hauptkraft im Kampf gegen den Imperialismus spielt … Aus eigener Erfahrung bringen wir ihr ganz offen unseren Dank für die wirksame Hilfe zum Ausdruck, die uns die Kommunistische Partei der Sowjetunion sowie andere Bruderparteien geleistet haben.«

5. Schriftsteller,
Literaturkritiker und Parteiführer

Im November 1972 wählte ein Plenum des ZK der PGT eine neue Parteiführung. Die Funktion des Generalsekretärs der Guatemaltekischen Partei der Arbeit wurde dem Genossen Huberto Alvarado Polanco übertragen.

Huberto Alvarado Polanco wurde am 21. Mai 1927 in Quezoltenango, der zweitgrößten Stadt Guatemalas, geboren. Seine Eltern gehörten dem städtischen Mittelstand an und vertraten bürgerlich-demokratische Ansichten. Er begann ein Universitätsstudium, das er jedoch nicht beendete. Bald schloß er sich fortschrittlichen politischen und literarischen Gruppierungen an, und er wurde Organisator und Führer der Gruppe »Saker-Ti« (Morgendämmerung), die sich gemeinsam mit anderen um die Schaffung einer neuen, revolutionären Kunst und Literatur bemühte. Als die PGT gegründet wurde, gehörte Huberto Alvarado Polanco zu ihren ersten Mitgliedern. Von 1952 bis 1954 war er der Generalsekretär des Verbandes der Guatemaltekischen Demokratischen Jugend (Alianza de la Juventud Democrática Guatemalteca). Er arbeitete als Chefredakteur des zentralen Presseorgans der PGT, »Tribuna Popular«, und er war verantwortlich für die Arbeit der Partei unter der Intelligenz. Nach 1962 war er maßgeblich am Aufbau der Bewaffneten Revolutionären Kräfte beteiligt. Auch bei der notwendig gewordenen Säuberung und Reorganisierung der Partei und beim Neuaufbau der Bewaffneten Revolutionären Kräfte hatte er bedeutsame Aufgaben zu lösen. Huberto Alvarado Polanco hatte sich internationales Ansehen auch als Schriftsteller und Literaturkritiker erworben, vor allem widmete er sich dabei politischen und sozialen Problemen.

Bis 1969 wurde er mehrmals des Landes verwiesen und auch inhaftiert. 1970 schickte ihn die Parteiführung ins Ausland, um Aufgaben in der internationalen kommunistischen Bewegung zu erfüllen. Nach der Ermordung Bernardo Alvarado Monzons kehrte er auf illegalem Wege wieder nach Guatemala zurück.

Den Spitzeln Carlos Araña Osorios entging natürlich auf Dauer nicht, daß die Partei einen neuen Führer erhalten hatte, und es setzte ein wahres Kesseltreiben ein, um seiner habhaft zu werden. Mit Arañas Hilfe war inzwischen im März 1974 durch Wahlbetrug der General Eugenio Kjell Laugerud Garcia »Präsident« in Guatemala geworden. Er war ein getreuer Fortführer des reaktionären Kurses seiner Amtsvorgänger.

Am 20. Dezember 1974 fiel Genosse Huberto Alvarado Polanco den Schergen der politischen Polizei bei einer Razzia in die Hände. Er wurde grausam mißhandelt und ermordet. Später wurde der über und über mit den Spuren schwerster Folterungen bedeckte Leichnam in der Umgebung von Guatemala-City gefunden.

6. Ein Ermordeter pro Quadratkilometer

Die US-amerikanischen Dokumentarfilmautoren Yates und Sigel berichteten, daß seit Beginn der Militärdiktaturen in Guatemala — also seit 1954 — bis heute mehr als 100 000 Menschen bestialisch umgebracht worden sind; ein Ermordeter für jeden Quadratkilometer guatemaltekischen Bodens oder etwa zwei Prozent der Gesamtbevölkerung des Landes vom Baby bis zum Greis! Yates und Sigel ließen einen »Geschäftspartner« des Regimes zu Wort kommen: »Der Regierung von Guatemala ist viel daran gelegen, daß die USA-Investoren zufrieden sind. Die USA sind der wichtigste Markt für die Produkte aus Guatemala. Wir können erwarten, daß die Interessen der hier investierenden US-Firmen jederzeit vertreten werden. Andererseits kann man hier gut produzieren, die Arbeitskraft ist leicht zu haben, leicht auszubilden und billig. Die Mehrzahl aller Investitionen in Guatemala sind aus den USA.« Die beiden mutigen Dokumentarfilmer machten auch deutlich, warum »die Arbeitskraft billig« ist in Guatemala: »In Guatemala leben fast 80 Prozent der Bevölkerung unterhalb der Armutsgrenze. Die durchschnittliche Lebenserwartung liegt bei 49 Jahren. 40 Prozent der Bevölkerung haben keine menschenwürdigen Unterkünfte, 40 Prozent sind arbeitslos, 82 Prozent Analphabeten, 80 Prozent haben keinen Strom, kein sauberes Trinkwasser und keine Abwasserbeseitigung, 85 Prozent der Kinder sind unterernährt, die Kindersterblichkeit ist eine der höchsten in der Welt.« Um die Beibehaltung eben dieser menschenunwürdigen Verhältnisse geht es, denn nur sie sichern den Großgrundbesitzern und Monopolen, den Haien vom Schlage der United Fruit Company ihren Maximalprofit.

Wie weit verzweigt das Netz der Herrschaft der United Fruit Company in Guatemala ist, zeigte José Rodriguez schon 1961 auf: »Die United Fruit Company kontrolliert uneingeschränkt die Produktion und den Export von Bananen und besitzt über 40 Prozent der Aktien des gesamten Eisenbahnsystems, das einem anderen US-Monopol, der International Railways of Central America, gehört. Sie ist ferner Besitzerin der Reederei Great White Fleet, mit deren Hilfe sie im wesentlichen den Außenhandel betreibt. Die ihr gehörende Gesellschaft Tropical Radio hält zusammen mit der Gesellschaft All American Cables die ganzen Mittel in der Hand, die Guatemala mit der Außenwelt verbinden. Die United Fruit Company

Guatemala-Stadt: Voller Reklame die Straßen
im Zentrum der Hauptstadt ...

besitzt die wichtigsten Häfen des Landes und viele Betriebe. Ihr gehören die größten Latifundien. In Guatemala beläuft sich ihr Jahres-
gewinn auf 40 Millionen Quetzal (1 Quetzal = 1 amerikanischer
Dollar).«

In Guatemala überwiegt die bäuerliche Bevölkerung. In den sechziger Jahren bestimmten landwirtschaftliche Produkte zu über
90 Prozent den guatemaltekischen Export (davon etwa drei Viertel
Kaffee). Wem also die Landwirtschaft gehört, dem gehört auch das
Land. Yates und Sigel stellten in ihrem Film fest: »Zwei Drittel der

... und Elendshütten aus Lehm und Brettern
unweit des modernen Nationaltheaters

Bevölkerung Guatemalas wohnen auf dem Lande. Doch zwei Drittel
des kultivierbaren Bodens haben sich wenige Großgrundbesitzer an-
geeignet. Vier von fünf Bauernfamilien leben in absoluter Armut.
Und mancher, der sich hier für einen Spottlohn zur Saisonarbeit ver-
dingt, stirbt an Auszehrung auf dem Rückweg in sein Heimatdorf.«
    Inzwischen haben aber auch die Militärs ihren Schnitt gemacht.
In dem Dokumentarfilm wird festgestellt: »Das Militär in Guatemala
kontrolliert nicht nur die Menschen, bestimmt nicht nur die Politik.
Es ist dabei, selbst zum Unternehmer zu werden. Die Militärs haben

so viel Geld zusammengestohlen, so viele finanzielle Operationen abzuwickeln, daß sie — und das dürfte einmalig sein — eine eigene Bank eröffnet haben. Die Bank der Armee.«

Und immer wieder gibt es neue Nachrichten und Beweise über die Bestialität, mit der die Schergen des Kapitals ihre Herrschaft in Guatemala aufrechterhalten. Yates und Sigel ließen in ihrem Film eine Frau berichten: »Die Armee verschleppte meinen Bruder. Sein Verbrechen war, daß er einmal Vorsitzender einer kleinen landwirtschaftlichen Genossenschaft gewesen ist. Man riß ihm die Fingernägel aus und brachte ihm Schnittwunden am ganzen Körper bei. Später gab die Armee eine öffentliche Bekanntmachung heraus, in der jeder aufgefordert wurde, zu einem bestimmten Ort zu kommen und anzusehen, was mit den Festgenommenen geschieht. Wir sind dann dorthin gegangen, wo sich unter zwanzig gefolterten Männern auch mein Bruder befand. Die Männer waren am ganzen Körper geschwollen und hatten keine Ohren und keine Fingernägel mehr. Ein Offizier hielt eine Rede von drei Stunden. Er drohte uns, daß wir das gleiche Schicksal erleiden würden, wenn wir deren Beispiel von Volksherrschaft wiederholten. Dann legten sie die Männer dicht zusammen, schütteten Benzin über sie und verbrannten sie bei lebendigem Leibe auf dem Marktplatz.«

Was die guatemaltekischen Folterknechte nicht wissen, das bringen ihnen erfahrene Mordspezialisten aus den USA bei. In dem Dokumentarstreifen aus den USA kommt auch der US-amerikanische »Berater und Ausbilder« Jesse Garcia, Angehöriger der berüchtigten »Green Baretts«, zu Wort. Er sagte: »Ich kann den speziellen Kampfeinheiten viel helfen. Manchmal fragen sie mich nach meinen Erfahrungen in Vietnam, und ich erzähle ihnen alles, was in Vietnam passiert ist. Sie sind dabei sehr aufmerksam.« Wie die »Vietnam-Erfahrungen« des Yankees umgesetzt werden, darüber berichtete in dem Film eine Frau: »Die Armee besetzt unsere Dörfer. Sie will uns zwingen, uns an einem Ort zu konzentrieren. Sie wollen uns so besser unter Kontrolle haben. Diese Orte heißen strategische Dörfer. Sie darf man nur mit ihrer Erlaubnis verlassen. Sie zwingen dort die Menschen, vor ihnen herzumarschieren, wenn sie in den Kampf oder zu einem Massaker losziehen.« Die Menschen in der Welt haben eine Wahrheit längst begriffen. Wenn die USA-Regierung dem Regime von Guatemala Hilfe zukommen läßt, sei es in Form von militärischer Ausrüstung, von Beratern oder auf ökonomischem Gebiet, muß sie sich auch im klaren sein, daß sie direkt an dem Blutvergießen beteiligt ist. Doch wie sagte der Sonderbevollmächtigte Washingtons den guatemaltekischen Machthabern beim Machtantritt Reagans: »Führt Säuberungen durch, und wir helfen euch.« Und sie führen diese »Säuberungsaktionen« durch. Inzwischen beklagen auch die guatemaltekischen Bischöfe, daß »Vergewaltigungen, illegale Verhaftungen, Folter und Massaker unter unschuldigen Dorfbewohnern« weiterhin an der Tagesordnung sind.

Doch die Machthaber müßten das Volk ganz ausrotten, wenn sie den Widerstand der guatemaltekischen Bevölkerung brechen wollten. Und dieser Widerstand wächst allem Terror und Mord zum Trotz von Jahr zu Jahr. Denn auch für Guatemala gilt Lenins Erkenntnis: »Die erste und grundlegende Lehre ist die, daß nur der revolutionäre Massenkampf imstande ist, einigermaßen ernsthafte Verbesserungen im Leben der Arbeiter und in der Verwaltung des Staates durchzusetzen.« Und immer mehr Menschen erkennen dies und sind bereit, dafür einzutreten, zu kämpfen und — wenn es sein muß — auch zu sterben. Huberto Alvarado gab seiner Siegeszuversicht kurz vor seiner Ermordung Ausdruck, indem er formulierte: »Trotz zeitweiliger Niederlagen glauben wir fest an den kommenden Sieg. Lenin erklärte, daß ›die unverbrüchliche Treue zur Revolution und der revolutionäre Appell an das Volk auch dann nicht vergebens sind, wenn ganze Jahrzehnte die Ernte von der Saat trennen.‹«

Schüsse nach der Cocktail-Party

1. Spinolas »neue Ära«

Die Begeisterung der Mitarbeiter, aber auch der höheren Beamten in der portugiesischen Kolonialverwaltung in Bissau hielt sich in Grenzen, als der scheidende Gouverneur Arnaldo Schulz mit feierlicher, ein wenig trauriger Miene seinem Nachfolger symbolisch das »Staatssteuer« in die Hände gab und die kleine Militärkapelle eher lustlos als freudig-schmetternd die Nationalhymne Portugals intonierte.

Wenn sich schon im Zentrum der kolonialen Macht in Portugiesisch-Guinea die Hände der Tugas, der Kolonialherren, nur gezwungenermaßen zu schwachem Beifall rührten, so breiteten sich bei der Bevölkerung der 36 000 Quadratkilometer großen Kolonie Ungewißheit, Angst und Unbehagen aus. Sicher war jeder portugiesische Gouverneur ein Gouverneur zu viel, und niemand erwartete von diesen Statthaltern der kolonial-faschistischen Regierung in Lissabon, daß sie der einheimischen Bevölkerung Ruhe und Frieden und vielleicht sogar die Möglichkeit gönnten, sich aus Armut und Not zu einem bescheidenen Reichtum zu entwickeln, oder daß sie gar der hemmungslosen Ausbeutung der natürlichen Reichtümer des Landes ein Ende setzten. Aber es gab doch Unterschiede, es gab böse und teuflische, gerade noch erträgliche und völlig unerträgliche Gouverneure.

Das teuflischste aber, was sich Lissabon hatte ausdenken können, war soeben an die Macht gekommen. General Antonio Sebastião Ribeiro de Spinola, früherer Chef der sogenannten Republikanischen

338

Nationalgarde in Portugal, der kaltblütig seine Landsleute ermorden ließ, als sie sich gegen den Diktator Salazar erhoben und an Stelle der faschistischen eine demokratische Regierung gefordert hatten.

Später diente Spinola seinen Vorgesetzten in Angola, wo er Befehlshaber der Motorisierten Kavallerie war und überall dort, wo er mit seinen Truppen auftauchte, vom Blut der ermordeten Angolaner getränkte und verbrannte und unfruchtbare Erde hinterließ.

Was war von einem solchen Verbrecher in Uniform nun in Portugiesisch-Guinea zu erwarten? Doch wohl ebenfalls nichts anderes als blutiger Terror, noch dazu, da Spinola in diesem Jahr 1968 Gouverneur einer Kolonie wurde, die Portugal faktisch schon gar nicht mehr gehörte. Der größte Teil des Landes war bereits befreit und wurde von einer Bewegung, einer Partei kontrolliert und neu geordnet, die dem Kolonialismus einen erbitterten Kampf angesagt hatte und deren Ziel ein unabhängiges, demokratisches, friedliebendes Guinea-Bissau war, in dem das Volk selbst über seine Entwicklung bestimmte: von der Partido Africano dá Independência da Guiné e Cabo Verde, der Unabhängigkeitspartei von Guinea und den Kapverdischen Inseln, kurz PAIGC genannt.

Sie und das in breiter geschlossener Front hinter ihr stehende Volk waren Spinolas Hauptgegner, Feinde, gegen deren Entschlossenheit und Kraft er mit allen zu Gebote stehenden Mitteln vorzugehen gedachte.

Kaum hatte es sich der berüchtigte General mit den stets dunkel umschatteten und von starken, buschigen Brauen überdeckten Augen in seinem Palast an der Plaza Imperio bequem gemacht, da schob er auch schon sein energisches breites Kinn vor und begann mit der »Arbeit«. Das erste, was die Öffentlichkeit von ihm zu hören bekam, war die Feststellung, in der »Überseeprovinz Portugal-Guinea« beginne »nunmehr eine neue Ära«. Und seit eh und je gewohnt, seine wahren Absichten hinter wohltönenden Worten und hohlen Phrasen zu verbergen, hatte Spinola auch sofort ein Aktionsprogramm zur Hand, das er hochtrabend und schwelgerisch »Para Guiné melhor« nannte, was dem Wortlaut nach bedeutete, er wolle sich »für ein besseres Guinea« einsetzen.

Das Wort »besser« war natürlich in portugiesischem Sinne zu verstehen, und wer von den rund 600 000 Einwohnern des Landes daran noch Zweifel gehabt haben sollte, wurde schnell von ihnen befreit und eines anderen belehrt, denn der »Sicherheitsrat« in Lissabon billigte das Generals-Programm in allen Einzelheiten, räumte alle noch vorhandenen Steine aus dem Weg und gab dem Zugpferd Spinola die Sporen, um den bereits bis über die Achsen im Schlamm steckenden portugiesischen Karren noch einmal freizuziehen.

Hatte schon der abgehalfterte Gouverneur Schulz seinen 45 000 Soldaten der Kolonialtruppe nicht gerade paradiesische Ruhe gegönnt, so brachte Spinola seine gut gerüstete Armee wieder richtig auf Vordermann und lehrte sie den Zweck ihrer Anwesenheit in dem für sie fremden Land begreifen: Die Kolonie unter allen Umständen zu halten, die Befreiungsbewegung unter Leitung der PAIGC zu zerschlagen und die bereits von ihr besetzten Gebiete wieder in den mütterlichen Schoß Portugals zurückzuführen.

Schon Arnaldo Schulz hatte mit sturer Beharrlichkeit immer wieder Bomben auf die befreiten Gebiete werfen lassen und sich eine Menge Repressalien gegen die friedliche Bevölkerung ausgedacht, weil an die regulären Truppen der Befreiungsfront nicht entscheidend heranzukommen war. Doch gegen das, was sich General Antonio Spinola, auf seine reichhaltigen Erfahrungen bei Massakern und der »Niederschlagung von Revolten« zurückgreifend, einfallen ließ, war sein Vorgänger sittsam und friedliebend wie ein Engel.

Die Bombardierungen der nicht mehr in portugiesischer Hand befindlichen Territorien wurden zu generalstabsmäßig geplanten Vernichtungseinsätzen, die nur noch tote Erde hinterließen. Neue Ziele für die Bomberbesatzungen wurden Schulen und Hospitäler. Zu den üblicherweise eingesetzten Sprengbomben gesellten sich Splitterbomben, Napalm, chemische Giftstoffe und Pflanzenvernichtungsmittel.

Rund 100 Dörfer wurden dem Erdboden gleichgemacht, um die bislang noch friedlich wirkende Hauptstadt Bissau dehnten sich bald Minenfelder und Stacheldrahtzäune, die »Strafexpeditionen« der Kolonialtruppen nahmen zu und wurden von Mal zu Mal brutaler.

Nachdem er den Terror ausgeweitet hatte, ging Antonio Sebastião Ribeiro de Spinola daran, den Programmpunkt Nummer zwei seines Maßnahmeplanes in die Tat umzusetzen: den gezielten, hinterhältigen Kampf gegen die Unabhängigkeitspartei und ihre Führungsgremien. Und was für die nackte Gewalt die Kolonialarmee, das sollte für den vorerst geplanten »Stillen Kampf« die PIDE, der portugiesische Geheimdienst sein, dessen Personalbestand in Bissau und auf den Kapverdischen Inseln schon eigens für diesen Zweck erhöht worden war.

Wo immer man sich in der Hauptstadt und in den noch von den Tugas beherrschten Gebieten bewegte, begegnete man PIDE-Leuten, die Augen und Ohren offenhielten und nach Mitgliedern der Unabhängigkeitspartei, deren Leitung in Conakry, der Hauptstadt des benachbarten Guinea, ihren Sitz hatte, oder nach Mitgliedern der Befreiungsarmee Ausschau hielten.

Das hatten sie, wenn auch nicht in so großer Zahl, schon früher getan und dabei durchaus Erfolg gehabt. Zwar war es ihnen nicht vergönnt gewesen, Männer aus der höchsten Führungsspitze der PAIGC in ihre Hand zu bekommen, doch befanden sich unter den Festgenommenen schon einige Parteifunktionäre der mittleren und höheren Ebenen.

Jetzt aber setzte man zum Angriff auf die Parteileitung und vor allem den Generalsekretär der PAIGC, Amilcar Cabral, an und nutzte dazu die perfidesten Methoden.

Auf der zu den Kapverden gehörenden Insel Santiago war bereits Jahre vorher eigens für PAIGC-Mitglieder und andere, an der Kolonialpolitik Portugals in irgendeiner Form Kritik übende Einwohner Portugiesisch-Guineas das Konzentrationslager Tarrafal geschaffen worden, in dem die PIDE nach dem Vorbild der faschistischen Gefängnisse in der Heimat ein brutales, menschenunwürdiges Regime aufzog.

Doch schon Ende 1966, vor allem aber nach dem Amtsantritt Spinolas im Bissauer Gouverneurspalast, änderte sich für einige der Inhaftierten die Art und Weise der Behandlung. Sie wurden nicht mehr so gequält wie die anderen, erhielten vom schlechten Essen noch die besten Brocken, genossen einige Freiheiten und Großzügigkeiten und wurden ab und an sogar vom Kommandanten des Lagers zu Gesprächen empfangen. Doch kam niemals ein Wort darüber aus ihrem Mund, um welche Probleme sich diese Unterredungen gedreht hatten. Lediglich zufriedener sahen die Männer danach immer aus, sie waren heiterer als vorher und wagten auch offen wieder Gedanken an die Zukunft.

Zu diesen »Privilegierten« gehörten vor allem zwei in den Kreisen der PAIGC nicht ganz unbekannte Parteimitglieder: Mamado Touré, genannt Momo, und Aristides Teodorico Barbosa. Mit ihnen befaßte sich der Kommandant von Tarrafal, Antonio Olegario, besonders oft und führte sie schließlich auch PIDE-Inspektor Eduardo Fontes Vieira zu, der sich lange und eindringlich mit ihnen unterhielt.

Um die Mittagszeit des 3. August 1969 verbreitete die von den Portugiesen betriebene Rundfunkstation in Bissau, die sich seit Monaten über die von General Spinola angeordneten Bombardierungen ebenso ausschwieg wie über die Strafexpeditionen der Kolonialarmee, die Nachricht, im Zuge der Realisierung des Spinola-Programms »Für ein besseres Guinea« habe man beschlossen, aus dem Konzentrationslager Tarrafal 92 Häftlinge vorzeitig nach Bissau zu entlassen. Es handle sich dabei ausschließlich um Leute, die dereinst wegen ihrer Zugehörigkeit zur PAIGC eingekerkert worden waren.

Zu ihnen gehörten, wie sich erst sehr viel später herausstellen sollte, auch Touré und Barbosa, die vor ihrer Entlassung noch jeder zu einem persönlichen Gespräch zu General Spinola gebracht wurden, der sie dabei detailliert mit ihren künftigen Aufgaben vertraut machte und ihnen nahelegte, die vor ihnen liegende Zeit gut zu nutzen, um die ihnen zugedachte »wichtige Mission« in Ehren und vor allem erfolgreich erfüllen zu können. Es solle ihr Schade nicht sein.

Nach diesem Gespräch waren sie endgültig frei.

2. Ein Leben für Afrika

Auf dem VIII. Parteitag der Sozialistischen Einheitspartei Deutschlands im Juni 1971 in Berlin trat neben vielen anderen Gastrednern aus aller Welt auch ein Mann mit randloser Brille und dunklem, von weißen Fäden durchzogenen Kinnbart ans Rednerpult, um den Delegierten des Parteitages die Grüße seiner Partei und seines seit Jahren um die Unabhängigkeit vom portugiesischen Kolonialismus ringenden Volkes im fernen Afrika zu überbringen: Amilcar Cabral, Generalsekretär der Partido Africano da Independência da Guiné e Cabo Verde, ein Mann, von dem der langjährige schwedische Ministerpräsident Olof Palme einmal sagte, er gehöre zu »den herausragendsten Menschen«, denen er je begegnet sei.

Unter dem Beifall der Delegierten und Gäste sagte Cabral damals in der Berliner Werner-Seelenbinder-Halle: »Von diesem VIII. Parteitag der Sozialistischen Einheitspartei Deutschlands möchten wir den Jungen Pionieren in der Deutschen Demokratischen Republik, dem Afro-Asiatischen Solidaritätskomitee und dem Volk der DDR für ein sehr wichtiges Geschenk danken — ein Mathematikbuch für die 1. Klasse. Dieses Buch haben wir soeben in 50 000 Exemplaren erhalten. Das ist eine der besten Waffen, die wir bisher erhielten.«

Wer war dieser Mann, der den opferreichen bewaffneten Kampf seines Volkes um Freiheit und Unabhängigkeit leitete und lenkte

Amilcar Cabral

und der zugleich über ein Lehrbuch für Mathematik wie über eine »Waffe« sprach?

Amilcar Cabral wurde am 12. September 1925 in Bafatá, einer Siedlung am Rio Geba, im damaligen Portugiesisch-Guinea geboren. Seine Eltern stammten von den Kapverdischen Inseln, wo der Sohn auch in São Vicente die Gil Eques High School besuchte.

Da er ein hervorragender, hochintelligenter Schüler mit leichter Auffassungsgabe war, wurde ihm die Möglichkeit geboten, am Instituto Superior de Agronomia in Lissabon zu studieren, das er im Jahre 1951 als geprüfter Agraringenieur wieder verließ.

Während seines Aufenthaltes in der portugiesischen Hauptstadt gründete Cabral im Jahre 1948 gemeinsam mit dem späteren angolanischen Staatspräsidenten Agostinho Neto und Mario de Andrade ein »Zentrum für afrikanische Studien«, in dem anderen Studenten vom »schwarzen Kontinent« die Möglichkeit geboten wurde, über Entwicklungsprobleme ihrer Heimat zu diskutieren und ihre Muttersprache zu erlernen.

Cabral selbst beherrschte das in der Heimat als Umgangssprache übliche Sudanesisch ebenso perfekt wie Portugiesisch, Englisch und Französisch.

Auf die Tätigkeit dieses »Zentrums« jedoch blieben Cabrals politische Aktivitäten nicht beschränkt. Vielmehr beteiligte er sich tatkräftig an der Arbeit in antifaschistischen Jugendkomitees und pflegte sehr enge Beziehungen zur Portugiesischen Kommunistischen Partei, die zu jener Zeit in tiefster Illegalität gegen das kolonial-faschistische Regime des Diktators António de Oliveira Salazar kämpfen mußte und brutalsten Verfolgungen ausgesetzt war.

Nach Abschluß des Studiums kehrte Amilcar im Jahre 1952 in sein Heimatland zurück und erhielt eine Anstellung als Agraringenieur im Provinzbüro für Land- und Forstwirtschaft. Zu seinen besonderen Aufgaben gehörte es dabei, eine für diese portugiesische Kolonie beabsichtigte Volkszählung mit vorzubereiten. Dadurch bot sich Cabral fast zwei Jahre lang die Möglichkeit, ausgedehnte Reisen in alle Gegenden des Landes zu unternehmen. Dabei sammelte er detailliertes und tiefgründiges Wissen über die örtlichen Verhältnisse, die sozialen Strukturen, die Lebensweise und den Lebensstandard der Menschen und über das Maß ihrer Knechtung und Ausbeutung durch die portugiesischen Kolonialherren.

Die während dieser Reisen gewonnenen, zum Teil erschreckenden Erkenntnisse bestärkten Cabral in seiner Absicht, den Kampf gegen den Kolonialismus und für die Unabhängigkeit und Selbstbestimmung seines Volkes zu seinem wichtigsten Lebensinhalt zu machen, was sehr bald auch den Kolonialbehörden bewußt wurde und ihm eine strenge Rüge des Gouverneurs eintrug.

Nach einem weiteren kurzen Aufenthalt in Lissabon und zunehmendem antikolonialistischen Wirken in Bissau wird er schließlich im Jahre 1955 gezwungen, seine Heimat zu verlassen. Er geht nach Angola, wo er sich einer Gruppe fortschrittlicher Afrikaner anschließt, die mit den Vorbereitungen zur Gründung einer nationalen Befreiungsbewegung begonnen haben. Dabei hält er aber weiter enge Verbindungen nach Bissau, wo es ihm am 19. September 1956 gelingt, gemeinsam mit dem damaligen Chef des Postamtes der

Hauptstadt, Aristides Pereira — dem späteren Präsidenten der Republik der Kapverden — die Partido Africano da Intependência da Guiné e Cabo Verde, eben jene PAIGC zu gründen, deren Generalsekretär er bis zu seinem Tode war.

Im Gastland Angola — ebenfalls noch portugiesische Kolonie — beteiligt sich Cabral im Dezember des gleichen Jahres an der Seite seines Freundes Agostinho Neto an der Gründung der Movimento Popular de Libertaçao de Angola (MPLA), der Befreiungsorganisation.

Einen besonderen Meilenstein in der politischen Tätigkeit Amilcar Cabrals setzen die Jahre 1957 und 1961.

Patrioten aus Guinea-Bissau, Angola, Moçambique, von den Kapverdischen Inseln sowie von São Tomé und Príncipe berieten 1957 in Paris darüber, wie sich der Kampf gegen Kolonialismus und Imperialismus, gegen Ausbeutung und Unterdrückung der Völker in den portugiesischen Kolonien künftig entwickeln sollte. Ergebnis dieser Beratung war die Gründung der ersten Organisation für ein gemeinsames Herangehen in der Auseinandersetzung mit den Tugas, die »Movimento anticolonialista« (MAC).

Diesem ersten zaghaften Schritt folgte rund vier Jahre später in Casablanca die ständige »Konferenz der nationalistischen Organisationen der portugiesischen Kolonien« (CONCP), mit der die Koordinierung des Kampfes auf eine qualitativ höhere Stufe gehoben werden konnte. Erster Präsident dieser »Konferenz« wurde Amilcar Cabral, eine Funktion, die er dank seiner hervorragenden Qualitäten als Führerpersönlichkeit, dank seines hohen Wissens, nie erlahmender Einsatzbereitschaft und einer klaren, auf den Lehren von Marx, Engels und Lenin basierenden Weltanschauung mit hohem politischen Nutzeffekt ausfüllte.

Indem Cabral beispielsweise den portugiesischen Kolonialismus und die sozialen und gesellschaftlichen, die wirtschaftlichen und politischen Verhältnisse in den Kolonien Portugals exakt analysierte, gelang es ihm, auf der Grundlage dieser umfassenden wissenschaftlichen Arbeit allgemein gültige Grundsätze für die Organisierung des Befreiungskampfes zu formulieren. Sie sollten im Zeitabschnitt der nächsten fünfzehn Jahre bestimmend für die revolutionären Bewegungen in den portugiesischen Kolonien werden.

Mit besonderer Sorgfalt aber widmete sich Cabral der Entwicklung und Stabilisierung der PAIGC und ihrem Programm für den

Unabhängigkeitskampf, einem anfangs allgemein-demokratischen Programm für den antikolonialen Widerstand.

Zunächst versuchte die Partei, mit friedlichen Appellen die erforderlichen sozialen und politischen Veränderungen zu erreichen. Doch die Antwort der Kolonialherren waren nur verstärkte Repressalien und eine immer schärfer werdende Verfolgung der PAIGC-Mitglieder. So begann die Partei unter Cabrals Führung den Widerstand mit anderen Mitteln zu organisieren und führte beispielsweise die Hafen- und Transportarbeiter von Bissau in den Jahren 1957 und 1959 zu ausgedehnten Streikaktionen.

Die portugiesischen Machthaber reagierten sofort und mit unerhörter Brutalität. Hatten sie zwei Jahre zuvor den Streik noch mit den bis dahin »üblichen« Mitteln zum Erliegen gebracht, so gingen sie 1959 zu nackter Gewalt und zum vorsätzlichen Mord über. Als im August die Dockarbeiter von Pidgiguiti um höhere Löhne zu streiken begannen, war die Kolonialpolizei umgehend zur Stelle und trieb die Docker mit Waffengewalt wieder an die Arbeit zurück, wobei fünfzig von ihnen auf offener Straße niedergeschossen und getötet wurden.

Nunmehr mußten für die Tätigkeit der PAIGC neue Maßstäbe gesetzt und die Mittel und Methoden des Widerstandes geändert werden. Einen Monat nach dem blutigen Zwischenfall in Pidgiguiti traf Cabral, aus Angola kommend, in Bissau ein und ging in den Untergrund.

Am 19. September 1959 trafen sich in der Dienstwohnung des Postamtsleiters Aristides Pereira im Haus Nummer 16a der nach Dr. Vieira Machado benannten Straße in Bissau die Führer der PAIGC zu einer internen Beratung, auf der sie den Kampf der Partei gegen die Portugiesen »mit allen Mitteln, einschließlich Krieg« beschlossen.

Cabral, als Generalsekretär und Persönlichkeit mit großer Ausstrahlungskraft weithin anerkannt und geachtet, leitete die Sitzung, an der neben Pereira und dessen Ehefrau Carolina noch Luis Cabral — ein Bruder Amilcars —, Inacio Semedo, Elize Turpão und Fernando Fortes teilnahmen.

Das wohl wichtigste Ergebnis dieser Geheimberatung war ein Fünf-Punkte-Programm über die nächsten Aufgaben und Aktivitäten der PAIGC, mit dessen Verwirklichung unmittelbar nach der Sitzung in allen Struktureinheiten der Partei begonnen wurde.

Nach diesem Programm sollte die Partei vorerst nur illegal weiter tätig werden und alle öffentlichen Aktionen aufgeben. Die Parteiorganisationen in den Stadtbezirken sollten verstärkt und arbeitsfähiger gemacht werden.

Als eine wesentliche Aufgabe wurde formuliert, sofort daranzugehen, die Volksmassen auf dem Lande, die richtig als wichtigster Faktor im Kampf für die nationale Befreiung erkannt worden waren, zu mobilisieren und zu organisieren, um damit die Massenbasis der PAIGC zu stärken.

Entsprechend Punkt drei des Programms hatte sich die Partei stärker als bisher um den Zusammenschluß der Afrikaner aller ethnischen Gruppen, Völkerschaften und sozialen Schichten zu bemühen.

Im Punkt vier setzte Cabral eine Forderung durch, um deren effektive Verwirklichung er zeitlebens gerungen hatte, nämlich möglichst viele Funktionäre im In- und Ausland für die politische Führung und Organisation sowie die Ausdehnung des Widerstandskampfes qualifizieren und heranschulen zu lassen.

Der letzte Programmpunkt schließlich verpflichtete die Parteiführung, die Zusammenarbeit mit den nationalen Befreiungsorganisationen der anderen portugiesischen Kolonien, mit anderen Ländern Afrikas und dabei besonders mit solchen, die ihre Unabhängigkeit bereits erreicht hatten, und darüber hinaus mit allen demokratischen und fortschrittlichen Kräften der Welt noch enger als bisher zu gestalten.

Gerade dieser Aufgabe widmete der Generalsekretär der PAIGC in der Folgezeit sein ganz besonderes Augenmerk, wie die Casablanca-Konferenz von 1961, mehr aber noch seine enge Freundschaft mit den sozialistischen Ländern, vor allem mit der Sowjetunion beweisen, die er als wichtigste Verbündete im Kampf seines Volkes betrachtete. So sagte er auf dem XXIV. Parteitag der Kommunistischen Partei der Sowjetunion im April 1971 in Moskau: »Unsere Siegeszuversicht ist um so stärker, da das Zentralkomitee Ihrer Partei durch seinen Generalsekretär noch einmal die Entschlossenheit der Kommunistischen Partei der Sowjetunion bestätigte, auch weiterhin der Befreiungsbewegung moralische, politische und materielle Hilfe zu erweisen. Für uns bedeutet das, daß die Sowjetunion nach wie vor fest zu unserem Volke stehen, die portugiesischen Kolonisatoren, ihren verbrecherischen Kolonialkrieg und ihre Helfershelfer entlarven sowie unsere Partei bei dem siegreichen Kampf unterstützen wird.

Wir schmälern nicht die Bedeutung der afrikanischen Solidarität und der Solidarität der anderen antikolonialen Kräfte in der Welt, wenn wir offen erklären, daß wir die größte Hilfe in unserem Kampf gerade von der Sowjetunion erhalten.«

Schon im Jahre 1965 hatte Cabral auf der 2. Konferenz der CONCP in Daressalam betont: »Wir wollen es mit lauter und klarer Stimme sagen, daß wir in den sozialistischen Ländern unsere sichersten Verbündeten haben.«

Auch in unserem Land weilte Amilcar Cabral mehrere Male als Gast der Sozialistischen Einheitspartei Deutschlands. Und jedesmal würdigte er aus vollem Herzen die Solidarität unseres Volkes mit dem Befreiungskampf in Guinea-Bissau und auf den Kapverdischen Inseln. Während seines letzten Aufenthaltes im Oktober 1972 faßte er seine Gefühle dafür in den Worten zusammen: »Wir werden es niemals vergessen, daß die Deutsche Demokratische Republik in der schweren Phase unseres Befreiungskampfes als Freund an unserer Seite stand.«

Am 31. Oktober 1972
empfing der Erste Sekretär des ZK der SED, Erich Honecker,
den Generalsekretär der Afrikanischen Unabhängigkeitspartei Guineas
und der Kapverdischen Inseln, Amilcar Cabral, zu einem
freundschaftlichen Gespräch. Daran nahm auch Gerhard Grüneberg,
Mitglied des Politbüros und Sekretär des ZK der SED, teil (2. v. r.)

Im Jahre 1961 begann die PAIGC mit den Vorbereitungen zum anti-kolonialen bewaffneten Freiheitskampf, der am 3. August 1963 mit der Eröffnung der sogenannten Südfront seinen Anfang nahm. In der mehr als zehn Jahre währenden Auseinandersetzung bis zur staatlichen Neuformierung der alten portugiesischen Kolonie als Republik Guinea-Bissau entrissen die rund zehntausend Kämpfer der revolutionären Volksstreitkräfte den schwerbewaffneten Portugiesen Stück für Stück des Landes und schnürten sie schließlich in den großen Städten und Militärstützpunkten ein.

In den befreiten Gebieten hingegen zog wirklich eine neue Ära ein. Schon frühzeitig hatte die Führung der PAIGC, von ihrem Theoretiker Cabral immer wieder eindringlich belehrt, erkannt, daß die wirkliche nationale Unabhängigkeit nicht allein mit Hilfe von Waffen zu erringen war, sondern daß dazu sehr viel mehr gehörte. Cabral hatte einmal geschrieben: »... es scheint uns unerläßlich, daß eine solide, geeinte Avantgarde gebildet wird, die sich der wahren Bedeutung und des Zieles des nationalen Befreiungskampfes, den sie führen muß, bewußt ist ...«

Diese Avantgarde hatte er mit der PAIGC geschaffen. Über die wahre Bedeutung und das Ziel des Befreiungskampfes aber sagte er, der Kampf sei »nicht zu Ende, wenn die Flagge gehißt und die Nationalhymne gespielt wird«! Danach erst müsse der entscheidende Schritt getan werden, denn, so seine Argumentation, »es gibt nur zwei Wege für die unabhängige Nation: entweder zur imperialistischen Herrschaft ... zurückzukehren oder sich für den sozialistischen Weg zu entscheiden«. Dieser Schritt aber sei vom ersten Tag an gut vorzubereiten.

Die PAIGC folgte seinem Rat.

Bereits vom Jahre 1964 an wurde in den befreiten Dörfern und Tabancas (Weihern) unter der Leitung der Partei eine Verwaltung, eine eigene Gerichtsbarkeit und Zivilverteidigung, ein eigenes Versorgungs-, Gesundheits- und Schulwesen entwickelt. Es gab sogenannte Busch-Schulen und Urwaldinternate, in denen dem Analphabetismus zu Leibe gerückt wurde. Provisorische Lazarette wurden eingerichtet, die später schrittweise zu festen Sanitätsstellen und Krankenhäusern ausgebaut wurden. Dabei galt der Kampf vor allem der hohen Säuglingssterblichkeit, der Bilharziose und der weit verbreiteten Schlafkrankheit.

Mit der gleichen Zielstrebigkeit wurden Volksläden, die »Armacem do Povo« eröffnet, in denen die Bauern ihre Ernteerzeugnisse gegen Konsumgüter tauschen konnten. Erste Genossenschaften in der Landwirtschaft wurden gebildet, neue Anbauflächen für die Hauptnahrungsmittel Reis, Mais, Hirse und Bataten erschlossen, Handwerk und örtliche Industrie entwickelt.

So entstand Zug um Zug, Stufe um Stufe das Gerüst für den neuen Staat. Die befreiten Gebiete wurden in Verwaltungsdistrikte untergliedert, überall Ortskomitees gewählt und über den neu geschaffenen Justizapparat sogar die ersten öffentlichen Verhandlungen gegen die Feinde der Revolution, gegen Diebe und Verbrecher geführt, die sich am Volk zu bereichern gedachten.

Als General Spinola 1968 das Amt des Gouverneurs übernahm, standen bereits zwei Drittel des Territoriums von Guinea-Bissau unter der Kontrolle der PAIGC. Und wenige Jahre später konnte Cabral feststellen: »Die Macht Portugals in Guinea-Bissau ist künftig nur noch eine Fiktion.«

Noch zwei wesentliche Eigenschaften müssen angeführt werden, um den Generalsekretär der PAIGC, den Mann, der ein Geschenk von Schulbüchern als »wichtige Waffe« im Unabhängigkeitskampf bezeichnete, umfassend zu charakterisieren: seine Rolle als Internationalist und als hartnäckiger Kämpfer und Streiter gegen alles, was den Erfolg der Revolution zu gefährden drohte.

Amilcar Cabral sah den nationalen Befreiungskampf seines Volks zu keiner Zeit losgelöst vom allgemeinen Kampf gegen den Imperialismus und erklärte einmal: »Wir sind uns bewußt, daß unser Kampf zur Befreiung unseres Landes ein wichtiger Teilabschnitt des weltumspannenden Kampfes gegen den Imperialismus ist.«

Zugleich sah er im Ringen jedes einzelnen Befreiungskämpfers auch das Streben, etwas für die Erreichung der großen Ideale der Menschheit, für dauerhaften Frieden, Humanismus, Menschenwürde und Freiheit der Persönlichkeit zu tun, wie sie in der Charta der Vereinten Nationen festgeschrieben wurden. »Wer sind wir denn in Wirklichkeit?« schrieb er. »Wenn einer unserer Kameraden unter den Folterungen der Polizei endet, wenn einer im Gefängnis ermordet wird, wenn man ihn lebendig verbrennt, wenn er unter den Salven aus den Maschinenpistolen der portugiesischen Truppen fällt, für welche Sache hat er sein Leben geopfert? Gewiß, er hat es für die Befreiung unseres Landes getan, aber gleichzeitig starb er auch für die Sache der UNO. Wenn wir für unser Land kämpfen und sterben, geben wir unser Leben im Einklang mit den Idealen, die in der Charta der Vereinten Nationen niedergelegt sind.«

Cabral gehörte zu jenen Menschen, deren feste Überzeugung es war, daß für alle Völker Afrikas der Sozialismus die einzige Perspektive des Fortschritts, der nationalen und persönlichen Freiheit, aber auch der endgültigen Beseitigung von Ausbeutung und Unterdrückung ist. Und er beschritt für Guinea-Bissau und die Kapverden den Weg in diese Richtung vom ersten Tag an unbeirrt.

Die afrikanischen Länder, so sagte er in einer Rede auf der 1. Solidaritätskonferenz der Völker Asiens, Afrikas und Lateinamerikas im Januar 1966 in Havanna, hätten die Möglichkeit, das Entwicklungsstadium des Kapitalismus zu vermeiden. Dieser Sprung in der gesellschaftlichen Entwicklung würde ermöglicht »durch jene Erscheinung, die das Gesicht der Welt und den Gang der Geschichte radikal verändert hat: die Entstehung der sozialistischen Staaten«. Von ihnen könne man lernen. Und wenn ihr Weg zum Sozialismus studiert und ihre Erfahrungen entsprechend den in Afrika vorhandenen Bedingungen und Verhältnissen angewendet würden, sei der gesellschaftliche Fortschritt durch niemanden mehr aufzuhalten.

Amilcar Cabral haßte alle jene Elemente und abenteuerlichen Figuren, die sich dem Befreiungskampf des Volkes entgegenstellten oder sich gar in die Befreiungsbewegung einschlichen, um für sich selbst politisches Kapital herauszuschlagen. Zu ihnen zählte für eine geraume Zeit in seiner eigenen Partei ein gewisser Luis da Silva alias Chalumbe, eine dunkle Existenz, der als »Freiheitsapostel« in Conakry, wo sich lange Zeit das Büro der PAIGC befand, ausländische Botschaften mit Bittgesuchen um Geldunterstützung belästigte.

Ähnliche miserable Typen und Pseudokämpfer kannte Cabral schon aus Angola: Holden Roberto, den Gründer der proimperialistischen FNLA, der sogenannten Nationalen Befreiungsfront von Angola, und Jonas Savimbi, der 1966 die Union für die völlige Unabhängigkeit Angolas, die UNITA gegründet hatte, deren konterrevolutionäre Banden noch heute versuchen, die Politik der MPLA — Partei der Arbeit zu untergraben und den begonnenen Aufbau des Sozialismus in der Volksrepublik Angola zu stören, wenn sie dabei auch unterschiedliche Methoden anwenden und unterschiedliche Ziele im Auge haben.

Cabral hörte nie auf, gegen solche deklassierten »Parteigänger«, die eigentlich Feinde der Revolution waren, zu kämpfen. Doch gerade auf solche Elemente stützten sich General Antonio Spinola und die PIDE, als sie ihren Kampf gegen die PAIGC organisierten.

3. Verräter am Werk

Im Oktober 1971 verließ eine Gruppe von Männern, angeführt von Mamadou Touré und Aristides Teodorico Barbosa die Hauptstadt Bissau in nördlicher Richtung, um sich über Senegal in die Republik Guinea durchzuschlagen. In Conakry sollten sich die Männer, denen noch andere — einzeln und in Gruppen — nachgeschickt werden würden, im Büro der Unabhängigkeitspartei melden und erklären, ihre Flucht aus Bissau habe einzig und allein den Zweck verfolgt, sich der PAIGC zur Verfügung zu stellen und aktiv am Kampf gegen das portugiesische Kolonialsystem teilzunehmen. So jedenfalls lauteten für den Anfang ihre Instruktionen vom portugiesischen Geheimdienst.

Wenige Monate später teilte der Abwehrdienst der PAIGC der Parteiführung mit, General Spinola und seine Helfershelfer hätten Pläne ausgearbeitet, die exakt festlegen, wie die Unabhängigkeitspartei zerschlagen und ihre Führer vernichtet werden sollten.

Schon im März 1972, nach gründlichem Studium der vom Abwehrdienst mit übersandten Unterlagen, analysierte Amilcar Cabral vor dem Führungsgremium der Partei die verbrecherischen Pläne. Seine Rede »Verstärken wir unsere Wachsamkeit zur Entlarvung und Liquidierung der feindlichen Agenten, um die Partei und den Kampf zu verteidigen und damit alle verbrecherischen Pläne der portugiesischen Herrschaft zum Scheitern gebracht werden« wurde vervielfältigt.

Cabral sprach von drei Phasen, in denen die Verschwörung vor sich gehen sollte und sagte zum ersten Abschnitt des Spinola-Programms: »Unter Ausnutzung des Umstandes, daß viele unserer Landsleute gegenwärtig Bissau und andere städtische Zentren verlassen, um ihr Schicksal mit dem der Partei zu verbinden, versuchen sie (die Portugiesen — d. A.), die Einschleusung ihrer afrikanischen Agenten in unsere Reihen zu verstärken. Spinola verspricht, diese Agenten — wenn sie ihre Aufgabe gut erfüllen — mit Ehren und materiellen Gütern zu überschütten. Diese Agenten, unter denen sich sowohl neue wie auch alte Parteimitglieder befinden können, absolvieren in der PIDE eine Ausbildung über politische Sabotage, Provokationen und über Untergrundtätigkeit in Organisationen.«

Als Aufgabe steht für die Agenten in dieser ersten Phase, sich mit guten Eigenschaften hervorzutun. Der Agent muß sich als treues und wertvolles Parteimitglied empfehlen und bereit sein, die Einheit der Partei zu hüten und aktiv am Kampf gegen die Tugas teilzunehmen. Dabei soll er aber zugleich das Leben in der Partei, ihre Sorgen und Probleme, eventuelle Schwachpunkte in der Organisation studieren und seine Entdeckungen an die Kolonialbehörden weitergeben, die die »Schwächen« der Partei gegebenenfalls später für ihre Zwecke ausnutzen.

Der Agent hat sich unter den Parteimitgliedern, vornehmlich jenen, die den Führungsgremien angehören, nach den »unzufriedenen« umzusehen und sich ihnen freundschaftlich zu nähern, sie in ihren Standpunkten gegen die Parteileitung und den Generalsekretär zu unterstützen. Zugleich muß er alle sich bietenden Möglichkeiten nutzen, bei den Parteimitgliedern Zweifel aufkommen zu lassen und sie zu schüren. Er muß provozieren, die Autorität der Führung untergraben, ein Klima der Disziplinlosigkeit und der Spaltung erzeugen und fördern.

Schließlich hat der Agent in dieser ersten Phase die Pflicht, Rassismus und religiöse Unterschiede zu nutzen, um in der Partei Zwietracht zu säen, Angehörige des einen Stammes gegen die eines anderen, ungebildete gegen gebildete Menschen oder christlich Gläubige gegen Muslimen und umgekehrt aufzuwiegeln.

Zur zweiten Phase führte Cabral wörtlich aus: »Nachdem die Agenten Zwist und Spaltung in die Partei gesät und ›Unzufriedene‹ in ihre Hände bekommen haben, nachdem sie bei einer bestimmten Anzahl von Parteimitgliedern und verantwortlichen Mitarbeitern, die bereit sind, die Führung der Partei und insbesondere den Generalsekretär zu verraten, Unterstützung gefunden haben, sollen sie ein illegales Netz von Parteimitgliedern und verantwortlichen Mitarbeitern in allen Sphären unseres Lebens und unseres Kampfes, in erster Linie in unseren bewaffneten Kräften, schaffen. Dafür sollen sie solche verantwortlichen Mitarbeiter, Parteimitglieder und Kämpfer werben, die bei allen möglichen Anlässen mit der Parteiführung ›unzufrieden‹ sind. Die Angeworbenen sollen die Arbeit der der Partei treu ergebenen Führer und verantwortlichen Genossen sabotieren.«

Doch damit nicht genug. Ziel der Agenten ist es in dieser Zeit, eine »parallele Führung« als Gegengewicht zur regulären Parteiführung zu schaffen. Sie soll sich aus Agenten und »Unzufriedenen« zusammensetzen und möglichst auch solche Kräfte in sich vereinen, die bislang zur Parteiführung gehörten, wegen begangener Fehler jedoch kritisiert worden sind.

Diese »illegale« Führung soll alles daransetzen, mit Parteien und Regierungen von Nachbarstaaten in Verbindung zu kommen, um sie zur Unterstützung gegen die legale Führung zu gewinnen. Darüber hinaus sollen Zwietracht und Mißtrauen bei ausgewählten Botschaften befreundeter Länder gesät und das Gerücht von einer Spaltung innerhalb der Partei verbreitet werden.

Besonderer Zielpunkt versteckter und offener Angriffe ist in jener Phase der Generalsekretär der Partei, dessen Position und Autorität es zu untergraben gilt und für dessen Funktion bereits »Ersatzleute« aus den Reihen der »Unzufriedenen« auszuwählen und vorzubereiten sind.

Parallel zur Tätigkeit der Agenten arbeiten in dieser Phase die Kolonialbehörden, die in internationalem Maßstab die angebliche »Spaltung« der Partei »nachweisen« und die Autorität der Führung in Frage stellen.

Zur dritten und letzten Phase endlich sagte Cabral in seiner bedeutsamen Rede: »Wenn die Agenten der Kolonialbehörden, die in unsere Reihen eingedrungen sind, nicht rechtzeitig entlarvt werden und wenn es ihnen gelingt, ihre Pläne zu verwirklichen, wenn sie einige führende Mitarbeiter der Partei als Komplizen anwerben können, wenn sie die Unterstützung der Nachbarstaaten ... gewinnen, dann wird die dritte Phase begonnen, während der die Verschwörung gegen die jetzige Parteiführung und zur Beseitigung des Generalsekretärs sowie aller Führer, die treu zur Linie der Partei, zur Einheit und zum Kampf unseres Volkes, des Volkes von Guinea und der Kapverdischen Inseln, gegen die portugiesische Kolonialherrschaft und für die völlige Unabhängigkeit unserer afrikanischen Erde stehen, organisiert wird. Sollte es ihnen nicht gelingen, das zu verwirklichen, dann werden sie versuchen, den Generalsekretär und einige andere Führer zu ermorden.«

Danach soll die schon vorbereitete neue Parteiführung eingesetzt, die militärische Tätigkeit der Volksbefreiungsbewegung paralysiert, die Versorgung der bewaffneten Kräfte hintertrieben und die portugiesische Regierung über die Kolonialbehörde »gebeten« werden, mit der neuen Parteiführung in »Verhandlungen« zu treten, um eine »innere Autonomie« Guinea-Bissaus sowie eine »Selbstbestimmung unter portugiesischer Flagge« zu erreichen.

Alles in allem war dieser Plan von General Spinola und seinen Männern, anknüpfend an die vielfältigen und überreichen Erfahrungen, die die Kolonialmacht Portugal im Laufe der Zeit mit der Anzettelung von Intrigen, mit Demagogie und Hinterhältigkeit gesammelt hatte, gut durchdacht und seine Ausführung mit Umsicht organisiert worden.

Die Zahl der in Conakry aus Bissau eintreffenden Agenten, als »Flüchtlinge« getarnt, wuchs, und leider konnten nicht alle sofort entlarvt werden. Ja, es gelang ihnen sogar, einige »Unzufriedene« auf ihre Seite zu ziehen. Dazu gehörten der frühere Kommandeur einer Schnellbootabteilung der PAIGC, Inocêncio Cani, der einmal sogar dem höchsten Organ der Partei, dem Obersten Kampfrat, angehört hatte.

Dazu gehörten weiter Ignácio Soares da Gamo, ein Untergebener Canis, der Lagerverwalter Luis Teicheiro sowie Mamado Ndjai, der amtierende Chef der Wachmannschaften des PAIGC-Büros in Conakry. Daß gerade dieser Mann nicht rechtzeitig entdeckt werden konnte, zeitigte schwere Folgen. Denn als sich Anfang Januar 1973 die Anzeichen dafür häuften, daß eine Verschwörung im Gange war und sich die eingeschleusten kriminellen Elemente immer stärker mauserten, wurde zu den Sicherheitsberatungen der Parteiführung auch Ndjai hinzugezogen. So hatte er die Möglichkeit, alle eingeleiteten Maßnahmen zu verraten oder selbst nach besten Kräften ihren Erfolg zu hintertreiben.

Führende Köpfe der Verschwörung, die bald darauf auch wirklich in die Tat umgesetzt werden konnte, blieben allerdings Mamado Touré und Aristides Barbosa — und das dank glücklicher Umstände für sie.

Im März 1972 waren nämlich beide überführt worden, Verrat an der Partei geübt und sich an der Vorbereitung einer Verschwörung beteiligt zu haben. Ein Gericht verurteilte sie deshalb zum Tode, doch wurde das Urteil nicht vollstreckt. Dafür gab es eine Reihe schwerwiegender politischer und psychologischer Gründe.

Amilcar Cabral selbst wandte sich gegen die Vollstreckung, um der imperialistischen Propaganda gegen die PAIGC und ihren Befreiungskampf, einer Propaganda, die zunehmend an Schärfe gewann, nicht auch noch die Argumentation in die Hand zu spielen, die Parteiführung wende gegen ihre politischen Gegner »brutale Methoden« an.

Gerade war eine UNO-Delegation zur Visite in einigen befreiten Gebieten des Landes gewesen und hatte sich vom gesellschaftlichen und sozialen Fortschritt in den unter Kontrolle und Leitung der Unabhängigkeitspartei stehenden Territorien überzeugt. Das war für das internationale Ansehen der PAIGC von horrender Bedeutung, noch dazu auf der UNO-Vollversammlung die meisten Staaten scharfe Kritik an der Kolonialpolitik Portugals geübt hatten und der Entkolonialisierungsausschuß der UNO die Vollversammlung aufforderte, die PAIGC »als einzigen und authentischen Vertreter der Bevölkerung der befreiten Gebiete Guinea-Bissaus« anzuerkennen.

Unter diesen für die Partei äußerst günstigen internationalen Bedingungen entschied man sich, eine Vollstreckung des über Touré und Barbosa verhängten Todesurteiles vorerst zu unterlassen. Beide wurden in die »Montanha« gebracht, ein kleines Haus mit mehreren Zellen, das der Partei als Gefängnis diente.

Im September 1972 erließ die Parteiführung anläßlich des 16. Jahrestages der Gründung der PAIGC eine Amnestie. Die Montanha leerte sich. Nur Touré und Barbosa blieben in Haft. Doch sie hatten genügend Zeit gehabt, unter ihren Mithäftlingen neue Kumpane für ihre verbrecherischen Ziele zu finden, so den wegen schwerer krimineller Vergehen zu zehn Jahren Haft verurteilten João Tomás. Er sollte es auch sein, der ihnen in der entscheidenden Nacht die Türen öffnete. Und wieder half ihm dabei ein Glücksumstand.

Im Zusammenhang mit der Amnestie hatte die Parteiführung vorgesehen, die auf freien Fuß gesetzten Verbrecher in Einheiten der regulären Armee einzugliedern. Sie sollten ihre Schuld dadurch sühnen, daß sie am Kampf gegen die portugiesischen Kolonialisten teilnahmen und auf diese Weise ihren Beitrag zur Befreiung ihres Volkes leisten. Cabral wollte noch vor ihrer Abreise an die Front mit ihnen sprechen, ihnen persönlich ins Gewissen reden, sie an dem vielleicht noch vorhandenen Zipfelchen ihrer Ehre packen.

Doch das Gespräch mußte aufgrund internationaler Verpflichtungen des Generalsekretärs immer wieder verschoben werden, so daß die Amnestierten Woche um Woche in Conakry blieben und einige von ihnen noch durch die PIDE und ihre Agenten angeworben werden konnten.

So kam der 20. Januar 1973 heran.

4. »Mach ihn fertig!«

Es war schon tiefe Nacht, als der Cocktail-Empfang beim Außerordentlichen und Bevollmächtigten Botschafter der Volksrepublik Polen in der Republik Guinea zu Ende ging. Ganz unüblich für derartige Veranstaltungen hatte er sich für einige der geladenen Gäste zu einem richtigen Fest ausgeweitet, denn es gab viel zu besprechen, was sonst nicht auf die offizielle diplomatische Bühne gehörte. Und es gab Erfahrungen auszutauschen.

Zu den am stärksten das Gespräch und den Erfahrungsaustausch suchenden Teilnehmern des Empfangs gehörten der Generalsekretär der Unabhängigkeitspartei von Guinea-Bissau und den Kapverden, Amilcar Cabral, und seine Ehefrau Ana-Maria. Wie stets nutzte Cabral jede Möglichkeit, von den Botschaftern vor allem der sozialistischen Länder die neuesten Erkenntnisse beim Aufbau der sozialistischen Gesellschaftsordnung zu erfahren und die Möglichkeiten zu prüfen, sie unter den Bedingungen seines Landes auch schrittweise anwenden zu können.

Etwa eine halbe Stunde vor Mitternacht verabschiedete sich das Ehepaar Cabral endlich vom Gastgeber mit einem herzlichen Dankeschön und in der Hoffnung, sich recht bald zu ähnlich wertvoller Unterhaltung wiederzusehen.

Die Nacht war mild, fast warm, von Südwest wehte ein mäßiger Wind, der nach Salz und Meer roch. Cabral legte den Arm um die Schultern seiner Frau und ging, noch seinen Gedanken über das letzte Gespräch nachhängend, langsam mit ihr zum Wagen. Er fuhr, wie meistens, selbst, und der Weg zu ihrem bescheidenen kleinen Wohnhaus auf der Halbinsel Ratoma, dicht vor den Toren Conakrys, war nicht allzu weit.

In den menschenleeren, in dieser späten Nachtstunde kaum vom Verkehr berührten Straßen der guineischen Hauptstadt ging es zügig voran. Ana-Maria beugte sich hin und wieder zu ihrem Mann hinüber, gab ihm einen leichten Kuß auf die Wange und bedankte sich ein ums andere Mal für den herrlichen Abend, den sie bestimmt nicht werde vergessen können. Dann legte sie sogar sacht ihren Kopf auf seine Schulter, ohne ihn jedoch beim Fahren zu behindern.

Cabral war glücklich und wieder einmal in seine Frau verliebt, an der er ohnehin mit jeder Faser hing. In solchen Augenblicken wie diesem, die in den vergangenen Jahren sehr selten geworden waren, vergaß er auch einmal für Minuten seine Aufgaben, schüttelte die Last ab, die auf seinen Schultern lag. Das erste große Ziel des Kampfes, dem er sein Leben gewidmet hatte, war nahe. Für das gerade begonnene Jahr 1973 hatte die PAIGC unter seiner Führung endgültig die Unabhängigkeit »geplant«. Mehr als drei Viertel des Landes unterlagen bereits der Kontrolle durch die Partei und der im vergangenen Jahr in geheimer und freier Wahl bestätigten Nationalversammlung. Der Rest würde auch noch geschafft werden. Hauptsache, es gelang, die drohende Verschwörung zu verhindern und den Tugas noch einige empfindliche Niederlagen zu bereiten.

Sie hatten den Platz vor ihrem Häuschen erreicht. Wie immer stieg Ana-Maria zuerst aus, um das Garagentor zu öffnen. Da tauchte aus dem Dunkel der Nacht ein Jeep auf. Die Scheinwerfer wurden aufgeblendet und richteten sich direkt auf Cabrals Fahrzeug. Amilcar sah nichts und hielt die Hand schützend vor die Augen.

Fünf Männer sprangen aus dem Wagen, mit Maschinenpistolen bewaffnet. Inocêncio Cani, der frühere Schnellbootkommandeur, führte sie an, aufgeregt mit einer Pistole fuchtelnd. Ein Stück entfernt, vor dem Büro der PAIGC, machten sich noch mehrere Gestalten zu schaffen, denen Mamadou Ndjai, der Chef der Wachmannschaften, schreiend Befehle gab.

Cani trat an den Wagen Cabrals heran, riß den Schlag auf und brüllte, die Pistole weit von sich gestreckt haltend: »Los, steig aus!«

Amilcar verließ den Wagen, hob vorsichtshalber die Hände über Kopfhöhe und sah Cani durch die im grellen Scheinwerferlicht funkelnden Brillengläser böse an, während seine Frau auf der anderen Seite des Fahrzeugs wenige Meter entfernt vom Geschehen angsterfüllt und starr vor Schreck dastand, nicht fähig, ein Wort zu sprechen oder gar ihrem Mann zu Hilfe zu eilen.

»Was soll der Unsinn, Inocêncio?« fragte Cabral den aufrührerischen Schnellbootkommandanten. »Steck die Pistole weg, dann können wir miteinander reden.«

Cani antwortete nicht, sondern wandte den Kopf zur Seite und befahl einem der Männer aus dem Jeep, die jetzt ebenfalls näher herangetreten waren, einen Strick zu bringen und Cabral zu fesseln. Zwei der Verbrecher gingen auf Amilcar zu und versuchten, ihm die Hände zu binden. Ein weiterer trat hinter Ana-Maria und preßte ihr von hinten die Arme an den Körper.

Cabral schüttelte den Strick mehrmals wieder ab, wild um sich schlagend.

»Halt still, sag ich dir!« brüllte Cani und hob die Pistole. »Ich fakkele nicht lange! Wir werden dich jetzt fesseln und auf ein Schiff bringen, das bereitsteht. Dort werden wir miteinander reden, aber anders, als du denkst.«

Doch Cabral wehrte sich weiter. Er hatte Mühe, sich die beiden kräftigen Männer vom Leibe zu halten und zischte: »Ihr könnt mich töten, verfluchtes Pack, aber ich lasse mich nicht fesseln.«

Da schoß Cani.

Amilcar fiel zu Boden, erhob sich jedoch wieder in sitzende Stellung und preßte mit schmerzverzerrtem Gesicht beide Hände auf die Schußwunde in der linken Körperseite, aus der ein dicker Strahl Blut floß. Jetzt war ihm klar, daß es den Männern gar nicht darum ging, ihn lebend auf ein Schiff zu bringen, sondern daß sie gekommen waren, ihn zu töten. »Was macht ihr denn, ihr verdammten Verräter?« rief er schwach, denn die Kugel Canis hatte eine große Ader getroffen, und er verlor viel Blut. »Ihr steht in den Diensten der Portugiesen!«

Cani lachte hämisch und rief Bacar, dem Buchhalter des Büros der PAIGC, der mit seiner entsicherten Maschinenpistole dicht hinter Cabral getreten war, zu: »Mach ihn fertig!«

Bacar zog kaltschnäuzig durch. Cabral brach unter seinen Schüssen endgültig zusammen. Dann richtete der Buchhalter die Waffe auf Ana-Maria, doch Cani befahl: »Laß das, wir brauchen sie noch.« Und an die Männer gewandt, die sich achtlos vom sterbenden Cabral weggewandt hatten, fügte er hinzu: »Bringt sie in die Montanha. Aber schießt sie nieder, wenn sie zu fliehen versucht.«

Ana-Maria wurde in dem Moment abgeführt, als eine andere Gruppe von Verrätern Aristides Pereira aus dem Büro schleppte und in den Jeep warf, um ihn zum Hafen zu transportieren.

Dort lagen drei Schnellboote der PAIGC startbereit in Richtung Bissau. Allerdings wußte die Mehrzahl der Besatzungsmitglieder nicht, worum es sich bei dem kurzfristig angesetzten »Kampfauftrag« drehte.

Im Gefängnis, über das bereits Mamado Touré Befehlsgewalt ausübte, traf Ana-Maria schon eine Reihe von Genossen, die dem Büro angehörten: Vasco Cabral, Buscardinho, den Fotografen Antonio Leite, Djon Djon und Valdemarez, einen Mitarbeiter der Informationsabteilung. Kurze Zeit später wurden noch weitere Genossen gebracht, unter ihnen der Leiter der Informationsabteilung der PAIGC, José Araujo.

Doch glücklicherweise währte der Spuk nicht lange. Armee-Einheiten der Republik Guinea griffen, nachdem sich die schrecklichen Vorkommnisse auf dem Gelände der PAIGC mit Windeseile herumgesprochen hatten, entschieden ein, verhafteten die Verschwörer, stoppten die Schnellboote und befreiten die Genossen der Parteiführung.

Nur Amilcar Cabral konnte niemand mehr helfen. Eines der von Spinola angestrebten Ziele war erreicht worden, man hatte den Generalsekretär der Partei bestialisch ermordet.

5. Cabral lebt

Hatte das faschistische Regime in Lissabon — die Salazar-Diktatur war im September 1968 von M. Caetano abgelöst worden — wirklich daran geglaubt, mit der physischen Vernichtung des Generalsekretärs der Unabhängigkeitspartei den Untergang des portugiesischen Kolonialreiches und den Sieg der nationalen Befreiungsbewegung in Guinea-Bissau und auf den Kapverdischen Inseln noch aufhalten zu können, so erwies sich das wieder einmal als Trugschluß.

Am 24. September 1973, nur acht Monate nach Cabrals gewaltsamem Tod, trat in Medina do Boé auf befreitem Territorium die Nationalversammlung zusammen und proklamierte den unabhängigen Staat Guinea-Bissau, der schon bald darauf von achtzig Staaten der Welt diplomatisch anerkannt worden war. Nicht ganz zwei Jahre später wurden auch nach langem portugiesischen Gerangel — die Regierung Portugals spekulierte auf eine weitere »Überseeprovinz« ähnlich den Azoren — die Kapverden in die Unabhängigkeit entlassen.

Das faschistische Regime in Portugal brach, durch den Ansturm der nationalen Befreiungsbewegungen in allen früheren Kolonien sowie durch zunehmende Klassengegensätze im Innern des Landes geschwächt, endgültig zusammen, als am 25. April 1974 ein Aufstand demokratisch gesinnter Militärs, die »Bewegung der Hauptleute«, entbrannte und ein Militärrat der Nationalen Errettung gebildet wurde. Damit hörte auch das portugiesische Kolonialreich ein für allemal auf zu existieren.

Die Republik Guinea-Bissau, in der Cabrals Vermächtnis verwirklicht wird, wurde im November 1973 in die Vereinten Nationen auf-

Ein Denkmal für den ermordeten Patrioten Amilcar Cabral
wurde in seinem Geburtsort Bafatá errichtet

genommen und von der Provisorischen Regierung Portugals im Abkommen von Algier am 26. August 1974 de jure anerkannt.

Sie verfolgt unter Führung der PAIGC einen demokratischen, antiimperialistischen, fortschrittlichen Kurs.

Die Eskalation eines Komplotts

1. Treff im Carlton

Wer im Carlton-Hotel in Washington absteigt, darf gediegenen Service und exzellente Unterkunft, geschultes Personal und feinste Küche erwarten. Die Nobelherberge ist auf die Erfüllung aller Wünsche ihrer Gäste eingerichtet. Ganz billig allerdings ist es nicht, hier seinen Aufenthalt zu wählen. Allein die Preise sorgen schon dafür, daß die Reichen und Mächtigen unter sich sind.Eben dieses Hotel bevorzugten im Juli 1970 zwei Männer als Ort einer geschäftlichen Verabredung. Sie trafen sich hier gewissermaßen auf neutralem Boden, denn jeder der beiden hätte genügend Möglichkeiten gehabt, den anderen zu einer Beratung in die eigenen Diensträume einzuladen. Dem einen der beiden, Herold Sydney Geneen, standen ein Wolkenkratzer in New York und dutzende weiterer Bürobauten zur Verfügung, denn er war Direktor des ITT-Konzerns, der zirka 400 000 Menschen in allen Teilen der westlichen Welt befehligte. Der andere, William Broe, war Chef der Abteilung Westliche Hemisphäre im Direktorat für Operationen im US-amerikanischen Geheimdienst CIA, und auch er hätte bestimmt in dem vom Zentrum Washingtons nur 14 Kilometer entfernten CIA-Hauptquartier im Wald von Langley, Virginia, genügend Räumlichkeiten für eine Unterredung gefunden. Offenbar legten sie großen Wert auf Diskretion — und dazu hatten sie auch allen Grund. Hier im Hotel waren sie nur zwei Leute unter vielen; seriöse Herren im fortgeschrittenen Mannesalter. In einem gemütlichen Séparée konnten sie — sicher vor allzu neugierigen Augen und Ohren — ihre Angelegenheiten miteinander besprechen.

Die Bosse der ITT waren in Sorge. Der firmeneigene Nachrichtendienst und die außenpolitische Abteilung, die sich der Konzern hielt, ganz so als würde man nicht über ein Wirtschafts-, sondern über ein Staatsimperium verfügen, versorgten die Chefetagen mit alarmierenden Informationen und Dossiers. Eine der Pfründe des Konzerns schien ernstlich gefährdet. Gewinnträchtigen Investitionen in Höhe von weit über einhundertfünfzig Millionen US-Dollar drohte die Verstaatlichung. Das Geld des Unternehmens und die »Fachleute« der CIA sollten die Profitquellen des Konzerns weiterhin sprudeln lassen.

Die beiden Herren verfügten bereits über sehr konkrete Erfahrungen einerseits und über genaue taktische und strategische Vorstellungen andererseits.

Es ging um Chile. Genauer gesagt, ging es um die wohlfeile Ausbeutung seiner Arbeitskräfte und Naturressourcen. Zu Beginn der sechziger Jahre unseres Jahrhunderts hatte USA-Präsident John F. Kennedy ein Programm in Auftrag gegeben, um Chile zu einem kapitalistischen »Musterstaat« auf dem Subkontinent werden zu lassen. Das Land sollte die Funktion eines Gegengewichts zu Kuba erfüllen, dessen militärische Einvernahme unmöglich geworden war. Mehr denn je flossen US-Dollar nach Chile. Großkonzerne und Banken hatten mit tatkräftiger Unterstützung der Regierung eine Vereinigung für die Durchführung von Großinvestitionen in dem Andenland gebildet. Die Profite, die sich alsbald einstellten, waren beträchtlich, denn den chilenischen Werktätigen wurden nach wie vor nur äußerst niedrige Löhne gezahlt, und so änderte sich an den bedrückenden Lebensumständen des Volkes nichts. Als dann 1964 Parlamentswahlen anstanden, mußten die in- und ausländischen Monopole befürchten, daß der Kandidat der FRAP (Frente de Accion Popular — Front der Volksaktion), Salvador Allende, den bürgerlichen Präsidentschaftsbewerber Eduardo Frei Montalva aus dem Rennen schlagen würde. Um dies zu verhindern, wurden hunderttausende US-Dollar in die Wahlkasse der PDC (Partido Demócrata Cristiano — Christlich-Demokratische Partei) gepumpt und ein Propagandarummel sondergleichen gestartet. Von Plakatwänden reckten auf Bildern sowjetische Panzer drohend die Mündungen ihrer Kanonen dem Wähler entgegen. Die Bedrohungslüge mußte also wieder einmal dafür herhalten, ein den Monopolen gemäßes Wahlergebnis zu erzielen.

Die »Wahlinvestitionen« erwiesen sich als erfolgreich. Frei wurde Präsident. Aber immerhin errang Allende 40 Prozent der Stimmen. Ein deutliches Alarmsignal.

Nun, sechs Jahre später, standen in Chile abermals Präsidentschaftswahlen bevor. Kandidat der Unidad Popular war Salvador Allende.

Die Unidad Popular wurde im Jahre 1969 gegründet, ihr gehörten an: die Kommunistische Partei, die Sozialistische Partei, die Sozialdemokratische Partei, die Radikale Partei, die Unabhängige Volksunion und die aus dem linksreformistischen Flügel der PDC hervorgegangene »Bewegung der einheitlichen Volksaktion«, MAPU.

Würde der Präsidentschaftskandidat der UP siegen, so rechneten die Bosse von ITT, Kennecott Copper Corporation, Anaconda und Cerro, stellvertretend für die vielen anderen ihres Schlages, dann wäre die Nationalisierung von US-Investitionen klar wie das Amen in der Kirche. Und davor freilich hatten sie einen Horror — größer als der Teufel vor dem Weihwasser.

2. Der Kandidat

Wer war dieser Salvador Allende, der Mann, den die Herren im Carlton-Hotel und deren Auftraggeber so fürchteten?

Der Präsidentschaftsbewerber der Unidad Popular, am 26. Juni 1908 in einer fortschrittlichen bürgerlichen Juristenfamilie geboren, vollendete während des Wahlkampfes sein zweiundsechzigstes Lebensjahr. Seit vierzig Jahren war er aktiv am politischen Leben seines Landes beteiligt.

Nach der Reifeprüfung und der Absolvierung seines Militärdienstes in einem Kürassierregiment wurde er 1926 an der Medizinischen Fakultät der Universität von Santiago immatrikuliert. Bereits ein Jahr später wurde er Vorsitzender der Studentenvertretung seiner Fakultät. War er bisher hauptsächlich mit fortschrittlichem bürgerlichen und mit anarchistischem Gedankengut in Berührung gekommen, so begann er jetzt gemeinsam mit anderen Kommilitonen Schriften der Klassiker des Marxismus zu lesen.

Die folgenden Jahre waren von der Suche nach einer politischen Heimat gekennzeichnet. Er beteiligte sich führend an Studentengruppen, die sich zum Kampf gegen die Ibáñez-Diktatur gebildet hatten. General Carlos Ibáñez hatte 1927 den Präsidenten Emiliano Figueroa zum Rücktritt gezwungen und eine halb-militärische Präsidialdiktatur etabliert. Während die Kommunistische Partei und die Gewerkschaften verboten wurden, öffnete Ibáñez sein Land dem USA-Großkapital. Im Kampf gegen die Ibáñez-Diktatur nahm auch

Dr. Salvador Allende Gossens,
Staatspräsident Chiles

die Freimaurerloge einen bedeutenden Platz ein. Salvador Allende wurde 1929 Mitglied dieses Ordens. Im gleichen Jahr gründete er gemeinsam mit anderen Kommilitonen die Gruppe »Avance«. Getragen vom Vertrauen der chilenischen Studentenschaft wurde Salvador Allende 1930 Vizepräsident der Studentenvereinigung. Das Regime verfügte seine Festnahme, und er wurde für einige Zeit verbannt. Der Druck der Volksmassen und Unruhen in der Armee zwangen Ibáñez 1931 zum Rücktritt. Salvador Allende konnte sein Studium wieder aufnehmen, und er lernte während eines Praktikums im Hospiz von Santiago die katastrophale Lage der ärmeren Schichten der Bevölkerung kennen. Als im Juni 1932 eine Gruppe von Militärs, unterstützt durch spontane Aktionen von Teilen der chilenischen Arbeiterklasse, die Regierung stürzte und die Sozialistische Republik ausrief, wurde das von dem jungen Arzt Allende aus ganzem Herzen begrüßt.

Am 19. April 1933 gehörte Salvador Allende zu den Gründungsmitgliedern der Sozialistischen Partei Chiles. Er wurde der erste Regionalsekretär der Partei für Valparaíso. 1935, für ein halbes Jahr nach Caldera verbannt, lernte er dort als Arzt die Lage der Bergarbeiter und Fischer dieser Gegend kennen. Die Erfahrungen, die ihm sein Beruf vermittelte, bestimmten auch in der Folgezeit sehr wesentlich seine politische Haltung und die darauf fußenden Aktivitäten.

Die Kommunistische Partei des Landes orientierte seit 1935 auf die Bildung einer Volksfront, um dem Großkapital und der faschistischen Gefahr entgegentreten zu können. 1936 kam dieses Bündnis zustande. Neben den Kommunisten gehörten ihm die Radikale Partei, die Sozialistische Partei und die Demokratische Partei an. Allende beteiligte sich aktiv an der Gründung dieses Bündnisses und wurde Provinzvorsitzender der Volksfront. 1937 wurde er zum Stellvertretenden Generalsekretär der Sozialistischen Partei Chiles gewählt, und zugleich zog er als Abgeordneter für die Provinz Valparaíso in das chilenische Parlament ein. In den Präsidentschaftswahlen des Jahres 1938 leitete Salvador Allende den Wahlkampf des Kandidaten der Volksfront, Pedro Aguirre Cerda, der Mitglied der Radikalen Partei war. Aguirre Cerda wurde Präsident und Salvador Allende, einunddreißigjährig, Gesundheitsminister.

Die Sozialistische Partei Chiles wählte Salvador Allende 1943 zu ihrem Generalsekretär.

Nach dem Tode Pedro Aguirres war Juan Antonio Ríos Präsident Chiles geworden. Seinem Versuch, den Interessen der chilenischen Großbourgeoisie zu dienen, indem er zwischen den Kräftegruppierungen des zweiten Weltkrieges lavierte, trat Salvador Allende im Verein mit anderen demokratischen Kräften entschieden entgegen. In jener Zeit suchte Allende vor allem auch den Kontakt zur Kommunistischen Partei. 1943 brach Chile die diplomatischen Beziehungen zu den faschistischen Mächten ab und erklärte 1945 Deutschland und Japan formal den Krieg. Im selben Jahr wurde Salvador Allende Senator für den neunten chilenischen Wahlbezirk. 1946 wurde der Radikale Gabriel González Videla Präsident. Die Arbeiterparteien hatten seine Wahl unterstützt. Der Regierung gehörten zunächst auch drei kommunistische Minister an. Kurz nach seiner Wahl schlug Videla jedoch einen von den Maximen des kalten Krieges und des Antikommunismus bestimmten Kurs ein, und die kommunistischen Minister traten im April 1947 zurück. An der Frage des nun mehr und mehr einsetzenden antikommunistischen Terrors spaltete sich auch die Sozialistische Partei Chiles. Allende verließ die Partei und gründete zusammen mit weiteren Genossen, die sich seinem Schritt anschlossen, die Sozialistische Volkspartei. Im Januar 1948 wurde das sogenannte »Gesetz zur Verteidigung der Demokratie« verabschiedet, Salvador Allende stimmte gegen dieses Gesetz, mit dem die Kommunistische Partei in die Illegalität getrieben wurde. Erst 1958 kam das Verbot der KP zu Fall.

Als sich die Sozialistische Volkspartei anschickte, den Wahlkampf des Generals Carlos Ibáñez zu den Präsidentschaftswahlen 1952 zu unterstützen, kehrte Salvador Allende gemeinsam mit jüngeren Genossen in die Reihen der Sozialistischen Partei Chiles zurück. Allende suchte ausdrücklich die Zusammenarbeit mit der illegalen KP. 1952 entstand zwischen der Allende-Gruppe der Sozialistischen Partei und der KP Chiles eine Volksfront (Frente del Pueblo). Mit kommunistischer Unterstützung wurde Allende 1953 für den ersten chilenischen Wahlbezirk zum Senator gewählt. 1954 wurde er Vizepräsident des Senates.

Die immer enger werdende Zusammenarbeit zwischen den chilenischen Sozialisten und Kommunisten ermöglichte im Jahre 1956 die Bildung der Front der Volksaktion, deren erster Präsident Salvador Allende wurde.

Auf die Initiative Salvador Allendes waren eine Reihe Gesetzesvorlagen zurückzuführen, die vor allem die soziale Notlage des werktätigen Volkes Chiles lindern und seine Lebensbedingungen verbessern sollten. 1938 brachte er zum Beispiel einen Gesetzentwurf zum Schutz von Mutter und Kind und den Entwurf eines Abänderungsgesetzes zur Arbeiterversicherung ein. Ein Jahr später forcierte er die Reform der Arbeiterpflichtversicherung und der Versicherung gegen Arbeitsunfälle, zugleich initiierte er das Gesetz zur Schaffung der Ärztekammer Chiles. Er war aktiv beteiligt am Erlaß des Gesetzes zur Zahlung von Familienbeihilfe ab fünften Schwangerschaftsmonat (1955). Im gleichen Jahr wurde das Gesetz zur Schaffung des nationalen Gesundheitsdienstes und des Sozialversicherungsdienstes in Kraft gesetzt. 1959 brachte Allende einen Gesetzentwurf im Parlament ein, mit dem er bewußt ein Gegengewicht zu dem Regierungsgesetz »Neue Behandlung des Kupferbergbaus« setzen wollte. Er nannte seinen Gesetzentwurf »Neue Behandlung der Werktätigen«.

Salvador Allendes klare progressive Haltung findet auch in seinen Reisen in die sozialistischen Länder ihren Ausdruck. Schon 1959 besuchte er das revolutionäre Kuba. 1965 führte ihn abermals eine Reise nach Kuba. In diesem Jahr begab er sich auch nach Europa, um die sozialistischen Länder dieses Kontinents zu besuchen. 1967 nahm er an der »Drei-Kontinente-Konferenz« in Havanna teil, und er wurde zum Präsidenten der lateinamerikanischen Solidaritätsorganisation ernannt. Zum 50. Jahrestag der Großen Sozialistischen Oktoberrevolution führte ihn sein Weg in die Sowjetunion. Auf der Rückreise machte er in Kuba und Mexiko Station. 1969 war Salvador Allende abermals zu Gast in Kuba, er besuchte die Koreanische Demokratische Volksrepublik, Kambodscha und die Demokratische Republik Vietnam.

3. Strohmänner des Kapitals

Der Werdegang des Präsidentschaftskandidaten der Unidad Popular war den beiden Männern, die sich im Carlton-Hotel getroffen hatten, nicht nur in großen Zügen, sondern vielmehr auch in den minutiösen Einzelheiten bekannt. Nicht nur sie hatten sich mit chilenischen Problemen und der Person Salvador Allendes beschäftigt. Auch die Washingtoner Administration widmete der Frage, wer der nächste Präsident Chiles sein würde, gespannte Aufmerksamkeit. Ganz zu schweigen von den Bossen jener amerikanischen Konzerne, die mit der Aussicht auf Höchstprofite in Chile investiert hatten. Sie alle konnten sich mit großer Sicherheit ausrechnen, welchen Weg Chile beschreiten würde, sollte Salvador Allende, der Kandidat der Unidad Popular, zum Präsidenten gewählt werden.

In der Einschätzung der anderen Präsidentschaftsbewerber herrschte allerdings diese Einmütigkeit nicht. USA-Botschafter Edward M. Korry sandte Berichte nach Washington, in denen er ausdrücklich davor warnte, die Kandidatur Jorge Alessandris zu unterstützen. Nach einer Analyse des Wahlprogramms war der Diplomat zu der Überzeugung gelangt, daß jener nur geringe Chancen hätte, die Wahl für sich zu entscheiden. Zu reaktionär und ausschließlich auf die Bedürfnisse der kleinen Gruppe der allerreichsten Chilenen ausgerichtet waren seine Regierungsvorstellungen. Die Regierung schloß sich der Auffassung ihres Botschafters an. Im Gegensatz zur Washingtoner Administration waren die Mächtigen von ITT und Konsorten jedoch gerade von dem reaktionären Wahlprogramm Alessandris besonders angetan. Was kümmerte sie, ging es doch um Profit, die Auffassung ihrer Regierung? Der amerikanische Geheimdienst CIA teilte die Meinung des USA-Botschafters und der Regierung ebenfalls nicht. Der Leiter des Santiagoer CIA-Büros, Henry Heckscher, war wegen der Alessandri-Frage mit Botschafter Korry in einen heftigen Streit geraten. Alessandri war bereits über 70 Jahre alt, und die Taktiker aus Langley rechneten damit, den betagten Politiker selbst als eine Art Strohmann benutzen oder ihn recht bald zum Rücktritt bewegen zu können, um so den Weg für einen den USA-Interessen noch genehmeren jüngeren Mann freizumachen. In dieser Situation bedurfte es bei den Managern des Geheimdienstes nur geringer Überwindung, um entgegen der Regierungslinie den Favoriten der Großunternehmen zu unterstützen. Diese Differenzen waren freilich nur solche in der Wahl des Weges, nicht im Verfolgen des strategischen Zieles. Das hieß allemal: unter allen Umständen die Wahl Allendes zu hintertreiben. Würde ihnen das gelingen, konnten die CIA-Chefs sicher sein, daß ihnen die Zuwiderhandlungen gegen Regierungsweisungen nachgesehen werden würden. Außerdem riet ihnen ihre Erfahrung, der Allmacht des Geldes zu vertrauen. Insoweit war die generelle Linie längst abgesteckt, als sich die Herren Geneen und Broe im Carlton trafen. Das hatten bereits im Mai der ehemalige CIA-Chef John McCone, der jetzt dem ITT-Aufsichtsrat angehörte, und Richard Helms, Chef des Direktoriums für Operationen der CIA, in einer Geheimkonferenz erledigt. Die Sache der Herren im Carlton-Hotel waren die Details. Aber auch hier war man sich schnell einig. Eine Million Dollar bot Geneen dem CIA-Mann Broe an. 500 000 Dollar waren zuvor schon von dem Vorstandsvorsitzenden des Anaconda-Konzerns, C. Jay Parkinson, für denselben Zweck zur Verfügung gestellt worden.

Es setzte ein noch nie dagewesener Propagandarummel ein, der zugleich begleitet war von einer wüsten Hetz- und Verleumdungskampagne gegen Salvador Allende. Dann kam der 4. September 1970.

4. »Zehn Millionen Dollar verfügbar ...«

Der Präsidentschaftskandidat der Unidad Popular konnte 36,3 Prozent der Wählerstimmen auf sich vereinigen, Jorge Alessandri erhielt 34,9 Prozent und der dritte Bewerber, der Christdemokrat Radomiro Tomic, 27,8 Prozent. Das hieß, daß Salvador Allende diese Wahl gewonnen hatte. Für den 24. Oktober 1970 war die Einsetzung des Präsidenten durch den Kongreß anberaumt.

In den Zentralen imperialistischer Macht setzte hektische Betriebsamkeit ein. Bei allen möglichen Regierungsdienststellen hinauf bis zum Präsidenten der USA, Richard Nixon, meldeten sich die Konzerngewaltigen zu vertraulichen Unterredungen an. So sprach beispielsweise der in Chile beheimatete Großverleger und Inhaber der chilenischen Pepsi-Cola-Niederlassung, Edwards, in der Santiagoer US-Botschaft vor. Offensichtlich war er mit dem von Botschafter Korry erhaltenen Bescheid nicht zufrieden, denn schon am nächsten Tag flog er nach Washington und traf mit Präsidentenberater Henry Kissinger und John Mitchell zusammen. Sogar von Nixon selbst wurde der Industrielle empfangen. Die Forderung Edwards', die USA-Regierung solle bis hin zum militärischen Eingreifen alles unternehmen, um eine Amtsübernahme durch Salvador Allende zu verhindern, traf durchaus die Intentionen der Nixon-Administration. Hatte man schon die Präsidentschaftswahlen nicht ausreichend erfolgreich manipulieren können, so wollten die Herren nun quasi die letzte Chance nutzen, den vom Volke gewählten Präsidenten Chiles nicht an die Macht kommen zu lassen. Die Experten der CIA und des Weißen Hauses arbeiteten fieberhaft. Eine der von ihnen ins Auge gefaßten Möglichkeiten bestand darin, unter Ausnutzung der chilenischen Verfassung die Amtsübernahme zu blockieren. Dazu hätte der amtierende Staatspräsident, Eduardo Frei, zum Rücktritt überredet werden müssen. Jetzt wäre der Vizepräsident Amtsnachfolger geworden, und Frei hätte dem Kongreß als neuer Präsidentschaftskandidat — wenigstens theoretisch — präsentiert werden können. Würde man zugleich eine ausreichende Zahl Kongreßabgeordneter kaufen, dann würde das die Chance sein, das Ziel zu erreichen und zugleich nach außen den Schein der Legalität zu wahren. Die Durchführung dieser Variante, das war allen Beteiligten klar, würde Geld kosten, sehr viel Geld. Doch daran sollte es nicht mangeln. ITT stellte abermals seine Finanzkraft zur Verfügung. Im Auftrage des

Konzerns bot McCone dem CIA-Boß Helms und Präsidentenberater Kissinger eine Million Dollar für den Fall an, daß es der Regierung gelänge, in Chile tatsächlich eine Anti-Allende-Regierung zu etablieren.

Kissinger genehmigte den Transfer einer halben Million US-Dollar Bestechungsgelder nach Chile, und auch die CIA stellte noch einmal zirka 300 000 Dollar mit derselben Zielstellung zur Verfügung. Zynischer Kommentar Kissingers zu jenen skandalösen Vorgängen: »Ich sehe nicht ein, weshalb wir zulassen sollen, daß ein Land marxistisch wird, nur weil die Bevölkerung unzurechnungsfähig ist.«

Die Chancen des von den USA-Experten ausgeheckten Rücktrittsplanes schätzte CIA-Chef Helms mit eins zu zehn, also denkbar gering ein. Eine Notiz Helms' läßt auch erkennen, welche Mittel tatsächlich insgesamt zur Verfügung standen. »Zehn Millionen Dollar verfügbar, wenn notwendig mehr«, so hatte er vermerkt.

Zehn Millionen Dollar, eine gewaltige Summe. Umgerechnet auf die Einwohnerzahl Chiles ergäbe es für jeden Einwohner vom Säugling bis zum Greis einen Dollar. Legt man die Wahlkampfkosten der Präsidentschaftswahlen der USA des Jahres 1968 in Höhe von 91 Millionen Dollar zugrunde, dann ergibt sich, daß, bezogen auf die Einwohnerzahl der USA, nur gut 41 Cent pro Einwohner ausgegeben wurden, um einen den Monopolen genehmen Präsidenten an die Macht zu bringen.

Aber wie vermerkte Helms in seiner schon zitierten Notiz weiter? »Die Ausgabe lohnt sich.«

Der Plan, für dessen Gelingen der Rücktritt des Präsidenten Frei Voraussetzung war, trug in den Operationsunterlagen den Decknamen »Rube-Goldberg-Gambit«.

Für den Fall, daß der Verfassungsmißbrauch mißlänge, sahen die Planer der CIA einen Militärputsch vor.

Der Plan war nicht so ohne weiteres zu verwirklichen. Zwar wurde das chilenische Offizierskorps überwiegend auf amerikanischen Kriegsschulen, zum Beispiel in der Panamakanal-Zone, ausgebildet, jedoch gab es eine Tradition, der sich die chilenischen Offiziere verpflichtet fühlten. In der über hundertfünfzigjährigen Geschichte des Landes hatte das Militär nur dreimal die Macht übernommen und auch das jeweils nur für eine begrenzte, kürzere Zeit. Als Haupthindernis zur Durchsetzung der amerikanischen Putschpläne erwies sich der Oberkommandierende der Streitkräfte, General René Schneider. Er ließ keine Zweifel daran, daß er sich der Verfassung und dem legal gewählten Präsidenten seines Landes gegenüber loyal verhalten werde. Ein Militärputsch war demzufolge nicht mit General Schneider, sondern nur gegen ihn möglich. So war es bald beschlossene Sache, daß der General außer Gefecht gesetzt werden sollte. Kidnapping hieß das Stichwort, ein Verbrechen übrigens, das in den USA nach Tötungsdelikten am strengsten bestraft wird. Aber allein die Entführung des Oberkommandierenden machte ja noch nicht den Putsch. Dafür fanden sich aus den Reihen des chilenischen Militärs der Ex-General Roberto Viaux, der 1969 nach einem mißglückten Putschversuch in den Ruhestand geschickt worden war, und der aktive General Camillo Valenzuela, der für eine entsprechende Summe bereit war, seinen Eid zu verraten. Es war in der Zwischenzeit schon fast Mitte Oktober. Die Zeit drängte. Die üblichen Regeln der Konspiration mußten außer acht bleiben. Colonel Paul Wimert, USA-Militärattaché in Santiago, erhielt den Befehl, die Putschisten mit Waffen zu versorgen und mit ihnen die Details der Aktion zu beraten. Als dann die Aktion bereits im Gange war, kam aus Washington der Befehl zum Rückzug. Präsidentenberater Kissinger hatte plötzlich Bedenken, ausgerechnet Roberto Viaux an die Hebel der Macht in Chile gelangen zu lassen, begründet wohl damit, daß Viaux in dem Ruf stand, ein unberechenbarer Abenteurer zu sein. Im CIA-Jargon hieß es allgemein, der Berater habe kalte Füße bekommen. Richtiger wird wohl sein, daß Kissinger zu einem Zeitpunkt, als die Aktion kaum noch zu bremsen war, sich nach einem Alibi umsah, denn immerhin: die Sache konnte ja auch schiefgehen.

Nun war auch General René Schneider nicht gerade ein heuriger Hase. Wenn er sich in der Öffentlichkeit in diesen Tagen zeigte, so war er immer von einer waffenstarrenden Eskorte umgeben. Zweimal, am 17. und am 20. Oktober, bliesen die Kidnapper deswegen ihr Vorhaben ab. Am 22. Oktober um 8.00 Uhr wagten sie dann den Angriff auf den Wagen des Generals. Es kam zu einer heftigen Schießerei, bei der der Oberbefehlshaber schwer verletzt wurde.

Schneider starb am 25. Oktober im Krankenhaus. Roberto Viaux kassierte 20 000 Dollar in bar von der CIA, und Camillo Valenzuela ließ sich eine Gage in Höhe von 50 000 Dollar auszahlen. Ansonsten hatte die gesamte Aktion ihr Ziel verfehlt.

Am 24. Oktober 1970 bestätigte das chilenische Parlament Salvador Allende als den rechtmäßigen Präsidenten der Republik Chile.

5. Die Unidad Popular regiert

Am 3. November 1970 zog Salvador Allende in den Präsidentenpalast La Moneda ein, und die Regierung der Unidad Popular nahm ihre Arbeit auf. Unverzüglich wurde damit begonnen, das Wahlprogramm in die Tat umzusetzen.

Noch 1970 nahm Chile diplomatische Beziehungen mit Kuba und der Volksrepublik China auf. Der Prozeß der engeren Gestaltung der außenpolitischen Beziehungen zu den sozialistischen Ländern wurde zügig vorangetrieben. Im Frühjahr 1971 wurden diplomatische Beziehungen mit der Deutschen Demokratischen Republik aufgenommen. Es wurden ferner solche Beziehungen zur Koreanischen Demokratischen Volksrepublik und zur Demokratischen Republik Vietnam hergestellt.

Auch die Realisierung der innenpolitischen Programmteile machte rasche Fortschritte. Als die Allende-Regierung die Verstaatlichung der sich in USA-Hand befindlichen Kupferminen betrieb, stimmten dem Enteignungsdekret — aus naheliegenden Gründen — sogar die Vertreter der chilenischen Großbourgeoisie im Parlament zu. Der Kupfer-, Salpeter- und Eisengroßbergbau gehörte fortan dem chilenischen Staat.

Durch den Ankauf der Aktienmehrheit kontrollierte die Regierung gegen Ende des Jahres 1971 fast 100 Produktionsbetriebe, 39 Dienstleistungsunternehmen und 18 Banken. Etwa 60 Prozent des Bruttosozialproduktes wurden im staatlichen Sektor erzeugt. Monopolbetriebe befanden sich entweder in staatlicher Treuhandschaft oder sie wurden enteignet. Damit war zugleich verbunden, daß den Arbeitern mehr Einfluß auf die Leitung der Betriebe eingeräumt wurde.

Die Durchführung des umfangreichen Sozialprogramms erbrachte zum Beispiel bis Ende 1971 eine Steigerung des Realeinkommens der Werktätigen um durchschnittlich 36 Prozent. Zugleich wurde ein Preisstopp für Güter des täglichen Bedarfs festgelegt. Der Fleischverbrauch erhöhte sich um 15 Prozent, und auch die Kinder der chilenischen Arbeiter konnten jetzt täglich Milch trinken. Seit Anfang 1971 erhielten alle Kinder unter fünfzehn Jahren sowie alle Schwangeren und die stillenden Mütter täglich einen halben Liter Milch kostenlos. Die Bäcker waren angewiesen worden, nicht mehr unterschiedliche Qualitäten von Brot — gutes, das teuer, und billiges, das minderwertig war — sondern ein gehaltvolles Einheitsbrot zu einem für jedermann erschwinglichen Preis herzustellen. Die Tarife für die Lieferung von Strom und die Benutzung öffentlicher Verkehrsmittel wurden gesenkt. Erstmals wurden mittellose Großstädter, deren Erholungsbedürftigkeit feststand, in Sonderzügen ans Meer gefahren.

Im Jahre 1972 sank zudem die Arbeitslosigkeit auf den bisher niedrigsten Stand. Die Bodenreform ging mit der Enteignung von 5 000 großen Latifundien und mit der Verteilung des Landes an Kleinbauern und Landarbeiter weiter voran.

Im Zuge einer breiten Bildungsreform wurde die allgemeine Schulpflicht dekretiert und die Zahl der Studienplätze an den Universitäten verdoppelt.

In den Volksschulen der Armenviertel verteilten Beauftragte der UP-Regierung kostenlos Schuhe und Bekleidung. Als eine sehr wesentliche sozialpolitische Maßnahme war die Lösung des Wohnungsproblems in Angriff genommen worden, denn überall im Lande gab es für die ärmere Bevölkerung Elendsviertel mit menschenunwürdigen Unterkünften, die allen elementaren Regeln der Hygiene spotteten. Methoden des modernen Wohnungsbaus wurden von der Regierung gefördert und der Eigenheimbau unterstützt.

So tiefgreifend, einschneidend und umwälzend die Maßnahmen der Unidad-Popular-Regierung im einzelnen auch waren, sie erfolgten immer streng auf der Grundlage der Verfassung und der anderen Rechtsnormen des Landes. Das Prinzip, den Boden der Legalität in keiner Phase und um keinen Deut zu verlassen, gehörte zu den ehernen Grundsätzen der Politik Salvador Allendes und seiner Genossen. Einerseits mußte die Regierung außerordentlich vorsichtig und geschickt zu Werke gehen, um unangreifbar zu sein. Denn es war ja der Umstand zu beachten, daß die konservativen Kräfte im Parlament über eine beachtliche Mehrheit verfügten und daß aus ihren Kreisen die Mehrzahl aller Notare, Staatsanwälte und Richter des Landes kam. Andererseits gaben die chilenischen Rechtsvorschriften der Regierung aber auch ausreichenden Spielraum. So stammte beispielsweise aus der Zeit der »Sozialistischen Republik« das Gesetz Nr. 520, das bislang nicht außer Kraft gesetzt worden war. Diese Rechtsvorschrift ermöglichte es, »Unternehmen, die lebensnotwendige Güter herstellen oder handeln«, zu enteignen. Eine andere Rechtsvorschrift aus dem chilenischen Arbeitsrecht ließ eine staatliche Intervention in einem Unternehmen zu, wenn ein Betrieb

Das letzte Kabinett Allendes,
das seine Amtsgeschäfte am 23. August 1973 übernahm.
Zu den Ministern gehörten der später ebenfalls ermordete Orlando Letelier
(sitzend ganz links)
und Clodomiro Almeyda, der Vorsitzende der Sozialistischen Partei
(rechts neben dem Präsidenten)

still lag und die Mehrzahl der Arbeiter des Betriebes diese staatliche
Intervention wünschten.

Salvador Allende erläuterte gegenüber einem französischen Journalisten, wie Rechtsvorschriften, die die Bourgeoisie einst erlassen
hatte, nun gegen sie selbst gekehrt werden konnten: »Die Bourgeoisie erließ zum Beispiel ein Gesetz, das Landnahmen lediglich als
Vergehen einstuft und sie deshalb nur leicht bestraft. Der Versuch,
besetztes Land zurückzufordern, wurde hingegen vom Gesetz sehr
hart geahndet. Warum war das so? Weil die Großgrundbesitzer den
Eingeborenen ihr Land wegnahmen: wenn die Eingeborenen es sich
zurückholen wollten, bekamen sie die ganze Schwere des Gesetzes
zu spüren.

Die bürgerlichen Gesetzgeber dachten natürlich nicht daran, daß
eines Tages das Volk diese Gesetze anwenden würde; sie haben
wohl auch nicht im Ernst erwartet, daß das Volk überhaupt ihre eigenen Gesetze auf sie anwenden würde.

Ja, und im Augenblick sind es nun die Eingeborenen, die Land

besetzen und die enteigneten Großgrundbesitzer, die es sich gewaltsam zurückholen wollen — und nun werden die Großgrundbesitzer mit dem von ihnen selbst geschaffenen Gesetz bestraft.«

Sechs Monate nach der Amtsübernahme durch Salvador Allende,
am 4. April 1971, wurden Gemeindewahlen durchgeführt. Sie gestal-
teten sich zu einem überzeugenden Vertrauensbeweis der Wähler in
die Politik der Regierung der Unidad Popular. Über 50 Prozent aller
Stimmen wurden für die UP abgegeben.

Selbst bei den Parlamentswahlen am 4. März 1973, also schon zu
einer Zeit, als konterrevolutionäre Machenschaften das Land mehr
und mehr erschütterten, erreichte die Unidad Popular mit 44 Prozent der abgegebenen Stimmen einen beachtenswerten Erfolg. Weite
Teile der Wähler verstanden die auf das Wohl des Volkes gerichtete
Politik Salvador Allendes und seiner Regierung sehr gut und ließen
sich weder durch Terror noch durch Lügenfeldzüge in ihrer Stimm-
abgabe beeinflussen.

6. Die Artillerie der CIA

Nach der Amtsübernahme durch Salvador Allende mußten sich ITT
und CIA auf eine längere Auseinandersetzung einrichten. Es gab
zwar Pläne, alsbald einen neuen Militärputsch zu versuchen beziehungsweise ein Attentat auf den Präsidenten zu verüben. Sie wurden
jedoch zunächst fallengelassen. Nach dem Widerhall, den die UP-
Regierung in der Bevölkerung fand, war im Falle eines Attentats mit
einem Sturm der Empörung zu rechnen, und es konnte unversehens
eine solch revolutionäre Lage entstehen, die noch weniger in das
Konzept der Großkonzerne und des Geheimdienstes paßte. Außerdem würden derartige Aktionen zu deutlich ihre Drahtzieher erkennen lassen, denn die aktuelle Situation in Chile selbst gab nicht den
Hintergrund für Attentate oder einen Putsch ab.

Die reaktionären Kräfte mußten sich für ein differenzierteres und
längerfristig angelegtes Konzept entscheiden.

Auch in dieser Situation meldete sich ITT zu Wort. Der Chef des
Washingtoner ITT-Büros, William Meriam, legte in einem Brief an
den Nixon-Berater für internationale Wirtschaftsfragen, Peter G. Pe-
terson, ein 18-Punkte-Programm vor, dessen ausdrückliche Zielstellung es war zu verhindern, daß die Allende-Regierung die nächsten
sechs Monate übersteht. Kernpunkte der ITT-Vorschläge bildeten die

finanzielle Unterstützung regierungsfeindlicher, reaktionärer Zeitungen und Zeitschriften, das Einfrieren amerikanischer Kredite für Chile, und »vor allem sollten verläßliche Quellen innerhalb des chilenischen Militärs angebohrt werden«.

So wie ein Infanterieangriff durch Artilleriebeschuß vorbereitet wird, organisierte die CIA heftige Angriffe der rechtsstehenden in- und ausländischen Presse gegen Salvador Allende und seine Minister. Die journalistische Schmutzarbeit der Hetze und Verleumdung erledigten im Solde der CIA stehende Skribenten. Als nächste Stufe des gegen die Regierung der Unidad Popular angezettelten Kesseltreibens erfolgte ein breit angelegter Angriff auf die Wirtschaft des Landes. Aus den verschiedensten Wirtschaftsunternehmungen, vor allem aber aus jenen, die verstaatlicht worden waren, wurden massenweise die ausländischen Fachleute abgezogen. Die Zentralen der nationalisierten Unternehmen ließen in ausländischen Häfen chilenische Schiffe und deren Ladung beschlagnahmen. Vereinbarte Warenlieferungen an Chile wurden verzögert, chilenische Lieferungen nicht abgenommen oder nicht bezahlt.

Chile bereits versprochene Kredite wurden nicht gewährt. Kreditverhandlungen mit neuen Kreditgebern verliefen auf CIA-Druck hin ergebnislos. Aus gleicher Ursache waren dringend benötigte Ersatzteile häufig gar nicht oder nur auf Umwegen und dann zu erheblich erhöhten Preisen zu bekommen. Außerdem setzte die USA-Administration strategische Kupfervorräte frei und manipulierte auf diese Art und Weise den Kupferpreis. Der Kupferexporterlös finanzierte in jenen Jahren den chilenischen Staatshaushalt zu etwa 80 Prozent. Durch die USA-Manipulation sank der Kupferpreis auf den internationalen Märkten innerhalb von anderthalb Jahren von 750 Pfund Sterling pro Tonne auf 394 Pfund Sterling. Erfreut berichtete die Monopolpresse dann von der Wirkung dieses Coups: Chiles Nettodevisenreserven waren innerhalb eines Jahres von 343 Millionen Dollar auf 45 Millionen geschrumpft.

Neben den mehr die Außenwirtschaft betreffenden Obstruktionsmaßnahmen ließ die CIA auch umfangreiche Störaktionen im Inneren des Landes ausführen. So wurden bald ständig Sabotageakte verübt, es kam zu Streiks, zu von langer Hand provozierten Arbeitsniederlegungen in den Betrieben. Auch bestimmte Kreise des nationalen Mittelstandes und der Bourgeoisie Chiles erlagen nach und nach der Propagandakampagne. Sie hielten Erntegut und Waren zurück und sorgten so für eine künstliche Verknappung in der Versorgung der Bevölkerung. Das wiederum konnte von den Schreiberlingen der CIA in ihrem Lügenfeldzug gebraucht werden. Ganz besonders konzentrierte sich der Geheimdienst auf die Lahmlegung des Transportwesens. Chile, dessen Eisenbahnnetz nicht besonders ausgeprägt ist, war im Versorgungstransport im wesentlichen von den Leistungen privater Fuhrunternehmen abhängig. Dies nutzte die CIA aus. Sie organisierte breit angelegte Streiks und heizte die von ihr künstlich heraufbeschworene innenpolitische Krise weiter an.

Schwarzmarkthändler und Spekulanten aller Art leisteten dem Geheimdienst bewußt oder unbewußt Schützenhilfe. Angehörige der staatlichen und gesellschaftlichen Kontrollorgane waren pausenlos im Einsatz, um Hamsterlager aufzudecken und die Waren für die Versorgung der Bevölkerung zur Verfügung zu stellen. Bezeichnenderweise beteiligten sich an den schmutzigen Geschäften Familienmitglieder ultrarechter Spitzenpolitiker. So wurden beim Sohn des Senators Francisco Bulnes 3 000 Sack Zement entdeckt. 50 000 Liter Wein waren in drei Swimming-pools verborgen.

Um die Hysterie noch künstlich anzuheizen, organisierten die Helfershelfer der CIA zum Beispiel einen sogenannten »Marsch der leeren Töpfe«, zu dem sie die wohlgenährten und keinerlei Not leidenden Damen der Bourgeoisie auf die Straße brachten. Sie zogen in das Zentrum der Hauptstadt und machten auf leeren Töpfen ohrenbetäubenden Lärm.

Auch im Parlament, in dem die rechten Parteien über eine Mehrheit verfügten, verstärkte sich die Obstruktionspolitik. Minister der Regierung sollten zu Fall gebracht und die Handlungsspielräume durch destruktive Rechtsvorschriften eingeengt werden.

Neben diesen Aktionen verfolgten die Herren aus Langley mit Eifer ihr Ziel, die Machtverhältnisse in Chile gründlich und für längere Zeit durch einen Militärputsch zu verändern.

In Washington wurde ein Umsturzstab geschaffen, der den Namen »Sonderbüro Chile« erhielt. Dieser Kommandozentrale gehörte auch Kissinger an. In der Santiagoer USA-Botschaft nahm ein sogenanntes Coup-Team, das sich aus erfahrenen Putsch-Experten zusammensetzte, seine Arbeit auf.

Unter Führung des die Verfassung und den Wählerwillen achtenden Generals Carlos Prats verhielt sich die Armee der UP-Regierung gegenüber immer noch loyal. Allerdings waren immer mehr Generäle geneigt, die Ansichten, die aus Washington und Langley importiert wurden, zu ihren eigenen zu machen.

7. Putsch-Pläne

Längst war auch die Lateinamerika-Abteilung des Pentagon in die Umsturzpläne verwickelt worden.

Die Rechnung war simpel. Das gesamte chilenische Offizierskorps war in den letzten Jahren mehr oder minder von US-Amerikanern ausgebildet worden. Allein zwischen 1950 und 1968 hatten 3 667 chilenische Offiziere die Militärakademie in der Panamakanal-Zone absolviert. Aber selbst in den chilenischen Offiziersschulen und bei Kursen in allen Teilstreitkräften hatten USA-Militärexperten das Sagen. Sie bestimmten entscheidend die Unterrichtsprogramme mit und bildeten die Kursanten aller Dienstgrade aus. Selbst ein Teil der Lehrmaterialien war vom Pentagon herausgegeben worden.

Auf diese Art und Weise gab es hunderte Kontakte zwischen USA-Militärs und Angehörigen der chilenischen Armee. Kontakte, die vor allem dort von Vorteil waren, wo Geheimdienstleuten aus den USA die Türen und die Ohren verschlossen blieben.

Es dauerte dennoch bis etwa November 1972, ehe Pentagon und CIA eine nach ihrer Einschätzung ausreichend breite Operationsbasis im chilenischen Militär erreicht hatten. Die Verbindungsleute von CIA und Pentagon schätzten ein, daß sie sich auf etwa 30 Prozent der Führer des Heeres, auf eine Mehrheit der Generäle der Luftwaffe, auf die meisten Kommandeure der Sicherheitspolizei und fast auf das gesamte Oberkommando der Marine stützen konnten. Allerdings waren die Generäle nicht bereit, sofort loszuschlagen. Sie wollten erst einmal die Parlamentswahlen im März 1973 abwarten. Sie hofften offensichtlich darauf, daß sich durch ein entsprechendes Votum der Wähler die Handlungsplattform der UP-Regierung drastisch verringern würde. Immerhin waren den Wahlen ja jene geradezu terroristischen Aktionen vorangegangen, die das Land in eine erhebliche Unruhe stürzten. Am 4. März 1973 wurden die 150 Mitglieder des chilenischen Abgeordnetenhauses und die Hälfte der Senatoren gewählt. Das Abstimmungsergebnis war ein deutlicher Erfolg für die Politik der Unidad Popular. 43,39 Prozent der Wähler stimmten für die UP. Die Mahnungen aus Washington wurden immer dringender. Die Herren aus Langley und vom Pentagon fürchteten offenbar nichts so sehr wie das revolutionäre Potential der chilenischen Arbeiter und Bauern. Und es ging auch längst nicht mehr um die Person Salvador Allendes allein. In allen Teilen des Landes waren sich die arbeitenden Menschen ihrer Kraft bewußt geworden, und es hatten sich Führer profiliert, die sich aus dem Potential der Unidad Popular entwickelten und die sehr wohl in der Lage waren, die Menschen gegebenenfalls in den Kampf zu führen. Die faschistischen Mordkommandos von »Patria y Libertad« faßten das in der Parole zusammen: »Wenn dieses Land brennen muß, um gerettet zu werden, und wenn deshalb zwanzigtausend Chilenen sterben müssen, wir tun es.«

Einige der Generäle hatten bis zum Frühjahr 1973 immer noch darauf gehofft, der Präsident würde so weit erpreßbar sein, daß er sich im Rahmen eines sogenannten »weichen Putsches« an die Spitze einer Regierung stellen würde, aus der alle linken Parteien ausgeschlossen seien und die zur Hälfte von Militärs und zur anderen Hälfte von ausgesuchten rechten Zivilisten gebildet werden würde. Schon das Wahlergebnis im März machte deutlich, daß diese Vorstellung illusionär war. Andere Generäle trösteten sich vorerst mit der Auffassung, daß es möglich wäre, Salvador Allende festzusetzen und ins Ausland ins Exil abzuschieben. Aber auch diese Variante verwarfen die Planer im Pentagon als unrealistisch. Ein lebender Präsident im Exil und eine nicht zerschlagene Unidad Popular würden eine ständige Gefahr für die Interessen des USA-Imperialismus und der einheimischen Großbourgeoisie sein.

In aller Eile wurden nun Putsch-Pläne ausgearbeitet.

Um jeden Zweifel an der Entschlossenheit der Führer jenes Umsturzes auszuräumen, befahlen diese, ein Exempel zu statuieren. In der Nacht vom 26. zum 27.Juli 1973 wurde der Kapitän zur See Arturo Araya in seinem Hause von einem Angehörigen des Marinenachrichtendienstes ermordet. Arturo Araya war der Marine-Adjutant von Präsident Salvador Allende. Mit dieser Bluttat wurden drei Ziele verfolgt: Erstens wollte man all jene Offiziere, die ihrem Eid gemäß zum Präsidenten hielten, abschrecken. Zweitens sollte verhindert werden, daß der Marine-Adjutant, dessen Dienst beim Präsidenten im September auslaufen würde, zum Konteradmiral befördert werden und damit zugleich einen Sitz im Marine-Oberkommando, der Hauptputschzentrale, erhalten würde. Drittens versuchte man die Tat nach Nazi-Manier einem Mitglied der Sozialistischen Partei anzulasten, um damit Stimmung gegen diese Partei, die Unidad Popular und Salvador Allende machen zu können.

Die wirklichen Zusammenhänge konnten allerdings aufgedeckt werden.

Aufgedeckt wurden wenig später auch die Vorbereitungen eines Putsches, mit dem sich der Oberbefehlshaber der Luftwaffe, General César Ruiz Danyau, die Macht im Lande verschaffen wollte. Bevor er jedoch noch das Zeichen zum Losschlagen geben konnte, wurde der Luftwaffengeneral seines Amtes enthoben und von seinen Kumpanen auch fallengelassen.

Im August 1973 trat General Prats zurück. An seine Stelle rückte der ehemalige chilenische Militärattaché in Washington, General Augusto Pinochet, auf.

Anfang September 1973 hielten die Herren aus Langley dann die Zeit für gekommen, ihre Pläne zu verwirklichen.

Am 9. September 1973 wurde in einer Geheimberatung, an der auch der USA-Botschafter in Chile, Nathaniel Davis, teilnahm, Präsident Nixon von den Details der Umsturzpläne unterrichtet.

8. »Ich verhandele nicht mit Verrätern ...«

Die faschistischen Verräter-Generäle hatten den 11. September 1973 für ihren Generalangriff auf die Unidad Popular und Präsident Salvador Allende bestimmt.

Kurz nach 6.00 Uhr wurde der Präsident in seinem Wohnsitz durch einen Telefonanruf vom Beginn des Putsches unterrichtet. Salvador Allende beschloß, sich in den Regierungspalast La Moneda zu begeben, um sich von seinem Amtssitz aus als Präsident der Republik zu verteidigen. Zu der Eskorte, die ihn in den Präsidentenpalast begleitete, gehörten dreiundzwanzig Männer. Sie waren mit Maschinenpistolen, zwei MG's und drei panzerbrechenden Waffen ausgerüstet. Gegen halb acht traf der Präsident mit seiner Begleitung im Moneda-Palast ein. Er informierte sich sofort über die Lage und befahl die ersten, notwendigsten Maßnahmen zur Verteidigung des Amtssitzes des Präsidenten der Republik. Von La Moneda aus wandte er sich in dieser Stunde auch dreimal über den Rundfunk an das chilenische Volk.

Etwa gegen 8.15 Uhr wurde Salvador Allende zur Kapitulation aufgefordert. Die Generäle der putschenden Junta boten ihm demagogisch an, daß er gemeinsam mit seinen Familienangehörigen und seinen Mitarbeitern das Land auf dem Luftwege verlassen könne. Die Antwort des Präsidenten ist überliefert: »Sie als Verräter-Generäle wissen nicht, was Ehrenmänner sind!« Er wies die anmaßende Forderung der Putschisten zurück.

Zum Schutze des Präsidentenpalastes war hier eine ständige Wache der Carabinieros stationiert. Die Offiziere dieser Einheit verweigerten zu dieser Stunde feige den Befehl, den rechtmäßigen Präsidenten und die Regierung der Unidad Popular zu verteidigen. Der Präsident jagte sie als Verräter davon. Gegen 9.20 Uhr bat Salvador Allende auch seine drei Militäradjutanten, den Präsidentenpalast zu verlassen. Bis zu diesem Moment hatten sich zahlreiche Genossen der Unidad Popular zur Moneda durchgeschlagen, um dem Präsidenten Chiles in diesen kritischen Stunden zur Seite zu stehen. Zu ihnen gehörten auch die Töchter des Präsidenten, Beatriz und Isabel.

Bis gegen 11.00 Uhr erfolgte der erste militärische Angriff auf den Palast. In einer Zangenbewegung versuchten Infanteriesoldaten von

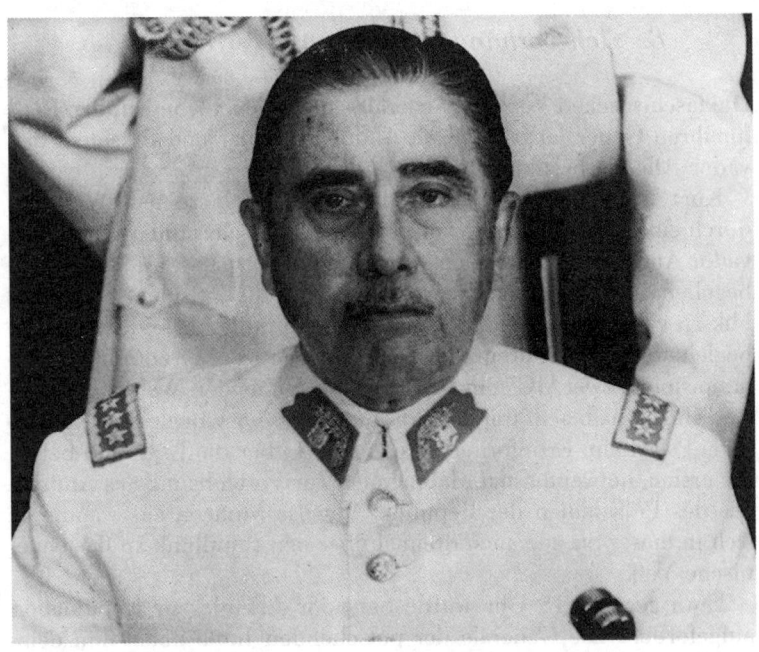

Einer der Drahtzieher des Komplotts gegen die Unidad Popular
und damit einer der Mörder Allendes,
der Chef der Militärjunta, General Augusto Pinochet

der Morande- und der Teatinos-Straße aus, den Präsidentensitz einzunehmen. Geschützsalven leiteten diese Aktion ein. Den etwa zweihundert angreifenden Infanteriesoldaten standen an der Seite des Präsidenten lediglich zirka vierzig Verteidiger gegenüber. Nach einem heftigen Schußwechsel mußten sich die Angreifer unverrichteterdinge zurückziehen. Jetzt setzten die Generäle Sherman-Panzer ein. Diese Panzer verfügen über eine 75-mm-Kanone und ein Maschinengewehr. Die Panzer konzentrierten ihr Feuer auf das Arbeitszimmer des Präsidenten. Von einem Schützenpanzerwagen aus krachte Salve um Salve Maschinengewehrfeuer gegen den Palast. Wieder griffen Artilleriegeschütze in den Kampf ein. Den tapferen Verteidigern gelang es, einen der Panzer mit der Panzerfaust zu zerstören. Über eine Stunde dauerte der heftige Feuerwechsel an. Wegen der entschiedenen Gegenwehr Salvador Allendes und seiner Helfer vermochten die faschistischen Junta-Truppen keine Handbreit an Boden zu gewinnen.

Die Moneda, der Präsidentenpalast in Santiago, nach dem schweren Beschuß während des faschistischen Militärputsches

Um die Mittagszeit setzte eine Feuerpause ein. Die Generäle wollten ihre Truppen umgruppieren. Diese Zeit nutzten die im Präsidentenpalast befindlichen Frauen, um, den dringenden Bitten Salvador Allendes entsprechend, den Moneda-Palast zu verlassen.

Pinochet verlangte, den Präsidenten zu sprechen. Salvador Allende ließ ihm jedoch mitteilen: »Ich verhandele nicht mit Verrätern, und Sie, General Pinochet, sind ein Verräter.« Andererseits wollte der Präsident den Generälen jedoch die Möglichkeit einräumen, wieder auf den Boden der Legalität zurückzukehren. So entsandte er Fernando Flores und Daniel Vergara als seine Beauftragten zu den Befehlshabern des Putsches. Trotz ordnungsgemäßer Kennzeichnung wurden die beiden Unterhändler bei ihrer Rückkehr in den Präsidentenpalast von den Faschisten hinterrücks beschossen und schwer verwundet.

Um 11.56 Uhr begann der Luftangriff auf den Regierungspalast. Innerhalb von nur zwanzig Minuten flogen die zwei für diese Angriffe eingesetzten Jagdbomber neun Angriffe. 18 Raketengeschosse krachten in das 200 Jahre alte Gebäude.

Die Verteidiger hatten sich inzwischen aus den Arsenalen der Carabiniero-Abteilung des Palastschutzes mit weiteren vier Maschinengewehren, SiK-Gewehren, Munition, Schutzmasken und Stahlhelmen versorgt. Unter dem heftigen Beschuß der Angreifer begann der Palast an mehreren Stellen zu brennen. Der kombinierte Einsatz von Panzern, Artillerie und Infanterie fügte den Verteidigern bald

Nach dem reaktionären Militärputsch in Chile:
Beamte der Unidad-Popular-Regierung
werden von der Soldateska Pinochets wie Schwerverbrecher behandelt

Verluste an verwundeten und gefallenen Kämpfern zu. Gegen 13.30 Uhr gelang es einer Gruppe von Infanteristen, das Erdgeschoß der Moneda einzunehmen. Kurz nach 14.00 Uhr wurde Präsident Salvador Allende bei einem Feuerwechsel im Obergeschoß des Palastes von mehreren Schüssen der Angreifer tödlich getroffen. Noch einmal gelang es dann den Verteidigern, die Soldaten zurückzudrängen. Die danach entstehende kurze Kampfpause nutzten die Genossen der Unidad Popular, um dem Leichnam des Staatspräsidenten das Zeichen seiner Würde, die Schärpe in den Landesfarben umzulegen, und sie umhüllten ihn mit der Staatsflagge.

Gegen 16.00 Uhr wurde der letzte Widerstand im Palast La Moneda gebrochen.

Um die Gegenwehr der 40 Zivilisten um Präsident Salvador Allende zu brechen, setzten die Generäle der faschistischen Junta acht Sherman-Panzer, zwei fahrbare 75-mm-Geschütze, zwei Kampfflugzeuge des Typs Hawker »Hunter« und zirka 200 Infanteristen ein.

Während die faschistischen Junta-Truppen in der Moneda Präsident Salvador Allende nach dem Leben trachteten, wurde überall im Land der zweite Teil des Komplottplanes realisiert. Bereits seit November 1972 existierte eine Aufstellung, die von den Geheimdiensten erstellt worden war. Die Liste enthielt vor allem Namen der Funktionäre der Unidad Popular, von fortschrittlichen Mitarbeitern der Stadtverwaltungen, der Gewerkschaften, der Landarbeitergenossenschaften und weiterer linksstehender Organisationen. In einigen Teilen des Landes wurde dem putschenden Militär von den Arbeitern erbitterter Widerstand entgegengesetzt.

In den ersten 18 Tagen ihrer Herrschaft brachten die chilenischen Faschisten etwa 15 000 Menschen ums Leben, 6 000 allein in Santiago. Bis Anfang Oktober 1973 fielen dem faschistischen Terrorregime etwa 23 000 Menschen zum Opfer.

Die faschistische Militärjunta beeilte sich flugs, ein Wirtschaftsprogramm zu verkünden, in dessen Mittelpunkt die Reprivatisierung der Banken, der Großbetriebe und des Großhandels stand. Damit war zugleich auch der Abbau der sozialen Errungenschaften der Werktätigen des Landes verbunden. 1974 konnte Chile einen weiteren traurigen Rekord verbuchen. Es erreichte mit 600 Prozent die höchste Inflationsrate der kapitalistischen Welt. Die Quote der Arbeitslosigkeit schwankte zwischen 12 und 15 Prozent.

Dennoch: Trotz aller Verschleppungen, aller Repressalien und al-

Chilenische Polizei terrorisiert die Zivilbevölkerung
am »Tag zur Verteidigung des Lebens«, 9. August 1985

len Terrors, der selbst vor Mord nicht zurückschreckt, die Werktätigen Chiles setzen ihren Kampf für ein menschenwürdiges Leben getreu jener Botschaft fort, die Präsident Salvador Allende am 11. September 1973 aus der brennenden Moneda an sein Volk richtete: »Werktätige meines Vaterlandes! Ich glaube an Chile und seine Zukunft. Andere nach mir werden auch diese bitteren und dunklen Augenblicke überwinden, in denen der Verrat versucht, sich durchzusetzen. Sie sollen wissen, daß eher früher als später wahre Menschen auf breiten Straßen marschieren werden, um eine bessere Gesellschaft aufzubauen.«

Das Blutbad von Dhaka

1. Erbe der Kolonialzeit

Als im Jahre 1498 der Portugiese Vasco da Gama, der »Entdecker des Seewegs nach Indien«, in Kalikat an der Westküste Vorderindiens landete, begann zugleich auch die über Jahrhunderte andauernde Schreckenszeit des Kolonialismus für den zwischen Arabischem und Bengalischem Meer gelegenen Subkontinent. Waren es anfangs nur die Portugiesen, die sich entlang der Küste befestigte Stützpunkte schufen und ihr Handelsmonopol mit dem Reich der Großmogoln und den ihnen tributpflichtigen Territorien ausbauten, so taten es ihnen die Engländer, Niederländer und Franzosen bald nach.

Jeder Stützpunkt der einen Monopolmacht aber war der anderen ein Dorn im Auge, schmälerte er doch die eigenen Möglichkeiten, das Land nach Herzenslust auszuplündern. Der zuerst friedliche Konkurrenzkampf, vor allem zwischen den beiden Hauptkontrahenten Großbritannien und Frankreich, nahm immer schärfere Formen an und mündete schließlich in einen sieben Jahre währenden erbitterten kriegerischen Konflikt, bei dem die Briten 1763 den Sieg davontrugen und damit die Vorherrschaft in Indien für ihre Krone sicherten. Sechs Jahre zuvor hatte die britische Ostindische Kompanie in der Schlacht bei Plassey den Nawab von Bengalen besiegt und sich bald darauf auch das Recht erworben, Steuern einzuziehen.

Von Bengalen aus eroberte Großbritannien dann auch in den folgenden neunzig Jahren mehr als zwei Drittel des indischen Territoriums, unterwarf die zahlreichen Fürstenstaaten seiner Herrschaft und ging systematisch daran, sich die unermeßlichen Reichtümer des Landes anzueignen und sie für die rasche Entwicklung der industriellen Revolution im eigenen Inselreich nutzbar zu machen. Neue Bodenbesteuerungssysteme und die Verwandlung des Subkontinents in eine unerschöpfliche Rohstoffquelle für die britische Industrie, zugleich aber auch in einen ihrer bedeutendsten Absatzmärkte, gingen einher mit der notwendigen verkehrstechnischen Erschließung des Landes, mit rigoroser Ausbeutung der einheimischen Bevölkerung, mit ihrer brutalen Unterdrückung und dem ständigen Schüren der in Indien bis dahin historisch gewachsenen Klassen- und Glaubensgegensätze.

Je mehr sich der britische Kapitalismus zum Imperialismus entwickelte, desto brutaler wurden auch die Methoden der kolonialen Unterdrückung und Ausbeutung, die schließlich tiefgreifende sozialökonomische Strukturveränderungen in der indischen Gesellschaft nach sich zogen. Immer größere Bevölkerungsschichten verelendeten, die Gesellschaft wurde deformiert, die kapitalistische Entwicklung vollzog sich verstärkt unter Beibehaltung entscheidender Elemente des Feudalsystems, Manufakturen entstanden fast gleichzeitig mit der Fabrikindustrie, es entwickelte sich die indische Bourgeoisie und eine Arbeiterklasse bildete sich heraus.

Doch beständiger Druck erzeugte auch in Indien immer stärkeren Gegendruck, und die Völker des Subkontinents wehrten sich von Beginn an energisch gegen die Ausbeutung und Unterdrückung durch die fremden Kolonialherren. Es kam zu mächtigen Aufständen und Meutereien, die — wie der Sepoyaufstand der Jahre 1857 bis 1859 — breiteste Bevölkerungsschichten vereinigten. Die Stadtbevölkerung ging Hand in Hand mit den Landbewohnern, der Feudaladel riß die Massen der Bauern mit sich, Moslems und Hindus kämpften Seite an Seite, und den Briten gelang es nur mit Mühe, die Erhebung durch brutales Vorgehen niederzuringen.

Bedeutsame historische Ereignisse wie die Große Sozialistische Oktoberrevolution in Rußland, wie der erste Weltkrieg, die Weltwirtschaftskrise zu Beginn der dreißiger Jahre und nicht zuletzt die Ergebnisse des zweiten Weltkrieges nahmen auch in Indien Einfluß auf die Herausbildung und kontinuierliche Stärkung der nationalen Befreiungsbewegung, die aber seit Anfang dieses Jahrhunderts einer von Großbritannien bewußt geförderten Spaltung unterworfen war.

1906 wurde, von der Kolonialmacht tatkräftig unterstützt, die All India Moslem League als eine Art politisches Pendant zum Indischen Nationalkongreß, der seit 1885 bestand, gegründet. In ihr war vor allem die feudale Oberschicht der Moslems vertreten, die sehr enge Bindungen zum britischen Kapital hatte. Sie forderte für sich gewisse politische Vorrechte, die ihr beispielsweise mit getrennten Wahlkreisen oder eigenen Vertretungen in den gesetzgebenden Versammlungen auch zugebilligt wurden.

Das führte mit der Zeit folgerichtig zu von den Briten immer wieder geschürten separatistischen Tendenzen, die schließlich in der Forderung gipfelten, einen Teil des indischen Territoriums abzutrennen und darauf einen mohammedanischen Staat zu schaffen, für den Rahmat Ali Tschaudri im Jahre 1933 den Namen Pakistan geprägt hatte — das »Land der Reinen«.

Die seit der Konferenz der Moslemliga in Lahore im März 1940 verstärkt geforderte Abtrennung einiger indischer Provinzen für das neue Staatsgebilde wurde schließlich im Juni 1947 durch die Veröffentlichung des Mountbatten-Planes (siehe auch »Explosion auf der ›Shadow‹«, S. 438 des vorliegenden Bandes) sanktioniert, weil durch das Teile-und-herrsche-Prinzip Großbritanniens dem Indischen Nationalkongreß nur noch die Wahl zwischen Spaltung oder Bürgerkrieg geblieben war.

So entstand am 14. August 1947 das britische Dominion Pakistan mit zwei Provinzen, zwischen denen rund eineinhalbtausend Kilometer indischen Territoriums lagen.

Die Lostrennung von Indien war weder historisch noch ökonomisch erforderlich gewesen und zeitigte auch sofort ihre Folgen. Rund acht Millionen Moslems flüchteten aus Indien in den neu errichteten Staat, während etwa sechs Millionen Hindus Pakistan verließen, um sich in Indien eine neue Existenz aufzubauen.

Doch damit nicht genug, kam es bis weit in das Jahr 1948 hinein auch noch zu blutigen Auseinandersetzungen zwischen den Vertretern der beiden Glaubensrichtungen.

Der zum ersten Generalgouverneur ernannte Muhammad Ali Jinnah — zugleich Präsident der Verfassung- und Gesetzgebenden Versammlung, die von der Moslemliga kontrolliert wurde — betrieb von Anfang an eine Innenpolitik im Interesse des Großgrundbesitzes, die sich entschieden gegen jede noch so geartete demokratische Volksbewegung richtete. An der Tatsache einer feudalen Rückständigkeit rüttelte dabei auch eine begrenzte Landreform nicht. Die reaktionären Schichten der Bevölkerung behielten die Macht.

Außenpolitisch zeigte sich Pakistan sogleich aggressiv, von britischen und zunehmend stärker werdenden amerikanischen Kapitalinteressen gelenkt und geleitet. Noch im Jahre 1947 löste es mit Indien den sogenannten Kaschmir-Konflikt aus und legte sich militärisch mit Afghanistan an, das für die auf pakistanischem Territorium lebenden afghanischen Pashtanen einen autonomen Status forderte.

Im April 1954 wurde mit der Türkei ein Vertrag über »ökonomische Zusammenarbeit und militärische Hilfe« geschlossen, einen Monat später mit den USA ein »Militärhilfe-Übereinkommen«. Im September 1954 wurde Pakistan Mitglied der SEATO (South-East Asia Treaty Organization), und im Jahr darauf trat es dem Bagdad-Pakt bei, der 1959 in die CENTO (Central Treaty Organization) übergeführt wurde und ein den Interessen des amerikanischen Imperialismus dienendes Verbindungsglied zwischen NATO und SEATO darstellte.

Doch auch in diesem Land war der Wille der Volksmassen, sich gegen die imperialistische und reaktionäre Politik der bis zu diesem Zeitpunkt ohne Einschränkung herrschenden Allpakistanischen Moslemliga aufzulehnen, nicht zu lähmen, wozu wesentlich das Wirken der schon 1948 gegründeten Kommunistischen Partei und einer Reihe fortschrittlicher Organisationen beitrug. Das Resultat wurde bei den Provinzialwahlen 1954 sichtbar, bei denen in der territorial wesentlich kleineren, aber überaus bevölkerungsstarken Ostprovinz eine Vereinigte Front den Wahlsieg davontrug. Das führte dort zur Bildung einer demokratischen Regierung unter Sheikh Fazlul Huk Moni.

Doch die Zentralregierung schlug die Volksbewegung blutig nieder, verbot die Kommunistische Partei und alle anderen fortschrittlichen Organisationen, verhängte den Ausnahmezustand und löste die Verfassunggebende Versammlung auf.

Anstelle des seit 1953 regierenden Muhammad Ali Bogra wurde der von der Armee gestützte ehemalige Verteidigungsminister Iskander Mirza im Oktober 1955 Generalgouverneur. Er proklamierte am 23. März 1956 die Islamische Republik Pakistan im Commonwealth of Nations, deren Präsident er wurde.

Doch der Widerstand des Volkes gegen die Politik der herrschenden Kreise wurde stärker und stärker. So riß Mirza schließlich Anfang Oktober 1958 die Macht mit einem Staatsstreich endgültig an sich. Er setzte die Verfassung außer Kraft, löste Parlament, Provinzialversammlung, die Regierung und alle noch bestehenden Parteien auf.

Drei Wochen später stürzte ihn General Mohammad Ayub Khan, der Armee-Oberkommandierende. Er installierte eine Militärdiktatur, ernannte sich zum Präsidenten, verhängte den Belagerungszustand und schlug, nachdem er 1962 eine neue Verfassung in Kraft gesetzt hatte, einen kapitalistischen Entwicklungsweg des Landes ein. Die wirtschaftliche Lage Pakistans verschlechterte sich zusehends.

Eine breite demokratische Volksbewegung in beiden Landesteilen erschütterte Ayub Khans autoritäre Herrschaft. Er trat im März 1969 zurück, und die Armee brachte General Yahya Khan an die Macht. Er führte einige Reformen im Staatsapparat durch und gliederte Westpakistan administrativ um. Auch politische Parteien wurden mit Ausnahme der Kommunistischen Partei wieder zugelassen, was im Dezember 1970 bei den Wahlen zur Nationalversammlung in Westpakistan zu einem Sieg der Pakistanischen Volkspartei unter Zulfikar Ali Bhutto führte.

Mittlerweile verstärkte sich die Unabhängigkeitsbewegung in Ostpakistan, das aus der ehemaligen Provinz Ostbengalen und dem Distrikt Sylhet gebildet worden war. Schon seit 1947 hatten die in Westpakistan herrschenden Kreise dem östlichen Landesteil die Gleichberechtigung in politischer, wirtschaftlicher, verwaltungstechnischer und sogar kultureller Hinsicht versagt und damit den Wachstumsprozeß des Bürgertums behindert. Dem wirkte die 1949 gegründete Awami-Liga entgegen, die sich rasch zum Interessenvertreter der Bourgeoisie entwickelte und nach der Autonomie Bengalens strebte.

Im Dezember 1970 errang die Awami-Liga einen überragenden Wahlsieg, den Yahya Khan jedoch nicht anerkennen wollte. Er verhängte den Ausnahmezustand und setzte westpakistanische Soldaten in Bengalen ein. Ende März 1971 erhob sich das Volk, die unabhängige Republik Bangladesh wurde proklamiert. In den nun folgenden Kämpfen verloren etwa drei Millionen Menschen das Leben, rund zehn Millionen flüchteten vor den brutal wütenden westpakistanischen Truppen nach Indien.

Trotzdem wurde am 26. März 1971 die Volksrepublik Bangladesh ausgerufen. Ihr erster Präsident wurde Nazrul Islam, Ministerpräsident Tajuddin Ahmed. Die von der Awami-Liga aufgestellten Partisanen-Einheiten — Mukti Bahini — wehrten sich erbittert gegen

Yahya Khans Truppen und konnten, nachdem Westpakistan noch einen militärischen Konflikt mit Indien provoziert hatte, das die Autonomiebestrebungen Bengalens unterstützte, schließlich mit Hilfe indischer Armee-Einheiten am 16. Dezember 1971 den Befreiungskampf siegreich beenden.

2. Der »Tiger von Bengalen«

Jener Mann, der die unabhängige Republik Bangladesh ausgerufen hatte und sich an ihre Spitze stellte, war Sheikh Mujibur Rahman, der seine ganze Kraft in den Dienst einer fortschrittlichen Entwicklung seines Volkes stellte und neben zahlreichen anderen auch den ehrenvollen Beinamen »Tiger von Bengalen« erhielt.

Als Sohn eines Grundbesitzers am 17. März 1920 in Tungipara im Bezirk Faridpur, etwa 100 Kilometer südwestlich von Dhaka geboren, besuchte Mujib zunächst die Missionsschule in Gapalganj. Mit 18 Jahren begann er sich politisch zu betätigen und wurde 1938 erstmals verhaftet, weil er sich an einer Demonstration von Moslems gegen eine sich in Bengalen anbahnende Vorherrschaft der Hindus beteiligt hatte.

Als Zweiundzwanzigjähriger trat Mujib in das Islamic College in Kalkutta ein und schloß sein Studium im Jahre 1947 mit dem Erwerb eines Bachelor-of-Arts-Grades in Geschichte und politischer Wissenschaft ab. Von 1943 bis 1947 war er einer der Berater der All India Moslem League und 1945/46 Generalsekretär der Islamic College Student Union.

Im Anschluß an die Ausbildung in Kalkutta kehrte er nach Bengalen zurück und studierte noch Rechtswissenschaft an der Universität von Dhaka. Hatte sich Mujib bislang aktiv für die Gründung von Pakistan eingesetzt, so gehörte er schon bald zu jenen, die die Politik der in Westpakistan herrschenden Kreise kritisierten und ihre erbittertsten Gegner wurden. Insgesamt verbrachte er dadurch zwischen 1948 und 1970 fast zehn Jahre im Gefängnis.

1948 verlor er seinen gerade zwei Jahre zuvor erworbenen Sitz in der bengalischen Volksvertretung, weil er mit Tausenden anderen gegen die Einführung des westpakistanischen Urdu als einziger Amtssprache des neuen Staates demonstriert hatte. Kurze Zeit später begann seine Tätigkeit in Spitzenfunktionen der im Jahre 1948 von Moulana Bashani gegründeten Awami-Liga, zuerst als stellvertretender Generalsekretär und — ab 1953 — als Generalsekretär der von Suhrawardy umgegründeten »Jinnah-Awami-Muslim-League«.

In den Jahren 1956 und 1957 war Mujibur Rahman jeweils für kurze Zeit Minister in der Ostpakistanischen Provinzialregierung,

Sheikh Mujibur Rahman

wurde aber bald wieder wegen seiner autonomistischen Haltung seines Postens enthoben und entschloß sich daraufhin, seine ganze Kraft für die Arbeit der Partei einzusetzen.

Unter dem Regime Ayub Khans saß Mujib fünfeinhalb Jahre im Gefängnis. 1966 wurde er Präsident der Awami-Liga, 1968 wegen angeblicher »Zusammenarbeit mit Indien mit dem Ziel der Lostrennung Bengalens von Pakistan« erneut verhaftet. Die pakistanische Regierung zog gegen ihn einen groß angelegten Hochverratsprozeß auf — den ein ganzes Jahr dauernden Agartala-Prozeß —, konnte jedoch keine Beweise für die Anklage erbringen. Dieser Prozeß untergrub wesentlich die Position von Staatspräsident Ayub Khan und machte Mujib in den Augen vor allem der bengalischen Öffentlichkeit zum Volkshelden.

In einem Sechs-Punkte-Programm hatte die Awami-Liga am 12. Februar 1966 unter anderem die Wiederherstellung der parlamentarischen Demokratie, die volle Autonomie für Ostpakistan, die Verlegung des Sitzes der Zentralregierung nach Dhaka, eine eigene ostpakistanische Währung, die den enormen Geldabzug aus Bengalen nach Westpakistan stoppen sollte, sowie eine bengalische Miliz verlangt, dabei aber noch auf soziale Forderungen für die Werktätigen verzichtet.

Als Zustimmung der Bevölkerung zu diesem Programm erwiesen sich die Wahlergebnisse zur Verfassunggebenden Nationalversammlung vom 7. Dezember 1970. Sie waren vom neuen Staatspräsidenten Yahya Khan — er hatte Mujib bei Amtsantritt aus dem Ge-

Unmittelbar nach dem Scheitern der Verhandlungen
über die Autonomie Ostpakistans
wurde der Führer der AWAMI-Liga, Sheikh Mujibur Rahman,
von den westpakistanischen Behörden verhaftet

fängnis entlassen — trotz der entsetzlichen Flutkatastrophe, die am 13. November 1970 über Ostpakistan hereingebrochen war und zahlreiche Todesopfer und unermeßliche Sachschäden forderte, nicht verschoben worden. Dank ihrer antifeudalen und antiimperialistischen Losungen im Wahlkampf errang die Awami-Liga 167 von 313 Sitzen in der Nationalversammlung und 290 von 300 Sitzen in der Provinzialversammlung. Bei der gleichen Wahl verbuchte in

Im Mai 1973 fand in Dhaka eine internationale Konferenz für Sicherheit und Zusammenarbeit in Asien statt, die Mujibur Rahman eröffnet hatte. Hier erhält er von Vertretern der indochinesischen Völker ein Erinnerungsgeschenk

Westpakistan die Pakistan People's Party von Zulfikar Ali Bhutto, die als Anwalt der Armen und Entrechteten auftrat, einen eindrucksvollen Erfolg.

Wie gesagt, Yahya Khan anerkannte das Wahlergebnis nicht und ging mit über 70 000 Soldaten gegen die Volksbewegung in Bengalen vor. Kurz nach Proklamierung der Republik Bangladesh wurde Mujib erneut verhaftet und nach Westpakistan verschleppt. Erst am 8. Januar 1972, nach dem Sieg der Unabhängigkeitsbewegung in Bangladesh und der Kapitulation der westpakistanischen Truppen im indisch-pakistanischen Krieg, ließ ihn der neue Staatspräsident Ali Bhutto wieder frei.

Am 12. Januar 1972 übernahm Sheikh Mujibur Rahman in der Volksrepublik Bangladesh das Amt des Staatspräsidenten. Zehn Tage später wurde er Ministerpräsident.

Ende November 1974 stattete Horst Sindermann,
Mitglied des Politbüros des ZK der SED
und Vorsitzender des Ministerrates der DDR, der Volksrepublik Bangladesh
einen offiziellen Staatsbesuch ab. Auf dem Flughafen in Dhaka
wurde er von Sheikh Mujibur Rahman herzlich begrüßt

Die neue Regierung verfolgte ein antiimperialistisches und demokratisches Reformprogramm und orientierte ihre Außenpolitik auf
Bündnisfreiheit sowie enge Zusammenarbeit mit Indien und den sozialistischen Staaten. Zu ihren ersten Maßnahmen gehörte die Nationalisierung von etwa 85 Prozent der Industriebetriebe, 90 Prozent
der Banken und Versicherungsgesellschaften und etwa 70 Prozent
des Außenhandels. Sie legte im Zuge einer Agrarreform mit
13,4 Hektar die Höchstgrenze für den Landbesitz fest und setzte der
unkontrollierten Entfaltung des Kapitalismus gesetzliche Schranken.

»Ein Kampf um den Aufbau des Landes ist noch weitaus schwerer als der Kampf um Freiheit. Der Kampf um den Aufbau wird sogar noch länger dauern«, sagte Mujib damals in einem Gespräch.
Und er sollte Recht behalten.

Zu den Staaten, die die junge Volksrepublik zuerst diplomatisch
anerkannten, gehörten die Sowjetunion, die DDR und die anderen
sozialistischen Länder, mit denen es auch bald zu freundschaftsver-
traglichen und handelspolitischen Bindungen kam.

Ende Februar/Anfang März 1972 hielt sich Sheikh Mujibur Rahman zu einem offiziellen Besuch in der Sowjetunion auf, in dessen
Verlauf ein Abkommen über Hilfeleistungen der UdSSR beim Aufbau Bangladeshs unterzeichnet wurde. Im gleichen Jahr weilte eine
Delegation der Partei- und Staatsführung der Deutschen Demokratischen Republik unter der Leitung von Horst Sindermann zu einem
offiziellen Besuch in Bangladesh.

Am 16. Dezember 1972 trat die Verfassung der Volksrepublik in
Kraft. Sie schrieb die Grundprinzipien fest, die für den jungen Staat
Gültigkeit haben sollten: Nationalismus, Sozialismus, Demokratie
und Säkularismus.

Bei den drei Monate später abgehaltenen Parlamentswahlen errang die Awami-Liga 292 von 300 Mandaten. Die Mehrheit des Volkes hatte sich eindeutig für Mujibs Politik entschieden, der Banga-
bandhu (Freund der Bengalen) war endgültig zum Symbol der
Unabhängigkeit, der Friedenspolitik, der engen Freundschaft mit Indien und den Ländern des Sozialismus geworden. Das mußte der
nimmermüden und auf ihre Chance hoffenden Reaktion ein großer
Dorn im Auge sein.

3. Die Schreckensnacht des 15. August 1975

Der Abend dieses 14. August 1975 unterschied sich in nichts von zahlreichen vorangegangenen Abenden — höchstens darin, das Scheikh Mujibur Rahman, der Präsident der Volksrepublik Bangladesh, heute wesentlich früher als gewöhnlich von seinen umfangreichen dienstlichen Obliegenheiten entbunden war und schon gegen 20.30 Uhr sein geräumiges Wohnhaus im Dhakaer Vorort Dhamandi betrat, wo wie üblich bereits der größte Teil seiner Familie auf ihn wartete.

Morgen würde Mujib — eine willkommene Abwechslung im täglichen Streß der harten politischen Arbeit — der Universität, an der er vor vielen Jahren selbst immatrikuliert war, einen offiziellen Besuch abstatten und sich mit den Lehrkräften und den Studenten über ihre Probleme unterhalten, Probleme, deren Bewältigung eng mit der Entwicklung des gesamten Staates verknüpft war.

Während sich seine Leibwächter, teils Polizeibeamte, teils Angehörige des Bengal Lancers Regiment, in ihre Räumlichkeiten zurückzogen und die Wachen das Objekt sicherten, begrüßte Mujib seine Familie, besonders herzlich aber seinen zehnjährigen Sohn Russell, den er abgöttisch liebte und der am folgenden Tag zu jenen sechs Schülern gehören sollte, die ihn auf dem Universitätsgelände begrüßen würden.

Danach zog er sich noch für eine Weile in die Bibliothek im Erdgeschoß zurück, um sich, in die Kurta gehüllt, bei einer Pfeife und einem Glas Juice wenigstens für einige Minuten zu entspannen.

Seit er im Dezember 1974 genötigt worden war, als Antwort auf die ständige Verschärfung vor allem der innenpolitischen Situation in Bangladesh durch die in- und ausländische Reaktion den Ausnahmezustand über das ganze Land zu verhängen, war er kaum noch zur Ruhe gekommen. Vielmehr mußte er sogar noch am 25. Januar die vierte Verfassungsänderung seit Bestehen der Volksrepublik vornehmen lassen und eine Präsidialregierung einführen. Das war notwendig gewesen, um die Reste der kolonialen Vergangenheit sowohl im staatlichen als auch im politischen und administrativen System endgültig auszumerzen und die vier Grundprinzipien der Verfassung wirklich durchzusetzen.

Diese Maßnahmen, so hatte er in einer Rede vor dem Parlament begründet, leiteten eine neue Etappe der nationaldemokratischen

Bewegung ein. Sie hatten das Ziel, auch die ökonomische Unabhängigkeit zu erringen, die — übrigens weitverbreitete — Korruption ein für allemal zu beseitigen und relativ ungestört eine demokratische Gesellschaft aufzubauen. Die neue Herrschaftsform würde es auch ermöglichen, den Kampf gegen subversive Elemente und Gesetzlosigkeit energischer führen zu können. Immerhin hatten die bis in die jüngste Zeit bestehenden angespannten Verhältnisse die Normalisierung der politischen Lage, die wirtschaftliche Entwicklung sowie durchgreifende Maßnahmen gegen politische Terroristen, Saboteure und Spekulanten behindert. Die Reaktion hatte sich wesentliche Positionen erkämpft, das Staatsgefüge war instabil.

Seit jenem 25. Januar übte Mujib als Präsident der Volksrepublik die gesamte Exekutivgewalt aus und verfügte über weitgehende legislative Vollmachten. Die Nationalversammlung hatte zugleich beschlossen, alle politischen Parteien im Lande aufzulösen, und die Abgeordneten hatten ihn ermächtigt, eine einzige gesamtnationale Partei zu gründen.

Auf eine Reihe progressiver Kräfte im Lande konnte Sheikh Mujibur Rahman bauen. Der Generalsekretär des Zentralkomitees der Kommunistischen Partei Bangladeshs, Mohammed Farhad, hatte seine Wahl zum Präsidenten begrüßt und erklärt, daß mit der Verfassungsänderung nunmehr der »Anfang für die Errichtung einer wirklichen Demokratie des Volkes und für die Entwicklung des Landes auf dem Wege des Fortschritts« gemacht worden sei.

Auch auf seine engsten Berater und einige der Minister konnte sich Mujib verlassen, so auf den Vizepräsidenten Syed Nazrul Islam, auf den Ministerpräsidenten Mansoor Ali, auf Mohammedullah und Azad Kamaruzzamman, auf Abdus Samad Azad und Dr. Kamal Hossain, den Außenminister.

Andere aber waren schwankend, stellten sich ihm offen in den Weg oder intrigierten gegen ihn, waren korrupt, setzten ihre persönlichen Belange höher an als die staatlichen Interessen und das Volkswohl und spielten so seinen Gegnern in die Hand.

Die Reaktion war stark und ließ kein Mittel unversucht, wieder die Oberhand zu gewinnen, die alten Ausbeutungs- und Unterdrückungsverhältnisse zu restaurieren. Viele von Mujibs Freunden und Kampfgefährten aus der Awami-Liga hatten in den letzten eineinhalb Jahren infolge feiger Morde und hinterhältiger Anschläge ihr Leben lassen müssen.

Hinzu kam, daß Bangladesh nach wie vor zu den ärmsten und

rückständigsten Gebieten der Welt gehörte, daß es Mujibs Regierung noch nicht gelungen war, die wirtschaftliche Situation zu stabilisieren und spürbare Veränderungen herbeizuführen. Noch war das Erbe aus der Kolonialzeit, war die die Entwicklung des Landes hemmende Politik des früheren Westpakistan nicht überwunden. Und alles, was die Awami-Liga mit viel Mühe zustande brachte, wurde durch Terror- und Sabotageakte der Reaktion wieder vernichtet, die sich gegen jeden noch so geringen Fortschritt wandte.

Daß auch sein Leben bedroht war, daran wollte Sheikh Mujib nicht denken. Schon im Mai 1974, auf seiner Rückkehr von Moskau, wo er sich lange und ausführlich mit Ministerpräsident Alexei Kossygin unterhalten hatte, beschwor ihn in Neu-Delhi die indische Regierungschefin Indira Gandhi, besser auf sich zu achten, denn sein Leben sei von seinen Feinden bedroht. Doch er hatte gelacht und ihr geantwortet: »Aber Exzellenz, man liebt doch meine Kinder! Wer wird ihnen den Vater rauben wollen?«

Mujibur Rahman baute auf die Zukunft und versprach sich einen großen politischen Aufschwung von der am 7. Juni 1975 gegründeten Bangladesh Krishak Sramik Awami League (BAKSAL), der Volksliga der Arbeiter und Bauern Bangladeshs, der neuen Einheitspartei, in der auch die Kommunisten ihre Mitarbeit zugesichert hatten. Mit Hilfe dieser Organisation würde er dem Staatsschiff wieder zu flotterer Fahrt in Richtung Nationalismus, Sozialismus und Demokratie verhelfen können.

Gleich morgen mußte er einen weiteren wichtigen Schritt dazu tun und die Studenten der Universität, die künftigen Wissenschaftler und Staatsfunktionäre, für den Kurs der BAKSAL, für die Zukunft Bangladeshs gewinnen.

Über seinen Gedanken war Sheikh Mujibur Rahman eingenickt.

Kader Siddiqui, als Boga, der Tiger, im Unabhängigkeitskampf einer der Tapfersten in den Reihen der Mukti Bahini, gehörte zu den neu ernannten hohen Verwaltungsbeamten, die am 1. September 1975 in den Distrikten Bangladeshs ihre Arbeit aufnehmen sollten und von der BAKSAL gerade für diese verantwortungsvolle Aufgabe geschult und auf ihre neue Funktion vorbereitet wurden. Morgen würde das Programm für die Ausbildung der künftigen Gouverneure und Distriktverwalter abgeschlossen werden und mit einem Arbeitsessen, bei dem alle Minister anwesend sein sollten, festlich zu Ende gehen.

Heute aber, nach längerer Abwesenheit von zu Hause, wollte Kader Siddiqui am Abend noch rasch seiner kranken Mutter einen Besuch abstatten, die im Post Graduate Hospital in Dhaka lag und sicher schon ungeduldig auf ihn wartete.

Als Kader Siddiqui am Karwan Bazar vorüberkam, sah er dort einen Panzer der Bengal Lancers stehen und wunderte sich. Normalerweise war der übliche Tag für militärische Übungen in der Stadt und den Vororten der Dienstag. Was also hatte ein Panzer am Donnerstagabend auf den Straßen zu suchen? Ein Panzer? Es waren ja mehr, denn wenig später entdeckte Kader einen zweiten unmittelbar vor dem Hospital, das dem Gebäude des Rundfunks direkt gegenüberliegt.

Einen dritten Panzer sah Kader nach dem Besuch bei seiner Mutter wenige hundert Meter weiter in der Motijheel, einen vierten nahe der Ingenieurschule, kaum 200 Meter vom Hospital entfernt.

Was hatte das zu bedeuten? Vier Panzer mit aufgesessenen Mannschaften innerhalb eines Radius von knapp einem Kilometer, und alle so aufgestellt, als hätten sie strategisch wichtige Aufgaben zu lösen.

Kader Siddiqui wurde unruhig. Es war kurz nach 23.00 Uhr, und die Stille der Nacht hatte im Verein mit den gepanzerten Ungeheuern, die schweigend und unbeweglich in der Finsternis standen, bereit, jeden Augenblick Feuer zu speien und sich mit unerhörtem Getöse über ihre Gegner herzumachen, etwas Bedrohliches, das dem ehemaligen Freiheitskämpfer trotz seines vielgerühmten Mutes und seiner Kaltblütigkeit doch einen Schauer den Rücken hinunterjagte.

Kurz entschlossen fuhr Kader Siddiqui zum Lager der Mukti Bahini nahe dem Gano Bhaban in der Sher-e-Bangla Nagar, wo er seinen alten Kampfgefährten Anwarul Alam Shahid als stellvertretenden Kommandeur einer Einheit der Rakki Bahini wußte.

»Was sollen die Panzer auf der Straße?« fragte er aufgeregt.

Anwarul besänftigte ihn. »Die Bengal Lancers sind für diese Nacht bevollmächtigt worden, mit drei Panzern an wichtigen Punkten der Stadt aufzufahren.«

»Ich habe aber bereits vier Panzer gesehen.«

»Das ist kaum möglich. Du wirst wohl einen zweimal gesehen haben.« Anwarul Alam Shahid blieb die Ruhe selbst. Er war für Siddiqui ein integrer Mann, früherer Studentenführer und umsichtiger Kommandeur im Befreiungskrieg. Es gab keinen Grund, an dem zu zweifeln, was er sagte. Es würde sich wohl wirklich bloß um eine strategische Übung der Bengal Lancers handeln.

So fuhr Kader Siddiqui nach Hause, ohne, wie er es vorgehabt hatte, den Sicherheitschef des Präsidenten, Brigadegeneral Jamil, anzurufen und ihm von seinen Beobachtungen zu berichten. Vielmehr legte er sich zu Bett und bat seine Schwester, die ihm den Haushalt führte, ihn am kommenden Morgen nicht zu wecken. Er habe außergewöhnlich viel Zeit bis zum vorgesehenen Lunch-Meeting.

Brigadegeneral Jamil hatte auch ohne Kader Siddiquis Anruf genügend Sorgen, denn seine Frau war schwer erkrankt und bedurfte der Pflege. Am kommenden Tag sollte er den Präsidenten zur Universität begleiten. Das war zwar keine neue Aufgabe für ihn, doch er war beunruhigt, denn am Abend hatte er noch erfahren, daß plötzlich in die Vorbereitungen für den Besuch Mujibs hinein auf dem Universitätsgelände eine Handgranate explodiert war, glücklicherweise ohne großen Schaden anzurichten.

Jamil hatte zwar sofort den Chef einer Nachrichten-Einheit mit seiner Truppe zur Universität befohlen, um das Gelände nach weiteren Sprengkörpern abzusuchen und anschließend zu bewachen, doch irgendwie kam es ihm vor, als habe er damit bei weitem noch nicht alles getan. So starrte er, am Bett seiner Frau sitzend und ihre schweißnasse Hand haltend, mit gefurchter Stirn vor sich hin, fand keinen Schlaf.

Noch ein anderer einflußreicher Politiker Bangladeshs bereitete sich an diesem Abend auf eine schlaflose und aufregende Nacht vor, wenn auch aus ganz anderen Gründen als der Brigadegeneral. Khondaker Moshtake Ahmed, seines Zeichens Handelsminister in Mujibs Regierung und einer der langjährigen engen Mitarbeiter des Präsidenten — wenn auch nicht immer einer der zuverlässigsten — gab in seinem Haus in 54 Agha Mashi Lane in Alt-Dhaka ein kleines Fest für auserlesene und seines Vertrauens würdige Gäste. Zu ihnen zählte auch sein Neffe, Major Abdul Rashid, der sich allerdings schon bald verabschieden mußte, um einige bedeutsame Aufgaben im Interesse seines Onkels zu erledigen.

Und ein weiterer bekannter Mann machte die Nacht vom 14. zum 15. August 1975 zum Tag: Taheruddin Thakur. Er hatte 1971 an der Seite Mujibs gestanden, war aber in der Folgezeit mehr und mehr in Konflikt geraten mit der Politik des Sheikhs, die keineswegs seinen eigenen Vorstellungen von einem freien und unabhängigen Bangladesh entsprach. So entfremdeten sich die beiden Männer, Thakur wechselte auf die Seite von Mujibs Feinden.

Heute suchte Thakur seiner Spannung durch den Besuch eines

Bordells Herr zu werden, doch so sehr sich das Girl, das sich seiner angenommen hatte, auch bemühte, es kam nichts Rechtes bei der Sache heraus. Thakur war anders als sonst, unkonzentriert und nervös.

Sheikh Kamal, Mujiburs ältester Sohn, kam erst kurz nach Mitter-

Im Dezember 1971
hatte sich auch Sheikh Jamal,
der Sohn Mujibur Rahmans,
den Befreiungstruppen »Mukti Bahini«
angeschlossen

nacht nach Hause zurück und weckte in der Bibliothek seinen Vater, um ihm über die letzten Stunden Bericht zu erstatten. Kamal hatte auf dem Universitätsgelände noch bis vor wenigen Minuten an den Vorbereitungen für den morgigen Besuch des Präsidenten mitgewirkt. Er maß der Handgranatenexplosion keine allzu große Bedeutung bei, denn derartige Vorkommnisse gehörten seit dem Sieg der Unabhängigkeitsbewegung schon fast zum täglichen Erscheinungsbild in den Straßen von Dhaka. Die Reaktion schlief wahrlich nicht, doch mit gebührender Wachsamkeit war man ihrer bislang noch Herr geworden und hatte riesige Schäden vermeiden können. Das Universitätsgelände war seit den Abendstunden hermetisch abgeriegelt, so daß für den kommenden Tag nichts zu befürchten stand. In den stillen Straßen der Hauptstadt aber war Sheikh Kamal nichts Ungewöhnliches aufgefallen.

Fast zur gleichen Zeit, als Kamal das elterliche Haus betrat und mit seinem Vater in der Bibliothek sprach, hielt Colonel Rahman Faruk, der Kommandeur jener Elite-Einheiten des Bengal Lancers Regiment, die für den persönlichen Schutz des Präsidenten und hoher Funktionäre des Staates und der BAKSAL verantwortlich waren, eine kurze Ansprache an all die Truppenteile, die seit dem späten Nachmittag in Alarmbereitschaft lagen, ohne den Grund dafür zu kennen. Sie glaubten an eine Übung und waren über Faruks Worte mehr als verwundert. In ihre schwarzen Overalls gehüllt, bis an die Zähne bewaffnet, lauschten sie der Rede ihres Vorgesetzten.

»Soldaten!« sagte der Colonel, »die Zeit ist herangereift, etwas gegen Korruption und Schlendrian in diesem Land zu unternehmen. Sheikh Mujibur hat die Revolution des Jahres 1971 verraten und Bangladesh Stück um Stück an die ausländischen Kräfte verkauft, an Indien und die Kommunisten in Moskau mit ihren zahllosen Helfershelfern, die uns auf einen Weg führen wollen, der nicht unser Weg ist und sein kann. Gerade ist Mujib dabei, die Armee aufzulösen und zu reorganisieren, wie er das nennt. Unser stolzes Regiment der Bengal Lancers, das von dieser Maßnahme besonders bedroht ist, wird sich dagegen zu wehren wissen. Wir werden nicht zulassen, daß mit unseren Gefühlen und unserem Glauben weiterhin gespielt wird im Namen Allahs, dessen Geist in diesem Land mit Füßen getreten wird. Es ist an der Zeit, sich zu erheben und dem Spuk ein Ende zu machen.«

Der Beifall für seine Worte war nicht übermäßig stark, doch das störte Colonel Faruk nicht. Er hatte zu befehlen, und die Soldaten hatten zu gehorchen. Ob sie ihre Aufgabe mit oder ohne innere Überzeugung erledigten, war für den Augenblick bedeutungslos. Es war lediglich zu sichern, daß sie diese erfüllten — und dafür würden die Kommandeure der drei Einheiten garantieren, die wenig später die Kaserne verließen und im Eiltempo in die tiefe Stille der Nacht hineinzogen. Es mußte alles sehr schnell gehen, denn die Chefs der Armee wußten von nichts.

Die Ziele der drei Elitetruppenteile waren nicht einmal 2 000 Meter entfernt. Bevor die Rakkhi Bahini, jene aus den Partisaneneinheiten und Befreiungskräften des Jahres 1971 hervorgegangenen Armee-Einheiten, in ihrem Camp in der Sher-e-Bangla Nagar noch richtig mitbekamen, was sich zu dieser frühen Morgenstunde in Dhaka tat, und bevor sie noch Position beziehen und womöglich das Schlimmste verhüten konnten, donnerte ihnen bereits ein Panzer der Bengal Lancers entgegen, der seine Kanone drohend auf ihr Lager richtete. Kurz darauf war ihre Kommandozentrale bereits von Colonel Faruks Leuten besetzt.

Statt der angeblich drei für eine »Übung« gestatteten Panzer entfalteten sich innerhalb weniger Minuten 30 an allen wichtigen strategischen Punkten der Innenstadt.

Die drei Kolonnen der Bengal Lancers verteilten sich auf Objekte, die nur wenige hundert Meter voneinander entfernt lagen: die Häuser des Staatspräsidenten Sheikh Mujibur Rahman, seines Schwagers Abdur Rab Serneabat, Minister für Bewässerung, und dessen Neffen Sheikh Faslul Huk Moni, jenes Mannes, der im Jahre 1954 die erste Provinzialregierung der Awami-Liga in Ostpakistan geführt hatte und nunmehr einer der Sekretäre der BAKSAL war.

Kaum hatten die Soldaten Stellung bezogen, eröffneten sie das Feuer aus Granatwerfern und Maschinenpistolen. Von allen Seiten sausten in der ersten Etage von Mujibs Haus, in der die Schlafräume der Familie lagen, die Kugeln durch die Fenster und überraschten die Familienmitglieder, die sich zum Teil schon zur Ruhe begeben hatten. Sheikh Nasser, Mujibs jüngerer Bruder, wurde von einer Kugel an der Hand verletzt.

Bis auf Kamal, der sich eine Maschinenpistole griff und in die untere Etage eilte, um die Haustür gemeinsam mit den Wachen zu verteidigen, flüchteten sich alle Personen, die sich im Haus befanden, eilig in Mujibs Ankleideraum, der fensterlos war und vom Schlafzimmer des Sheikhs und seinem Badezimmer begrenzt wurde.

Dorthin stellte Mujib auch das Telefon um und rief sofort bei Generalmajor Safiulla, dem Oberbefehlshaber der Armee an. Doch der war schon von Putschisten umgeben. »Tut mir leid, Sir, aber ich kann Ihnen nicht helfen«, sagte er und hängte ein.

Während der Sheikh versuchte, eine Verbindung mit Brigadegeneral Jamil, seinem Sicherheitschef, herzustellen, riß die Begum einen breiten Streifen Stoff von ihrer Sari und verband damit Nassers blutende Hand. Alle Mitglieder der Familie fühlten sich an den

26. März 1971 erinnert, als im Unabhängigkeitskampf pakistanische Truppen das Haus umzingelt hatten.

Endlich kam Jamil ans Telefon und versprach, sofort zu kommen. Er war von der Nachricht völlig überrascht und wollte nicht recht an einen Putsch glauben.

Als Kamal im Erdgeschoß anlangte und die Wachen bat, nun endlich etwas gegen den Beschuß zu unternehmen und das Leben des Präsidenten zu schützen, stieß er auf taube Ohren, denn ein vorsichtiger Blick aus dem Fenster hatte die Männer davon überzeugt, daß die Verschwörer Angehörige ihres eigenen Regiments waren. Sie hatten in aller Eile beschlossen, sich vorerst »neutral« zu verhalten und abzuwarten, wie sich die Dinge entwickeln würden. Sie konnten nicht wissen, daß ihr Todesurteil bereits gesprochen war, denn noch während des Putsches wurden alle sechs ermordet.

Kamal bat und drohte abwechselnd, beschwor die Wachleute, ihrer Pflicht zu genügen, sprach ruhig und tobte gleich darauf — umsonst. Er hatte seine Waffe noch nicht schußbereit, da flog die Tür auf. Mehrere Soldaten drängten ins Haus, geführt von Major Fazlul Huda, einem leitenden Offizier der Bengal Lancers. Die Wachen salutierten ihrem Vorgesetzten. Da bemerkte Huda Mujibs Sohn, der versuchte, seine Maschinenpistole zu entsichern. Ein kurzer Befehl, einer der ins Haus eingedrungenen Männer riß den Hahn seiner Waffe durch — Sheikh Kamal stürzte tödlich getroffen zu Boden.

Brigadegeneral Jamil gab seiner Frau noch ein Beruhigungsmittel, warf sich die Uniform über, riß seinen Fahrer aus dem Schlaf und jagte mit seinem Jeep in Höchstgeschwindigkeit durch das nächtliche Dhaka. Je mehr Panzer er sah — vor den Kasernen der Rakkhi Bahini, vor dem Rundfunkhaus, dem zentralen Post- und Telegrafenamt sowie vor einigen Regierungsgebäuden — desto beklommener wurde ihm zumute. Als sein Wagen nur noch wenige hundert Meter von Mujibs Haus entfernt war, traf er in der Nähe der Subhan Bagh Moschee auf eine Straßensperre. Der Fahrer hielt an, einige Soldaten des Bengal Lancers Regiment umringten den Jeep.

Brigadegeneral Jamil kletterte aus dem Fahrzeug. Die Soldaten kannten ihn und salutierten. Sie waren eigens an dieser Stelle postiert, um ihn abzufangen.

»Wir haben Befehl, auf jeden zu schießen, der diesen Weg passiert«, sagte ihr Kommandeur streng.

»Auch auf mich?« fragte Jamil ungläubig.

»Auch auf Sie, Sir«, war die Antwort.

»Dann tut es«, sagte der General und durchschritt die Posten-kette, um sich zu Fuß zum Haus des Präsidenten zu begeben.

Schon nach wenigen Schritten durchsiebten ihn ihre Kugeln.

Mittlerweile hatten sich Hudas Soldaten über das ganze Haus ver-teilt, ja einige waren sogar über die Terrasse und durch die Fenster des Erdgeschosses eingedrungen. Der Lärm im Haus nahm zu, denn in jedem Raum, den sie betraten, kehrten sie das Unterste zuoberst, füllten sich die Taschen mit allem, was ihnen gefiel und benahmen sich, einmal in Schwung gekommen und sich der Gefahrlosigkeit ihres Unternehmens nunmehr bewußt, wie die verrohteste Solda-teska.

Mujib hielt es nicht mehr im Ankleideraum. Auch er erinnerte sich an jenen weit zurückliegenden 26. März, als er den Eindringlin-gen der westpakistanischen Armee mutig entgegengetreten war.

»Laßt mich sehen, was sie wollen«, sagte er und verließ den Raum. Im Treppenhaus traf er auf Major Huda, den er von zahlrei-chen gemeinsamen Reisen und Unternehmungen her gut kannte.

»Ach, du bist das! Was willst du?« fragte Mujib, die drohende Haltung Hudas und seiner Truppe ignorierend.

»Wir sind gekommen, Sie zu holen, Sir«, entgegnete Huda und hob seine Waffe leicht an, um seinen Worten mehr Nachdruck zu verleihen. So viel er im Leben auch schon mitgemacht hatte, an einer Verschwörung gegen einen Präsidenten, noch dazu einen, der beim Volk beliebt war oder zumindest geachtet wurde, hatte er sich noch nie beteiligt.

»Hältst du das für einen Spaß!« donnerte ihn Mujib an. »Ich werde nicht zulassen, das Land zu ruinieren und in die Hände von Spekulanten zu geben. Verschwindet hier und erinnert euch eures Eides, den ihr geleistet habt!«

In diesem Moment kam ein Diener die Treppe heraufgehastet und schrie: »Kamal Bhai ist tot! Kamal Bhai ist tot!«

Mujib hielt mitten in der Bewegung inne und erstarrte, als er die schreckliche Nachricht vernahm. Das nutzte Havildar Muslemuddin, ein Huda völlig ergebener Söldner. Er war über die Terrasse in den Hausflur heruntergekommen, riß seine automatische Waffe an die Hüfte und feuerte von hinten auf den bewegungslos dastehenden Präsidenten. Das war auch für andere Soldaten das Signal, ihrer An-spannung mit einem Griff zum Abzugshahn Herr zu werden. Insge-samt 26 Kugeln drangen in Mujibs Körper ein.

Die Begum war ihrem Mann gefolgt. Sie hatte zeit ihres Lebens treu an seiner Seite ausgeharrt, hatte sich die vielen Jahre, die er im Gefängnis verbringen mußte, um das Wohl und Wehe der Familie gekümmert. Nun war, so fand sie, auch in der Stunde der Gefahr ihr Platz neben ihm. Sie verließ das Ankleidezimmer und traf schon nach wenigen Schritten auf plündernde Soldaten. Sie fuhren erschreckt herum und richteten ihre Waffen auf die wehrlose Frau.

»Nehmt alles, was ihr wollt, aber tötet uns nicht«, flehte Die Begum. Da dröhnten zahlreiche Schüsse vom Treppenhaus herauf. Die Frau schlug die Hände vors Gesicht und klagte: »Jetzt haben sie ihn umgebracht!« Dann fügte sie heftig hinzu: »Worauf wartet ihr noch? Tötet mich auch, ihr verdammten Verräter!«

Angestachelt vom Beispiel ihrer Kollegen im Erdgeschoß, zögerten die Soldaten nicht zu schießen.

Zwei von ihnen stürmten gleich weiter in das Ankleidezimmer, wo sie mit einigen gezielten Schüssen Mujibs Sohn Jamal, dessen Frau Rosy und Kamals Frau Sultana töteten.

Sheikh Nasser hatte sich in den Baderaum neben Mujibs Schlafzimmer geflüchtet. Einer der Soldaten trat die Tür ein und erschoß ihn.

Nun lebte nur noch Russell, Mujibs 10jähriger Sohn, der den Vater in wenigen Stunden auf dem Gelände der Universität hätte begrüßen sollen. In seiner Angst hatte er sich in eine Ecke des Ankleidezimmers gekauert und weinte leise vor sich hin. Es blieb ihm nicht erspart, mit anzusehen, wie der Bruder und die beiden Schwägerinnen kaltblütig niedergeschossen wurden.

»Bringt mich zu meiner Mutter«, wimmerte der Kleine ein ums andere Mal.

»In Ordnung, du Bastard, wir werden dich dahin bringen, wo deine Mutter schon ist«, sagte einer der Soldaten hämisch und hob die Waffe.

Ein Polizeioffizier der Wachmannschaft, der kopflos hinter dem Soldaten hergerannt war und gar nicht begreifen konnte, was um ihn herum geschah, wachte aus seiner Lethargie auf und schrie: »Laßt ihn doch leben! Bei Allah, laßt ihn leben, er ist doch noch ein Kind!«

»Steckst wohl mit diesem Gesindel unter einer Decke, was?« fragte ihn der Soldat drohend und jagte ihm, ohne auf eine Antwort zu warten, eine kurze Salve in den Brustkorb. Dann drehte er sich langsam wieder zu dem wimmernden Knaben um und ermordete auch ihn mit einem gezielten Schuß.

Wenig später betraten die Majore Rahman Faruk und Abdul Rashid das Haus des toten Präsidenten. Sie kümmerten sich nicht um die wie Berserker wütenden Soldaten, sondern prüften sachlich, ob von der Familie Mujibs auch wirklich niemand mehr am Leben war. Dann berieten sie mit Major Huda, wie mit den Leibwächtern und dem einen noch im Haus befindlichen Bediensteten zu verfahren sei. Rahman Faruk ließ keine lange Diskussion aufkommen, deutete seine Meinung durch mehrfaches Krümmen des rechten Zeigefingers an und begab sich, von Rashid gefolgt, zum Telefon, um der in 54 Agha Mashi Lane versammelten Gesellschaft die lang ersehnte Mitteilung zu machen, daß alles zur Zufriedenheit verlaufen sei.

Fast zur gleichen Zeit wie auf das Haus des Präsidenten hatte der Granatwerferbeschuß auch auf die Villa von Sheikh Faslul Huk Moni, dem Sekretär der BAKSAL, eingesetzt.

Auch er telefonierte mit dem Hauptquartier der Rakkhi Bahini und bat um Hilfe, doch auch ihm wurde nur mitgeteilt, daß man nichts für ihn tun könne. Als er weitere Gespräche führen wollte, hörte er die Soldaten schon in sein Haus eindringen. Moni warf den Hörer neben den Apparat und rannte los. Gleichzeitig mit den Söldnern und seiner Frau Arzu, die ihr drittes Kind erwartete, langte der Sheikh in seinem Ankleidezimmer an.

Arzu stürzte mit einem grellen Schrei auf ihren Mann zu. »Geh zur Seite!« kläffte ein Soldat wütend, doch als sie weiterrannte, eröffnete er das Feuer.

Faslul Huk Moni war sofort tot, doch seine Frau lebte noch. »Wasser! Gebt mir Wasser«, flehte sie. Da betrat ihr dreijähriger Sohn Taposh barfuß und im Nachthemd das Zimmer und sah die Eltern blutend auf dem Boden liegen. In Arzu erwachte noch einmal Leben. »Bringt mich zu einem Hospital«, stieß sie hervor. »Helft mir, ich habe zwei kleine Kinder!«

Nur wenige Augenblicke später war sie tot. An Hilfe für sie hatte ohnehin keiner der Männer auch nur eine Sekunde lang gedacht.

Auch ihr kommandierender Offizier führte ein kurzes Telefonat mit 54 Agha Mashi Lane.

Abdur Rab Serneabat, Minister für Bewässerung und ein Bruder des Präsidenten, hatte, als er zufällig einen Blick aus dem Fenster warf, schon frühzeitig bemerkt, daß Armee-Einheiten der Bengal Lancers sein Haus umringten und ihre mobilen Waffen in Stellung brachten. Doch wohin immer er in seiner Aufregung auch zu telefonieren versuchte, es kam kein Gespräch zustande. An Hilfe von außen war also nicht zu denken.

So versammelte er seine Familie im Empfangszimmer: seine Frau Amina, die Töchter Hamida und Baby, die Söhne Kokkhon und Arif, den Enkelsohn Babu und seinen Neffen Shahid. Zu ihnen gesellten sich noch drei Gäste und mehrere Haushaltsgehilfen.

Nur der älteste Sohn Abdul Hassanat, ein ehemaliger berühmter Freiheitskämpfer, der einigen Leuten in der Armee ob seines radikalen Eintretens für Demokratie und Sozialismus ganz besonders verhaßt war, verweigerte dem Vater den Gehorsam. Vielmehr verbarrikadierte er die Eingangstür, holte seine ständig einsatzbereite Maschinenpistole und feuerte einige Salven auf die sich langsam nähernden Soldaten ab. Doch sie kamen von allen Seiten und drangen schon bald durch die Fenster des Erdgeschosses ins Haus ein.

Hassanat zog sich in ein Zimmer zurück, entschlossen, wenigstens einige der feigen Mörder und Verräter zu töten, bevor ihn selbst ihre Schüsse trafen.

Die angreifende Truppe wurde von Major Shariyar angeführt. Abdur Rab Serneabat trat ihm entgegen. Er kannte ihn nicht. »Laßt mich mit eurem kommandierenden Offizier sprechen«, forderte er.

Shariyar erwiderte: »Wir haben keinen kommandierenden Offizier. Hier hört alles auf mein Kommando. ... Aber wer bist du, daß du solche Forderungen stellst?« Es klang wie Hohn.

Serneabat spürte es, stellte sich jedoch trotzdem vor. Da glitt ein böses Lächeln über die Lippen des Majors. Er hob die Waffe und zog durch.

Gemeinsam mit ihm schossen auch die anderen. Der kleine Babu, der 9jährige Arif, die 14jährige Baby, der Neffe Shahid, die drei Gäste und einige Bedienstete starben im Kugelregen. Serneabats Frau Amina, seine Tochter Hamida und Sohn Khokkon waren schwer verwundet. Man verzichtete »großzügig« darauf, sie vollends umzubringen und ließ sie ins Hospital schaffen.

Vom Erfolg der Aktion überzeugte sich wenig später Major Nurul Islam Manjur, ein Bruder Major Faslul Hudas. Auch er rief die Nummer in 54 Agha Mashi Lane an und meldete Vollzug.

Dann gab er Befehl, einige Leuchtraketen abzufeuern. Das war das von den Putschisten vereinbarte Signal dafür, daß die Vernichtungsoperation erfolgreich abgeschlossen war.

Die Uhren in Dhaka zeigten 6.01 Uhr Ortszeit an.

4. Die Zeit nach dem Putsch

Kurz nach 6.00 Uhr unterbrach Radio Dhaka sein Frühprogramm.
Der Sprecher bat seine Hörer um Aufmerksamkeit für eine wichtige
Nachricht. Dann räusperte sich jemand am Mikrofon und eine
Stimme sagte in befehlsgewohntem Tonfall: »Hier spricht Major
Shariful Hak Dalim. Unter Führung von Khandaker Moshtake Ah-
med haben in der vergangenen Nacht die Streitkräfte die Macht
übernommen. Im allgemeinen Interesse unseres Landes war dieser
Schritt erforderlich. Sheikh Mujibur Rahman wurde zum Rücktritt
gezwungen und seine Regierung gestürzt.«
Eine knappe Viertelstunde später ergänzte Major Dalim seine
Meldung mit den Worten: »Der vertriebene Präsident Sheikh Muji-
bur Rahman wurde getötet und seine Residenz an diesem Morgen
durch die Armee besetzt.« Zur Begründung für diese Maßnahme log
er, von Mujiburs Residenz aus sei den anrückenden Armee-Einhei-
ten starker Widerstand mit Waffen geleistet worden.
»Wach endlich auf, hier ist ein Anruf für dich!« Kader Siddiquis
Schwester war sehr aufgeregt. Der künftige Gouverneur schreckte
hoch und taumelte, noch verschlafen, zum Telefon. Seine ältere
Schwester war am Apparat. »Hallo, Kader«, sagte sie mit belegter
Stimme. »In der Nacht haben sie hier in Dhaka geputscht!«
»Ein Staatsstreich?« fragte er verwundert und ungläubig zurück.
»Ja doch. Frag nicht lange! Laß alles stehen und liegen und ver-
schwinde, solange du noch kannst. Sie werden bestimmt jeden
Augenblick zu dir kommen und dich holen. Der Bangabhandu ist
getötet worden, Moshtake Ahmed wird neuer Präsident. Sie sagen es
gerade im Radio.«
Kader Siddiqui warf den Hörer auf die Gabel. Wenige Augenblicke später verließ er das Haus. Lediglich einen kleinen Handkoffer mit den allerwichtigsten Utensilien nahm er mit. Die Schwester
hatte bereits seinen Fahrer benachrichtigt, doch der lehnte glattweg
ab, ihn in Sicherheit zu bringen. Er habe Familie und müsse sich um
sich selbst kümmern, gab er zur Entschuldigung an. Und das sagte gerade der Mann, den Kader drei Jahre lang wie seinen besten Freund
behandelt hatte. In der Stunde der Gefahr ließ er ihn sitzen.
»Gib mir den Schlüssel!« forderte der Gouverneur.
»Nein. Es ist zu gefährlich für Sie, mit diesem Wagen zu fahren«,
lehnte der Mann ab, entsann sich dann aber wohl, daß er Siddiqui

wenigstens ein wenig Dank schuldete für dessen Protektion in der Vergangenheit. »Ich besorge Ihnen ein anderes Fahrzeug.«

Kurze Zeit darauf kam er mit dem Auto eines Nachbarn zurück. Kader Siddiqui konnte fliehen.

Während Major Abdul Rashid seinen Onkel Moshtake Ahmed von zu Hause abholte, um mit ihm zum Rundfunk zu fahren, wo er seine erste Erklärung als neuer Präsident Bangladeshs abgeben sollte, tauchte auch Taheruddin Thakur wieder auf. Er hatte die Nachricht vom Gelingen des Putsches erhalten und ging nun, sich seinem alten Freund Moshtake Ahmed zur Verfügung zu stellen, wohl wissend, daß für ihn, den gewieften Politiker und in den letzten Jahren auch erbitterten Gegner Mujibs, mindestens der Posten eines Staatsministers abfallen würde.

Mittlerweile hatte Major Shariful Hak Dalim seine Durchsagen im Rundfunk um einen Passus erweitert: »Mit dem Ende der Korruption, der Ungerechtigkeit und der Autokratie des Regimes von Sheikh Mujibur Rahman wird unser Volk nun die Gelegenheit haben, ausschließlich nur im Interesse unserer eigenen Nation zu arbeiten. Laßt uns diese Möglichkeit nutzen, für uns selbst, für niemanden sonst auf dieser Welt tätig zu sein.«

Die Demagogie trieb ihre ersten Blüten.

Zug um Zug kamen auch die Mitarbeiter des Rundfunks zur Arbeit, ungewiß über ihr Schicksal in den nächsten Stunden. Denn viele von ihnen hatten sich in ihren Sendungen und Kommentaren mit Mujibs Politik solidarisiert. Major Shariyar empfing sie alle im Büro des Direktors. Die Maschinenpistole lag vor ihm auf dem Schreibtisch. Mit der Geste eines Diktators belehrte er sie über die neue Situation im Lande und entließ sie mit dem stereotypen Satz: »Solange diese Waffe hier herrscht, wird jeder das tun, was wir von ihm verlangen. Gehen Sie an Ihre Arbeit!«

Bald darauf erschien auch Khandaker Moshtake Ahmed mit seiner Begleitung. Der neue Staatspräsident, der 1971 in der ersten provisorischen Regierung Bangladeshs eine entscheidende Rolle gespielt hatte, dann aber als Handelsminister mehr und mehr in den politischen Hintergrund getreten war und sich der Reaktion zugewandt hatte, hielt seine Antrittsrede.

Er erklärte, seine Regierung werde an der Politik der Nichtpaktgebundenheit festhalten und alle bi- und multilateralen Verträge und Abkommen weiterhin erfüllen. Auch die Politik des Kampfes gegen Rassismus, Apartheid, Kolonialismus und alle seine neueren Erscheinungsformen werde unverändert weiterbetrieben. Bangladesh werde zu »den islamischen Staaten, den Commonwealth-Ländern und den Großmächten freundschaftliche Beziehungen unterhalten«. Es werde wie bisher an der Seite der arabischen Staaten stehen und für die Rückgabe der durch Israel besetzten Gebiete in Vorderasien kämpfen.

Deutlich war aus seinen Worten eine stärkere Hinwendung zu Pakistan und dessen proamerikanischer Politik herauszuhören. Von der Freundschaft zu Indien, zur Sowjetunion und den sozialistischen Ländern, die Mujibs Regierung mit dem Blick auf eine glückliche Zukunft Bangladeshs und seine wirtschaftliche Entwicklung gepflegt hatte, war nichts mehr zu vernehmen.

Moshtake Ahmed würdigte in dieser »Botschaft an die Nation« die Meuchelmörder des bisherigen Präsidenten als »Kinder der Sonne« und Helden mit »furchtlosen Herzen«. Er stellte fest, er habe »die Verantwortung für diese Regierung angesichts einer historischen Notwendigkeit« übernommen und beendete die Rede mit der Losung »Bangladesh Zindabad« — Bangladesh soll leben! Der alte Ruf der Unabhängigkeitsbewegung »Joi Bangla!«, der Schrei des Trotzes gegen die Feinde der Revolution, der Ruf auch des Sieges kam nicht über seine Lippen, obwohl gerade mit diesem Ruf Tausende glühenden Herzens für die Freiheit Bangladeshs in den Tod gegangen waren.

Während die Majore geputscht hatten, waren die hohen Offiziere der Streitkräfte im Großen Hauptquartier von Diskussionsrunde zu Diskussionsrunde geeilt, ohne etwas gegen den Staatsstreich zu unternehmen. Sie traten nicht einmal der Lüge entgegen, die »Streitkräfte hätten die Macht übernommen«. Vielmehr beratschlagten sie über die politischen Aspekte des Coups, stellten ihre gut bezahlten Jobs über die Interessen der rechtmäßigen Regierung, verrieten ihren auf die Verfassung geleisteten Eid, diskutierten jene Offiziere nieder, die entscheidende Aktionen gegen die Majore und ihre noch recht spärliche Truppe forderten, und entschieden sich schließlich für »militärische Disziplin«. Wenn schon behauptet wurde, die Streitkräfte seien nun an der Macht, so sollte es auch stimmen.

Als ohnehin alles zu spät für einen erfolgversprechenden Gegenschlag war, liefen die Chefs der drei Teilstreitkräfte und der Generalinspektor der Polizei zu den Putschisten über und sagten dem neuen Präsidenten ihre Loyalität und Unterstützung zu. Generalmajor Shafiulla, der Chef des Generalstabs, den die Mörder Mujibs ein bißchen in die Zange genommen hatten, lobte sogar Moshtake Ahmed für seine »hervorragende« Botschaft an die Nation.

Schon wenige Stunden nach der Machtübernahme bildete Khandaker Moshtake Ahmed sein neues Kabinett, das vorerst aus zehn Mitgliedern bestand. Zum Vizepräsidenten berief er Mohammadullah, obwohl der gewählte Vizepräsident Syed Nazrul Islam noch am Leben war. Doch ihn, den alten Kämpfer für die Unabhängigkeit Bangladeshs und Gefährten Mujibs, schob Ahmed ebenso beiseite wie die dem Sheikh treu ergebenen bisherigen Minister Abdus Samad Azad, Azad H. Kamaruzzaman und Dr. Kamal Hossain, den schon weltweit bekannten und anerkannten Außenminister. An seine Stelle trat Abu Sayed Chowdhury, einer von Moshtake Ahmeds alten Freunden.

Von der Regierung Mujibs behielt er als Minister noch den ehemaligen Ministerpräsidenten Tajuddin Ahmed und M. Mansoor Ali im Kabinett, obwohl er sie eigentlich zu seinen Gegnern rechnen mußte, denn der frühere Premier und sein Ministerkollege hatten stets treu an der Seite Sheikh Mujibur Rahmans gestanden. Weitere Ministerposten erhielten auch die ehemaligen Kabinettsmitglieder Phani Majindar und Manoranjon Dhar. Taheruddin Thakur, Moshtakes bester Mann, wurde zur Schlüsselfigur der neuen Regierung, zur grauen Eminenz ohne Ressort.

Noch am Abend des Putschtages erfolgte im Präsidentenpalais, dem Bangobhaban, die Vereidigung der neuen Machthaber durch den Obersten Richter A. E. Mohammad Hussain.

Die zu den Putschisten übergelaufenen Armeebefehlshaber hatten nicht lange Freude an ihrem verräterischen Schritt. Schon am 24. August wurde General Osmany neuer Sicherheitsberater des Präsidenten. Der Chef des Armeestabs, Generalmajor Shafiulla, wurde durch Generalmajor Ziaur Rahman ersetzt, der später noch eine große Rolle in der sich immer mehr von den Grundsätzen der Verfassung lösenden Politik Bangladeshs spielen sollte. Als sein Stellvertreter fungierte Ershad, der erst im Juni zum Brigadegeneral befördert worden war und nun beim Amtsantritt rasch noch Generalmajor wurde.

Zwei Monate später, am 16. Oktober, holte sich Moshtake Ahmed den in der Bundesrepublik Deutschland ausgebildeten Vizemarschall Tawab als neuen Chef der Bangladesh Air Force.

Um sicherzugehen, daß er seine Macht auch wirklich ausüben konnte, verhängte Moshtake Ahmed das Kriegsrecht. Schon am

23. August ließ er auf dessen Grundlage die ehemaligen Anhänger Mujibs und hohen Staatsfunktionäre Syed Nazrul Islam, Tajuddin Ahmed, M. Mansoor Ali und A. H. Kamaruzzaman verhaften. Sie wurden — noch unter seiner Herrschaft — am 3. November 1975 im Zentralgefängnis von Dhaka bestialisch ermordet.

Der pakistanische Staatschef Ali Bhutto, der später selbst einem Justizmord zum Opfer fiel, reagierte auf die Ermordung Mujibs öffentlich mit den Worten: »Ich bedaure sehr, daß Sheikh Mujibur Rahman und die Mitglieder seiner Familie ein so tragisches Ende getroffen hat.« Mehr sagte er nicht.

Am gleichen Tag verkündete Bhutto persönlich Pakistans Anerkennung für das neue Regime in Bangladesh. Zugleich richtete er einen persönlichen Appell an die »dritte Welt«, insbesondere aber an die islamischen Staaten, es Pakistans Beispiel nachzutun.

Am Tag nach dem Massaker von Dhaka hielt er erneut eine Rede, in der er sagte: »Als eine spontane Geste für das brüderliche Volk von Bangladesh haben wir entschieden, in Bangladesh unverzüglich ein Geschenk des pakistanischen Volkes zu verteilen: fünfzigtausend Tonnen Reis, zehn Millionen Yards grobes und fünf Millionen Yards feines Gewebe.« Entsprechend den vorhandenen Kapazitäten versprach er für die Zukunft noch größere Lieferungen.

Waren das Geschenke für den Mord an Mujib?

5. Einblicke

Als Bangladesh am 16. Dezember 1971 im Ergebnis des opferreichen nationalen Befreiungskampfes mit tatkräftiger Unterstützung Indiens und dank auch der Solidarität der Sowjetunion und der anderen sozialistischen Länder seine Unabhängigkeit errang, befand sich das Land politisch, ökonomisch und sozial in einer äußerst schwierigen Lage. Rund drei Millionen Menschen waren dem pakistanischen Terror erlegen, der Kampf hatte mehr als 2,5 Millionen Wohnstätten zerstört, nahezu 300 Eisenbahnbrücken und Tausende Kilometer Straßen waren unbenutzbar geworden.

Die während des Kampfes nach Indien geflohenen rund zehn Millionen Einwohner kehrten nun innerhalb weniger Wochen in ihre Heimat zurück, mußten ernährt, versorgt, eingekleidet, mit Wohnungen versehen werden.

Die Häfen waren vermint, zahlreiche Schiffe versenkt worden. Allein der Produktionsausfall ging in die hunderte Millionen Taka. Hinzu kamen die Schäden der Naturkatastrophen, und auch die stark angestiegenen Weltmarktpreise für Lebensmittel und Rohstoffe wirkten sich negativ aus.

Doch gewisse Schritte einer wirtschaftlichen und sozialen Entwicklung waren bereits nach kurzer Zeit sichtbar. Die Jute- und Textilfabriken, die Zuckerraffinerien, die einheimischen Banken und Versicherungen sowie große Teile des Außenhandels und des Transportwesens wurden nationalisiert. Die Regierung legte Mindestlöhne für die Arbeiter fest, schrittweise entstand ein staatlicher Sektor in der Wirtschaft.

Es ging also langsam aufwärts, obwohl das Nahrungsmitteldefizit und die Massenarbeitslosigkeit nicht in wenigen Monaten oder Jahren zu beseitigen waren. Darüber bestand bei der Regierung und zum Teil auch in der Bevölkerung Klarheit.

Doch bereits gegen die ersten fortschrittlichen Maßnahmen zur sozialökonomischen Umgestaltung des Landes erhob sich wie gegen die Anknüpfung freundschaftlicher Bindungen zur Sowjetunion und den sozialistischen Ländern von Anfang an der organisierte Widerstand der Reaktion. Die Anhänger des alten Regimes, die Verfechter des kapitalistischen Entwicklungsweges bemühten sich, vom pakistanischen Geheimdienst, vor allem aber von der CIA, die die Interessen des schon stark im Land verankerten amerikanischen Kapitals vertrat, angefeuert und unterstützt, ihre verlorenen Positionen zurückzugewinnen. Dazu war ihnen jedes Mittel recht, auch und vor allem Terror und offenes Banditentum. Dabei nutzten sie geschickt die Unzufriedenheit verschiedener Schichten des Volkes, die sich mit den immer größer werdenden ökonomischen Schwierigkeiten ausbreitete. Indem sie sie offen schürten, brachten sie den Kurs der Regierung mehr und mehr in Mißkredit. Alle diese Maßnahmen gingen einher mit antisowjetischen, antiindischen, insbesondere aber antisozialistischen Losungen, die überall lautstark verkündet wurden.

Unterstützung fanden die reaktionären Gruppierungen auch durch die Korrumpiertheit zahlreicher Beamter, durch Spekulanten und eingeschleuste Saboteure. So war Sheikh Mujibur Rahman schließlich gezwungen, die bereits angeführten Maßnahmen zu ergreifen, die Verfassung zu ändern und eine Präsidialregierung einzurichten.

Das aber war genau das, was die Reaktion am wenigsten wollte.

Sie dachte vielmehr an eine völlige Umkehrung der Innen- und Außenpolitik Bangladeshs, das sich mit seinem Weg in Richtung Demokratie und mit der Annäherung an das sozialistische Weltsystem zu weit von den amerikanischen Zielen und Interessen in Asien fortbewegte. Und was 1971 nicht zu verhindern gewesen war, sollte zumindest kein Dauerzustand werden.

Dutzende von CIA-Agenten wurden in Dhaka entlarvt, solche, die ihren ständigen Wohnsitz in der Hauptstadt hatten und mit einem diplomatischen Mäntelchen gedeckt waren, vor allem aber solche, die auf dem Luftweg für kurze Zeit in Bangladesh ankamen, ihre subversive Tätigkeit verrichteten oder Anweisungen und Befehle an Saboteure und Provokateure weitergaben und danach schnell wieder verschwanden.

Das war so seit den Tagen der Unabhängigkeit, als Henry Kissinger in seiner ersten Enttäuschung über die Staatsgründung geäußert hatte, Sheikh Mujibur Rahman sei „ein eigensinniger Staatsmann", der ihm seine ganzen Pläne für die Entwicklung der Welt durcheinandergebracht und zum Teil sogar vereitelt hätte.

Kissinger nämlich hatte damals geglaubt, er sei Manns genug, über das Schicksal fremder und noch in der Entwicklung begriffener Nationen zu entscheiden. Und so hatte er sich mit Hilfe der sofort in ausreichender Zahl zur Verfügung stehenden Männer von der Central Intelligence Agency darangemacht, gegen die Gründung der Volksrepublik Bangladesh zu Felde zu ziehen. Wie wir wissen, wurde seine Mühe damals nicht belohnt.

Roger Morris, ein früherer enger Mitarbeiter Kissingers im Nationalen Sicherheitsrat, bekannte später freimütig, sein ehemaliger Chef habe das durchaus als eine persönliche Niederlage empfunden. Seinem Charakter entsprechend sei das aber bereits ein Grund für persönliche Rachegefühle.

Die »New York Times« schrieb am 16. Dezember 1971: »Die militärische Niederlage Pakistans in Ostbengalen ist gleichzeitig eine militärische Niederlage für die Vereinigten Staaten …« Heute wissen wir, daß das nicht nur rhetorisch gemeint war, denn an der versuchten Niederschlagung des Aufstandes in der pakistanischen Ostprovinz hatten sich eben nicht nur westpakistanische Truppen, sondern auch amerikanische Soldaten beteiligt.

Um im Gefolge dieses Desasters das Gesicht nicht ganz zu verlieren, wurde — wie üblich — Moskau beschuldigt, die Volkserhebung organisiert zu haben, und im Golf von Bengalen tauchte plötzlich ein

Flugzeugträger auf. Obwohl die Gründung der Volksrepublik Bangladesh nun wahrlich keine bedeutende Verschiebung im Gleichgewicht der Kräfte mit sich brachte, schwor man im Weißen Haus wie im Pentagon und in der CIA-Zentrale Rache.

Da sich andere, für Amerika im Moment weit schwerer wiegende Probleme in den Vordergrund drängten, die sowohl von der Regierung als auch vom Geheimdienst »größte Anstrengungen« forderten, blieb Bangladesh eine Weile weniger stark beachtet. Doch als die Regierung der Unidad Popular in Chile endgültig gestürzt, Salvador Allende ermordet worden war, als man den Krieg in Vietnam endgültig ein für allemal verloren hatte, als die innenpolitischen Superbomben wie die Watergate-Affäre glimpflich überstanden waren, da konnte man sich dem jungen ostasiatischen Staat wieder verstärkt zuwenden.

Nicht lange dauerte es nun, und der »Putsch der Majore« war organisiert, der rechtmäßige Präsident ermordet. Doch das Erreichte war hier nicht das Erreichbare und Angestrebte. Weitere Putsche sollten folgen.

Als Khandaker Moshtake Ahmed die ehemaligen Ministerkollegen aus der Zeit der Regierung Rahman am 3. November 1975 ermorden ließ, kam es noch am gleichen Tag zu einem Gegenputsch, den der Brigadegeneral Khalid Musharraf führte. Zwei Tage später trat Moshtake Ahmed zurück. Neuer Präsident wurde der Vorsitzende des Obersten Gerichts, Abusadat Mohammad Sayem.

Ein weiterer Putsch am 7. November 1975 unter Generalmajor Ziaur Rahman führte zur Bildung einer neuen Regierung. Ihr gehörte Sayem als Oberster Kriegsrechtsadministrator an. Die Chefs der drei Waffengattungen der Armee waren seine Stellvertreter.

Mit diesem Regime war erst einmal erreicht, was man sich in Dhaka, vor allem aber in Islamabad und Washington vorgestellt hatte. Viele unter Mujibs Regierung wegen ihrer antidemokratischen und reaktionären Haltung inhaftierte Politiker wurden sofort freigelassen, fortschrittliche Persönlichkeiten hingegen von Stunde an verfolgt.

Die neue Regierung machte eine Reihe progressiver sozialökonomischer Maßnahmen rückgängig und wandte sich außenpolitisch von dem bisherigen Weg einer engeren Bindung an Indien ab. Vielmehr näherte sie sich wieder Pakistan und orientierte sich stark auf »Wirtschaftshilfe« von imperialistischen Staaten, vorwiegend von den USA. Das Kapital hatte sein Ziel erreicht.

6. Nachbetrachtungen

Das Massaker an der Familie des Präsidenten überlebten nur Mujibs Töchter Rehana und Hasina, die sich im Zuge einer diplomatischen Mission im Ausland aufhielten.

Mujibs Frau, seine drei Söhne und die beiden Schwiegertöchter wurden ohne große Feierlichkeiten schon am Tag nach dem Mord unter Aufsicht eines vielköpfigen Polizeikordons in ihrer blutdurchtränkten Kleidung auf dem Banani-Friedhof in Dhaka beigesetzt. Auch auf religiöse Riten mußte verzichtet werden. Die Gräber wurden nicht kenntlich gemacht, um von vornherein Wallfahrten auszuschließen.

Auch für Mujibur Rahman war auf dem gleichen Friedhof ein Grab ausgehoben worden, aber die Verschwörer hielten es für zu gefährlich, den Sheikh in Dhaka zu beerdigen. So wurden ein Major und ein Leutnant beauftragt, die sterbliche Hülle des Präsidenten unter starker Bewachung in einem Helikopter nach Tungipara, Mujibs Geburtsort, zu bringen und den Leichnam ohne viel Aufhebens im Grab seines Vaters mit beizusetzen. Man verfuhr so, doch ließ sich die Anteilnahme der Dorfbewohner nicht vermeiden, die so zahlreich gekommen waren, daß sie sogar noch die Einhaltung der islamischen Beerdigungsriten von den Wachmannschaften ertrotzen konnten.

Und was ist aus den Mördern geworden?

Khandaker Moshtake Ahmed ließ sich nach seinem Sturz einen Bart wachsen, zog sich eine lange Kurta an und sah nun wie ein Mullah aus. Seine Partei, die Democratic League, hat fast die gleichen Ziele wie die Muslim League und ist immer gut für eine Politik im Interesse der herrschenden Klasse.

Taheruddin Thakur wurde Geschäftsmann.

Die Majore, die den Putsch organisiert hatten und für die zahlreichen Morde direkt verantwortlich waren, bekamen gute Posten in diplomatischen Vertretungen des Landes: Lieutenant-Colonel Shariful Hak Dalim wurde Erster Sekretär der Botschaft in Taiwan; Lieutenant-Colonel Aziz Pasha erhielt den gleichen Rang in Argentinien; Major Mohiuddin ging als Zweiter Sekretär nach Algerien, Major Shariyar in der gleichen Funktion nach Indonesien, Major Fazlul Huda als Zweiter Sekretär nach Pakistan. Major Rashed Chowdhury wurde Zweiter Sekretär in Saudi-Arabien, Major Noor Zweiter Sekretär im Iran.

Als Dritter Sekretär nach Kuweit ging Major Shariful Hussain, nach Abu Dhabi Captain Kishmat Hussain, nach Kanada Lieutenant Khairuzzaman und nach Senegal Lieutenant Abdul Majid.

Daß irgendeiner der Männer irgendwann von irgendwem wegen der Verbrechen des 15. August 1975 bestraft worden wäre, ist uns nicht zur Kenntnis gekommen.

Das Attentat von Brazzaville

1. Die Schreckensbotschaft

Die Einwohner der Volksrepublik Kongo, die an diesem 18. März 1977 das Rundfunkgerät angeschaltet haben, wundern sich, als Punkt 17.30 Uhr das normale Programm unterbrochen wird und der Sprecher für die nächsten Minuten eine wichtige Mitteilung der Regierung ankündigt. Sie wissen keine Erklärung dafür.

Die Bewohner der kongolesischen Hauptstadt Brazzaville indessen, die sich am frühen Nachmittag des selben Tages in der Nähe des Hauptquartiers aufhielten, ahnen, daß die angekündigte Meldung möglicherweise mit der heftigen Schießerei zusammenhängen könnte, die dort gegen 14.30 Uhr stattgefunden hatte. Das Hauptquartier ist nicht nur Sitz des Oberkommandos der Streitkräfte, hier führt auch der Präsident der Volksrepublik Kongo, Major Marien N'Gouabi, seine Amtsgeschäfte. Die kurz darauf aufheulenden Sirenen, die Autos, die in schneller Fahrt die Residenz verließen und die Militärfahrzeuge, die wenig später bis an die Zähne bewaffnete Truppen in das Hauptquartier brachten, lassen bei vielen den Gedanken an einen Putsch aufkommen.

Seit diesen Nachmittagsstunden fliegen die wildesten Gerüchte durch die Hauptstadt. Einige wollen wissen, daß der Präsident von Massamba-Débat zum Rücktritt gezwungen worden sei und abgedankt habe. Andere meinen, daß ein Attentat auf den Präsidenten stattgefunden hätte und der Präsident verwundet worden sei. Wieder andere behaupten steif und fest, daß der Präsident bei einem Schußwechsel getötet worden wäre, während die Optimisten sagen, ein

Umsturzversuch sei niedergeschlagen worden und der Präsident bei bester Gesundheit.

Um 18.00 Uhr wird für alle zur Gewißheit, was tatsächlich geschehen ist. Major Sassou-Nguesso, einer der engsten Vertrauten des

Marien N'Gouabi,
Präsident der Volksrepublik Kongo

Präsidenten, verliest mit feierlicher Stimme eine amtliche Erklärung der Regierung an das kongolesische Volk. »Vor einigen Tagen hat der Führer der Revolution, Genosse Marien N'Gouabi, auf einer Kundgebung anläßlich des Jahrestages der Revolutionären Frauenunion Kongos auf dem Rathausplatz von Brazzaville den baldigen Zusammentritt des III. Außerordentlichen Parteitages unserer jungen und dynamischen Partei, der kongolesischen Partei der Arbeit angekündigt ...«

Die Zuhörer in Brazzaville fühlen, daß diese Einleitung noch nichts mit dem eigentlichen Kern der angekündigten Mitteilung zu tun hat. Es scheint ihnen so, als hole Major Sassou-Nguesso so weit

422

aus, weil er Angst hat, das Letzte, das Schreckliche zu sagen. Auch die nächste Passage bringt noch keine Klarheit. »Jeder Kongolese und jede Kongolesin weiß, daß der III. Außerordentliche Parteitag unser Land mit stabilen revolutionären Einrichtungen versehen soll, um dem Befreiungskampf, den unser Volk führt, einen neuen Aufschwung zu vermitteln.«

Dann schweigt Major Sassou-Nguesso für lange Augenblicke. Die Zuhörer vor den Rundfunkgeräten spüren, daß der Major jetzt selber die Kraft sucht, um das dann Folgende zu sagen. Dann fährt Sassou-Nguesso mit tiefer Erschütterung in der Stimme fort: »Aber der in die Enge getriebene Imperialismus hat in seinem letzten Aufbäumen mit Hilfe eines Mordkommandos feige ein Attentat auf das Leben des dynamischen Führers der kongolesischen Revolution, Genossen Marien N'Gouabi, unternommen, der am Freitag, dem 18. März, um 14.30 Uhr, den Tod im Kampf gefunden hat.«

Tiefes Schweigen, tiefe Trauer legt sich nach dieser Mitteilung über das Land. Denn Marien N'Gouabi gehört die Liebe des kongolesischen Volkes.

2. *Warum starb Marien N'Gouabi?*

Der Mord an Marien N'Gouabi ist der verzweifelte Versuch der inneren und äußeren Reaktion, die sozialistisch orientierte Entwicklung der République populaire du Congo, der Volksrepublik Kongo, zu stoppen, die gesellschaftlichen Verhältnisse zu ändern und die Republik erneut unter imperialistische Kontrolle zu bringen. Mit dem Mord an Marien N'Gouabi als dem entschiedenen Verfechter einer konsequent sozialistischen Entwicklung hofft die Reaktion, die revolutionäre Bewegung zu enthaupten.

Der Sieg der Antihitlerkoalition im zweiten Weltkrieg bleibt auch auf Französisch-Kongo nicht ohne Einfluß. Geschwächt durch den Krieg, sieht sich Frankreich in seinem Kongobesitz einer zunehmend erstarkenden Unabhängigkeitsbewegung gegenüber, die sich mit den Methoden der Gewalt nicht mehr unterdrücken läßt. Auch Frankreich muß also das berühmte Ventil öffnen, wenn es seine Kolonie nicht ganz verlieren will. Immerhin zählt diese Kolonie fast 350 000 Quadratkilometer und ist reich an Bodenschätzen, an Erd-

öl, Gold, Diamanten, Kupfer, Kali und Eisenerz, Edelhölzern, Zuk-
kerrohr und Kaffeeplantagen.

So beschließen die Franzosen 1956, ihrer Kolonie den Status
einer »Autonomen Republik Kongo« im Rahmen der Communauté
Francaise zu gewähren. Das bedeutet zwar nur Autonomie dem
Buchstaben nach, aber immerhin nimmt dieser Buchstabe der Befreiungsbewegung ein gutes Stück Wind aus den Segeln. Regierungschef der Autonomen Republik wird ein gewisser Abbé Fulbert Youlou, ein willfähriger Knecht der Franzosen. Er bleibt auch Staats-
und Regierungschef, als am 15. August 1960 die Unabhängigkeit der
Republik Kongo verkündet wird.

Es ist jener Youlou, der maßgeblich mit an der Vorbereitung des
Mordkomplotts gegen Patrice Lumumba beteiligt gewesen ist, der
mit Tschombé und seinen Kreaturen in Brazzaville konferierte, um
einen Mordplan auszuhecken, und der die Erlaubnis dazu gab, daß
die Belgier in Brazzaville Rundfunksender installierten, mit deren
Hilfe pausenlos Propaganda gegen die rechtmäßige Regierung in
Léopoldville betrieben wurde. Der gleiche Youlou zerschlägt die Ge-
werkschaftsbewegung, die Jugendbewegung und jede politische Op-
position des Landes und schafft es dadurch, daß seine Partei, die
Demokratische Union zur Verteidigung Afrikanischer Interessen, die
UDDIA, bei den Parlamentswahlen am 14. Juni 1959 die absolute
Mehrheit erringt.

Abbé Youlou ist den Franzosen ein sehr genehmer Partner. Er
hat nichts dagegen, daß das Verteidigungsressort der in »Unabhängigkeit« entlassenen Republik in französischen Händen bleibt, und
er begehrt ebenso wenig dagegen auf, daß die französischen Beamten nach wie vor den gesamten Verwaltungsapparat beherrschen.
Französischer Besitz bleibt unangetastet, französische Monopole
plündern die »unabhängige« Republik aus wie eh und je. Die ehemaligen französischen Kolonialherren und eine schmale Schicht ein-
heimischer bürgerlicher Existenzen füllen sich die Taschen praller
denn je. Die Masse der kongolesischen Bevölkerung lebt in erbärm-
licher Not.

In dieser Situation betritt Marien N'Gouabi zum ersten Male die
politische Bühne. Er gehört an führender Stelle zu jenen progressiven Kräften, die das korrupte neokolonialistische Regime Youlous
im Jahre 1963 stürzen und Alfonse Massamba-Débat zunächst als
Chef einer provisorischen Regierung, später als Staatspräsidenten an
die Macht bringen. Eingeleitet wurde dieser politische Führungs-

wechsel durch einen Generalstreik der Gewerkschaften gegen die Mißwirtschaft Youlous, der als »Trois Glorienses«, die drei ruhmreichen Tage vom August 1963, in die Geschichte des Landes eingegangen ist.

Jener Mann, Marien N'Gouabi, der in diesen stürmischen Tagen eine so entscheidende Rolle spielte, ist Offizier der kongolesischen Armee und gehört zu den progressiven Offizierskreisen, die sich mit dem weiteren Ausverkauf Kongos an die ehemaligen französischen Kolonialherren nicht mehr abfinden wollen. Er ist, als die drei ruhmreichen Tage einen neuen Abschnitt in der politischen Entwicklung Kongos einleiten, 25 Jahre alt. Er entstammt einer Kleinbauernfamilie, erhält zwischen 1953 und 1957 eine militärische Grundausbildung an der Militärschule Leclerc in Brazzaville, vervollständigt dann seine militärischen Kenntnisse in Frankreich, wo er zum ersten Male mit marxistisch-leninistischen Ideen in Berührung kommt. Sie

Auf einer Massenkundgebung in Brazzaville
wurde am 31. Dezember 1969
die Volksrepublik Kongo ausgerufen

lassen ihn von nun an seinen Platz unter den progressiven Kräften des Landes finden.

Mit der Regierung Massamba-Débats scheint sich eine Wende in der Entwicklung Kongos anzubahnen. Seine Partei, die zugleich Regierungspartei ist, die 1964 gegründete Nationalbewegung der Revolution, vertritt eine positive, auf Neutralität gerichtete Außenpolitik, unterstützt die Nationalisierungsbestrebungen der Regierung, die Säuberung des Verwaltungsapparates von den französischen Beamten und den Aufbau eines fortschrittlichen Sozial- und Bildungswesens.

Alle diese Maßnahmen rufen die Reaktion erneut auf den Plan. Sie will ihren Einfluß nicht kampflos preisgeben. Wieder greift sie auf ihre Kreatur Youlou zurück, der in die benachbarte Republik Zaire geflohen ist und von dort aus, gestützt auf reaktionäre Kreise der kongolesischen Armee, die Konterrevolution vorbereitet.

Massamba-Débat weicht immer mehr vor der Reaktion zurück. Wieder ist es Marien N'Gouabi, der die Unabhängigkeit der Republik in entscheidender Stunde verteidigt. Die fortschrittlichen Kräfte der Armee, an ihrer Spitze Marien N'Gouabi, entheben — unterstützt von den Volksmassen — Massamba-Débat seines Amtes und übernehmen selbst die Macht im Staate. Major Marien N'Gouabi wird Präsident des am 31. Dezember 1968 gegründeten Nationalen Revolutionsrates, Oberkommandierender der Streitkräfte und Staatschef. Er gehört zugleich an vorderer Stelle zu den Gründern jener neuen Partei, der Partei der Arbeit, deren Statut auf den Prinzipien des Marxismus-Leninismus beruht. Als Marien N'Gouabi gleichzeitig zum Generalsekretär dieser Partei gewählt wird und das Amt des Staatspräsidenten in der eben gegründeten Volksrepublik Kongo übernimmt, ist alle politische, alle militärische Macht im Staat in den Händen eines entschlossenen Patrioten vereint, der nicht nur gewillt ist, seinem Lande die vollständige Unabhängigkeit zu sichern, der, mehr noch, auch entschlossen ist, sein Land in den Sozialismus zu führen.

Die in- und ausländische Reaktion merkt bereits an den ersten Maßnahmen der Regierung N'Gouabis, daß sie es mit einem entschiedenen, zu keinem Kompromiß bereiten Gegner zu tun hat, der alle imperialistischen Einmischungsversuche konsequent zurückweist.

N'Gouabi sucht außenpolitisch eine enge politische und wirtschaftliche Zusammenarbeit mit den sozialistischen Ländern, wobei

Im Januar 1974
wurden auf Beschluß der Regierung der Volksrepublik Kongo
die Unternehmen der ausländischen Erdölgesellschaften Shell, Mobit,
Texaco und anderer verstaatlicht. »Hydro Congo«,
auf dem Foto eine ihrer Tankstellen in Brazzaville,
eine staatliche Gesellschaft mit ausländischer Beteiligung,
wurde gebildet

übrigens — das sei am Rande vermerkt — die Herstellung diplomatischer Beziehungen zur DDR zu den ersten Maßnahmen seiner Regierung gehört. Energisch stellt sich die neue kongolesische Regierung an die Seite der anderen um ihre Unabhängigkeit kämpfenden afrikanischen Völker.

Der neue Staatspräsident weiß, daß es keine wirkliche Unabhängigkeit geben kann, ohne die Macht der ausländischen Monopole im Kongo zu brechen. Entschlossen beginnt er ein umfangreiches Nationalisierungsprogramm, das auf die Stärkung des staatlichen Sektors in der Wirtschaft gerichtet ist. Die Erdölindustrie, das Verkehrswesen und andere Zweige gehen durch Dekret in die Hände des kongolesischen Volkes über, dessen demokratische Rechte an der Mitgestaltung des Landes gleichzeitig beständig erweitert werden. Energische Schritte geht Major Marien N'Gouabi, um die Rückständigkeit des Landes, in dessen Wirtschaft der Agrarsektor bei weitem überwiegt, durch Industrialisierung Stück um Stück zu beseitigen. Dazu gibt es einen Dreijahresplan, der sowohl den staatlichen Sektor weiter stärken als auch die Industrialisierung in entscheidenden Bereichen der Volkswirtschaft voranbringen soll.

All das signalisiert der in- und ausländischen Reaktion höchste Gefahr. Sie organisiert, mit Massamba-Débat als Schlüsselfigur, die Sabotage, versucht mit Erfolg, ihre Gewährsleute in wichtigen Stellen der Verwaltung, des Militärs, der Regierung und in der unmittelba-

Mit seinem Referat eröffnet der Vorsitzende des ZK der PCT, Präsident Marien N'Gouabi, am 27. Dezember 1974 den II. Parteitag der Kongolesischen Partei der Arbeit

ren Umgebung des Staatspräsidenten zu installieren, um mit ihrer Hilfe die gefaßten Beschlüsse zu durchkreuzen, die Arbeitsfähigkeit der Staatsmacht zu lähmen und sie von innen her auszuhöhlen.

Das bleibt natürlich Major Marien N'Gouabi und der Parteiführung nicht verborgen. Sie spüren, daß Kräfte am Werke sind, die Linie der Partei aufzuweichen und zu sabotieren. Marien N'Gouabi ist entschlossen, kompromißlos dagegen vorzugehen. Auf seinen Vorschlag wird die Reorganisation des Partei- und Staatsapparates vorbereitet und ein Sonderstab mit dieser Aufgabe betraut, den Marien N'Gouabi persönlich leitet.

Für die Reaktion gibt es jetzt kein anderes Mittel mehr, als den Sprung nach vorn zu wagen und den radikalsten Führer der kongolesischen Revolution zu beseitigen. So kommt es am 18. März 1977 zu jenem Attentate, dem Major Marien N'Gouabi zum Opfer fällt.

Aber die Attentäter und jene, die im Hintergrund dieses Komplott seit Monaten vorbereitet haben, verrechnen sich. Es gelingt ihnen nicht, die Macht an sich zu reißen und die Volksrepublik Kongo in den Schoß des Imperialismus zurückzuführen.

Die kongolesische Volksarmee vereitelt den Putsch, und anstelle Massamba-Débats, der durch den Putsch erneut auf den Präsidentensessel gebracht werden soll, übernimmt Oberst Joachim Yhombi-Opango die Macht im Staate. Er ist ein treuer Anhänger N'Gouabis und führt die Regierung, wie schon die ersten Grundsatzerklärungen beweisen, im Geiste des Ermordeten fort. Mit den Mördern N'Gouabis aber rechnet er schonungslos ab.

Eine 30tägige Staatstrauer ehrt den Ermordeten.

3. Das Haupt der Verschwörung

Am 23. März 1977 schon tritt in Brazzaville ein Sondergericht zusammen, um zunächst das Urteil über jenen Mann zu sprechen, von dem man weiß, daß er der eigentliche Initiator des Mordkomplotts ist. In den Händen des Sondergerichtes befinden sich kompromittierende Dokumente, Zeugenaussagen, aber auch Aufzeichnungen seiner eigenen Hand, die bei einer Haussuchung in einem geheimen Versteck in der Wohnung Massamba-Débats gefunden worden sind.

Massamba-Débat ist angeklagt des Hochverrats, der Verschwörung gegen die Volksrepublik Kongo, der Anstiftung und der Beihilfe bei der Ermordung des Staatsoberhauptes Marien N'Gouabi.

Der Angeklagte weiß, daß es um seinen Kopf geht. Von keinem dieser Richter, in deren Gesichtern sich Haß, Empörung und Abscheu malen, hat er Gnade zu erwarten. Dennoch verläuft der Prozeß korrekt. Es gibt einen Staatsanwalt, aber auch einen Rechtsbeistand. Massamba-Débat wird so behandelt, wie es einem Manne von Rechts wegen zusteht, der noch die bürgerlichen Ehrenrechte besitzt. Sie sind Massamba-Débat nicht abgesprochen worden.

»Bekennen Sie sich schuldig, im Sinne der Anklage das Haupt einer subversiven Organisation gewesen zu sein, die sich den Sturz der rechtmäßigen Regierung, die Beseitigung des Staatspräsidenten und die eigene Machtergreifung zum Ziele gesetzt hat?« eröffnet der Vorsitzende die Verhandlung.

Der Angeklagte bestreitet das energisch. Er fühle sich weder des Hochverrats, geschweige denn der Anstiftung des Mordes für schuldig, obwohl er zugegebenermaßen als strenger Gläubiger gegen das kommunistische Regime gewesen sei, das sich durch einen Putsch und gegen den Willen der kongolesischen Bevölkerung unter Major Marien N'Gouabi in Brazzaville etabliert habe.

»Nun gut«, sagt der Vorsitzende des Sondergerichtes, »auch wenn Sie Ihre Schuld bestreiten, das Gericht besitzt genügend Zeugnisse, die Ihre Schuld hinreichend beweisen.« Er entnimmt einer Akte ein Schriftstück.

»Ich verlese jetzt einen Brief, und ich nehme an, Sie werden nicht bestreiten können, daß er aus Ihrer Feder stammt. Dieser Brief ist vom 1. März 1977 datiert, knapp drei Wochen also vor dem Mord an unserem verehrten Genossen N'Gouabi.« Der Vorsitzende beginnt, den Brief zu verlesen:

»Streng vertraulich!

An Major Marien N'Gouabi
Präsident des Staatsrates
Brazzaville
Major!
Neun in Brazzaville verbrachte Monate, die mir erlaubten, verschiedene Kontakte aller Art zu haben, haben mir die Augen über die Lage, die im Lande herrscht, geöffnet.

Als bewußter Bürger, der ich bin, als Politiker, der niemals aufgehört hat, es zu sein, als Staatsmann, den Sie durch Ihre Unnachgiebigkeit gezwungen haben, sich zurückzuziehen, gebe ich Ihnen nach reiflicher Überlegung zu bedenken, daß der Zeitpunkt zurückzutreten mehr als gekommen ist. Die Ehre eines Offiziers Ihres Ranges besteht darin, das Volk zu respektieren und nicht blind die Stimmen Ihrer Höflinge zu hören.

Ihr Leben und das Überleben der Nation empfehlen in diesem Augenblick allgemeiner Unzufriedenheit absolut die Befolgung dieses ebenso einfachen wie großzügigen Prinzips.

Indem ich diesen Brief schreibe, lehne ich vor Gott und vor der Nation meine Verantwortlichkeit als Politiker für die Folgen ab, die die Nichtbeachtung dieses brüderlichen Rates von Ihrer Seite hätte. Glauben Sie an die Aufrichtigkeit meiner Gefühle und an das Interesse, das ich für das Wohl unseres Landes und das Ihre empfinde.

A. Massamba-Débat«

Der Vorsitzende legt den Brief zu den Akten zurück. »Ist dieser Brief von Ihnen geschrieben? Ja oder nein?« »Selbstverständlich«, antwortet Massamba-Débat mit einer den Umständen unangemessenen Selbstsicherheit. »Wollen Sie leugnen, daß dieser Brief eine nackte Morddrohung ist, die der Ausführung der Tat wenige Tage vorausging? Dieser Brief beweist, daß Sie N'Gouabi beseitigen wollten.«

Massamba-Débat zuckt die Schultern. »Jawohl, ich hatte ein Interesse an der Beseitigung des Staatspräsidenten, aber nicht an seiner physischen. Dieser Brief ist nichts weiter als ein moralischer Appell an die Moral des Herrn Staatspräsidenten, endlich zurückzutreten. Dieser Brief entsprang meiner christlichen Verantwortung. Und ich darf das Gericht darauf aufmerksam machen, daß mich der Herr Staatspräsident, nachdem er den Brief empfangen hatte, zu sich in die Präsidialkanzlei beschied und eine längere Aussprache mit mir hatte ...«

»Jawohl, Angeklagter, um Sie zum letzten Male wegen Ihrer Umtriebe zu verwarnen«, sagt der Vorsitzende scharf. »Und es ist bedauerlich, daß es der Staatspräsident bei dieser Warnung beließ und Sie nicht augenblicklich festsetzte.«

»Wahrscheinlich deshalb«, antwortet Massamba-Débat, jetzt sogar mit einem kleinen Anflug von Frechheit, »weil der Herr Staatspräsident in meinem Schreiben keineswegs wie dieses Gericht eine Morddrohung erkannte, sondern die wohlgemeinte Empfehlung, die es in Wirklichkeit war.«

Der Angeklagte fühlt sich bereits ein wenig erleichtert. Wenn das Gericht nicht mehr als diese Beweise besitzt, wird er seinen Kopf behalten. Er sieht der kommenden Verhandlung schon mit sehr viel mehr Zuversicht entgegen. Er weiß nicht, daß das Sondergericht den Faden von hinten aufrollt.

»Das Gericht möchte dennoch bei diesem Briefe verweilen«, beharrt der Vorsitzende. »Schrieben Sie nicht in eben diesem Briefe, daß Ihnen die in Brazzaville verbrachten Monate erlaubten, verschiedene Kontakte aller Art zu knüpfen? Welcher Art waren diese Kontakte?«

Massamba-Débat hebt die Schultern und läßt sie wieder sinken. »Ganz gewöhnliche, zu allen Bevölkerungskreisen. Nur sie erlaubten mir, mir ein Bild von der Stimmung ...« »Diese Kontakte interessieren mich nicht. Ich meine jene Kontakte, die Sie im Sommer des Jahres 1976 mit großer Intensität pflegten.«

»Ich weiß wirklich nicht, was Sie meinen«, antwortet Massamba-Débat bedauernd.

Der Vorsitzende hebt ein Blatt Papier auf. »Dem Gericht liegt die Aussage von Pierre Doudy-Ganga vor. Ihr Schwager, wie Sie wissen, der im Arbeitsministerium tätig war. Ich sage bewußt, tätig war, denn wir haben uns erlaubt, auch Ihren Schwager verhaften zu lassen. Nach den Aussagen von Doudy-Ganga empfingen Sie im Juli 1976 wiederholt Politiker, die entschiedene Gegner des Staatspräsidenten und der Regierung waren.«

Eine Nuance von Blässe überzieht jetzt das Gesicht des bis dahin sehr selbstsicheren Angeklagten.

»Zu Ihren Kontaktpartnern gehörten der wegen volksfeindlicher Umtriebe abgesetzte Ministerpräsident Pascal Lissouba, der aus dem Vorstand der Partei der Arbeit ausgeschlossene Sekretär Claude Ernest Ndalla und Ihr ehemaliger Sicherheitschef Matingou. Was haben Sie dazu zu sagen, Angeklagter?«

Zögernd erwidert Massamba-Débat: »Ja, vielleicht, das ist durchaus möglich, man kannte sich ja schließlich aus der Zeit, da ich noch Staatspräsident dieses Landes war. Es waren mehr persönliche, aber auf keinen Fall konspirative Kontakte.«

»Ich würde sagen, es waren sogar hochkonspirative Kontakte.« Schneidend wie ein Messer ist jetzt die Stimme des Vorsitzenden. »Denn am 19. Juli wurde bei einer solchen Besprechung zum ersten Mal der Plan gefaßt, Major N'Gouabi zu liquidieren, die Regierung zu stürzen und die Macht zu ergreifen. Doudy-Ganga war bei diesem Gespräch ebenso zugegen wie bei der entscheidenden Begegnung zwischen Ihnen, Ihrem ehemaligen Innenminister Hombessa und Matingou, dem Sicherheitschef Ihrer damaligen Regierung. Erklären Sie dem Gericht, was an diesem 20. Januar 1977 in Ihrer Wohnung besprochen wurde!«

Massamba-Débat ist jetzt totenbleich, Schweißperlen stehen auf seiner Stirn, und er fährt sich mit dem Finger zwischen Hals und Hemdkragen. Er fühlt jetzt, daß sein Kopf bedenklich auf den Schultern wackelt. »Ich weiß nicht, ich kann mich nicht mehr erinnern«, stottert er und begleitet die Worte mit einer hilflosen, fahrigen Geste.

»Der Zeuge Doudy-Ganga wird Ihrem Gedächtnis nachhelfen«, meint der Vorsitzende mit unverkennbarem Hohn in der Stimme. »Den Zeugen Doudy-Ganga«, ruft er dann laut.

Doudy-Ganga steht mit niedergeschlagenen Augen vor dem Gericht und wagt auch nicht, zu seinem Schwager zu blicken. Vielleicht schämt er sich, aber nun, da es um seinen eigenen Kopf geht, sind seine verwandtschaftlichen Gefühle nicht mehr stark.

»Wiederholen Sie hier vor Gericht, was Sie in der Untersuchungshaft ausgesagt haben«, fordert der Vorsitzende Doudy-Ganga auf.

Ohne die Augen vom Boden zu heben, gibt Doudy-Ganga stockend zu Protokoll: »Wir trafen uns in der Wohnung von Massamba-Débat, er, der Sicherheitschef, der Innenminister und ich. Wir beschlossen, Major N'Gouabi zu entführen, in eine Grotte zu verschleppen und ihn dort mit vorgehaltener Waffe, und wenn es sein mußte, durch Folter zu zwingen, eine Erklärung auf ein Tonband zu sprechen!«

»Was für eine Erklärung?«

»Major N'Gouabi sollte die Auflösung der Nationalversammlung, der Partei der Arbeit und der Regierung verkünden. Seine Erklärung sollte sodann über den Rundfunk ausgestrahlt werden.« »Und wie gedachten Sie, mit Major N'Gouabi zu verfahren, nachdem er Ihnen die Erklärung — nur angenommen — auf das Band gesprochen hatte?«

»Massamba-Débat bestand darauf, ihn zu erschießen.«

»Alles Lüge, eine gemeine dreckige Lüge!« geifert Massamba-Débat und macht Anstalten, sich auf seinen Schwager zu stürzen. Dann sackt er völlig gebrochen auf seinem Stuhl zusammen.

Das Gericht wartet geduldig, bis Massamba-Débat seine Fassung zurückgewonnen hat. Dann fährt der Vorsitzende fort:

»Später wurde dieser Plan als untauglich verworfen, und Sie entschieden sich für eine andere Variante. Sie faßten den Entschluß, Staatspräsident N'Gouabi in seinem Hauptquartier zu töten, zu welchem Zweck durch Ihre Mittelsleute sowohl Wachposten als auch persönliche Sicherheitsbeamte des Staatspräsidenten bestochen wurden. Entspricht das den Tatsachen, Angeklagter?«

Massamba-Débat schweigt. Die Schlinge legt sich immer enger um seinen Hals. »Dann darf das Gericht Ihrem Gedächtnis nachhelfen, und wenn es sein muß, ebenfalls durch Zeugen, und zwar durch Ihre Mitverschworenen Tadet Koudissa, Albert Mienakou, Daniel Kiangurda, Grégoire Kauba und Daniel Konza. Sind Ihnen diese Namen ein Begriff?«

Massamba-Débat sieht sich verstört im Saale um, ob nicht von irgendwo Hilfe komme. Er sieht keinen Ausweg mehr. »Ich werte Ihr Schweigen als Eingeständnis der Schuld, Angeklagter«, konstatiert der Vorsitzende. »Diese Leute gehörten zum unmittelbaren Mordkommando, das sich am Mordtage, also am 18. März, morgens in Ihrer Wohnung versammelte, um von Ihnen letzte Instruktionen entgegenzunehmen. Ist es an dem?«

Zum ersten Male nickt Massamba-Débat. Es ist eine vollkommen kraftlose Bewegung seines Kopfes, der ihm in diesem Augenblick eigentlich schon gar nicht mehr gehört. Aus ganz weiter Ferne scheint die Stimme des Vorsitzenden zu kommen.

»Sie betrieben jedoch nicht nur die Vorbereitungen zur Ermordung des Staatspräsidenten, sie bereiteten gleichzeitig den Sturz der Regierung vor, um sich selber an die Macht zu bringen, sich und Ihre Helfershelfer, um die Volksrepublik Kongo auf einen proimperialistischen Weg zurückzuführen. Für den Putsch haben Sie mit Hilfe Ihrer engsten Vertrauten, mit André Hombessa und Bernard Matingou, einen Stamm entschlossener Konterrevolutionäre ausgewählt und für den Putsch vorbereitet. Sie haben also mit der Ermordung N'Gouabis auch höchst eigennützige Ziele verfolgt, Angeklagter!«

Der Angeklagte rafft sich noch einmal auf, obwohl er weiß, daß sein erwiesenes Schuldkonto bereits groß genug für ein Todesurteil ist und daß er seinen Kopf nicht mehr retten kann, gleich, ob jetzt noch ein Stück Schuld dazu kommt oder nicht. Dennoch widerspricht er heftig. Nie, nie, zu keinem Augenblick habe er um des persönlichen Vorteils willen gehandelt, nicht er, sondern Hombessa sollte Staatschef werden. Ihm sei es nur um das große edle Ziel gegangen, das kongolesische Volk von seinem Tyrannen zu befreien.

Er redet schon nicht mehr um seinen Kopf, sondern offenbar um einen guten Platz in der Geschichte.

Trotz des tiefen Ernstes, der diesen ganzen Prozeß begleitet, kann der Vorsitzende des Gerichts in diesem Moment die Andeutung eines ironischen Lächelns nicht von seinem Munde verbannen. »Das Gericht ist in der Lage, das Edle, das Sie Ihren Absichten zu geben versuchen, auch in diesem Punkte leicht zu widerlegen. Sie besaßen die unverzeihliche Unvorsichtigkeit, in dem geheimen Wandsafe Ihrer Wohnung neben manchen anderen kompromittierenden Aufzeichnungen auch jene Liste aufzubewahren, die die Mitglieder der neuen Regierung enthält. Kennen Sie dieses Papier?«

Der Vorsitzende hält es hoch, dem Angeklagten entgegen. »Massamba-Débat, Staatspräsident, André Hombessa, Ministerpräsident, Oberst David Mountsaka, Oberkommandierender der Armee, Pierre Doudy-Ganga – Sie haben auch an Ihren in der Stunde der Not so undankbaren Schwager gedacht – Arbeitsminister. Ich kann mir ersparen, die Liste weiter vorzutragen. Sie kennen Sie genauso gut wie jetzt das Gericht. Übrigens haben uns ihre Aufzeichnungen und diese Liste sehr geholfen, die ganze Verschwörung aufzudecken und Ihre Mittäter zu verhaften. Auch Sie werden Ihrer gerechten Strafe nicht entgehen.«

Das Sondergericht verurteilt ihn zum Tode. Kurz darauf wird das Urteil vollstreckt. Noch aber hat das Verbrechen an Major Marien N'Gouabi nicht seine vollständige Sühne gefunden.

4. Was geschah im Hauptquartier?

Das kongolesische Volk, voller Schmerz und Empörung über den hinterhältigen Mord an seinem Staatspräsidenten, verlangt, nachdem Massamba-Débat sein gerechtes Schicksal ereilt hat, strenge Bestrafung auch der übrigen Mittäter und möchte Zeuge der Verhandlung sein.

So trifft die neue Regierung unter Yhombe Opango eine ungewöhnliche Entscheidung. Sie beschließt, den am 4. Januar 1978 beginnenden Prozeß gegen 40 weitere Angeklagte öffentlich in das ganze Land zu übertragen. Hunderttausende Kongolesen werden vor dem Radio oder Bildschirm, entweder in der Wohnung, im Betrieb oder in gesellschaftlichen Einrichtungen, Zeugen der Verhandlungen des revolutionären Sondergerichtshofes. Ja, sie erleben die schrecklichen, die tragischen Ereignisse dort mit, wo sie sich wirklich zugetragen haben, im Hauptquartier, im Amtssitz des Präsidenten. Dorthin nämlich verlegt der Sondergerichtshof zeitweise seine Sitzungen, zusammen mit Staatsanwälten, Rechtsbeiständen, Zeugen und Angeklagten, recherchiert und rekonstruiert an Ort und Stelle gewissenhaft die Geschehnisse. Vor den atemlosen Zuhörern und Zuschauern rollt das ganze Drama noch einmal ab, wie damals, an jenem 18. März 1977.

Jetzt schreiben wir nicht 1977, sondern 1978. Und es ist auch nicht der 18. März, sondern ein beliebiger anderer Tag. Alles ist zeitlich verschoben, aber haargenau nachgestaltet, nach Zeugenaussagen, nach Geständnissen:

Gegen 14.00 Uhr nähert sich ein dunkelvioletter »Peugeot 404« dem Hauptquartier, auf dessen Gelände sich zugleich das Palais des Staatspräsidenten befindet. In dem Wagen sitzen sechs Männer in der Uniform der regulären Armee. Sie passieren, ohne daß eine genaue Kontrolle erfolgt, die erste Wache. Auch die zweite Wache, die unmittelbar vor der Auffahrt zum Präsidentenpalais postiert ist, wirft kaum einen Blick auf die Papiere der Männer. Das kann schon kein Leichtsinn mehr sein, das ist Absicht.

Die Männer parken ihr Fahrzeug, obwohl das streng verboten ist, direkt vor dem Eingang zum Präsidentenpalais. Ein Beamter des Sicherheitsdienstes, der die Vorschriften genauestens kennen muß, nimmt daran keinen Anstoß, sondern führt die Angekommenen in das Sekretariat des Präsidenten.

Major Marien N'Gouabi hat gerade seine Mittagsmahlzeit beendet, als ihm jener Sicherheitsbeamte die Ankunft eines befreundeten Offiziers meldet, der ihn in einer dringenden, unaufschiebbaren Angelegenheit zu sprechen wünsche. Durch den Spalt der angelehnten Tür erkennt N'Gouabi einen Hauptmann, den er persönlich wegen konterrevolutionärer Umtriebe aus der Armee ausgestoßen hat.

»Ist das etwa der befreundete Offizier, den Sie meinen?« fragt der Staatspräsident ärgerlich seinen Sicherheitsbeamten. »Und wer sind die anderen Männer? Wie kommen Sie dazu, diese Leute in mein Sekretariat zu führen. Sagen Sie ihnen, ich habe keine Zeit, sie sollen ...«

N'Gouabi kann den Satz nicht mehr vollenden. Die sechs Männer in den Militäruniformen, die sie sich vorher bei einem Milizionär, einem gewissen Albert Houda, ausgeliehen haben, stürzen mit gezogenen Pistolen in das Arbeitszimmer des Präsidenten.

Major N'Gouabi ist ein mutiger und ein im Kampf erprobter Mann. Blitzschnell reißt er die Pistole aus der Hüfttasche, wirft sich im gleichen Moment hinter den Schreibtisch und tötet schon mit den ersten Schüssen zwei seiner Angreifer. Die Kugeln der ausgeschickten Mörder knallen in die Wand und zerschmettern ein paar Bilder. Als sie zwei der ihren tot auf dem Boden sehen, stürzen sie in panischer Angst aus dem Zimmer. Major N'Gouabi jagt ihnen ein paar Kugeln hinterher, die noch einem weiteren Mann des Mordkommandos das Bein zerschmettern.

Jener Sicherheitsbeamte, der die Mörder in das Sekretariat des Präsidenten geführt hat, und ein zweiter, der sich bereits im Arbeitszimmer N'Gouabis befand, sind scheinbar zu Salzsäulen erstarrt und sehen dem Schußwechsel tatenlos zu.

Major N'Gouabi richtet sich hinter seinem Schreibtisch auf und rückt mit gelassener Geste seine Uniform zurecht, schiebt die Pistole in das Futteral zurück. Er will sich gerade über die beiden schreckhaften Sicherheitsbeamten ein wenig lustig machen, da zieht der eine seine Pistole, richtet sie auf den Präsidenten und feuert mehrere Schüsse auf ihn ab.

So erleben die Kongolesen auf dem Bildschirm und vor dem Rundfunkgerät den nachvollzogenen Hergang des Mordes, wie er sich am 18. März 1977 zugetragen hat. Und sie erfahren auch die Namen derer, die mit den Mördern unter einer Decke steckten, die von Massamba-Débat gekauft waren, bestochen durch horrende Summen und durch die Verlockung künftiger, einträglicher Ämter in der Verwaltung und Armee der neuen Regierung. Der Postenchef der ersten Wache heißt Louis Nkomo, der Postenchef der zweiten Wache vor dem Präsidentenpalais heißt Bazonza. Der Sicherheitsbeamte, der die Mörder in das Sekretariat des Präsidenten gebracht hat, trägt den Namen Raffael Ontsou, der andere, im Arbeitszimmer bereits anwesende Sicherheitsbeamte hört auf Auguste Okamba. Raffael Ontsou hat die tödlichen Schüsse abgegeben. Alle vier stehen jetzt zusammen mit 36 weiteren Angeklagten vor dem revolutionären Sondergerichtshof, der Anfang Februar 1978 die Urteile spricht. Elf der Angeklagten werden gleich Massamba-Débat zum Tode verurteilt. Vier erhalten lebenslängliche Zwangsarbeit. Zwölf Angeklagte werden freigesprochen, und gegen zwei wird das Verfahren eingestellt. Die anderen erhalten unterschiedlich lange Gefängnisstrafen.

Das Feuer der Revolution aber ist nicht erloschen.

Explosion auf der »Shadow«

1. Ein Staatsbegräbnis

Ganz London schien an jenem Septembermorgen des Jahres 1979 auf den Beinen zu sein. Mit feierlich-traurigen Mienen, zum Teil in ihrer festlichsten Kleidung strömten die Menschen in die City. Die Gespräche wurden nur flüsternd geführt. Auch der sonst so hektische Verkehr, heute von der für die englischen Staatsbegräbnisse vorgeschriebenen Prozessionsroute gänzlich verbannt, schien ruhiger, zäher, feierlich zu fließen. Kein Hupton, keine quietschende Bremse, ja nicht einmal das schrille, spitze Quieken aus den Trillerpfeifen der Bobbies störte die über der Innenstadt lastende beklemmende Stille.

Schon lange vor Beginn der rituellen Feierlichkeiten, der »Trauerzeremonie nach Protokoll«, formierte sich der Trauerzug an der kleinen Kapelle des St. James' Palace, in der der Tote, dem die Ehre eines Staatstrauertages zuteil wurde, aufgebahrt worden war.

Entlang der Protokollstrecke postierten sich die Ehrenwachen aus Polizeieinheiten, den Waffengattungen der britischen Armee, der Königlichen Garde, der Kadettenschulen, bereit, dem Toten die letzte militärische Ehre zu erweisen und zugleich den Ansturm der vieltausendköpfigen schaulustigen Menge zu zügeln.

Auf Umwegen und über enge, entvölkerte Nebenstraßen fuhr die königliche Familie, vom Hofstaat und hohen kirchlichen Würdenträgern begleitet, vom Buckingham-Palast zur Stätte der Trauerfeier, der berühmten Westminster Abbey, die in den vergangenen Jahrhunderten schon zahlreiche Prozessionen dieser Art erlebt hatte.

Mit dem zehnten Glockenschlag von Big Ben auf dem Tower setzte sich der Zug der Trauergäste in Bewegung. Dem auf einer Lafette von einem prächtigen Vierergespann gezogenen und mit dem Union Jack bedeckten Sarg voran ritten hohe Offiziere mit den auf Samtkissen gehefteten Orden des Toten, Orden, deren Menge und internationale Vielfalt den Verstorbenen ins »Guiness-Buch der Superlative« gebracht hatte.

Dem Sarg folgte das aufgezäumte und gesattelte Pferd des Verblichenen, das auf diesem letzten Weg seines Herrn nur dessen Degen trug. In den Steigbügeln staken die Reitstiefel, mit den Spitzen nach hinten weisend. Soldaten in den prächtigen Paradeuniformen von mehr als vierzig Armeen, deren Einheiten der Tote dereinst befehligt hatte, gehörten dem langen Zug ebenso an wie hohe Staatsbeamte und Militärs aus aller Herren Länder.

Von der Marlborough Road über The Mall, Horse Guards Parade und Whitehall, vorbei am Kenotaph, dem Ehrenmal für die Kriegsgefallenen, über den Parliament Square bis zur Westminster Abbey führte der Weg, von den entblößten, gesenkten Köpfen der Menge dicht gesäumt.

Die Trauerrede in der bis auf den letzten Platz gefüllten großen Kirche hielt der Prinz von Wales, das Totengebet sprach der Erzbischof von Canterbury.

Nach der Trauerfeier wurde die Leiche in die Ortschaft Romsey bei Southampton überführt, wo nun unter den Fliesen der alten Dorfkirche der frühere britische Großadmiral Louis Francis Albert Victor Mountbatten, Earl of Burma, nach einem bewegten und ereignisreichen Leben seine letzte Ruhestätte fand.

2. Eine ungewöhnliche Karriere

Am 25. Juni 1900 erblickte in Frogmore House Windsor ein Knabe das Licht der Welt, dem schon von seiner Abstammung her kein Leben in Armut und Bescheidenheit vorgezeichnet war: Prinz Ludwig Franz von Battenberg. Er war der Sohn des späteren Ersten See-Lords und Großadmirals Prinz Ludwig Alexander von Battenberg, Marquess of Milford Haven, und der Prinzessin Victoria von Hessen und bei Rhein, einer Tochter des Großherzogs Ludwig IV. von Hessen und der englischen Prinzessin Alice, deren Mutter Königin Victoria von Großbritannien gewesen war.

Seit dem 20. Juni 1917 nennt sich die Familie Battenberg »Mountbatten«, und Ludwig Franz, mittlerweile zum athletischen,

Lord Louis Francis Mountbatten,
Earl of Burma,
letzter britischer Vizekönig in Indien

charmanten und allgemein beliebten Jüngling herangereift, hörte hinfort auf den wohltönenden Namen eines Prinzen Louis Francis Albert Victor Mountbatten.

Als seine Schwester Prinzessin Alice von Battenberg den Prinzen Andreas von Griechenland und Dänemark heiratete und dieser Ehe im Jahre 1921 Prinz Philip, der spätere Gatte Königin Elisabeths II. entsprang, wurde Louis Francis automatisch zum Onkel des Prinzgemahls, was sicher neben seiner Intelligenz und seinen Fähigkeiten auch Einfluß auf seine spätere ungewöhnliche Karriere hatte.

Vom Vater Ludwig Alexander, einem »Seemann« vom Scheitel

440

bis zur Sohle, schon zeitig auf den Weg einer dem Meer und der Marine verbundenen Entwicklung geführt, erhielt Lord Louis eine seiner »Abstammung« entsprechende exzellente Erziehung an der Schule Locker's Parks sowie an den Marineakademien Osborn und Dartmouth.

Schon mit knapp dreizehn Jahren trat der junge Lord als Seekadett in die Marine ein und nahm im Jahre 1916 — bereits Fähnrich zur See — auf dem Flaggschiff Admiral Beattys an der Schlacht im Skagerrak teil. Gegen Ende des ersten Weltkrieges fuhr er auf einem Unterseeboot.

Nach dem Kriegsende nahm Lord Louis am Christ College in Cambridge ein Studium der Elektrotechnik auf und war im Anschluß daran einige Jahre sehr erfolgreich als Hochfrequenz-Ingenieur tätig. Aus dieser Zeit stammen einige wertvolle und in breitem Maße genutzte Erfindungen sowie ein zum langjährigen Standardwerk avanciertes Buch über die Radiotelegrafie.

1928 wird Mountbatten zum Kapitänleutnant und vier Jahre später zum Commander, also zum Korvettenkapitän befördert. Im folgenden Jahr promoviert er zum Doktor der Philologie in den Sprachen Deutsch und Französisch.

Im Jahre 1934 erhält er das Kommando über den Zerstörer »Daring«, 1935 wird er Kommandant des Zerstörers »Whishart« und persönlicher Marine-Adjutant König Edwards VIII. Von 1937 an, mittlerweile Fregattenkapitän, begleitet er den Prinzen von Wales mehrfach auf dessen Weltreisen.

Mit Beginn des zweiten Weltkrieges übernimmt Mountbatten das Kommando über den Zerstörer »Kelly«, der zwei Jahre später bei dem Versuch, den Rückzug der englischen Truppen von der durch ein Luftlandeunternehmen der faschistischen deutschen Wehrmacht besetzten Insel Kreta zu decken, versenkt wird.

Jetzt beginnt auch der durchaus ungewöhnliche und für britische Verhältnisse nahezu einmalige militärische Aufstieg Mountbattens. Noch im gleichen Jahr überträgt ihm die Marineleitung als Kapitän zur See das Kommando über den im Mittelmeer operierenden Flugzeugträger »Illustrious«, und wenig später, im Oktober 1941, wird er zum Commodore der kombinierten Landungsoperationen ernannt. In dieser Funktion leitet er unter anderen im Kampf gegen die faschistischen Expansions- und Weltherrschaftsbestrebungen historisch so bedeutsam gewordene Kommandounternehmen wie die bei Dieppe, Boulogne und St. Nazaire.

Lord Mountbatten, von 1943 bis 1944 Oberbefehlshaber
der alliierten Streitkräfte in Südostasien,
bei einer Beratung mit General Montgomery in der Normandie

Im August 1943 übernimmt Lord Mountbatten den Oberbefehl
über alle neu geschaffenen Kommandos der in Südostasien stationierten alliierten Truppen. Damit unterstehen ihm Soldaten von
rund 40 Nationen. Seiner vielgerühmten schnellen Entschlußkraft
und seinem hohen Organisationstalent sowie seinen Fähigkeiten als
Kommandeur großer und auf weitem Raum operierender Einheiten
sind wesentlich die Erfolge der alliierten Streitkräfte über Japan zuzuschreiben.

Auch an der Wiedereroberung des 1942 an Japan verlorenen
Burma — damals noch als Birma bezeichnet — hatte Mountbatten
beträchtlichen Anteil. Für seine Verdienste erhielt er vier Jahre später den Titel eines Viscount und durfte sich ab 1947 Earl of Burma
nennen. Fast im gleichen Atemzug wurde er Konteradmiral und —
für einen Lord selbstverständlich — Abgeordneter des britischen
Oberhauses.

Militärisch ist Mountbatten maßgeblich an der Planung der alliierten Operationen in Nordafrika im Jahre 1942 und an der Eröffnung der zweiten Front im Juni 1944 in Frankreich beteiligt.

Nach Beendigung des zweiten Weltkrieges gehört Lord Louis

Lord und Lady Mountbatten
während einer Begegnung
mit Mohandas Karamchand Gandhi
im Palais des britischen Vizekönigs
in Indien

auch der britischen Delegation bei der Konferenz der Alliierten in Potsdam an.

Im Frühjahr 1947 trat Lord Mountbatten die Nachfolge Lord Wavells als Vizekönig von Indien an und nahm innerhalb weniger Monate entscheidenden Einfluß auf die weitere Entwicklung dieses Landes. (Zur Geschichte Indiens siehe Beiträge »Das Blutbad von Dhaka«, S. 387 und »Indira amar rahe«, S. 497 des vorliegenden Bandes.)

Der neuernannte Vizekönig Lord Mountbatten legte, den Diskrepanzen, die zwischen der Befreiungsbewegung, der Allindischen Moslemliga — die einen eigenen Staat forderte — und der britischen Kolonialmacht entstanden waren, Rechnung tragend, einen Teilungsplan vor, der als Mountbatten-Plan bekannt geworden ist. Er sah die Übergabe der staatlichen Macht in Indien, die Teilung des Landes und die Schaffung der Dominions Indische Union und Pakistan vor.

Der Mountbatten-Plan wurde im Juni 1947 veröffentlicht und am 15. August des gleichen Jahres in Kraft gesetzt. Lord Mountbatten übergab die Regierungsgewalt an eine Verfassunggebende Indische Versammlung und wurde Generalgouverneur. 1948 legte er auch dieses Amt in indische Hände.

Wieder in den Militärdienst zurückgekehrt, befehligte der Lord ab Oktober 1948 das im Mittelmeer stationierte I. Kreuzergeschwader Großbritanniens. Im Jahre 1949 wurde er zum Vizeadmiral befördert, und im Mai 1952 übernahm er das Oberkommando über die gesamte britische Mittelmeerflotte. Zwei Monate später schon übertrug ihm die NATO-Führung den Oberbefehl über alle Streitkräfte des Nordatlantik-Paktes im Mittelmeer, jedoch mit Ausnahme der 6. US-Flotte.

Am 1. März 1955 wurde Mountbatten Erster See-Lord, also Chef des Admiralstabs, Ende Oktober 1956 Admiral oft the Fleet (Großadmiral). Ende Dezember 1958 schließlich wurde er zum Chef des Verteidigungsstabes und Oberbefehlshaber aller See-, Land- und Luftstreitkräfte Großbritanniens berufen. Diese Funktion hatte er bis Juli 1965 inne. Dann trat er in den Ruhestand und erhielt das Ehrenamt des Gouverneurs der Isle of Wight.

Der Vollständigkeit halber sei noch nachgetragen, daß Lord Louis Mountbatten seit 1922 bis zu deren Tod 1960 mit Edwina Cynthia Anette, geborene Ashley, Tochter des Lord Mount Temple und Enkelin des berühmten Bankiers Sir Ernest Cassel, verheiratet war.

3. Mord beim Hummerfang

Die elegante, weithin bekannte Yacht mit dem Namen »Shadow V« schaukelte am 27. August 1979 sanft in der sachten Dünung des kleinen irischen Hafens Mullaghmore. Noch lag leichter Dunst über der Bucht, und hin und wieder legten sich lockere Nebelschwaden zwischen die Hafengebäude und die wenigen Fischerhütten, doch versprach es ein klarer, sonniger Augusttag ohne hohen Wellengang und mit nur mäßigem Wind zu werden.

Das zehn Meter lange, erst vor wenigen Wochen wieder strahlend weiß gespritzte Boot war zum Hummerfang gerüstet, für ein Hobby also, dem sein Besitzer, der frühere Großadmiral Lord Louis Mountbatten, Earl of Burma, ebenso gern frönte wie dem Polospiel und dem Sporttauchen.

Nicholas Knatchbull und die anderen fünf Männer der Besatzung hatten die Inspektion der Yacht beendet und genossen noch ein Pfeifchen oder eine der schweren filterlosen Zigaretten, als der Wagen des Lords in das Hafengelände einbog, gefolgt von einem zweiten Fahrzeug, in dem zwei Geheimpolizisten saßen, die Mountbatten seit seiner Pensionierung ständig zur Verfügung standen.

Heute kam der Lord auf direktem Weg von seinem irischen Landsitz Classiebawn. Sein Leben lang an sportliche Betätigung gewohnt, sprang er trotz seiner 79 Jahre mit jugendlicher Behendigkeit aus dem Wagen und stapfte mit sicherem Schritt über den schwankenden Laufsteg ins Boot, die hilfreich ausgestreckte Hand eines der Besatzungsmitglieder mit einem feinen Lächeln übersehend. Er hatte sich während seiner langen aktiven Dienstzeit noch nie auf ein Schiff helfen lassen, warum sollte er es nun als Pensionär tun?

Der Lord war groß und breitschultrig, hatte ein ebenmäßiges Gesicht und sah noch immer sehr vorteilhaft aus. Auch von seinem in Freundes- und Bekanntenkreisen berühmt gewordenen »bestrickenden Charme« hatte er im Alter noch nichts eingebüßt. Im Gegenteil. Wo immer er aufkreuzte, ob bei Hofe oder in den Gesellschaften der englischen Aristokratie, ob bei Marinebällen oder diplomatischen Empfängen, stets war er begehrter und bewunderter Gesprächspartner für die Damen, auch für die der jüngeren Generation.

An diesem Morgen trug der Lord eine wetterfeste dunkelgraue Hose, Gummistiefel und einen verwaschenen Rollkragenpullover mit der Aufschrift »HSM Kelly«, ein Andenken an seinen geliebten, vor Kreta gesunkenen Zerstörer.

Als er eben den Befehl zum Auslaufen geben wollte, betraten zögernd die beiden Polizisten den Laufsteg zur Yacht, bereit, wenn auch widerwillig, ihren Auftrag, über die Sicherheit des Lords auch auf hoher See zu wachen, in Ehren zu erfüllen. Doch der Earl of Burma schickte sie mit einigen spöttischen Bemerkungen zurück. Er werde in der Donegalbai fischen, unmittelbar vor der Küste der Grafschaft Sligo, und sie könnten ihm diesmal wie schon öfter vom

Lande aus zusehen. Die beiden Männer ergaben sich, wohl nicht ganz ohne stille Freude, in ihr Schicksal, kletterten in den Wagen zurück und fuhren die Küstenstraße entlang zu dem ihnen benannten Ort.

Mittlerweile hatten Nicholas Knatchbull und Paul Maxwell die Taue von den dicken Pollern am Kai gelöst, und gleich darauf stach die »Shadow« in See, vom rhythmisch klopfenden schweren Dieselmotor schnell auf hohe Reisegeschwindigkeit gebracht. Der spitze Bug hob sich leicht aus dem Wasser, am Heck bildete sich durch die immer rascheren Umdrehungen der Schraube ein gischtender Strudel, der noch lange den Weg kennzeichnete, den das Boot genommen hatte und in dem das kleine Beiboot lustig tanzte.

Der Lord stand, die Arme vor der Brust verschränkt, den Blick mit der Begeisterung des alten Seemanns auf die weite Wasserfläche gerichtet, an der Reling über dem Bug und ließ sich den Fahrtwind um die Nase wehen. Er war zufrieden mit seinem Leben, fühlte sich gesund und energiegeladen. Wenn ihm irgendetwas auf dieser Welt wirkliche Sorgen bereitete, dann war es die immer schneller ins Unermeßliche wachsende Rüstung, die er in führenden Positionen zwar selbst jahrelang mit betrieben hatte, die aber nun an Grenzen gekommen war, über die hinaus sie unkontrollierbar und damit zu einer enormen Gefahr für die gesamte Menschheit wurde. Erst kürzlich hatte er seine Bedenken dazu öffentlich geäußert.

Doch heute wollte er fischen, sich an der aufregenden Jagd nach den Hummern erfreuen. Danach war wieder Zeit, um Probleme zu wälzen.

Die »Shadow« hatte die Donegalbai erreicht, der Dieselmotor schwieg, der Anker rasselte an seiner schweren Kette ins Wasser, das hier sehr flach und ungewöhnlich klar war.

Der Lord kletterte ins Beiboot und ließ sich von Paul Maxwell einige Meter von der Yacht wegrudern. Im gleichen Augenblick, als er den großen Kescher zum erstenmal auswerfen wollte, sah er aus dem Deck der Yacht einen grellen Blitz aufschießen. Unmittelbar darauf krachte es, und das herrliche Boot zersplitterte in tausend Stücke, die auf ihn zugeflogen kamen. Eine mächtige Druckwelle wühlte das Meer auf und schleuderte das Beiboot samt seiner kleinen Besatzung durch die Luft.

Den Aufschlag aufs Wasser spürte Lord Louis Mountbatten nicht mehr. Er war tot, die linke Seite seines Körpers bis zur Unkenntlichkeit zerfetzt. Mit ihm starben durch die augenscheinlich ferngezündete 25-Kilo-Bombe auch Paul Maxwell und Nicholas Knatchbull. Die anderen Mitglieder der Besatzung trugen schwere Verletzungen davon, Yacht und Beiboot waren nahezu total zerstört.

Lord Louis Mountbatten, Earl of Burma, von Journalisten zu Lebzeiten als eitel und kühn, selbstvergessen und pflichtbewußt, kühl und berechnend, intelligent und erfinderisch, charmant und sportlich, aber auch als romantisch und schwärmerisch bezeichnet, war kaltblütig ermordet worden.

Seine Leibwächter sahen die Explosion von Land aus. Aber hätten sie wirklich etwas für ihn tun können?

4. Die angeblichen Mörder

Unmittelbar nach dem Attentat vom 27. August 1979 ging eine Meldung durch die Westpresse, der Anschlag auf Lord Mountbatten sei von der Provisorischen Irisch-Republikanischen Armee (IRA) ausgeführt worden und nur ein »Glied in der Kette der terroristischen Aktionen, mit denen dieser IRA-Flügel gegen Großbritanniens Nordirlandpolitik« vorgehe. Der Mord am früheren britischen Großadmiral und Oberbefehlshaber der Streitkräfte sei von führenden Vertretern der IRA unumwunden eingestanden worden.

Die Springer-Zeitung »Die Welt« brachte schon am 1. September einen groß aufgemachten Beitrag unter der Überschrift »Warum der Lord sterben mußte«. Darin hieß es, ein Mitglied der Provisorischen Irisch-Republikanischen Armee habe gegenüber der französischen Zeitschrift »Le Matin« erklärt, Lord Mountbatten habe sterben müssen, weil er für die Engländer »eine Vaterfigur darstellte und ein Symbol des British Way of Life verkörperte«. Durch den Mord sollten die Bevölkerung schockiert und die internationale Öffentlichkeit auf »die wirtschaftlichen Bedingungen« und die »Unterdrückung des irischen Volkes« aufmerksam gemacht werden.

Was war damit gemeint?

Irland, seit 1171 nach dem Einfall des Königs Heinrich II. von England bis gegen 1800 Kolonie des großen Nachbarn, wurde am 1. Januar 1801 im Anschluß an einen mißlungenen Aufstand der republikanischen Gesellschaft Vereinigte Iren zwangsweise zum Glied des Vereinigten Königreichs von Großbritannien und Irland gemacht, ohne daß sich durch diesen Akt der Zustand kolonialer Ausbeutung geändert hätte.

Mehrere Mißernten, die einseitige Ausrichtung der Landwirtschaft auf eine für England profitable Viehzucht und die sehr englandfreundliche Politik der Bourgeoisie führten dazu, daß die Bevölkerung immer mehr verarmte und im Verlauf von knapp sieben Jahrzehnten rund fünf Millionen Iren auswanderten.

Bürgerlich-demokratische, proletarische sowie spontane Aktionen der Landbevölkerung, sich vom englischen Einfluß und der Last der Unterdrückung und Ausbeutung zu befreien, scheiterten zumeist, weil sie schlecht organisiert, von den britischen Behörden brutal niedergeschlagen oder durch die irische Bourgeoisie behindert wurden.

1870 wurde die Forderung auf Selbstverwaltung, die sogenannte Homerule, als ein klares Ziel der nationalen Bewegung formuliert, das dem Willen und Sehnen breitester Bevölkerungskreise entsprach. 1872 wurde die Homerule-Liga gegründet, die ab 1877 als Irische Nationalpartei organisiert im britischen Parlament auftrat.

Durch geschicktes Taktieren mit der irischen Bourgeoisie und durch Überlassung englischen Grundbesitzes an irische Pächter und Gutsbesitzer versuchte die britische Regierung, um Reformen und Zugeständnisse herumzukommen. Doch die Homerule-Forderungen verstummten nicht, sondern wurden ab 1905 in verstärktem Maße durch die neu gegründete bürgerlich-nationalistische Partei Sinn Fein erhoben. Ihr schlossen sich auch zunehmend revolutionäre Arbeiter sowie der Irische Gewerkschaftskongreß an. Schließlich beschloß die liberale britische Regierung unter Asquith 1912 eine beschränkte Selbstverwaltung, deren Verwirklichung jedoch noch über Jahre hinweg verzögert werden konnte.

Erst Anfang 1919, als die Große Sozialistische Oktoberrevolution auch der irischen Befreiungsbewegung starken Auftrieb gegeben hatte, kam es zum entscheidenden Schritt. 73 dem Sinn Fein angehörende britische Unterhausabgeordnete traten in Dublin als Irische Nationalversammlung zusammen und verkündeten die Unabhängigkeit der »Grünen Insel« sowie die Bildung einer Provisorischen Republikanischen Regierung. Zugleich entstand aus Freiwilligenverbänden die Irisch-Republikanische Armee, die den Volkswiderstand anführte.

Großbritannien war in Zugzwang gebracht worden und bot Ende 1920 den Dominionstatus an, wobei jedoch das industriell entwickelte, stark von Engländern und Schotten besiedelte Nordirland abgetrennt werden sollte. Für den Fall der Ablehnung des Vorschlags drohte den Iren ein britischer Unterdrückungskrieg.

Infolge einer erneuten Spaltung der irischen Nationalbewegung gewann das Großbürgertum in der irischen Nationalversammlung die Oberhand und setzte die Unterzeichnung des Dominionvertrages durch. Nordirland wurde damit im Januar 1922 abgespalten und gehört seitdem zum Vereinigten Königreich von Großbritannien und Nordirland. Der Rest der Insel wurde Freistaat.

Doch auch im abgetrennten Teil schlief über die Jahrzehnte hin die Befreiungsbewegung nie ein und nahm besonders seit 1968 einen enormen Aufschwung, was zu brutalem Terror britischer Truppen führte und der Weltöffentlichkeit die unhaltbaren Zustände in diesem Teil des britischen Königreiches vor Augen führte.

Im Zuge dieser Bürgerrechtskämpfe reaktivierte sich auch die seit 1923 nur noch illegal existierende Irisch-Republikanische Armee. Sie spaltete sich im Jahre 1970 in einen »offiziellen« Flügel, der den politischen Kampf für eine geeinte demokratische, sozialistische Republik Irland führt, und einen »provisorischen« Flügel, der auf Methoden des individuellen Terrors baut und dabei vor keiner Tat zurückschreckt.

Diesem provisorischen Flügel der IRA also wurde auch der Mord an Lord Mountbatten zur Last gelegt. Und da man genau das Lager kannte, aus dem die Bombenleger kommen sollten, hatte man auch sehr schnell — nämlich bereits zwei Stunden, bevor sich die Explosion auf der »Shadow V« ereignete — die mutmaßlichen Mörder in polizeilichem Gewahrsam: den vierunddreißigjährigen Thomas McMahon und den um zehn Jahre jüngeren Francis McGirl.

Die Kriminalpolizei arbeitete fieberhaft, um genügend Indizien zusammenzutragen und eine die Angeklagten niederschmetternde Zahl von Zeugen zu finden, denn die beiden Verdächtigen blieben hartnäckig bei ihrer Behauptung, sie hätten mit dem Mord nicht das geringste zu tun.

Schon Anfang November 1979 begann vor dem Sonderkriminalgericht in Dublin der Prozeß, bei dem sich die Anklage der Staatsanwaltschaft ausschließlich auf Indizien aufbaute.

Um das Gericht vor einem »eventuellen Eingreifen« der provisorischen IRA zu schützen und eine »Befreiung der Mörder« zu verhindern, waren das Gerichtsgebäude und alle umliegenden Straßen schon lange vor Beginn des Prozesses sowie während seiner gesamten Dauer hermetisch von schwerbewaffneten Polizeieinheiten abgeriegelt worden. Über dem Gebäude selbst kreiste beständig ein Hubschrauber.

Wie erwartet, erklärten sich beide Angeklagten als »nicht schuldig«. Sie waren schon zwei Stunden vor dem Auslaufen der Yacht des Lords in der Nähe des Hafens von Mullaghmore verhaftet worden, weil sie sich »verdächtig benommen hatten, keine klare Auskunft über die Herkunft ihrer Autos geben konnten und der Polizei falsche Namen nannten«.

An ihrer Kleidung seien Farbspuren der kurz vorher frisch gestrichenen Yacht sowie Spuren von Sprengstoff und Sand gefunden worden, bemerkte die Anklage. Es bestehe also kein Zweifel daran, daß sie die Bombe und den Zündsatz gebaut und ausgelegt hätten. Die Zündung des Objektes sei dann von Land aus von anderen Leuten vorgenommen worden, deren man leider noch nicht hätte habhaft werden können.

Insgesamt 90 Zeugen marschierten auf, doch sie konnten nichts anderes tun, als die recht spärlichen Indizien der Staatsanwaltschaft durch »eigene Beobachtungen« zu untermauern.

So kam das Gericht schließlich nach rund dreiwöchiger Verhandlungsdauer zu dem Schluß, der junge Francis McGirl sei unschuldig, aber Thomas McMahon habe den Mord begangen. Es verhängte eine lebenslange Haftstrafe über den Iren, der bis zum Schluß der Verhandlungen seine Schuld bestritt.

Der Gerechtigkeit war Genüge getan, niemand sprach mehr über das Attentat auf den englischen Aristokraten. Das Rauschen im westlichen Blätterwald verstummte genauso schnell wie es aufgekommen war.

Doch war damit der Fall wirklich geklärt?

5. Hintergründe

Vier Jahre nach dem Justiz-Urteil über McMahon fand der Mountbatten-Mord erneut Eingang in die Massenmedien, diesmal allerdings mit ganz anderen Vorzeichen. Jetzt stellte man fest, daß die damaligen polizeilichen Ermittlungen eigentlich kein wahres Bild der Situation vermittelt hatten, und es warf sich die Frage auf, ob die Mörder wirklich Iren und die sogenannte »Stellungnahme aus dem Untergrund«, die angebliche Bestätigung der Urheberschaft des Verbrechens durch die provisorische Irisch-Republikanische Armee auch wirklich echt gewesen war?

Auslöser der neuen, wenn auch kurzen Mountbatten-Diskussion war der 71jährige konservative britische Unterhausabgeordnete Enoch Powell. In einem vom englischen »Guardian« veröffentlichten Brief klagte er Anfang 1984 den amerikanischen Geheimdienst CIA an, in den Mord am Earl of Burma verwickelt gewesen zu sein und behauptete, das Attentat auf den früheren einflußreichen englischen Militär habe im engen Zusammenhang mit der Nuklearstrategie der USA gestanden.

Enoch Powell legte allerdings weder in diesem Artikel noch zu einem späteren Zeitpunkt stichhaltige Beweise für seine Anklage vor, doch sind seine Überlegungen — wie immer in solchen Fällen — nicht gänzlich von der Hand zu weisen.

Powell sah hinter der ganzen Mordgeschichte die Absicht Washingtons, Irland in der NATO als strategischen Stützpunkt zu be-

Der Erste Seelord der britischen Admiralität im November 1956 bei einer Inspektion britischer Marine-Einheiten in Krefeld/BRD

nutzen. Schon seit langem, so der Parlamentarier, sei es das unausgesprochene Ziel Großbritanniens und der Vereinigten Staaten, die irische Republik dazu zu bringen, ihre Neutralität aufzugeben. Dies aber könne nicht ohne die Wiedervereinigung Irlands geschehen.

Spinnt man Powells Faden weiter, so mußte dazu unbedingt der »provisorische«, also der terroristische Flügel der IRA in der Gunst der Iren stark ins Abseits gedrängt und dessen unversöhnlicher Haß gegen alles Britische dokumentiert werden. Daher auch — ein Grund zumindest — der Mord und seine rasche »Aufklärung«.

Powell behauptete, in diesem Zusammenhang ausreichende Beweise dafür zu haben, daß die CIA lange Zeit sowohl in Nordirland als auch in der Republik operierte und dabei versucht habe, für die Wiedervereinigung und die Eingliederung in die NATO die entsprechenden Voraussetzungen zu schaffen. Nach Aussagen des früheren britischen Nordirlandministers Rees sind solche CIA-Kontakte in beiden Teilen Irlands »unvermeidlich«. Allerdings sei das noch nicht genügend Beweis, daß der Geheimdienst auch wirklich etwas mit dem Mountbatten-Mord zu tun gehabt habe.

Doch auch Powells Hinweis auf die »Nuklearstrategie« kam nicht von ungefähr.

Eine Tatsache, auf die 1979 niemand so genau geachtet hatte, bekam nunmehr zunehmende Bedeutung und gab dem Mordanschlag ein gänzlich anderes, nicht nur britisch-irisches, sondern weltweites Colorit.

Der Leser wird sich erinnern, daß im Jahre 1981 im Ergebnis der immer forcierteren und den Fortbestand der Menschheit bedrohenden US-amerikanischen Hochrüstungspolitik und der zunehmenden Hinwendung der Reagan-Administration zur Nuklearstrategie des amerikanischen Imperialismus eine Bewegung »Generale für Frieden und Abrüstung« entstand. Ehemalige aktive Generale unterschiedlicher NATO-Mitgliedsländer wie der portugiesische General a. D. Francisco da Costa Gomes, der englische Brigadegeneral a. D. Michael Harbottle, der niederländische General a. D. Michiel H. von Meyenfeldt, der italienische General a. D. Nino Pasti, der US-amerikanische Admiral a. D. John Marshall Lee und der französische Admiral a. D. Antoine Sanguinetti hatten sich mit einem eindringlichen Appell an die Weltöffentlichkeit gewandt, sich im Kampf für Frieden und Abrüstung noch enger zusammenzuschließen und der Politik der Hochrüstung und Konfrontation entschieden Einhalt zu gebieten.

Dieser Bewegung schlossen sich später noch andere hohe Militärs westlicher Länder an. Doch ihr eigentlicher Vorläufer war schon zwei Jahre früher ein anderer: der ehemalige Großadmiral und NATO-Befehlshaber Lord Louis Mountbatten, Earl of Burma.

Genau 107 Tage vor seiner Ermordung, am 11. Mai 1979, hatte er im französischen Strasbourg eine Rede gehalten, die für die Friedensbewegung in der Welt von außerordentlicher Bedeutung werden sollte, in den Ohren der führenden Männer des Pentagon und im Brüsseler NATO-Hauptquartier aber mit Sicherheit nicht gut geklungen hat.

Im Zusammenhang mit der Verleihung eines Preises an das Internationale Stockholmer Friedensinstitut (SIPRI) wandte sich der Lord mit einem Appell an alle verantwortlichen Politiker und Militärs. Sie sollten, wie er sagte, rechtzeitig »nach den Bremsen greifen«, um die Eskalation von Hochrüstung und Konfrontation zu verhindern.

Mit aller Entschiedenheit richtete Mountbatten seine Worte gegen das von der USA-Administration mit hohen Kosten und großen Anstrengungen ausgeweitete atomare Wettrüsten und sagte: »Als ein Mann des Militärs, der ein halbes Jahrhundert aktiven Dienstes hinter sich hat, kann ich in aller Aufrichtigkeit sagen, daß atomares Aufrüsten keinerlei militärischen Zweck hat. Mit Atomwaffen kann man keinen Krieg führen.«

Vor allem die von den amerikanischen Militärtheoretikern ausgeheckte Phrase von einem auf ein Territorium begrenzt führbaren nuklearen Krieg verwies der Lord genauso entschieden in das Reich der Phantasie wie die US-Spekulationen von einem gewinnbaren Atomkrieg in Europa. Er lehnte diese Theorien konsequent ab und bezeichnete sie als »Wahnsinn« und unverantwortliches »Spiel mit der Vernichtung der Erde, der Menschheit, ihrer Kultur und Zivilisation«.

»Ich tue dies nicht«, fuhr Mountbatten damals fort, »ohne tief über die Angelegenheit nachgedacht zu haben. Als ich Chef des britischen Verteidigungspotentials war, habe ich meine Ansichten ausgesprochen. Ich habe die Gegenargumente gehört, aber ich habe sie niemals überzeugend gefunden! Und so wiederhole ich in aller Aufrichtigkeit als Militärfachmann, daß ich mir keine Anwendung irgendwelcher nuklearer Waffen vorstellen kann, die nicht in Eskalation enden würde, mit Konsequenzen, die sich niemand vorzustellen vermag.«

In einem anderen Teil seiner Rede ging Mountbatten auf die Behauptung ein, die Stationierung eines weiteren Potentials US-amerikanischer Mittelstreckenraketen mit Atomsprengköpfen sei für die Verteidigung Westeuropas eine unerläßliche Maßnahme, und sagte: »Ich habe diese Idee niemals glaubwürdig gefunden.«

Und wenig später führte er aus: »Ich bedauere noch mehr die Tatsache, daß der Widerstand gegen den Abschluß eines Abkommens über die Zurückhaltung bei der Produktion und Stationierung nuklearer Waffen in den Vereinigten Staaten so mächtig wird.«

Diese Worte sprach ein Mann aus, dem man jahrzehntelang im Bereich des Nordatlantik-Paktes so unbegrenztes Vertrauen entgegengebracht hatte!

Es ist mehr als verständlich, daß die Meinung Mountbattens absolut mit dem vom Pentagon und der NATO eingeschlagenen Kurs kollidierte, ja ihm sogar, sollte sie offene Ohren bei anderen, sich an den Realitäten orientierenden Militärs und Politikern in den Paktstaaten finden, gefährlich werden konnte. Lagen doch die Entwürfe für die vier Monate nach der Ermordung des Lords gefaßten Brüsseler Raketenbeschlüsse über die zusätzliche Stationierung neuer US-Raketen in Westeuropa schon abgestimmt und beschlußreif in den Tresoren.

Was lag also näher als der Entschluß, sich des aufmüpfigen Aristokraten so schnell wie möglich zu entledigen, bevor er seine Kritik an der amerikanischen Rüstungspolitik womöglich wiederholte oder gar verschärfte?

Es ist nicht eindeutig bewiesen, daß die CIA das Verbrechen wirklich vorbereitet und durchgeführt hat. Es ist aber auch nicht eindeutig bewiesen, daß die Irisch-Republikanische Armee die Alleinschuld trägt. Mögen Mitglieder der Organisation durchaus beteiligt gewesen sein, als die Bombe gelegt wurde — die Hintermänner des feigen Verbrechens können durchaus in den USA gesessen haben. Parallelen dazu gibt es in der jüngsten Geschichte ausreichend:

Ende 1975 kam eine Sonderkommission des US-Senats in einem Bericht — er wurde gegen den Willen von Präsident Gerald Ford veröffentlicht — zu dem Schluß, daß die CIA unmittelbar in Attentats- und Mordpläne gegen Kubas Ministerpräsidenten Fidel Castro, den kongolesischen Premierminister Patrice Lumumba und den dominikanischen Diktator Rafael Trujillo, wenigstens mittelbar in solche gegen den indonesischen Präsidenten Sukarno, Haitis Diktator »Papa Doc« Duvalier, den südvietnamesischen Machthaber Ngodinh-Diem und General René Schneider in Chile verstrickt war.

Eine Vielzahl von Attentatsplänen mit vergifteter Zahnpasta, vergifteten Taucheranzügen, Gift in Zigarren, Pillen und Pulvern, mit Sprengstoff gefüllten Meeresmuscheln, mit Laborversuchen, Bestechungen von Konterrevolutionären, Anmietung von Berufskillern, mit Waffenlieferungen und exakten Zeitplänen enthielt der Bericht. Und erinnert man sich, daß von den angeführten Personen nur noch Fidel Castro am Leben ist, alle anderen aber — von »politischen Gegnern«, »Dissidenten«, »Putschisten«, »Rivalen« oder »bei Gefechten« — ermordet wurden, so liegt der Schluß nicht fern, daß auch Lord Louis Mountbatten Opfer eines derartigen, von langer Hand geplanten Komplotts war. Immerhin hat es die CIA seit jeher gut verstanden, die Spuren ihres Wirkens so weit wie möglich zu verwischen.

Dreieinhalb Monate nur brauchte man, um den Mord vorzubereiten und der Welt die »Mörder« zu präsentieren. Dann flog die Yacht des Lords in die Luft und riß ihren Besitzer mit. Seine Verletzungen, so konstatierten die Gerichtsmediziner, waren an der linken Körperseite so stark, daß sie detailliert gar nicht mehr dargestellt werden konnten. Ein Risiko also hatte man von vornherein vermieden.

Den Raketenbeschluß und den Stationierungsbeginn jedenfalls konnte der »verräterische« Lord nicht mehr stören.

»Basta ya« — »Jetzt reicht's!«

1. YSAX

Es ist Sonntag. Die kleine Siedlung der Campesinos döst in der Sonne. Es ist eine geradezu erbärmliche Gruppierung armseliger, windschiefer Holzhütten. Hier und da scharrt ein Stück Federvieh den Boden auf, im Schatten eines Baumes haben sich einige braunhäutige Kinder niedergelassen, um mit dürftigem Spielzeug »Familie« zu spielen.

In der Behausung von Juan Marco González, die sich in nichts von den anderen Hütten unterscheidet, haben sich der Hausherr, seine Frau Estrella, seine vier Töchter, Estrella, die älteste, nach der Mutter benannt, Carmen, Isabel und Esmeralda, und drei seiner Söhne, Pedro, José und Carlo, um ein winziges, betagtes Radio versammelt.

Der Rundfunkempfänger war ein Geschenk der Kinder an die Eltern zum letzten Weihnachtsfest. Centavo um Centavo hatten sie zusammengelegt, Geld, das sie für ihre Arbeit auf den großen Latifundien bekamen und das nicht für den Unterhalt der Familie draufgegangen war. Selten genug bekamen sie überhaupt Geld, oft war es nur ein kräftiger Schlag Bohnensuppe, der ihnen als Entlohnung für einen ganzen Erntetag bei glühender Hitze verabreicht wurde. Und wenn sie einmal ein paar Centavos bekamen, dann gab es soviel, was die Familie brauchte, daß es in der leeren Coca-Cola-Dose, die die Kinder zu ihrer Sparbüchse erklärt hatten, höchst selten einmal klimperte. Den größten Anteil des Geldes brachten freilich Juan und Pablo auf. Sie hatten das Glück, eine Schule der

Priester besuchen zu dürfen, kostenlos, mit freier Unterkunft und Verpflegung und einem winzigen Taschengeld, das sie fast ganz für den Radio-Kauf opferten. Sie lernten lesen und schreiben und brachten auch den Eltern und Geschwistern das Allernotwendigste hiervon bei. Während Juan, der ruhigere, ältere der beiden González-Brüder, der den Padres wegen seines Fleißes, seiner Beharrlichkeit, aber auch wegen seiner enormen Duldsamkeit aufgefallen war, weiterlernen, sich auf den Besuch eines Priesterseminares vorbereiten durfte, mußte sich Pablo nach Arbeit umsehen. Tagelang war er durch San Salvador gelaufen, hatte alle möglichen kleinen Handreichungen gemacht, Arbeit und Unterkunft suchte er vergeblich. Letztlich war er wieder in der Hütte des Vaters aufgetaucht, schmutzig, hungrig und müde. Estrella González' Bohnensuppe mußte nun eben wieder für zehn Personen reichen.

Pablo hat es sich vor der Hütte bequem gemacht. Er sitzt auf dem blanken Erdboden, den Rücken gegen die Wand gelehnt. Die Augen halb geschlossen, blinzelt er in den Tag. Er macht den Eindruck, als würde er sich zu einem Nickerchen niedergelassen haben. Jedoch sind alle seine Sinne gespannt. Im Inneren der Hütte steht genau dort, wo er sich von außen gegen die Wand lehnt, das Radio. Mit wenig Mühe würde er also auch von hier die Sendung hören können, die die Familie allsonntäglich mit größter Spannung erwartete und verfolgte. Ansonsten ist es Pablos Amt, vor der väterlichen Behausung Obacht darauf zu geben, daß nicht etwa ›Orejas‹, Spitzel, erführen, welche Sendung von der González-Familie abgehört wird.

Da — das Sendezeichen des katholischen Senders YSAX. Jetzt würde bald Monseñor Oscar Arnulfo Romero y Galdámez, der Erzbischof El Salvadors, mit seiner sonntäglichen Predigt, die der Sender aus der großen Kathedrale San Salvadors überträgt, beginnen.

So, wie in der Familie González, versammeln sich zur gleichen Stunde überall im Land die Menschen vor den Lautsprechern der Rundfunkempfänger. Sonntag für Sonntag lauschen dem Erzbischof etwa zwei Millionen Menschen, fast die Hälfte der Einwohner des kleinen mittelamerikanischen Staates an der Küste des Stillen Ozeans. Es ist durchaus nicht nur Frömmigkeit, aus der der Wunsch erwächst, das Wort Gottes gepredigt zu hören. Der Monseñor bewirkt mit seinen Andachten weit mehr. Er gibt dem Volk, das von der Oligarchie der Mächtigen stumm gemacht werden soll, Stimme. Er macht Mut und er klagt an.

Wie an jedem Sonntag, so beginnt der Erzbischof auch an diesem

Erzbischof Romero (Mitte) liest in San Salvador die Messe
für einen von der Polizei ermordeten Geistlichen

seine Predigt mit der Verkündung der Zahl jener Toten, die auf das
Konto der berüchtigten Todesschwadron gehen. So verhindert er
das Vertuschen und das Vergessen solcher Untaten. Voller Bewegung verliest der Geistliche auch — soweit sie bekannt geworden waren — die Namen der Ermordeten. Es ist eine lange Liste.

In seiner Predigt widmet sich der Erzbischof den Propheten Jesaja und Amos, die die Eitelkeit, die Besitzgier, die Skrupellosigkeit,
das mangelnde Mitgefühl der Reichen angeklagt und das Strafgericht
Gottes dafür in Aussicht gestellt hatten.

Mit Nachdruck bestätigt der höchste kirchliche Würdenträger des
Landes seinen Zuhörern, daß es nicht gegen Gottes Gebote verstoße, sich auch mit den Mitteln der Gewalt gegen die Repressionen
zur Wehr zu setzen. Der Erzbischof spricht Juan Marco González
aus der Seele. Jawohl, wenn sie wirklich nach den Geboten der Heiligen Schrift in El Salvador leben wollten, dann mußte der Anbetung
der Macht, des Geldes und des grenzenlosen Vergnügens durch wenige, während zur gleichen Zeit viele Arme vor Hunger sterben, ein
Ende gesetzt werden. Wie viele der Campesinos, so hat auch Juan
Marco geheime Verbindungen zur Volksbefreiungsfront »Farabundo
Martí«. Deren durchaus nicht gewaltfreie Aktionen sind nun gerade
eben wieder vom Erzbischof gebilligt worden. Vater González, des-

sen Handeln von einer elementaren, ja urwüchsigen Frömmigkeit erfüllt ist und der sein Leben immer an den Maximen des Christentums orientiert hat, ist zutiefst darüber befriedigt, daß der oberste Seelenhirt den tätigen Widerstand gegen die Unterdrücker des Volkes von El Salvador ausdrücklich gutgeheißen hat. Es ist für ihn wohltuend zu wissen, daß sich seine politischen und sozialen Auffassungen und Forderungen mit den Geboten seines Glaubens in Einklang befinden.

Auch schon der Vorgänger des jetzigen Erzbischofs, Monseñor Louis Chávez y Gonzáles, war ein mutiger Mann, der die Nöte der arbeitenden Menschen offenbar genau kannte und sich für die Beseitigung der himmelschreienden Verhältnisse einsetzte. »Die große Mehrheit der Salvadoreños lebt unter ärmlichen Bedingungen, und zwar in sozialer, wirtschaftlicher, politischer, kultureller und religiöser Hinsicht, die man als dauerhaften Zustand der Sünde bezeichnen kann«, konstatierte Erzbischof Chávez bereits in den siebziger Jahren. Sich gegen den »dauerhaften Zustand der Sünde« aber zur Wehr zu setzen — das konnte unmöglich selbst Sünde sein, schlußfolgerten seinerzeit viele der Gläubigen, allerdings ohne daß es ihnen von der kirchlichen Führung bestätigt wurde. Einen deutlichen Anhaltspunkt für diese Auslegung gab ihnen jedoch ein Hirtenbrief Chávez' aus der Mitte der sechziger Jahre, in dem er die Gläubigen seiner Diözese aufforderte, sich in Gewerkschaften und politischen Parteien für den sozialen Fortschritt einzusetzen, denn »die sozialen Strukturen entsprechen nicht den Soziallehren der Kirche« und die nationale Situation schreie nach einer Sozialreform.

So klar und eindeutig wie Monseñor Romero hatte sich aber noch nie einer der hohen Geistlichen für die Sache des darbenden und kämpfenden Volkes eingesetzt. Juan Marco González erinnert sich, daß es früher immer mal wieder Auseinandersetzungen gab, wie wohl die Worte der Kirche zu interpretieren seien, ob also zum Beispiel die gewaltsame Gegenwehr wider die Repressionen mit der Glaubenslehre zu vereinbaren wären. Und gerade Estrella hatte ihm manche Vorhaltungen gemacht, wenn er Kämpfern der »Farabundo Martí« Unterschlupf gewährte, sie mit Medikamenten und Nahrungsmitteln versorgte oder auch einmal einen Gang für sie erledigte. Sich aufzulehnen, verstoße gegen das Demutsprinzip, hatte sie argumentiert, und der Kampf mit der Waffe verletze das Gebot »Du sollst nicht töten«. Seit sie nun aber die Predigten des neuen Erzbischofs Sonntag für Sonntag hören konnten, hatten sich viele Widerstände gelegt. Sogar der Voreingenommenheit gegenüber der Kommunistischen Partei, die bei vielen Katholiken im Lande wenigstens latent vorhanden war und durch Regierung und Klerus immer wieder unterstützt wurde, trat Monseñor Romero entgegen. »Ich glaube, daß die Massenorganisationen die sozialen Kräfte sind, die eine authentische Gesellschaft, voll Gerechtigkeit und Freiheit, vorantreiben, erzwingen und erreichen werden. Die Organisierung ist notwendig, um mit Erfolg kämpfen zu können«, so hatte er einmal erklärt. Dieser Erkenntnis ließ der Erzbischof einen logischen zweiten Schritt folgen. Als die seit Jahrzehnten in der Illegalität wirkende Kommunistische Partei El Salvadors in dieser Phase des Bürgerkrieges mit der Volksbefreiungsfront »Farabundo Martí« und mit den Streitkräften des Nationalen Widerstandes zum Revolutionären Koordinierungskomitee zusammenging, begrüßte er dies in einer seiner von der Radiostation übertragenen Sonntagspredigten als einen Schritt, der in der gegenwärtigen komplizierten Situation der notwendigen Einheit des Volkes dienen werde.

2. *Monseñor Oscar Arnulfo Romero y Galdámez*

Monseñor Oscar Arnulfo Romero y Galdámez war vor seiner Ernennung zum Erzbischof von El Salvador gewiß alles andere als eine Kämpfernatur. Westliche Pressestimmen hielten ihn eher für einen konservativen Kleriker, wenigstens aber doch für eine Art unbeschriebenes Blatt, für einen — sicherlich gutausgebildeten — Dutzendgeistlichen.

Er wurde am 15. August 1917 in Ciudad Barrios, einer kleinen, zirka 150 Kilometer östlich San Salvadors gelegenen Stadt als Sohn eines Telegraphenangestellten geboren. Die häuslichen Verhältnisse waren bescheiden. Und die Familie sah es wohl als ein Glück an, daß der Junge mit 13 Jahren in ein katholisches Seminar eintreten konnte. Nur wenigen wird die Auszeichnung zuteil, ihre theologische Ausbildung an der päpstlichen Universität Gregoriana in Rom absolvieren zu können — Romero schloß hier sein Theologiestudium ab und wurde schließlich im April 1942 in Italien zum Priester geweiht. Zunächst war er dann seelsorgerisch tätig, durch die Absolvierung der Gregoriana schien er jedoch von vornherein für höhere Kirchenämter vorgesehen. Erzbischof Chávez berief ihn später zu seinem

Sekretär. Am 25. April 1970 wurde er zum Weihbischof in San Salvador ernannt, er blieb damit einer der engsten Vertrauten Monseñor Louis Chávez y Gonzáles'. Der Papst ernannte am 15. Oktober 1974 den Weihbischof zum Bischof von Santiago de Maria. In diesen Jahren war er eher ein stiller, in der Öffentlichkeit wenig

Erzbischof Oscar Arnulfo Romero,
der »Anwalt der Armen«

wirksamer Mann, der absolut keine politischen Ambitionen zu erkennen gab.

Die Militärregierung des Obristen Molina war froh, daß ein Mann wie Romero Erzbischof in El Salvador werden sollte. Man hoffte, mit ihm leichteres Spiel als mit seinem Vorgänger zu haben und war zugleich erleichtert, daß nicht etwa einer der Kleriker für das Amt des geistlichen Oberhirten durch den Vatikan ausersehen worden war, der einer jener modernen theologischen Richtungen anhing, die der herrschenden Oberschicht nicht genehm waren. Die Regierung

461

setzte jedenfalls seiner Berufung in das neue Amt keinen Widerstand entgegen, und Papst Paul VI. ernannte ihn im Februar 1977
zum Erzbischof von El Salvador.

Von den 4,3 Millionen Einwohnern El Salvadors waren zu diesem Zeitpunkt zirka 3,9 Millionen Katholiken. Die katholische Kirche ist in ihrer Gesamtheit in dem mittelamerikanischen Land eine
wesentliche gesellschaftliche Kraft. Neben Romero amtierten weitere
fünf Bischöfe. 1977 waren etwa 400 Priester und zirka 1 000 Ordensleute tätig. Der Kirche untersteht ein erheblicher Teil des
Bildungswesens des Landes, allein 151 Schulen und 55 Semi-
nare. Im kirchlichen Auftrag gab es ferner 40 karitative Institutionen.

3. El Salvador – Land der drei A

Das Land, für das Oscar Arnulfo Romero y Galdámez zum Erzbischof ernannt worden war, El Salvador, wurde und wird von den
krassesten sozialen Gegensätzen gekennzeichnet. Das territorial
kleinste Land auf dem amerikanischen Festland, es ist etwa halb so
groß wie Dänemark, nimmt aber in der Rate des Bevölkerungs-
wachstums den ersten Platz ein. Der Kaffeeanbau dominiert absolut,
er erbringt etwa 57 Prozent der Exporterlöse. Um sich vor den Risi-
ken der Monokultur zu schützen, sind von den Latifundistas in der
letzten Zeit auch verstärkt Zuckerrohr und Baumwolle angebaut
worden. Ausländisches Kapital, insbesondere aus den USA, beherrscht die Wirtschaft.

Während 1976 ein Campesino nur noch mit 96 Tagen Arbeit im
Jahr rechnen konnte, einer Arbeit, die ihm einen Tageslohn von nur
wenig mehr als einem US-Dollar versprach, stieg der Reichtum der
in El Salvador berühmt-berüchtigten »14 Familien«, eines miteinander versippten Clans von Latifundistas, ins Unermeßliche. In ihrer
Hand befand sich die gesamte Kaffee-Ausfuhr, und El Salvador gehört immerhin zu den zehn größten Kaffee-Exporteuren der Welt.
Sie beherrschten als Großproduzenten und Großhändler den Bin-
nenmarkt. Sie stellten die Bankbesitzer, und ihnen gehörte die Industrie. Mit dem ausländischen Kapital waren sie verquickt und liiert,
ihrer Kontrolle unterlag faktisch die gesamte Wirtschaft des Landes.
In ihren Händen konzentrierte sich auch der Bodenbesitz. Nur 65
der größten Landbesitzer verfügten über 127 000 Hektar, während

sich 132 900 Kleinstbauern, die Hälfte aller Landbesitzer El Salvadors also, nur 71 000 Hektar teilen mußten, im Durchschnitt etwas mehr als ein halber Hektar für jeden.

Das Leben der Campesinos und ihrer Familien wurde durch die verhängnisvollen drei A bestimmt: Analphabetentum, Arbeitslosigkeit und Armut.

Selbst »harten« westlichen Beobachtern, wie dem Washingtoner Sonderbeauftragten Viron P. Vaky, der das Land 1979 besuchte, fiel die besondere Rückständigkeit El Salvadors ins Auge. Vaky bezeichnete die Klassenstruktur als eine der starrsten in ganz Lateinamerika.

4. Amos und Jesaja

Tagtäglich wurden die salvadorianischen Geistlichen mit den brennenden Problemen des Landes und der Not seiner Bevölkerung konfrontiert. Auch der Erzbischof verschloß sich diesen Fragen nicht. Romero wurde sehr schnell dafür bekannt, daß er den persönlichen Kontakt zu den Gläubigen und das Gespräch mit ihnen suchte. Sein seelsorgerisches Wirken erschöpfte sich nicht in den Riten der Kirche. Und sein Name wurde bald zu einem Symbol für die »iglesia popular«, die Volkskirche, ein Begriff, der die bewußte Abkehr von den oft konservativen Traditionen der katholischen Kirche signalisierte, die bislang zu den verläßlichen ideologischen Stützen der Herrschenden zählte.

Aus den Kathedralen und Kirchen war nicht mehr nur der schüchtern-verhaltene Appell an die Reichen zu vernehmen, doch tunlichst durch mildtätige Spenden die ärgste Not der Armen zu lindern. Nicht wenige Priester deckten die wahren Ursachen für das Elend und die Not der Menschen auf: die schonungslose Ausbeutung der Werktätigen und das grenzenlose Profitstreben der Herren des Kapitals.

Der Erzbischof selbst, natürlich weit davon entfernt, ein Kommunist zu sein, hatte sich eindeutig auf die Seite des geschundenen salvadorianischen Volkes gestellt. Gegenüber dem USA-Magazin »Time« brachte er die Erkenntnis zum Ausdruck, daß es einen tiefen Konflikt zwischen dem Staat der Wohlhabenden und dem Volk gebe, und die Kirche versuche in allem, das Volk zu verteidigen. Zugleich prangerte er die Scheinheiligkeit der Reichen an, die, wenn sie dreist zur Messe gingen, die Fähigkeit verloren hätten, Recht oder Unrecht zu empfinden. Das einzige, worum sie bangten, sei der Verlust ihrer Privilegien. »Unser Volk hat einen gemeinsamen Feind: die Oligarchie«, erklärte er, »das sind vierzehn Familien, geprägt von einer noch zunehmenden Unersättlichkeit. Ihnen rufe ich zu: öffnet eure Hände; gebt euer Gold freiwillig heraus, denn sonst wird die Zeit kommen, da man euch die Hände abhacken wird.«

Dieses Wort wurde von den Fernschreibern in alle Welt getickt, und es machte seine Runde durch die Hütten der Campesinos von El Salvador.

Natürlich trug das dem Kirchenführer den Vorwurf der kapitalhörigen Presse im Westen ein, er wäre Marxist. In verschiedenen Erklärungen distanzierte er sich jedoch ausdrücklich vom Marxismus und Kommunismus. Das hinderte ihn aber nicht daran, die Kommunisten El Salvadors als Patrioten zu akzeptieren. Schafic Jorge Handal, der Vorsitzende der Kommunistischen Partei, berichtete, daß Romero die Kommunisten als Diskussionspartner respektierte. »Seine Kirche betrachtete er als Zufluchtsort für alle Verfolgten, und so ist ihm die Rettung des Lebens von so manchem Genossen zu danken.«

Die Gesellschaftskritik des Erzbischofs erwuchs aus der christlichen Lehre selbst. »Es gibt welche unter uns, die Haus um Haus zusammentragen und Feld um Feld sich aneignen, bis sie allein das Land besitzen.« So hatte er einmal einem Reporter gegenüber auf die Aktualität vieler Bibelstellen hingewiesen und erklärt: »Die Texte von Amos und Jesaja sind keine fernen Stücke aus vergangenen Jahrhunderten, die wir täglich in der Messe lesen. Es ist die Wirklichkeit, wie wir sie täglich von neuem erleben.«

5. Medellín und Puebla

Diese von dem salvadorianischen Erzbischof konstatierte Wirklichkeit traf aber bei weitem nicht nur für sein Land zu. Mit Ausnahme von Kuba und Nikaragua, in denen sich die Völker gegen ihre Unterdrücker erfolgreich erhoben hatten, gab es die angeprangerten Mißstände mehr oder weniger modifiziert in allen lateinamerikanischen Ländern. Veränderungen der Verhältnisse in nur einem Land waren für die Menschen der Gesamtregion sicherlich eine Hoffnung, aber noch keine Lösung. Und wollte man wirkliche Verbesserungen erreichen, so mußte angesichts der multinationalen Verquickung des Kapitals das Vorgehen international abgestimmt werden.

Schon im März 1967 machte nach dem II. Vatikanischen Konzil die Enzyklika »Populorum progresssio« Papst Pauls VI. hinsichtlich der Lage in Lateinamerika darauf aufmerksam, daß sich die Katholiken »der gegenwärtigen Situation mutig stellen und ihre Ungerechtigkeiten tilgen und aus der Welt schaffen« müssen.

Im Oktober 1968 fand die II. Lateinamerikanische Bischofskonferenz in der kolumbianischen Stadt Medellín statt. Die Bischöfe stellten seinerzeit fest, daß sich Lateinamerika »in einer Situation befindet, die man institutionalisierte Gewalt nennen kann«. Sie beklagten, daß »die gegenwärtigen Strukturen fundamentale Rechte verletzen«, und sie stellten die Mitverantwortung jener fest, die sich aus Zaghaftigkeit und Egoismus weigerten, an einer Veränderung der Verhältnisse mitzuwirken.

Das alles ging sicher nicht ohne Widerstand in den Reihen der Kirche selbst vonstatten, signalisierte zugleich aber, daß sich — vor allem unter den jungen Geistlichen — eine starke kirchliche Strömung entwickelt hatte, die an der Lösung der anstehenden sozialen Fragen teilhaben wollte. Der Ruf nach der Volkskirche verstummte in der Region nicht, das hieß vor allem auch, daß sozialen und politischen Forderungen der Völker kirchliche Unterstützung zuteil werden sollte.

Angesichts der tagtäglichen Bedrohung des nackten Lebens, des unerträglichen Elends und des Hungers begannen nicht wenige Priester darüber nachzudenken, daß das Reich Gottes nicht erst im Jenseits beginnen könne. Die Theologie der Befreiung nahm in Lateinamerika, wo knapp die Hälfte aller Katholiken der Erde leben, ihren Ausgang — und nicht nur als theoretisches Konzept. Immer wieder waren und sind katholische Kleriker an der Seite des kämpfenden Volkes zu finden. Und auch viele der lateinamerikanischen Bischöfe waren mehr oder weniger offen an der Seite der Befreiungstheologen.

Unversehens waren sie aber dadurch mit den Herrschenden in ihren Ländern und mit dem Kapital in den USA in Konflikt geraten. Der erste, lauteste und sicher unsinnigste Vorwurf war, daß sie zum Marxismus übergeschwenkt seien. Symptomatisch ist wohl die Aussage Nelson Rockefellers, der 1969 die lateinamerikanischen Staaten im Auftrage von US-Präsident Nixon bereiste. Er warnte: »Wir müssen vor der lateinamerikanischen Kirche auf der Hut sein. Wenn sie die Entscheidungen von Medellín ausführt, handelt sie gegen unsere Interessen.«

Das war der Start für zahlreiche Versuche, die lateinamerikanischen Bischöfe zur Umkehr zu bewegen. Den Hebel setzten die Reichen und Mächtigen bei der — vor aḷ̣em unter dem höheren Klerus — doch noch recht breiten Schicht konservativer Kleriker an, und der Generalangriff sollte auf der III. Lateinamerikanischen Bischofskonferenz in Puebla (Mexiko) 1979 erfolgen. Die Konferenz in Puebla nahm jedoch die Beschlüsse von Medellín nicht zurück. Die Konservativen konnten zwar erreichen, daß in Puebla eine Absage an den politischen Aktivismus der Kirche beschlossen wurde, sie konnten allerdings nicht verhindern, daß Feststellungen in die Konferenzdokumente Eingang fanden wie: »Im Lichte des Glaubens betrachten wir den wachsenden Abstand zwischen Reichen und Armen als einen Skandal und Widerspruch zum Christsein«, oder: »Bei einer eingehenden Analyse der Lage wird man entdecken, daß diese Armut keine vorübergehende Etappe ist: Sie ist vielmehr das Produkt von wirtschaftlichen, gesellschaftlichen und politischen Strukturen, die einen solchen Armutsstatus erzeugen.« Zugleich wurde ausdrücklich die Pflicht der Gläubigen betont, »zur Errichtung einer gerechteren, freieren und friedlicheren Gesellschaft beizutragen«.

Nun hatten sich die Bischöfe freilich sehr vorsichtig ausgedrückt. Wer die Verantwortung für das Entstehen solcher »armutserzeugenden Strukturen« trägt und wie sie letztlich nur zu beseitigen sind, das ließen sie offen. Gestützt auf die Erfahrungen aus seinem eigenen Land beklagte Erzbischof Romero, daß es in Puebla zu keinem kühneren und verbindlicheren Dokument zur Verteidigung der Menschenrechte gekommen sei. Er selbst hatte sich nicht gescheut, am Rande der Konferenz in einer improvisierten Pressekonferenz deutlicher zu werden. Am 26. März 1980 berichtete der Korrespondent der »Frankfurter Allgemeinen Zeitung« unter anderem: »Er (Romero — d. A.) sprach von den Leiden seines Volkes und daß diesem Volke keine Führer mehr geblieben seien gegen die Repression des Staates, es seien denn die Männer der Kirche. Der Redner gebrauchte einige Wendungen wie ›Ausbeutung des Menschen durch den Menschen‹, die aus bekannter Quelle stammten, aber aus seinem Munde klangen, als habe er sie neu erfunden.«

Monseñor Oscar Arnulfo Romero nutzte auch die Tribüne der Konferenz, um die Machenschaften der Herrschenden in seinem Lande zu entlarven. »Basta ya!« (Jetzt reicht's!) lautete die Überschrift des Dokumentes, in dem er seine Amtsbrüder über die Umstände eines neuerlichen Priestermordes in El Salvador aufklärte.

Immerhin 50 der in Puebla anwesenden Kardinäle und Bischöfe versicherten den Erzbischof ihrer Solidarität in seinem Kampf für sein Volk.

6. »Töte einen Priester!«

Karl Marx wies bereits im »Kapital« darauf hin, daß das Kapital für 100 Prozent Profit alle menschlichen Gesetze unter seinen Fuß stampft; »300 Prozent, und es existiert kein Verbrechen, das es nicht riskiert, selbst auf Gefahr des Galgens. Wenn Tumult und Streit Profit bringen, wird es sie beide encouragieren.« — Das Kapital in El Salvador sah seine 300 Prozent gefährdet und reagierte ganz so, wie Karl Marx es beschrieben hatte.

Eines Tages fand sich die Losung an den Wänden »Diene deinem Vaterland — töte einen Priester!«

Dreist, frech und öffentlich erklärten im September 1979 die »Antikommunistischen Organisationen Zentralamerikas«, zu denen auch die »Demokratische Nationalistische Organisation« (ORDEN), die von der CIA gelenkte salvadorianische Terrorbande, gehört: »Es war der Fehler Somozas, in Nikaragua das Leben des Erzbischofs von Managua zu respektieren, obwohl dieser mit den Sandinistas zusammenarbeitete. Wir werden jeden Versuch, in Salvador einen Bürgerkrieg zu entfachen, durch die Hinrichtung des Erzbischofs Romero und der mit ihm verbündeten Jesuiten vereiteln.«

Daß dies durchaus keine leeren Drohungen waren, bewiesen die zahllosen Morde, die auf das Konto der »Escuadron de la Muerte«, der Todesschwadron, gingen. Tag um Tag erreichten den erzbischöflichen Palast neue Zahlen und die Namen neuer Opfer, und immer wieder befanden sich unter den Ermordeten auch Priester und Ordensleute.

Bereits kurz nach seiner Amtsübernahme mußte der Erzbischof im März 1977 die Ermordung eines Priesters beklagen. Sein »Verbrechen« war es, den Bauern, deren karge Lebensbedingungen er freiwillig teilte, ein neues Selbstbewußtsein anhand von Bibeltexten gepredigt zu haben. Jener Jesuitenpater Rutilio Grande und mit ihm andere Geistliche wurden der »Aufwiegelung« und der »Anstiftung zum Klassenhaß« beschuldigt. »Wenn Jesus heute in unser Land kommen wollte, würden sie ihn wieder ans Kreuz schlagen. Denn wir mögen einen ›guten‹ Christus nur für die Beerdigung. Viele ziehen den Christus der Totengräber vor: einen stummen Christus, ohne Mund, den man durch die Straßen des Dorfes spazierentragen kann, einen Christus mit Maulkorb vor dem Mund ... und nach unseren erbärmlichen Interessen gezimmert ... Niemandem darf man den Fuß auf den Nacken setzen, um ihn zu beherrschen, zu demütigen. Im Christentum muß man bereit sein, das Leben zu geben für eine neue Ordnung, für die Rettung der anderen, für die Werte des Evangeliums«, so hatte der Pater in seiner Predigt gesagt, bevor er brutal zusammengeschossen wurde.

Der Erzbischof verurteilte den Mord an dem Jesuiten entschieden, er ließ Messen ausfallen, schloß kirchliche Schulen und verlangte die Bestrafung der Mörder — die Regierung unternahm nichts, im Gegenteil: der Terror eskalierte.

Es fehlte auch nicht an Morddrohungen gegenüber dem Erzbischof selbst, der katholische Sender wurde gesprengt, und in der Kathedrale fand man Bomben auf den Betbänken. Die Oligarchie hätte es vermutlich zu gerne gesehen, wenn Romero ins Exil gegangen wäre. 1980 wurde er in einem Presseinterview daraufhin direkt angesprochen. Er begründete seine Haltung und schilderte, welche Erlebnisse ihn geformt haben: »Ich glaube, in El Salvador sind wir alle in Todesgefahr. Ich muß auf dem Platz bleiben, auf den mich mein Volk gestellt hat. Ich bin ein einfacher Soldat meines Volkes. ... Dazu wird man nicht an einem Tag befördert — das ist ein schwerer Aufstieg, für den man viel lernen und noch mehr Erfahrungen sammeln muß. Eine von vielen Tausenden trug sich am 14. August 1977 zu, einen Tag vor meinem 60. Geburtstag. Mit dem Jeep fuhr ich, wie immer, wenn ich Zeit hatte, hinaus aufs Land. Da zeigten mir die Bauern in den Bergen eine einfache Hütte, wie es sie dort überall gibt. Doch diese war niedergebrannt, in der noch warmen Asche lagen die verkohlten Leichen einer siebenköpfigen Familie. Die Mordbrenner hatten die Kinder an ihre Eltern gekettet ... Ich habe mich für sie, die keine Stimme mehr hatten, an Gott gewandt, aber die Wunden der Lebenden lassen sich nicht mit Gebeten heilen. Ich gebe mich mit Leib und Seele meiner apostolischen Tätigkeit hin, aber ich muß immer wieder feststellen, daß Hunger und Durst nicht mit seelischem Trost zu stillen sind. Das ist es, was mich zum Soldaten meines Volkes gemacht hat ...«

Romero machte auch jenen Mut, die schon einen oder mehrere

Angehörige beziehungsweise Freunde durch die Mordbanden verloren hatten und deren eigenes Leben möglicherweise ebenfalls bedroht war. Zwei Journalisten aus der Schweiz berichteten über eine seiner Predigten in dem Städtchen Chalatenango: »Jesus habe den Lebenden seine Wohltaten geschenkt. Wenn man diesem Beispiel folge, sei der Tod unwichtig. Und da er schließlich alle einmal ereilen werde, sei es doch am besten, für eine gute Sache zu sterben. Die gute Sache sei die Verbesserung der Lebensbedingungen der Mehrheit des Volkes: ›Der Mensch ist nicht nur Seele, er ist auch Körper.‹« Die Zeitungsleute informierten auch über einige der Schikanen und Bespitzelungen, denen der Erzbischof ausgesetzt war: »Vor dem Städtchen Chalatenango versperrte uns ein Armeetrupp den Weg. Die Maschinenpistolen im Anschlag, befahlen uns Soldaten, das Auto zu verlassen. Über uns kreiste bedrohlich ein Helikopter. Die Soldaten durchstöberten das Auto und das Gepäck des Kirchenvaters und lasen unter Mißachtung jeglichen Respekts in seinen Notizbüchern und Briefen. Romero ließ die Demütigungen wortlos über sich ergehen. Belästigungen dieser Art gehörten für ihn zur Tagesordnung. Vor der Kirche aufgestellte Armeefahrzeuge bezweckten offenbar, die Bevölkerung einzuschüchtern, sie vom Besuch der Messe abzuhalten ... Auf den Hinterbänken der Kirche hatten der Chef der Guardia Nacional und einige Soldaten Platz genommen. ›Die sind gekommen, um zu hören, ob ich subversiv bin. Doch wenn ich subversiv sein soll, weil ich mich für Euch Arme und Unterdrückte einsetze, dann war schon Jesus subversiv, dann waren auch Lukas, Johannes und Jesaja subversiv.‹«

7. »Hilfen« aus den USA

In der Eskalation der Gewalt deutete sich eine neue Stufe an. Der regierenden Junta war von den USA eine erhebliche Finanzhilfe zugesagt worden. Der größte Teil davon sollte offensichtlich für Waffenkäufe Verwendung finden. Zugleich sickerten Pläne durch, daß die USA in El Salvador mehrere Stützpunkte zu errichten beabsichtigten, andere Meldungen sprachen von einem von außen inszenierten Rechtsputsch und der gewaltsamen »Befriedung« des Landes durch Interventionstruppen.

In einem Brief an US-Präsident Carter verlangte der Erzbischof eine Garantieerklärung, daß die Administration »weder direkt noch indirekt« intervenieren werde. Der Kirchenmann mahnte den Präsidenten: »Herr Carter, der Beitrag, den Ihr Land für El Salvador zu leisten gedenkt, wird zweifellos die Unterdrückung verschärfen, statt größere Gerechtigkeit und Frieden zu bringen. Was Sie vorhaben, wird zu einem großen Blutbad in diesem leidenden Land führen.«

Der Außenminister der USA, Vance, der das Schreiben Monseñor Romeros nicht einfach übergehen konnte, denn die Weltöffentlichkeit war über dessen Inhalt informiert worden, versuchte, den Erzbischof zu beschwichtigen. Er verstieg sich sogar zu der Behauptung, daß die Junta zum Wohle der Mehrheit wirken würde.

8. »Ich befehle Euch im Namen Gottes ...«

Sonntag, 23. März 1980.

Der Sprengstoffanschlag auf den Sender YSAX vor wenigen Wochen vermochte die Stimme Erzbischof Romeros nicht zum Schweigen zu bringen. Auch in der heutigen Predigt bleibt der Kirchenführer seiner Tradition treu. Er ruft die Namen von 110 Ermordeten, Opfer politischer Gewalt in nur einer Woche, auf. Appelle an die Mächtigen waren fruchtlos geblieben, internationale Proteste hatten ebenfalls keine Wirkung gezeigt, so wendet er sich nun an die Männer, die die Mordbefehle ausführen, direkt. »Soldat!« ruft er ihnen zu, »Du bist nicht verpflichtet, einem Befehl zu gehorchen, der gegen das Gebot Gottes verstößt. Einen unmoralischen Befehl muß niemand erfüllen. Im Namen Gottes, im Namen des leidgeprüften Volkes, dessen Klagen täglich zum Himmel steigen, bitte ich Euch inständig, befehle ich Euch im Namen Gottes: Schluß mit der Repression!«

»Aufhetzung zur Rebellion« wird diese Mahnung des Geistlichen kurze Zeit später von einem Armeesprecher genannt und der Erzbischof des Verbrechens bezichtigt. Eine Reaktion, die einerseits das Eingeständnis beinhaltet, daß die generellen Vorwürfe des Monseñors berechtigt sind, die Morde also mit Wissen und Wollen der militärischen Führung verübt werden, andererseits zeigt es zugleich, wie sehr die Autorität des Kirchenführers unter den einfachen Soldaten von den Mächtigen gefürchtet wird.

9. Eine kirchenschänderische Mordtat

Montag, 24. März 1980.
Hospital »Zur göttlichen Vorsehung«.
Der Krankenhauskomplex atmet den Frieden der hereinbrechenden Dämmerung. In der kleinen Kapelle des Hospitals zelebriert Erzbischof Romero ein Requiem. Für seine Anwesenheit gibt es mehrfache Veranlassung. Das Hospital ist eine persönliche Stiftung des Kirchenoberhauptes. Hier werden jene mittellosen Salvadoreños kostenlos behandelt, denen die Fürsorge Monseñor Romeros in besonderem Maße gilt. Die Kapelle, abseits des großen Kirchenbetriebes der Kathedrale, bietet dem Erzbischof die nötige Ruhe zur Besinnung, und er bevorzugt sie deshalb zuweilen. Heute jedoch führte ihn nicht die Absicht hierher, im stillen Gebet Weisheit und Kraft zu suchen. Ein Freund hatte ihn gebeten, die Totenmesse für seine verstorbene Mutter zu lesen, und der Erzbischof, angetan mit dem feierlichen Meßgewand, erfüllte am Altar seine geistliche Pflicht. Mit weit ausgebreiteten Armen erteilt er den Segen. Da schwingt die Kirchentür für einen Moment auf, und im nächsten Augenblick zerfetzt ein Schuß die feierliche Stille. Der Erzbischof bricht am Fuße des

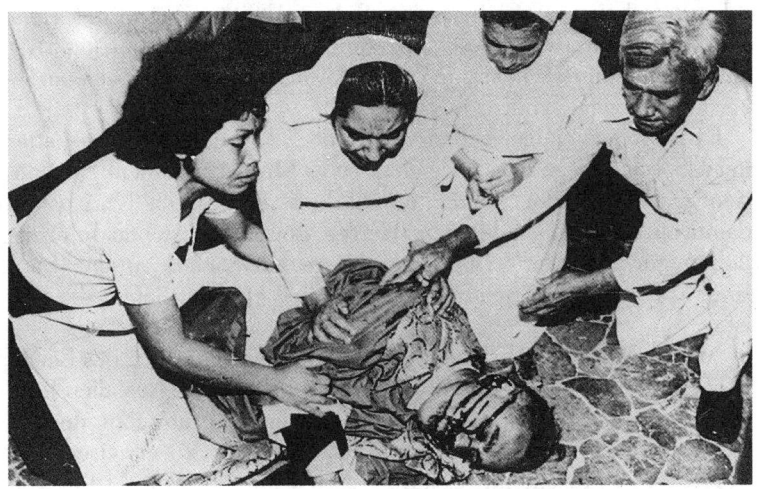

Der tödlich getroffene Romero.
Jede Hilfe der Schwestern kam zu spät

471

Altars zusammen, Blut quillt aus Mund und Nase. Ordensschwestern, die sich sofort um ihn bemühen, sind machtlos.

Der Mörder kann fliehen.

Wie ein Lauffeuer verbreitet sich die Nachricht vom gewaltsamen Tod Monseñor Oscar Arnulfo Romero y Galdámez um den Erdball. Fortschrittliche Menschen aus aller Welt, Christen und Nichtchristen, geben ihr Mitgefühl und ihre Empörung kund. Papst Johannes Paul II. spricht von einer ›kirchenschänderischen Mordtat‹.

Der Leichnam des Erzbischofs wird in der Basilika zum Heiligen Kreuz vor dem Hauptaltar aufgebahrt.

10. Reaktionen und Berichte

Noch während die Vorbereitungen für die Trauerfeierlichkeiten im Gange sind, erreichen zwei Meldungen die Öffentlichkeit.

Am 27. März 1980 berichtet die »Frankfurter Rundschau«: »In dem offiziellen medizinischen Bericht heißt es, der Erzbischof sei von einer einzigen Kugel … ins Herz und in die Lunge getroffen worden.«

Und am selben Tag ist in der »Neuen Zürcher Zeitung« zu lesen: »Angaben des US-Botschafters zur Täterschaft … Der amerikanische Botschafter in El Salvador, Robert White, erklärte auf einer Pressekonferenz: ›Das war kein Amateur, der das getan hat. Wir sind zum Schluss gekommen, daß es jemand war, der ein ausgezeichneter Scharfschütze ist‹.«

Es ist schon einigermaßen verwunderlich, wenn der Botschafter der USA zur Frage der Täterschaft eines Mordes an einem Salvadorianer in El Salvador Stellung nimmt — es sei denn, die USA hätten damit etwas zu tun, oder dem Herren Botschafter stehen Informationen zur Verfügung, die diese Frage aufzuhellen in der Lage sind. Erst später soll sich herausstellen, daß offenbar beides der Fall ist.

Am 30. März 1980 erfolgten die feierliche Überführung des Leichnams Romeros in die Kathedrale und die Beisetzung. Aus allen Landesteilen sind die Menschen herbeigeeilt, ihrem Erzbischof, den sie den Anwalt der Armen nannten, die letzte Ehre zu erweisen. Die »Frankfurter Allgemeine Zeitung« spricht am 31. März 1980 von »etwa einer halben Million Menschen«. Es ist ein schier endloser, schweigender Trauerzug. Selbst den toten Romero haben die Mächtigen noch zu fürchten. Ein gewaltiges Militäraufgebot ist in der Hauptstadt zusammengezogen worden, und die Trauerfeier für den ermordeten Erzbischof endet in einem Massaker ungeheuren Ausmaßes unter den unbewaffneten Gläubigen.

11. Der Mörder

Nach einem jeden Mord stellt sich die Frage nach dem Täter. Am 22. April 1980 erscheint die »Frankfurter Rundschau« unter der Schlagzeile: »Anwalt: Offiziere ließen Erzbischof Romero ermorden«. Unter Bezugnahme auf Presseagenturen berichtet die Zeitung: »Zwei hohe Offiziere im Ruhestand hat der salvadorianische Anwalt Atilio Ramirez beschuldigt, die Ermordung des Erzbischofs von San Salvador, Oscar Arnulfo Romero, am 24. März veranlaßt zu haben. Ramirez hatte am Wochenende eine entsprechende Erklärung in einer Zeitung von Caracas (Venezuela) veröffentlicht, deren Exemplare an den Universitäten von El Salvador verteilt wurden.

Der Anwalt, der mit den ersten Nachforschungen über die Ermordung Erzbischof Romeros beauftragt worden war, hatte El Salvador auf Grund von zwei gegen ihn gerichteten Attentaten verlassen. Bei den Offizieren handelt es sich laut Ramirez um General José Alberto Medrano und Major Roberto d'Awisson. Medrano war der Vorsitzende der berüchtigten rechtsextremistischen ›Demokratischen Nationalen Organisation‹ (ORDEN), auf deren Konto Tausende politischer Morde gehen, d'Awisson war unter dem im Oktober gestürzten Präsidenten Carlos Humberto Romero Chef der Nachrichtendienste der Armee.«

Bei der Übermittlung eines der Namen unterläuft der Zeitung ein Fehler. Der »Major Roberto d'Awisson« heißt in Wirklichkeit Roberto d'Aubuisson.

D'Aubuisson hatte bis zu diesem Tag bereits eine bemerkenswerte Karriere hinter sich gebracht, die Karriere eines Killers. Er gehörte der Nationalgarde an und wurde, offenbar seiner »besonderen Eignung« wegen, zur Spezialausbildung in die USA und nach Taiwan kommandiert. Nach seiner Rückkehr wurde er zum Stellvertretenden Kommandeur der ANSESAL, einer Sonderformation der Geheimpolizei, ernannt, deren Aufgabe es war, politischen Gefangenen in Gestapo-Manier Geständnisse abzupressen. Als am 15. Oktober 1979 der salvadorianische Diktator Humberto Romero gestürzt und durch eine Junta aus zwei Obristen und drei Zivilisten ersetzt wurde, quittierte d'Aubuisson den Militärdienst, um als Fernsehkommentator fortschrittliche Persönlichkeiten als »subversive Elemente« zu verunglimpfen. Für die so Denunzierten bedeutete das das sichere Todesurteil; Tage nach d'Aubuissons Fernsehauftritten fand man sie, erschossen, erschlagen, verstümmelt.

Weder die öffentliche Mordbeschuldigung noch sein schändliches Vorleben ist jedoch offenbar der weiteren Karriere des Berufskillers d'Aubuisson hinderlich.

Im Herbst 1981 entdeckt er plötzlich seine Ambitionen zum »politischen Führer«. Gemeinsam mit seinen bluttriefenden Spießgesellen gründet er die sogenannte »Nationalistische Republikanische Allianz« (ARENA). Der bezeichnende Slogan dieser neuen ultrarechten Gruppierung lautet: »Freiheit schreibt man mit Blut«.

1982 übernimmt er neben seiner Tätigkeit als einer der Bosse der »Escuadron de la Muerte« das Amt eines »Präsidenten« der »Verfassunggebenden Versammlung«.

Inzwischen ist USA-Botschafter Robert White aus El Salvador abberufen worden, der Grund dafür sind Meinungsverschiedenheiten zwischen dem Botschafter und USA-Präsident Reagan zur Respektierung der Menschenrechte in El Salvador.

Die Suche nach dem Mörder des Monseñor Romero und nach seinen Hintermännern geht weiter. Wieder sind es Journalisten, die auf Zusammenhänge besonderer Art aufmerksam machen. Die »Frankfurter Allgemeine Zeitung« fragt am 20. April 1983 demagogisch: »Kennt Washington Romeros Mörder?«, eine Schlagzeile, die eigentlich lauten müßte: »Washington kennt Romeros Mörder!« Die Zeitung berichtet vom Vortag aus Washington: »Der Verdacht, daß der jetzige Präsident der verfassunggebenden Versammlung von El Salvador und Vorsitzende der rechtsextremen Arena-Partei, Roberto d'Aubuisson, vor drei Jahren an der Ermordung des Erzbischofs von San Salvador, Oscar Arnulfo Romero, beteiligt war, hat sich erhärtet. Wie die amerikanische Tageszeitung ›Los Angeles Times‹ berichtet, habe d'Aubuisson mit zwölf Offizieren darum gewürfelt, wer den engagierten Erzbischof umbringen sollte. In seinem Bericht beruft sich das Blatt auf ein bisher geheimgehaltenes Fernschreiben, das die amerikanische Botschaft in San Salvador im November 1980 an das Außenministerium in Washington geschickt haben soll. In einem zweiten Telex habe die Botschaft ein Jahr später die Ermordung des Nationalgardisten Walter Antonio Álvarez mitgeteilt, der angeblich den tödlichen Schuß auf Romero abgegeben hat. Nach Angaben der ›Times‹ haben drei höhere Beamte des Außenministeriums den Eingang der Fernschreiben bestätigt. Einer der Beamten soll das erste Telex als ›Fundgrube‹ bezeichnet haben, aus dessen Angaben nicht nur die Mörder des Erzbischofs festzustellen seien, sondern auch die Drahtzieher hinter den sogenannten Todesschwadronen des Landes. Nachdem die amerikanische Regierung d'Aubuisson 1980 das Visum entzogen hatte, war ihm am 6. April dieses Jahres wieder die Einreise gestattet worden, um in Miami Spendengelder für seine Partei zu sammeln.«

Im Februar 1984 endlich gibt Ex-Botschafter Robert E. White sein Wissen preis. Er war vor einen Untersuchungsausschuß des USA-Repräsentantenhauses gefordert worden. Als dann das Hearing verschoben wurde, berief White eine Pressekonferenz ein. Er erklärte den seinen Enthüllungen zuhörenden Journalisten, daß die Regierung Reagan seit ihrer Amtsübernahme unterrichtet gewesen sei, daß der Chef der faschistischen ARENA-Partei, Roberto d'Aubuisson, den Mord an Erzbischof Romero befahl. Es existieren diplomatische Telegramme, die Beweise gegen d'Aubuisson, gegen dessen ARENA-Partei sowie in Miami lebende Exilsalvadorianer enthalten. Die Regierung Reagan habe jedoch drei Jahre lang vorgegeben, nicht zu wissen, daß die Todesschwadronen und die Massaker durch das Militär zum Wesen der salvadorianischen Regierung und Armee gehören. Er könne aber nicht mehr schweigen, nachdem klar ist, daß die Regierung dem Kongreß Dokumente von vitaler Bedeutung verheimlicht. White erklärt, daß Washington seit drei Jahren die Namen und die Tätigkeit in Florida lebender reicher Salvadorianer kennt, die die Todesschwadronen organisieren, finanzieren und befehligen. Als damaliger Botschafter in El Salvador sei White informiert worden, daß d'Aubuisson etwa zwölf Männer angeworben und ihnen eröffnet hatte, Erzbischof Romero sei zu beseitigen. Schließlich habe d'Aubuisson eine Todesschwadron beauftragt, den Mord auszuführen.

Später bekräftigt der Ex-Botschafter seine Anklage gegen die Reagan-Administration unter Eid.

Es spricht für sich, wenn USA-Außenminister Shultz trotz allem diesen Roberto d'Aubuisson trifft.

Nach den Enthüllungen Whites erklärt ein ARENA-Sprecher, daß d'Aubuisson für die von den USA für El Salvador befohlenen »Wahlen« Präsidentschaftskandidat bleiben werde.

Als zweiter »Präsidentschaftskandidat« bewirbt sich Napoleon Duarte, der schon einmal in San Salvadors Präsidentenpalast residieren durfte.

Die »Frankfurter Rundschau« berichtet am 20. Februar 1984: »Der Präsidentschaftskandidat der christdemokratischen Partei El Salvadors, Napoleon Duarte, hat von der Justiz seines Landes eine neue Untersuchung des Mordes an Erzbischof Romero gefordert. Dabei sollte auch geprüft werden, ob der Führer der rechtsgerichteten Arena-Partei, Roberto d'Aubuisson, in den Mord verwickelt war.« Theaterdonner.

Inzwischen ist Duarte an die Macht gelangt; die Bestrafung der Romero-Mörder steht immer noch aus.

Das jähe Ende eines Traumes vom Glück

1. Gerangel um eine Perle der Karibik

Als Christoph Kolumbus am 30. Mai 1498 mit sechs Schiffen von Sanlucar de Barrameda, einem Vorhafen Sevillas, aus seine dritte große Reise antrat, tat er das erneut in der Absicht, den westlichen Seeweg nach Indien zu entdecken.

In der Karibik angekommen, schickte er die Hälfte seiner kleinen Flotte auf direktem Weg nach Haïti und schlug mit den restlichen drei Schiffen einen südwestlichen Kurs ein, der ihn gegen Ende Juli an die Küste eines kleinen, bislang unbekannten Eilands brachte.

Das Inselchen war nur knapp 350 Quadratkilometer groß, aber von erlesener Schönheit. Doch Kolumbus hatte keinen Sinn für flache weiße Strände, auf die sich schäumend die Wogen des Atlantik ergossen, und er hatte keinen Blick für Palmenhaine oder gar für die sich weithin dem Auge bietenden, von wilden Kakao- und Muskatnußpflanzen bedeckten Ebenen. Aus ihnen zog nur die zahlenmäßig geringe Urbevölkerung einen Nutzen.

Der Entdecker gab der Insel den Namen Concepción und segelte weiter. Wenige Tage später landete er auf Trinidad, das ebenfalls noch auf keiner Seekarte verzeichnet war.

Nahezu 130 Jahre lang kümmerte sich keiner der zuhauf in Richtung Amerika eilenden Europäer, die vom Goldkuchen der blühenden und hochkultivierten Indianerreiche auch noch ein Stück abhaben wollten, um Concepción. Erst 1627 erhoben die Engländer Besitzansprüche, die ihnen jedoch 1650 von den Franzosen streitig gemacht wurden. Sie kamen von Martinique herüber, kolonisierten die Insel, machten kurzerhand der einheimischen karibischen Bevölkerung den Garaus und begannen, die Perle der Kleinen Antillen nach ihren Vorstellungen zu kultivieren. Die französische Westindische Kompagnie übernahm kurzzeitig die Eigentumsrechte, und 1674 wurde die Insel zur Kronkolonie Frankreichs erklärt.

Als man Anfang des 18. Jahrhunderts begann, Kakao, Kaffee, Muskatnüsse und Baumwolle planmäßig anzubauen, fehlten — Folge der Bevölkerungsausrottung — die Arbeitskräfte. Man half sich wie in vielen anderen Ländern der Region, indem man in verstärktem Maße Negersklaven einführte.

Im Siebenjährigen Krieg besetzte Großbritannien die Insel. Frankreich trat seine Ansprüche gezwungenermaßen ab, eroberte sie dann jedoch wenige Jahre später für kurze Zeit zurück, bis das Eiland im Frieden von Versailles 1783 endgültig an Großbritannien fiel.

Nun konspirierte die Französische Republik gegen die neuen Kolonialherren und unterstützte einen Volksaufstand, den die Briten allerdings mit brutaler Gewalt niederschlugen, um das Besitztum ihrer Krone ein für allemal vor fremdem Zugriff zu retten.

Nach Aufhebung der Negersklaverei im ersten Drittel des 19. Jahrhunderts versuchte man, zunehmend indische Kontraktarbeiter auf die Insel zu bringen, denn die Gewinnung von Muskatnüssen, Kakaobohnen, Bananen und Zucker hatte einen beträchtlichen Umfang angenommen. Zudem war die Produktion billig und sicherte eine Machtstellung auf den entsprechenden Märkten.

Das Leben auf der Insel lief nun in den »normalen« Bahnen eines kolonial beherrschten, unterdrückten und ausgebeuteten Landes. In der Hauptstadt Saint George residierten die weißen Kolonialherren, gaben rauschende Feste, wohnten in prächtigen Villen, bauten sich Vergnügungsetablissements und ließen es sich gut gehen. Auf den Plantagen hingegen schufteten die Landarbeiter, fristeten ihr Leben mit dem, was die Natur ihnen bot und kannten den Begriff »Schule« lediglich vom Hörensagen.

Wie gesagt, auf der Insel Concepción, die später den wohlklingenden Namen Grenada erhielt, ging es nach den Ansichten der Kolonisatoren »ganz normal« zu.

2. Maurice Bishop und die Revolution

Am 29. Mai 1944 bekam die Familie des Händlers Rupert Bishop, der unweit der Hauptstadt Grenadas ein kleines Häuschen bewohnte, Zuwachs. Man taufte den Säugling auf den Namen Maurice, rief ihn aber der Einfachheit halber nur »Pero«.

Kaum fähig, allein zu laufen, ging der Junge auf Entdeckungsreisen in der näheren und weiteren Umgebung der elterlichen Wohnung. Später quetschte er aus Vater Rupert mit gezielten Fragen all das heraus, was dieser wußte, sah den Landarbeitern bei ihrem schweren Tagewerk zu, suchte sich einen Freund in dieser Hütte, einen weiteren in jener Kate, lauschte den Erzählungen der Älteren und hatte sich bald sein eigenes Bild gemacht über Reichtum und Armut, Befehlsgewalt und Gehorsam, Bildung und Unwissenheit.

Mittlerweile besuchte »Pero« die Grundschule von Wesley Hall — schon ein Privileg für »einen aus seinen Kreisen« — und wechselte später von dort auf die wesentlich bessere katholische Schule St. George. Gewillt, seinen Söhnen eine Bildung zukommen zu lassen, die ihm selbst versagt geblieben war, nahm Rupert Bishop alles halbwegs entbehrliche Geld zusammen und schickte Maurice auf das Presentation College in der Hauptstadt. Dort lernte der Junge die sporadischen Erfahrungen seiner Kindheit richtig einzuordnen, Wichtiges von Unwichtigem zu unterscheiden. Und er fand seinen Standpunkt, der keineswegs mit dem der Herrschenden identisch war. Das offen kundzutun, dazu fühlte er sich jedoch noch zu jung und unerfahren. Stattdessen gründete er mit 18 Jahren — 1962 — die Jugendorganisation »Suche nach der Wahrheit«.

Grenada war inzwischen vollwertiger Bestandteil des britischen Commonwealth of Nations und wurde durch einen Generalgouverneur der britischen Krone »regiert«, und das ganz gewiß nicht im Sinne der breiten Masse seiner Einwohner.

Man hatte der Insel zwar 1960 die »innere Selbstverwaltung« zugestanden, doch ist aus der Geschichte bekannt, für welche Teile der Bevölkerung diese Art Administration von Vorteil ist. Der Landarbeiter bekam davon ebenso wenig zu spüren wie der Handwerker oder der kleine Händler.

Einzig die ohnehin schon wohlhabenden und mächtigen Grundbesitzer, Großkaufleute und hohen Beamten der »Verwaltung« unter dem diktatorischen Vorsitz von Eric Gairy zogen Nutzen aus der teilweisen »politischen Mündigkeit« — und die Hotelbesitzer, denn für sie begann der große Boom des Tourismus.

Mehr und mehr Amerikaner hielten es für »in«, ihren Urlaub auf Grenada zu verbringen, vor allem seit jenen Tagen, als ihnen das

Maurice Bishop

Karibik-Paradies Kuba mit so gewaltig revolutionärem Schwung seine Tür vor der Nase zugeworfen hatte.

Mit den Amerikanern aber floß zunehmend auch ihr Geld auf die Insel, der Dollar überschwemmte die dreieinhalb Hundert Quadratkilometer wie eine Flutwelle, kontrollierte das Finanzwesen bald ebenso wie den landwirtschaftlichen Export oder die Einfuhr lebenswichtiger Konsumgüter, ständig im Kampf mit dem englischen Pfund, das Grenada als sein ureigenes Dominion ansah.

Inzwischen war Maurice Bishop zu einem stattlichen jungen Mann herangewachsen, umsichtig, intelligent und klug genug, für seine Weiterbildung bestimmte Elemente des korrupten Systems auszunutzen, an dessen Sturz er sich einmal im Interesse des Volkswohls zu beteiligen gedachte. Er schaffte es dank guter Leistungen, an die Universität in London delegiert zu werden, sogar mit einem Stipendium. Fleißig und wißbegierig wie eh und je studierte er dort Jura, erwarb 1966 den Grad eines Diplom-Juristen und drei Jahre später seine Zulassung als Anwalt.

Doch Verfassungstexte, Gesetzessammlungen und Lehrbücher der Jurisprudenz waren nicht die einzigen Schriften, mit denen sich Bishop in der britischen Hauptstadt befaßte und aus denen er Wissen und Erkenntnisse schöpfte. Neben der eigentlichen Ausbildung als Jurist hörte er Vorlesungen über Geschichte — und er verfolgte aufmerksam die mächtige Unabhängigkeitsbewegung in der »Dritten Welt«, vornehmlich in Afrika.

Was lag näher, als sich auch mit den Veröffentlichungen ihrer Führer vertraut zu machen, zu lernen, mit welchen Mitteln und Maßnahmen dem Kolonialismus in allen seinen Erscheinungsformen am wirkungsvollsten zu begegnen war und wie man die unerhörte Menge an politischen und ökonomischen Problemen, die eine völlige Unabhängigkeit mit sich brachte, am besten lösen konnte.

Neben der Pflichtliteratur des künftigen Anwalts befaßte sich Bishop also auch ausführlich mit den Schriften des ersten Präsidenten der Republik Ghana, Dr. Kwame Nkrumah, las die Reden der kubanischen Revolutionäre Dr. Fidel Castro und Dr. Ernesto »Che« Guevara und wandte sich auch — logische Folge gründlichen wissenschaftlichen Studiums — bald dem umfangreichen, aber für jeden revolutionär Denkenden und Fühlenden unentbehrlichen Werk von Karl Marx und Wladimir Iljitsch Lenin zu.

Großen Einfluß und nachhaltige Wirkung auf seine fernere politische Tätigkeit übten auf Maurice Bishop auch die antiimperialistischen Aufstände auf Trinidad im April und Mai 1970 aus, die von der UNIP (United National Independence Party) initiiert und geführt wurden, und an denen sich neben Studenten und Erdölarbeitern auch Einheiten der Nationalgarde beteiligt hatten.

Maurice Bishop konnte zwei Lehren aus dieser Erhebung ziehen, die auf einem Territorium stattfand, dessen politische Situation genauso wie die Lebensweise der Bevölkerung zahlreiche Parallelen zu Grenada zuließen. Eine dieser Lehren war, daß es dem Volk, sofern es konsequent mit einer bestimmten Zielrichtung geführt wird, durchaus gelingen kann, eine Volksbewegung auf die Beine zu stellen, die die herrschende und das Volk unterdrückende Schicht der einheimischen und ausländischen Ausbeuter das Fürchten lehren und ihre Macht gefährden, ja vielleicht sogar beseitigen kann.

Die zweite Lehre war schmerzlicher: Der Aufstand wurde niedergeschlagen, weil Ministerpräsident Eric Williams, stets eng mit den großen Ölkonzernen der USA und auch mit der Europäischen Wirtschaftsgemeinschaft liiert, Großbritannien um Hilfe anrief. Truppen und Kriegsschiffe wurden selbstverständlich zugesagt, und auch die USA — wen wundert das? — richteten eine »Waffenluftbrücke« nach Trinidad ein. Allein diese Bedrohung durch fremde Streitkräfte und ihr möglicher Einsatz reichten Williams aus, mit dem Rest der Nationalgarde die Erhebung niederzuhalten.

Maurice Bishop ging 1970 nach Grenada zurück, wo er als Anwalt praktizierte und sich zunehmend der Politik widmete. So gründete er, alte Freunde und Gesinnungsgenossen um sich scharend, die Jewel-Bewegung (Joint Endeavour for Welfare, Education and Liberation). Sie etablierte sich schnell als Kampforganisation für soziale Gerechtigkeit und gegen das diktatorische Regime von Eric Gairy. Ihre Schlagkraft erhöhte sich im Jahre 1973 beträchtlich, als sie mit der MAP (Movement for Assemblies of the People — Bewegung für die Sammlung des Volkes) zur New Jewel-Bewegung fusionierte, die wiederum mit der Nationalpartei Grenadas und der Vereinigten Volkspartei zusammenarbeitete, den einzigen oppositionellen Kräften im Inselparlament, die ebenfalls den Sturz Gairys betrieben.

Hatte sich schon die Jewel-Bewegung als volksverbunden und progressiv erwiesen, so war mit der Gründung der New Jewel-Bewegung eine Vorhutorganisation entstanden, deren Grundsatzdokumente eine antiimperialistische Orientierung auswiesen. Sie nahm umgehend die Führung des Kampfes der Massen gegen die britische Kolonialmacht in die Hand. Breite Unterstützung, vor allem unter den Landarbeitern, im städtischen Kleinbürgertum und unter den Angestellten der »Staatsmacht« sicherte sie sich durch ihr unerbittliches Ringen gegen die Diktatur Gairys und die von ihm geführte Vereinigte Labour Party Grenadas. Durch das Wahlbündnis mit den beiden bürgerlichen Oppositionsparteien vergrößerte die New Jewel-Movement diesen Einfluß im Volk noch beträchtlich.

Ziel dieser vereint marschierenden Gegner des herrschenden Systems war es, die für 1974 vorgesehene volle staatliche Selbständigkeit und damit nationale Unabhängigkeit zwar zu erreichen, dabei aber die ebenfalls bereits geplante weitere Herrschaft Gairys als Ministerpräsident zu verhindern. Ins Volk kam Bewegung, die Unruhen mehrten sich und weiteten sich schließlich, wie im September 1973, zu ernsthaften Zusammenstößen mit den Gairy-treuen militärischen Einheiten und der Geheimpolizei aus.

Vor allem am Vorabend der Unabhängigkeit, im Januar 1974, mündeten friedlich beginnende Demonstrationen durch gezielte Provokationen der Polizei immer öfter in blutige Unruhen. Trotz allem hieß der Premierminister am Tag der Unabhängigkeit, dem 7. Februar 1974, wieder Eric Gairy. Er baute sofort sein undemokratisches Regime aus, trat in engen Kontakt mit der faschistischen Militärjunta des Allende-Mörders General Pinochet in Chile und schloß mit ihr ein Abkommen über chilenische Waffenlieferungen an die grenadischen Sicherheitskräfte.

Gleichzeitig orientierte sich Gairy in Richtung USA, weil von dort erfahrungsgemäß jede Hilfe für seine gegen das Volk gerichtete Politik zu gewärtigen war, und er versuchte auch, nach besten Kräften dem britischen Generalgouverneur auf der weiterhin zum Commonwealth gehörenden Insel zu Diensten zu sein.

Ein unerhörter Schwindel bei den Parlamentswahlen des Jahres 1976 sicherte Gairy noch einmal den Posten des Premiers.

Bei seinem DDR-Besuch im Juni 1982 hatte Maurice Bishop in einem Interview mit der Zeitschrift »horizont« die damalige Situation mit folgenden Worten charakterisiert: »Gairy hielt sich auf eine Art an der Macht, die man als Wahlputsch bezeichnen könnte. Wahlbetrug war an der Tagesordnung, sogar Stimmen von Toten wurden gezählt. Während der letzten Wochen der Wahlkampagne war es uns nicht erlaubt, die Medien zu nutzen, um unsere Versammlungen einzuberufen. Ständig wurden unsere Kandidaten und Redner auf verschiedenen Meetings gestört. Gairy hatte 1975 auch ein Zensurgesetz verabschieden lassen, das unter anderem das Erscheinen unserer Zeitung unmöglich machte ...«

Trotz der Repressalien und des Betrugs erreichte die Volksallianz 48 Prozent der Stimmen und damit sechs der insgesamt 15 Mandate des Parlaments. Führer dieser mächtigen Opposition war inzwischen Maurice Bishop, der den Kampf gegen Gairy unermüdlich fortsetzte und es auch verstand, sich international Gehör zu verschaffen bei seinem Ringen um grundlegenden politischen Wandel im Inselstaat.

Wohin Gairys Politik führte, zeigt allein schon die Tatsache, daß im Jahre 1978 bereits mehr als die Hälfte der Bevölkerung arbeitslos war. Maurice Bishop dazu in dem bereits erwähnten Pressegespräch: »Unter Gairy gab es eigentlich keine Infrastruktur mehr. Die

Straßen befanden sich in einem sehr schlechten Zustand, Wasserversorgung war in einigen Teilen der Insel überhaupt nicht vorhanden; der Elektrifizierungsprozeß stagnierte seit zehn Jahren, das Telefonsystem war eine Katastrophe; eine Wirtschaftsplanung gab es nicht. ... Die Wirtschaft stützte sich auf die Landwirtschaft, aber diese stagnierte angesichts der Mißwirtschaft und Korruption. Industriemäßige Methoden in der Landwirtschaft waren unbekannt. Genausowenig gab es eine Fischereiwirtschaft ...«

Das aus dieser Gesamtsituation resultierende Elend führte schließlich im Verein mit der gezielten Aufklärungsarbeit der Opposition zum Umschwung.

Am 13. März 1979 gelang es der New Jewel-Movement, Eric Gairy zu stürzen. Unter Führung des Politbüros der Bewegung erhoben sich am Morgen dieses Tages bewaffnete Abteilungen zu einem Aufstand. Die Kasernen der Gairy-Truppen wurden gestürmt. Am Abend übernahm die neue Volksregierung die Macht.

Eric Gairy, ein Mystiker, der sich selbst die Fähigkeit zuschrieb, Gott direkt rufen zu können, befand sich gerade in den USA, wo er an einer Konferenz über »fliegende Untertassen« teilnahm. Er zog es vor, gleich bei seinen alten Freunden zu bleiben und nicht nach Grenada zurückzukehren.

Neuer Ministerpräsident im Butler House, dem alten Regierungsgebäude des Insel-Staates, wurde Maurice Bishop. Als Ziele seiner Politik verkündete er Vollbeschäftigung, ausreichende Ernährung für die gesamte Bevölkerung, für jeden Bürger eine zumutbare Wohnung, einen gut funktionierenden Gesundheitsdienst und eine umfassende Volksbildung.

Eines der ersten Gesetze der neuen Volksregierung war die Einführung der allgemeinen Schulpflicht, eine zwingende Notwendigkeit bei einer Analphabetenrate von 45 Prozent.

Den Charakter der grenadischen Revolution hat der junge Premierminister einmal während eines Gespräches mit der Prager Zeitung »Svet v Obrazech« in nur zwei Sätzen umrissen: »Diese Revolution wurde deshalb verwirklicht, weil sie Tyrannei und Diktatur beenden und dem Volk von Grenada zum ersten Mal die Möglichkeit geben wollte, die Menschenrechte zu genießen. Es war eine Revolution für Nahrung, Gerechtigkeit, Arbeit, Wohnung, Elektrifizierung, für sauberes Wasser aus Leitungen, für das Recht des ganzen Volkes, an der Lenkung unserer Geschicke teilzunehmen.«

3. Politischer Wandel und sozialer Aufschwung

Dem neuen Regierungschef sollten nur knapp viereinhalb Jahre bleiben, sein umfangreiches sozialpolitisches Programm anzupacken und in die Tat umzusetzen. Doch er nutzte seine Zeit mit der ihm eigenen Konsequenz. Die unbeirrt antiimperialistische Politik führte nach außen zu diplomatischen und Wirtschaftsbeziehungen mit den Ländern des sozialistischen Weltsystems, im Inneren zu grundlegenden Reformen im Interesse der Arbeiterklasse, der Bauern und vor allem der Jugend, die von Arbeitslosigkeit und Bildungsnotstand am stärksten betroffen war.

Maurice Bishop knüpfte enge Kontakte zur Sowjetunion, zu den anderen sozialistischen Ländern in Europa und zu Kuba, von dessen Struktur und Wirtschaft, aus dessen Geschichte die Inselrepublik wichtige Erkenntnisse für den Aufbau einer neuen Gesellschaftsordnung, einer wirklich vom ganzen Volk getragenen Demokratie ziehen konnte.

Im Jahre 1982 besuchte Bishop an der Spitze von Regierungsdelegationen, denen zahlreiche Experten für Wirtschaft, Handel und Kultur zur Seite standen, die Sowjetunion, die DDR und Frankreich, im September und Oktober des folgenden Jahres die ČSSR und Kuba. Der internationale Handel weitete sich aus — Grenada verfügt über einen hohen Exportanteil an Kakao und Muskatnüssen —, die Hilfe und Solidarität der sozialistischen Staaten wirkte spürbar auf den wirtschaftlichen und sozialen Aufschwung des Landes.

Alles, was Maurice Bishop bei Regierungsantritt versprochen hatte, nahm sein Kabinett auch zielstrebig in Angriff. Gairys Geheimpolizei, die berüchtigte Mongoose-Gang, der Schrecken aller Grenader, war hinter Schloß und Riegel gebracht worden. Schon im ersten Regierungsjahr schuf die Administration Betriebe, auf dem Land wurden Kooperativen gebildet. Die verkündete Schulpflicht ging einher mit Schulgeldfreiheit, das Gesundheitswesen knüpfte sich ein dichtes Netz von Ambulatorien und Praxen über die ganze Insel.

Doch die revolutionäre Regierung tat noch mehr: Sie entwickelte eine Sozialversicherung für alle Werktätigen, sie beschloß Rentenzahlungen für die älteren Mitbürger, begann mit dem sozialen Wohnungsbau und legte staatlicherseits die Mieten für in Privatbesitz befindliche Häuser fest.

Grenada — ein friedlicher und idyllischer Inselstaat
bis zum 25. Oktober 1983,
als die USA-Invasionstruppen einfielen
und die demokratischen Verhältnisse beseitigten

Insgesamt stützte der Premier, der auch Vorsitzender des Politbüros der New Jewel-Movement war, die gesamte Entwicklung des Landes auf drei Grundpfeiler: auf das Volk, die nationale Verteidigung und den Aufbau einer nationalen Wirtschaft. Dabei waren die Maßnahmen des Staates durchgängig darauf gerichtet, alle Bürger in die Leitung der Wirtschaft und der Gesellschaft einzubeziehen und sie zu bewußten Mitgestaltern zu machen.

Eingedenk der Tatsache, daß eine Revolution nur dann bis zum endgültigen Sieg geführt werden kann, wenn sie die Fähigkeit besitzt, sich selbst zu verteidigen, mußte ein nationales Verteidigungssystem geschaffen werden. Es war klar, daß ein Land mit einer Einwohnerzahl von rund 110 000 keine ständige reguläre Armee unterhalten konnte. Dazu war es auch zu klein — Grenada umfaßt nur etwa ein Drittel des Territoriums der Insel Rügen — und zu arm.

486

Also entschied man sich für eine Volksmiliz, die sich hauptsächlich aus der Jugend rekrutierte und aus der heraus eine zeitweilige kleine Armee als Rückgrat der nationalen Verteidigung gebildet wurde.

Zum dritten Pfeiler, dem Aufbau der nationalen Wirtschaft, gehörte die schnellstmögliche Schaffung eines staatlichen Sektors, dem auch der überwiegende Teil der Neuinvestitionen des Staates zufloß und der besonders in der Landwirtschaft, in der Fischerei und im Tourismus angesiedelt wurde.

Das innenpolitische Programm konnte jedoch nur erfolgversprechend realisiert werden, wenn es von der Außenpolitik gestützt wurde. Dazu Maurice Bishop im »horizont«-Gespräch: »Unsere ganze Entwicklung aber stützt sich auf eine Außenpolitik, die aufbaut auf den Prinzipien des Friedenskampfes, der friedlichen Koexistenz, der Abrüstung, der Beendigung des Wettrüstens. ... Die Frage des Friedens ist für uns die wichtigste Frage, weil wir dem Imperialismus die Stirn bieten. ... Wir sind uns der Tatsache bewußt, daß es ohne Frieden und friedliche Koexistenz keine Möglichkeit gibt, unser Land und die Region politisch und ökonomisch zu stabilisieren ... Als Mitglied in der Bewegung der Nichtpaktgebundenen nehmen wir am Kampf gegen Imperialismus, Kolonialismus, Neokolonialismus, Faschismus, Rassismus und Zionismus aktiv teil ...«

Die Erfolge solch zielstrebigen Handelns blieben nicht aus. Schon bis Ende 1982 sank die Arbeitslosenrate von ehemals 49 Prozent auf 14,2 Prozent und konnte danach noch weiter reduziert werden. In der Landwirtschaft konzentrierte man sich auf die Urbarmachung ungenutzten Bodens, es wurden Genossenschaften gebildet, die Produktion stieg beträchtlich, und mit ihr wuchs der Export von Bananen und Zitrusfrüchten, von Muskat, Vanille, Zimt und Ingwer.

Eines der entscheidenden Projekte war der Bau eines internationalen Flughafens im Südosten der Insel, bei Point Salines. Auf ihm sollten dann erstmals große Düsenmaschinen landen können, er sollte den Tourismus fördern und für den Export der Landesprodukte von Nutzen sein. Die Republik Kuba übernahm den Auftrag, schickte ihre Spezialisten und begann mit dem Bau des Airports — zu günstigen Bedingungen überdies, denn zwischen beiden Ländern hatte sich zudem rasch eine tiefe Freundschaft entwickelt.

So konnte jeder Grenader schon nach wenigen Jahren der Volksherrschaft auch für sich persönlich eine durchaus positive Bilanz ziehen.

Das war eine Politik, die bei der Mehrheit des Volkes breiten Widerhall fand, Bishops Popularität wuchs, es gab nur wenige Menschen, die nicht gewillt waren, ihm auf dem neu beschrittenen Weg zu folgen und selbst mit Hand anzulegen an die neue Gesellschaft. Aber es gab sie — Sympathisanten des alten antidemokratischen Regimes und seiner Geheimpolizei, Abenteurer und Spekulanten, denen die neue Regierung den Boden für ihre schmutzigen Geschäfte entzogen hatte. Und es gab einige Unzufriedene in den Reihen der New Jewel-Bewegung, die da glaubten, bei der Verteilung einflußreicher Positionen zu schlecht bedacht worden zu sein, und denen persönliches Wohl über Volkswohl ging.

Diese reaktionären Kräfte fanden sich bald in bestem Einvernehmen mit den USA, denen nach Kuba ein zweiter offensichtlich in Richtung einer sozialistischen Entwicklung strebender Staat in der Karibik, und sei er noch so klein, ein Dorn im Auge war. Sie betrieben Bishops Sturz und eine Restauration der alten Verhältnisse.

Zuerst wurde nach altem Muster gehetzt und diskriminiert, intrigiert, verunglimpft und gedroht. Dazu Maurice Bishop am 5. Oktober 1983 gegenüber Prager Journalisten: »... als wir uns vor zwei Jahren bemühten, von der Europäischen Gemeinschaft Mittel für den Bau eines internationalen Flughafens zu erhalten, sandten die USA ihre Diplomaten nach Europa, um es unseren Repräsentanten unmöglich zu machen, an der Finanzierungskonferenz teilzunehmen. Sie sorgten auch dafür, daß die Weltbank Grenada nicht einen einzigen Cent für eine Anleihe gewährte. Auf jede mögliche Weise entwickeln die USA wirtschaftlich wie auch durch Terror und Propaganda großen Druck, um der grenadischen Revolution den Weg nach vorn zu verwehren ...«

Ein Kenner der Verhältnisse, Phillipp Agee, zwölf Jahre als Destabilisierungsfachmann der CIA in Lateinamerika tätig, hat das später selbst zugegeben. In seinem Buch »Generalprobe Grenada« nennt er eine Reihe von »Fäden«, aus denen das Netz von Intrigen gegen die grenadische Volksregierung geknüpft war: Kreditverweigerung, Störung von Schiffahrtslinien, weltweite diplomatische Aktionen zur internationalen Isolierung, Verleumdungskampagnen, Marktverweigerung für traditionelle Exportgüter und schließlich — der politische Mord.

Als diese Methoden im wesentlichen erfolglos blieben, griff man zum allerletzten Mittel.

4. Die finstere Nacht des 25. Oktober 1983

Während Ministerpräsident Maurice Bishop auf Reisen war, um neue Verträge im Interesse der raschen Entwicklung seines Landes abzuschließen, sich mit Freunden zu beraten und Grenada international die ihm gebührende Anerkennung als fortschrittlicher, friedliebender und demokratischer Staat zu verschaffen, sammelten sich zu Hause die Feinde der Revolution und planten den Umschwung.

Unter dem Vorwand, Bishop weiche von der »revolutionären Linie« des Zentralkomitees ab, stellten ihn sein linksextremistischer Stellvertreter in der New Jewel-Bewegung, Bernard Coard, und General Hudson Austin, der Teile der revolutionären Volksarmee auf seine Seite gebracht hatte, nach seiner Rückkehr am 13. Oktober 1983 unter strengen Hausarrest.

Die nachfolgenden Zitate, die einen kleinen Einblick in die Ereignisse jener Oktobertage vermitteln, sind einer offiziellen Erklärung der Kommunistischen Partei und der Revolutionären Regierung Kubas entnommen. Maurice Bishop hatte Kuba vom 6. bis 8. Oktober 1983 einen Besuch abgestattet:

»... am 12. Oktober übermittelte unsere Botschaft in Grenada die überraschende und unangenehme Mitteilung, daß sich im Zentralkomitee der Partei in Grenada tiefe Spaltungen vollzogen haben. In den Morgenstunden dieses Tages informierte Bishop persönlich über die seit längerer Zeit entstandenen Meinungsverschiedenheiten, daß man darüber diskutiere und versuche, diese zu lösen. Aber niemals konnte man sich den Ernst vorstellen, den diese Meinungsverschiedenheiten während seiner Abwesenheit erreichen würden. Er brachte lediglich die Differenzen zum Ausdruck, aber forderte weder eine Stellungnahme noch eine Kooperation von unserer Seite, um diese Differenzen zu überwinden ... In den Nachmittagsstunden erfuhr man, daß die Gegner Bishops eine Mehrheit im Zentralkomitee der Partei sowie im politischen Apparat der Streitkräfte und der Sicherheit erlangt hatten und daß Bishop von seinem Amt in der Partei abgesetzt und unter Hausarrest gestellt worden ist ...«

Dieser Willkürakt wurde von der Bevölkerung mit Empörung aufgenommen. Es kam zu Massendemonstrationen, auf denen Bishops Befreiung gefordert wurde.

»In den folgenden Tagen trafen über unsere Botschaft ständig Nachrichten über die Positionen und Argumente der beiden in den

Konflikt verwickelten Seiten ein. Nach unserer Meinung gab es in Wirklichkeit mehr Konflikte um Persönlichkeiten und Konzeptionen der Leitungsmethoden — die nicht frei waren von anderen subjektiven Faktoren — als um grundlegende Fragen ... Einige Tage lang gab es keinen Ausweg aus dieser Situation. Gelegentlich schien sich eine würdige, kluge und friedliche Lösung abzuzeichnen. Es wurde deutlich, daß sich das Volk zu Bishop bekannte und seine Anwesenheit verlangte ...«.

Am 19. Oktober gelang es seinen zahlreichen Anhängern, den Ministerpräsidenten aus der Isolierung zu lösen. Bishop führte die Menge zum Fort Rupert, dem Hauptquartier der Armee. Dort kam es auf Befehl des Generals Austin zu wilden Schießereien. Dabei wurde Maurice Bishop heimtückisch ermordet.

In der Erklärung Kubas heißt es: »In den Nachmittagsstunden wurde der dramatische Ausgang bekannt. Ein offizielles Kommuniqué teilte den Tod von Maurice Bishop, Ministerpräsident, Unison Whiteman, Außenminister, Jacqueline Creft, Minister für Erziehung, Vincent Noel, Erster Vizepräsident der Gewerkschaftszentrale von Grenada, Norris Bain, Minister für Wohnungsbau, und Fitzroy Bain, Generalsekretär der Gewerkschaft der Landarbeiter, mit ...

Keine Doktrin, kein Prinzip oder keine als revolutionär proklamierte Position und keine innere Spaltung rechtfertigen ein grausames Vorgehen wie die physische Beseitigung von Maurice Bishop und der hervorragenden Gruppe ehrenhafter und angesehener Führer, die gestern den Tod fanden ...«

Der gewaltsame Tod des jungen, allseits beliebten Premiers löste eine innenpolitische Krise in Grenada aus, die die Bevölkerung der Insel durchaus hätte selbständig lösen können. Doch da die Möglichkeit bestand, daß die Anhänger Bishops die Oberhand gewinnen und den einmal beschrittenen Weg in Richtung Demokratie und gesellschaftlichen Fortschritt unbeirrt weitergehen würden, versuchte man das unter Bruch des Völkerrechts zu verhindern.

Was kommen mußte, hatte die kubanische Partei- und Staatsführung bereits in ihrer Erklärung vom 20. Oktober mit dem Weitblick der erfahrenen und im politischen Kampf gestählten Marxisten vorausgesehen: »Der Imperialismus wird jetzt versuchen, diese Tragödie und die von den grenadischen Revolutionären begangenen schweren Fehler auszunutzen, um den revolutionären Prozeß in Grenada zu liquidieren und das Land erneut der imperialistischen und neokolonialistischen Herrschaft zu unterwerfen.«

Reste der Psychiatrischen Klinik in Richmond Hill (Grenada)
nach einem Bombardement
durch Maschinen des USA-Flugzeugträgers »Independence«

Keine Woche verging, da wurde die kubanische Prophezeiung bittere Realität.

Die Reagan-Administration in den USA hatte mehr als vier Jahre auf die Möglichkeit gewartet, die Entwicklung Grenadas in ihrem Sinne zu beeinflussen. Jetzt schien diese Chance gekommen. Man posaunte in einer kurzfristig organisierten gewaltigen Propagandakampagne in die Welt hinaus, der britische Generalgouverneur Scoon, der in Grenada interniert worden war, habe die USA um eine Intervention auf der Insel ersucht, um einen »Bürgerkrieg« zu verhindern.

Dabei war die Aggression von langer Hand vorbereitet. Die gleichen Einheiten nämlich, die dann auf »Bitten des Generalgouverneurs« in Grenada zum Einsatz kamen, hatten schon im August 1981 ihre Invasion Schritt für Schritt geplant und geprobt. Damals war den Paras der 82. Luftlandedivision, den »Navy Seals« der Ma-

rine-Infanterie und den Rangers der »Special Forces« während der
Luft- und Seekriegsübung »Ocean Venture 81« der Befehl erteilt
worden, die kleine Insel Vieques nahe Puerto Rico einzunehmen,
die in der Manöversprache »Amber« hieß — ein deutlicher Hinweis,
denn im gesamten karibischen Raum gibt es nur ein einziges Amber,
und das liegt im Süden Grenadas.

Die eingesetzten Verbände hatten im wesentlichen drei Aufgaben
zu lösen, die ihr Kommandierender, Konteradmiral Robert McKen-
zie, mit den Worten umriß, man müsse »einer den USA nicht wohl-
gesonnenen Regierung, die Macht entreißen, eigene Truppen bis zur
Abhaltung freier Wahlen stationieren und eine den Vereinigten Staaten genehme Regierung ans Ruder bringen«.

Nach dem dabei geübten Muster lief dann am 25. Oktober 1983
die Invasion in Grenada ab, demagogisch als »Operation Urgent
Fury« (Operation Drängende Wut) bezeichnet. In den Morgenstunden des 25. und in den folgenden Tagen landeten die Aggressoren:

Mit brutaler Gewalt gingen die USA-Aggressoren
gegen alle patriotischen Kräfte Grenadas vor

16 000 US-Soldaten, begleitet von 40 Kriegsschiffen sowie Hunderten Kampfhubschraubern und Dutzenden von Flugzeugen überfielen in einem gnadenlosen Akt imperialistischer Gewaltpolitik die Insel Grenada, weil sich die USA »bedroht fühlten« von der Entwicklung des Karibik-Eilands. Bedroht von einem Land, dessen Territorium den 27 000. Teil des mächtigsten und gefährlichsten imperialistischen Staates der Erde ausmacht!

Und worin bestand diese Bedrohung? Natürlich darin, daß sich Grenada immer enger zum Partner und Freund Kubas und auch der Sowjetunion entwickelte, und weil es mit seinem Tourismus-Flughafen einen »kubanisch-sowjetischen Militärstützpunkt« schaffen wollte. Wie lächerlich dieser Vorwand war, mußte selbst die großbürgerliche »International Herald Tribune« zugeben: »Die These, daß ausgerechnet das arme Grenada als Speerspitze des internationalen Kommunismus diente, ist kaum ernstzunehmen. … Grenada war frei. Was sich ereignete, lag in seiner eigenen Verantwortung. Weder kubanische noch russische Tanks brachten Maurice Bishop und seine Neue Jewel-Bewegung 1979 an die Macht.«

Blieb also bloß die Absicht der USA, ein zweites Kuba zu verhindern. Damit auf den vielen kleinen Inseln im karibischen Raum nicht noch mehr Völker Geschmack daran fanden, sich ihre Zukunft nach eigenem Ermessen und zu ihrem Wohl zu gestalten, wurden gleich noch einige Staaten durch wirtschaftliche Repressalien und protektionistische Maßnahmen gezwungen, sich an der Aggression zu beteiligen. So kam es, daß neben den USA-Rangers und »Ledernacken« auch 300 Söldner aus Jamaika, Barbados, Antigua/Barbuda, Dominica, St. Kitts-Nevis, St. Lucia und St. Vincent/Grenadinen gegen das friedliche Volk Grenadas zu Felde zogen.

Die Intervention wurde weltweit verurteilt. Selbst die britische Regierung, sonst durchaus ein treuer Verbündeter der USA, lehnte den völkerrechtswidrigen Gewaltakt der Reagan-Administration ab. Im Sicherheitsrat der UNO wurde eine Resolution nur durch das Veto der USA vereitelt, doch die Vollversammlung der Vereinten Nationen forderte mit erdrückender Mehrheit den Rückzug der amerikanischen Truppen und die Wiederherstellung der Souveränität Grenadas. Umsonst. Der Widerstand des grenadischen Volkes gegen die Invasoren wurde brutal gebrochen, das alte Regime wieder installiert. Zahlreiche Grenader gingen in die Kerker, dafür kamen rund eintausend Mitglieder der berüchtigten Mongoose-Gang wieder auf freien Fuß. Sie nahmen umgehend Rache.

5. Die Blutschuld wird einmal aufgerechnet

Eineinhalb Jahre nach dem Überfall bot sich auf der ehedem blühenden Insel, deren Traum vom wahren Glück des Volkes so abrupt beendet wurde, folgendes Bild: Hunderte von US-Soldaten hielten Grenada nach wie vor besetzt, führten Razzien und Verhaftungen durch, zwangen das tapfere kleine Volk auf die Knie.

Der Gesamtschaden der Aggression belief sich auf mindestens 100 Millionen Dollar. Die staatlichen Betriebe wurden privatisiert oder geschlossen, die landwirtschaftlichen Kooperativen aufgelöst.

Schulgeldfreiheit gab es nicht mehr, die Alphabetisierung wurde gestoppt, die Schulen verwaisten, Lehrer leisteten, wenn sie überhaupt noch tätig sein konnten, Hilfsarbeiten, denn die Arbeitslosenrate betrug wieder 40 Prozent. Das so gut organisierte Gesundheitswesen war völlig zusammengebrochen, im Mai 1984 gab es nur noch einen einzigen Zahnarzt auf der Insel.

Doch damit nicht genug: Die von der Regierung Bishop geschaffene Sozialversicherung war bankrott, die Rentenzahlung, auch eine der großen Errungenschaften der Revolution, wurde gestoppt, der soziale Wohnungsbau eingestellt. Allerorts herrschte wieder Mietwucher wie früher. Kultur und Sitte gingen mit raschen Schritten darnieder, Prostitution und Drogenmißbrauch blühten wie zur Zeit des Kolonialsystems.

Und: Grenada dient seit jenem 25. Oktober den USA als Zwischenbasis für militärische Operationen in der Karibik und im mittelamerikanischen Raum, wird als natürlicher Flugzeugträger genutzt, wie ihn sich das Pentagon schon lange in diesem Gebiet wünschte.

Dazu wird vor allem der Flughafen in Point Salines genutzt, und von den Lügen, er sei als sowjetisch-kubanische Luftwaffenbasis geplant gewesen, will heute niemand mehr etwas wissen. Das war ja auch nur ein Vorwand für den Überfall und die Verwirklichung des lang gehegten Traumes, sich für ewige Zeiten auf der Karibik-Insel einzurichten.

Die Gruppe um Bernard Coard und seine Ehefrau Phyllis konnte auch aus Mord und Terror kein politisches Kapital schlagen. Mit dem blutigen Ende der innerparteilichen Auseinandersetzungen war die grenadische Revolution endgültig verraten und die USA-Invasion nachgerade provoziert worden. Damit aber blieb auch Coard und seinen Helfern der Weg an die Macht versperrt. Auch er landete im Gefängnis, wie viele seiner ehrlichen Landsleute, die sich für eine Volksherrschaft entschieden und Maurice Bishop die Treue gehalten hatten. Sie will man mundtot und kampfunfähig machen.

Aber der Wille der Grenader ist nicht gebrochen. Deutlich wird diese Haltung auch aus dem Brief eines Neunzehnjährigen, den er an eine FDJlerin in Berlin richtete und der in der »Jungen Welt« veröffentlicht wurde. Hier ein Auszug: »Viermal kamen die amerikanischen Soldaten zu mir nach Hause, bevor ich eingesperrt wurde. Sie stellten mir etwa 500 Fragen. Ich habe acht Tage im Gefängnis verbracht. Nun bin ich wieder zu Hause. Die Amerikaner kommen ab und zu in mein Haus und suchen nach Büchern, Waffen usw. Der Kampf ist jetzt sehr schwierig!

Die Invasion in Grenada löste auch in den USA großen Protest aus.
Hier demonstrieren Bürger Washingtons vor dem Weißen Haus
gegen den Überfall auf die Karibik-Insel. Zugleich wenden sie sich
gegen die Einmischungspolitik der Administration in Nikaragua
sowie in der gesamten mittelamerikanischen Region

Aber für mich gilt nur, was ich gelernt habe, was ich fühle, wovon ich fest überzeugt bin: Es lebe der Kampf der Arbeiterklasse! Immer vorwärts, nie zurück! Ein Land in Freiheit oder Tod.«

Daß die Grenader in diesem Kampf nicht allein stehen, sondern der weltweiten Solidarität aller friedliebenden und fortschrittlichen Kräfte sicher sind, wissen sie. Und das stärkt ihren Kampfeswillen und ihren Mut, dem übermächtigen Gegner zu trotzen. Wie sagte doch Don Rojas, der ehemalige Pressechef von Maurice Bishop? »In seiner bewegten Geschichte hatte Grenada vielen Herren dienen müssen. Doch zu allen Zeiten hat das stolze Volk eines letztlich nicht getan: ein fremdes Joch auf lange Zeit akzeptiert.« Einmal also wird auch diese Blutschuld aufgerechnet.

Indira amar rahe — Du wirst unvergessen bleiben!

1. Indien — geheimnisvoll und berechenbar

Mulk Radsch Anand, einer der bekanntesten indischen Schriftsteller, schrieb vor mehr als dreißig Jahren in einem Brief an den österreichischen Journalisten Harry Sichrovsky: »In Europa ist eine traditionelle Legende über Indien verwurzelt, die sich in einigen phantastischen Begriffen erschöpft: märchenhaft reiche Maharadschas, ebenso märchenhaft schöne Bajaderen, Tiger- und Elefantenjagden, Schlangenbeschwörer, Seiltricks, Yogis und Fakire, die auf Nagelbetten schlafen, und endlich mystische, geheimnisvolle Sitten und Gebräuche und eine abgrundtiefe, unerforschliche Seele, die zu ergründen ein gewöhnlich Sterblicher nicht hoffen kann. Das ist der Schleier, den Tradition, einseitige Berichterstattung und Sensationsjournalistik um mein Heimatland gezogen haben ...«

Vieles hat sich in diesen 30 Jahren gewandelt, die Berichterstattung ist sachlicher, nüchterner geworden, die Welt weiß um das Ansehen Indiens und seiner Völker im Kreis der Friedfertigen und Fortschrittlichen. Doch ein Hauch Mystizismus und Romantik, ein geheimnisvoller Schleier ist trotz der Sachlichkeit, Nüchternheit und Schnellebigkeit unserer Zeit geblieben. Noch gibt es Yogis und Fakire, die von sich reden machen, heilige Kühe bevölkern die Straßen und Plätze der Städte, noch ist der Ganges ein heiliger Fluß, noch wird zum zehnarmigen Gott Wischnu gleich inbrünstig gebetet wie zu Allah oder Jesus, und so berühmte Bauwerke wie das Tadsch Mahal in Agra, die Dschamna-Moschee in Delhi oder der Pagodentempel in Maisur verbreiten ihren märchenhaften Zauber. Und noch ist das Geheimnis um die mehr als eineinhalb Jahrtausende alte nicht rostende eiserne Säule vor dem Tor der Kutub-Islam-Moschee in Delhi nicht ganz gelüftet.

Doch zu all dem alten, traditionsreichen Indien ist ein modernes hinzugekommen mit Stahlwerken, Atomreaktoren, einem eigenen Satellitenprogramm, mit dem ersten indischen Kosmonauten in einem sowjetischen Raumflugkörper, mit einem rigorosen Kampf gegen Hunger, mit einem spürbaren Aufschwung in der Wirtschaft und mit einer Außenpolitik, die ehrlich und aufrichtig, weil ausschließlich friedensorientiert, also langfristig berechenbar ist. Das ist Indien heute.

Zur Geschichte des fast 3,3 Millionen Quadratkilometer großen Subkontinents südlich des Himalaja, der damit über dreißigmal größer als die Deutsche Demokratische Republik ist, wurde in den vorangegangenen Abschnitten schon einiges gesagt. Wir wollen es deshalb hier bei einem kurzen Abriß jenes Zeitpunktes bewenden lassen, der am 15. August 1947, dem Tag der Unabhängigkeit und politischen Selbständigkeit, seinen Anfang nahm.

An jenem Tag war wohl »ganz Delhi unterwegs«, und gemeinsam mit seinen Einwohnern waren noch Zehntausende Bauern aus den umliegenden Dörfern, die mit geschmückten Ochsenkarren oder auch zu Fuß zusammen mit ihrer großen Kinderschar zum Platz vor dem Roten Fort im Herzen der Hauptstadt gekommen, um das historische Ereignis unmittelbar mitzuerleben.

Unübersehbar wogte die Menge — man sprach von rund einer Million Menschen — vor dem riesigen Podium, auf dem die höchsten Repräsentanten des jungen Staates Platz genommen hatten.

Die von Karl Marx fast 100 Jahre zuvor bereits angekündigte »Erneuerung des großen und interessanten Landes« nahm ihren Anfang mit 31 weithin über die Stadt hallenden Böllerschüssen. Jawaharlal Nehru, langjähriger Kongreßpräsident, stellvertretender Ministerpräsident und Außenminister der noch unter britischer Oberhoheit fungierenden Übergangsregierung, ein unermüdlicher Streiter für die Freiheit und Souveränität seines Volkes, erhob sich und schritt unter dem jubelnden Beifall der Menge zum Fahnenmast. Ihm als dem künftigen Ministerpräsidenten wurde die Ehre zuteil, als erster die in den Farben safrangelb, weiß und grün gehaltene Fahne des nun unabhängigen Landes zu hissen. Nehru tat es langsam und bedächtig, im Empfinden dieses historischen Augenblicks.

Am Abend vorher hatte er in der Festsitzung des Parlaments, das ihn zum neuen Regierungschef berufen hatte, sein stolzes Gefühl für das nun endlich nach langem und hartem Kampf Erreichte mit den Worten ausgedrückt: »Wenn die Mitternachtsstunde schlägt, während die Welt im Schlafe liegt, wird Indien zu Leben und Freiheit erwachen. Ein Augenblick naht, den es in der Geschichte nur selten gibt. Wir schreiten aus dem Alten ins Neue, ein Zeitalter geht zu Ende, und die Seele einer lange unterdrückten Nation findet ihre Sprache.«

In seiner Rede am Unabhängigkeitstag hatte er erklärt: »Dies ist ein schicksalhafter Augenblick für uns in Indien, für ganz Asien und für die Welt.« Er sollte recht behalten, denn die nationale Befreiung des indischen Volkes war wirklich von großer internationaler Tragweite. In den noch kolonial versklavten Ländern beflügelte sie den Unabhängigkeitskampf und trug somit wesentlich dazu bei, das imperialistische Kolonialsystem endgültig zu zerschlagen. Zudem war sie Voraussetzung für Indiens Entwicklung zu einem geachteten Staat, der seither mit seiner auf Frieden, nationale Freiheit und Fortschritt orientierten Politik fortdauernd großen Einfluß auf das gesamte politische Weltgeschehen nimmt.

Die von Nehru geführte indische Regierung — der Premier war zugleich Außenminister — trat ein schweres Erbe an und stand vor gewaltigen Aufgaben, die einer Lösung im Interesse des gesamten Volkes zugeführt werden mußten. Vor allem galt es, Schritt für Schritt die in der Zeit der Kolonialherrschaft entstandene wirtschaftliche, soziale und kulturelle Rückständigkeit zu überwinden, die Industrialisierung des Landes zu beschleunigen und zugleich eine Agrarreform durchzuführen, um jenem riesigen Teil der Bevölkerung, der auf dem Lande lebte, Bedingungen für ein sinnvolles Leben zu schaffen, das frei war von Hunger, Not und Existenzangst.

Mit der staatlichen Selbständigkeit hatte die indische Bourgeoisie die Macht übernommen, und die Großbourgeoisie, darauf bedacht, günstige Voraussetzungen für die ungehinderte Entfaltung des Privatkapitals zu erhalten, stellte sich von Anfang an Nehrus Auffassung entgegen, daß der Staat — und nur er — die entscheidende Rolle bei der wirtschaftlichen Entwicklung spielen und Motor des gesamtgesellschaftlichen Aufschwungs sein müsse. Die Großbourgeoisie war stark genug, sich Gehör zu verschaffen. Nehru mußte von seiner Entwicklungsstrategie Abstriche machen, mußte Kompromisse eingehen.

So wurde denn in der Regierungserklärung vom April 1948 ver-

kündet, daß Verteidigungsindustrie, Eisenbahn und Kernenergiege-
winnung dem staatlichen Monopol unterliegen sollten und in den
Bereichen Eisen und Stahl, Kohle, Mineralöl, Fernmeldetechnik sowie Flugzeug- und Schiffbau nur die Administration neue Unternehmungen gründen dürfe. Alle anderen Industriezweige blieben dem
privaten Kapital vorbehalten, weil, so Nehru, auch dessen Initiative
für die rasche Steigerung der Produktion genutzt werden müsse.

Da der Ministerpräsident eine Innenpolitik verfolgte, die durch
Kredite, Steuervergünstigungen und Rohstoffzuteilungen vordringlich das kleine und mittlere Unternehmertum und das Handwerk
förderte, und da er es zugleich verstand, die private Industrie bestimmten Kontrollmaßnahmen zu unterwerfen, konnte er die Großbourgeoisie wesentlich in ihrer Spielbreite einengen und verhindern,
daß sie die staatliche Wirtschaftspolitik ihren Interessen dienstbar
machte.

Ein noch komplizierteres Problem war die Lösung der Agrarfrage. Ackerbau und Viehzucht hatten als Folge der Kolonialherrschaft eine äußerst niedrige Arbeitsproduktivität, der Großteil des
Bodens war in den Händen weniger Vertreter der dörflichen Oberschicht konzentriert, Landwirtschaftstechnik wurde kaum eingesetzt,
künstliche Bewässerung und Düngemittelverbrauch blieben weit unter den Erfordernissen. Das führte zu relativ niedrigen Ernteergeb-
nissen, die wiederum im Verein mit der nahezu explosiven Entwicklung der Bevölkerungszahl des Landes in Hungersnöte mündeten.

Nehru war intensiv darum bemüht, diese Zustände zu ändern und
die alte Forderung »Der Boden den Bauern!« zu verwirklichen.
Doch sowohl das 1948 verkündete Agrarprogramm — die später
durchgeführte Agrarreform mit »radikaler« Enteignung des Großgrundbesitzes blieb infolge der Macht der feudalen Landherren in
ihren Ansätzen stecken — als auch das Dorfentwicklungsprogramm,
das mit Modernisierung, Technisierung und Bildungsaufgaben ge-
koppelt war, zeigten nicht den gewünschten Erfolg, weil die indische
Bourgeoisie einfach kein Interesse daran hatte, die Agrarfrage einer
konsequent antifeudalen Lösung zuzuführen.

Selbst der Versuch der Regierung, den Zusammenschluß der Bauern
in Genossenschaften zu forcieren, brachte am Ende nicht jenen den
erhofften Nutzen, für die er gedacht war: den kleinen Bauern und
Pächtern. Vor dem Nationalen Entwicklungsrat zog Nehru 1956 erbittert das Fazit: »Ich hege keinerlei Zweifel, daß unser ganzes System von Genossenschaften nur den größeren Leuten hilft; tatsäch-

lich entmutigt es die armen Leute. Das Genossenschaftssystem sollte so beschaffen sein, daß es dem armen Mann hilft und ihn ermutigt.« Das jedoch suchte die Dorfbourgeoisie mit allen Mitteln zu verhindern.

Zwei Themenkomplexe noch sollen das Wirken des ersten Regierungschefs des freien Indien charakterisieren: der Aufbau der Schwerindustrie und die Außenpolitik, weil Nehru damit die Grundlagen dafür geschaffen hat, daß der Subkontinent nicht mehr nur »geheimnisvoll«, sondern daß sein Wirken in der Welt offen und berechenbar für jedermann ist.

Bereits mit dem zweiten Fünfjahrplan 1956 bis 1961 setzte der Premier seine Überzeugung durch, daß entscheidende ökonomische Fortschritte für das Land nur auf der Basis einer eigenen Schwerindustrie möglich seien. Wie Nehru darüber dachte, ist einer Äußerung vom April 1956 zu entnehmen: »Wir sprechen über die Industrialisierung. Früher bestand die Vorstellung der Leute von der Industrialisierung darin, den Ausstoß an Konsumgütern zu erhöhen … Heute besteht die Vorstellung darin, und ich halte sie für richtig, daß wir mit den Schwer-, Grundlagen-, Schlüsselindustrien beginnen müssen, wenn wir wirklich industrialisieren wollen. Es gibt keinen anderen Weg. Wir müssen mit der Produktion von Eisen und Stahl in großem Umfang anfangen. Wir müssen die Produktion der Maschine, die die Maschine produziert, aufnehmen. Solange wir diese grundlegenden Dinge nicht haben, sind wir von anderen abhängig.«

Als Hindernis für die uneingeschränkte Entfaltung türmte sich allerdings der Mangel an Kapital, Industrieausrüstungen und Fachkräften auf. Es war kaum zu umgehen, ausländische Banken und Großunternehmen am Aufbau der indischen Industrie zu beteiligen. Doch wie sich umfassende »Hilfe« des Imperialismus schließlich auswirken würde, wußte Nehru: in wachsender neokolonialistischer Ausbeutung, zunehmender ökonomischer Macht der ausländischen Monopole und daraus resultierenden politischen Erpressungsversuchen gegenüber der Regierung. Und doch ging der Premier auch diesen Weg.

Allerdings parallel zu einem anderen, für das Land wirklich vorteilhaften: er traf umfangreiche Abkommen mit der Sowjetunion, die keinerlei politische Bedingungen an eine wirtschaftliche Zusammenarbeit knüpfte und Indien in jeder Beziehung als gleichberechtigten Partner betrachtete.

So floß der größte Teil eines langfristigen 600-Millionen-Rubel-Kredits zu günstigen Bedingungen in die Metallurgie. Das mit sowjetischer Hilfe gebaute Stahlwerk in Bhilai produzierte schon in den sechziger Jahren rund ein Drittel des indischen Stahls. Hinzu kamen Hilfeleistungen bei der Erdölförderung und -verarbeitung, im Schwermaschinenbau und in der Energieerzeugung.

Diese kameradschaftliche Zusammenarbeit mit der Sowjetunion hatte für Indien noch einen nicht zu unterschätzenden Nebeneffekt: die imperialistischen Länder sahen sich gezwungen, den indischen Wünschen nachzugeben und ebenfalls Kredite für den Ausbau der Industrie im staatlichen Sektor zu gewähren, wollten sie ein weites Feld für ihre Kapitalanlagen nicht gänzlich verlieren. Da auch noch eine Reihe sozialistischer Länder dem jungen Staat uneigennützige Hilfe erwies, kam es bis Ende der sechziger Jahre zu einem stürmischen Aufschwung im staatlichen Industrie-Sektor Indiens, eine der Voraussetzungen dafür, die Rückständigkeit zielstrebig zu überwinden.

So sehr sich Jawaharlal Nehru aber um die sozialökonomische Entwicklung seines Landes bemühte, investierte er doch noch größere Kraft in die Außenpolitik seiner Regierung und bewies auch hier seine hohen staatsmännischen Fähigkeiten. Zeit seines Lebens war es für ihn Hauptanliegen, im Interesse der gesamten Menschheit zur Erhaltung und Sicherung des Weltfriedens beizutragen.

Am zweiten Jahrestag der Unabhängigkeit hatte er erklärt: »Ein neuer Weltkrieg bedeutet den Weltuntergang. Wir würden der Katastrophe nicht entgehen. Wir sind entschlossen, im Interesse des Friedens keine Anstrengungen zu scheuen.« 1963, nunmehr schon fünfzehn Jahre an der Spitze des Staates stehend, äußerte Nehru: »Der Krieg muß nicht nur im Leben, sondern auch im Bewußtsein der Menschen vernichtet werden ... Das bedeutet die uneingeschränkte und allgemeine Anerkennung der friedlichen Koexistenz zwischen Ländern, die verschiedene Systeme haben können.«

Bei dieser Forderung ließ sich der indische Regierungschef von der Erkenntnis leiten, daß es durchaus möglich, ja sogar notwendig ist, das zwischenstaatliche Verhältnis der Länder so zu gestalten, daß sie — ungeachtet aller Unterschiede — friedlich nebeneinander und miteinander leben. Jawaharlal Nehru war es, der beim Abschluß eines Vertrages zwischen Indien und der Volksrepublik China im April 1954 gemeinsam mit dem chinesischen Ministerpräsidenten Zhou Enlai (Tschou En-lai) die Pancha-Shila, die »Fünf Prinzipien«

der friedlichen Koexistenz, formulierte. Sie lauteten: 1. Gegenseitige Achtung der territorialen Integrität und Souveränität, 2. Nichtangriff, 3. Nichteinmischung in die inneren Angelegenheiten, 4. Gleichberechtigung und wechselseitiger Vorteil und 5. friedliche Koexistenz. Damit wurden in knapp gefaßter Form die wesentlichsten Punkte der bereits von Lenin entwickelten und von der Sowjetunion seit ihrem Bestehen praktizierten Lehre vom friedlichen Nebeneinander von Ländern mit unterschiedlichen Gesellschaftsordnungen und Systemen in der Präambel eines Staatsvertrages als Richtschnur außenpolitischen Handelns festgeschrieben.

Doch Nehru ließ es dabei nicht bewenden. Hatte sich Indien dafür entschieden, unbeirrt für den Frieden einzutreten, so sollte es seine Politik außerhalb der ihm so oft zum Beitritt »empfohlenen« aggressiven Militärpakte des Imperialismus verwirklichen. Das führte folgerichtig zu der von Nehru schon viele Jahre vorher konzipierten Politik der Nichtpaktgebundenheit, der sich innerhalb kurzer Zeit die meisten asiatischen und afrikanischen Staaten anschlossen, und die noch heute Indiens Platz in der vordersten Reihe dieser um den Weltfrieden und das Glück der Menschheit ringenden Staaten bestimmt.

Einen entscheidenden Schritt in diese Richtung hatte die in der indonesischen Stadt Bandung vom 18. bis 24. April 1955 stattgefundene Konferenz von 340 Vertretern aus 29 unabhängigen asiatischen und afrikanischen Staaten gebracht, auf der die Positionen dieser Länder im internationalen Maßstab bestimmt und ihre gegenseitigen Beziehungen beraten worden waren.

Bedeutungsvoll war, daß an dieser Konferenz neben sozialistischen und nichtpaktgebundenen Staaten auch Mitgliedsländer des Südostasienpaktes (SEATO) und des Bagdadpaktes teilnahmen, von Militärbündnissen also, die von den aggressivsten Kreisen des Imperialismus geführt wurden. In Bandung legte Nehru die Prinzipien der indischen Außenpolitik dar, die er mit den Worten friedliebend, antiimperialistisch und nichtpaktgebunden umriß. Ihm war es auch wesentlich zu danken, daß die Konferenz zu einmütigen Beschlüssen kam, die sich gegen Kolonialismus und Neokolonialismus wandten und den noch unterdrückten Völkern Hilfe in ihrem nationalen Befreiungskampf gaben. Wichtigstes Dokument der Konferenz aber war die »Deklaration über die Förderung des Weltfriedens und der Zusammenarbeit«. Darin bekannten sich die 29 Teilnehmerstaaten eindeutig zu den Prinzipien der friedlichen Koexistenz.

Nehru schätzte die Bedeutung der Bandunger Beratungen noch im April 1955 vor dem indischen Parlament ein: »Bandung hat den Eintritt von mehr als der Hälfte der Weltbevölkerung in die Weltpolitik signalisiert ... Es wäre eine Fehldeutung der Geschichte, Bandung als isoliertes Ereignis zu betrachten und nicht als Teil einer großen Bewegung der Menschheitsgeschichte.«

Immerhin war die Konferenz wohl auch Anstoß dafür, daß sich zahlreiche asiatische und afrikanische Länder seither für die Politik der Nichtpaktgebundenheit einsetzten.

Seine Meinung zu dieser Problematik hatte Jawaharlal Nehru im Dezember 1956 im amerikanischen Fernsehen wie folgt geäußert: »Nichtpaktgebundenheit bedeutet nicht Passivität in Haltung und Handlung, das Fehlen von Glaube und Überzeugung. Es ist ein positives und dynamisches Herangehen an die Probleme, mit denen wir konfrontiert werden. Wir glauben, daß jedes Land nicht nur das Recht auf Freiheit hat, sondern auch seine eigene Politik und Lebensweise entscheiden kann. Nur so kann wahre Freiheit gedeihen und sich ein Volk entsprechend seinen eigenen Anlagen entwickeln. Wir glauben deshalb an Angriffsverzicht und Nichteinmischung eines Landes in die Angelegenheiten eines anderen sowie die Zunahme von Toleranz zwischen ihnen und die Fähigkeit zur friedlichen Koexistenz.«

Was immer Jawaharlal Nehru seit jenem denkwürdigen 15. August 1947, als er das Amt des Ministerpräsidenten übernommen hatte, tat, stets stand ihm seine einzige Tochter Indira zur Seite. Sie umsorgte den Vater, erfüllte — Nehrus Frau Kamala war im Februar 1936 gestorben — die Pflichten der »Dame des Hauses«, war ihm Kritikerin und Ratgeberin, begleitete ihn auf seinen Auslandsreisen. Dabei wuchs ihre politische Erfahrung, und bald war sie Nehrus engste Vertraute, durchaus dazu berufen, sein in Indien begonnenes Werk weiterzuführen.

Wer war diese Frau, die in den letzten beiden Dezennien ein gewichtiges Wort in der Weltpolitik mitgesprochen, die die Weltgeschichte des ausgehenden 20. Jahrhunderts mitgeschrieben hat?

2. Indiramaa — Landesmutter

Im Februar 1916 heiratete der junge Rechtsanwalt Jawaharlal Nehru in Allahabad im Unionsstaat Uttar Pradesh die Tochter eines wohlhabenden Kaufmanns, Kamala Kaul, von der er in seinem Buch »Die Entdeckung Indiens« sagt: »Sie hatte etwas Unfaßbares an sich, etwas Feenhaftes, etwas Reales und zugleich Wesenloses, das schwer zu begreifen war. ... Ich bin nur wenigen Menschen begegnet, die so stark den Eindruck der Aufrichtigkeit auf mich gemacht haben wie sie.«

Obwohl Vater Motilal Nehru dem Sohn — wie noch heute in Indien vielerorts üblich — die Frau »ausgewählt« und zubestimmt hatte, entwickelte sich zwischen den Brautleuten sehr schnell ein inniges Verhältnis, und eineinhalb Jahre nach der Hochzeit, am 19. November 1917, wurde ihre einzige Tochter Indira Priyadarshini Nehru geboren, ein Ereignis, das Großvater Motilal mit den Worten kommentiert haben soll: »Diese Tochter kann sich als besser erweisen als tausend Söhne.«

Wie recht sollte er behalten!

Indira erhielt eine solide Ausbildung, lernte und studierte in Puna, an der Visvabharati-Universität in Bombay, in Bristol und am Sommerville-College in Oxford, in Genf und schließlich von 1941 bis 1942 in Allahabad an der Shantiniketan-Universität des berühmten indischen Dichters Rabindranath Tagore.

Auch ihr politischer Weitblick wurde schon frühzeitig geschärft, unter anderem durch den Vater selbst, durch den Großvater Motilal Nehru, der viele Jahre als Kongreßpräsident tätig war, und durch den großen Sohn des indischen Volkes Mohandas Karamchand Gandhi, vom Volk als »Mahatma« — die große Seele — verehrt. Sie alle standen, wie auch Mutter Kamala, zeit ihres Lebens im Kampf um die Befreiung Indiens.

Indira hatte schon mit zwölf Jahren die Kindergruppe »Vanar Sena« gegründet und war kurz darauf der Jugendorganisation »Bal Charkha Sangh« beigetreten, die die Bewegung »Indischer Nationalkongreß« im antikolonialen Kampf unterstützte. Kaum 13 Jahre alt, erhielt sie von ihrem Vater, den die britischen Kolonialherren jahrelang hinter Kerkermauern verbannt hatten, die später weltbekannt gewordenen und als Buch in vielen Sprachen herausgegebenen

Indira Gandhi (rechts) und ihr Vater Jawaharlal Nehru im Jahre 1938
bei einem Besuch in Spanien,
hier mit der Vorsitzenden
der Kommunistischen Partei, Dolores Ibarruri

»Briefe an Indira«, in denen Nehru seine »Weltgeschichtlichen Betrachtungen« niedergeschrieben hatte.

Bis zu deren Tod im Jahre 1936 pflegte Indira Nehru aufopferungsvoll ihre lungenkranke Mutter.

Im Jahre 1937 trat sie in die Kongreßpartei ein. Im März 1942 heiratete sie einen alten Jugendfreund, den Publizisten Feroze Gandhi. Er gehörte der Religionsgemeinschaft der Parsen an, während die Nehrus aus einer hochgestellten kaschmirischen Hindufamilie stammten.

Im August 1944 wurde Indiras erster Sohn Rajiv Radan geboren. Das war für sie, wie sie später einmal sagte, »das beglückendste Ereignis« in ihrem Leben. Zweieinhalb Jahre später, im Dezember 1946, kam ihr zweiter Sohn Sanjay zur Welt, der im Juni 1980 bei einem Flugzeugunglück ums Leben kam.

Feroze Ghandi starb Anfang der sechziger Jahre.

Politisch betätigte sich Indira Gandhi außer als Beraterin und Vertraute des Vaters vor allem in den sozialen und kulturellen Bereichen, vornehmlich auf dem Schulsektor.

Im September 1955 wurde sie in die Führungsspitze der Kongreßpartei gewählt und übernahm vier Jahre später das Amt des Präsidenten. Nach Nehrus Tod im Mai 1964 trat sie als Minister für Information und Rundfunk in das Kabinett Shastri ein und wurde, als Shastri im Januar 1966 gestorben war, von der Kongreßpartei mit 355 gegen 169 Stimmen zur Vorsitzenden der Partei und damit zur neuen Ministerpräsidentin gewählt. Zeitweilig leitete sie außerdem auch die Ressorts Äußeres, Planung, Information und Atomenergie.

Bei den allgemeinen Wahlen der Jahre 1967 und 1971 wurden der Indische Nationalkongreß als Regierungspartei und damit Indira Gandhi als Premierminister bestätigt. Erst 1977 fand ihr mehr als zehnjähriges Wirken als Regierungschef bei den Parlamentswahlen durch einen Wahlsieg der Dschanata-Partei eine Unterbrechung.

Vorausgegangen waren im Jahre 1976 stark repressive, also die Entwicklung hemmende Züge in der Innenpolitik. So wurde der am 26. Juni 1975 aufgrund der Umtriebe der reaktionären und konservativen Kräfte und Parteien verhängte Ausnahmezustand vor allem immer öfter mit dem Ziel mißbraucht, Maßnahmen durchzusetzen, mit denen die demokratischen Normen und Rechte verletzt wurden.

Zudem ersetzte die Regierung ihr progressives 20-Punkte-Programm vom Juni 1975, das vor allem auf die strikte Durchsetzung des antifeudalen Agrarprogramms orientiert war, durch eine Kampagne der Zwangssterilisierung, um auf diesem Weg der raschen Bevölkerungszunahme Herr zu werden. Hinzu kamen weitere Maßnahmen, von denen insbesondere die Arbeiter und Angestellten sowie die werktätigen Bauern betroffen waren, während das Bürgertum hohe Profite kassierte.

Diese Entwicklung führte dazu, daß sich große Teile des Volkes von der Kongreßpartei abwandten; in den Parlamentswahlen vom März 1977 konnte die Partei nur noch 153 von 542 Sitzen erreichen.

Doch schon drei Jahre später übernahm Indira Gandhi nach einem überwältigenden Wahlerfolg der von ihr geführten Kongreßpartei wieder die Regierungsgeschäfte, die sie bis zu ihrem gewaltsamen Tod am 31. Oktober 1984 führte.

In all diesen Jahren entwickelte sich Indira Gandhi zur politischen Nachfolgerin ihres Vaters. Mit unermüdlicher Energie und der ihr eigenen Beharrlichkeit setzte sie das von ihm begonnene Werk fort, was keineswegs einfach war, denn für den eingeschlagenen Kurs der politischen Unabhängigkeit und ökonomischen Selbständigkeit Indiens gab es nicht nur Freunde und Verbündete, sondern auch Gegner — innere und äußere, denen jedes Mittel recht war, sich gegen den spürbaren Fortschritt zu stemmen und die Einheit des Vielvölkerstaates zu unterhöhlen. Und mit jedem Entwicklungsschritt in Industrie und Landwirtschaft, in Wissenschaft, Technik und Kultur, mit jedem Schritt heraus aus der kolonialen Rückständigkeit, aus Armut und Hunger verschärften diese Gegner ihre Methoden.

Doch im allergrößten Teil des 722 Millionen zählenden Volkes mit seiner Vielfalt an ethnischen Gruppen, mit seinen unterschiedlichen Religionen, mit seiner noch heute spürbaren Aufteilung in Kasten genoß Indira Gandhi viel Vertrauen und große Popularität. Wieviel Sprachen, Dialekte und Idiome im Gebiet zwischen dem Himalaja und der Südspitze des Subkontinents auch gesprochen werden, in allen fand sich eine ehrenvolle, Achtung und Liebe verkündende Formulierung für die zarte und feingliedrige Ministerpräsidentin. Und in den meisten der rund 800 noch gebräuchlichen

Die indische Ministerpräsidentin
Indira Gandhi

508

Sprachen bedeutete das Wort, mit dem man Indira Gandhi bedachte, schlicht und einfach Mutter, in einigen Unionsstaaten sogar »Landesmutter« — Indiramaa.

Aber das nimmt nicht wunder, wenn man um ihre Volksverbundenheit weiß. 1966, als sie erstmals Regierungschefin wurde, hatte sie erklärt: »Frieden ist unser Ziel ... Wir wollen Frieden, weil es gilt, den Feldzug gegen Armut, Krankheit und Unwissenheit zu gewinnen.« Da Indira Gandhi selbst wußte, daß sich am wirkungsvollsten etwas bekämpfen und verändern läßt, das man aus eigener Anschauung kennt, ging sie — wo immer es möglich war und wann immer es die Regierungsgeschäfte zuließen — »unters Volk«. Im Oktober 1984, wenige Tage vor ihrem Tod, sagte sie vor DDR-Journalisten: »Ich brauche diese Kontakte mit dem Volk. Sie helfen mir, die Situation zu verstehen, ein klares Bild über die Lebensbedingungen, über Wünsche und Vorstellungen der Menschen zu erhalten.«

Dr. Rolf Günther, viele Jahre ND-Korrespondent in Indien, schrieb in einer Erinnerung an die ihm persönlich bekannte Premierministerin: »Immer wieder beeindruckte mich ..., welche enge, ja persönliche Beziehung zum Volk sie selbst bei Kundgebungen mit Hunderttausenden hatte. Fast täglich empfing sie in ihrem Haus oder in ihren Arbeitsräumen Besucher, Abordnungen aus allen Regionen des Landes oder Kreisen der Bevölkerung. Sie unternahm viele Reisen in alle Winkel des Subkontinents, um stets mit den Problemen des Alltags auf Tuchfühlung zu bleiben. Sie arbeitete mit einer solchen Tatkraft und verfolgte ihre Aufgaben mit einer Energie, die ihr mancher nicht zugetraut hätte.«

Noch einen Tag vor ihrer feigen Ermordung hatte die Sechsundsechzigjährige vor mehr als 250 000 Menschen im Unionsstaat Orissa gesprochen und die indische Bevölkerung zur Einheit aufgerufen. Zugleich klagte sie damals die reaktionären Kräfte im Inneren und die ausländischen aggressiven Kreise an, die nationale Unabhängigkeit und territoriale Integrität des Landes zu gefährden. In dieser Rede sagte sie auch jene Sätze, die nur zu bald bittere Wahrheit werden sollten: »Selbst wenn ich im Dienste der Nation stürbe, würde ich stolz sein. Jeder Tropfen meines Blutes, dessen bin ich sicher, wird zum Wachsen dieser Nation beitragen, wird sie stark und dynamisch machen.«

Noch ein Wort zur Außenpolitik Indira Gandhis. Sie verfolgte konsequent den von ihrem Vater eingeschlagenen Kurs der friedlichen Koexistenz, der Nichtpaktgebundenheit und des Strebens nach

Im Dezember 1971 erklärte Indira Gandhi
vor Studenten der Universität Delhi,
daß sich Indien zu jeder Zeit für den Frieden einsetzen werde

Sicherheit, Entspannung und Abrüstung. Vor allem erwarb sie sich
große Verdienste um die hervorragende und progressive Stellung Indiens in der Bewegung der nichtpaktgebundenen Staaten. Das kam
auch in der Tatsache zum Ausdruck, daß sie im März 1983 mit dem
Vorsitz in dieser Bewegung betraut wurde.

In der Eröffnungsrede zur VII. Gipfelkonferenz der Nichtpaktgebundenen in der indischen Hauptstadt brachte sie in wenigen Sätzen
die Meinung ihrer Regierung zur friedlichen Koexistenz und zur
Nichtpaktgebundenheit zum Ausdruck, die sie auch in ihrer Außenpolitik verwirklichte. Indira Gandhi sagte damals: »Nichtpaktgebundenheit ist nationale Unabhängigkeit und Freiheit. Sie steht für den
Frieden ein und für die Vermeidung der Konfrontation. Sie bedeutet
Gleichheit unter den Nationen und die Demokratisierung der internationalen Beziehungen, der ökonomischen und der politischen. Sie
wünscht weltumspannende Zusammenarbeit für Entwicklung auf
der Basis gegenseitigen Nutzens. ... Nur mit Koexistenz kann es
überhaupt eine Existenz geben. Wir betrachten Nichteinmischung

und Nichtintervention als grundlegende Gesetze internationalen Verhaltens. Lösungen von Konfliktsituationen müssen politisch und friedlich erfolgen. Alle Staaten müssen das Prinzip einhalten, daß Gewalt oder die Androhung von Gewalt nicht gegen die territoriale Integrität oder politische Unabhängigkeit eines anderen Staates gebraucht werden dürfen …«

Deshalb nutzte Indira Gandhi auch jede Möglichkeit, sich für die Erhaltung und Sicherung des Friedens, für Entspannung und Abrüstung, gegen das vom Imperialismus forcierte Hoch- und Wettrüsten einzusetzen. Ihre Auffassung dazu hatte sie im September 1982 im Vorfeld eines Staatsbesuches in der Sowjetunion geäußert, als sie sagte: »Es gibt heute nichts wichtigeres als den Kampf für Frieden und internationale Entspannung. Ein Krieg stellt bei dem heute vorhandenen Potential an Kernwaffen und anderen Massenvernichtungswaffen eine Gefahr für die Menschheit dar. Deshalb brauchen

Am 1. Juli 1976 traf die indische Premierministerin Indira Gandhi zu einem offiziellen Besuch in der DDR ein. Auf dem Flughafen Schönefeld wurde sie vom Generalsekretär des ZK der SED und Vorsitzenden des Staatsrates, Erich Honecker, herzlich willkommen geheißen

wir sehr dringend den Frieden und die Entspannung, die ihn bewahren hilft.«

Einen Eckstein der Außenpolitik Indiens unter Ministerpräsidentin Indira Gandhi bildete die herzliche Freundschaft und fruchtbare Zusammenarbeit mit den sozialistischen Staaten, so auch mit unserer Republik, der sie im Juli 1976 einen offiziellen Staatsbesuch abstattete, den sie selbst als »Reise der Freundschaft« bezeichnete.

Während ihrer Amtszeit wurde 1971 der Vertrag über Frieden, Freundschaft und Zusammenarbeit zwischen Indien und der Sowjetunion unterzeichnet. Die lange und tiefe Freundschaft zwischen beiden Ländern charakterisierte Indira Gandhi später als »starken Faktor zur Sicherung des Friedens und der Stabilität« in der ganzen Welt.

3. »Khalistan« – Land der Reinen?

Gerade jener Freundschaftsvertrag mit der Sowjetunion aber war es, der die bis zu jenem Zeitpunkt ohnehin nicht sehr herzlichen Beziehungen zwischen Indien und den Vereinigten Staaten von Amerika über Nacht in einen »tiefgefrorenen Zustand« versetzte, wie das ein früherer USA-Botschafter in Delhi treffend formulierte. Der damalige Präsident Richard Nixon und sein Außenminister Henry Kissinger verließen nämlich in ihrer ersten Enttäuschung über das Zustandekommen des Vertrages das diplomatische Parkett und belegten die indische Regierungschefin in ihren von Bitternis und Wut diktierten Äußerungen mit dem nach diplomatischen Gepflogenheiten wahrlich ehrenrührigen Ausdruck »diese Frau«. Damit war den USA selbstredend für eine Reihe von Jahren genau jene Chance nahezu restlos verbaut, auf die sie gehofft hatten und die exakt ins Konzept ihrer Weltherrschaftspläne paßte: nämlich in der indischen Innen- und Außenpolitik »mitzumischen« und dadurch ihren Einfluß im südostasiatischen Raum zu verstärken. Doch wie immer fanden sich auch hier Schleichwege, wie wir noch sehen werden.

Erst die Reagan-Administration begann nach langem Zögern und auf Anraten ihres früheren Botschafters in Delhi, Robert F. Goheen, mit neuen »Annäherungsversuchen«, nachdem die Gewährung einer Rüstungshilfe an Pakistan in Höhe von drei Milliarden Dollar die Lage noch einmal erheblich verschlechtert hatte. Strapaziert worden war das Verhältnis zwischen Indien und den USA auch dadurch,

512

daß Indien ständig seine Bemühungen verstärkte, den Indischen Ozean in eine Zone des Friedens zu verwandeln, daß Indien die Regierung der Volksrepublik Kampuchea anerkannte, daß Indien der Errichtung von USA-Militärbasen auf Diego Garcia energischen Widerstand entgegensetzte, daß es diplomatische Vertretungen verschiedener Befreiungsbewegungen wie der PLO und der SWAPO in Delhi zuließ, vor allem aber dadurch, daß es die indische Regierung entschieden abgelehnt hatte, den CIA-Spionagechef für Afghanistan, George Griffin, als politischen Berater in der US-Botschaft in Delhi zu akzeptieren.

Nun also riet Robert Goheen seinem Präsidenten Ronald Reagan, Indira Ghandi eine »helfende und nicht fordernde Hand« zu reichen. Denn, so argumentierte er, »stabilere Beziehungen zu Indien« seien »das sicherste Mittel, das die Vereinigten Staaten finden könnten, um die Ausdehnung sowjetischer Macht nach Südasien zu kontrollieren«. Reagan lud Indira Gandhi zum Besuch der USA ein. Als sie die Einladung annahm, machten sich in den reaktionären Kreisen des USA-Imperialismus schon Hoffnungen breit, man könne Indien »gegen Moskau umstimmen«, denn das Verhältnis beider Staaten sei in der letzten Zeit »kühler« geworden.

Doch auch das sollte sich bald als Irrtum erweisen. In seiner Einschätzung dieses Staatsbesuches faßte der Chefkommentator der »Times of India«, Girilal Jain, das Auftreten der Premierministerin wie folgt zusammen: Sie habe »sich nicht dazu hergegeben, auch nur ein Wort zu äußern, daß sie nicht in Neu-Delhi oder in Moskau hätte sagen können ... Alles in allem hat sie Amerikas Freundschaft gesucht, ohne auch nur in geringstem Maße Indiens Beziehungen zur Sowjetunion, seinen Standpunkt zu irgendeiner internationalen Frage, einschließlich Afghanistan und seines Rechtes aufs Spiel zu setzen, seine Politik im Sinne seiner eigenen Interessen zu entwikkeln.«

Das war deutlich genug. Indien blieb, wie immer man es auch zu beeinflussen suchte, bei seiner unabhängigen, konstruktiven und realistischen Außenpolitik auf der Basis der Nichtpaktgebundenheit und der friedlichen Koexistenz. Die hochgesteckten Träume jener Kreise des Imperialismus, denen diese Politik nicht in ihr Konzept der globalen Konfrontation paßte, zerstoben. Was blieb, waren Enttäuschung und neue Versuche, Einfluß auf diesem Subkontinent und damit in ganz Südasien zu gewinnen. Das Mittel dazu hieß:

Chaos erzeugen! Indien muß instabil werden, muß sich dem Druck beugen und dem amerikanischen Einfluß öffnen!

Nach altbewährtem Rezept gingen die Imperialisten verstärkt daran zu wühlen und zu unterminieren. Überall dort, wo sich soziale Widersprüche zeigten, wo sich Kastengegensätze zu Konflikten ausweiteten, wo es Unstimmigkeiten zwischen religiösen Gemeinschaften oder auch nur theoretische Auseinandersetzungen zwischen Parteien gab, überall dort provozierten sie, gossen Öl ins Feuer, lancierten reaktionäre Kräfte in einflußreiche Positionen, schleusten CIA-Agenten ins Land und stellten ausreichend finanzielle Mittel zur Verfügung, um das vorgesteckte Ziel zu erreichen.

Für solcherart Wühltätigkeit boten sich in dem Vielvölkerstaat mit seinen zahlreichen Kasten und Glaubensrichtungen, den unerhörten sozialen Spannungen und daraus erwachsendem religiösen Fanatismus, und den gravierenden Unterschieden der einzelnen Territorien in der sozialen Entwicklung genügend Ansatzpunkte.

Um die noch zu behandelnden schrecklichen Ereignisse des 31. Oktober 1984 besser verstehen zu können, wird ein nochmaliger Blick in die Geschichte Indiens erforderlich.

Die Republik Indien besteht aus 24 Unionsstaaten und 7 Unionsterritorien. Die meisten davon sind historisch gewachsen. Aber vor allem in der Nordostregion wurden von den britischen Kolonialherren im Jahre 1947 willkürliche Grenzen gezogen. Sie trennten von einer Minute zur anderen Völkerstämme und Religionsgemeinschaften, ja sie ordneten sie sogar zwei unterschiedlichen staatlichen Gebilden zu: Indien und Pakistan. Das führte zu einer »Völkerwanderung« unerhörten Ausmaßes. Und als 1971 die Volksrepublik Bangladesh entstand, strömten von dort wiederum Millionen Flüchtlinge nach Indien ein. Hinzu kam, daß die Briten in diesen Gebieten die Monokultur Tee eingeführt und zur Arbeit auf den Plantagen vor allem Bengalen und Nepalesen angesiedelt hatten.

Infolge der als Erbe des Kolonialismus gerade in der rohstoffreichen Nordostregion herrschenden grenzenlosen Rückständigkeit und Armut, die die indische Regierung nicht innerhalb kurzer Zeit zu beseitigen vermochte, stellte sich die einheimische Bevölkerung, besonders in Assam, gegen die »Einwanderer« — rund acht Millionen waren es —, die Erwerbslosigkeit, Hunger und Not noch verschärften. Diese Contra-Haltung kam den rechten Parteien des Unionsstaates, vor allem aber den national-chauvinistischen Kräften zu passe, die auf eine Herauslösung Assams aus der Union spekulierten und jede Gelegenheit nutzten, Unruhen gegen die Zentralregierung zu entfachen und damit den gesamten Staat zu destabilisieren.

So kam es besonders seit 1982 immer wieder zu Auseinandersetzungen, die Hunderte Menschen das Leben kosteten.

Im Spätsommer des Jahres 1981 gingen Meldungen durch die gesamte indische Presse, in denen von sehr hohen Geldbeträgen die Rede war. Adressaten der »Anweisungen« waren in Assam und anderen Gebieten des indischen Nordostens tätige »Missionare«, die Absender der »Zuwendungen« lebten und wirkten in den unterschiedlichsten kapitalistischen Staaten. Als man der Sache auf den Grund ging, stellte sich heraus, daß die Mittel ausschließlich für politische, gegen die Souveränität Indiens gerichtete Aktivitäten verwendet worden waren. Einige »Missionare« wurden sofort des Landes verwiesen und 26 Extremisten, denen eindeutig Verbindungen zur CIA nachgewiesen werden konnten, festgenommen.

Noch komplizierter und vielschichtiger ist die Situation im nordwestlichen Unionsstaat Punjab im Pandschabgebiet, dem Fünfstromland. Auf einem Territorium von etwa der halben Größe der DDR leben dort rund 17 Millionen Menschen. 80 Prozent der Gesamtbeschäftigten sind in der Landwirtschaft tätig, bauen Weizen, Mais, Reis, Zuckerrohr und Baumwolle an, züchten Rinder, Büffel, Schafe und Ziegen. In der recht gut entwickelten Industrie werden Textilien, Nahrungsgüter, Elektrogeräte und Fahrräder hergestellt, aber auch wissenschaftliche Instrumente und Werkzeugmaschinen. Damit gehört Punjab zu den höchstentwickelten Industriegebieten Indiens.

Aus dem Pandschab-Gebiet stammt der berühmte 186karätige Koh-I-Noor, der heute ebenso in London zu finden ist wie der goldene Thron der Sikh-Könige. Und im Pandschab stand die Wiege des Sikhismus, jener religiösen Reformbewegung, die im 16. Jahrhundert im Widerstand gegen die Mogulherrschaft entstand. Sie vereint in sich hinduistische und islamische Elemente, predigt die Gleichheit aller Menschen vor Gott und lehnt alle Kastenschranken ab. Als ihr Begründer gilt Nanak, der erste von zehn Guru-Lehrern, der von 1469 bis 1539 lebte. Alle Sikhs tragen den Zunamen Singh, der Löwe.

Als im Jahre 1947 die britische Kolonialmacht Indien in die Unabhängigkeit entließ und die ehemalige Kolonie in zwei Staaten aufteilte, wurde auch das Fünfstromland willkürlich auseinandergerissen. Die besser bewässerten westlichen Gebiete fielen an Pakistan.

Auch hierin lag eine wesentliche Ursache für die später so schwerwiegenden Probleme und Auseinandersetzungen.

Amritsar nannte Ram Das, einer der zehn Gurus der Sikh-Religion, jene Stadt, die er vor mehr als 400 Jahren im Norden des Fünfstromlandes gründete. Und das hieß so viel wie Stätte des Friedens, aber auch der Liebe und des guten Willens.

Mittelpunkt von Ram Das' Gründung war und ist noch heute die Tempelstadt mit einem der berühmtesten Bauwerke des an architektonischen Denkmalen sowieso überaus reichen Indien, dem Goldenen Tempel Hari Mandir. Er ist das Heiligtum der Sikhs, und in einem seiner Bunghas, den Aufenthaltsräumen für die Pilger, wird auch das heilige Buch dieser Religion, der Granth, aufbewahrt. Eine wahre Stätte des Friedens, der Ruhe und Erbauung also?

Kaum. Denn seit Anfang 1981 glich die Tempelanlage mit ihrer herrlichen filigranen Architektur eher einer Festung mit zusätzlich gezogenen Steinmauern, in die Schießscharten eingelassen sind, und mit riesigen Sandsackbergen als Kugelfang und Brustwehr. Dahinter hatten sich Hunderte Sikhs verschanzt, mit blauen oder safrangelben Turbanen: militante und zu allem entschlossene Parteigänger des politischen wie religiösen Fanatikers Sant Bhindranwale. Er nannte sich selbst »Apostel« und heizte jahrelang eine religiöse Psychose an mit dem Ziel, die Sikhs in Gegensatz zur übrigen Bevölkerung Indiens zu bringen. Seine extremistischen und bis an die Zähne bewaffneten Trupps terrorisierten sowohl Hindus wie Moslems, legten Brände, organisierten Raubüberfälle, überrumpelten und beschossen Polizeiposten und mordeten jeden, der sich ihrem Treiben in den Weg stellte. Sie brachten Eisenbahnzüge zum Entgleisen und warfen Bomben in Hindu-Tempel.

Bhindranwale, der eigentlich Jarnail Singh hieß und sich, in die Predigersekte Bhindranwale aufgenommen, bald Sant — Heiliger — nennen durfte, schwang sich 1977, gerade dreißigjährig, zum Oberhaupt der Sekte auf und übertrug bald darauf seinen religiösen Eifer auch auf das Feld der Politik, wo er sich zum Führer und Fürsprecher jener Extremisten machte, die die Anhänger der Sikh-Religion als eine selbständige Rasse ausgeben und für sie einen eigenen Staat verlangen, Khalistan, das »Land der Reinen«, dessen Territorium sie von Indien abspalten wollen — den Pandschab.

Man schätzt die Zahl der Sikhs in Indien auf etwa 18 Millionen, also nicht einmal ganz zwei Prozent der Bevölkerung.

Im Unionsstaat Punjab allerdings stellen sie mehr als die Hälfte der Einwohner. Allgemein gelten die Sikhs als diszipliniert, tüchtig und erfolgreich, und sie haben als Bauern, Händler, Handwerker und Soldaten beträchtlichen Anteil an der Entwicklung Indiens genommen, beteiligten sich auch rege am nationalen Aufbau und brachten dabei ihre weithin bekannte und geachtete Arbeitsliebe und Vitalität voll zur Geltung.

Doch die kapitalistische Entwicklung im unabhängigen Indien führte auch unter den Sikhs zu einer noch krasseren Aufspaltung nach Vermögensverhältnissen, es entstanden Großgrundbesitzer, Großbauern und Wucherer, und das vorwiegend im Punjab. Zu Sachwaltern dieser Gruppe der Vermögenden und Besitzenden wurde dort die regional mächtige Sikh-Partei Akali Dal. Sie wurde von Harchard Singh Longowale geführt, der sein Domizil ebenfalls in der Tempelstadt von Amritsar aufgeschlagen hatte.

In dieser Partei aber gibt es Kreise, die, auf die absolute Macht im Unionsstaat und eine weitgehende Unabhängigkeit von der Zentralregierung spekulierend — der von Indira Gandhi geführte Indische Nationalkongreß konnte sie beispielsweise bei den Parlamentswahlen im Punjab 1980 entscheidend besiegen —, die militanten Extremisten unter den Sikhs für ihre Zwecke nutzen. Der extreme Kern der Akali Dal stellte an Delhi politische und religiöse Forderungen, sprach von angeblicher landesweiter »Unterdrückung« der Sikhs — übrigens gehörte Indiens Staatspräsident Giani Zail Singh auch dieser Religionsgemeinschaft an —, ja sie forderten Verlegung der Grenzen des Punjab auf Kosten seiner Nachbarstaaten und schließlich dessen Autonomie.

Das alles erfolgte mit dem Ziel, einen Separatstaat zu schaffen, in dem der reichen Sikh-Elite die Macht über die eigenen Glaubensgenossen, zugleich aber über Hindus und Moslems gewährleistet sein sollte.

All diese religiös verbrämten politischen Umtriebe führten immer wieder zu Unruhen und Auseinandersetzungen, die sich wiederum chauvinistische Kreise unter den Hindus zunutze machten, um ihren Kampf gegen die fortschrittlichen Aspekte in der indischen Innenpolitik zu forcieren. Während also die Sikhs von »religiöser Unterdrückung« durch die Hindus sprachen, schrieben deren Chauvinisten »Schutz der Hindus vor den Sikhs« auf ihre Fahnen — und schließlich trafen sich beide auf dem Boden ihrer Contra-Haltung zur Zentralregierung und zum Indischen Nationalkongreß.

Leider ist jedoch, wie man annehmen könnte, das Pandschab-Problem keine rein indische Angelegenheit mehr, sondern es hat eine internationale Seite, die es so äußerst gefährlich macht. Ende Februar 1984 sprach Indira Gandhi im Parlament davon, daß »auswärtige Kräfte die jetzige Situation auszuschlachten versuchten«. In welche Richtung zielte diese auf den ersten Blick doch recht allgemeine Feststellung?

Zuerst wohl einmal in Richtung Pakistan. In der Einschätzung seines regierungsamtlichen Besuches im Punjab sagte Shankar Dayal Sharma, ein Führungsmitglied des Nationalkongresses: »Präsident Zia ul-Haq von Pakistan zeigt regstes Interesse für die ... Unruhen und liefert den Pandschab-Separatisten moderne Waffen.«

Daß diese Auffassung den Tatsachen nicht widersprach, zeigten auch Veröffentlichungen des pakistanischen Generals Akram Khan, der das Institut für Wehrforschung seines Landes leitete. Er sprach darin von den Sikhs — gemeint waren dabei wohl in erster Linie die Separatisten — als von einer »potentiellen« Kategorie und argumentierte in Richtung Abspaltung des Punjab so: »Besteht der Subkontinent jetzt aus zwei Staaten, warum sollte er nicht aus dreien bestehen?«

Doch man beließ es nicht bei Worten, sondern schuf, wie in Indien bekannt wurde, drei Lager in Pakistan, in denen Separatisten aus dem Punjab nach den modernsten Erkenntnissen des Bandenkrieges ausgebildet werden.

Aber Indira Gandhi hatte mit ihrer Äußerung vor dem Kongreß noch andere Kreise im Auge. Da lebt zum Beispiel seit vielen Jahren in London ein gewisser Jagjit Singh Chauhan, der sich selbst zum Führer der »Bewegung für ein unabhängiges Khalistan« ernannt hat. Seine Verbindungen sind wirklich »weitreichend«, denn er hat nicht nur Freunde in Pakistan, denen er hin und wieder einen Besuch abstattet, sondern er hatte auch 1982 schon das seltene Glück, zu einem »Essen« ins Weiße Haus in Washington eingeladen zu werden — von Präsident Ronald Reagan. Doch damit nicht genug. Chauhan ist kein Alleingänger, kein individueller politischer Spintisierer. Nein, er verfügt über eine ausgedehnte Organisation mit Zweigstellen in Großbritannien, Kanada und in den USA. Und deren Tätigkeit erfolgt nicht sporadisch, sondern sie wird straff organisiert von einem gewissen Mister Torton, seines Zeichens hoher Offizier der CIA. Womit sich der Kreis wieder schließt.

Ronald Reagan und Jagjit Singh Chauhan hatten durchaus gemeinsame Interessen: den Antikommunismus und auch den Antisowjetismus. Chauhan nämlich war der Meinung, in Delhi hätten sich die Kommunisten festgesetzt und verhinderten, daß man Indien gegen die Sowjetunion ausnutzen könne. Mit Pakistan wäre auch nicht allzu viel anzufangen, denn es sei politisch instabil. Bliebe also nur — wie sollte es anders sein — das »unabhängige Khalistan«, das »einen Puffer gegen die UdSSR« abgeben würde.

Das ideologische Programm der Pandschab-Separatisten stammt übrigens aus der Georgetown University in Washington. Es setzt das in die Sprache der Führer dieser Bewegung um, was Mister Barnes, der US-Botschafter in Delhi, im Sommer 1982 »feststellte«: Die Separatistenbewegung in Indien sei mit dem nationalen Befreiungskampf der unterdrückten Völker gleichzusetzen, und der Punjab habe so ungefähr den Status von Puerto Rico, das ja bekanntlich fast eine USA-Kolonie ist.

Hatten viele diese Bemerkungen für einen »Ausrutscher« gehalten, der einem erfahrenen Diplomaten eigentlich nicht unterlaufen dürfte, so irrten sie. Indira Gandhi jedenfalls erkannte sofort die Tragweite der Vergleiche. Empört erklärte sie damals, das sei kein falscher Zungenschlag des Botschafters gewesen, sondern er habe lediglich die Denkweise der USA zum Ausdruck gebracht. Das aber zeuge »von der Druckausübung auf Indien zwecks Destabilisierung der Lage in unserem Lande«.

Wahrlich ging es darum, Indiens Souveränität und territoriale Integrität zu stören oder zu zerstören, um die eigene aggressive Rolle desto besser spielen und die antisowjetische Strategie durchsetzen zu können. Dazu mußten Unruhen angezettelt werden, auch dann, wenn ihnen Hunderte oder Tausende unschuldiger Menschen zum Opfer fielen.

Das wohl bedeutsamste Ereignis datiert vom 6. Juni 1984. An diesem Tag hatte sich die Zentralregierung nach langem Zögern endlich entschlossen, reguläre Truppen der indischen Streitkräfte gegen die im Tempelkomplex von Amritsar verschanzten und wahllos um sich schießenden Separatisten einzusetzen. Als der Beschluß bekannt wurde, sammelten sich vor dem Haus der Premierministerin in der Safdarjung Road in Delhi diesmal vor allem Sikhs, scharf in zwei Gruppen getrennt. Während die eine Indira Gandhis Entscheidung unterstützte, forderte die andere, auf den Einsatz von Truppen gegen das Heiligtum der Religionsgemeinschaft zu verzichten. Doch die Regierungschefin sagte unverblümt ihre Meinung: »Erstens kommt es jetzt nicht darauf an, wer mit wem ist. Seid mit dem Land, dessen territoriale Integrität gefährdet ist. Und zweitens ist der Goldene Tempel schon seit langem kein Gotteshaus mehr. Er wurde in eine Festung verwandelt, in der sich Separatisten verschanzt haben.«

Das traf genau den Kern, denn schon seit einigen Jahren waren aus dem Tempel immer weniger Gebete, dafür mehr und mehr beleidigende Ausfälle gegen die Regierung und gegen Andersgläubige zu hören. Hinzu kamen die bereits bekannten Forderungen nach Veränderung der Grenzen des Punjab sowie nach der Bildung des unabhängigen Staates Khalistan. So war mit der Zeit der Tempel zum Hauptquartier und zur militärischen Basis des »Apostels« Bhindranwale geworden, von wo aus alle Bemühungen der Zentralregierung, den Konflikt auf dem Wege des Dialogs zur Zufriedenheit beider Seiten zu lösen, mit einem kategorischen Nein beantwortet wurden.

Als die Provokationen sich häuften und die Extremisten gar begannen, gegen jene ihrer Glaubensgenossen mit Terrorakten zu Felde zu ziehen, die für eine politische Regelung der Krise eintraten, ja als nicht einmal eine Bereitschaftserklärung aus Delhi, sich auf bestimmte Verfassungsänderungen einzulassen, Beachtung fand, als der Waffenstrom aus Pakistan immer stärker floß und die Aktionen der Terroristen nunmehr stabsmäßig von CIA-Agenten und dem pakistanischen Geheimdienst gelenkt und geleitet wurden — da entschloß sich die Regierung zum Eingreifen, um die nationale Souveränität und territoriale Integrität Indiens zu schützen und eine weitere Destabilisierung zu verhindern.

Der Goldene Tempel von Amritsar wurde gesäubert, wobei die Armee-Einheiten Befehl hatten, die Hauptobjekte der Anlage, vor allem den Harmandir Sahib, zu schützen, denn für alle gläubigen Sikhs ist der Tempel ebenso ein Heiligtum wie es die Kaaba in Mekka für die Moslems ist.

Über 70 Stunden währte die Auseinandersetzung. Der Aufforderung der Armee an die Belagerten, sich zu ergeben und die Waffen niederzulegen, folgten nur wenige, unter ihnen der Führer der Akali-Dal-Partei, Harchard Singh Longowale. Der Rest der Fanatiker ging von normalen Handfeuerwaffen zum Einsatz von Infanterieabwehrwaffen über. Zahlreiche Soldaten fielen. Da entschloß sich der Truppenkommandeur, Generalmajor Brar, Schützenpanzerwagen und Panzer einzusetzen, die die letzte Bastion der Separatisten stürmten.

In den unterirdischen Verliesen des Tempels fand man Maschinenpistolen, Maschinengewehre, Granaten, Panzerfäuste, Panzerabwehrraketen, Granatwerfer — und die Leiche Sant Bhindranwales. Er war das Opfer des von ihm angezettelten Bürgerkrieges geworden.

Während in ganz Indien die meisten der Sikhs verstanden, daß die Aktion zur Verteidigung gesamtnationaler Interessen notwendig war, begannen im Ausland wütende Hetze und Verleumdung, war von einer »Schändung« des Sikh-Heiligtums die Rede. Hauptsächlich im pakistanischen Rundfunk, aber auch in großem Maße von der BBC London wurde diese Propaganda geschürt. Haupteinpeitscher war der selbsternannte »Präsident« des nicht existierenden »Khalistan«, eben jener Jagjit Singh Chauhan, der Ende 1983 noch lauthals verkündet hatte, »daß sich in zwei oder drei Monaten im Punjab etwas Dramatisches ereignen« werde.

Er sprach natürlich »im Namen aller Sikhs«. Aber die meisten von ihnen verbaten sich solche Fürsprecher. Das brachte auch Generalmajor Brar, der die Tempelsäuberungsaktion geleitet hatte, zum Ausdruck, als er sagte: »Ich bin selbst Sikh, und viele Sikhs haben in meinen Einheiten an unserem Einsatz teilgenommen. Wie auch die Anhänger anderer Religionen waren sie sich bewußt, daß sie das Heiligste schützen, was die Inder jeglichen Glaubens besitzen, die nationale Integrität Indiens.«

Dem Hetzer aus London allerdings waren solche Bekundungen »Worte von Verrätern« an der Sikh-Religion. Er sprach immer öfter von »Rache« und »Vergeltung«.

4. Indira lebt weiter

Als sich die indische Ministerpräsidentin Indira Gandhi am Morgen des 31. Oktober 1984 von den Privaträumen ihrer Residenz zum Arbeitszimmer begeben wollte, ertönten plötzlich Gewehr- und Pistolenschüsse. Von insgesamt sechzehn Kugeln getroffen, brach Indira Gandhi zusammen. Sie wurde sofort ins Allindische Institut für Medizinische Wissenschaften eingeliefert, wo die Ärzte mehrere Stunden vergeblich um ihr Leben rangen.

Zwei der Attentäter — ein Mitglied der Sicherungsgruppe der Ministerpräsidentin und ein Angehöriger der Delhier Polizei — wurden von den Sicherheitskräften sofort getötet. Weitere Beteiligte am Mordanschlag konnten verhaftet werden.

Stürmische Proteste, Schock und Trauer breiteten sich in ganz Indien aus, als der feige Mord bekannt wurde. Hunderte Millionen Menschen nahmen die schreckliche Nachricht mit Fassungslosigkeit auf. Wie konnte das geschehen? Wer hatte ein Interesse daran, diese allseits beliebte und geachtete Frau, die Landesmutter, die sich um alle Probleme ihres Landes und Volkes sorgte, für jeden ein offenes Ohr hatte, zu ermorden?

Fand auch das Volk in den ersten Stunden des Schreckens und der Verwirrung noch keine eindeutige Antwort auf diese Fragen, in den Kreisen der Politiker war man sich über die Urheber und Hintermänner des Verbrechens sofort klar. So verkündete der Sprecher des indischen Unterhauses, Dr. Bal Ram Jakhar, wenige Stunden nach dem Mordanschlag, bestimmte Kräfte strebten danach, das demokratische System des Landes durch Gewalt und individuellen Terror zu vernichten. Doch das Volk, fügte er hinzu, sei entschlossen, gegen die antinationalen und im Untergrund wirkenden Kräfte vorzugehen.

Deutlicher noch verwies das Zentralsekretariat der Kommunistischen Partei Indiens auf die Hintergründe des heimtückischen Attentats: Indira Gandhis Tod sei ein unersetzlicher Verlust für Indien, hieß es in einer offiziellen Erklärung. Das Land sehe sich einer ernsten Bedrohung durch den USA-Imperialismus sowie durch antinationale separatistische Kräfte gegenüber. Es bestehe deshalb die dringende Notwendigkeit zur Einheit aller patriotischen und demokratischen Kräfte bei der Bewahrung der Einheit und Integrität des Landes ebenso wie bei der Bewahrung des Weltfriedens.

Der Ruf zur Einheit verhallte nicht ungehört. Millionen Inder hatten sich noch im Verlauf des Tages in allen Landesteilen zu Massenkundgebungen versammelt, um das Attentat zu verurteilen. Und auf einer Großkundgebung in Delhi bekundeten Vertreter verschiedener Parteien des Landes ihren Willen, dem Kampf gegen spalterische und gewalttätige Elemente, die die Grundlagen des indischen Staates untergraben wollen, volle Unterstützung zu gewähren.

Noch am Abend des 31. Oktober trat die indische Regierung unter dem Vorsitz des im Verlauf des Tages vereidigten neuen Ministerpräsidenten Rajiv Gandhi, Indiras ältestem Sohn, zu einer Dringlichkeitssitzung zusammen. Im Anschluß daran würdigte der Premier in einer Erklärung Indira Gandhi als eine herausragende Führerin Indiens, die ihr Heimatland durch schwierigste Zeiten der Krise und ausländischer Aggression geführt habe. Zugleich betonte er, die neue Regierung werde das Vermächtnis der Toten in Ehren halten und ihre Politik weiterführen. Und Staatspräsident Giani Zail Singh erklärte in einer von Rundfunk und Fernsehen übertragenen Ansprache, das heimtückische Verbrechen habe das indische Volk an einen äußerst kritischen Punkt seiner Geschichte gebracht. Es stelle eine Herausforderung an die Einheit und Integrität der Nation dar. Deshalb sei es ungeachtet der tiefen Trauer vonnöten, den Idealen Indiens weiter zu folgen. Die Stabilität des Landes könne nicht von einer Handvoll unmenschlicher Mörder in Frage gestellt werden.

Und doch versuchten weiterhin separatistische und militante Kreise, die Lage im Land zu verschärfen, Ruhe und Ordnung zu stören und das Volk für ihre politischen Ziele aufzuwiegeln. Bei sofort provozierten Zusammenstößen zwischen aufgeputschten Angehörigen verschiedener religiöser Gemeinschaften kamen mindestens einhundert Menschen ums Leben und etwa eintausend wurden verletzt, so daß sich die Zentralregierung gezwungen sah, für Teile der Hauptstadt Delhi sowie für die Unionsstaaten Uttar Pradesh, Bihar

Beim Trauerzeremoniell am Ufer des Jumura-Flusses
entzündet Indiras Sohn Rajiv, Premierminister Indiens,
das Feuer des Scheiterhaufens,
auf dem die sterbliche Hülle der Ermordeten
nach indischem Brauch verbrannt wird

und Madhya Pradesh Ausgangssperren zu verfügen, um dem Ausbruch weiterer Gewalttätigkeiten Einhalt zu gebieten.

Zugleich appellierten die Führer aller im Zentralparlament vertretenen Parteien an das indische Volk, äußerste Zurückhaltung zu üben. »Die Augen der Welt sind auf Indien gerichtet«, hieß es in dem Appell. »Indien muß diese Prüfung mit Würde bestehen. Die Einheit und die Integrität der Nation müssen um jeden Preis gewahrt werden. Darin besteht die erste Verantwortung jedes Bürgers.«

Inzwischen nahmen Hunderttausende Inder aus allen Landesteilen Abschied von der ermordeten Ministerpräsidentin. Hatte sich schon am Vortag, als die Leiche Indira Gandhis vom Allindischen Institut für Medizinische Wissenschaften zu ihrer Wohnung in der Akbar Road überführt wurde, ein unübersehbares Spalier von Menschen gebildet, so riß der Strom der Trauernden, die am 1. November von 7.00 Uhr bis lange nach Sonnenuntergang im Teen-Murti-Haus, der langjährigen Wirkungsstätte Jawaharlal Nehrus, an der Bahre der teuren Toten vorüberzog, nicht ab. Männer und Frauen, Junge und Alte, Menschen aller sozialen Schichten, Angehörige der verschiedensten Religionen — sie alle neigten ihr Haupt in ehrendem Gedenken vor der Ermordeten, legten Kränze und Blumengebinde nieder und versprachen feierlich: »Indira ist unsterblich! Wir setzen Dein Werk fort!«

In allen Unionsstaaten fanden zur gleichen Zeit Gedenkmeetings und feierliche Gottesdienste statt.

Immer aufs neue richtete Premier Rajiv Gandhi beschwörende Worte an das Volk. Indira Gandhi habe ihr Leben für ein einiges Indien gegeben, und als Ministerpräsident könne und werde er eine Gefährdung der nationalen Einheit nicht zulassen. Die Regierung schütze die Sicherheit und das Eigentum eines jeden Bürgers, ungeachtet seiner Religionszugehörigkeit. Er wies immer wieder darauf hin, daß für den Mord an Indira Gandhi die Kräfte der Destabilisierung verantwortlich seien, im Inneren wie im Äußeren.

Am Sonnabend, dem 3. November 1984, fanden die Trauerfeierlichkeiten statt. Repräsentanten von 104 Staaten, zumeist Staatsoberhäupter, Regierungschefs, Parlamentspräsidenten und Außenminister, dazu Vertreter zahlreicher nationaler Befreiungsbewegungen und internationaler Organisationen erwiesen der Toten die letzte Ehre — Ausdruck hoher Wertschätzung ihrer Person, aber auch des großen internationalen Ansehens der Republik Indien.

Bereits in den frühen Morgenstunden versammelten sich viele Einwohner Delhis, aber auch Männer und Frauen aus fast allen Gebieten des großen Landes vor dem Teen-Murti-Haus, um dort dem Beginn des Trauerzuges beizuwohnen, der auf den Magistralen der Hauptstadt zum zwölf Kilometer entfernten Friedenshain »Shantivana« am Ufer des Jamuna-Flusses führte. Diesen Weg säumten dann über 500 000 Menschen, als in der Mittagsstunde die Chefs der Teilstreitkräfte der indischen Armee die Bahre mit der Verstorbenen zu einer Lafette trugen und sich der Zug unter Trauerklängen und einem Ehrensalut in Bewegung setzte.

Vier Stunden währte die Prozession. Die Menschen, die sich ihrer Tränen nicht schämten, riefen wieder und wieder in Sprechchören ihr rhythmisches »Indira amar rahe − Indira, du wirst unvergessen bleiben.« Zu ergreifenden Szenen kam es, als der Trauerzug jenes Haus passierte, in dem die Ministerpräsidentin von den Kugeln der Mörder getroffen worden war.

Am historischen India Gate auf dem Rajpath, der breiten Ost-West-Achse Neu-Delhis, verharrte der Konvoi an der Ewigen Flamme für die im Kampf um die Befreiung und die Unabhängigkeit Indiens gefallenen Helden.

An der Einäscherungsstätte im Friedenshain trugen die Kommandierenden der Teilstreitkräfte gemeinsam mit Rajiv Gandhi die Bahre zur Plattform. Siebenmal umschritt der Ministerpräsident nach hinduistischem Brauch mit einem brennenden Scheit den Sandelholzstapel. Dann übergab er die Verstorbene den Flammen. Zugleich erklangen Lieder der verschiedenen Religionsgemeinschaften − der Hindus, Moslems, Christen, Sikhs, Buddhisten und Parsen.

Eine Woche später, zum Ende der zwölftägigen Staatstrauer, verstreute Rajiv Gandhi vom Flugzeug aus die Asche seiner Mutter entsprechend ihrem Letzten Willen über den schneebedeckten Hängen des Himalaja.

Die mit dem Mord an Indira Gandhi beabsichtigte Destabilisierung der Lage in Indien blieb aus, das Land verfiel nicht in das gewünschte Chaos. Das Leben normalisierte sich rasch. Landesweit fanden Kundgebungen statt, auf denen Inder verschiedener Konfessionen und Weltanschauungen ihre Unterstützung für die Regierung Rajiv Gandhi erklärten, die ihre Friedenspolitik unbeirrt fortsetzt. Anläßlich der offiziellen Übernahme der Amtsgeschäfte erklärte der Premier am 12. November 1984, der Kampf Indira Gandhis gegen

Das Vermächtnis Indira Gandhis wird auch in der Sechs-Staaten-Initiative
fortgeführt. Die Staats- und Regierungschefs setzten sich bei ihrer
Beratung im Januar 1985 in Delhi
erneut für einen weltumspannenden Kampf
zur Bewahrung des Friedens ein. Auf dem Foto von links nach rechts:
der indische Vizepräsident Ramaswami Venkatraman, der Präsident
Argentiniens, Raul Alfonsin, der inzwischen ermordete Ministerpräsident
Schwedens, Olof Palme, der indische Staatspräsident Zail Singh,
der Präsident Tansanias, Julius Nyerere, Mexikos Staatspräsident
Miguel de la Madrid, der Ministerpräsident Griechenlands,
Andreas Papandreou und Rajiv Gandhi, Premierminister Indiens

das Wettrüsten werde unnachgiebig weitergeführt. Friedliche Koexistenz und Nichteinmischung seien Leitprinzipien der Politik. Zugleich bekräftigte er die Einheit und Integrität der Nation und versi-
cherte, grundlegendes Anliegen seiner Regierung sei es auch
weiterhin, die Armut im Land zu beseitigen.

Zwei Tage nach der Einäscherung der Ermordeten hatte Rajiv
Gandhi eine Delegation der Sikhs empfangen. Sie bekundete im Namen ihrer Bevölkerungsgruppe noch einmal tiefempfundenes Bei-
leid und brachte ihren Abscheu über den feigen Mord zum Ausdruck. Trotzdem behielt der Premier den Unionsstaat Punjab und
seine Probleme weiter im Auge. So wurde Anfang 1985 ein aus drei
Kabinettsmitgliedern bestehendes Komitee gebildet, das die Aufgabe

hatte, sich mit den verschiedenen politischen Gruppierungen im Unionsstaat zu beraten. Dabei sollten nochmals die religiösen Forderungen der Sikhs, soweit sie noch nicht erfüllt waren, zur Sprache kommen. Verhandlungsobjekte waren auch die Wasseraufteilung zwischen den Staaten Punjab, Haryana und Rajasthan sowie der Status der Stadt Chandigarh. Insgesamt ging es um die Erarbeitung von Vorschlägen für eine vernünftige, friedliche und dauerhafte Regelung im Punjab.

In einer Botschaft an die Nation hatte Rajiv Gandhi am 5. Januar 1985 betont: »Die Sikhs gehören ebenso zu Indien wie jede andere Gemeinschaft. Sie haben bei der Erkämpfung und Verteidigung unserer Freiheit eine heroische Rolle gespielt. Ich möchte ihnen versichern, daß ihr Leben und Eigentum in jedem Teil des Landes geschützt werden.« Und mit Nachdruck setzte er hinzu: »Im Punjab und anderswo müssen alle patriotischen Kräfte jene zurückweisen, die Separatismus predigen und Gewalt praktizieren. Es kann und es wird keine Konzessionen gegenüber separatistischen Ideologien und dem Kult der Gewalt geben. Indiens Einheit steht über allem.«

Ein schwerer Schlag für jene Kreise in den imperialistischen Staaten und Geheimdiensten, die sich vom Mord an Indira Gandhi Bürgerkrieg und Zersplitterung des Subkontinents versprochen hatten. Die Drahtzieher des Attentates sind bekannt, aber sie können nicht belangt werden. Ihre Marionetten standen Anfang Februar 1985 bereits vor Gericht. Vier Personen waren angeklagt, die Ermordung Indira Gandhis vorsätzlich geplant und ausgeführt und sich zugleich der Verschwörung gegen den Staat schuldig gemacht zu haben. Aus den Dokumenten, die man bei zwei der Angeklagten — ehemaligen Polizeibeamten — fand, geht eindeutig ihre Verbindung zum Separatistenführer Sant Bhindranwale hervor, jenem Fanatiker, der das Heiligtum der Sikhs in eine militärische Operationsbasis gegen die Zentralregierung und die indische Einheit verwandelt hatte und bei den Kämpfen um den Goldenen Tempel von Amritsar ums Leben gekommen war.

Wie bereits gesagt, waren unmittelbar bei dem Mordanschlag durch die Sicherheitskräfte einige der Attentäter mit gezielten Schüssen getötet worden. Gegen einen der Hauptbeteiligten des Verbrechens, Satwant Singh, und seine beiden Helfershelfer Kehar Singh und Balbir Singh sprach am 22. Januar 1986 ein Gericht in Delhi das Todesurteil aus. In einem achtmonatigen Prozeß hatte die Staatsanwaltschaft mit Hilfe waffentechnischer Gutachten und zahlreicher Zeugenaussagen überwältigende Beweise dafür erbracht, daß die drei Angeklagten einer kriminellen Verschwörung angehörten und den Mord an der indischen Ministerpräsidentin absichtlich begangen hatten.

Von ihm und seinen Anhängern wird man nur mit Abscheu sprechen, ihr Opfer aber lebt auch in Zukunft in den Herzen aller Inder.

Gedenkstätte für Indira Gandhi
an der Ecke Akbar Road — Safdarjung Road in Delhi

5. Die Reaktion gibt nicht auf

Hier sollte das Kapitel über die Vorgeschichte und den feigen Mord an Indira Gandhi eigentlich zu Ende sein, doch haben sich vor Drucklegung des Buches noch entscheidende Dinge ereignet, die in unmittelbarem Zusammenhang mit den bisherigen Darlegungen stehen.

Die von Premierminister Rajiv Gandhi wenige Tage nach seinem Regierungsantritt eingesetzte »Punjab-Kommission« hatte gute Arbeit geleistet. Am 24. Juli 1985 konnte zwischen der Regierung und der Akali-Dal-Partei eine Vereinbarung über die Normalisierung der Situation im Unionsstaat Punjab abgeschlossen werden, sehr zur Freude und Genugtuung der gesamten indischen Bevölkerung.

Der Präsident der Akali Dal, Sant Harchand Singh Longowal, bekundete nach der Unterzeichnung seine Zufriedenheit mit dem Abkommen und erklärte, die Periode der Konfrontation sei vorbei, die gegen die Regierung gerichtete Bewegung »automatisch beendet«. Ebenso äußerten sich viele andere verantwortungsbewußte Politiker der Sikh-Minderheit.

Zu den wichtigsten Festlegungen des 11-Punkte-Programms gehört die Übereinkunft, das Verhältnis zwischen Zentral- und Staatenregierung im Hinblick auf die Stärkung und Integrität Indiens zu klären. Beigelegt wurde auch der alte Territorialstreit um die Stadt Chandigarh, die bislang gemeinsame Hauptstadt der Unionsstaaten Punjab und Haryana war. Sie wird künftig nach einem Gebietsaustausch zwischen beiden Staaten alleinige Metropole des Punjab sein. Das wichtige Problem der Wasserversorgung soll entsprechend der Vereinbarung eine juristische Kommission regeln, die sich vor allem mit der Aufteilung des Wassers der Flüsse Ravi und Beas auf die drei Staaten Punjab, Haryana und Rajasthan beschäftigt. Des weiteren sollen die Punjabi-Sprache gefördert, die Opfer der Novemberunruhen des Jahres 1984 entschädigt und eine für ganz Indien verbindliche Tempelordnung der Sikhs formuliert werden.

Vor dem Parlament hatte Rajiv Gandhi erklärt, die Vereinbarung werde »der Beginn einer neuen Phase des Zusammenwirkens sein, um das Land aufzubauen, um Einheit und Integrität zu festigen«.

Das hofften alle Menschen guten Willens in Indien, auch im Punjab; nicht aber die Extremisten unter den Sikhs, denen das Abkommen nicht in ihr Konzept paßte. Sie reagierten umgehend: Nur wenige Wochen nach der Unterzeichnung des Memorandums fiel Akali-Dal-Präsident Sant Harchand Singh Longowal auf einer Wahlversammlung in Sherpur einem Attentat zum Opfer, als vier Männer auf ihn schossen und ihn tödlich verletzten. Am selben Tag wurde in der Punjab-Stadt Jalandhar der Bezirkssekretär der regierenden indischen Kongreßpartei ermordet, während ein weiterer Parteifunktionär bei dem Überfall lebensgefährliche Verletzungen erlitt.

In Indien gab es keinen Zweifel darüber, daß der Mord an Longowal den in Gang gekommenen Normalisierungsprozeß im Punjab stören sollte. In einer Rede vor dem Zentralparlament würdigte Rajiv Gandhi den Sikh-Führer als Verfechter der Einheit und Integrität Indiens. Das Verbrechen der Extremisten, sagte er, sei gegen die Religionsgemeinschaft der Sikhs und zugleich gegen das ganze Land gerichtet.

Kurz nach dem Mord tauchte in den indischen Massenmedien wiederum die Frage nach den Hintermännern solcher Verbrechen auf, die immer dann verübt werden, wenn es der indischen Regierung gelungen ist, den Feinden des Landes in den Arm zu fallen und einen weiteren bedeutsamen Schritt zur Normalisierung der Lage im Lande zu tun.

Interessant ist gerade in diesem Zusammenhang eine Meldung der amerikanischen Nachrichtenagentur AP mit folgendem Wortlaut: »Der indische Ministerpräsident Rajiv Gandhi hat Washington vorgeworfen, es halte Informationen über in den USA ansässige Sikh-Terroristen und deren Ausbildungslager zurück. In einem Interview mit der in Bombay erscheinenden Wochenzeitschrift ›Blitz‹ sagte Gandhi, die USA seien bei der Eindämmung des Terrorismus sehr aktiv gewesen, hätten Indien aber nicht alle wichtigen Informationen übermittelt. Das Bundeskriminalamt FBI hatte im Mai bekanntgegeben, es habe den Plan von Sikh-Extremisten vereitelt, ein Attentat auf Gandhi während dessen Besuchs in den USA im Juni zu verüben. In dem Interview sagte Gandhi, seine Regierung verfüge über einen Video-Film über ein Lager in Alabama, in dem die Sikhs ausgebildet worden seien, denen die Attentatspläne zur Last gelegt würden. Es sei ›unglaublich‹, daß derartige Ausbildungslager in den USA betrieben würden.«

Wie sich bei den Ermittlungen zum Attentat auf eine Boeing 747 der »Air India« vor der Küste Irlands im Juni 1985 herausstellte, hatte der Premierminister die Sachlage durchaus richtig eingeschätzt.

Am 26. Juni 1985 berichtete der BRD-Journalist Claus Richter in den »Tagesthemen« der ARD aus New York unter anderem folgendes: Während vor der irischen Küste noch nach den Opfern der abgestürzten indischen Verkehrsmaschine gesucht werde, verdichteten sich in den USA und Kanada die Indizien dafür, daß die Attentäter Angehörige einer »extremistischen Splittergruppe der Sikhs gewesen seien, einer religiösen Minderheit, die um einen unabhängigen Staat Punjab im Norden Indiens« kämpfe.

Richter fuhr dann wörtlich fort: »Eine heiße Spur führt in den USA-Bundesstaat Alabama. Nahe der Hauptstadt Montgomery betreiben amerikanische ›Vietnamveteranen‹ (gemeint sind Teilnehmer am verbrecherischen Vietnam-Krieg der USA — d. A.) eine private Söldnerschule. Für 340 Dollar kann sich jeder von Fachleuten in 14 Tagen zum Sprengstoffspezialisten, Nahkämpfer, Attentäter, zum internationalen Terroristen ausbilden lassen. Die Lehrer fragen weder nach der Herkunft ihrer Schüler, noch nach ihrer Motivation und Absicht. Hier ließen sich vor wenigen Monaten vier Sikhs trainieren. Ein Anmeldeformular lautet auf den Namen Lal Singh. ... Ein Singh buchte den Todesflug des indischen Jumbos von Toronto über London nach Bombay. Aber es flog nur das Gepäck mit.«

Richter sprach dann mit dem Chefausbilder des Camps: »Haben Sie Lal Singh und andere Sikhs ausgebildet?«

»Ja.«

»Was haben Sie ihnen beigebracht?«

»Guerillakrieg, den Umgang mit Bomben, Hinterhalttechniken, wie sie von Guerillas und Söldnern angewandt werden. Sie haben Grundlagen im Sprengstoff- und Waffengebrauch gelernt.«

»Haben die Sikhs Ihnen gesagt, was sie besonders interessiert?«

«Ja, denen ging es weniger um Dschungelkrieg. Sie wollten Attentate und Sabotageakte trainieren. Ihr Interesse galt Terrormethoden und weniger militärischen Techniken.«

»Auch Mordanschläge?«

»Ja!«

»Haben sie zu verstehen gegeben, daß sie Anschläge vorbereiteten?«

»Ja, sie übten ja speziell für Terrorakte. Die Männer, mit denen ich zu tun hatte, sollten von Grund auf ausgebildet werden.«

»Halten Sie es für wahrscheinlich, daß Sikhs den Air-India-Jumbo zum Absturz gebracht haben?«

»Ja, ich glaube, dafür sind die Sikhs verantwortlich.«

»Warum?«

»Im Juni 1985 jährt sich die Schlacht um den Goldenen Tempel, das Heiligtum der Sikhs. Der Führer der Sikh-Gruppe, die ich ausgebildet habe, hat mir bestätigt, die Rache beginnt im Juni dieses Jahres.«

Claus Richter resümiert dann: »Die amerikanischen Behörden waren gewarnt. Immer wieder demonstrierten radikale Sikhs gegen die Zentralregierung in Delhi. Die Ermordung von Indira Gandhi durch Angehörige der Sikhs wurde von den Sympathisanten in Amerika offen begrüßt. Indiras Nachfolger Rajiv vergleichen sie auf Transparenten mit Hitler. Sikhs planten in den USA auch einen Mordanschlag auf Rajiv Gandhi während seines Staatsbesuches in Washington. Das Komplott flog auf. Das FBI veröffentlichte Fahndungsfotos und verhaftete einen der mutmaßlichen Attentäter in New Orleans. Auch er absolvierte die Söldnerschule in Alabama.«

Am folgenden Tag, dem 27. Juli, ging im Frühprogramm des Westdeutschen Rundfunks Köln der USA-Korrespondent der ARD, Hans Kirchmann, noch einmal auf die Terroristenausbildung in Alabama ein und schloß seinen Bericht mit der Frage an die US-Regierung: »Kann man so vehement zum Kampf gegen den internationalen Terrorismus aufrufen …, gleichzeitig aber mindestens dulden, daß auf dem Boden der USA zahlreiche Leute ohne jede Kontrolle durch den Staat subversive Kampftechniken erlernen, die sich für jeden Zweck gebrauchen lassen? Für solche Söldnerschulen wird offen in gewissen Magazinen geworben. An Waffen kommt in Amerika ohnehin fast jeder ungehindert heran. Regierung und Kongreß lehnen immer wieder eine wirksame Waffenkontrolle ab. Es darf nicht wundern, wenn auf solchem Boden die Terroristen gedeihen, die dann … Anlaß zu Entsetzen geben.«

Daß auch eine Absicht dahinterstecken könnte, solcherart Ausbildungsstätten nicht so scharf unter die Lupe zu nehmen, weil es irgendwo Interessenübereinstimmung gibt, danach wurde in den Beiträgen leider nicht gefragt. Wir aber wissen es.

Inhalt

Bildnachweis:

ADN-ZB (S. 28, 37, 40, 50, 78, 83, 84, 86, 108, 113, 172, 220, 222, 241, 271, 289, 317, 329, 343, 383, 384, 394, 395, 422, 440, 442, 486); ADN-ZB/AP (S. 159, 163, 187, 190, 253, 260, 272, 275, 393, 403, 461, 526); ADN-ZB/Appel (S. 306); ADN-ZB/APS (S. 302); ADN-ZB/Böttcher (S. 495); ADN-ZB/Busch (S. 523); ADN-ZB/CAMERA PRESS (S. 382); ADN-ZB/dpa (S. 443, 451, 471); ADN-ZB/CTK (S. 205); ADN-ZB/Funck (S. 97); ADN-ZB/Gielow (S. 93); ADN-ZB/L'Humanité (S. 212); ADN-ZB/Junge (S. 143, 144); ADN-ZB/KEYSTONE (S. 458); ADN-ZB/Klementz (S. 334, 335); ADN-ZB/KOARP (S. 508, 511); ADN-ZB/KUMAR (S. 14, 510, 528); ADN-ZB/Mittelstädt (S. 79, 480); ADN-ZB/O. I. R. (S. 365); ADN-ZB/PRENSA LATINA (S. 375); ADN-ZB/Quasch (S. 128); ADN-ZB/Reuter (S. 386); ADN-ZB/Schäfer (S. 280); ADN-ZB/Schlegel (S. 309); ADN-ZB/Schmidt (S. 361); ADN-ZB/Schulz (S. 209, 425, 427, 428); ADN-ZB/Spremberg (S. 396); ADN-ZB/Steinberg (S. 348); ADN-ZB/TASS (S. 166); ADN-ZB/UPI (S. 236, 491, 492); ADN-ZB/Vaterlaus (S. 297); ADN-ZB/Vrobetzky (S. 180); Berliner Verlag, Bildarchiv (S. 141); Dietz Verlag Berlin, Bildarchiv (S. 221, 228, 258, 506).